电网企业
数字化运行管理题库（上）

国家电网有限公司数字化工作部 组编

中国电力出版社
CHINA ELECTRIC POWER PRESS

内 容 提 要

为适应电力企业数字化运行管理工作的发展实际及需要编写了本书。全书共分五章，详细介绍了数字化运行专业标准规范、基础设施、调度运行、运维检修、客户服务等相关内容，通过对各种题型的解析，使读者能更加准确地掌握数字化运行管理的相关知识。

本书坚持理论和实际相结合，作为一本电力企业数字化运行管理试题解析读物，全面体现了电力行业最佳实践成果。本书主要面向电力企业的数字化“调、运、检、客”相关岗位人员，同时也可作为参加国家电网有限公司竞赛、调考、高级运行专家选拔、调度值长选拔、三线运维人员考试的备考书。此外，对于电网行业其他相关人员，本书也极具参考价值。

图书在版编目（CIP）数据

电网企业数字化运行管理题库：全 2 册/国家电网有限公司数字化工作部组编. —北京：中国电力出版社，2024.4

ISBN 978-7-5198-8672-1

Ⅰ. ①电… Ⅱ. ①国… Ⅲ. ①电力工业－工业企业管理－数字化－运行－中国－岗位培训－习题集 Ⅳ. ①F426.61-44

中国国家版本馆 CIP 数据核字（2024）第 050009 号

出版发行：中国电力出版社
地　　址：北京市东城区北京站西街 19 号（邮政编码 100005）
网　　址：http://www.cepp.sgcc.com.cn
责任编辑：苗唯时（010-63412340）　马雪倩
责任校对：黄　蓓　常燕昆　王海南　郝军燕
装帧设计：郝晓燕
责任印制：石　雷

印　　刷：三河市万龙印装有限公司
版　　次：2024 年 4 月第一版
印　　次：2024 年 4 月北京第一次印刷
开　　本：787 毫米×1092 毫米　16 开本
印　　张：44.5
字　　数：1097 千字
印　　数：0001—3000 册
定　　价：298.00 元（全 2 册）

《电网企业数字化运行管理题库》
编　委　会

主　编　魏晓菁　黄　震

副主编　刘　莹　陈　刚

编　委　柏峻峰　宁辽逸　关　明　乔　林　李　巍
于福海　周小明　罗大勇　李雨泰　矫泰铭
李学斌　李广翱　刘艳敏　李冬华　季　超
林　楠　李佳硕　常　健　刘洪波　朱春艳

编　写　组

成　员　陈雪振　范柏翔　刘瑞英　杨钰雪　佟昆睿
刘泽宇　孙海川　彭　佳　韩兴旺　何健平
富　宇　邵剑飞　王　丽　涂冰花　代荡荡
程锦翔　王敬靖　齐　明　许　路　张菲菲
李　强　黄　刚　王　磊　刘　为　曹　智
郑善奇　曲英实　杨振伟　蔡　滏　佟　芳
雷晓萍　马卓斌　贾　博　李小航　万　珂
时佳伟　何云瑞　谢清玉　王　健　荆琪雯
刘美洋　贾永利

前 言

国家电网有限公司始终把数字化智能化作为推进电网转型升级、实现企业高质量发展的重要抓手。持续强化顶层设计和整体布局，坚持企业级建设和中台化架构，提升数字化基础设施和平台能力，促进数字化技术与电网业务深度融合，充分释放数据要素价值，有力支撑新型电力系统建设。

作为支撑公司数字化工作的重要基石和安全平稳发展的有力保障，数字化运行专业践行“业数融合”工作理念，积极应对业务需求快速迭代、运维体量和复杂度大幅增长、应用系统“上云赋智”严峻挑战，持续提升员工专业素养和技能水平。2024 年国家电网有限公司数字化工作部组织，选调数十名专家聚焦数字化运行“标准规范、基础设施、调度运行、运维检修、客户服务”五方面内容，围绕“调、运、检、客”业务领域中涉及的常用知识编撰本书。

本书共分五章，分别针对行业标准、企业标准、规章制度、机房运维、网络运维、云平台运维、中台运维、监控管理、应急管理、方式管理、系统运维、桌面运维、数据库运维、存储运维、中间件运维、检修管理、客服服务、数据运维、业务运维相关知识进行精选，以单项选择、多项选择、判断及实践操作四种题型编制形成题库，支持相关单位用于人员能力测评，以及运行专业人员自学提升。

本书的出版得到国网天津、河北、冀北、山西、山东、上海、江苏、浙江、安徽、福建、湖北、湖南、河南、江西、四川、重庆、吉林、甘肃、青海、宁夏电力，国网信通公司，国网技术学院等单位的大力支持，特别是国网辽宁电力作为牵头单位作出了突出贡献，在此一并表示衷心感谢。

在编撰过程中，编者竭尽全力确保本书内容的时效性与准确性，但数字化转型是一个不断迭代发展的过程。鉴于时间仓促，书中不足之处，恳请广大读者批评指正。

编 者

2024 年 4 月

目 录

标 准 规 范

第一节 行 业 标 准

章节摘要：本章节涵盖了电网企业数字化运行管理相关的行业标准，包括 DL/T 1597—2016《电力行业数据灾备系统存储监控技术规范》、DL/T 1731—2017《电力信息系统非功能性需求规范》、DL/T 2014—2019《电力信息化项目后评价》、NB/T 10691—2021《数字中心机房用不间断电源系统》、YD/T 2916—2015《基于存储复制技术的数据灾备技术要求》、YD/T 3096—2016《数据中心接入以太网交换机设备技术要求》、YD/T 3290—2017《一体化微型模块化数据中心技术要求》、YD/T 3485—2019《信息系统灾难恢复能力要求》、YD/T 3767—2020《数据中心用市电加保障电源的两路供电系统技术要求》等行业标准。

一、单项选择题

1．数据灾备系统存储监控包括主动发现和被动接收两种异常数据采集方式，下列（ ）方式属于被动接收。

A．SNMP 定时抽取数据　　B．API 定时抽取数据

C．SMI-S 定时抽取数据　　D．系统日志接收数据

【参考答案】D

【解析】DL/T 1597—2016《电力行业数据灾备系统存储监控技术规范》5 存储监控功能要求中，5.5 告警管理要求规定：包括主动发现和被动接收两种异常数据采集方式，其中主动发现包括通过 SNMP、API 和 SMI-S 协议定时抽取数据等，被动接收包括系统日志接收数据和通过 SNMP 接收设备推送数据等。

2．数据灾备系统存储监控的统计分析维度技术要求不包括（ ）。

A．以管理对象为维度的统计分析　　B．以时间为维度的统计分析

C．以告警类型为维度的统计分析　　D．以时间和管理对象为维度的统计分析

【参考答案】C

【解析】DL/T 1597—2016《电力行业数据灾备系统存储监控技术规范》5 存储监控功能要求中，5.6 统计分析要求规定，统计分析技术要求应包括：a）以管理对象为维度对告警、性能、运行、安全、配置等数据的统计分析；b）以时间为维度对告警、性能、运行、安全、配置等数据的统计分析；c）以时间和管理对象为维度对性能和告警指标数据进行统计分析；d）将统计分析的结果可以导出，并支持第三方软件。

3．数据灾备系统磁带库端口状态指标主要通过收集（ ）的状态信息，反映磁带库的链路运行情况。

A．磁带库与内部硬件组件连接链路　　B．磁带库与外部设备连接链路

C．磁带库内部硬件组件之间的连接链路　　D．磁带库的网络链路

【参考答案】B

【解析】DL/T 1597—2016《电力行业数据灾备系统存储监控技术规范》6 存储监控指标中，6.2.3 规定，端口状态指标：主要通过收集磁带库与外部设备连接链路的状态信息，反映磁带库的链路运行情况。

4．数据灾备系统的（　　）是指检修人员为确保设备的正常运行，应在指定的时间安排内，对存储设备、SAN 交换机和磁带机等设备进行检查，提前消除隐患。

A．日常监控　　B．日常巡检　　C．定期巡检　　D．预防性监控

【参考答案】C

【解析】DL/T 1597—2016《电力行业数据灾备系统存储监控技术规范》7 存储监控方式中，7.2 定期巡检规定：定期巡检是指检修人员为确保设备的正常运行，应在指定的时间安排内，对存储设备、SAN 交换机和磁带机等设备进行检查，提前消除隐患。

5．数据灾备系统的预防性监控内容不包括（　　）。

A．监控存储系统的可靠性　　B．监控网络链路的安全性

C．监控存储复制的完整性　　D．监控存储系统的环境因素

【参考答案】C

【解析】DL/T 1597—2016《电力行业数据灾备系统存储监控技术规范》7 存储监控方式中，7.3 预防性监控规定：预防性监控指监控人员应通过定期监控和分析存储设备、SAN 交换机和磁带机的相关指标，提前预防存储设备可能出现的故障。预防性监控内容应包括：a）监控存储系统的可靠性；b）监控网络链路的安全性；c）监控存储系统的环境因素。

6．数据灾备系统中，存储设备的总体 CPU 利用率建议小于（　　）。

A．40%　　B．50%　　C．60%　　D．70%

【参考答案】B

【解析】DL/T 1597—2016《电力行业数据灾备系统存储监控技术规范》表 A.1 中规定：总体 CPU 利用率建议阈值小于 50%。

7．数据灾备系统中，高端磁盘阵列工作温度建议在（　　）。

A．10℃～32℃　　B．0℃～40℃　　C．10℃～40℃　　D．0℃～32℃

【参考答案】A

【解析】DL/T 1597—2016《电力行业数据灾备系统存储监控技术规范》表 A.1 中规定：高端磁盘阵列工作温度为 10℃～32℃。

8．数据灾备系统中，高端磁盘阵列工作湿度建议在（　　）。

A．10%～80%　　B．20%～85%　　C．20%～80%　　D．10%～85%

【参考答案】C

【解析】DL/T 1597—2016《电力行业数据灾备系统存储监控技术规范》表 A.1 中规定：高端磁盘阵列工作湿度为 20%～80%。

9．数据灾备系统中，SAN 交换机的处理器利用率建议小于（　　）。

A．40%　　B．50%　　C．60%　　D．70%

【参考答案】D

【解析】DL/T 1597—2016《电力行业数据灾备系统存储监控技术规范》表 A.2 SAN 交换机常用监控指标：处理器利用率建议阈值小于 70%。

10．数据灾备系统中，SAN 交换机工作温度建议在（　　）。

A．10℃～32℃　　B．0℃～40℃　　C．10℃～40℃　　D．0℃～32℃

【参考答案】B

【解析】DL/T 1597—2016《电力行业数据灾备系统存储监控技术规范》表 A.2 SAN 交换机常用监控指标：交换机工作温度为 0℃～40℃。

11．数据灾备系统中，SAN 交换机工作湿度建议在（　　）。

A．10%～80%　　B．20%～85%　　C．20%～80%　　D．10%～85%

【参考答案】D

【解析】DL/T 1597—2016《电力行业数据灾备系统存储监控技术规范》表 A.2 SAN 交换机常用监控指标：交换机工作湿度为 10℃～85℃。

12．数据灾备系统中，磁带库温度不超过（　　）。

A．25℃　　B．30℃　　C．40℃　　D．50℃

【参考答案】D

【解析】DL/T 1597—2016《电力行业数据灾备系统存储监控技术规范》表 A.3 中规定：磁带库温度不超过 50℃。

13．同一数据卷或文件系统/目录的多个快照成组，之间通过指针映射以满足源数据一次写入对应组内各成员快照仅复制或重定向一次，指的是（　　）。

A．全量快照　　B．镜像快照　　C．映射快照　　D．级联快照

【参考答案】D

【解析】YD/T 2916—2015《基于存储复制技术的数据灾备技术要求》2 术语与缩略语中规定：级联快照，同一数据卷或文件系统/目录的多个快照成组，之间通过指针映射以满足源数据一次写入对应组内各成员快照仅复制或重定向一次。级联快照能提升多时间点复制的快照性能和降低空间占用要求。

14．数据灾备的（　　）技术，复制达到同步后，生产中心与灾备中心的数据始终一致，灾后数据接近零丢失。

A．同步复制　　B．异步复制　　C．半同步复制　　D．时间点复制

【参考答案】A

【解析】YD/T 2916—2015《基于存储复制技术的数据灾备技术要求》4 数据复制中，4.4.1 同步复制规定：复制达到同步（也称镜像）后，生产中心与灾备中心的数据始终一致，灾后数据接近零丢失。

15．在数据灾备的主流灾备网络中，光纤通道适用于通信距离（　　）的场景。

A．≤100m　　B．≤10km　　C．≤100km　　D．数千千米

【参考答案】C

【解析】YD/T 2916—2015《基于存储复制技术的数据灾备技术要求》4 数据复制中，4.7 传输协议规定：光纤通道适用于通信距离不超过 100km 的场景。

16．灾备网络用于数据复制的带宽利用率计算公式为（　　）。

A．带宽利用率=时间范围内复制传输的数据峰值平均带宽/总带宽

B．带宽利用率=复制传输的数据峰值带宽/总带宽

C．带宽利用率=实际复制传输的数据传输带宽/总带宽

D．带宽利用率=生产系统实际写入永久存储的数据容量/实际复制传输的数据包的总容量

【参考答案】D

【解析】YD/T 2916—2015《基于存储复制技术的数据灾备技术要求》7 复制性能中规定：带宽利用率=生产系统实际写入永久存储的数据容量/实际复制传输的数据包的总容量。

17．交流不间断电源系统是指蓄电池与电力变换部分相连接，当交流输入故障时，通过（　　）将直流电转换成交流持续为负载供电的电源设备。

A．整流器电路　　B．逆变器电路　　C．储能装置　　D．静态开关

【参考答案】B

【解析】NB/T 10691—2021《数字中心机房用不间断电源系统》3 术语和定义中规定：交流不间断电源系统是指蓄电池与电力变换部分相连接，当交流输入故障时，通过逆变器电路将直流电转换成交流持续为负载供电的电源设备。

18．直流不间断电源系统是指蓄电池与（　　）相连接，当交流输入故障时，直接由电池为负载供电的电源设备。

A．整流器的输出部分　　B．整流器的输入部分

C．逆变器的输出部分　　D．逆变器的输入部分

【参考答案】A

【解析】NB/T 10691—2021《数字中心机房用不间断电源系统》3 术语和定义中规定：直流不间断电源系统是指蓄电池与整流器的输出部分相连接，当交流输入故障时，直接由电池为负载供电的电源设备。

19．数字中心机房用 UPS 的工作温度范围为（　　）。

A．10℃～32℃　　B．0℃～40℃　　C．10℃～40℃　　D．0℃～32℃

【参考答案】B

【解析】NB/T 10691—2021《数字中心机房用不间断电源系统》4 正常使用条件中，4.1.1 规定：UPS 的工作温度范围为 0℃～40℃。

20．数字中心机房用 UPS 应在相对湿度不超过（　　）、不结露的情况下正常工作。

A．60%　　B．75%　　C．85%　　D．95%

【参考答案】D

【解析】NB/T 10691—2021《数字中心机房用不间断电源系统》4 正常使用条件中，4.1.2 规定：UPS 应在相对湿度不超过 95%、不结露的情况下正常工作。

21．数字中心机房用 UPS 的额定输入频率为（　　）。

A．50Hz　　B．55Hz　　C．60Hz　　D．65Hz

【参考答案】A

【解析】NB/T 10691—2021《数字中心机房用不间断电源系统》4 正常使用条件中，4.2.2 规定，UPS 应在下列频率范围内正常工作：额定输入频率为 50Hz，输入频率变化范围为 48Hz～52Hz。

22．数字中心机房用 UPS 的输入频率变化范围为（　　）。

A．45Hz～55Hz　　B．46Hz～54Hz　　C．47Hz～53Hz　　D．48Hz～52Hz

【参考答案】D

【解析】NB/T 10691—2021《数字中心机房用不间断电源系统》4 正常使用条件中，4.2.2

规定，UPS 应在下列频率范围内正常工作：额定输入频率为 50Hz，输入频率变化范围为 48Hz～52Hz。

23．数字中心机房用交流 UPS 在逆变供电状态下，输出频率不应超过（　　）Hz。

A．50±0.5　　B．50±1　　C．50±2　　D．50±5

【参考答案】A

【解析】NB/T 10691—2021《数字中心机房用不间断电源系统》5 技术要求中，5.1.6 规定：在逆变供电状态下，交流 UPS 的输出频率不应超过 50 Hz±0.5Hz。

24．数字中心机房用交流 UPS 的三相输出电压不平衡因数不应超过（　　）。

A．1%　　B．3%　　C．5%　　D．10%

【参考答案】B

【解析】NB/T 10691—2021《数字中心机房用不间断电源系统》5 技术要求中，5.1.8 规定：交流 UPS 的三相输出电压不平衡因数不应超过 3%。

25．数字中心机房用交流 UPS 的三相输出电压相位偏差不应超过（　　）。

A．1%　　B．3%　　C．5%　　D．10%

【参考答案】A

【解析】NB/T 10691—2021《数字中心机房用不间断电源系统》5 技术要求中，5.1.9 规定：交流 UPS 的三相输出电压相位偏差不应超过 1%。

26．数字中心机房用交流 UPS 的输出电压瞬变范围不应超过（　　）。

A．1%　　B．3%　　C．5%　　D．10%

【参考答案】C

【解析】NB/T 10691—2021《数字中心机房用不间断电源系统》5 技术要求中，5.1.10 规定：交流 UPS 的输出电压瞬变范围不应超过 5%。

27．数字中心机房用交流 UPS 的输出电流峰值因素不应小于（　　）。

A．2　　B．3　　C．4　　D．5

【参考答案】B

【解析】NB/T 10691—2021《数字中心机房用不间断电源系统》5 技术要求中，5.1.17 规定：交流 UPS 的输出电流峰值因素不应小于 3。

28．UPS 各部分的外壳、所有可触及的金属零部件与接地端子间的电阻不应大于（　　）Ω。

A．0.1　　B．0.2　　C．0.4　　D．0.5

【参考答案】A

【解析】NB/T 10691—2021《数字中心机房用不间断电源系统》5 技术要求中，5.6.7 规定：UPS 各部分的外壳、所有可触及的金属零部件与接地端子间的电阻不应大于 0.1Ω。

29．电力信息系统非功能性需求规范适用于（　　）。

A．电力行业各单位组织建设提供业务服务的管理类信息系统

B．生产控制信息系统

C．终端采集类信息系统

D．非电力行业单位建设的信息系统

【参考答案】A

【解析】DL/T 1731—2017《电力信息系统非功能性需求规范》1 范围规定：电力行业各单位组织建设提供业务服务的管理类信息系统，不包含生产控制与终端采集类信息系统。

30．（　　）指的是在指定条件下使用时，信息系统被理解、学习、使用和吸引用户的能力。

A．可移植性　　B．易用性　　C．可维护性　　D．易理解性

【参考答案】B

【解析】DL/T 1731—2017《电力信息系统非功能性需求规范》3 术语及定义规定：易用性指在指定条件下使用时，信息系统被理解、学习、使用和吸引用户的能力。

31．以下（　　）不属于电力信息系统非功能性需求规范要求。

A．效率要求　　B．可移植性要求　　C．易用性要求　　D．性能要求

【参考答案】D

【解析】DL/T 1731—2017《电力信息系统非功能性需求规范》5 总则中，5.2 规定：信息系统非功能性需求规范要求主要由效率要求、可移植性要求、易用性要求、可靠性要求、可维护性要求及监控与告警要求六部分组成。

32．电力信息系统在（　　）阶段宜明确系统的设计容量，包括系统注册用户数、系统最大在线用户数、最大并发数、系统增长量（如每年新增用户数、每年新产生数据量）、系统所需数据库表空间、系统所需存储空间、系统业务吞吐量、系统网络带宽需求等。

A．需求分析　　B．概要设计　　C．可研评审　　D．测试阶段

【参考答案】A

【解析】DL/T 1731—2017《电力信息系统非功能性需求规范》6 信息系统非功能性需求规范要求中，6.1.1 规定：信息系统在需求分析阶段宜明确系统的设计容量，包括系统注册用户数、系统最大在线用户数、最大并发数、系统增长量（如每年新增用户数、每年新产生数据量）、系统所需数据库表空间、系统所需存储空间、系统业务吞吐量、系统网络带宽需求等。

33．电力信息系统针对复杂业务响应（响应时间大于 8s）要求，宜采用（　　）方式处理。

A．同步　　B．异步　　C．半同步　　D．半异步

【参考答案】B

【解析】DL/T 1731—2017《电力信息系统非功能性需求规范》6 信息系统非功能性需求规范要求中，6.1.2 规定：针对复杂业务响应（响应时间大于 8s）要求，宜采用异步方式处理。

34．电力信息化项目后评价体系宜用于竣工验收通过并运行（　　）年及以上的信息化项目。

A．一　　B．两　　C．三　　D．五

【参考答案】A

【解析】DL/T 2014—2019《电力信息化项目后评价》4 评价体系中，4.3 指标使用说明规定：评价体系宜用于竣工验收通过并运行一年及以上的信息化项目。

35．数据中心用市电加保障电源的两路供电系统工作温度范围（　　）。

A．−5℃～40℃　　B．0℃～40℃　　C．10℃～40℃　　D．−10℃～40℃

【参考答案】A

【解析】YD/T 3767—2020《数据中心用市电加保障电源的两路供电系统技术要求》5 技

术要求中，5.1.1 规定，工作温度范围：-5℃～40℃。

36．数据中心用市电加保障电源的两路供电系统工作相对湿度范围（　　）。

A．≤60%　　B．≤70%　　C．≤80%　　D．≤90%

【参考答案】D

【解析】YD/T 3767—2020《数据中心用市电加保障电源的两路供电系统技术要求》5 技术要求中，5.1.1 规定，工作相对湿度范围：≤90%（40℃±2℃）。

37．数据中心用市电加保障电源的两路供电系统市电侧功率因数不应小于（　　）。

A．0.8　　B．0.85　　C．0.9　　D．0.95

【参考答案】C

【解析】YD/T 3767—2020《数据中心用市电加保障电源的两路供电系统技术要求》5 技术要求中，5.2 市电侧技术要求规定：数据中心用市电加保障电源的两路供电系统市电侧功率因数不应小于 0.9。

38．数据中心用市电加保障电源的两路供电系统的保障电源直流系统工作于休眠模式，至少应有（　　）个整流模块处于工作状态。

A．0　　B．1　　C．2　　D．3

【参考答案】C

【解析】YD/T 3767—2020《数据中心用市电加保障电源的两路供电系统技术要求》5 技术要求中，5.3.4 规定：直流系统宜具有整流模块休眠工作模式，依据不同负载率自动关闭部分整流模块，使系统工作在高效率区间，该功能出厂设置宜为关闭。当系统工作于休眠模式，至少应有 2 个整流模块处于工作状态。

39．灾难发生后，系统和数据必须恢复到的时间点要求称为（　　）。

A．RTO　　B．RPO　　C．BCM　　D．CDP

【参考答案】B

【解析】YD/T 3485—2019《信息系统灾难恢复能力要求》3 术语、定义和缩略语中，3.1 术语和定义规定：恢复点目标（recovery point objective，RPO），灾难发生后，系统和数据必须恢复到的时间点要求。

40．灾难发生后，系统和数据从停顿到必须恢复的时间要求称为（　　）。

A．RTO　　B．RPO　　C．BCM　　D．CDP

【参考答案】A

【解析】YD/T 3485—2019《信息系统灾难恢复能力要求》3 术语、定义和缩略语中，3.1 术语和定义规定：恢复时间目标（recovery time objective，RTO），灾难发生后，系统和数据从停顿到必须恢复的时间要求。

41．（　　）指一项综合管理流程，为提高企业风险防范能力而制定响应、业务和连续性的恢复计划，提供建设组织有效反映恢复能力的框架的整体管理过程。

A．业务连续性管理　　B．业务连续性计划

C．灾难恢复计划　　D．灾难恢复管理

【参考答案】A

【解析】YD/T 3485—2019《信息系统灾难恢复能力要求》3 术语、定义和缩略语中，3.1 术语和定义规定：业务连续性管理，指一项综合管理流程，为提高企业风险防范能力而制定

响应、业务和连续性的恢复计划，提供建设组织有效反映恢复能力的框架的整体管理过程。

42．逻辑错误对（　　）备份的影响较大，它关系到整个数据库的可用性。

A．结构化数据　　B．非结构化数据　　C．半结构化数据　　D．所有数据

【参考答案】A

【解析】YD/T 3485—2019《信息系统灾难恢复能力要求》6 信息系统灾难恢复能力要求中，6.2.3 逻辑错误容灾能力要求规定：逻辑错误对结构化数据备份的影响较大，它关系到整个数据库的可用性。

43．数据中心以太网接入交换机采用集中转发结构，整机 MAC 地址表容量不小于（　　）个。

A．4k　　B．16k　　C．32k　　D．64k

【参考答案】C

【解析】YD/T 3096—2016《数据中心接入以太网交换机设备技术要求》7 性能要求中，7.4 规定：数据中心以太网接入交换机采用集中转发结构，整机 MAC 地址表容量不小于 32k 个。

44．数据中心单台以太网接入交换机应支持（　　）个 VLAN 同时启用，在开启大量 VLAN 的情况下不影响设备转发性能。

A．1024　　B．2048　　C．4096　　D．8192

【参考答案】C

【解析】YD/T 3096—2016《数据中心接入以太网交换机设备技术要求》7 性能要求中，7.5 规定：单台以太网接入交换机应支持 4096 个 VLAN 同时启用，在开启大量 VLAN 的情况下不影响设备转发性能。

45．数据中心接入以太网交换机正常工作的温度保持（　　）。

A．10℃～32℃　　B．0℃～40℃　　C．10℃～40℃　　D．0℃～32℃

【参考答案】B

【解析】YD/T 3096—2016《数据中心接入以太网交换机设备技术要求》9 环境要求中，9.1 规定：数据中心接入以太网交换机正常工作的温度保持 0℃～40℃。

46．数据中心接入以太网交换机正常工作的相对湿度保持（　　）。

A．30%～70%　　B．40%～60%　　C．20%～90%　　D．10%～85%

【参考答案】C

【解析】YD/T 3096—2016《数据中心接入以太网交换机设备技术要求》9 环境要求中，9.1 规定：数据中心接入以太网交换机正常工作的温度保持 0℃～40℃，相对湿度保持 20%～90%。

47．以下（　　）不符合数据中心接入以太网的可靠性要求。

A．接入以太网交换机在数据中心应保持设备冗余，同时做到负载均衡

B．设备可选支持电源模块的冗余，工作电源模块切换时业务无中断

C．设备平均无故障时间（MTBF）应大于 175200h，系统故障恢复时间（MTTR）应小于 3h

D．空配置环境下，设备重启时间不大于 5min

【参考答案】D

【解析】YD/T 3096—2016《数据中心接入以太网交换机设备技术要求》7 性能要求中，7.7 可靠性规定：接入以太网交换机在数据中心应保持设备冗余，同时做到负载均衡；设备可选支持电源模块的冗余，工作电源模块切换时业务无中断；设备平均无故障时间（MTBF）应大于 175200h，系统故障恢复时间（MTTR）应小于 3h；空配置环境下，设备重启时间不大于 10min。

48．一体化微型模块化数据中心单体微模块最大用电容量不宜过高，IT 容量以不超过（　　）为宜。

A．100kW　　B．150kW　　C．200kW　　D．250kW

【参考答案】B

【解析】YD/T 3290—2017《一体化微型模块化数据中心技术要求》6 微模块典型模型推荐中：微模块单体最大用电容量不宜过高，IT 容量以不超过 150kW 为宜。

49．关于一体化微型模块化数据中心的不间断电源要求，不正确的是（　　）。

A．微模块内应至少配置两路独立不间断电源系统

B．微模块的不间断电源系统宜为独立柜体

C．微模块应配置独立电池柜，电池柜体上宜设计用于电池柜内散热的自动强排风风扇

D．不间断电源系统应具备防止电池过放电的保护功能、独立的维护开关，以及单体电池状态监控仪

【参考答案】A

【解析】YD/T 3290—2017《一体化微型模块化数据中心技术要求》7 供配电子系统中规定：微模块内应至少配置一路独立不间断电源系统；微模块的不间断电源系统宜为独立柜体；微模块应配置独立电池柜，电池柜体上宜设计用于电池柜内散热的自动强排风风扇；不间断电源系统应具备防止电池过放电的保护功能、独立的维护开关，以及单体电池状态监控仪。

二、多项选择题

1．存储系统是以数据存储和管理为核心的系统，一般由（　　）等组成。

A．存储设备　　B．SAN 交换机　　C．磁带库　　D．数据库

【参考答案】ABC

【解析】DL/T 1597—2016《电力行业数据灾备系统存储监控技术规范》3 术语和定义中规定：存储系统是以数据存储和管理为核心的系统，一般由存储设备、SAN 交换机、磁带库等组成。

2．数据灾备系统存储监控的采集管理应具备的特性包括（　　）。

A．数据归一化管理　　B．集中采集　　C．本地采集　　D．共享采集

【参考答案】ABD

【解析】DL/T 1597—2016《电力行业数据灾备系统存储监控技术规范》5 存储监控功能要求中，5.2.1 规定，采集管理应为运维管理提供基础数据来源，应具备如下特性：a）数据归一化管理；b）集中采集；c）共享采集。

3．数据灾备系统存储监控的采集管理接口应（　　）。

A．支持新资源的扩展　　B．接收与返回多种形式的数据类型

C．遵循国家标准的认证与加密技术　　D．支持对资源进行访问

【参考答案】ABCD

【解析】DL/T 1597—2016《电力行业数据灾备系统存储监控技术规范》5 存储监控功能要求中，5.2.4 规定，接口应支持资源访问、扩展和多形式数据类型：a）将管理对象及指标定义为资源，并支持对资源进行访问，资源访问方式包括获取（GET）、修改（PUT）、创建（POST）、删除（DELETE）等；b）支持新资源的扩展，以支持更多的采集处理功能；c）接收与返回多种形式的数据类型；d）遵循国家标准的认证与加密技术。

4．数据灾备系统存储监控的运行管理应根据管理对象的不同接口技术，提供多种性能数据收集方式，包括（　　）。

A．SNMP　　B．SSH　　C．API　　D．SMI-S

【参考答案】ACD

【解析】DL/T 1597—2016《电力行业数据灾备系统存储监控技术规范》5 存储监控功能要求中，5.4 运行管理规定：根据管理对象的不同接口技术，提供多种性能数据收集方式，包括 SNMP、API 和 SMI-S 等。

5．数据灾备系统存储设备常用性能指标包括（　　）。

A．处理器性能指标　　B．内存性能指标

C．端口 I/O 性能指标　　D．物理磁盘性能指标

【参考答案】ABCD

【解析】DL/T 1597—2016《电力行业数据灾备系统存储监控技术规范》6 存储监控指标中，6.1.1 规定，存储设备性能指标应反映存储设备的运行性能，常见性能指标有：a）处理器性能指标；b）内存性能指标；c）端口 I/O 性能指标；d）物理磁盘性能指标。

6．数据灾备系统 SAN 交换机常用性能指标包括（　　）。

A．处理器性能指标　　B．内存性能指标

C．端口 I/O 性能指标　　D．背板性能指标

【参考答案】ABCD

【解析】DL/T 1597—2016《电力行业数据灾备系统存储监控技术规范》6 存储监控指标中，6.1.2 规定，SAN 交换机性能指标应反映 SAN 交换机的运行性能，常见性能指标包括：a）处理器性能指标；b）内存性能指标；c）端口 I/O 性能指标；d）背板性能指标。

7．数据灾备系统磁带库常用性能指标包括（　　）。

A．处理器性能指标　　B．内存性能指标

C．端口 I/O 性能指标　　D．驱动器性能指标

【参考答案】CD

【解析】DL/T 1597—2016《电力行业数据灾备系统存储监控技术规范》6 存储监控指标中，6.1.3 规定，磁带库（虚拟磁带库）性能指标应反映磁带库（虚拟磁带库）的运行性能，常见性能指标包括：a）驱动器性能指标；b）端口 I/O 性能指标。

8．数据灾备系统的常用复制指标有（　　）。

A．链路复制指标　　B．链路传输指标

C．磁盘组传输指标　　D．磁盘组复制指标

【参考答案】BD

【解析】DL/T 1597—2016《电力行业数据灾备系统存储监控技术规范》6 存储监控指标中，6.5 规定：复制指标指在数据灾备系统通过相关复制数据的采集、分析、处理和展示，反

映数据灾备系统存储复制运行情况。常用复制指标有链路传输指标、磁盘组复制指标。

9. 数据灾备系统的日常监控应包括以下内容（　　）。

A. 监控存储系统运行情况　　B. 监控存储复制情况

C. 监控存储告警信息　　D. 监控链路运行情况

【参考答案】ABC

【解析】DL/T 1597—2016《电力行业数据灾备系统存储监控技术规范》7 存储监控方式中，7.1 日常监控规定，日常监控指监控人员应通过每天实时监控存储设备、SAN交换机、磁带机等设备的运行、复制、告警等信息，及时了解和分析存储系统运行情况。日常监控应包括以下内容：监控存储系统运行情况、监控存储复制情况、监控存储告警信息。

10. 灾备系统是用于灾难恢复目的，由（　　）组成的信息系统。

A. 数据备份系统　　B. 备用数据处理系统

C. 备用的网络系统　　D. 存储介质

【参考答案】ABC

【解析】YD/T 2916—2015《基于存储复制技术的数据灾备技术要求》2 术语和缩略语中规定：灾备系统用于灾难恢复目的，由数据备份系统、备用数据处理系统和备用的网络系统组成的信息系统。

11. 数据的灾备复制拓扑包括以下（　　）等方式。

A. A-B-...-A　　B. 一对多　　C. 多对一　　D. A-B-C

【参考答案】ABC

【解析】YD/T 2916—2015《基于存储复制技术的数据灾备技术要求》4 数据复制中，4.5 复制拓扑扩展规定：数据的灾备复制拓扑主要有以下三种方式：a）A-B-...-A，当只有两个生产中心A-B-A时，数据双向复制互为灾备也称互容，超过两个中心如A-B-C-A，数据复制级联成环；b）一对多，同一份生产数据复制到多个灾备中心，采用组播能降低网络带宽要求；c）多对一，将多个生产系统数据集中复制到单一灾备系统中。

12. 灾备系统的数据复制协议具有（　　）等特点。

A. 数据优先级

B. 主机系统无关性

C. 当网络带宽有限时，复制协议不需要保证重要数据的优先处理

D. 协议设计确保复制过程不间断生产应用服务

【参考答案】ABD

【解析】YD/T 2916—2015《基于存储复制技术的数据灾备技术要求》4 数据复制中，4.6 复制协议规定，复制协议具有以下特点：a）数据优先级，支持设置数据优先级；当网络带宽有限时，复制协议需要保证重要数据的优先处理；b）主机系统无关性，复制过程针对生产系统平台、生产应用透明；c）协议设计确保复制过程不间断生产应用服务。

13. 数据灾备技术中数据复制的完整一致性需要从（　　）等层级设计予以保障。

A. 生产系统应用层　　B. 复制传输层

C. 生产与灾备系统存取层　　D. 存储介质层

【参考答案】ABC

【解析】YD/T 2916—2015《基于存储复制技术的数据灾备技术要求》5 完整一致性中规

定，数据复制的完整一致性需要从以下三层设计予以保障：a）生产系统应用层，事务处理系统如数据库等是否静默 IO 实现原子性，包含打开文件的文件系统源数据的完整性；b）复制传输层，添加冗余校验保障灾备系统收到完整、正确的数据；c）生产与灾备系统存取层，端到端跨不同级缓存到永久存储介质的冗余校验。

14．数字中心机房用 UPS 由（　　）组合构成的，在输入电源故障时，用以维持负载电力连续性的电源系统。

A．功率变换单元　　B．开关　　C．储能装置　　D．市电电源

【参考答案】ABC

【解析】NB/T 10691—2021《数字中心机房用不间断电源系统》3 术语和定义中规定：不间断电源系统由功率变换单元、开关和储能装置（如蓄电池）组合构成的，在输入电源故障时，用以维持负载电力连续性的电源系统。

15．数字中心机房用 UPS 的额定输入电压为（　　）。

A．单相 110V　　B．单相 220V　　C．三相 220V　　D．三相 380V

【参考答案】CD

【解析】NB/T 10691—2021《数字中心机房用不间断电源系统》4 正常使用条件中，4.2.1 规定：UPS 的额定输入电压为单相 220V/三相 380V。

16．数字中心机房用直流 UPS 的标称输出电压为（　　）V。

A．220　　B．240　　C．330　　D．336

【参考答案】BD

【解析】NB/T 10691—2021《数字中心机房用不间断电源系统》5 技术要求中，5.2.1 规定：直流 UPS 的标称输出电压为 240V/336V。

17．数字中心机房用直流 UPS 或容量大于 20kVA 的交流 UPS 应具有以下电池管理功能（　　）。

A．蓄电池均充、浮充状态手动和自动转换功能

B．蓄电池均充、浮充充电的限流功能，且限流值不受负载变化影响

C．如果配有铅蓄电池，根据其工作环境温度对充电电压进行温度补偿，且按每节电池 –3mV/℃～7mV/℃自动调节浮充电压

D．动态监测蓄电池的工作状态

【参考答案】ABC

【解析】NB/T 10691—2021《数字中心机房用不间断电源系统》5 技术要求中，5.4 规定，直流 UPS 或容量大于 20kVA 的交流 UPS 应具有以下电池管理功能：a）蓄电池均充、浮充状态手动和自动转换功能；b）蓄电池均充、浮充充电的限流功能，且限流值不受负载变化影响；c）如果配有铅蓄电池，根据其工作环境温度对充电电压进行温度补偿，且按每节电池 –3mV/℃～7mV/℃自动调节浮充电压。

18．数字中心机房用 UPS 的遥测参数包括（　　）。

A．交流输入电压、输入电流

B．直流输入电压、输入电流

C．交流 UPS：输出电压、输出电流、输出频率、输出功率因数（可选）、充电电流、蓄电池温度（可选）

D. 直流 UPS：整流器输出电压和输出电流、输出电压、总负载电流、分路电流值（可选）、蓄电池充放电电流和蓄电池温度（可选）

【参考答案】ACD

【解析】NB/T 10691—2021《数字中心机房用不间断电源系统》5 技术要求中，5.5.2 规定，UPS 的遥测参数包括：a）交流输入电压、输入电流。b）交流 UPS：输出电压、输出电流、输出频率、输出功率因数（可选）、充电电流、蓄电池温度（可选）。c）直流 UPS：整流器输出电压和输出电流、输出电压、总负载电流、分路电流值（可选）、蓄电池充放电电流和蓄电池温度（可选）。

19. 数字中心机房用 UPS 的遥信参数包括（　　）。

A. 输入过电压/欠电压、缺相、输入过电流（可选）、频率过高/过低（可选）、断路器/开关状态（可选）、蓄电池放电电压低、市电故障、整流器故障、过载

B. 交流 UPS：同步/不同步、逆变供电/旁路供电、逆变功率单元故障、旁路故障和工作状态记录

C. 直流 UPS：输出电压过电压/欠电压、蓄电池熔丝状态、均充/浮充/测试、主要分路熔丝/开关状态（可选）和蓄电池下电（可选）

D. 整流器输出电压和输出电流、输出电压、总负载电流、分路电流值（可选）、蓄电池充放电电流和蓄电池温度（可选）

【参考答案】ABC

【解析】NB/T 10691—2021《数字中心机房用不间断电源系统》5 技术要求中，5.5.3 规定，UPS 的遥信参数包括：a）输入过电压/欠电压、缺相、输入过电流（可选）、频率过高/过低（可选）、断路器/开关状态（可选）、蓄电池放电电压低、市电故障、整流器故障、过载。b）交流 UPS：同步/不同步、逆变供电/旁路供电、逆变功率单元故障、旁路故障和工作状态记录。c）直流 UPS：输出电压过电压/欠电压、蓄电池熔丝状态、均充/浮充/测试、主要分路熔丝/开关状态（可选）和蓄电池下电（可选）。

20. 数字中心机房用 UPS 应监视交流输入电压的变化。当输入电压达到其过电压/欠电压设定值时，UPS 应（　　），当输入电压正常后，UPS 应自动恢复工作。

A. 自动关机　　B. 自动调节电压　　C. 发出告警　　D. 转为旁路供电

【参考答案】AC

【解析】NB/T 10691—2021《数字中心机房用不间断电源系统》5 技术要求中，5.6.1.1 规定：UPS 应监视交流输入电压的变化。当输入电压达到其过电压/欠电压设定值时，UPS 应自动关机且发出告警；当输入电压正常后，UPS 应自动恢复工作。

21. 数字中心机房用 UPS 的交流输入过电流保护要求包括（　　）。

A. 系统交流输入宜配置交流断路器保护

B. 直流 UPS 中，整流机柜的交流总输入宜配置交流断路器保护

C. 直流 UPS 中，每个整流器的交流输入应配置交流断路器保护

D. 应按 UPS 额定功率时的电流配置，各级配电应满足级差配合要求

【参考答案】ABCD

【解析】NB/T 10691—2021《数字中心机房用不间断电源系统》5 技术要求中，5.6.1.2 规定，UPS 的交流输入过电流保护要求如下：a）系统交流输入宜配置交流断路器保护；b）直

流 UPS 中，整流机柜的交流总输入宜配置交流断路器保护；c）直流 UPS 中，每个整流器的交流输入应配置交流断路器保护；d）应按 UPS 额定功率时的电流配置，各级配电应满足级差配合要求。

22．以下（　　）属于数字中心机房用 UPS 的输出过电压、欠电压保护要求。

A．当直流 UPS 的输出电压达到其过电压设定值时，自动关机，且自动告警，故障排除后，手动恢复工作

B．当交流 UPS 的输出电压达到其过电压设定值时，转为旁路供电

C．UPS 欠电压时，应自动保护并告警

D．自动调节输出电压

【参考答案】ABC

【解析】NB/T 10691—2021《数字中心机房用不间断电源系统》5 技术要求中，5.6.1.4 规定，当 UPS 的输出电压达到其过电压设定值时，直流 UPS：自动关机，且自动告警。故障排除后，手动恢复工作；交流 UPS：转为旁路供电。UPS 欠电压时，应自动保护并告警。

23．关于数字中心机房用 UPS，以下说法正确的是（　　）。

A．当温度超过温度保护设定值时，自动保护

B．当温度下降到温度保护设定值以下时，自动恢复工作

C．当温度超过温度保护设定值时，自动关机

D．当温度下降到温度保护设定值以下时，手动恢复工作

【参考答案】AB

【解析】NB/T 10691—2021《数字中心机房用不间断电源系统》5 技术要求中，5.6.1.7 规定，UPS 应具有温度过高保护功能：当温度超过温度保护设定值时，自动保护；当温度下降到温度保护设定值以下时，自动恢复工作。

24．关于数字中心机房用 UPS，以下说法正确的是（　　）。

A．UPS 应具有告警记录和查询功能，且告警记录能随时刷新

B．UPS 的交流输入端应装有浪涌保护装置

C．UPS 应在保护功能动作的同时自动发出相应的告警信号，且通过通信接口将告警信号传送到近端、远程监控设备上

D．所传送的告警信号应区分故障的类别

【参考答案】ABCD

【解析】NB/T 10691—2021《数字中心机房用不间断电源系统》5 技术要求中，5.6.1.9 规定：UPS 的交流输入端应装有浪涌保护装置，且至少能承受电流脉冲（8/20μs、15kA）的冲击。5.6.2 规定：UPS 应在保护功能动作的同时自动发出相应的告警信号，且通过通信接口将告警信号传送到近端、远程监控设备上。所传送的告警信号应区分故障的类别。UPS 应具有告警记录和查询功能，且告警记录能随时刷新。

25．UPS 机柜的外观应符合以下要求（　　）。

A．镀层牢固，漆面匀称

B．表面平整

C．所有标牌、标记、文字符号应清晰易见、正确、整齐

D．无剥落、锈蚀和裂痕等现象

【参考答案】ABCD

【解析】NB/T 10691—2021《数字中心机房用不间断电源系统》5 技术要求中，5.9 外观要求规定，UPS 机柜的外观应符合以下要求：镀层牢固，漆面匀称；无剥落、锈蚀和裂痕等现象；表面平整；所有标牌、标记、文字符号应清晰易见、正确、整齐。

26．电力信息系统中，敏感数据或可用性要求高的数据在传输时（　　）。

A．可采用 UDP 协议　　B．可采用 TCP 协议传输

C．具备断线重传功能　　D．应采用 HTTPS 传输

【参考答案】BC

【解析】DL/T 1731—2017《电力信息系统非功能性需求规范》6 信息系统非功能性需求规范要求中，6.4.1 规定：敏感数据或可用性要求高的数据在传输时不宜采用 UDP 协议，宜采用 TCP 协议传输，同时具备断线重传功能确保其可用性。

27．电力信息系统运行指标宜包括系统运行的（　　）等方面。

A．安全性　　B．稳定性　　C．可靠性　　D．完整性

【参考答案】BC

【解析】DL/T 1731—2017《电力信息系统非功能性需求规范》6 信息系统非功能性需求规范要求中，6.1.6.2 规定：信息系统运行指标宜包括系统运行的稳定性、可靠性等方面。

28．数据级容灾能力具体要求有（　　）。

A．异地备份系统是本地关键应用数据的一个可用复制，以保证数据容灾

B．在本地数据及整个信息系统出现灾难时异地备份系统至少在异地保存有一份可用的关键业务的数据，该数据可以是本地生产数据的完全实时复制，实现准 CDP 容灾模式

C．在数据容灾的基础上，在异地建立一套完整的与本地生产系统相当的备份应用系统，当生产系统宕机后，备份应用系统可以接管

D．信息系统具备将数据恢复到出现逻辑错误之前的任意时间点的能力要求历史发生改变的任意时间点都可以恢复并可用，才能 100%地保证逻辑错误的容灾能力

【参考答案】AB

【解析】YD/T 3485—2019《信息系统灾难恢复能力要求》6 信息系统灾难恢复能力要求中，6.2.1 规定，需要建立一个异地的数据备份系统，保证业务系统数据容灾能力和及时恢复能力。具体要求如下：a）异地备份系统是本地关键应用数据的一个可用复制，以保证数据容灾；b）在本地数据及整个信息系统出现灾难时异地备份系统至少在异地保存有一份可用的关键业务的数据，该数据可以是本地生产数据的完全实时复制，实现准 CDP 容灾模式，应满足 GB/T 20988—2007 中相应灾难恢复能力等级的 RPO 要求。

29．逻辑错误容灾能力具体要求有（　　）。

A．异地备份系统是本地关键应用数据的一个可用复制，以保证数据容灾

B．在本地数据及整个信息系统出现灾难时异地备份系统至少在异地保存有一份可用的关键业务的数据，该数据可以是本地生产数据的完全实时复制，实现准 CDP 容灾模式

C．检查并保证信息系统正常启动和运行

D．信息系统具备将数据恢复到出现逻辑错误之前的任意时间点的能力要求历史发生改

变的任意时间点都可以恢复并可用，才能100%地保证逻辑错误的容灾能力

【参考答案】CD

【解析】YD/T 3485—2019《信息系统灾难恢复能力要求》6 信息系统灾难恢复能力要求中，6.2.3 逻辑错误容灾能力要求规定：a）检查并保证信息系统正常启动和运行；b）信息系统具备将数据恢复到出现逻辑错误之前的任意时间点的能力要求历史发生改变的任意时间点都可以恢复并可用，才能100%地保证逻辑错误的容灾能力。

30．备用基础设施的恢复能力主要体现在（　　）。

A．使用双路市电接入，有保障电源

B．要求生产中心和灾备中心满足不在同一个江河流域，不在同一个地带，不在同一个电网相距300km以上

C．要求维持灾难备份系统运行的备用机房及设备应保持在正常运行状态中

D．要求灾难恢复人员的连续停留的生活设施完备，能维持日常生产

【参考答案】BCD

【解析】YD/T 3485—2019《信息系统灾难恢复能力要求》6 信息系统灾难恢复能力要求中，6.3 规定，备用基础设施的恢复能力主要体现在：a）要求生产中心和灾备中心满足不在同一个江河流域，不在同一个地带，不在同一个电网相距300km以上；b）要求维持灾难备份系统运行的备用机房及设备应保持在正常运行状态中；c）要求灾难恢复人员的连续停留的生活设施完备，能维持日常生产。

31．灾难恢复操作技术人员能力要求（　　）。

A．熟悉常用的路由配置，具有网络故障排查和分析能力，具备良好的网络系统安全运行管理能力

B．熟悉UPS、蓄电池、供电系统原理，具有电源系统故障排查与处理能力，具有一定的日常运维能力

C．熟悉主流数据库系统的安装、配置、查询，具备一定的数据库软件故障的分析和处理能力

D．良好的沟通协调能力

【参考答案】ACD

【解析】YD/T 3485—2019《信息系统灾难恢复能力要求》6 信息系统灾难恢复能力要求中，6.5 规定，灾难恢复操作技术人员能力要求：熟悉常用的路由配置，具有网络故障排查和分析能力，具备良好的网络系统安全运行管理能力；存储设备操作能力：熟悉主流存储设备的配置使用，具备一定的存储相关问题的分析和处理能力；操作系统操作能力：熟悉主流操作系统的安装、配置，具备一定的操作系统和应用软件相关问题分析和处理能力；数据库操作能力：熟悉主流数据库系统的安装、配置、查询，具备一定的数据库软件故障的分析和处理能力；沟通协调能力：有良好的沟通协调能力。

32．数据中心接入以太网的接地要求的是（　　）。

A．接地方式应符合工作地、保护地和建筑防雷接地公用一组接地体的联合接地方式

B．接地线截面积根据可能通过的最大电流负荷确定

C．接地线采用良导体导线，可以使用裸导线布放

D．联合接地的电阻值应小于0.1Ω

【参考答案】ABD

【解析】YD/T 3096—2016《数据中心接入以太网交换机设备技术要求》10 电源与接地要求中，10.2 接地要求规定：a）接地方式应符合工作地、保护地和建筑防雷接地公用一组接地体的联合接地方式；b）接地线截面积，接地线截面积根据可能通过的最大电流负荷确定。应采用良导体导线，不能使用裸导线布放；c）接地电阻值，联合接地的电阻值应小于0.1Ω。

33．一体化微型模块化数据中心微模块中 IT 机柜数量推荐使用（　　）个～（　　）个之间。

A．10　　B．12　　C．18　　D．20

【参考答案】AC

【解析】YD/T 3290—2017《一体化微型模块化数据中心技术要求》6 微模块典型模型推荐中：微模块中 IT 机柜数量推荐使用 10 个～18 个之间。

三、判断题

1．数据灾备系统存储监控的告警管理要求包含足够信息于告警中，包括告警标题、告警来源、告警发生时间、告警描述和告警级别等。

【参考答案】对

【解析】DL/T 1597—2016《电力行业数据灾备系统存储监控技术规范》5 存储监控功能要求中，5.5 告警管理规定：包含足够信息于告警中，包括告警标题、告警来源、告警发生时间、告警描述和告警级别等。

2．数据灾备系统存储监控应将告警信息通过短信、电子邮件、软件界面等多种方式通知管理主体。

【参考答案】对

【解析】DL/T 1597—2016《电力行业数据灾备系统存储监控技术规范》5 存储监控功能要求中，5.5 告警管理规定：将告警信息通过短信、电子邮件、软件界面等多种方式通知管理主体。

3．数据灾备的异步数据复制独立于主机写入，灾备中心的数据滞后于生产中心，异步复制对生产应用响应性能影响较大，适用于短距离灾备。

【参考答案】错

【解析】YD/T 2916—2015《基于存储复制技术的数据灾备技术要求》4 数据复制中，4.4.2 规定：数据灾备的异步数据复制独立于主机写入，灾备中心的数据滞后于生产中心，异步复制对生产应用响应性能影响较小，适用于长距离灾备。

4．数据灾备的半同步复制，将数据写入分为两阶段：缓存和永久介质。生产主机写入缓存成功即完成，待刷新缓存时同步复制记录的变更数据至灾备系统。

【参考答案】对

【解析】YD/T 2916—2015《基于存储复制技术的数据灾备技术要求》4 数据复制中，4.4.2 规定：数据灾备的半同步复制，将数据写入分为缓存和永久介质两阶段。生产主机写入缓存成功即完成，待刷新缓存时同步复制记录的变更数据至灾备系统。

5．生产系统先利用快照，将时间点数据/日志初始化复制到灾备系统后，再创建一个级联快照并维护以不断将两个时间点之间数据/日志增量异步复制到灾备系统，灾备系统待增量复制完成可以快照产生时间点数据复制。

【参考答案】对

【解析】YD/T 2916—2015《基于存储复制技术的数据灾备技术要求》4 数据复制中，4.4.4 规定：生产系统先利用快照，将时间点数据/日志初始化复制到灾备系统后，再创建一个级联快照并维护以不断将两个时间点之间数据/日志增量异步复制到灾备系统，灾备系统待增量复制完成可以快照产生时间点数据复制。

6．数据灾备具体复制性能措施选择需综合平衡生产与灾备系统和灾备网络整体的系统性能影响。

【参考答案】对

【解析】YD/T 2916—2015《基于存储复制技术的数据灾备技术要求》7 复制性能中规定：具体性能措施选择需综合平衡生产与灾备系统和灾备网络整体的系统性能影响。

7．使用灾备网络传递控制、管理信息，不允许与数据复制共用链路。

【参考答案】错

【解析】YD/T 2916—2015《基于存储复制技术的数据灾备技术要求》7 复制性能中规定，使用灾备网络传递控制、管理信息，包括两种形式：1）带内-与数据复制共用链路；2）带外-独立与数据复制使用专用链路。

8．灾备强同步适用于复制技术模式中同步和半同步的非常关键行业应用，数据复制失败不影响生产主机应用，将记录数据变更以待灾备恢复后进行增量复制。

【参考答案】错

【解析】YD/T 2916—2015《基于存储复制技术的数据灾备技术要求》9 服务级别中，9.1 同步优先级规定：强同步适用于复制技术模式中同步和半同步的非常关键行业应用，数据复制失败将强制停止生产主机应用 IO 导致其服务停止。

9．数字中心机房用交流 UPS 的市电供电-电池供电模式转换时间应为 0。

【参考答案】对

【解析】NB/T 10691—2021《数字中心机房用不间断电源系统》5 技术要求中，5.1.12 规定：交流 UPS 的市电供电-电池供电模式转换时间应为 0。

10．数字中心机房用交流 UPS 的并机负载电流不均衡度不应超过 3%。

【参考答案】错

【解析】NB/T 10691—2021《数字中心机房用不间断电源系统》5 技术要求中，5.1.19 规定：交流 UPS 的并机负载电流不均衡度不应超过 5%。

11．不同交流输入电压与负载组合的情况下，数字中心机房用直流 UPS 的直流输出电压稳压精度应优于±1.0%。

【参考答案】对

【解析】NB/T 10691—2021《数字中心机房用不间断电源系统》5 技术要求中，5.2.5 规定：不同交流输入电压与负载组合的情况下，直流 UPS 的直流输出电压稳压精度应优于±1.0%。

12．数字中心机房用直流 UPS 宜具有整流器休眠工作模式，根据不同负载率自动关闭部分整流器，使直流 UPS 工作在高效率区间。出厂时，该功能设置应为开启。

【参考答案】错

【解析】NB/T 10691—2021《数字中心机房用不间断电源系统》5 技术要求中，5.2.6 规定：直流 UPS 宜具有整流器休眠工作模式，根据不同负载率自动关闭部分整流器，使直流 UPS 工作在高效率区间。出厂时，该功能设置应为关闭。

13．数字中心机房用 UPS 的交流输入为三相时，应具有缺相保护功能。

【参考答案】对

【解析】NB/T 10691—2021《数字中心机房用不间断电源系统》5 技术要求中，5.6.1.2 规定：UPS 的交流输入为三相时，应具有缺相保护功能。

14．数字中心机房用 UPS 应具有输出过电流和短路保护功能。过电流、短路故障排除后，自动恢复正常工作状态。

【参考答案】错

【解析】NB/T 10691—2021《数字中心机房用不间断电源系统》5 技术要求中，5.6.1.5 规定：UPS 应具有输出过电流和短路保护功能。过电流、短路故障排除后，人工恢复正常工作状态。

15．数字中心机房用 UPS 风扇发生停转故障时，应发出声光告警。

【参考答案】对

【解析】NB/T 10691—2021《数字中心机房用不间断电源系统》5 技术要求中，5.6.1.8 规定：风扇发生停转故障时，UPS 应发出声光告警。

16．电力信息系统运行参数宜提供图形化配置功能，不宜通过直接编辑数据库、配置文件或注册表等方式进行参数配置。

【参考答案】对

【解析】DL/T 1731—2017《电力信息系统非功能性需求规范》6 信息系统非功能性需求规范要求中，6.3.1.3 规定：信息系统运行参数宜提供图形化配置功能，不宜通过直接编辑数据库、配置文件或注册表等方式进行参数配置。

17．电力信息系统非功能性需求指标要求属于一般性要求，可根据信息系统特点进行裁剪，如需特别说明的，应在系统需求规格说明书中说明。

【参考答案】对

【解析】DL/T 1731—2017《电力信息系统非功能性需求规范》7 信息系统非功能性需求指标要求中，7.1 规定：信息系统非功能性需求指标要求属于一般性要求，可根据信息系统特点进行裁剪，如需特别说明的，应在系统需求规格说明书中说明。

18．电力信息系统在建设各个阶段应结合信息系统非功能性需求指标进行测试评价工作，如未满足相关指标要求，应组织信息系统建设单位针对问题进行整改。

【参考答案】对

【解析】DL/T 1731—2017《电力信息系统非功能性需求规范》7 信息系统非功能性需求指标要求中，7.2.2 规定：信息系统在建设各个阶段应结合信息系统非功能性需求指标进行测试评价工作，如未满足相关指标要求，应组织信息系统建设单位针对问题进行整改。

19．市电加保障电源的两路供电系统由市电、保障电源两部分组成，市电不可直接供电至 ICT 设备。

【参考答案】错

【解析】YD/T 3767—2020《数据中心用市电加保障电源的两路供电系统技术要求》4 总则中，4.1 规定：市电加保障电源的两路供电系统由市电、保障电源两部分组成，市电可直接供电至 ICT 设备，减少电源转换环节。

20．市电直供系统可采用市电与保障电源均分的工作模式，也可采用市电负担全部负载，保障电源热备的主备工作模式。

【参考答案】对

【解析】YD/T 3767—2020《数据中心用市电加保障电源的两路供电系统技术要求》4 总则中，4.2.2 规定：市电直供系统可采用市电与保障电源均分的工作模式，也可采用市电负担全部负载，保障电源热备的主备工作模式。

21．信息系统灾难事件可分为灾害类、设备类、逻辑故障类。设备类事件包括数据丢失、篡改或者数据库崩溃、文件系统崩溃等。

【参考答案】错

【解析】YD/T 3485—2019《信息系统灾难恢复能力要求》5 信息系统灾难的定义及分级中，5.2 规定：信息系统灾难事件可分为灾害类、设备类、逻辑故障类。灾害类事件包括如地震、火灾、台风、水灾等；设备类事件包括光纤故障、电缆故障、设备损坏等；逻辑故障类包括数据丢失、篡改或者数据库崩溃、文件系统崩溃等。

22．灾备中心需要采用至少双线接入，同时拥有至少一种网络接入方式。

【参考答案】错

【解析】YD/T 3485—2019《信息系统灾难恢复能力要求》 6 信息系统灾难恢复能力要求中，6.4 备用网络恢复能力要求规定：灾备中心需要采用至少双线接入，同时拥有多种网络接入方式，能有效地避免因为网络故障而引起的备份故障、恢复故障以及应用接管故障。

23．一体化微型模块化数据中心微模块封闭通道两侧宜采用对外平开门，门上应具有透明观察窗，材质宜采用钢化玻璃。门内宽不应小于 1m，高不应小于 2m。

【参考答案】对

【解析】YD/T 3290—2017《一体化微型模块化数据中心技术要求》9 结构子系统中，9.1 封闭通道组件规定：微模块封闭通道两侧宜采用对外平开门，门上应具有透明观察窗，材质宜采用钢化玻璃。门内宽不应小于 1m，高不应小于 2m。

第二节 企 业 标 准

章节摘要：本章节涵盖了电网企业数字化运行管理相关的国家电网企业标准，包括 Q/GDW 11212—2018《信息系统非功能性需求规范》、Q/GDW 11978—2018《数据中心模块化设计规范》、Q/GDW/Z 11799—2018《数据中心信息系统灾备存储复制设计原则》、Q/GDW 10704—2018《信息运行支撑平台技术要求》、Q/GDW 1133—2014《国家电网公司统一域名体系建设规范》、Q/GDW 11985—2019《信息系统自动化运维导则》、Q/GDW 11159—2018《信息系统基础设施改造技术规范》、Q/GDW 11822.10—2021《一体化“国网云”第 10 部分：运维技术规范》、Q/GDW 11983—2019《高效能数据中心能耗管理技术导则》等国家电网有限公司企业标准。

一、单项选择题

1．信息系统非功能需求应符合（　　）界面交互开发相关要求。

A．SG-CIM　　B．SG-UAP　　C．SG-ISC　　D．SG-SSO

【参考答案】B

【解析】Q/GDW 11212—2018《信息系统非功能性需求规范》5 总则中，5.5 规定：信息系统非功能需求应符合 SG-UAP 界面交互开发相关要求。

2．信息系统设计推荐采用（　　）模式。

A．动静分离　　B．前后端分离　　C．分层设计　　D．订阅发布模式

【参考答案】A

【解析】Q/GDW 11212—2018《信息系统非功能性需求规范》6 非功能性需求中，6.1.2.1 规定：系统设计推荐采用动静分离模式。

3．信息系统在承受最大并发用户数持续运行（　　）h 的情况下，系统运行平稳，业务失败率不得超过 0.1%。

A．1　　B．2　　C．4　　D．5

【参考答案】B

【解析】Q/GDW 11212—2018《信息系统非功能性需求规范》6 非功能性需求中，6.1.2.5 规定：在承受最大并发用户数持续运行 2h 的情况下，系统运行平稳，业务失败率不得超过 0.1%。

4．信息系统在 CPU 利用率方面，当并发用户数在设计要求范围内时，应用服务器和数据库服务器的 CPU 平均利用率不应超过（　　），且 CPU 利用率不应连续 30s 超过 80%。

A．50%　　B．60%　　C．70%　　D．80%

【参考答案】B

【解析】Q/GDW 11212—2018《信息系统非功能性需求规范》6 非功能性需求中，6.1.3.1 规定：信息系统在 CPU 利用率方面，当信息系统并发用户数在设计要求范围内时，应用服务器和数据库服务器的 CPU 平均利用率不应超过 60%，且 CPU 利用率不应连续 30s 超过 80%。

5．信息系统在内存使用率方面，当信息系统并发用户数在设计要求范围内时，应用服务器和数据库服务器的内存平均使用率不应超过（　　），且内存使用率不应连续 60s 超过 85%。

A．50%　　B．60%　　C．70%　　D．80%

【参考答案】D

【解析】Q/GDW 11212—2018《信息系统非功能性需求规范》6 非功能性需求中，6.1.3.2 规定：信息系统在内存使用率方面，当信息系统并发用户数在设计要求范围内时，应用服务器和数据库服务器的内存平均使用率不应超过 80%，且内存使用率不应连续 60s 超过 85%。

6．信息系统在网络带宽方面，当系统并发用户数在设计要求范围内时，系统网络带宽平均利用率不应超过（　　）。

A．50%　　B．60%　　C．70%　　D．80%

【参考答案】B

【解析】Q/GDW 11212—2018《信息系统非功能性需求规范》6 非功能性需求中，6.1.4.1 规定：在网络带宽方面，当系统并发用户数在设计要求范围内时，系统网络带宽平均利用率不应超过 60%。

7．信息系统对于复杂事务处理的页面响应方面，当系统进行复杂事务的处理且响应时间较长时，系统应根据事务内容分级逐步响应；当系统并发数达到设计上限时，应采用（　　）

的方法避免系统崩溃，并在页面中提供友好的提示信息。

A．增大缓存　　B．限流控制　　C．延迟访问　　D．增加资源

【参考答案】C

【解析】Q/GDW 11212—2018《信息系统非功能性需求规范》6 非功能性需求中，6.1.5.1 规定：对于复杂事务处理的页面响应方面，当系统进行复杂事务的处理且响应时间较长时，系统应根据事务内容分级逐步响应；当系统并发数达到设计上限时，应采用延迟访问的方法避免系统崩溃，并在页面中提供友好的提示信息。

8．以下对信息系统接口兼容性要求错误的是（　　）。

A．系统对外接口组件设计需采用代理模式设计对外服务接口

B．系统接口应与之存在集成关系的系统保持良好的接口兼容性

C．对外接口需遵循向下兼容原则

D．使用统一的接口开发规范

【参考答案】C

【解析】Q/GDW 11212—2018《信息系统非功能性需求规范》6 非功能性需求中，6.4.3 规定：系统对外接口组件设计需采用代理模式设计对外服务接口，系统接口应与之存在集成关系的系统保持良好的接口兼容性，对外接口需遵循向上（前）兼容原则，使用统一的接口开发规范。

9．以下（　　）信息不是信息系统调试日志必须包含的。

A．语句的执行时间　　B．语句的执行时长

C．语句的过程摘要　　D．语句的执行结果

【参考答案】C

【解析】Q/GDW 11212—2018《信息系统非功能性需求规范》6 非功能性需求中，6.7.2.2 规定：调试日志必须包含语句的执行时间、执行时长、执行结果。

10．下列对信息系统各类账号要求错误的是（　　）。

A．审计员账号应仅能监控其他各类用户的操作轨迹及系统日志

B．管理员账号应能给普通用户配置各类角色及权限

C．审核员账号应仅能对管理员账号进行相关操作的复核和批准

D．普通用户应仅能使用已授权系统功能，操作已授权的业务数据

【参考答案】B

【解析】Q/GDW 11212—2018《信息系统非功能性需求规范》6 非功能性需求中，6.7.3.5 规定，各类账号的要求是：审计员账号应仅能监控其他各类用户的操作轨迹及系统日志；管理员账号应仅能配置不涉及业务数据及系统功能的普通用户的角色及权限；审核员账号应仅能对管理员账号进行相关操作的复核和批准；普通用户应仅能使用已授权系统功能，操作已授权的业务数据。

11．下列对信息系统账号、权限及角色之间的关系描述有错误的是（　　）。

A．实现账号权限在管理者、使用者、监督者这三种角色间相互制衡

B．账号与角色之间是一对多的关系，一个账号可以有多种角色

C．角色与权限之间是多对多关系

D．避免同一角色所拥有的权限过大、过全

【参考答案】B

【解析】Q/GDW 11212—2018《信息系统非功能性需求规范》6 非功能性需求中，6.7.3.6 规定：信息系统应明确账号、权限及角色之间的差异，设计并实现账号、权限、角色间的映射关系，实现账号权限在管理者、使用者、监督者这三种角色间相互制衡。即账号与角色之间是一对一的关系，一个账号仅能拥有一种角色；而角色与权限之间是多对多关系。避免同一账号拥有多种角色，避免同一角色所拥有的权限过大、过全，禁止出现能够操控信息系统所有功能的超级管理员账号。

12．信息系统应根据应用系统访问需求和权限配置实施访问控制策略，以下描述（　　）是错误的。

A．应确保在应用系统服务器和客户端分别检查用户访问权限，避免仅在客户端实现访问控制

B．应确保系统账户权限功能的稳定性，在系统发生故障恢复时，各系统账户应具备恢复到故障前状态点的功能，避免系统故障引发的账户权限功能崩溃

C．应限制应用系统的访问 IP 地址，避免未授权用户访问应用系统

D．应将系统重要账号与 IP 地址进行绑定，限制重要账号能够登录的地点

【参考答案】C

【解析】Q/GDW 11212—2018《信息系统非功能性需求规范》6 非功能性需求中，6.9.1.9 规定，信息系统应根据应用系统访问需求和权限配置实施访问控制策略：（1）应确保在应用系统服务器和客户端分别检查用户访问权限，避免仅在客户端实现访问控制。（2）应确保系统账户权限功能的稳定性，在系统发生故障恢复时，各系统账户应具备恢复到故障前状态点的功能，避免系统故障引发的账户权限功能崩溃。（3）应将系统重要账号（如系统管理员账号、审计员账号等）与 IP 地址进行绑定，限制重要账号能够登录的地点。

13．信息系统应设置操作超时锁定策略，当用户在设置的时间段内，不应超过（　　）min，没有进行任何操作应将用户操作界面锁定，用户再次操作需要重新进行认证。

A．10　　B．20　　C．30　　D．60

【参考答案】C

【解析】Q/GDW 11212—2018《信息系统非功能性需求规范》6 非功能性需求中，6.9.1.8 规定，信息系统应根据应用系统访问需求和权限配置实施访问控制策略：信息系统应设置操作超时锁定策略，当用户在设置的时间段内（不应超过 30min）没有进行任何操作应将用户操作界面锁定，用户再次操作需要重新进行认证。

14．信息系统应设置用户账号连续登录失败次数的限制次数，一般为（　　）次，并提供账号锁定后的解锁策略。

A．5　　B．6　　C．7　　D．8

【参考答案】A

【解析】Q/GDW 11212—2018《信息系统非功能性需求规范》6 非功能性需求中，6.9.1.7 规定：信息系统应设置用户账号连续登录失败次数的限制次数（一般为 5 次）并提供账号锁定后的解锁策略。

15．信息系统在安全审计方面，应在系统中存储至少（　　）的日志记录。

A．一个月　　B．三个月　　C．六个月　　D．一年

【参考答案】C

【解析】Q/GDW 11212—2018《信息系统非功能性需求规范》6 非功能性需求中，6.9.1.21 规定：信息系统在安全审计方面，应包括系统级事件和重要业务事件，如开启/关闭审计功能、修改审计策略、添加/删除应用系统账号、修改用户权限、用户登录/登出、修改/删除重要业务数据及对应用系统资源的异常访问等重要安全事件。应在系统中存储至少六个月的日志记录。应保证无法删除、修改或覆盖审计记录，维护审计活动的完整性。

16. 信息化综合绩效评价体系下设（　　）级评价指标。

A. 二　　B. 三　　C. 四　　D. 五

【参考答案】B

【解析】Q/GDW 11830—2018《信息化后评估规范》3 指标体系中，3.2 指标设置原则规定：信息化综合绩效评价体系分四个主题，下设三级评价指标。

17. 信息化后评估中，以下（　　）不属于运维水平评价。

A. 运维项目管理规范性　　B. 信息通信运行水平

C. 信息通信系统安全　　D. 用户满意度

【参考答案】D

【解析】Q/GDW 11830—2018《信息化后评估规范》4 评价主题中，4.2 运维水平规定：运维水平主题主要从运维项目管理规范性、信息通信运行水平、信息通信系统安全、专业管理等方面进行评价。

18. 信息化后评估中，以下（　　）指标不属于二级指标基础软件国产化比率中的国产基础软件。

A. 国内厂商自主研发　　B. 合资企业自主研发

C. 基于商用软件研发　　D. 基于开源软件研发

【参考答案】B

【解析】Q/GDW 11830—2018《信息化后评估规范》附录 A 中，A.1 建设质量规定：国产基础软件包含国内厂商自主研发、基于商用或开源软件研发的基础软件。

19. 模块化数据中心模块运行环境相对湿度不大于（　　）。

A. 60%　　B. 70%　　C. 80%　　D. 90%

【参考答案】A

【解析】Q/GDW 11978—2018《数据中心模块化设计规范》5 数据中心模块化设计总体要求中，5.2 模块总体要求规定：模块运行环境温度宜为 18℃～27℃，相对湿度不大于 60%。

20. 模块化数据中心单模块最大长度不宜大于（　　）m。

A. 10　　B. 12　　C. 15　　D. 18

【参考答案】C

【解析】Q/GDW 11978—2018《数据中心模块化设计规范》5 数据中心模块化设计总体要求中，5.2 模块总体要求规定：单模块最大长度不宜大于 15m，模块侧面距墙不宜小于 1m。若模块采用旋转门，则模块与模块对门之间，模块门与墙之间距离不宜小于 1.8m。

21. 下列关于模块化数据中心模块总体要求错误的是（　　）。

A. 模块应具有消防联动功能

B. 模块应设计独立照明，宜置于封闭通道内顶部

C. 模块底部应配置防鼠底板

D. 模块配电、制冷、业务操作面应在不同侧，且支持前后维护

【参考答案】D

【解析】Q/GDW 11978—2018《数据中心模块化设计规范》5 数据中心模块化设计总体要求中，5.2 模块总体要求规定：模块应具有消防联动功能；模块底部应配置防鼠底板；模块应设计独立照明，宜置于封闭通道内顶部，宜采用节能 LED 灯，照度值不应低于 300lx；模块配电、制冷、业务操作面应在同一侧，且支持前后维护。

22. 模块化数据中心模块侧面距墙不宜小于（　　）m。

A. 0.5　　B. 1　　C. 1.2　　D. 1.5

【参考答案】B

【解析】Q/GDW 11978—2018《数据中心模块化设计规范》5 数据中心模块化设计总体要求中，5.2 模块总体要求规定：模块化数据中心模块侧面距墙不宜小于 1m。

23. 模块化数据中心的管理系统对不同条数或时长的监控数据、图像、视频等存储不宜低于（　　）天。

A. 30　　B. 60　　C. 90　　D. 120

【参考答案】B

【解析】Q/GDW 11978—2018《数据中心模块化设计规范》9 管理系统中规定：管理系统对不同条数或时长的监控数据、图像、视频等存储不宜低于 60 天。

24. 模块化数据中心的封闭通道内宽度不应小于（　　）。

A. 1m　　B. 1.2m　　C. 1.5m　　D. 2m

【参考答案】B

【解析】Q/GDW 11978—2018《数据中心模块化设计规范》10 机柜系统中，10.2 封闭通道组件规定：封闭通道内宽度不应小于 1.2m。

25. 封闭通道顶部应预留监控摄像头、烟感、温感等器材的安装位置，摄像头安装数量不宜低于（　　）个。

A. 1　　B. 2　　C. 3　　D. 4

【参考答案】B

【解析】Q/GDW 11978—2018《数据中心模块化设计规范》10 机柜系统中，10.2 封闭通道组件规定：封闭通道顶部应预留监控摄像头、烟感、温感等器材的安装位置，摄像头安装数量不宜低于 2 个。

26. 以下（　　）不属于数据中心信息系统灾备存储复制原则。

A. 完整性原则　　B. 一致性原则　　C. 可靠性原则　　D. 安全性原则

【参考答案】D

【解析】Q/GDW/Z 11799—2018《数据中心信息系统灾备存储复制设计原则》4 存储复制原则中规定：存储复制宜遵守如下原则：a）完整性原则；b）一致性原则；c）可靠性原则。

27. 数据中心信息系统灾备存储虚拟化存储空间 LUN 的大小宜不大于（　　）。

A. 1TB　　B. 2TB　　C. 3TB　　D. 5TB

【参考答案】C

【解析】Q/GDW/Z 11799—2018《数据中心信息系统灾备存储复制设计原则》6 存储虚拟

化中，6.2 虚拟化存储空间规定：在虚拟化存储空间中宜遵守，LUN 的大小不大于 3TB，不小于 47MB。

28．数据中心信息系统灾备存储磁盘阵列的单一扩展（External）端口最多宜规划（　　）个虚拟化 LUN。

A．512　　B．1024　　C．2048　　D．4096

【参考答案】D

【解析】Q/GDW/Z 11799—2018《数据中心信息系统灾备存储复制设计原则》6 存储虚拟化中，6.2 虚拟化存储空间规定：在虚拟化存储空间中宜遵守，磁盘阵列的单一扩展（External）端口最多宜规划 4096 个虚拟化 LUN。

29．数据中心信息系统灾备存储统一采用（　　）对存储区域网络（SAN）交换机进行资源管理、拓扑结构发现、端口性能监控和历史性能数据查询、日志管理等。

A．SNMPv1　　B．SNMPv2　　C．SNMPv2c　　D．SNMPv3

【参考答案】D

【解析】Q/GDW/Z 11799—2018《数据中心信息系统灾备存储复制设计原则》7 存储复制链路中，7.5 FCoIP 设备管理规定：统一采用 SNMPv3 对存储区域网络（SAN）交换机进行资源管理、拓扑结构发现、端口性能监控和历史性能数据查询、日志管理等。

30．数据中心信息系统灾备端存储空间规划不包括（　　）。

A．生产端数据库复制空间　　B．存储复制空间

C．灾备端备份空间　　D．记录数据差异的日志空间

【参考答案】C

【解析】Q/GDW/Z 11799—2018《数据中心信息系统灾备存储复制设计原则》8 复制规划中，8.2 空间规划规定：灾备端存储空间规划分为生产端数据库复制空间、存储复制空间和记录数据差异的日志空间三部分。

31．以下满足数据中心信息系统灾备复制要求的一致性组名称缩写的是（　　）。

A．beijing_xtbg　　B．bj-xtbg　　C．bj_xtbg　　D．beijing-xtbg

【参考答案】C

【解析】Q/GDW/Z 11799—2018《数据中心信息系统灾备存储复制设计原则》8 复制规划中，8.3 一致性组规定：根据“单位简称_应用首字母缩写”进行一致性组规划。

32．第三方系统需要接入信息运维支撑平台的数据不包含（　　）。

A．配置数据　　B．性能数据　　C．业务数据　　D．告警数据

【参考答案】C

【解析】Q/GDW 10704—2018《信息运行支撑平台技术要求》6 数据采集与接口规范中，6.1.5 规定：提供第三方数据的接入，第三方数据按照一定的数据格式，通过接口进行数据接入，并对接入的数据进行存储。第三方系统需要接入到平台的数据分为配置数据、性能数据和告警数据三类。

33．信息运行支撑平台能支持的最大并发在线用户数不得少于（　　）个。

A．45　　B．50　　C．55　　D．60

【参考答案】B

【解析】Q/GDW 10704—2018《信息运行支撑平台技术要求》7 非功能性要求中，7.1 性

能指标规定：信息运行支撑平台性能遵照 Q/GDW 11212 的相关规定，最大并发在线用户数：平台支持最大并发在线用户数不少于 50 个。

34．信息运行支撑平台页面平均响应时间不得高于（　　）s。

A．3　　B．4　　C．5　　D．6

【参考答案】C

【解析】Q/GDW 10704—2018《信息运行支撑平台技术要求》7 非功能性要求中，7.1 性能指标规定：信息运行支撑平台性能遵照 Q/GDW 11212 的相关规定，页面平均响应时间不得高于 5s。

35．信息运行支撑平台性能遵照 Q/GDW 11212 的相关规定，原始数据保存（　　）、数据处理层数据至少存储（　　）、应用（报表）数据至少存储（　　）。

A．3 个月；6 个月；2 年　　B．3 个月；6 个月；1 年

C．3 个月；6 个月；3 年　　D．3 个月；1 年；2 年

【参考答案】A

【解析】Q/GDW 10704—2018《信息运行支撑平台技术要求》7 非功能性要求中，7.1 性能指标规定：原始数据保存 3 个月、数据处理层数据至少存储 6 个月、应用（报表）数据至少存储 2 年。

36．以下不属于信息运行支撑平台中客服业务功能的是（　　）。

A．座席管理　　B．客户服务　　C．缺陷管理　　D．业务处理

【参考答案】C

【解析】Q/GDW 10845—2018《信息运行支撑平台功能规范》6 业务功能规范中，6.1 客服规定：客服业务功能包括座席管理、客户服务、业务处理。

37．以下不属于信息运行支撑平台中客服业务处理功能的是（　　）。

A．业务需求受理　　B．业务日常巡检　　C．功能配置变更　　D．业务应用分析

【参考答案】A

【解析】Q/GDW 10845—2018《信息运行支撑平台功能规范》6 业务功能规范中，6.1 客服规定：客服业务功能包括座席管理、客户服务、业务处理。6.1.3 规定：业务处理功能包括业务日常巡检、功能配置变更、业务应用分析。

38．信息运行支撑平台中调度业务功能包括（　　）。

A．巡视管理、监视控制、方式管理、应急处置

B．调度管理、监视控制、方式管理、应急处置

C．调度管理、监视控制、资源调度、应急处置

D．调度管理、监视控制、方式管理、问题管理

【参考答案】B

【解析】Q/GDW 10845—2018《信息运行支撑平台功能规范》6 业务功能规范中，6.2 调度规定：调度功能包括调度管理、监视控制、方式管理、应急处置。

39．信息运行支撑平台中运行业务功能包括（　　）。

A．巡视管理、状态评价、数据管理、基础台账、资源需求、行为审计

B．巡视管理、监视控制、数据管理、基础台账、资源需求、行为审计

C．巡视管理、状态评价、数据管理、运维台账、资源需求、行为审计

D．巡视管理、状态评价、数据管理、基础台账、资源需求、应急处置

【参考答案】A

【解析】Q/GDW 10845—2018《信息运行支撑平台功能规范》6 业务功能规范中，6.3 运行规定：运行功能包括巡视管理、状态评价、数据管理、基础台账、资源需求、行为审计。

40．信息运行支撑平台中检修业务功能包括（　　）。

A．检修计划、方式管理、紧急抢修、问题管理

B．检修计划、两票管理、巡视管理、问题管理

C．检修计划、两票管理、紧急抢修、状态评价

D．检修计划、两票管理、紧急抢修、问题管理

【参考答案】D

【解析】Q/GDW 10845—2018《信息运行支撑平台功能规范》6 业务功能规范中，6.4 检修规定：检修功能包括检修计划、两票管理、紧急抢修、问题管理。

41．信息运行支撑平台中对信息工作票管理要求，由（　　）填写信息工作票和相应操作票内容，并经过签发、许可、变更与延期、工作终结、归档等环节完成全过程管理，其操作票必须依附于信息工作票，可同步许可但需延后归档。

A．工作签发人　　B．工作负责人　　C．工作许可人　　D．调度人员

【参考答案】B

【解析】Q/GDW 10845—2018《信息运行支撑平台功能规范》6 业务功能规范中，6.4.2 规定：信息工作票管理是由工作负责人填写信息工作票和相应操作票内容，并经过签发、许可、变更与延期、工作终结、归档等环节完成全过程管理，其操作票必须依附于信息工作票，可同步许可但需延后归档。

42．关于分析展示中心功能，以下说法不正确的是（　　）。

A．业务综合展现　　B．数据分析

C．流程展示分析　　D．可视化视图展示

【参考答案】C

【解析】Q/GDW 10845—2018《信息运行支撑平台功能规范》7 平台功能规范中，7.10 分析展示中心规定：分析展示中心功能项应包括业务综合展现、数据分析、可视化视图展示。

43．公司各级单位应确保域名系统的服务可用性，公开的解析服务可用性应达到（　　）以上。

A．99%　　B．99.999%　　C．99.9%　　D．99.99%

【参考答案】B

【解析】Q/GDW 1133—2014《国家电网公司统一域名体系建设规范》7 统一域名体系建设原则中，7.4 统一域名系统的性能设置原则规定：公司各级单位应确保域名系统的服务可用性，公开的解析服务可用性应达到 99.999％以上。具体实施过程中，应利用多点冗余的部署实施方法，满足服务系统的高可用性要求。域名系统应保证具备负载最重节点请求峰值的 3 倍请求量的处理能力，以应对可能针对域名系统的突发访问或服务攻击。域名系统的最长响应时间应在 100ms 之内。

44．域名应由（　　）组成。

A．汉字、英文字母（a-z）和连字符（-）

B．汉字、英文字母（a-z）和数字（0-9）

C．汉字、英文字母（a-z）、数字（0-9）和连字符（-）

D．英文字母（a-z）、数字（0-9）和连字符（-）

【参考答案】C

【解析】Q/GDW 1133—2014《国家电网公司统一域名体系建设规范》8 信息系统域名的命名原则中，8.1 域名规则规定：域名应由汉字、英文字母（a-z）、数字（0-9）和连接符（-）组成。

45．域名由信息系统标设名称的中、英文缩写字母结合信息系统域名结构组成，同一信息系统多个版本同时运行，可在信息系统标设名称的中、英文缩写字母后增加（　　）。

A．序列号　　B．版本号　　C．数字标号　　D．字母标号

【参考答案】B

【解析】Q/GDW 1133—2014《国家电网公司统一域名体系建设规范》8 信息系统域名的命名原则中，8.2 命名要求规定：域名由信息系统标设名称的中、英文缩写字母结合信息系统域名结构组成，同一信息系统多个版本同时运行，可在信息系统标设名称的中、英文缩写字母后增加版本号。

46．一级部署模式信息系统域名结构应为 z.sgcc.com.cn ，二级和两级部署模式信息系统域名结构应为 y.z.sgcc.com.cn，其中 z 和 y 分别代表（　　）。

A．分部、省市公司或直属单位；信息系统名称中、英文缩写字母

B．分部、省市县公司或直属单位；信息系统名称中、英文缩写字母

C．分部、省市公司或直属单位；信息系统名称英文缩写字母

D．分部、省市公司；信息系统名称中、英文缩写字母

【参考答案】A

【解析】Q/GDW 1133—2014《国家电网公司统一域名体系建设规范》9 统一域名规划中，9.3 域名代码结构及含义规定：一级部署模式信息系统域名结构应为 z.sgcc.com.cn，二级和两级部署模式信息系统域名结构应为 y.z.sgcc.com.cn，其中 z 代表分部、省市公司或直属单位，y 代表信息系统名称中、英文缩写字母。

47．以下选项中，对“无代理采集”最合理的解释是（　　）。

A．一种通过向应用部署或嵌入探针完成各类应用数据信息采集的数据获取方式

B．一种通过标准的传输协议完成各类应用数据信息采集的数据获取方式，如主机使用的 SNMP、Telnet、SSH 等，应用使用的 JMX、JDBC、ODBC 等

C．对监测对象的数据进行周期性查询采集和实时的推送日志解析，以获取当前最新的状态量、模拟量、 累计量、告警事件数据

D．一种通过自定义采集插件完成各类应用数据信息采集的数据获取方式，如通过自定义脚本、服务提供的 HTTP 接口等方式完成数据采集

【参考答案】B

【解析】Q/GDW 11985—2019《信息系统自动化运维导则》3 术语和定义中，3.5 无代理采集规定：无代理采集是一种通过标准的传输协议完成各类应用数据信息采集的数据获取方式，如主机使用的 SNMP、Telnet、SSH 等，应用使用的 JMX、JDBC、ODBC 等。代理采集是一种通过向应用部署或嵌入探针完成各类应用数据信息采集的数据获取方式。自定义插件

采集是一种通过自定义采集插件完成各类应用数据信息采集的数据获取方式，如通过自定义脚本、服务提供的 HTTP 接口等方式完成数据采集。

48. 以下选项中，不属于信息系统自动化运维工作开展应满足的原则的是（　　）。

A. 规范化原则　　B. 扩展性原则　　C. 安全性原则　　D. 先进性原则

【参考答案】 D

【解析】 Q/GDW 11985—2019《信息系统自动化运维导则》5 总体原则中规定：信息系统自动化运维工作开展应满足以下原则：1. 规范化原则，应在体系架构、非功能性需求等方面满足 Q/GDW 11209、Q/GDW 11212 的规范性要求。2. 扩展性原则，应在功能、性能等方面满足信息系统不断演进过程中产生的新增需求。3. 安全性原则，应在数据采集、数据传输、数据存储、数据展示以及运营管理等方面保障数据信息的安全，应满足 GB/T 22239、GB/T 22240、GB/T 37138、Q/GDW 1597 的安全要求。

49. 以下选项中，不属于软件资源自动化管理范围的是（　　）。

A. 基础资源　　B. 传感器　　C. 平台资源　　D. 应用资源

【参考答案】 B

【解析】 Q/GDW 11985—2019《信息系统自动化运维导则》6 技术要求中，6.2.2 规定，应对资源进行分类管理，划分为硬件资源及软件资源：1. 硬件资源应包括机架、主机设备、网络设备、存储设备、安全设备、电源、空调、摄像头、传感器等。2. 软件资源宜划分为以下几类：1）基础资源：计算资源、存储资源、网络资源、操作系统等；2）平台资源：数据库、中间件、人工智能组件等；3）应用资源：应用系统、应用组件、应用接口等。

50. 信息系统自动化运维应实现通过各类采集存储工具、策略对硬件、基础、平台、应用等各类软硬件资源数据的（　　）。

A. 实时采集和实时存储　　B. 自动化采集和实时存储

C. 自动化采集和自动化存储　　D. 实时采集和自动化存储

【参考答案】 C

【解析】 Q/GDW 11985—2019《信息系统自动化运维导则》6 技术要求中，6.3.1 规定：应实现通过各类采集存储工具、策略对硬件、基础、平台、应用等各类软硬件资源数据的自动化采集和自动化存储。

51. 信息系统自动化运维中数据存储的时间要求是（　　）。

A. 性能指标数据宜至少保存三个月，超过三个月的数据宜归档保存；运行日志数据应至少保存半年，超过半年的数据宜归档保存

B. 性能指标数据宜至少保存半年，超过半年的数据宜归档保存；运行日志数据应至少保存半年，超过半年的数据宜归档保存

C. 性能指标数据宜至少保存半年，超过半年的数据宜归档保存；运行日志数据应至少保存三个月，超过三个月的数据宜归档保存

D. 性能指标数据宜至少保存一年，超过一年的数据宜归档保存；运行日志数据应至少保存一年，超过一年的数据宜归档保存

【参考答案】 B

【解析】 Q/GDW 11985—2019《信息系统自动化运维导则》6 技术要求中，6.3.4 规定：数据存储时间要求，性能指标数据宜至少保存半年，超过半年的数据宜归档保存；运行日志

数据应至少保存半年，超过半年的数据宜归档保存。

52．以下选项中，不属于信息系统自动化运维的预警能力要求的是（　　）。

A．应实现预警的分级管理，包括紧急预警、严重预警、重要预警、一般预警等

B．应实现风险自动预警，支持设备（系统）投运年限、网络流量、性能指数、关键参数、业务操作、数据流转等风险预警，形成风险预警报告

C．应实现预警自动处置

D．应实现预警报表自动生成

【参考答案】C

【解析】Q/GDW 11985—2019《信息系统自动化运维导则》6 技术要求中，6.4.3 规定，预警能力要求如下：1. 应实现预警的分级管理，包括紧急预警、严重预警、重要预警、一般预警等；2. 应实现风险自动预警，支持设备（系统）投运年限、网络流量、性能指数、关键参数、业务操作、数据流转等风险预警，形成风险预警报告；3. 应实现预警报表自动生成。

53．B、C 级信息机房的主机房，以及 A、B、C 级机房中的变配电、不间断电源系统和电池室，宜设置（　　），也可设置高压细水雾灭火系统。

A．自动喷水灭火系统　　B．气体灭火系统

C．泡沫灭火系统　　D．消火栓灭火系统

【参考答案】B

【解析】Q/GDW 11159—2018《信息系统基础设施改造技术规范》5 技术要求中，5.2.1.1 中规定：A 级信息机房的主机房应设置洁净气体灭火系统。B、C 级信息机房的主机房，以及 A、B、C 级机房中的变配电、不间断电源系统和电池室，宜设置气体灭火系统，也可设置高压细水雾灭火系统。D 级可设置高压细水雾灭火系统。消防设施应执行年检制度，且需通过有消防检测资质单位的年检。

54．信息机房应设置专用动力配电柜（箱），并在电源进线的总配电柜（箱）处加装（　　）。

A．断路器　　B．配电变压器　　C．避雷器　　D．防浪涌装置

【参考答案】D

【解析】Q/GDW 11159—2018《信息系统基础设施改造技术规范》5 技术要求中，5.2.6.2 规定：信息机房应设置专用动力配电柜（箱），并在电源进线的总配电柜（箱）处加装防浪涌装置。

55．（　　）硬件出现不良工况，应通过对整机或主控板、交换网板、业务板、多功能业务模块、电源模块等硬件进行更换使其恢复正常运行。

A．路由器　　B．核心/汇聚交换机

C．光纤交换机　　D．PC 服务器

【参考答案】B

【解析】Q/GDW 11159—2018《信息系统基础设施改造技术规范》5 技术要求中，5.3.1.2 规定：核心/汇聚交换机硬件出现不良工况，应通过对整机或主控板、交换网板、业务板、多功能业务模块、电源模块等硬件进行更换使其恢复正常运行。

56．（　　）硬件出现不良工况，应通过对整机或主控板、以太网板、接口子卡、多功能业务模块、电源模块等硬件进行更换使其恢复正常运行。

A．路由器　　B．核心/汇聚交换机

C．光纤交换机　　D．PC 服务器

【参考答案】A

【解析】Q/GDW 11159—2018《信息系统基础设施改造技术规范》5 技术要求中，5.3.2.3 规定：路由器硬件出现不良工况，应通过对整机或主控板、以太网板、接口子卡、多功能业务模块、电源模块等硬件进行更换使其恢复正常运行。

57．（　　）硬件出现不良工况，应通过对整机或主控板、光口板、电源模块等硬件进行更换使之恢复正常运行。

A．路由器　　B．核心/汇聚交换机

C．光纤交换机　　D．PC 服务器

【参考答案】C

【解析】Q/GDW 11159—2018《信息系统基础设施改造技术规范》5 技术要求中，5.3.3.3 规定：光纤交换机硬件出现不良工况，应通过对整机或主控板、光口板、电源模块等硬件进行更换使之恢复正常运行。

58．应用服务和数据库服务应满足（　　）要求。

A．交换机冗余　　B．服务器冗余　　C．存储冗余　　D．备份设备冗余

【参考答案】B

【解析】Q/GDW 11159—2018《信息系统基础设施改造技术规范》5 技术要求中，5.5.1.2 规定：应用服务和数据库服务应满足服务器冗余要求。

59．基础设施即服务为云服务客户提供云能力类型中的（　　）的一种云服务类别。

A．基础设施能力类型　　B．平台能力类型

C．软件服务类型　　D．基础设施类型

【参考答案】A

【解析】Q/GDW 11822.10—2021《一体化“国网云”第 10 部分：运维技术规范》3 术语和定义中，3.1 规定：基础设施即服务为云服务客户提供云能力类型中的基础设施能力类型的一种云服务类别。

60．平台即服务为云服务客户提供云能力类型中的（　　）的一种云服务类别。

A．基础设施能力类型　　B．平台能力类型

C．软件服务类型　　D．基础设施类型

【参考答案】B

【解析】Q/GDW 11822.10—2021《一体化“国网云”第 10 部分：运维技术规范》3 术语和定义中，3.2 规定：平台即服务为云服务客户提供云能力类型中的平台能力类型的一种云服务类别。

61．IaaS 是（　　）的简写。

A．平台即服务　　B．平台能力　　C．基础设施即服务　　D．基础设施

【参考答案】C

【解析】Q/GDW 11822.10—2021《一体化“国网云”第 10 部分：运维技术规范》4 缩略语中规定，IaaS：基础设施即服务（infrastructure as a service）。

62．Java 数据库连接的简写是（　　）。

A．JDBC　　B．IPMI　　C．SNMP　　D．SSH

【参考答案】A

【解析】Q/GDW 11822.10—2021《一体化“国网云”第 10 部分：运维技术规范》4 缩略语中规定，JDBC：Java 数据库连接（java database connectivity）。

63．PaaS 是（　　）的简写。

A．平台即服务　　B．平台能力　　C．基础设施即服务　　D．基础设施

【参考答案】A

【解析】Q/GDW 11822.10—2021《一体化“国网云”第 10 部分：运维技术规范》4 缩略语中规定，PaaS：平台即服务（platform as a service）。

64．国网云平台运维对象应包括（　　）部分。

A．基础设施、IaaS 组件、安全组件　　B．IaaS 组件、PaaS 组件、安全组件

C．基础设施、PaaS 组件、安全组件　　D．基础设施、IaaS 组件、PaaS 组件

【参考答案】D

【解析】Q/GDW 11822.10—2021《一体化“国网云”第 10 部分：运维技术规范》5 国网云运维对象规定：国网云运维对象应包括基础设施、IaaS 组件和 PaaS 组件三部分。

65．国网云平台运维对象中（　　）包括服务器、存储设备、网络设备、机房环境等。

A．基础设施　　B．IaaS 组件　　C．PaaS 组件　　D．安全组件

【参考答案】A

【解析】Q/GDW 11822.10—2021《一体化“国网云”第 10 部分：运维技术规范》5 国网云运维对象中规定，国网云运维对象应包括基础设施、IaaS 组件和 PaaS 组件三部分：a）基础设施包括服务器、存储设备、网络设备、机房环境等；b）IaaS 组件包括计算资源、存储资源、网络资源、安全资源等；c）PaaS 组件包括运维服务、安全服务、中间件服务、数据库服务、服务总线、消息总线、人工智能组件等。

66．国网云平台运维对象中（　　）包括计算资源、存储资源、网络资源、安全资源等。

A．基础设施　　B．IaaS 组件　　C．PaaS 组件　　D．安全组件

【参考答案】B

【解析】Q/GDW 11822.10—2021《一体化“国网云”第 10 部分：运维技术规范》5 国网云运维对象中规定，国网云运维对象应包括基础设施、IaaS 组件和 PaaS 组件三部分：a）基础设施包括服务器、存储设备、网络设备、机房环境等；b）IaaS 组件包括计算资源、存储资源、网络资源、安全资源等；c）PaaS 组件包括运维服务、安全服务、中间件服务、数据库服务、服务总线、消息总线、人工智能组件等。

67．国网云平台运维对象中（　　）包括运维服务、安全服务、中间件服务、数据库服务、服务总线、消息总线、人工智能组件等。

A．基础设施　　B．IaaS 组件　　C．PaaS 组件　　D．安全组件

【参考答案】C

【解析】Q/GDW 11822.10—2021《一体化“国网云”第 10 部分：运维技术规范》5 国网云运维对象中规定，国网云运维对象应包括基础设施、IaaS 组件和 PaaS 组件三部分：a）基础设施包括服务器、存储设备、网络设备、机房环境等；b）IaaS 组件包括计算资源、存储资源、网络资源、安全资源等；c）PaaS 组件包括运维服务、安全服务、中间件服务、数据

库服务、服务总线、消息总线、人工智能组件等。

68．高效能数据中心是指通过技术、设备、管理等实现资源高效利用，具备（　　）特点的数据中心。

A．绿色节能　　B．能耗高　　C．运算速度快　　D．环保

【参考答案】A

【解析】Q/GDW 11983—2019《高效能数据中心能耗管理技术导则》3 术语和定义规定：高效能数据中心是指通过技术、设备、管理等实现资源高效利用，具备绿色节能特点的数据中心。

69．电能利用效率是指数据中心（　　）的比值。

A．总用电与 IT 设备耗电

B．供配电系统耗电与 IT 设备耗电

C．制冷设备耗电与 IT 设备耗电

D．水资源全年消耗量与数据中心 IT 设备全年消耗电量

【参考答案】A

【解析】Q/GDW 11983—2019《高效能数据中心能耗管理技术导则》3 术语和定义中，3.2 电能利用效率规定：数据中心总用电与 IT 设备耗电的比值。

70．制冷负载系数是指数据中心中（　　）的比值。

A．总用电与 IT 设备耗电

B．配电系统耗电与 IT 设备耗电

C．制冷设备耗电与 IT 设备耗电

D．水资源全年消耗量与数据中心 IT 设备全年消耗电量

【参考答案】C

【解析】Q/GDW 11983—2019《高效能数据中心能耗管理技术导则》3 术语和定义中，3.3 制冷负载系数规定：数据中心中制冷设备耗电与 IT 设备耗电的比值。

71．高效能数据中心水资源利用效率是指（　　）的比值，单位为 L/kWh。

A．数据中心总用电与数据中心 IT 设备耗电

B．数据中心配电系统耗电与数据中心 IT 设备耗电

C．数据中心制冷设备耗电与数据中心 IT 设备耗电

D．数据中心水资源全年消耗量与数据中心 IT 设备全年消耗电量

【参考答案】D

【解析】Q/GDW 11983—2019《高效能数据中心能耗管理技术导则》3 术语和定义中，3.9 水资源利用效率规定：数据中心水资源全年消耗量与数据中心 IT 设备全年消耗电量的比值，单位为 L/kWh。

72．高效能数据中心基础设施能效衡量宜采用（　　）。

A．RER　　B．pPUE　　C．CLF　　D．PUE

【参考答案】D

【解析】Q/GDW 11983—2019《高效能数据中心能耗管理技术导则》8 能效监测及评估要求中，8.2 数据中心能耗指标规定：高效能数据中心基础设施能效衡量宜采用 PUE。电能利用效率（power usage effectiveness，PUE）是国内外数据中心普遍接受和采用的一种衡量数

据中心基础设施能效的综合指标，PUE 的实际含义，指的是计算在提供给数据中心的总电能中，有多少电能被真正应用到 IT 设备上。局部 PUE （partial PUE，pPUE）是数据中心 PUE 概念的延伸，用于对数据中心的局部区域或设备的能效进行评估和分析。制冷负载系数（cooling load factor，CLF），定义为数据中心中制冷设备耗电与 IT 设备耗电的比值。可再生能源利用率（renewable energy ratio，RER）用于衡量数据中心利用可再生能源的情况，以促进太阳能、风能、水能等可再生，无碳排放或极少碳排放的能源利用。

73．PLF 为数据中心（ ）的比值。

A．供配电系统与 IT 设备耗电

B．制冷设备耗电与 IT 设备耗电

C．水资源全年消耗量与数据中心 IT 设备全年消耗电量

D．总用电与 IT 设备耗电

【参考答案】A

【解析】Q/GDW 11983—2019《高效能数据中心能耗管理技术导则》8 能效监测及评估要求中，8.2.3 规定：CLF 为数据中心中制冷设备耗电与 IT 设备耗电的比值，PLF 为数据中心供配电系统与 IT 设备耗电的比值。

74．数据中心能耗测量应采用（ ），进行持续、长期的测量和记录。

A．钳形功率计　　B．固定测量仪表

C．非固定测量仪表　　D．回路电阻测试仪

【参考答案】B

【解析】Q/GDW 11983—2019《高效能数据中心能耗管理技术导则》8 能效监测及评估要求中，8.3 数据中心能耗测量方法规定：数据中心能耗测量应采用固定测量仪表，进行持续、长期的测量和记录。若数据中心未安装固定测量设备，可采用钳形功率计等设备测量数据中心及 IT 设备等的短时用电量。

75．数据中心在测量设备和系统时，测量设备的精度要求误差应不超过（ ）。

A．±1%　　B．±3%　　C．±5%　　D．±10%

【参考答案】B

【解析】Q/GDW 11983—2019《高效能数据中心能耗管理技术导则》8 能效监测及评估要求中，8.3 数据中心能耗测量方法规定，测量设备和系统应满足以下要求：测量设备的精度要求误差应不超过±3%，解析度应不低于 0.1kWh。

76．高效能数据中心监控数据应可实时查看并保存历史监控数据保存时间不少于（ ）个月。

A．18　　B．12　　C．6　　D．3

【参考答案】A

【解析】Q/GDW 11983—2019《高效能数据中心能耗管理技术导则》8 能效监测及评估要求中，8.7 高效能数据中心指标要求规定：高效能数据中心监控点位应符合本标准的要求，监控数据应可实时查看并保存，历史监控数据保存时间不少于 18 个月。高效能数据中心应具备基础资源调度能力，可实现资源的高效利用。高效能数据中心绿色分级应不低于 G4 级。

77．高效能数据中心绿色分级不应低于（ ）级。

A．G2　　B．G3　　C．G4　　D．G5

【参考答案】C

【解析】Q/GDW 11983—2019《高效能数据中心能耗管理技术导则》8 能效监测及评估要求中，8.7 高效能数据中心指标要求规定：高效能数据中心监控点位应符合本标准的要求，监控数据应可实时查看并保存，历史监控数据保存时间不少于 18 个月。高效能数据中心应具备基础资源调度能力，可实现资源的高效利用。高效能数据中心绿色分级不应低于 G4 级。

二、多项选择题

1．信息系统的非功能性需求应遵循国家电网有限公司（　　）的总体要求。

A．一平台　　B．一系统　　C．多场景　　D．微应用

【参考答案】ABCD

【解析】Q/GDW 11212—2018《信息系统非功能性需求规范》5 总则中，5.4 规定：信息系统的非功能性需求应遵循国家电网有限公司“一平台、一系统、多场景、微应用”的总体要求。

2．信息系统设计需遵循（　　）设计原则。

A．集中式　　B．分布式　　C．模块化　　D．组件化

【参考答案】CD

【解析】Q/GDW 11212—2018《信息系统非功能性需求规范》6 非功能性需求中，6.1.1 规定：信息系统设计需遵循模块化、组件化设计原则。

3．系统开发测试过程中，应开展覆盖全过程、全业务的测试工作，确保单元测试、集成测试等环节对测试案例的覆盖率达 100%；对（　　）等问题应进行专项测试。

A．数据结构异常　　B．运行卡顿　　C．内存溢出　　D．资源不释放

【参考答案】CD

【解析】Q/GDW 11212—2018《信息系统非功能性需求规范》6 非功能性需求中，6.2.1.2 规定：系统开发测试过程中，应开展覆盖全过程、全业务的测试工作，确保单元测试、集成测试等环节对测试案例的覆盖率达 100%；对内存溢出、资源不释放等问题应进行专项测试。

4．信息系统建设时，应预估数据量并提供数据备份建议策略，包括但不限于（　　）数据等。

A．操作系统　　B．应用　　C．结构化　　D．非结构化

【参考答案】ABCD

【解析】Q/GDW 11212—2018《信息系统非功能性需求规范》6 非功能性需求中，6.2.3.2 规定：信息系统建设时，应预估数据量并提供数据备份建议策略，包括但不限于操作系统、应用、结构化、非结构化数据等。

5．信息系统应保证结构清晰，模块结构良好，（　　）。

A．业务规则与业务逻辑分离　　B．数据流与业务逻辑分离

C．数据逻辑与业务逻辑分离　　D．工作流与业务逻辑分离

【参考答案】AD

【解析】Q/GDW 11212—2018《信息系统非功能性需求规范》6 非功能性需求中，6.3.1.3 规定：信息系统应保证结构清晰，模块结构良好，业务规则与业务逻辑分离，工作流与业务逻辑分离。

6．信息系统用户角色应划分清晰明了、职责明确，至少包含：普通用户、（　　）。

A．系统管理员　　B．业务配置员　　C．审计员　　D．安全管理员

【参考答案】ABC

【解析】Q/GDW 11212—2018《信息系统非功能性需求规范》6 非功能性需求中，6.7.2.1 规定：信息系统用户角色应划分清晰明了、职责明确（至少有 4 种角色：普通用户、审计员、系统管理员、业务配置员）。

7．信息系统应具备提供多种日志类型的功能，日志类型应包括（　　）等。

A．运行日志　　B．错误日志　　C．登录日志　　D．调试日志

【参考答案】ABCD

【解析】Q/GDW 11212—2018《信息系统非功能性需求规范》6 非功能性需求中，6.7.2.2 规定：信息系统应具备提供多种日志类型的功能，日志类型应包括运行日志、错误日志、登录日志、调试日志等。

8．信息系统应具备完善的日志及自我诊断功能模块，日志格式应统一，应包括（　　）等信息。

A．时间　　B．IP 地址　　C．操作类型　　D．操作结果

【参考答案】ABC

【解析】Q/GDW 11212—2018《信息系统非功能性需求规范》6 非功能性需求中，6.7.2.2 规定：信息系统应具备完善的日志及自我诊断功能模块，日志格式应统一，应包括时间、模块、IP 地址、操作类型等信息。

9．信息系统应具备（　　）。

A．日志开关功能　　B．日志类型配置　　C．日志级别配置　　D．日志删除功能

【参考答案】ABC

【解析】Q/GDW 11212—2018《信息系统非功能性需求规范》6 非功能性需求中，6.7.2.2 规定：信息系统应具备日志开关功能，实现日志类型、日志级别等内容的配置。

10．信息系统的账号应分为（　　）。

A．审计员账号　　B．管理员账号　　C．审核员账号　　D．使用者账号

【参考答案】ABCD

【解析】Q/GDW 11212—2018《信息系统非功能性需求规范》6 非功能性需求中，6.7.3.5 规定：信息系统的账号应分为审计员账号、管理员账号、审核员账号及使用者账号四类。

11．信息系统告警的内容应包含（　　）等信息。

A．告警来源　　B．告警标题　　C．告警级别　　D．告警时间

【参考答案】ABCD

【解析】Q/GDW 11212—2018《信息系统非功能性需求规范》6 非功能性需求中，6.8.2.3 规定：信息系统告警的内容应包含告警来源、告警标题、告警级别、告警时间等信息。

12．系统用户账号管理、权限管理、审计日志管理等安全管理功能模块应（　　）。

A．提供独立的管理界面

B．与系统业务功能模块独立

C．提供独立的访问路径

D．通过边界访问控制设备禁止通过互联网进行远程操作

【参考答案】ABCD

【解析】Q/GDW 11212—2018《信息系统非功能性需求规范》6 非功能性需求中，6.9.1.3

规定：系统用户账号管理、权限管理、审计日志管理等安全管理功能模块应与系统业务功能模块独立，提供独立的管理界面和访问路径，并通过边界访问控制设备禁止通过互联网进行远程操作。

13．Q/GDW 11830—2018《信息化后评估规范》适用于国家电网有限公司信息化项目的（　　）对企业信息化建设情况的后评价工作。

A．建设单位　　B．管理部门　　C．决策部门　　D．审计机构

【参考答案】BCD

【解析】Q/GDW 11830—2018《信息化后评估规范》1 范围中规定：本标准适用于公司信息化项目的管理部门、决策部门和审计机构对企业信息化建设情况的后评价工作。

14．信息化后评估指标体系包括（　　）等主题。

A．建设质量　　B．运维水平　　C．应用成效　　D．经济效益

【参考答案】ABCD

【解析】Q/GDW 11830—2018《信息化后评估规范》3 指标体系中，3.1 模型概述规定：包括建设质量、运维水平、应用成效和经济效益四个主题。

15．信息化综合绩效评价指数根据指标加权获得无量纲化总分数，指标权重根据（　　）并结合政策导向确定。

A．熵权法　　B．德尔菲法　　C．层次分析法　　D．网络分析法

【参考答案】BC

【解析】Q/GDW 11830—2018《信息化后评估规范》3 指标体系中，3.2 指标设置原则规定：信息化综合绩效评价指数根据指标加权获得无量纲化总分数，指标权重根据德尔菲法、层次分析法并结合政策导向确定。

16．信息化后评估中，应用成效评价主要从（　　）等方面进行评价。

A．系统应用率　　B．关键业务数据增长率

C．系统支持度　　D．用户满意度

【参考答案】ABCD

【解析】Q/GDW 11830—2018《信息化后评估规范》4 评价主题中，4.3 应用成效规定：应用成效主题主要从系统应用率、关键业务数据增长率、系统支持度、用户满意度等方面进行评价。

17．信息化后评估中，评价建设质量中自主可控率主要从（　　）二级指标进行评价。

A．操作系统国产化比率　　B．基础硬件国产化比率

C．基础软件国产化比率　　D．应用系统国产化比率

【参考答案】BCD

【解析】Q/GDW 11830—2018《信息化后评估规范》附录 A 中，A.1 建设质量规定：一级指标自主可控率的三个二级指标是基础硬件国产化比率、基础软件国产化比率、应用系统国产化比率。

18．信息化后评估中，二级指标基础软件国产化比率中的国产基础软件包括（　　）。

A．操作系统　　B．数据库　　C．中间件　　D．应用系统

【参考答案】ABC

【解析】Q/GDW 11830—2018《信息化后评估规范》附录 A 中，A.1 建设质量规定：基

础软件包括操作系统、数据库、中间件等。

19．信息化后评估中，信息通信运行水平由信息通信系统的可用率、非计划停运和（　　）等二级指标构成。

A．运维项目管理规范性　　B．检修规范性和计划性

C．灾备复制　　D．集成监控

【参考答案】BCD

【解析】Q/GDW 11830—2018《信息化后评估规范》附录 A 中，A.2.2.2 信息通信运行水平规定：检查信息通信系统的可用率、非计划停运、检修规范性和计划性、灾备复制、集成监控等方面。

20．模块化数据中心模块间应具备独立的（　　）等系统，且应相互隔离。

A．制冷　　B．安防　　C．监控　　D．消防

【参考答案】ABC

【解析】Q/GDW 11978—2018《数据中心模块化设计规范》5 数据中心模块化设计总体要求中，5.2 模块总体要求规定：模块间应具备独立的制冷、安防、监控等系统，且应相互隔离；模块应具有消防联动功能。

21．模块化数据中心的管理系统应具有开放性，应提供如（　　）等标准开放协议接口。

A．Modbus　　B．SNMP　　C．HTTP　　D．Telnet

【参考答案】ABC

【解析】Q/GDW 11978—2018《数据中心模块化设计规范》9 管理系统中规定：管理系统应具有开放性，应提供如 Modbus、SNMP、HTTP 等标准开放协议接口。

22．数据中心信息系统灾备存储复制链路进行 FCoIP 连接规划时宜遵守（　　）。

A．生产端和灾备端分别配置双 FCoIP 设备，复制链路宜采用双 IP 链路

B．生产端 FCoIP 设备宜就近接入本单位防火墙内 IP 网络核心交换机

C．生产端两台 FCoIP 设备的 GE 端口应配置 IP 地址。当配置多台 FCoIP 设备时，每台设备的 GE 端口都应配置 IP 地址

D．确保每个 VE 口只能对应 1 个 FCIP Tunnel 或 FCIP Trunking

【参考答案】ABC

【解析】Q/GDW/Z 11799—2018《数据中心信息系统灾备存储复制设计原则》7 存储复制链路中，7.1 FCoIP 连接方式规定，在进行 FCoIP 连接规划时宜遵守：a）生产端和灾备端分别配置双 FCoIP 设备，复制链路宜采用双 IP 链路；b）生产端 FCoIP 设备宜就近接入本单位防火墙内 IP 网络核心交换机；c）生产端两台 FCoIP 设备的 GE 端口应配置 IP 地址。当配置多台 FCoIP 设备时，每台设备的 GE 端口都应配置 IP 地址。

23．数据中心信息系统灾备存储 FCoIP 设备配置参数应满足（　　）。

A．GE 端口模式统一设置成光纤模式

B．宜统一采用硬件加软件的压缩模式

C．Tunnel 启用快速写（Fast Write）加速机制

D．FCoIP 的链路启用巨型帧

【参考答案】ABD

【解析】Q/GDW/Z 11799—2018《数据中心信息系统灾备存储复制设计原则》7 存储复制

链路中，7.4 FCoIP 设备配置参数规定：d）FCoIP 设备 GE 端口模式统一设置成光纤模式；e）FCoIP 设备宜统一采用硬件加软件的压缩模式（moderate mode）；f）Tunnel 不启用快速写（fast write）加速机制；g）FCoIP 的链路启用巨型帧。

24．运维人员管理维护的信息通信软硬件资源集合，运维对象可分为（　　）运维对象。

A．网络层　　B．平台层　　C．应用层　　D．端层

【参考答案】ABCD

【解析】Q/GDW 10704—2018《信息运行支撑平台技术要求》3 术语和定义中，3.4 运维对象规定：运维人员管理维护的信息通信软硬件资源集合，运维对象可分为网络层、平台层、应用层以及端层运维对象。

25．信息运行支撑平台数据接入规范要求提供第三方数据的接入，第三方数据按照一定的数据格式，通过接口进行数据接入，并对接入的数据进行存储，其中对于接入的资源 ID 有（　　）要求。

A．灵活性　　B．唯一性　　C．永久性　　D．可扩展性

【参考答案】BC

【解析】Q/GDW 10704—2018《信息运行支撑平台技术要求》6 数据采集与接口规范中，6.1.5 规定：提供第三方数据的接入，第三方数据按照一定的数据格式，通过接口进行数据接入，并对接入的数据进行存储，资源 ID 具备唯一性和永久性。唯一性：对于某一个设备，其资源 ID 是唯一的，需确保在整个国网系统中它是唯一的。第三方系统在发送的配置数据文件、性能指标数据、告警数据时，相关管理对象 ID 必须以该资源 ID 进行标识；永久性：对于同一个设备，其资源 ID 是不能发生变化的。在每次第三方系统与平台进行资源数据同步时，同一个设备的资源要与之前进行数据同步时的资源 ID 一致，保证数据的稳定性。

26．容器是运行在物理设备之上，为其他软件提供运行环境的软件，包括（　　）。

A．轻型容器　　B．中型容器　　C．重型容器　　D．大型容器

【参考答案】AC

【解析】Q/GDW 10845—2018《信息运行支撑平台功能规范》3 术语和定义中，3.9 容器规定：运行在物理设备之上，为其他软件提供运行环境的软件，包括轻型容器、重型容器。轻型容器指能够为进程提供资源隔离的软件；重型容器指能够为进程提供完备运行资源的软件。

27．信通客服受理系统下线需求时，根据（　　）的信息通信系统下线请求，业务运维经理受理，发起信息通信系统三线备案、退运管理流程，完成服务目录维护和业务服务准备，并对处理过程进行跟踪、督办，处理完毕后反馈结果。

A．管理部门　　B．业务部门　　C．运维单位　　D．建设单位

【参考答案】BD

【解析】Q/GDW 10845—2018《信息运行支撑平台功能规范》6 业务功能规范中，6.1.2 规定：下线受理是根据业务部门、建设单位的信息通信系统下线请求，业务运维经理受理，发起信息通信系统三线备案、退运管理流程，完成服务目录维护和业务服务准备，并对处理过程进行跟踪、督办，处理完毕后反馈结果。

28．信息调度为保障信息通信系统的安全稳定运行，开展的信息通信调度值班、检修计划管理、方式资源管理、应急安全管理和统计分析等工作。公司信息通信调度遵循（　　）

的原则。

A. 统一调度　　B. 统一运维　　C. 分级调度　　D. 分级管理

【参考答案】AD

【解析】Q/GDW 10845—2018《信息运行支撑平台功能规范》3 术语和定义中，3.1 信息调度规定：为保障信息通信系统的安全稳定运行，开展的信息通信调度值班、检修计划管理、方式资源管理、应急安全管理和统计分析等工作。公司信息通信调度遵循“统一调度、分级管理 ”的原则。

29. 信息调度的监视控制功能包括（　　）。

A. 监控信息通信资源的运行

B. 监控信息灾备资源运行

C. 监控信息通信资源缺陷信息

D. 监控影响信息通信系统用户体验的质量事件

【参考答案】ABCD

【解析】Q/GDW 10845—2018《信息运行支撑平台功能规范》6 业务功能规范中，6.2.2 规定，监视控制功能项应包括：监控信息通信资源的运行；监控信息灾备资源运行；监控信息通信资源缺陷信息；监控影响信息通信系统用户体验的质量事件。

30. 公司各级单位域名系统建设过程中应避免单点故障，冗余支持每个区域，具有（　　）的机制，同时部署主、辅域名服务器，实现高可用性，以防止单台服务器无法访问或宕机时，导致域名查询请求无法解析。

A. 故障转移　　B. 负载均衡　　C. 备份　　D. 容灾

【参考答案】CD

【解析】Q/GDW 1133—2014《国家电网公司统一域名体系建设规范》6 统一域名体系涉及原则中，6.3 安全性原则规定：公司各级单位域名系统建设过程中应避免单点故障，冗余支持每个区域，具有容灾和备份的机制，同时部署主、辅域名服务器，实现高可用性，以防止单台服务器无法访问或宕机时，导致域名查询请求无法解析。

31. 集中式管理和分布式部署相结合的管理模式是域名系统管理的基本方向。公司域名服务器应具备（　　）。

A. 实时域名系统管理　　B. 监测与报告的管理

C. 监控能力　　D. 分析展示能力

【参考答案】ABC

【解析】Q/GDW 1133—2014《国家电网公司统一域名体系建设规范》6 统一域名体系涉及原则中，6.2 管理原则规定：集中式管理和分布式部署相结合的管理模式是域名系统管理的基本方向。公司域名服务器应具备实时域名系统管理、监测与报告的管理和监控能力。

32. 运维人员管理维护的信息通信软硬件资源集合，可划分为（　　）。

A. 基础资源　　B. 平台资源　　C. 网络资源　　D. 应用资源

【参考答案】ABCD

【解析】Q/GDW 11985—2019《信息系统自动化运维导则》3 术语和定义中，3.3 运维对象规定：运维人员管理维护的信息通信软硬件资源集合，可划分为基础资源、平台资源、网络资源、应用资源。

33．以下选项中，属于信息系统自动化运维中资源台账管理要求的是（　　）。

A．应实现所有设备基础资源台账信息的自动采集、校验

B．应实现在运设备基础资源台账信息的自动采集、校验

C．应实现信息系统台账与实际在运设备的准确对应

D．应与信息资源管理技术平台（如 SG-I6000 云平台）的数据接口进行对接，实现数据统一共享

【参考答案】BCD

【解析】Q/GDW 11985—2019《信息系统自动化运维导则》6 技术要求中，6.2.4 规定，资源台账管理要求如下：1.应实现在运设备基础资源台账信息的自动采集、校验；2.应实现信息系统台账与实际在运设备的准确对应；3.应与信息资源管理技术平台（如 SG-I6000、云平台）的数据接口进行对接，实现数据统一共享。

34．运维对象对基础资源的采集数据应包括（　　）。

A．计算资源的总量、分配量、使用量、CPU 运行状态等信息

B．存储资源的总量、分配量、使用量、磁盘运行状态等情况

C．网络资源的总量、分配量、网络流量情况等信息

D．操作系统版本、用户数、端口开放情况、运行日志等信息

【参考答案】ABCD

【解析】Q/GDW 11985—2019《信息系统自动化运维导则》6 技术要求中，6.3.2 规定，基础资源的采集数据应包括：计算资源的总量、分配量、使用量、CPU 运行状态等信息；存储资源的总量、分配量、使用量、磁盘运行状态等情况；网络资源的总量、分配量、网络流量情况等信息；操作系统版本、用户数、端口开放情况、运行日志等信息。

35．信息系统自动化运维备份管理方面应实现（　　）。

A．备份策略自动化管理

B．备份自动化数据验证

C．备份策略自动化恢复

D．备份数据自动化恢复

【参考答案】ABD

【解析】Q/GDW 11985—2019《信息系统自动化运维导则》6 技术要求中，6.5.2 规定，备份管理方面应实现：1. 备份策略自动化管理：实现多种备份软件策略统一管理，应实现异构备份软件的备份策略批量修改、统一下发和执行结果监控。2. 备份自动化数据验证：实现自动化对备份环境和备份文件的有效性进行校验，保证备份数据的完整性和可用性。3. 备份数据自动化恢复：实现自动化恢复备份数据，提高数据恢复效率。

36．信息系统基础设施改造技术构架、技术规范应符合下列要求（　　）。

A．严格遵循公司制定的企业信息化架构及信息标准

B．选用的设备必须符合国家或公司节能减排的技术要求

C．选用的设备必须是通过国家或公司认定或许可，符合公司自主可控相关要求

D．信息系统基础设施改造后不应低于信息机房及配线间技术要求

【参考答案】ABCD

【解析】Q/GDW 11159—2018《信息系统基础设施改造技术规范》4 基本原则中，4.6 改造技术原则规定，信息系统基础设施改造技术构架、技术规范应符合下列要求：a）严格遵循公司制定的企业信息化架构及信息标准；b）选用的设备必须符合国家或公司节能减排的

技术要求；c）选用的设备必须是通过国家或公司认定或许可，符合公司自主可控相关要求；d）信息系统基础设施改造后不应低于附录要求的技术要求，信息机房及配线间技术要求参见附录B。

37．信息系统基础设施达到以下条件应进行改造：（　　）；经检修仍不能正常运行；未达到技术要求。

A．出现不良工况

B．存在家族缺陷

C．运行达到或超过设计寿命且经检测存在安全运行隐患

D．经鉴定达到报废标准

【参考答案】ABCD

【解析】Q/GDW 11159—2018《信息系统基础设施改造技术规范》5 技术要求中，5.1 通用规定，改造基本条件，根据信息系统基础设施运行实际情况，对于达到以下基本条件之一的，应进行改造：a）出现不良工况；b）存在家族缺陷；c 运行达到或超过设计寿命且经检测存在安全运行隐患；d）经鉴定达到报废标准；e）经检修仍不能正常运行；f）未达到技术要求。

38．信息网络设备改造时，（　　）需要双机、双引擎、冗余电源的配置要求。

A．核心交换机　　B．核心路由器　　C．汇聚交换机　　D．核心光纤交换机

【参考答案】ABD

【解析】Q/GDW 11159—2018《信息系统基础设施改造技术规范》5 技术要求中，5.3.1.1 规定：核心交换机应满足双机、双引擎、冗余电源的配置要求；5.3.1.4 规定：汇聚交换机宜满足双机或双引擎配置；5.3.2.1 规定：核心路由器应满足双机、双引擎、冗余电源的配置要求；5.3.3.1 规定：核心光纤交换机应满足双机、双引擎、冗余电源的配置要求。

39．磁盘阵列设备（　　）等硬件出现不良工况，应进行检修或改造使其恢复正常运行。

A．控制器　　B．存储模块　　C．磁盘模块　　D．驱动器

【参考答案】ABC

【解析】Q/GDW 11159—2018《信息系统基础设施改造技术规范》5 技术要求中，5.5.2.2 规定：磁盘阵列设备控制器、存储模块和磁盘模块等硬件出现不良工况，应进行检修或改造使其恢复正常运行。

40．Q/GDW 11822.10—2021《一体化“国网云”第10部分：运维技术规范》中规定了“国网云”平台中关于（　　）的运维技术规范。

A．硬件资源　　B．虚拟设备　　C．软件服务　　D．安全管理

【参考答案】ABC

【解析】Q/GDW 11822.10—2021《一体化“国网云”第10部分：运维技术规范》1 范围中规定：本部分规定了“国网云”中硬件资源、虚拟设备、软件服务的运维技术规范，内容包括国网云运维对象、运维管理要求、运维技术要求。

41．国网云运维包括（　　）等部分。

A．平台运维　　B．应用维护　　C．运行管理　　D．安全管理

【参考答案】ABCD

【解析】Q/GDW 11822.10—2021《一体化“国网云”第10部分：运维技术规范》6 运维

管理要求中，6.1 运维内容规定：国网云运维包括平台运维、应用维护、运行管理、安全管理四部分。

42．国网云运维运行管理包括对平台的（　　）。

A．调度管理　　B．安全检测　　C．运行监控　　D．运维服务

【参考答案】ACD

【解析】Q/GDW 11822.10—2021《一体化“国网云”第 10 部分：运维技术规范》6 运维管理要求中，6.1 运维内容规定，国网云运维包括平台运维、应用维护、运行管理、安全管理四部分：a）平台运维包括基础设施、IaaS 组件、PaaS 组件维护；b）应用维护包括支撑应用上云、应用更新、应用分析；c）运行管理包括平台的调度管理、运行监控、运维服务等；d）安全管理包括安全防护、安全监测、安全套件、数据安全等。

43．对国网云平台的服务器、网络设备等硬件运维管理时，不属于主要监控内容的是（　　）等。

A．容器镜像仓库、集群管理　　B．内存资源、存储资源

C．服务性能、服务资源使用　　D．风扇状态、电源状态

【参考答案】AC

【解析】Q/GDW 11822.10—2021《一体化“国网云”第 10 部分：运维技术规范》7 运维技术要求中，7.1 基础设施规定，满足云平台硬件如服务器、网络设备等运维管理，技术要求应包括但不限于：a）设备状态：支持开机/关机状态监控；b）CPU 资源：支持处理器数量、处理器运行状态监控，故障告警；c）内存资源：支持内存容量、内存运行状态监控，故障告警；d）存储资源：支持磁盘数量、存储容量、存储使用情况、磁盘 S.M.A.R.T.状态监控，故障告警；e）温度状态：支持设备进/出风口温度、CPU 温度、主板温度、磁盘温度监控，高温告警；f）电压状态：支持服务器、CPU 电压、内存电压监控，电压状态告警；g）风扇状态：支持数量、转速监控，阈值设定，故障告警；h）电源状态：支持输入功率、额定功率、电流模式、冗余模式、健康状态监控；i）网卡状态：支持接口类型、端口状态监控；j）能耗管理：支持云能耗监控，租户分析，紧急功耗限制策略制定。

44．国网云平台运维监控指标包括对（　　）及统计分析的指标要求。

A．采集　　B．性能　　C．配置　　D．告警

【参考答案】ABCD

【解析】Q/GDW 11822.10—2021《一体化“国网云”第 10 部分：运维技术规范》7 运维技术要求中，7.4 云运维监控指标规定：包括对采集、配置、性能、告警和统计分析五方面指标要求。

45．国网云平台运维监控指标的配置指标应主要包括（　　）。

A．配置备份　　B．配置比较

C．配置变更　　D．配置下发与回退

【参考答案】ABCD

【解析】Q/GDW 11822.10—2021《一体化“国网云”第 10 部分：运维技术规范》7 运维技术要求中，7.4.3 配置规定，满足分析、处理和展现的指标技术要求，应包括但不限于：g）应包括配置备份、配置比较、配置变更和配置下发与回退。

46．满足国网云平台运行情况、趋势变化的指标技术要求，包括（　　）及应支持按租

户进行统计分析。

A．应支持对配置、性能和告警指标数据进行统计分析

B．应支持按服务进行统计分析

C．应支持按云组件类型进行统计分析

D．应支持按时间进行统计分析

【参考答案】ABCD

【解析】Q/GDW 11822.10—2021《一体化“国网云”第 10 部分：运维技术规范》7 运维技术要求中，7.4 云运维监控指标规定，满足国网云运行情况、趋势变化的指标技术要求，应包括但不限于：a）应支持对配置、性能和告警指标数据进行统计分析；b）应支持按服务进行统计分析；c）应支持按云组件类型进行统计分析；d）应支持按时间进行统计分析；e）应支持按租户进行统计分析。

47．高效能数据中心基础资源调度，应遵循（　　）的目标和原则。

A．高效能　　B．通用性　　C．兼容性　　D．可用性

【参考答案】ABCD

【解析】Q/GDW 11983—2019《高效能数据中心能耗管理技术导则》7 基础资源调度要求中，7.1 目标与原则规定，高效能数据中心基础资源调度，应遵循以下目标和原则：a）高效能：应具备通过基础资源调度，提高数据中心资源使用效率的能力。b）通用性：调用过程应规定名称，不宜限制承载协议，消息应规定基本格式，不宜限制编解码方式。c）兼容性：应兼容新老设备，对于接口支持良好的新设备，可获取和控制更多设备参数，对于数据中心存在的旧设备，宜选择可控参数进行管控。d）可用性：应适用于大型、超大型数据中心。

48．高效能数据中心基础资源调度 IT 设备信息采集时主要采集（　　）等的信息。

A．服务器、网络设备　　B．安全设备

C．存储设备、虚拟机　　D．容器、逻辑卷

【参考答案】ACD

【解析】Q/GDW 11983—2019《高效能数据中心能耗管理技术导则》7 基础资源调度要求中，7.2 IT 设备信息采集要求规定，高效能数据中心基础资源调度 IT 设备信息采集应满足以下要求：a）服务器信息包括：生产厂商、设备型号、设备序列号、CPU 参数、内存容量、存储容量、网卡参数、操作系统、IP 地址等。b）网络设备包括：生产厂商、设备型号、设备序列号、端口数量、传输速率、IP 地址等。c）存储设备信息包括：生产厂商、设备型号、设备序列号、RAID 类型、总容量等。d）虚拟机信息包括：虚拟机名称、虚拟化软件、操作系统、内存容量、存储容量、网卡参数、IP 地址等。e）容器信息包括：CPU、内存、网络资源等。f）逻辑卷信息包括：逻辑卷名称、逻辑卷容量等。

49．高效能数据中心应具备调度（　　）相关的物理资源和虚拟资源的能力。

A．设备　　B．计算　　C．网络　　D．存储

【参考答案】BCD

【解析】Q/GDW 11983—2019《高效能数据中心能耗管理技术导则》7 基础资源调度要求中，7.3 资源调度功能要求规定：高效能数据中心应具备调度计算、网络、存储相关的物理资源和虚拟资源的能力。

50．高效能数据中心资源调度迁移，应满足以下要求（　　）。

A．应满足物理资源和虚拟资源按需迁移的要求

B．应具备物理设备启停控制的能力

C．应实现虚拟设备的创建、更新、删除等操作

D．宜按照资源配置规则，灵活调度业务应用

【参考答案】ABCD

【解析】Q/GDW 11983—2019《高效能数据中心能耗管理技术导则》7 基础资源调度要求中，7.3.4 规定，高效能数据中心资源调度迁移，应满足以下要求：a）应满足物理资源和虚拟资源按需迁移的要求；b）应具备物理设备启停控制的能力；c）应实现虚拟设备的创建、更新、删除等操作；d）宜按照资源配置规则，灵活调度业务应用。

51．数据中心应具备按能耗测量方法进行数据中心及其子系统耗电测量的能力，（　　）符合测量要求。

A．测试软件　　B．测量点　　C．测量参数　　D．测试设备

【参考答案】BCD

【解析】Q/GDW 11983—2019《高效能数据中心能耗管理技术导则》8 能效监测及评估要求中，8.3 数据中心能耗测量方法规定：数据中心应具备按能耗测量方法进行数据中心及其子系统耗电测量的能力，测量点、测量参数和测试设备符合测量要求。

52．数据中心能耗测量的周期和频率（　　）。

A．每次测量应不小于 1h

B．每次测量应不大于 1h

C．每天测量应不少于 2 次，可在业务忙时和闲时进行测量

D．每月测量应不少于 3 天，可在 5 日、15 日、25 日进行测量

【参考答案】ACD

【解析】Q/GDW 11983—2019《高效能数据中心能耗管理技术导则》8 能效监测及评估要求中，8.3 数据中心能耗测量方法规定，测量的周期和频率如下：a）每次测量应不小于 1h；b）每天测量应不少于 2 次，可在业务忙时和闲时进行测量；c）每月测量应不少于 3 天，可在 5 日、15 日、25 日进行测量。

53．IT 设备节能宜采用（　　）等方式。

A．多机柜电流监测　　B．单机柜电流监测

C．模块化接入　　D．一体化接入

【参考答案】BC

【解析】Q/GDW 11983—2019《高效能数据中心能耗管理技术导则》8 能效监测及评估要求中，8.5 数据中心绿色节能规定，节能技术应包括以下方面内容：a）IT 设备，对于自用和联合定制的数据中心，此项分级依据为 IT 设备是否采用了相关节能技术，并取得了较好的节能效果。对于对外出租的数据中心，此项分级依据为是否支持和鼓励 IT 设备节能。IT 设备节能宜采用单机柜电流监测、模块化接入等方式。

54．数据中心节能管理要求包括（　　）及宜向业界公开绿色节能最佳实践，促进节能技术的推广。

A．应成立数据中心节能工作小组，有专人负责节能事务

B．应制定节能管理方面的工作制度

C．应建立日志管理系统，定期统计、计算分析 PUE 等指标，并不断提升绿色水平

D．绿色节能应纳入考核指标

【参考答案】ABCD

【解析】Q/GDW 11983—2019《高效能数据中心能耗管理技术导则》8 能效监测及评估要求中，8.5 数据中心绿色节能规定，节能管理方面的要求包括：a）应成立数据中心节能工作小组，有专人负责节能事务；b）应制定节能管理方面的工作制度；c）应建立日志管理系统，定期统计、计算分析 PUE 等指标，并不断提升绿色水平；d）绿色节能应纳入考核指标；e）宜向业界公开绿色节能最佳实践，促进节能技术的推广。

三、判断题

1．信息系统在规划设计时应根据业务增长规模，规划未来 2 年内系统的设计容量。

【参考答案】错

【解析】Q/GDW 11212—2018《信息系统非功能性需求规范》6 非功能性需求中，6.1.1 规定：在规划设计时应根据业务增长规模，规划未来 1 年～5 年内系统的设计容量。

2．非功能性需求是指根据一些条件判断信息系统运作情形或其特性，而不是针对信息系统特定行为的需求，也可以视作为了满足客户业务需求而需要符合的，但又不在功能性需求以内的特性。

【参考答案】对

【解析】Q/GDW 11212—2018《信息系统非功能性需求规范》3 术语与定义中规定：非功能性需求指根据一些条件判断信息系统运作情形或其特性，而不是针对信息系统特定行为的需求，也可以视作为了满足客户业务需求而需要符合的，但又不在功能性需求以内的特性。

3．在需求分析阶段应对生产系统环境进行调研，保持开发环境与生产环境一致。

【参考答案】对

【解析】Q/GDW 11212—2018《信息系统非功能性需求规范》5 总则中，5.6 规定：在需求分析阶段应对生产系统环境进行调研，保持开发环境与生产环境一致。

4．服务器的实地址或者集群服务器的虚地址应当与域名绑定，以便服务器变更地址后不影响用户使用。

【参考答案】对

【解析】Q/GDW 11212—2018《信息系统非功能性需求规范》6 非功能性需求中，6.2.1.5 规定：服务器地址与域名绑定，服务器的实地址或者集群服务器的虚地址应当与域名绑定，以便服务器变更地址后不影响用户使用。

5．信息系统应提供数据校验机制（数据类型、长度、字符格式等），且应把数据校验放到服务端处实现，保证前端安全。

【参考答案】错

【解析】Q/GDW 11212—2018《信息系统非功能性需求规范》6 非功能性需求中，6.3.3.1 规定：信息系统应提供数据校验机制（数据类型、长度、字符格式等），且应把数据校验放到客户端处实现，减小服务器的压力。

6．对移动类应用监控应重点选取连通性、网络延时、响应性、内存使用率等监控指标。

【参考答案】错

【解析】Q/GDW 11212—2018《信息系统非功能性需求规范》6 非功能性需求中，6.8.1.1

规定：对移动类应用监控应重点选取连通性、网络延时、响应性等监控指标。

7．信息系统应保证业务应用服务器和数据库服务器物理分离。

【参考答案】对

【解析】Q/GDW 11212—2018《信息系统非功能性需求规范》6 非功能性需求中，6.9.1.2 规定：信息系统应保证业务应用服务器和数据库服务器物理分离。

8．信息系统在出现服务器断电时宜具备数据保留能力，当系统恢复后宜能够保证业务和数据的完整性。

【参考答案】对

【解析】Q/GDW 11212—2018《信息系统非功能性需求规范》6 非功能性需求中，6.2.3.1 规定：信息系统在出现服务器断电时宜具备数据保留能力，当系统恢复后宜能够保证业务和数据的完整性。

9．微型模块化数据中心是由一定数量的 IT 机柜、不间断电源、近端冷却设备、管理系统等形成封闭的小型机柜集群，通过封闭两列机柜间的冷或热通道，形成与大机房和其他集群相对隔离的物理环境，根据机柜内设备情况设计独立的电气、制冷、安防、管理、布线、消防系统。

【参考答案】对

【解析】Q/GDW 11978—2018《数据中心模块化设计规范》3 术语和定义中，3.1 微型模块化数据中心规定：微型模块化数据中心简称微模块、模块，是由一定数量的 IT 机柜、不间断电源、近端冷却设备、管理系统等形成封闭的小型机柜集群，通过封闭两列机柜间的冷或热通道，形成与大机房和其他集群相对隔离的物理环境，根据机柜内设备情况设计独立的电气、制冷、安防、管理、布线、消防系统。

10．模块化数据中心模块运行环境温度宜为 22℃～28℃。

【参考答案】错

【解析】Q/GDW 11978—2018《数据中心模块化设计规范》5 数据中心模块化设计总体要求中，5.2 模块总体要求规定：模块运行环境温度宜为 18℃～27℃，相对湿度不大于 60%。

11．关于模块化数据中心模块低压分配电缆宜采用机柜底部走线的方式布置。

【参考答案】错

【解析】Q/GDW 11978—2018《数据中心模块化设计规范》6 供配电系统中规定：模块低压分配电缆宜采用机柜顶部走线的方式布置。

12．模块化数据中心的管理系统应由不间断电源系统进行供电。

【参考答案】对

【解析】Q/GDW 11978—2018《数据中心模块化设计规范》9 管理系统中规定：管理系统应由不间断电源系统进行供电。

13．数据中心信息系统灾备端和生产端之间的远距离数据复制基于 FCoIP 架构。

【参考答案】对

【解析】Q/GDW/Z 11799—2018《数据中心信息系统灾备存储复制设计原则》5 架构设计中规定，架构设计原则如下：灾备端和生产端之间的远距离数据复制基于 FCoIP 架构。

14．数据中心信息系统灾备端分配的数据块大小可以与生产端不一致。

【参考答案】错

【解析】Q/GDW/Z 11799—2018《数据中心信息系统灾备存储复制设计原则》8 复制规划中，8.2 空间规划规定：灾备端分配的数据块大小应与生产端完全一致（以 block 为单位）。

15. 微应用是把一个大型的单个应用程序和服务拆分为数十个支持的微服务，一个微服务的策略可以让工作变得更为简便，它可扩展单个组件而不是整个的应用程序堆栈，从而满足服务等级协议。

【参考答案】错

【解析】Q/GDW 10704—2018《信息运行支撑平台技术要求》3 术语和定义中，3.7 微应用规定：通过调用一个或者多个微服务，实现一组同类型的或紧密耦合的单一业务目标或业务场景的功能逻辑组合软件包，提供带界面的软件客户端，实现人机交互。

16. 信息运行支撑平台依据国网公司信息通信运维体系，借鉴 SG-EA 方法论、ITIL V3 服务价值链、eTOM 商务过程框架、运维体系模型、运维关系模型等，结合运维最佳实践与行业特点而搭建的 IT 运维支撑平台。

【参考答案】对

【解析】Q/GDW 10704—2018《信息运行支撑平台技术要求》3 术语和定义中，3.1 信息运行支撑平台规定：依据国家电网有限公司信息通信运维体系，借鉴 SG-EA 方法论、ITIL V3 服务价值链、eTOM 商务过程框架、运维体系模型、运维关系模型等，结合运维最佳实践与行业特点而搭建的 IT 运维支撑平台。

17. 微服务是把一个大型的单个应用程序和服务拆分为数十个支持的微服务，一个微服务的策略可以让工作变得更为简便，它可扩展单个组件而不是整个的应用程序堆栈，从而满足服务等级协议。

【参考答案】对

【解析】Q/GDW 10704—2018《信息运行支撑平台技术要求》3 术语和定义中，3.6 微服务规定：把一个大型的单个应用程序和服务拆分为数十个支持的微服务，一个微服务的策略可以让工作变得更为简便，它可扩展单个组件而不是整个的应用程序堆栈，从而满足服务等级协议。

18. 三线支持是指由服务厂商解决信息通信系统二线运维人员不能解决的问题或提供专家级服务，涉及设备巡检、故障处理、高级诊断、系统调优、技术支持等工作。

【参考答案】对

【解析】Q/GDW 10845—2018《信息运行支撑平台功能规范》3 术语和定义中，3.7 三线支持规定：由服务厂商解决信息通信系统二线运维人员不能解决的问题或提供专家级服务，涉及设备巡检、故障处理、高级诊断、系统调优、技术支持等工作。

19. 公司域名体系采用统一规划、逐级授权的管理方式确定二级以下（含二级）域名的管理单位。公司各级单位采用层次结构设置各级域名，各级域名管理单位负责其下级域名的注册、变更和撤销，二级域名管理单位应定期向公司总部提交三级域名的使用情况。

【参考答案】对

【解析】Q/GDW 1133—2014《国家电网公司统一域名体系建设规范》5 统一域名体系规划原则中，5.4 统一规划、分级管理原则规定：公司域名体系采用统一规划、逐级授权的管理方式确定二级以下（含二级）域名的管理单位。公司各级单位采用层次结构设置各级域名，各级域名管理单位负责其下级域名的注册、变更和撤销，二级域名管理单位应定期向公司总部提交三级域名的使用情况。

20．一级部署是指信息系统部署在北京、上海、西安三地数据中心、全网应用的部署模式。

【参考答案】对

【解析】Q/GDW 1133—2014《国家电网公司统一域名体系建设规范》3 术语和定义中，3.3 一级部署规定：信息系统部署在北京、上海、西安三地数据中心、全网应用的部署模式。

21．二级部署是指信息系统部署在分部、省（自治区、直辖市）电力公司、直属单位的部署模式。

【参考答案】对

【解析】Q/GDW 1133—2014《国家电网公司统一域名体系建设规范》3 术语和定义中，3.4 二级部署规定：二级部署是指信息系统部署在分部、省（自治区、直辖市）电力公司、直属单位的部署模式。

22．两级部署是指信息系统既在总部数据中心部署又在分部、省（自治区、直辖市）电力公司、直属单位部署的部署模式。

【参考答案】对

【解析】Q/GDW 1133—2014《国家电网公司统一域名体系建设规范》3 术语和定义中，3.5 两级部署规定：两级部署是指信息系统既在总部数据中心部署又在分部、省（自治区、直辖市）电力公司、直属单位部署的部署模式。

23．根据统一的域名命名规则确定的公司各级单位的域名唯一，域名申请发布应经过公司或授权的相关部门统一审核，避免出现域名重复。

【参考答案】对

【解析】Q/GDW 1133—2014《国家电网公司统一域名体系建设规范》5 统一域名体系规划原则中，5.3 唯一性原则规定：根据统一的域名命名规则确定的公司各级单位的域名唯一，域名申请发布应经过公司或授权的相关部门统一审核，避免出现域名重复。

24．域名应区分英文字母大小写。

【参考答案】错

【解析】Q/GDW 1133—2014《国家电网公司统一域名体系建设规范》8 信息系统域名的命名原则中，8.3 组合要求规定：域名不应区分英文字母大小写。

25．国家电网有限公司正式注册域名为 sgcc.com.cn。

【参考答案】对

【解析】Q/GDW 1133—2014《国家电网公司统一域名体系建设规范》9 统一域名规划中，9.1 公司正式注册域名规定：公司正式注册域名为 sgcc.com.cn。

26．自动化运维是一种应用自动化探测、自动化分析、自动化处置、自动化展示等自动化技术的新型运维管理方式，降低运维管理复杂度，提高业务的安全性和稳定性。

【参考答案】对

【解析】Q/GDW 11985—2019《信息系统自动化运维导则》3 术语和定义中，3.1 自动化运维规定：自动化运维是一种应用自动化探测、自动化分析、自动化处置、自动化展示等自动化技术的新型运维管理方式，降低运维管理复杂度，提高业务的安全性和稳定性。

27．时序数据库是一种高性能、低成本、稳定可靠的在线时间序列数据库，提供高效读写，高压缩比存储、时序数据插值及聚合计算，提升写入和查询分析效率。

【参考答案】对

【解析】Q/GDW 11985—2019《信息系统自动化运维导则》3 术语和定义中，3.2 时序数据库规定：时序数据库是一种高性能、低成本、稳定可靠的在线时间序列数据库，提供高效读写，高压缩比存储、时序数据插值及聚合计算，提升写入和查询分析效率。

28．信息系统自动化运维应具备对各类软硬件资源的自动化资源管理、自动化采集及存储、自动化运行分析及故障自动化预警、常规作业的自动处置和突发紧急事件的应急处置、资源总览及详情可视化展示五方面技术能力。

【参考答案】对

【解析】Q/GDW 11985—2019《信息系统自动化运维导则》6 技术要求中，6.1 总体要求规定：信息系统自动化运维应具备对各类软硬件资源的自动化资源管理、自动化采集及存储、自动化运行分析及故障自动化预警、常规作业的自动处置和突发紧急事件的应急处置、资源总览及详情可视化展示五方面技术能力。

29．信息系统自动化运维中采集数据存储要求是基础架构数据和具备时间序列特征的监控数据均宜采用关系型数据库进行存储。

【参考答案】错

【解析】Q/GDW 11985—2019《信息系统自动化运维导则》6 技术要求中，6.3.4 规定：数据库选型要求，基础架构数据宜采用关系型数据库进行存储；具备时间序列特征的监控数据宜采用时序性数据库进行存储。

30．信息机房出口应设置向疏散方向开启且能自动关闭的门，门应是防火材料，并能从机房外打开。

【参考答案】错

【解析】Q/GDW 11159—2018《信息系统基础设施改造技术规范》5 技术要求中，5.2.1 规定：信息机房出口应设置向疏散方向开启且能自动关闭的门，门应是防火材料，并应保证在任何情况下都能从机房内打开。

31．机房监控系统应具有对机房主进线电源、UPS 出线电源、蓄电池组馈线电源供电状态及机房环境（视频）、门禁的监控功能，并具有本地和远程报警功能，且本地报警应具备声光报警功能。

【参考答案】对

【解析】Q/GDW 11159—2018《信息系统基础设施改造技术规范》5 技术要求中，5.2.5 规定：机房监控系统应具有对机房主进线电源、UPS 出线电源、蓄电池组馈线电源供电状态及机房环境（视频）、门禁的监控功能，并具有本地和远程报警功能，且本地报警应具备声光报警功能。

32．PC 服务器设备性能或容量只需满足当前应用服务系统需求。

【参考答案】错

【解析】Q/GDW 11159—2018《信息系统基础设施改造技术规范》5 技术要求中，5.5.1.1 规定：PC 服务器设备性能或容量应能满足应用服务、数据库服务系统升级或用户数量增加等需求。

33．备份系统应配置备份介质专用存放柜或存放环境。

【参考答案】对

【解析】Q/GDW 11159—2018《信息系统基础设施改造技术规范》5 技术要求中，5.5.3.3 规定：备份系统应配置备份介质专用存放柜或存放环境。

34．建筑间有联网需求但缺少光缆或已有光缆但光衰过大，不能正常通信，应进行改造。

【参考答案】对

【解析】Q/GDW 11159—2018《信息系统基础设施改造技术规范》5 技术要求中，5.6.1 规定：建筑间有联网需求但缺少光缆或已有光缆但光衰过大，不能正常通信，应进行改造。

35．国网云平台系统故障后，应提供故障隔离、自动处置、应急恢复、云间业务接管等技术手段。

【参考答案】对

【解析】Q/GDW 11822.10—2021《一体化“国网云”第 10 部分：运维技术规范》6 运维管理要求中，6.2 平台运维规定，满足监控、巡视工作要求，便于及时发现异常、缺陷，包括调度监控、运行巡视及故障处置。a）满足调度监控对云相关物理设备、虚拟设备、云中重要组件的运行状态监控要求，包括：1）应满足国网云系统运行状态 7×24h 监控要求，包括硬件设施、平台基础服务等的中断、故障等异常情况；2）国网云系统故障后，应提供故障隔离、自动处置、应急恢复、云间业务接管等技术手段。

36．国网云平台运行巡视物理主机/虚拟机操作系统、虚拟网络、虚拟化软件、数据库、中间件等组件时，主要巡视资源占用情况、性能、容量、日志等方面。

【参考答案】对

【解析】Q/GDW 11822.10—2021《一体化“国网云”第 10 部分：运维技术规范》6 运维管理要求中，6.2 平台运维规定，满足监控、巡视工作要求，便于及时发现异常、缺陷，包括调度监控、运行巡视及故障处置。b）满足运行巡视对云相关物理设备、虚拟设备的要求，包括：1）应满足物理主机/虚拟机操作系统、虚拟网络、虚拟化软件、数据库、中间件等组件在资源占用情况、性能、容量、日志等方面巡视要求；2）应满足业务应用在接口、系统日志等方面巡视要求。

37．为了减轻国网云平台的运维管理强度、提高可用性，可不提供完善的容灾备份机制。

【参考答案】错

【解析】Q/GDW 11822.10—2021《一体化“国网云”第 10 部分：运维技术规范》6 运维管理要求中，6.4 运行管理规定，满足易于管理、高可用性要求，包括：a）应部署自动化管理工具，应具备统一资源调度、资源弹性伸缩、自动发现使用新资源等功能；b）应提供高可用性，应提供完善的容灾备份机制；c）应提供智能监控，满足国网云基础资源、IaaS、PaaS 资源监控要求；d）应满足统一运维管理要求，纳入智能一体化运维支撑平台统一监管。

38．国网云平台应具备应用集群部署、多活、负载均衡等高可用技术支撑，具有应用的版本管理与快速回退能力。

【参考答案】对

【解析】Q/GDW 11822.10—2021《一体化“国网云”第 10 部分：运维技术规范》6 运维管理要求中，6.3 应用维护规定，满足业务应用连续性要求，包括：a）应满足《一体化“国网云”第 8 部分：应用上云测试》要求；b）非功能要求应满足 Q/GDW 11212《信息系统非功能性需求规范》要求；c）应提供应用集群部署、多活、负载均衡等高可用技术支撑，具有应用的版本管理与快速回退能力；d）应支持自动化部署要求；e）应具备服务性能弹性伸缩要求。

39．国网云运维监控指标的配置指标阈值应满足衡量云组件能否提供高可用和高可靠服务的量化要求。

【参考答案】对

【解析】Q/GDW 11822.10—2021《一体化“国网云”第 10 部分：运维技术规范》7 运维技术要求中，7.4.3 配置规定，满足分析、处理和展现的指标技术要求，应包括但不限于：a）指标阈值应满足衡量云组件能否提供高可用和高可靠服务的量化要求。

40．国网云运维监控指标的性能指标阈值应满足衡量云组件性能是否正常、是否需要优化或扩容的量化要求。

【参考答案】对

【解析】Q/GDW 11822.10—2021《一体化“国网云”第 10 部分：运维技术规范》7 运维技术要求中，7.4.4 性能规定：满足分析、处理和展现的指标技术要求，应包括但不限于：a）其指标阈值应满足衡量云组件性能是否正常、是否需要优化或扩容的量化要求。

41．国网云平台中的告警信息宜包括运维管理要求的足够信息，包括标题、来源、发生时间、描述、级别等。

【参考答案】对

【解析】Q/GDW 11822.10—2021《一体化“国网云”第 10 部分：运维技术规范》7 运维技术要求中，7.4.5 告警规定：满足告警分析、处理和展现的指标技术要求，应包括但不限于：d）告警信息宜包括运维管理要求的足够信息，包括标题、来源、发生时间、描述、级别等。

42．高效能数据中心能耗采集以设备的物理性质为原则，将设备分为供配电和暖通两类。

【参考答案】对

【解析】Q/GDW 11983—2019《高效能数据中心能耗管理技术导则》6 能耗采集要求中，6.1 采集原则规定，高效能数据中心设备分类及采集点位应符合以下要求：a）分类应以设备的物理性质为原则，将设备分为供配电和暖通 2 类，分类详见附录 A；b）设备、点位应使用 ID 进行标记，ID 制定规则应符合附录 C。

43．高效能数据中心能耗采集设备、点位应使用 ID 进行标记。

【参考答案】对

【解析】Q/GDW 11983—2019《高效能数据中心能耗管理技术导则》6 能耗采集要求中，6.1 采集原则规定，高效能数据中心设备分类及采集点位应符合以下要求：a）分类应以设备的物理性质为原则，将设备分为供配电和暖通 2 类，分类详见附录 A；b）设备、点位应使用 ID 进行标记，ID 制定规则应符合附录 C。

44．高效能数据中心中虚拟机进行信息采集时应包括生产厂商、设备型号、设备序列号、端口数量、传输速率、IP 地址等。

【参考答案】错

【解析】Q/GDW 11983—2019《高效能数据中心能耗管理技术导则》7 基础资源调度要求中，7.2 IT 设备信息采集要求规定，高效能数据中心基础资源调度 IT 设备信息采集应满足以下要求：b）网络设备包括生产厂商、设备型号、设备序列号、端口数量、传输速率、IP 地址等；d）虚拟机信息包括虚拟机名称、虚拟化软件、操作系统、内存容量、存储容量、网卡参数、IP 地址等。

45．高效能数据中心可不统一基础资源调度协议，协议无需兼容不同系统和不同底层硬件设备。

【参考答案】错

【解析】Q/GDW 11983—2019《高效能数据中心能耗管理技术导则》7 基础资源调度要求中，7.3 资源调度功能要求规定，7.3.2 资源调度协议要求：高效能数据中心应具备统一的基础资源调度协议，协议应兼容不同系统和不同底层硬件设备。

46．数据中心必须根据连续累计的数据中心总耗电、IT 设备耗电等测量值来计算 PUE 等能效指标。

【参考答案】错

【解析】Q/GDW 11983—2019《高效能数据中心能耗管理技术导则》8 能效监测及评估要求中，8.3 数据中心能耗测量方法规定，高效能数据中心能耗数据的统计和发布应满足以下要求：数据中心应根据连续或多次短时累计的数据中心总耗电、IT 设备耗电等测量值（单位为 KWh）来计算 PUE 等能效指标。

47．数据中心在发布能效指标数值时，数据中心所在的地理位置，不必精确到具体的城市。

【参考答案】错

【解析】Q/GDW 11983—2019《高效能数据中心能耗管理技术导则》8 能效监测及评估要求中，8.4 能效数据发布要求规定，在发布能效指标数值时，应包括以下相关信息：a）数据中心所在的地理位置，应精确到具体的城市。

第三节 规 章 制 度

章节摘要：本章节涵盖了电网企业数字化运行管理相关的规章制度，主要包括：《国家电网有限公司严重违章释义（网络信息部分）》《国家电网公司计算机软件著作权管理与保护办法、国家电网公司信息设备管理细则》《国家电网有限公司信息系统检修管理办法》《国家电网公司信息系统深化应用管理办法、国家电网公司信息系统实用化评价办法》《国家电网公司信息系统业务授权许可使用管理办法》《国家电网公司信息系统运行管理办法》《电力行业网络安全等级保护管理办法》等。

一、单项选择题

1．无日计划作业，或实际作业内容与日计划不符，属于（　　）行为。

A．Ⅰ类严重违章　　B．Ⅱ类严重违章　　C．Ⅲ类严重违章　　D．一般违章

【参考答案】A

【解析】《国家电网有限公司严重违章释义（网络信息部分）》Ⅰ类严重违章中，第一条规定：无日计划作业，或实际作业内容与日计划不符。

2．员工小张在作业前，未将日作业计划录入安全风险管控监督平台，属于Ⅰ类严重违章的（　　）违章行为。

A．无票工作

B．工作负责人不在现场

C．无日计划作业，或实际作业内容与日计划不符

D．作业人员不清楚工作任务、危险点

【参考答案】C

【解析】《国家电网有限公司严重违章释义（网络信息部分）》Ⅰ类严重违章中，第一条规定：无日计划作业，或实际作业内容与日计划不符。释义：1. 日作业计划（含临时计划、抢修计划）未录入安全风险管控监督平台。2. 安全风险管控监督平台中日计划取消后，实际作业未取消。3.现场作业超出安全风险管控监督平台中作业计划范围。

3．某省公司在网络安全督查中，发现某地市公司自建输电线路监控系统，并部署在阿里云上托管运行，内部存放大量设备资料，构成（　　）。

A．Ⅰ类严重违章　　B．Ⅱ类严重违章　　C．Ⅲ类严重违章　　D．一般违章

【参考答案】C

【解析】《国家电网有限公司严重违章释义（网络信息部分）》Ⅲ类严重违章中，第十三条规定：未经批准，向外部单位提供公司的涉密数据和重要数据；未经审批，私自将重要数据存储于互联网企业平台。释义：未经审批，私自将重要数据存储于互联网企业平台（包括第三方云平台）。

4．某省公司在网络安全督查中，发现某地市公司 IDS 运行日志仅保存三个月，构成（　　）。

A．Ⅰ类严重违章　　B．Ⅱ类严重违章　　C．Ⅲ类严重违章　　D．一般违章

【参考答案】C

【解析】《国家电网有限公司严重违章释义（网络信息部分）》Ⅲ类严重违章中，第十二条规定：留存的相关网络日志少于六个月。释义：1.防火墙、隔离设备、入侵检测设备、入侵防御设备、防病毒等通用类安全防护设备的系统日志、操作日志、运行日志保存少于六个月。2.核心交换机、核心路由器等核心网络设备的日志保存少于六个月。

5．某省公司对某地市公司的某信息系统进行渗透测试，发现该系统有一个后门，经查该后门为该地市公司为了方便运维私设的后门，构成（　　）。

A．Ⅰ类严重违章　　B．Ⅱ类严重违章　　C．Ⅲ类严重违章　　D．一般违章

【参考答案】C

【解析】《国家电网有限公司严重违章释义（网络信息部分）》Ⅲ类严重违章中，第十四条规定：程序开发代码中私设恶意及与功能无关的程序；引入留有后门、存在漏洞的开源代码。释义：1. 程序开发代码中私设恶意及与功能无关的程序。2. 在程序开发代码中私设后门；违规进行系统操作。3. 引入留有后门、存在漏洞的开源代码。

6．某省公司下属信息科技公司研发环境与互联网未进行有效隔离，服务器区域可直接访问互联网，构成（　　）。

A．Ⅰ类严重违章　　B．Ⅱ类严重违章　　C．Ⅲ类严重违章　　D．一般违章

【参考答案】C

【解析】《国家电网有限公司严重违章释义（网络信息部分）》Ⅲ类严重违章中，第十一条规定：网络边界未按要求部署安全防护设备并定期进行特征库升级；研发环境安全防护缺

失，未部署防火墙等安全设备。释义：4. 研发环境安全防护缺失，未部署防火墙等安全设备。

7．某信息系统检修工作现场，工作开始前，工作负责人未组织工作班成员进行安全交底，构成（　　）。

A．Ⅰ类严重违章　　B．Ⅱ类严重违章　　C．Ⅲ类严重违章　　D．一般违章

【参考答案】A

【解析】《国家电网有限公司严重违章释义（网络信息部分）》Ⅰ类严重违章中，第四条规定：作业人员不清楚工作任务、危险点。释义：工作前未组织安全交底。

8．某省公司对某地市公司的 UPS 电源切换操作现场作业督查时发现，该工作使用了工作任务单，构成（　　）。

A．Ⅰ类严重违章　　B．Ⅱ类严重违章　　C．Ⅲ类严重违章　　D．一般违章

【参考答案】A

【解析】《国家电网有限公司严重违章释义（网络信息部分）》Ⅰ类严重违章中，第三条规定：无票工作。释义：3. 涉及《国家电网有限公司电力安全工作规程信息部分》3.2.2 规定的工作未使用信息工作票；地市供电公司级以上单位信息机房不间断电源的检修工作应填用信息工作票。

9．（　　）不属于《国家电网公司计算机软件著作权管理与保护办法》中规定的软件著作权人享有的权利。

A．发表权和署名权　　B．修改权和复制权

C．由软件编辑人享有的相关权利　　D．发行权和出租权

【参考答案】C

【解析】《国家电网公司计算机软件著作权管理与保护办法》第一章总则中，第八条规定，按国家有关法律法规规定，软件著作权人享有下列权利：发表权、署名权、修改权、复制权、发行权、出租权、信息网络传播权、翻译权、应当由软件著作权人享有的其他权利。

10．“重要软件”是指投资额在（　　）万元及以上的计算机软件，以及包含重要、敏感信息的计算机软件。

A．80　　B．100　　C．120　　D．150

【参考答案】C

【解析】《国家电网公司计算机软件著作权管理与保护办法》第一章总则中，第六条规定：软件开发组织形式包括公司统一组织和各单位出资自主组织，其中各单位出资自主组织开发的软件分为“重要软件”和“一般软件”，“重要软件”是指投资额在 120 万元及以上的计算机软件，以及包含重要、敏感信息的计算机软件，“一般软件”是指除“重要软件”之外的计算机软件。

11．国家电网有限公司实行（　　）的软件著作权管理体系。

A．统一负责、分级领导　　B．统一领导、分级负责

C．分级领导、分级负责　　D．统一领导、统一负责

【参考答案】B

【解析】《国家电网公司计算机软件著作权管理与保护办法》第二章职责分工中，第十条规定：公司实行统一领导、分级负责的软件著作权管理体系。

12．供货方和收货方双方人员核对无误后，办理入库手续，并应在（　　）个工作日内

完成信息设备台账创建工作。

A. 1　　B. 3　　C. 5　　D. 7

【参考答案】C

【解析】《国家电网公司信息设备管理细则》第五章建设管理中，第二十一条规定：信息设备到货后，应对设备进行到货签收，包括核对供货清单、检查设备数量、核对设备型号。供货方和收货方双方人员核对无误后，办理入库手续，并应在5个工作日内完成设备台账创建工作。

13. 信息设备需要停止运行或恢复运行时，必须办理停/复役申请手续，并上报（　　）批复同意后执行。

A. 职能管理部门　　B. 运维部门　　C. 业务部门　　D. 相关部门

【参考答案】D

【解析】《国家电网公司信息设备管理细则》第六章运行管理中，第三十四条规定：信息设备需要停止运行或恢复运行时，必须办理停/复役申请手续，并上报相关部门批复同意后执行。

14.（　　）指因系统或设备异常影响系统正常使用需紧急处理以及系统故障停运后所开展的应急处置工作。

A. 临时检修　　B. 应急检修　　C. 故障检修　　D. 紧急检修

【参考答案】D

【解析】《国家电网有限公司信息系统检修管理办法》第三章工作内容与要求中，第十五条规定：紧急检修指因系统或设备异常影响系统正常使用需紧急处理以及系统故障停运后所开展的应急处置工作。

15. 为规范国家电网有限公司信息系统检修管理工作，提升检修管理水平，确保信息系统安全稳定运行，检修工作须坚持（　　）的原则。

A. 预防为主　　B. 安全第一

C. 按时开始，按时完成　　D. 应修必修，修必修好

【参考答案】D

【解析】《国家电网有限公司信息系统检修管理办法》第一章总则中，第六条规定：公司信息系统检修工作坚持“应修必修，修必修好”的原则，实行统一领导、分级负责。适配“双态”需要，兼顾检修质量和效率。

16. 某运维人员15:00发现一台生产管理系统的服务器存在缺陷，并计划明天下班后检修处理，该上报（　　）。

A. 月检修计划　　B. 周检修计划　　C. 临时检修计划　　D. 紧急检修

【参考答案】C

【解析】《国家电网有限公司信息系统检修管理办法》第三章工作内容与要求中，第十五条规定：（一）信息系统检修工作是指对处于试运行和正式运行状态的信息系统开展的检测、维护和升级等，分为计划检修、临时检修、紧急检修三种。（二）计划检修指列入年度、月度计划的检修工作。（三）临时检修指未列入年度、月度计划，需要适时安排的检修工作。（四）紧急检修指因系统或设备异常影响系统正常使用需紧急处理以及系统故障停运后所开展的应急处置工作。

17．国网信通公司负责对总部及（　　）部署信息系统深化应用工作提供技术支持。

A．一级　　B．二级　　C．一级和二级　　D．三级

【参考答案】A

【解析】《国家电网公司信息系统深化应用管理办法》第二章职责分工中，第九条规定：国网信通公司负责对总部及一级部署信息系统深化应用工作提供技术支持。

18．公司各级单位应将信息系统深化应用工作纳入本单位信息化工作（　　）体系，并对下级单位进行考核。

A．调查　　B．考核　　C．监督　　D．督察

【参考答案】B

【解析】《国家电网公司信息系统深化应用管理办法》第六章检查考核中，第二十六条规定：公司各级单位应将信息系统深化应用工作纳入本单位信息化工作考核体系，并对下级单位进行考核。

19．总部业务部门在信息系统上线前统一制定操作规范和数据标准，公司各级业务部门在上线（　　）期间应对下级单位开展数据质量检查并发布检查结果，下级单位根据检查结果进行整改。

A．试运行　　B．试运行验收　　C．正式运行　　D．建转运

【参考答案】C

【解析】《国家电网公司信息系统深化应用管理办法》第五章运行管理阶段中，第十九条规定：总部业务部门在信息系统上线前统一制定操作规范和数据标准，公司各级业务部门在上线正式运行期间应对下级单位开展数据质量检查并发布检查结果，下级单位根据检查结果进行整改。各级信息通信职能管理部门应对数据治理工作提供技术支持。

20．公司信息系统实用化评价周期为（　　）年，公司也将根据信息系统新建及改造升级等情况，适时开展实用化评价工作。

A．一　　B．两　　C．三　　D．四

【参考答案】C

【解析】《国家电网公司信息系统实用化评价办法》第三章评价标准中，第十二条规定：公司信息系统实用化评价周期为三年，公司也将根据信息系统新建及改造升级等情况，适时开展实用化评价工作。

21．信息系统实用化评价满足公司评价分数（　　）分以上，且所有单系统公司评价分数在 80 分以上或满足专业系统达标条件的单位，视为达标通过。

A．60　　B．80　　C．85　　D．90

【参考答案】C

【解析】《国家电网公司信息系统实用化评价办法》第四章工作程序中，第二十六条规定：满足公司评价分数 85 分以上，且所有单系统公司评价分数在 80 分以上或满足专业系统达标条件的单位，视为达标通过。实用化评价未通过单位，根据评价报告进行整改，6 个月后可再次申请公司评价。

22．信息系统实用化评价未通过单位，根据评价报告进行整改，（　　）个月后可再次申请公司评价。

A．3　　B．6　　C．9　　D．12

【参考答案】B

【解析】《国家电网公司信息系统实用化评价办法》第四章工作程序中，第二十六条规定：满足公司评价分数 85 分以上，且所有单系统公司评价分数在 80 分以上或满足专业系统达标条件的单位，视为达标通过。实用化评价未通过单位，根据评价报告进行整改，6 个月后可再次申请公司评价。

23．信息系统实用化评价由单位自评价与公司评价两部分组成，其中公司评价分为（　　）。

A．专业评价与指标评价　　B．指标评价与统一评价

C．专业评价与价值评价　　D．专业评价与统一评价

【参考答案】D

【解析】《国家电网公司信息系统实用化评价办法》第三章评价标准中，第十三条规定：信息系统实用化评价由单位自评价与公司评价两部分组成，其中公司评价分为专业评价与统一评价。专业评价可由公司总部相关业务部门组织开展，评价结果计入统一评价。一体化平台、保障体系及业务集成程度较强的系统纳入统一评价。

24．用户离职时，使用部门须在（　　）个工作日内通知运维单位，并报授权许可部门备案。

A．一　　B．三　　C．五　　D．七

【参考答案】B

【解析】《国家电网公司信息系统业务授权许可使用管理办法》第三章授权许可管理中，第十九条规定：公司各单位（部门）须建立离职用户账号注销会签机制。用户离职时，使用部门须在三个工作日内通知运维单位，并报授权许可部门备案；运维单位须在接到用户离职通知后的三个工作日内，完成账号注销。

25．用户首次使用信息系统须修改初始密码，密码长度不得小于（　　）位，须是字母和数字或特殊字符的组合，且须定期修改。

A．六　　B．八　　C．十　　D．十二

【参考答案】B

【解析】《国家电网公司信息系统业务授权许可使用管理办法》第四章使用过程管理中，第二十六条规定：用户首次使用信息系统须修改初始密码，密码长度不得小于八位，须是字母和数字或特殊字符的组合，且须定期修改。严禁使用默认密码，严禁使用纯数字或纯字母密码，严禁将账号作为密码。

二、多项选择题

1．以下属于Ⅰ类严重违章的是（　　）。

A．工作负责人（专责监护人）未到现场

B．原工作票增加工作任务需变更或增设安全措施时，未重新办理新的工作票，并履行签发手续

C．工作票签发、许可、计划开工、结束时间存在逻辑错误或与实际不符

D．工作负责人不了解现场所有的工作内容，不掌握危险点及安全防控措施

【参考答案】ABD

【解析】《国家电网有限公司严重违章释义（网络信息部分）》Ⅰ类严重违章中，第二条规定：工作负责人不在现场。释义：1. 工作负责人（专责监护人）未到现场。第四条规定：

作业人员不清楚工作任务、危险点。释义：1. 工作负责人不了解现场所有的工作内容，不掌握危险点及安全防控措施。第五条规定：超出作业范围未经审批。释义：2. 原工作票增加工作任务需变更或增设安全措施时，未重新办理新的工作票，并履行签发手续。Ⅲ类严重违章中，第十条规定：票面缺少工作负责人、工作班成员签字等关键内容。4. 工作票签发、许可、计划开工、结束时间存在逻辑错误或与实际不符。

2. 以下属于Ⅱ类严重违章的是（　　）。

A. 第二级网络（系统）每两年进行一次等级保护测

B. 第三级及以上网络（系统）每两年进行一次等级保护测评

C. 委托不符合要求的测评机构开展测评工作

D. 新建的第三级及以上网络（系统）未通过等级保护测评即投入运行

【参考答案】BCD

【解析】《国家电网有限公司严重违章释义（网络信息部分）》Ⅱ类严重违章中，第六条规定信息系统未按要求开展网络安全等级保护定级、备案和测评工作。释义：1. 未按照《中华人民共和国信息安全技术网络安全等级保护定级指南》要求，对信息系统进行定级，或信息系统定级与实际情况不相符。2. 未按《电力行业网络安全等级保护管理办法》要求，网络建设完成后，第二级网络（系统）每两年进行一次等级保护测评，第三级及以上网络（系统）每年进行一次等级保护测评。新建的第三级及以上网络（系统）未通过等级保护测评即投入运行。3. 委托不符合要求的测评机构（如开展等级保护测评机构近3年内被国家能源局通报有办法规定不良行为，或被认证机构通报取消或暂停使用测评机构服务认证证书，或被国家网络安全等级保护工作主管部门、行业协会通报暂停开展等级保护测评业务并处于整改期内）开展测评工作。4. 本条款中“系统投运”指系统接入生产环境。

3. 以下属于Ⅲ类严重违章的是（　　）。

A. 四级及以上作业风险定级低于实际风险等级

B. 防火墙配置全通策略

C. 工作票票面授权、验证、备份等重要安全技术措施遗漏或错误

D. 安全风险管控监督平台中作业计划范围超出现场作业范围

【参考答案】ABC

【解析】《国家电网有限公司严重违章释义（网络信息部分）》Ⅰ类严重违章中，第一条规定：无日计划作业，或实际作业内容与日计划不符。释义：2. 安全风险管控监督平台中日计划取消后，实际作业未取消。Ⅲ类严重违章中，第九条规定将高风险作业定级为低风险。释义：四级及以上作业风险定级低于实际风险等级。第十条规定票面缺少工作负责人、工作班成员签字等关键内容，释义：3. 工作票票面授权、验证、备份等重要安全技术措施遗漏或错误。第十一条规定网络边界未按要求部署安全防护设备并定期进行特征库升级；研发环境安全防护缺失；未部署防火墙等安全设备。释义：3. 防火墙配置全通策略。

4. 国家电网有限公司软件包括（　　）。

A. 自主开发软件　　B. 合作开发软件　　C. 委托开发软件　　D. 外购开发软件

【参考答案】ABC

【解析】《国家电网公司计算机软件著作权管理与保护办法》第一章总则中，第五条规定：公司软件包括自主开发软件、合作开发软件和委托开发软件。

5．各单位自主组织开发的“重要软件”的著作权管理与保护工作流程包括（　　）阶段。

A．招标采购阶段　　B．开发实现阶段

C．上线阶段　　D．国家软件著作权登记阶段

【参考答案】ABCD

【解析】《国家电网公司计算机软件著作权管理与保护办法》第五章工作流程中，第四十六条规定：按照软件的生命周期，将公司统一组织开发软件（包括基于成品软件二次开发形成的软件）的著作权管理与保护工作流程分为以下四个阶段：招标采购阶段、开发实现阶段、上线阶段、国家软件著作权登记阶段。

6．检修工作应提前落实（　　）和实施方案，提前发布检修公告或通知关键用户，做好对关键用户、重要系统的影响范围和影响程度的评估，开展故障预想和风险分析，制定相应的应急预案及回退、恢复机制。

A．组织措施　　B．技术措施　　C．安全措施　　D．应急措施

【参考答案】ABC

【解析】《国家电网有限公司信息系统检修管理办法》第五章检修执行管理中，第十九条规定：检修工作应提前落实组织措施、技术措施、安全措施和实施方案，提前发布检修公告或通知关键用户，做好对关键用户、重要系统的影响范围和影响程度的评估，开展故障预想和风险分析，制定相应的应急预案及回退、恢复机制。

7．信息系统检修工作是指对处于试运行和正式运行状态的信息系统开展的检测、维护和升级等，分为（　　）。

A．计划检修　　B．临时检修　　C．紧急检修　　D．非计划检修

【参考答案】ABC

【解析】《国家电网有限公司信息系统检修管理办法》第三章工作内容与要求中，第十五条规定：信息系统检修工作是指对处于试运行和正式运行状态的信息系统开展的检测、维护和升级等，分为计划检修、临时检修、紧急检修三种。

8．信息系统检修工作的检查评价内容包括（　　）等。

A．系统检修效率　　B．时长　　C．检修成功率　　D．无感检修率

【参考答案】ABCD

【解析】《国家电网有限公司信息系统检修管理办法》第九章检查评价中，第三十二条规定：检查评价内容包括系统检修效率、时长、检修成功率和无感检修率等内容。

9．以下关于电力企业网络安全等级保护测评说法正确的是（　　）。

A．第二级网络应当每两年进行一次等级保护测评

B．第三级及以上网络应当每年进行一次等级保护测评

C．第二级网络应当每三年进行一次等级保护测评

D．第三级及以上网络应当每两年进行一次等级保护测评

【参考答案】AB

【解析】《电力行业网络安全等级保护管理办法》第三章等级保护的实施与管理中，第十三条规定：网络建设完成后，电力企业应当依据国家和行业有关标准或规范要求，定期对网络安全等级保护状况开展网络安全等级保护测评。第二级网络应当每两年进行一次等级保护测评，第三级及以上网络应当每年进行一次等级保护测评。新建的第三级及以上网络应当在

通过等级保护测评后投入运行。

10．检修工作应提前做好对（　　）的影响范围和影响程度的评估，开展故障预想和风险分析，制定相应的应急预案及回退、恢复机制。

A．重要用户　　B．关键用户

C．重要系统　　D．一、二类信息系统

【参考答案】BC

【解析】《国家电网有限公司信息系统检修管理办法》第五章检修执行管理中，第十九条规定：检修工作应提前落实组织措施、技术措施、安全措施和实施方案，提前发布检修公告或通知关键用户，做好对关键用户、重要系统的影响范围和影响程度的评估，开展故障预想和风险分析，制定相应的应急预案及回退、恢复机制。

11．检修计划原则上应避开（　　），如有特殊需要，应征求业务部门意见并履行相应程序后方可执行。

A．业务高峰期　　B．一次检修

C．特殊保障时期　　D．节假日

【参考答案】AC

【解析】《国家电网有限公司信息系统检修管理办法》第三章工作内容与要求中，第十六条规定：（一）信息系统运维单位（部门）应全程参与检修计划的编制工作。（二）特殊保障时期，原则上不安排计划检修工作，如安全生产所必须开展的检修应履行相关审批手续。（三）信息系统运维单位（部门）应依据检修工作要求，结合系统业务特点和使用周期，合理安排检修时间，原则上应避开业务高峰期，经业务部门审核同意后，也可在工作时段开展，其中一级检修计划须报国网信通公司审核。

12．若检修工作由外部单位承担，应组织对《国家电网公司电力安全工作规程（信息部分）》学习并经考试合格后，应签订（　　），方可参加检修工作。

A．安全责任书　　B．安全承诺书

C．保密协议　　D．安全保密承诺书

【参考答案】BC

【解析】《国家电网有限公司信息系统检修管理办法》第五章检修执行管理中，第二十条规定：检修工作实施前，信息系统运维单位（部门）应按照《国家电网公司电力安全工作规程（信息部分）》要求，做好充分准备，落实人员、工具、器材、备品备件；正式开工前，应检查检修工作准备是否完整，做好现场安全交底，确保现场人员清楚工作内容、范围、危险点和安全措施等。若检修工作由外部单位承担，应组织对《国家电网公司电力安全工作规程（信息部分）》学习并经考试合格后，签订安全承诺书和保密协议，方可参加检修工作。

13．落实信息系统业务授权许可使用需求按照的原则包括（　　）。

A．同步规划　　B．同步设计　　C．同步安装　　D．同步运行

【参考答案】ABD

【解析】《国家电网公司信息系统业务授权许可使用管理办法》第二章职责分工中，第十五条规定：公司所属的信息化建设实施等单位作为信息系统设计、建设和测试工作的承担单位，主要职责包括，负责在设计、建设和测试等阶段统筹考虑信息系统安全措施，按“同步规划、同步设计、同步运行”的原则落实信息系统业务授权许可使用需求；负责提供技术支

撑，确保满足信息系统业务授权许可使用管理要求。

三、判断题

1．安全风险管控监督平台中日计划取消后，可以按既定计划继续实施实际作业。

【参考答案】错

【解析】《国家电网有限公司严重违章释义（网络信息部分）》Ⅰ类严重违章规定，第一条规定：无日计划作业，或实际作业内容与日计划不符。释义：2. 安全风险管控监督平台中日计划取消后，实际作业未取消。

2．某省公司对某地市公司开展网络安全督查，发现该公司的 IPS 特征库为一年前更新，构成了Ⅱ类严重违章。

【参考答案】错

【解析】《国家电网有限公司严重违章释义（网络信息部分）》Ⅲ类严重违章中，第十一条规定：网络边界未按要求部署安全防护设备并定期进行特征库升级；研发环境安全防护缺失，未部署防火墙等安全设备。释义：2. 入侵检测设备、入侵防御设备、防病毒系统等安全防护设备特征库超过 6 个月未更新。

3．不具备“三种人”资格的人员担任工作票签发人、工作负责人或许可人属于Ⅱ类违章。

【参考答案】错

【解析】《国家电网有限公司严重违章释义（网络信息部分）》Ⅲ类严重违章中，第八条规定：不具备“三种人”资格的人员担任工作票签发人、工作负责人或许可人。

4．各分部、公司各单位可根据实际情况自定义二级检修。

【参考答案】对

【解析】《国家电网有限公司信息系统检修管理办法》第一章总则中，第五条规定：各分部、公司各单位可根据实际情况自定义二级检修。

5．某单位一级检修计划由于未充足估算检修过程中数据导入时长，需要延长检修时间，向本单位信息系统调度机构申请延长检修执行时间，当值调度按照信息系统检修规范的要求，予以拒绝。

【参考答案】错

【解析】《国家电网有限公司信息系统检修管理办法》第五章检修执行管理中，第二十二条规定：信息系统运维单位（部门）不得无故取消或变更已批准的检修计划。如确需取消、变更或延长检修时间，应及时向本单位信息系统调度机构报告，经批准后方可调整；若为一级检修计划，应由本单位信息系统调度机构及时向国网信通公司报告或申请延期。

6．信息系统检修原则上安排在非业务高峰期进行，重大保障期间原则上不安排检修工作。

【参考答案】对

【解析】《国家电网有限公司信息系统检修管理办法》第三章工作内容与要求中，第十六条规定：（二）特殊保障时期，原则上不安排计划检修工作，如安全生产所必须开展的检修应履行相关审批手续。（三）信息系统运维单位（部门）应依据检修工作要求，结合系统业务特点和使用周期，合理安排检修时间，原则上应避开业务高峰期，经业务部门审核同意后，也可在工作时段开展，其中一级检修计划须报国网信通公司审核。

基 础 设 施

第一节 机 房 运 维

章节摘要：本章节主要围绕机房运维所需的相关知识进行命题，本着强化理论知识与实践操作相结合的原则，依托机房相关的国家电网有限公司企业标准、国家标准和机房运维基础知识，从机房环境、建筑与结构、空气调节、电气知识、电磁屏蔽、布线系统、智能化系统、给水排水、消防安全等方面进行全面考察。

一、单项选择题

1. 机房环境指（　　）。

A. 监控机房的温度、湿度、电源、漏水、门禁、消防等情况

B. 动力环境监测设备

C. 监控机房的所有辅助设备

D. 所有巡视的网管所监控的设备

【参考答案】A

【解析】机房环境指监控机房的温度、湿度、电源、漏水、门禁、消防等情况。

2. 计算机及网络设备的散热量应根据设备（　　）进行计算。

A. 最高用电量　　B. 实际用电量　　C. 最低用电量　　D. 估算用电量

【参考答案】B

【解析】Q/GDW 10343—2018《信息机房设计及建设规范》第8章空气调节中，8.2.1规定：计算机及网络设备的散热量应根据设备实际用电量进行计算。

3. 空调系统湿负荷不应包括（　　）。

A. 人体散湿　　B. 新风湿负荷

C. 围护结构散热　　D. 渗漏空气湿负荷

【参考答案】C

【解析】Q/GDW 10343—2018《信息机房设计及建设规范》第8章空气调节中，8.2.3规定，空调系统湿负荷应包括下列内容：a）人体散湿；b）新风湿负荷；c）渗漏空气湿负荷；d）围护结构散湿。

4. 对单台机柜发热量大于（　　）kW的主机房，宜采用活动地板下送风/上回风方式。

A. 2　　B. 4　　C. 8　　D. 10

【参考答案】B

【解析】Q/GDW 10343—2018《信息机房设计及建设规范》第8章空气调节中，8.3.2规定：对单台机柜发热量大于4kW的主机房，宜采用活动地板下送风/上回风方式。

5．国家电网有限公司 A、B 类机房，冷冻机组、冷冻水泵、冷却水泵、冷却塔应采取 $N+X$ 冗余（$X=1\sim N$），主机房中每个区域冗余（　　）台。

A．1　　B．2　　C．3　　D．X（X=1～N）

【参考答案】D

【解析】Q/GDW 10345—2018《信息机房评价规范》中表 A.1、表 A.25.1 规定：c）冷冻机组、冷冻水泵、冷却水泵、冷却塔应采取 $N+X$ 冗余（X=1～N），主机房中每个区域冗余 X 台。

6．主机房应维持正压，主机房与其他房间、走廊间的压差不宜小于（　　）Pa（参数引自 GB 50174）。

A．5　　B．10　　C．15　　D．20

【参考答案】A

【解析】Q/GDW 10343—2018《信息机房设计及建设规范》第 8 章空气调节中，8.4.6 规定：主机房应维持正压，主机房与其他房间、走廊间的压差不宜小于 5Pa（参数引自 GB 50174），与室外静压差不宜小于 10Pa（参数引自 GB 50174）。

7．主机房应维持正压，主机房与室外静压差不宜小于（　　）Pa（参数引自 GB 50174）。

A．5　　B．10　　C．15　　D．20

【参考答案】B

【解析】Q/GDW 10343—2018《信息机房设计及建设规范》第 8 章空气调节中，8.4.6 规定：主机房应维持正压，主机房与其他房间、走廊间的压差不宜小于 5Pa（参数引自 GB 50174），与室外静压差不宜小于 10Pa（参数引自 GB 50174）。

8．国家电网有限公司 B 级信息机房主机房空调系统制冷量宜为信息设备发热量的（　　）倍。

A．2　　B．1.8　　C．1.5　　D．1

【参考答案】C

【解析】Q/GDW 10343—2018《信息机房设计及建设规范》第 8 章空气调节中，8.4.2 规定：A 级信息机房主机房空调系统制冷量宜为信息设备发热量的 2 倍；B 级信息机房主机房空调系统制冷量宜为信息设备发热量的 1.5 倍；C、D 级信息机房主机房空调系统制冷量宜为信息设备发热量的 1.2 倍。

9．国家电网有限公司 C、D 级信息机房主机房空调系统制冷量宜为信息设备发热量的（　　）倍。

A．2　　B．1.5　　C．1.2　　D．1

【参考答案】C

【解析】Q/GDW 10343—2018《信息机房设计及建设规范》第 8 章空气调节中，8.4.2 规定：A 级信息机房主机房空调系统制冷量宜为信息设备发热量的 2 倍；B 级信息机房主机房空调系统制冷量宜为信息设备发热量的 1.5 倍；C、D 级信息机房主机房空调系统制冷量宜为信息设备发热量的 1.2 倍。

10．国家电网有限公司 A 级和 B 级信息机房主机房空调系统制冷量分别宜为信息设备发热量的（　　）倍和（　　）倍。

A．2　1.5　　B．2　1.8　　C．1.5　1.5　　D．1.8　1.5

【参考答案】A

【解析】Q/GDW 10343—2018《信息机房设计及建设规范》第 8 章空气调节中，8.4.2 规定：A 级信息机房主机房空调系统制冷量宜为信息设备发热量的 2 倍；B 级信息机房主机房空调系统制冷量宜为信息设备发热量的 1.5 倍。

11．空调和制冷设备的选用不应符合（　　）的要求。

A．运行可靠　　B．经济适用　　C．节能环保　　D．便于拆装

【参考答案】D

【解析】Q/GDW 10343—2018《信息机房设计及建设规范》第 8 章空气调节中，8.5.1 规定：空调和制冷设备的选用应符合运行可靠、经济适用和节能环保的要求。

12．信息机房专用空调、行间制冷空调宜采用（　　）风温度控制。

A．回　　B．出　　C．进　　D．室内

【参考答案】B

【解析】Q/GDW 10343—2018《信息机房设计及建设规范》第 8 章空气调节中，8.5.4 规定：信息机房专用空调、行间制冷空调宜采用出风温度控制。

13．信息机房空调应具有（　　）功能。

A．断电自动重启动　　B．来电自动重启动

C．重启动　　D．任何情况都可以重启动

【参考答案】B

【解析】Q/GDW 10343—2018《信息机房设计及建设规范》第 8 章空气调节中，8.5.6 规定：信息机房空调应具有来电自动重启动功能。

14．国家电网有限公司（　　）级信息机房主机房空调根据具体情况选定。

A．B　　B．C、D　　C．C　　D．D

【参考答案】D

【解析】Q/GDW 10343—2018《信息机房设计及建设规范》第 8 章空气调节中，8.5.5 规定：A、B、C 级信息机房主机房应采用恒温恒湿专用空调，D 级信息机房主机房空调根据具体情况选定。

15．柴油发电机周围应设置检修用照明和维修电源，电源宜由（　　）系统供电。

A．不间断电源　　B．市电　　C．EPS　　D．专用

【参考答案】A

【解析】Q/GDW 10343—2018《信息机房设计及建设规范》第 9 章电气中，9.1.17 规定：柴油发电机周围应设置检修用照明和维修电源，电源宜由不间断电源系统供电。

16．敷设在隐蔽通风空间的配电线路应采用（　　）电缆，也可采用配电母线。

A．低烟无卤铜芯　　B．无卤阻燃铜芯

C．低烟阻燃铜芯　　D．低烟无卤阻燃铜芯

【参考答案】D

【解析】Q/GDW 10343—2018《信息机房设计及建设规范》第 9 章电气中，9.1.21 规定：敷设在隐蔽通风空间的配电线路应采用低烟无卤阻燃铜芯电缆，也可采用配电母线。

17．机房供配电系统中，单相负荷应均匀地分配在三相线路上，三相负荷不平衡度宜小于（　　）。

A. 0.2　　B. 0.3　　C. 0.4　　D. 0.5

【参考答案】B

【解析】Q/GDW 10343—2018《信息机房设计及建设规范》第 9 章电气中，9.1.22 规定：配电线路的中性线截面积不应小于相线截面积；单相负荷应均匀地分配在三相线路上，三相负荷不平衡度宜小于 30%（参数引自 GB 50174）。

18. 机房内禁止乱拉临时电源线，必须使用时应报相关部门同意并采用（　　）。

A. 裸露导线　　B. 单层绝缘线　　C. 双护套线　　D. 以上选项均可

【参考答案】C

【解析】机房内禁止乱拉临时电源线，必须使用时应报运行及物业电源管理部门同意并采用双护套线。

19. 国家电网有限公司（　　）级主机房宜设置独立的空调系统和新风系统。

A. A　　B. B　　C. C　　D. D

【参考答案】C

【解析】Q/GDW 10343—2018《信息机房设计及建设规范》第 8 章空气调节中，8.1.2 规定：A、B 级主机房应设置独立的空调系统和新风系统，C 级主机房宜设置独立的空调系统和新风系统；辅助区和支持区与其他房间的空调参数不同时，宜分别设置空调系统。

20. 信息机房布线系统应根据（　　）进行设计。

A. 机房级别　　B. 分区分域　　C. 网络架构　　D. 安全管理

【参考答案】C

【解析】Q/GDW 10343—2018《信息机房设计及建设规范》第 11 章布线系统中，11.3 规定：信息机房布线系统应根据网络架构进行设计。

21. 智能化各系统可集中设置在总控中心内，各系统设备应（　　），各系统供电电源应可靠，应采用独立不间断电源系统电源供电，当采用集中不间断电源系统电源供电时，应单独回路配电。

A. 分布或集中布置　　B. 分布式布置　　C. 按需布置　　D. 集中布置

【参考答案】D

【解析】Q/GDW 10343—2018《信息机房设计及建设规范》第 12 章智能化系统中，12.1.2 规定：智能化各系统可集中设置在总控中心内，各系统设备应集中布置，各系统供电电源应可靠，应采用独立不间断电源系统电源供电，当采用集中不间断电源系统电源供电时，应单独回路配电。

22. 智能化系统宜采用（　　），系统宜采用集散或分布式网络结构及现场总线控制技术，支持各种传输网络和多级管理。

A. 网络平台　　B. 统一系统平台　　C. 专用平台　　D. 定制平台

【参考答案】B

【解析】Q/GDW 10343—2018《信息机房设计及建设规范》第 12 章智能化系统中，12.1.3 规定：智能化系统宜采用统一系统平台，系统宜采用集散或分布式网络结构及现场总线控制技术，支持各种传输网络和多级管理。

23. 紧急情况时，出入口控制系统应能接受相关系统的联动控制信号，（　　）打开疏散通道上的门禁系统。

A．强制　　B．远程　　C．自动　　D．手动

【参考答案】C

【解析】Q/GDW 10343—2018《信息机房设计及建设规范》第 12 章智能化系统中，12.3.2 规定：紧急情况时，出入口控制系统应能接受相关系统的联动控制信号，自动打开疏散通道上的门禁系统。

24．安全防范系统宜采用（　　）系统，支持远程监视功能。

A．定制式　　B．开放式　　C．模拟式　　D．数字式

【参考答案】D

【解析】Q/GDW 10343—2018《信息机房设计及建设规范》第 12 章智能化系统中，12.3.4 规定：安全防范系统宜采用数字式系统，支持远程监视功能。

25．采用水冷冷水机组的冷源系统应设置冷却水补水储存装置，储存时间不应低于当地应急水车抵达现场的时间。当不能确定应急水车抵达现场的时间时，国家电网有限公司 A 级机房可按（　　）h 储水。

A．8　　B．12　　C．24　　D．48

【参考答案】B

【解析】Q/GDW 10343—2018《信息机房设计及建设规范》第 13 章给水排水中，13.4 规定：采用水冷冷水机组的冷源系统应设置冷却水补水储存装置，储存时间不应低于当地应急水车抵达现场的时间。当不能确定应急水车抵达现场的时间时，A 级机房可按 12h 储水。

26．信息机房内的给排水管道及其保温材料均应采用不低于（　　）级的材料。

A．A1　　B．A2　　C．B1　　D．B2

【参考答案】C

【解析】Q/GDW 10343—2018《信息机房设计及建设规范》第 13 章给水排水中，13.8 规定：信息机房内的给排水管道及其保温材料均应采用不低于 B1 级（参数引自 GB 8624）的材料。

27．建筑面积大于 $120m^2$ 的主机房，疏散门不应少于（　　）个，且应分散布置。

A．一　　B．两　　C．三　　D．四

【参考答案】B

【解析】Q/GDW 10343—2018《信息机房设计及建设规范》第 14 章消防安全中，14.2.6 规定：建筑面积大于 $120m^2$ 的主机房，疏散门不应少于两个，且应分散布置。

28．对于国家电网有限公司 A、B、C 级信息机房，机房内应有（　　）标示。

A．紧急安全出口　　B．消防通道

C．照明指示灯　　D．安全疏散指示灯

【参考答案】A

【解析】Q/GDW 10345—2018《信息机房评价规范》A 级、B 级、C 级信息机房评分细则中规定：9.5 a）机房内应有紧急安全出口标示，安全通道要保证畅通。

29．疏散门的净宽度不小于（　　）m。

A．1.4　　B．1.5　　C．2　　D．3

【参考答案】A

【解析】Q/GDW 10343—2018《信息机房设计及建设规范》第 14 章消防安全中，14.2.6 规定：建筑面积大于 $120m^2$ 的主机房，疏散门不应少于两个，且应分散布置。建筑面积不大于 $120m^2$ 的主机房，或位于袋形走道尽端、建筑面积不大于 $200m^2$ 的主机房，且机房内任一点至疏散门的直线距离不大于 15m，可设置一个疏散门，疏散门的净宽度不小于 1.4m。主机房的疏散门应向疏散方向开启，且应自动关闭，并应保证在任何情况下均能从机房内开启。走廊、楼梯间应畅通，并应有明显的疏散指示标志。

30．对于国家电网有限公司 A、B、C 级信息机房，信息机房灭火器材和安全防护面具应有（　　）进行定期检查。

A．专人　　B．消防兼职　　C．部门主任　　D．部门负责人

【参考答案】A

【解析】Q/GDW 10345—2018《信息机房评价规范》A、B、C 级信息机房评分细则中规定：9.6 a）灭火器材和安全防护面具应有专人定期检查。

31．手提灭火器的设置应符合（　　）的有关规定。

A．GB 50140　　B．GB 50141　　C．GB 50142　　D．GB 50143

【参考答案】A

【解析】Q/GDW 10345—2018《信息机房评价规范》规定：对四类机房考核内容及要求均提到手提灭火器的设置应符合 GB 50140 的有关规定。

32．对于国家电网有限公司 A、B、C 级信息机房，信息机房应提供消防系统（　　）运行检测报告。

A．每 2 个月　　B．每季度　　C．每半年　　D．年度

【参考答案】D

【解析】Q/GDW 10345—2018《信息机房评价规范》A、B、C 级信息机房评分细则中规定：9.6c）应提供消防系统年度运行检测报告。

33．机房着火后应立即切断（　　）。

A．非消防电源　　B．全部电源　　C．照明电源　　D．消防电源

【参考答案】A

【解析】Q/GDW 10343—2018《信息机房设计及建设规范》第 14 章消防安全中，14.3.2 规定：采用全淹没方式灭火的区域，灭火系统控制器应在灭火设备动作之前，联动控制关闭机房内的、风门、风阀，并应停止空调机和排风机、切断非消防电源等。

34．机房消防（　　）的控制箱（柜）应设置在房间外便于操作的地方。

A．灭火系统　　B．门禁系统　　C．电源系统　　D．安防系统

【参考答案】A

【解析】Q/GDW 10343—2018《信息机房设计及建设规范》第 14 章消防安全中，14.3.3 规定：采用全淹没方式灭火的区域应设置火灾警报装置，防护区外门口上方应设置灭火显示灯。灭火系统的控制箱（柜）应设置在房间外便于操作的地方，且应有保护装置防止误操作。

35．机房消防的控制箱（柜）应有（　　）防止误操作。

A．钥匙　　B．玻璃门　　C．灯　　D．保护装置

【参考答案】D

【解析】Q/GDW 10343—2018《信息机房设计及建设规范》第 14 章消防安全中，14.3.3

规定：采用全淹没方式灭火的区域应设置火灾警报装置，防护区外门口上方应设置灭火显示灯。灭火系统的控制箱（柜）应设置在房间外便于操作的地方，且应有保护装置防止误操作。

36. 机房制冷系统的制冷配置方式不包括（　　）。

A. 机房级制冷　　B. 行级制冷　　C. 列级制冷　　D. 机柜级制冷

【参考答案】C

【解析】机房制冷系统的制冷配置方式包括机房级制冷、行级制冷和机柜级制冷。

37. GB 50174—2017《数据中心设计规范》中对 B 级数据中心的基础设施的要求是（　　）。

A. 应按最小需求配置　　B. 应按基本需求配置

C. 应按冗余要求配置　　D. 宜按容错系统配置

【参考答案】C

【解析】GB 50174—2017《数据中心设计规范》中规定：A 级数据中心的基础设施宜按容错系统配置，B 级数据中心的基础设施应按冗余要求配置，C 级数据中心的基础设施应按基本需求配置。

38. GB 50174—2017《数据中心设计规范》中对 C 级数据中心的基础设施的要求是（　　）。

A. 应按最小需求配置　　B. 应按基本需求配置

C. 应按冗余要求配置　　D. 宜按容错系统配置

【参考答案】B

【解析】GB 50174—2017《数据中心设计规范》中规定：A 级数据中心的基础设施宜按容错系统配置，B 级数据中心的基础设施应按冗余要求配置，C 级数据中心的基础设施应按基本需求配置。

39. PUE（power usage effectiveness，电能利用效率）计算公式如下（　　）。

A. PUE=数据中心总用电消耗/IT 设备耗电

B. PUE=数据中心总用电消耗/制冷设备能源消耗

C. PUE=IT 设备耗电/制冷设备能源消耗

D. PUE=制冷设备能源消耗/IT 设备耗电

【参考答案】A

【解析】PUE（power usage effectiveness，电能利用效率）计算公式为 PUE=数据中心总用电消耗/IT 设备耗电。

40. 拔插带有集成电路板的设备部件时，操作人员必须戴（　　）手套，并采取防静电措施，以免损坏电路板。

A. 防静电　　B. 绝缘　　C. 橡胶　　D. 防滑耐磨

【参考答案】A

【解析】拔插带有集成电路板的设备部件时，操作人员必须戴防静电手套，并采取防静电措施，以免损坏电路板。

41. 设备金属壳体必须与（　　）装置可靠连接。

A. 保护接地　　B. 交流工作接地　　C. 直流工作接地　　D. 信号接地

【参考答案】A

【解析】设备金属壳体必须与保护接地装置可靠连接。

42．CLF（cooling load factor，制冷负载系数）计算公式如下（　　）。

A．CLF=制冷设备能源消耗/数据中心总用电消耗

B．CLF=数据中心总用电消耗/制冷设备能源消耗

C．CLF=IT 设备耗电/制冷设备能源消耗

D．CLF=制冷设备能源消耗/IT 设备耗电

【参考答案】D

【解析】CLF（cooling load factor，制冷负载系数）计算公式为 CLF=制冷设备能源消耗/IT 设备耗电。

43．PLF（power load factor，供电负载系数）计算公式如下（　　）。

A．PLF=供配电系统耗电/数据中心总用电消耗

B．PLF=数据中心总用电消耗/供配电系统耗电

C．PLF=IT 设备耗电/供配电系统耗电

D．PLF=供配电系统耗电/IT 设备耗电

【参考答案】D

【解析】PLF（power load factor，供电负载系数）计算公式为 PLF=供配电系统耗电/IT 设备耗电。

44．RER（renewable energy ratio，可再生能源利用率）计算公式如下（　　）。

A．RER=可再生能源供电/数据中心总用电消耗

B．RER=数据中心总用电消耗/可再生能源供电

C．RER=可再生能源供电/供配电系统耗电

D．RER=供配电系统耗电/可再生能源供电

【参考答案】A

【解析】RER（renewable energy ratio，可再生能源利用率）计算公式为 RER=可再生能源供电/数据中心总用电消耗。

45．高压供配电设备宜每年进行（　　）次预防性维护。

A．1　　B．2　　C．3　　D．4

【参考答案】A

【解析】GB/T 51314—2018《数据中心基础设施运行维护标准》第 5 章维护中，5.2.3 规定：规定高压供配电设备宜每年进行 1 次预防性维护。

46．GB/T 51314—2018《数据中心基础设施运行维护标准》规定 A 级数据中心高压供配电系统宜（　　）进行 1 次供电中断应急演练。

A．每 2 年　　B．每 1 年　　C．每半年　　D．每季度

【参考答案】C

【解析】GB/T 51314—2018《数据中心基础设施运行维护标准》第 5 章维护中，5.2.4 规定：A 级数据中心高压供配电系统宜每半年进行 1 次供电中断应急演练，B、C 级数据中心依据自身需求确定。

47．低压配电柜体内电缆、母排、接线端子、断路器应（　　）进行 1 次温度测量，并对比前次测量结果。

A．每 1 年　　B．每半年　　C．每季度　　D．每月

【参考答案】B

【解析】GB/T 51314—2018《数据中心基础设施运行维护标准》第 5 章维护中，5.2.7 规定：低压配电柜体内电缆、母排、接线端子、断路器应每半年进行 1 次温度测量，并对比前次测量结果。

48．关于机房新风系统描述错误的是（　　）。

A．维持机房对外正压差

B．给机房提供足够的新鲜空气

C．使得机房内外压差一致

D．对室外污染空气进行处理，确保内部设备安全

【参考答案】C

【解析】机房新风系统可以维持机房对外正压差，避免灰尘进入。

49．防雷装置不包括（　　）。

A．接闪器（受雷装置）　　B．引下线

C．接地装置　　D．机柜

【参考答案】D

【解析】防雷装置包括接闪器（受雷装置）、引下线和接地装置。

50．以下（　　）不属于消防系统中的排烟系统。

A．加压送风机　　B．风道　　C．排烟口　　D．空气采样管

【参考答案】D

【解析】排烟系统主要设备有加压送风机、加压送风口、风道、排烟风机、排烟口。空气采样管属于自动报警系统的主要设备。

51．以下（　　）不属于消防系统中的安全疏散系统。

A．消防应急照明灯具　　B．消防疏散指示灯

C．应急照明控制器　　D．火灾显示盘

【参考答案】D

【解析】安全疏散系统主要设备有消防应急照明灯具、消防疏散指示灯、应急照明控制器、应急照明分配电装置、应急照明集中电源。火灾显示盘属于自动报警系统的主要设备。

52．以下关于 UPS 系统中电池组的说法，不正确的是（　　）。

A．UPS 在市电正常情况下，市电会为电池组充电

B．UPS 在市电正常情况下，市电输入通过整流器生成稳定直流电压，供给逆变器

C．电池可以在市电断电的情况下，不通过逆变器，直接给负载供电

D．逆变器故障时，电池组无法为后端负载供电

【参考答案】C

【解析】UPS 在市电正常情况下，市电输入通过整流器升压成稳定直流电压，供给逆变器，同时市电通过充电器对电池充电。市电异常或断电情况下，电池输出最终需要供给逆变器。无论哪种情况，都要经过逆变器输出稳定的交流电给负载供电。

53．关于模块化数据中心相比于传统数据中心的特点错误的是（　　）。

A．易于扩容　　B．部署速度快

C．建设周期长　　D．可以在工厂预集成

【参考答案】C

【解析】模块化数据中心相比于传统数据中心具有建设速度快、对部署环境要求低、可以提前在工厂进行预集成、预调试、易于扩容、具备智能化管理的功能的特点。

54．关于UPS系统中整流器说法错误的是（　　）。

A．UPS整流器完成交流转换直流　　B．可以降低对电网的污染

C．实现功率因数校正　　D．实现降压功能

【参考答案】D

【解析】UPS系统中整流器功能为完成交流转换为直流的电路（AC/DC）；实现功率因数校正（PFC）及电压变换功能；降低对电网的污染。

55．关于UPS系统中逆变器说法错误的是（　　）。

A．UPS逆变器完成直流转换交流

B．转换电池中直流的能量

C．通过开关管的高速动作，输出纯净的交流

D．逆变器无法提供电源切换和转换时间

【参考答案】D

【解析】UPS系统中逆变器功能有：UPS逆变器完成直流转换交流；转换电池中直流的能量；通过开关管的高速动作，输出纯净的交流；提供切换和转换时间，当主电源故障或波动时，自动切换到备用电池供电，并保持输出电压的稳定。

56．以下（　　）参数能反映数据中心能效状态和能源使用效率。

A．ROI　　B．SPC　　C．PUE　　D．MTTF

【参考答案】C

【解析】PUE是国内外数据中心普遍接受和采用的用于衡量数据中心基础设施能效的综合指标，其计算方式为数据中心总耗电除以IT设备耗电。

57．关于铅酸蓄电池结构中，用于排出电池中积聚的气体，降低电池内压的结构为（　　）。

A．隔板　　B．极板　　C．电解液　　D．安全阀

【参考答案】D

【解析】铅酸蓄电池中安全阀主要作用为：当电池中积聚的气体压力达到安全阀的开启压力时，阀门打开排出多余气体，降低电池内压；单向排气，即不允许空气中的气体进入电池内部，以免引起电池的自放电。

58．关于铅酸蓄电池结构中，用于保持正、负极板绝缘的结构为（　　）。

A．隔板　　B．极板　　C．电解液　　D．安全阀

【参考答案】A

【解析】铅酸蓄电池中隔板主要作用为：保持正、负极板绝缘；吸附电解液，保持电解液不流动及负极板处于湿润状态；气体通道，因隔板具有高孔隙度，使正极产生的氧气容易通过达到负极板；压紧活性物质，延缓活性物质脱落。

59．下列材料中不属于锂离子电池正极材料的是（　　）。

A．磷酸铁锂　　B．钴酸锂　　C．三元材料　　D．石墨

【参考答案】D

【解析】石墨是锂离子电池中常见的负极性材料。

60．关于铅酸电池和锂离子电池对比描述错误的是（　　）。

A．锂离子电池重量能量密度比更高

B．铅酸电池体积能量密度比更高

C．锂离子电池深度放电场景循环次数更高

D．铅酸电池浅度放电情况，更换次数更频繁

【参考答案】B

【解析】锂离子电池体积能量密度比（Wh/L）200～300，铅酸电池体积能量密度比（Wh/L）60～90。

61．一台 UPS 容量 100kVA，输出功率因数 0.8，则该 UPS 在额定状态下最多可以输出无功功率为（　　）kvar。

A．40　　B．60　　C．80　　D．100

【参考答案】B

【解析】一台 UPS 容量 100kVA，输出功率因数 0.8，则该 UPS 在额定状态下最多可以输出有功功率为 80kW，无功功率为 60kvar。

62．以下（　　）不属于综合布线系统。

A．接地保护　　B．光纤配线架　　C．光纤　　D．标识

【参考答案】A

【解析】综合布线系统包括走线架、光纤配线架、线缆&光纤、标识、走线支架。接地保护属于数据中心的防雷接地系统。

63．母线槽连接处、电缆头和电缆外皮应每年进行不小于（　　）次温度检查。

A．1　　B．2　　C．3　　D．4

【参考答案】A

【解析】GB/T 51314—2018《数据中心基础设施运行维护标准》第 5 章维护中，5.2.17 规定：母线槽连接处、电缆头和电缆外皮应每年进行不小于 1 次温度检查。

64．环境和设备监控系统、出入口控制系统、入侵报警系统、视频监控系统应（　　）进行 1 次预防性维护。

A．每 2 年　　B．每 1 年　　C．每半年　　D．每季度

【参考答案】C

【解析】GB/T 51314—2018《数据中心基础设施运行维护标准》第 5 章维护中，5.5.1 规定环境和设备监控系统应每半年进行 1 次预防性维护，5.5.3 规定出入口控制系统应每半年进行 1 次预防性维护，5.5.4 规定入侵报警系统应每半年进行 1 次预防性维护，5.5.5 规定视频监控系统应每半年进行一次预防性维护。

65．下列（　　）不属于风冷空调四大部件。

A．节流装置　　B．压缩机　　C．冷凝器　　D．风机

【参考答案】D

【解析】风冷空调制冷系统四大部件为压缩机、冷凝器、蒸发器和节流装置。

66．风冷空调中用于为制冷剂在系统内循环中提供动力的装置是（　　）。

A．节流装置　　B．压缩机　　C．冷凝器　　D．蒸发器

【参考答案】B

【解析】压缩机为制冷循环的核心，是制冷剂在系统内循环的动力装置，使蒸发器中的制冷剂保持低压，冷凝器中制冷剂维持高压。

67．以下关于电流对人体作用描述错误的是（　　）。

A．电流强度越大，人体在电流作用下受到的伤害越大

B．感知电流一般不会对人体造成伤害

C．摆脱电流是人体可以忍受，造成伤害可以恢复的电流

D．通电时间越长，人体电阻就降低越多，电击的危险性越大

【参考答案】C

【解析】摆脱电流指人触电后能自行摆脱的最大电流。摆脱电流是人体可以忍受且一般不会造成伤害的电流。

68．以下关于数据中心电气安全描述错误的是（　　）。

A．电气设备应该防腐、防潮

B．电气设备严禁超额定值使用

C．电气设备的金属外壳必须接地（接零）保护

D．地线回路中需要装设熔断器和开关控制通断

【参考答案】D

【解析】地线回路中不允许装设熔断器和开关。

69．设备电源电缆标签规格采用（　　）色。

A．红　　B．绿　　C．蓝　　D．黄

【参考答案】A

【解析】《国家电网公司信息机房标识标准》规定：设备电源电缆标签采用红色。

70．关于在不间断电源上工作描述错误的是（　　）。

A．拆接负载电缆前，应断开负载端电源开关

B．不间断电源检修前，应先确认负荷已经转移或关闭

C．裸露电缆线头设置相应标识即可

D．新增负载前，应检查电源负载能力

【参考答案】C

【解析】《国家电网有限公司电力安全规程（信息部分）（试行）》第 11 章在不间断电源上工作中，11.1.3 规定：裸露电缆线头应做绝缘处理。

71．以下关于设备运行管理工作描述错误的是（　　）。

A．定期开展信息设备巡视工作

B．信息机房应按照重要级别建设相应的综合监控系统

C．信息设备检修要严格按照检修计划执行，实施过程要严格执行检修流程

D．信息运行维护单位（部门）完成设备报废相关工作后，须定期更新设备台账

【参考答案】D

【解析】《国家电网公司信息设备管理细则》信息运行维护单位（部门）完成设备报废相关工作后，须及时更新设备台账。

72．国家电网有限公司 A、B 级主机房相对湿度（开机时）要求为（　　）。

A．35%～55%　　B．40%～55%　　C．35%～75%　　D．40%～75%

【参考答案】B

【解析】Q/GDW 10343—2018《信息机房设计及建设规范》附录 A 中，表 A.1 各级信息机房技术要求规定：A、B 级主机房相对湿度（开机时）要求为 40%～55%。

73．蓄电池室宜采用（　　）灯盘。

A．阻燃　　B．防静电　　C．防爆　　D．耐高温

【参考答案】C

【解析】Q/GDW 10343—2018《信息机房设计及建设规范》第 9 章电气中，9.4 灯具安装规定，灯具安装的要求如下：a）根据机房设备的放置，机柜的排列方向来安排灯具的位置和方向，适应人在机房内的操作；b）照明线路宜穿钢管暗敷或在吊顶内穿钢管明敷；c）大面积照明场所的灯具宜分区、分片设置开关；d）照明系统应设单独的供电线路和配电箱（盘）；e）蓄电池室宜采用防爆灯盘。

74．根据机房设备的放置，机柜的（　　）来安排灯具的位置和方向，适应人在机房内的操作。

A．分区　　B．用途　　C．类型　　D．排列方向

【参考答案】D

【解析】Q/GDW 10343—2018《信息机房设计及建设规范》第 9 章电气中，9.4 灯具安装规定，灯具安装的要求如下：a）根据机房设备的放置，机柜的排列方向来安排灯具的位置和方向，适应人在机房内的操作；b）照明线路宜穿钢管暗敷或在吊顶内穿钢管明敷；c）大面积照明场所的灯具宜分区、分片设置开关；d）照明系统应设单独的供电线路和配电箱（盘）；e）蓄电池室宜采用防爆灯盘。

75．计算机设备没有明确要求时，国家电网有限公司 A、B 级机房场地的接地电阻不应大于 1Ω，配电系统的中性（N）线与保护地（PE）线之间的电压有效值不应大于（　　）V。

A．1　　B．2　　C．3　　D．4

【参考答案】B

【解析】Q/GDW 10343—2018《信息机房设计及建设规范》第 9 章电气中，9.5 防雷接地中，9.5.5 规定：计算机设备没有明确要求时，A、B 级机房场地的接地电阻不应大于 1Ω（参数引自 GB 50174），配电系统的中性（N）线与保护地（PE）线之间的电压有效值不应大于 2V（参数引自 GB 50174）。

76．信息机房内所有设备的金属外壳、各类金属管道、金属线槽、建筑物金属结构应进行（　　）。

A．共用接地系统　　B．单独接地装置

C．等电位联结并接地　　D．防雷等电位联结并接地

【参考答案】C

【解析】Q/GDW 10343—2018《信息机房设计及建设规范》第 9 章电气中，9.5 防雷接地中，9.5.7 规定：信息机房内所有设备的金属外壳、各类金属管道、金属线槽、建筑物金属结构应进行等电位联结并接地。

77．保护性接地和功能性接地宜共用一组接地装置，其接地电阻按其中（　　）确定。

A．总和值　　B．平均值　　C．最大值　　D．最小值

【参考答案】D

【解析】Q/GDW 10343—2018《信息机房设计及建设规范》第 9 章电气中，9.5 防雷接地中，9.5.4 规定：保护性接地和功能性接地宜共用一组接地装置，其接地电阻按其中最小值确定。

78．主机房和辅助区的地板或地面应有静电泄放措施和接地构造，防静电地板或地面的表面电阻或体积电阻应为（　　）Ω。

A．2.0×10^{3}～1.0×10^{9}　　C．2.5×10^{4}～1.0×10^{9}

B．2.0×10^{4}～1.0×10^{9}　　D．2.5×10^{3}～1.0×10^{9}

【参考答案】C

【解析】Q/GDW 10343—2018《信息机房设计及建设规范》第 9 章电气中，9.6 静电防护中，9.6.2 规定：主机房和辅助区的地板或地面应有静电泄放措施和接地构造，防静电地板或地面的表面电阻或体积电阻应为 $2.5\times10^{4}\Omega$～$1.0\times10^{9}\Omega$（参数引自 GB 50174），其导电性能应长期稳定，且应具有防火、环保、耐污耐磨性能。

79．对涉及国家秘密或企业对商业信息有保密要求的信息机房，应设置（　　）或采取其他电磁泄漏防护措施，（　　）的性能指标应按国家现行有关标准执行。

A．电磁屏蔽室　　B．电磁屏蔽器　　C．电磁屏蔽罩　　D．信号屏蔽器

【参考答案】A

【解析】Q/GDW 10343—2018《信息机房设计及建设规范》第 10 章电磁屏蔽中，10.1.1 规定：对涉及国家秘密或企业对商业信息有保密要求的信息机房，应设置电磁屏蔽室或采取其他电磁泄漏防护措施，电磁屏蔽室的性能指标应按国家现行有关标准执行。

80．建筑面积小于（　　）m^2、日后需搬迁的电磁屏蔽室，结构形式宜采用可拆卸。

A．25　　B．50　　C．75　　D．100

【参考答案】B

【解析】Q/GDW 10343—2018《信息机房设计及建设规范》第 10 章电磁屏蔽中，10.2.2 规定：建筑面积小于 $50m^2$、日后需搬迁的电磁屏蔽室，结构型式宜采用可拆卸。

二、多项选择题

1．（　　）级主机房应设置独立的空调系统和新风系统。

A．A　　B．B　　C．C　　D．D

【参考答案】AB

【解析】Q/GDW 10343—2018《信息机房设计及建设规范》第 8 章空气调节中，8.1.2 规定：A、B 级主机房应设置独立的空调系统和新风系统，C 级主机房宜设置独立的空调系统和新风系统；辅助区和支持区与其他房间的空调参数不同时，宜分别设置空调系统。

2．机房空调系统夏季的冷负荷应包括（　　）。

A．机房内设备的散热　　B．建筑围护结构传热

C．通过外窗进入的太阳辐射热　　D．人体散热

【参考答案】ABCD

【解析】Q/GDW 10343—2018《信息机房设计及建设规范》第 8 章空气调节中，8.2.2 规定，机房空调系统夏季的冷负荷应包括下列内容：a）机房内设备的散热；b）建筑围护结构

传热；c）通过外窗进入的太阳辐射热；d）人体散热；e）照明装置散热；f）新风负荷；g）伴随各种散湿过程产生的潜热。

3．主机房在冬季需送冷风时，可取室外新风作冷源，同时对新风的（　　）进行控制。

A．相对温度　　B．温度　　C．相对湿度　　D．空气含尘浓度

【参考答案】BCD

【解析】Q/GDW 10343—2018《信息机房设计及建设规范》第8章空气调节中，8.4.9规定：主机房在冬季需送冷风时，可取室外新风作冷源，同时对新风的温度、相对湿度及空气含尘浓度进行控制。

4．主机房内空调系统用循环机组宜设置（　　）过滤器或（　　）过滤器。

A．初效　　B．中效　　C．亚高效　　D．高效

【参考答案】AB

【解析】Q/GDW 10343—2018《信息机房设计及建设规范》第8章空气调节中，8.4.8规定：主机房内空调系统用循环机组宜设置初效过滤器或中效过滤器。

5．空调系统的新风量应取下列（　　）两项中的最大值。

A．按工作人员每人 $40m^2/h$　　B．按工作人员每人 $30m^2/h$

C．维持室内正压所需风量　　D．维持室内负压所需风量

【参考答案】AC

【解析】Q/GDW 10343—2018《信息机房设计及建设规范》第8章空气调节中，8.4.7规定：空调系统的新风量应取下列两项中的最大值：a）按工作人员每人 $40m^2/h$（参数引自GB 50174）；b）维持室内正压所需风量。

6．空调系统和制冷设备选择时应考虑（　　）。

A．信息机房的等级　　B．气候条件

C．建筑条件　　D．满配设备的发热量

【参考答案】ABCD

【解析】Q/GDW 10343—2018《信息机房设计及建设规范》第8章空气调节中，8.5.2规定：空调系统和制冷设备选择应根据信息机房的等级、气候条件、建筑条件、满配设备的发热量及对温、湿度和空气含尘浓度的要求综合考虑。

7．空调和制冷设备宜选用（　　）的设备。

A．高效　　B．低噪声　　C．低振动　　D．易搬运

【参考答案】ABC

【解析】Q/GDW 10343—2018《信息机房设计及建设规范》第8章空气调节中，8.5.3规定：空调和制冷设备宜选用高效、低噪声、低振动的设备。

8．国家电网有限公司（　　）级信息机房主机房应采用恒温恒湿专用空调。

A．A　　B．B　　C．C　　D．D

【参考答案】ABC

【解析】Q/GDW 10343—2018《信息机房设计及建设规范》第8章空气调节中，8.5.5规定：A、B、C级信息机房主机房应采用恒温恒湿专用空调，D级信息机房主机房空调根据具体情况选定。

9．信息机房低压配电系统的接地形式宜采用（　　）系统；采用交流电源的电子信息

设备，其配电系统应采用（　　）系统，不应采用（　　）系统。

A．TN　　B．TN-S　　C．TN-C　　D．TN-C-S

【参考答案】ABC

【解析】Q/GDW 10343—2018《信息机房设计及建设规范》第 9 章电气中，9.1.8 规定：信息机房低压配电系统的接地形式宜采用 TN 系统；采用交流电源的电子信息设备，其配电系统应采用 TN-S 系统，不应采用 TN-C 系统。

10．配电列头柜和专用配电母线宜配备（　　）、（　　）和（　　），并应提供远程通信接口；当输出端中性线与 PE 线之间的电位差不能满足信息设备使用要求时，可配备隔离变压器。

A．瞬态浪涌保护器　　B．电源监测　　C．报警装置　　D．断路器

【参考答案】ABC

【解析】Q/GDW 10343—2018《信息机房设计及建设规范》第 9 章电气中，9.1.11 规定：配电列头柜和专用配电母线宜配备瞬态浪涌保护器、电源监测和报警装置，并应提供远程通信接口；当输出端中性线与 PE 线之间的电位差不能满足信息设备使用要求时，可配备隔离变压器。

11．通风空调系统的运行维护范围应包括（　　）。

A．冷源和水系统　　B．机房空调　　C．风系统　　D．供配电系统

【参考答案】ABC

【解析】GB/T 51314—2018《数据中心基础设施运行维护标准》第 3 章基本规定中，3.1.3 规定：通风空调系统的运行维护范围应包括冷源和水系统、机房空调和风系统。

12．蓄电池存放房间应满足（　　）要求，环境温度保持在 20℃～30℃之间。

A．防静电　　B．阴凉　　C．干燥　　D．通风

【参考答案】BCD

【解析】Q/GDW 10343—2018《信息机房设计及建设规范》第 9 章电气中，9.2.9 规定：蓄电池存放房间应满足阴凉、干燥、通风要求，环境温度保持在 20℃～30℃之间。

13．计算机设备没有明确要求时，国家电网有限公司 A、B 级机房场地的接地电阻不应大于（　　）Ω，配电系统的中性（N）线与保护地（PE）线之间的电压有效值不应大于（　　）V。

A．1　　B．2　　C．3　　D．4

【参考答案】AB

【解析】Q/GDW 10343—2018《信息机房设计及建设规范》第 9 章电气中，9.5.5 规定：计算机设备没有明确要求时，A、B 级机房场地的接地电阻不应大于 1Ω（参数引自 GB 50174），配电系统的中性（N）线与保护地（PE）线之间的电压有效值不应大于 2V（参数引自 GB 50174）。

14．信息机房内的信息设备应进行等电位联结，等电位联结方式应根据信息设备干扰的频率及信息机房的等级和规模确定，可采用（　　）。

A．S 型　　B．M 型　　C．N 型　　D．SM 混合型

【参考答案】ABD

【解析】Q/GDW 10343—2018《信息机房设计及建设规范》第 9 章电气中，9.5.8 规定：

信息机房内的信息设备应进行等电位联结，等电位联结方式应根据信息设备干扰的频率及信息机房的等级和规模确定，可采用 S 型、M 型或 SM 混合型。

15．信息机房布线系统应支持（　　）信号的传输。

A．视频　　B．网络　　C．数据　　D．语音

【参考答案】CD

【解析】Q/GDW 10343—2018《信息机房设计及建设规范》第 11 章布线系统中，11.2 规定：信息机房布线系统应支持数据和语音信号的传输。

16．信息机房布线系统所有（　　）应有清晰耐磨的标签。

A．线缆的两端　　B．配线架　　C．信息插座　　D．桥架

【参考答案】ABC

【解析】Q/GDW 10343—2018《信息机房设计及建设规范》第 11 章布线系统中，11.8 规定：信息机房布线系统所有线缆的两端、配线架和信息插座应有清晰耐磨的标签。

17．智能化系统平台应具有（　　）等功能。系统采用的操作系统、数据库管理系统、网络通信协议等应采用国际上通用的系统。

A．集成性　　B．开放性　　C．可扩展性　　D．可对外互联

【参考答案】ABCD

【解析】Q/GDW 10343—2018《信息机房设计及建设规范》第 12 章智能化系统中，12.1.3 规定：智能化系统宜采用统一系统平台，系统宜采用集散或分布式网络结构及现场总线控制技术，支持各种传输网络和多级管理。系统平台应具有集成性、开放性、可扩展性及可对外互联等功能。系统采用的操作系统、数据库管理系统、网络通信协议等应采用国际上通用的系统。

18．安全防范系统宜由（　　）组成，各系统之间应具备联动控制功能，国家电网有限公司 A、B 级信息机房主机房的视频监控应无盲区。

A．视频安防监控系统　　B．入侵报警系统

C．出入口控制系统　　D．消防报警系统

【参考答案】ABC

【解析】Q/GDW 10343—2018《信息机房设计及建设规范》第 12 章智能化系统中，12.3.1 规定：安全防范系统宜由视频安防监控系统、入侵报警系统和出入口控制系统组成，各系统之间应具备联动控制功能，A、B 级信息机房主机房的视频监控应无盲区。

19．总控中心宜设置单独房间，系统宜接入（　　）等信号。

A．安全防范系统　　B．基础设施运行信息

C．业务运行信息　　D．办公及管理信息

【参考答案】BCD

【解析】Q/GDW 10343—2018《信息机房设计及建设规范》第 12 章智能化系统中，12.4.1 规定：总控中心宜设置单独房间，系统宜接入基础设施运行信息、业务运行信息、办公及管理信息等信号。

20．机房火灾报警系统应与（　　）系统联动。

A．设备台账管理系统　　B．灭火系统

C．视频监控　　D．双冷源系统

【参考答案】BC

【解析】Q/GDW 10343—2018《信息机房设计及建设规范》第 14 章消防安全中，14.3.1 规定：采用管网式洁净气体灭火系统或细水雾灭火系统的主机房，应同时设置两种独立的火灾灭火探测器，且火灾报警系统应与灭火系统和视频监控系统联动。

21．机房内的给排水管道、空调管道应采取（　　）措施。

A．挡水　　B．防渗漏　　C．排水　　D．防结露

【参考答案】BD

【解析】Q/GDW 10343—2018《信息机房设计及建设规范》第 13 章给水排水中，13.5 规定：机房内的给排水管道、空调管道应采取防渗漏和防结露措施。

22．主机房或辅助区设有地漏时，应采用洁净室专用地漏或自闭式地漏，地漏下应加设水封装置，并应采取防止水封（　　）措施。

A．失效　　B．过期　　C．损坏　　D．反溢

【参考答案】CD

【解析】Q/GDW 10343—2018《信息机房设计及建设规范》第 13 章给水排水中，13.7 规定：主机房或辅助区设有地漏时，应采用洁净室专用地漏或自闭式地漏，地漏下应加设水封装置，并应采取防止水封损坏和反溢措施。

23．下列关于国家电网有限公司 B 级信息机房消防系统描述正确的是（　　）。

A．主机房、不间断电源室和电池室宜设置洁净气体灭火系统

B．气体灭火装置的灭火性能可靠，不损坏电子设备

C．气体灭火系统的灭火剂及设施应采用经消防检测部门检测合格的产品

D．总控中心等长期有人工作的区域应设置气体灭火系统

【参考答案】ABC

【解析】Q/GDW 10345—2018《信息机房评价规范》中表 A.2 中 9.1 考核内容及要求：a）主机房、不间断电源室和电池室宜设置洁净气体灭火系统；b）气体灭火装置的灭火性能可靠，不损坏电子设备；c）气体灭火系统的灭火剂及设施应采用经消防检测部门检测合格的产品；d）总控中心等长期有人工作的区域应设置自动喷水灭火系统。评分标准对总控中心等长期有人工作的区域应设置气体灭火系统进行扣分。

24．下列关于国家电网有限公司 B 级信息机房消防系统描述正确的是（　　）。

A．机房应采用吸气式烟雾探测火灾自动报警系统，能够自动检测火情、自动报警

B．机房内各区域应配置有手提灭火装置

C．机房内应有紧急安全出口标示，安全通道要保证畅通

D．灭火器材和安全防护面具应有专人定期检查

【参考答案】ABCD

【解析】Q/GDW 10345—2018《信息机房评价规范》中表 A.2 中，9.3 考核内容及要求：a）机房内各区域应配置有手提灭火装置。9.4 考核内容及要求：a）机房应采用吸气式烟雾探测火灾自动报警系统，能够自动检测火情、自动报警。9.5 考核内容及要求：a）机房内应有紧急安全出口标示，安全通道要保证畅通。9.6 考核内容及要求：a）灭火器材和安全防护面具应有专人定期检查。

25．机房灭火系统采用全淹没方式灭火的区域应设置（　　），防护区外门口上方应设

置（　　）。

A．阀门　　B．逃生灯　　C．火灾警报装置　　D．灭火显示灯

【参考答案】CD

【解析】Q/GDW 10343—2018《信息机房设计及建设规范》第 14 章消防安全中，14.3.3 规定：采用全淹没方式灭火的区域应设置火灾警报装置，防护区外门口上方应设置灭火显示灯。灭火系统的控制箱（柜）应设置在房间外便于操作的地方。

26．机房灭火系统控制器应在灭火设备动作之前，联动控制关闭机房内的（　　）。

A．风门　　B．风阀　　C．消防门　　D．天窗

【参考答案】AB

【解析】Q/GDW 10343—2018《信息机房设计及建设规范》第 14 章消防安全中，14.3.2 规定：采用全淹没方式灭火的区域，灭火系统控制器应在灭火设备动作之前，联动控制关闭机房内的风门、风阀，并应停止空调机和排风机、切断非消防电源等。

27．关于机房安全管理方面描述错误的是（　　）。

A．重要的信息机房应安装机房监控系统

B．信息机房监控系统视频数据保存时间不少于六个月，其他数据保存不少于一年

C．加强应急处理人员的培训和演练，提高快速反应能力和快速处理能力

D．接地装置每半年要由有专业测试资质的单位检查和测试一次，并出具测试报告，要做好检查和测试的记录

【参考答案】BD

【解析】根据《国家电网公司信息机房管理规范》，信息机房监控系统视频数据保存时间不少于三个月，其他数据保存不少于一年。接地装置每年要由有专业测试资质的单位检查和测试一次，并出具测试报告，要做好检查和测试的记录。

28．关于正压式呼吸器使用检查事项描述正确的是（　　）。

A．检查设备外观是否有破损　　B．检查压力表指针是否在合理范围内

C．检查供气阀的供气情况　　D．检查面罩的密封性

【参考答案】ABCD

【解析】正压式呼吸器在使用前需快速检测面罩、背带、压力表、放气阀、报警装置。

29．若数据中心内没有使用空调，则会（　　）。

A．机房无法保持恒定温度　　B．局部温度过热

C．机房温度可能过高　　D．机房温度可能过低

【参考答案】ABCD

【解析】如果数据中心内没有空调，则：无法保持恒定温度，电子元器件寿命大大降低；局部温度过热，设备突然关机；机房温度过高，产生冷凝水；机房温度过低，产生有破坏性的静电；洁净度不够，主设备损坏，通信数据错误。

30．下列 UPS 系统整流器功能描述正确的是（　　）。

A．UPS 整流器完成交流转换直流　　B．可以降低对电网的污染

C．实现功率因数校正　　D．实现降压功能

【参考答案】ABC

【解析】UPS 系统中整流器功能为完成交流转换为直流的电路（AC/DC）；实现功率因数

校正（PFC）及电压变换功能；降低对电网的污染。

31. 下列UPS系统逆变器功能描述正确的是（　　）。

A. UPS逆变器完成直流转换交流

B. 转换电池中直流的能量

C. 通过开关管的高速动作，输出纯净的交流

D. 实现功率因数校正（PFC）及升压功能

【参考答案】ABC

【解析】UPS系统中逆变器功能有：UPS逆变器完成直流转换交流；转换电池中直流的能量；通过开关管的高速动作，输出纯净的交流。

32. 下列属于风冷空调的四大部件的是（　　）。

A. 节流装置　　B. 压缩机　　C. 冷凝器　　D. 风机

【参考答案】ABC

【解析】风冷空调制冷系统四大部件为压缩机、冷凝器、蒸发器和节流装置。

33. 关于电气设备安全描述正确的是（　　）。

A. 电气设备应该防腐、防潮

B. 电气设备严禁超额定值使用

C. 电气设备的金属外壳必须接地（接零）保护

D. 电气设备应该采用联锁装置、继电保护装置或其他保护装置

【参考答案】ABCD

【解析】关于电气设备安全内容有：电气设备应该防腐、防潮；电气设备的金属外壳必须接地（接零）保护；电气设备严禁超额定值使用；电气设备应该采用联锁装置、继电保护装置或其他保护装置；电气设备的防火、防爆措施要完善有效。

34. 关于模块化数据中心较传统数据中心比较，描述正确的是（　　）。

A. 模块化数据中心一体化建设速度快

B. 模块化数据中心对部署环境的要求低应急出勤率

C. 模块化数据中心建设周期长

D. 模块化产品可以提前在工厂进行预集成、预调试

【参考答案】ABD

【解析】模块化数据中心建设周期短，建设速度快。

35. 关于机房电源系统管理要求，错误的是（　　）。

A. 机房内的电源配电装置、UPS设备、电源开关、电源插座应有标识，标识规范、准确

B. 蓄电池电压、电阻参数正常则蓄电池无需进行维护保养

C. 信息机房内配电系统的配电系统图、线缆布线图应完整，投运多年的配电系统无需设计施工图

D. 对电源系统出现的异常情况要做好记录，并及时联系有关单位进行处理

【参考答案】BC

【解析】做好蓄电池的维护保养，按照说明书规定进行检查和充放电，及时处理发现的问题，按照要求及时更新电池组，保证UPS设备处于良好的工作状态。信息机房内配电系统的设计施工图、配电系统图、线缆布线图等资料应完整，并且与标识一致，如有变动，应及

时更改资料。

36．下列属于数据中心消防系统的是（　　）。

A．火灾探测系统　　B．门禁　　C．灭火系统　　D．烟感探测系统

【参考答案】ACD

【解析】消防系统包括火灾探测系统、烟感探测系统、灭火系统等。

37．数据中心能效指标有（　　）。

A．PUE（电能利用效率）　　B．CLF（制冷负载系数）

C．PLF（供电负载系数）　　D．RER（可再生能源利用率）

【参考答案】ABCD

【解析】数据中心能效指标包括 PUE、CLF、PLF、RER。

38．关于电能质量是指（　　）的质量。

A．电压幅值　　B．电压有效值　　C．电压频率　　D．电压波形

【参考答案】ACD

【解析】电能质量是指电压质量，即电压幅值、频率和波形的质量。

39．关于电力电缆 ZRC L-YJV 22-3×120mm^2+1×70mm^2，说法正确的是（　　）。

A．电缆横截面积为 120mm^2　　B．电缆芯数为 1

C．电力线缆导体材质为铝　　D．电力线缆导体材质为铜

【参考答案】AC

【解析】关于电力电缆 ZRC L-YJV 22-3×120mm^2+1×70mm^2 电力线缆导体材质为铝，电缆为三芯电缆，电缆横截面积为 120mm^2。

40．下列材料中属于锂离子电池正极材料的是（　　）。

A．磷酸铁锂　　B．钴酸锂　　C．三元材料　　D．石墨

【参考答案】ABC

【解析】石墨是锂离子电池中常见的负极性材料。

41．关于铅酸电池和锂离子电池对比描述正确的是（　　）。

A．锂离子电池重量能量密度比更高

B．锂离子电池体积能量密度比更高

C．锂离子电池深度放电场景循环次数更高

D．铅酸电池浅度放电情况，更换次数更频繁

【参考答案】ABCD

【解析】锂离子电池相比于铅酸电池在循环寿命、浮充寿命、重量能量密度和体积能量密度方面具有优势。

42．数据中心在机柜选择时需要考虑的是（　　）。

A．承重能力　　B．散热能力　　C．是否方便布线　　D．是否支持接地

【参考答案】ABCD

【解析】数据中心在机柜选择时需要考虑承重能力、散热能力、是否方便布线、是否支持接地等。

43．关于数据中心新风系统相关描述正确的是（　　）。

A．机房新风系统作用是维持机房对外负压差，避免灰尘进入

B．机房新风系统给机房提供足够的新鲜空气，为工作人员创造良好的工作环境

C．机房新风系统对室外污染空气进行处理，确保内部设备安全

D．机房新风系统必须包含新排风机和过滤器

【参考答案】BCD

【解析】机房新风系统作用是维持机房对外正压差，避免灰尘进入，保证机房有更好的洁净度。

44．关于数据中心消防系统相关描述正确的是（　　）。

A．消防系统主要由火灾自动报警系统、消防灭火系统、防排烟系统和安全疏散系统构成

B．消防灭火系统主要分为气体灭火系统和液体灭火系统两类

C．排烟系统主要设备有加压送风机、加压送风口、风道、排烟风机、排烟口

D．安全疏散系统主要设备有消防应急照明灯具、消防疏散指示灯、感烟探测器、应急照明分配电装置、应急照明集中电源

【参考答案】ABC

【解析】感烟探测器属于自动报警系统主要设备。

45．关于数据中心机柜选择需要考虑的因素有（　　）。

A．承重性能　　　　B．温控性能

C．线缆管理和配电管理　　　　D．防护性能

【参考答案】ABCD

【解析】数据中心机柜选择需要考虑机柜承重性能、温控性能、线缆管理、配电管理和防护性能。

46．关于数据中心综合布线系统相关描述正确的是（　　）。

A．综合布线系统是一种模块化、灵活性极高的建筑物内或建筑群之间的信息传输系统

B．综合布线系统就是建筑物内部或建筑群之间的信息传输通道

C．综合布线系统的上走线方式指的是在每个机柜顶部安装数据线和电源线槽，放线到每个机柜

D．综合布线系统的下走线方式指的是敷设在架空地板下

【参考答案】ABD

【解析】综合布线系统的机柜顶部走线方式指的是在每个机柜顶部安装数据线和电源线槽，放线到每个机柜。综合布线系统的机柜上走线方式指的是线缆敷设在高于设备高度的空间中。

47．关于机房装修相关描述正确的是（　　）。

A．机房防静电地板要固定不可拆卸，防止地板松动

B．机房隔断装修要做到隔声、保温、防火等要求

C．机房出入通道门要满足相关消防要求

D．机房内部装修要考虑平面布局、架空地板、门窗、墙面、天花板等方面

【参考答案】BCD

【解析】机房防静电地板要可拆卸，方便设备的导线电缆的连接、管道的连接及检修更换。

48．设备标识包含以下信息（　　）。

A．物理位置　　B．设备编号　　C．负责人　　D．设备型号

【参考答案】ABCD

【解析】《国家电网公司信息机房标识标准》规定设备标识用于标示信息设备信息，包含以下信息：设备名称、设备编号、设备型号、运维等级、物理位置、负责人、IP/掩码/网关、上线时间、制卡人、制卡时间、条码等。

49．下列关于线缆标签正确的是（　　）。

A．双绞线标签粘贴于线缆头部 5cm 左右处

B．光纤标签必须标注有跳转路径

C．设备标识包含粘贴式和悬挂式两种

D．电源电缆标签规格采用蓝色

【参考答案】AC

【解析】《国家电网公司信息机房标识标准》规定光纤标签是否标注有跳转路径可选。设备电源电缆标签规格采用红色。

50．下列关于线缆标签错误的是（　　）。

A．弱电走线架标识规格采用蓝色

B．弱电走线架标识规格采用红色

C．机房内关于空间环境标识可以选择使用

D．信息机房布置图是本单位信息机房各区域分布的示意图

【参考答案】BC

【解析】《国家电网公司信息机房标识标准》弱电走线架标识规格采用黄色。机房内关于空间环境标识安全出口和灭火器警示为必须使用。

51．关于在不间断电源上工作描述正确的是（　　）。

A．新增负载后，应核查电源负载能力

B．直流开关或熔断器未断开前，不得断开蓄电池之间的连接

C．拆接负载电缆前，应断开负载端电源开关

D．配置旁路检修开关的不间断电源设备检修时，应严格执行停机及断电顺序

【参考答案】BCD

【解析】《国家电网有限公司电力安全规程（信息部分）（试行）》第 11 章在不间断电源上工作中，11.1.1 规定：新增负载前，应核查电源负载能力。

52．运行维护人员发现基础设施系统和设备（　　）等问题，应按照事件管理程序或既定处理措施处理。

A．隐患　　B．异常　　C．故障　　D．报警

【参考答案】ABCD

【解析】GB/T 51314—2018《数据中心基础设施运行维护标准》第 3 章基本规定中，3.2.7 规定：运行维护人员发现基础设施系统和设备隐患、异常、故障、报警等问题，应按照事件管理程序或既定处理措施处理。

53．高压供配电设备中进线断路器柜监控内容包括（　　）。

A．开关状态　　B．电压　　C．电流　　D．无功功率

【参考答案】ABCD

【解析】GB/T 51314—2018《数据中心基础设施运行维护标准》第 4 章运行中，4.2.1 规定：高压供配电设备中进线断路器柜监控内容不应少于开关状态、电压、电流、频率、功率因数、有功功率、无功功率、故障信息。

54. UPS 日常巡检项目包括（　　）。

A. UPS 室环境　　B. UPS 风扇　　C. UPS 整体外观　　D. UPS 主机

【参考答案】ABCD

【解析】GB/T 51314—2018《数据中心基础设施运行维护标准》第 4 章运行中，4.2.10 规定：UPS 日常巡检项目不应少于 UPS 室环境、UPS 风扇、UPS 整体外观、UPS 主机。

55. 机房环境类告警信息包括（　　）。

A. 电源及供配电告警　　B. 空调告警

C. 消防告警　　D. 门禁及视频告警

【参考答案】ABCD

【解析】机房环境类告警信息包括电源及供配电告警、空调告警、消防告警、门禁及视频告警等。

56. 主机房和辅助区的地板或地面应有静电泄放措施和接地构造，其导电性能应长期稳定，且应具有（　　）性能。

A. 防火　　B. 环保　　C. 耐污　　D. 耐磨

【参考答案】ABCD

【解析】Q/GDW 10343—2018《信息机房设计及建设规范》第 9 章的 9.6 静电防护中，9.6.2 规定：主机房和辅助区的地板或地面应有静电泄放措施和接地构造，防静电地板或地面的表面电阻或体积电阻应为 $2.5\times10^4\Omega$～$1.0\times10^9\Omega$（参数引自 GB 50174），其导电性能应长期稳定，且应具有防火、环保、耐污耐磨性能。

57. 机房内的（　　）及消防系统应符合有关标准、规范的要求。

A. 照明　　B. 温湿度　　C. 防静电措施　　D. 面积

【参考答案】ABC

【解析】机房内的照明、温湿度、防静电措施及消防系统应符合有关标准、规范的要求。

58. 关于机房出入管理正确的是（　　）。

A. 进入信息机房的人员在进机房前应更换拖鞋或戴好鞋套，并做好清洁工作

B. 进入信息机房的人员在进机房前应换好机房专用服装，并做好清洁工作

C. 非机房运行和管理人员未经许可，不得进入机房

D. 工作人员进入信息机房，如无需进行操作时，工作人员可直接进入，无需向当班值班人员说明

【参考答案】AC

【解析】根据《国家电网公司信息机房管理规范》，进入信息机房的人员在进机房前应更换拖鞋或戴好鞋套，并做好清洁工作。工作人员进入信息机房，如无需进行操作时，工作人员主动向当班值班人员说明情况，办理登记手续，方可进入信息机房；工作完毕应通知当班值班人员后方可离开。

59. 关于机房及设备巡视正确的是（　　）。

A．信息机房及设备巡视分为定期巡视和特殊巡视

B．定期巡视指巡视人员定期巡视检查机房设备、电源系统、网络系统、应用系统的运行状况及机房温度和湿度，并做好巡视记录，发现异常情况及时报告

C．特殊巡视指遇到恶劣天气、设备异常或运行中有可疑现象及重大事件时，应安排巡视人员进行巡视，适当增加巡视频度

D．信息机房及设备巡视必须遵守有关规定，发现异常情况如不影响机房内设备运行，可自行尝试解决，无需向有关部门汇报

【参考答案】ABC

【解析】信息机房及设备巡视必须遵守有关规定，发现异常情况要认真分析、正确处理，做好记录，并向有关部门汇报。

60．在《国家电网公司信息机房管理规范》规定，（　　）情况应及时请示报告。

A．网络中断，设备及应用系统故障　　B．遇有重大问题和特殊情况

C．超出本职范围以外需要解决的问题　　D．发生重大差错事故

【参考答案】ABCD

【解析】根据《国家电网公司信息机房管理规范》，下列情况应及时请示报告：a）工作中发现的政治问题和失泄密问题；b）发生重大差错事故；c）危及设备、人身安全问题；d）网络中断，设备及应用系统故障；e）遇有重大问题和特殊情况；f）超出本职范围以外需要解决的问题；g）其他需要请示报告的问题。

三、判断题

1．国家电网有限公司C级主机房应设置独立的空调系统和新风系统。

【参考答案】错

【解析】Q/GDW 10343—2018《信息机房设计及建设规范》第8章空气调节中，8.1.2规定：C级主机房宜设置独立的空调系统和新风系统。

2．测试电气设备是否通电，可以使用测量仪器试验或用短路的方法进行试验。

【参考答案】错

【解析】测试电气设备是否通电，只许使用测量仪器，禁止用手触及电气设备的有电部分或用短路的方法进行试验。

3．关于正压式呼吸器的使用，佩戴面罩要确保有效的保护效果，佩戴眼镜的人不得使用呼吸器。

【参考答案】对

【解析】关于正压式呼吸器的使用，佩戴面罩要确保有效的保护效果，蓄有胡须和佩戴眼镜的人不得使用呼吸器。

4．空调能效比越高，相同输入功率情况下制冷效果越好。

【参考答案】对

【解析】空调能效比指的是在额定工况和规定条件下，空调器进行制冷运行时，制冷量与有效输入功率之比。空调能效比越高，相同输入功率情况下制冷量越大，制冷效果越好。

5．信息机房供配电系统应考虑机房设备扩展、升级的可能性，并预留合理的备用容量。

【参考答案】对

【解析】Q/GDW 10343—2018《信息机房设计及建设规范》第9章电气中，9.1.3规定：

信息机房供配电系统应考虑机房设备扩展、升级的可能性，并预留合理的备用容量。

6．当国家电网有限公司 A 级信息机房内采用不间断电源系统时，空调设备和信息设备宜由同一组不间断电源系统供电。

【参考答案】错

【解析】Q/GDW 10343—2018《信息机房设计及建设规范》第 9 章电气中，9.2.2 规定：当 A 级信息机房内采用不间断电源系统时，空调设备和信息设备不应由同一组不间断电源系统供电。

7．机房低压配电系统主要作用是电能分配。

【参考答案】对

【解析】机房低压配电系统主要作用是电能分配，将前级的电能按照要求、标准与规范分配给各种类型的用电设备，如 UPS、空调、照明设备等。

8．数据中心的耗电分为 IT 设备负荷，制冷设备负荷，照明负荷以及设备损耗等。

【参考答案】对

【解析】数据中心的耗电分为 IT 设备负荷，制冷设备负荷，照明负荷以及设备损耗等。IT 设备耗能难以减少，如何减少制冷所耗能量是解决数据中心节能的关键。

9．PUE 是国内外数据中心普遍接受和采用的用于衡量数据中心基础设施能效的综合指标，其计算方式为 IT 设备耗电除以数据中心总耗电。

【参考答案】错

【解析】PUE 是国内外数据中心普遍接受和采用的用于衡量数据中心基础设施能效的综合指标，其计算方式为数据中心总耗电除以 IT 设备耗电。

10．PUE 值越大，数据中心能效越好。

【参考答案】错

【解析】PUE 是国内外数据中心普遍接受和采用的用于衡量数据中心基础设施能效的综合指标，其计算方式为数据中心总耗电除以 IT 设备耗电。PUE 值越大，数据中心总用电消耗相对于 IT 设备耗电量越大，数据中心能效越差。

11．电力负荷中二级负荷重要性大于一级负荷。

【参考答案】错

【解析】电力负荷根据重要性可以分为一级负荷、二级负荷和三级负荷，其中一级负荷重要性最高。

12．电能质量指电压幅值、频率和波形的质量。

【参考答案】对

【解析】电能质量指电压质量，即电压幅值、频率和波形的质量。

13．谐波不属于电能质量的技术指标。

【参考答案】错

【解析】电能质量指电压质量，即电压幅值、频率和波形的质量，其主要技术指标包括谐波、电压偏差、供电中断、三相电压不平衡、电压波动与闪变。

14．若系统标称电压为 240V，运行电压为 250V，则电压偏差为+4.00%。

【参考答案】错

【解析】电压偏差计算方式为（运行电压−系统标称电压）/系统标称电压×100%。因此，对于系统标称电压为240V，运行电压为250V，则电压偏差为+4.17%。

15．隔离开关主要用于隔离电源、倒闸操作、用以连通和切断大电流电路。

【参考答案】错

【解析】隔离开关主要用于隔离电源、倒闸操作、用以连通和切断小电流电路。

16．如果输出电压和频率范围宽，可以延长电池寿命。

【参考答案】对

【解析】如果输出电压和频率范围宽，则UPS切换到电池模式情况减少，宽电压范围减少电池放电次数，可以延长电池寿命。

17．国家电网有限公司B级信息机房宜采用智能布线管理系统对布线系统进行实时智能管理。

【参考答案】错

【解析】Q/GDW 10343—2018《信息机房设计及建设规范》第11章布线系统中，11.7规定：A级信息机房宜采用智能布线管理系统对布线系统进行实时智能管理。

18．电源电缆标签规格采用黄色。

【参考答案】错

【解析】《国家电网公司信息机房标识标准》规定电源电缆标签规格采用红色。

19．机房空间环境标识中安全出口、灭火器警示为必须使用。

【参考答案】对

【解析】《国家电网公司信息机房标识标准》规定机房空间环境标识供选择使用，但安全出口、灭火器警示为必须使用。

20．消防系统的运行维护范围应包括火灾自动报警系统、消防联动系统、自动灭火系统。

【参考答案】对

【解析】GB/T 51314—2018《数据中心基础设施运行维护标准》第3章基本规定中，3.1.4规定：消防系统的运行维护范围应包括：火灾自动报警系统、消防联动系统、自动灭火系统。

21．机房电力、制冷和消防等各系统应定期进行联动测试。

【参考答案】对

【解析】GB/T 51314—2018《数据中心基础设施运行维护标准》第3章基本规定中，3.2.6规定：电力、制冷和消防等各系统应定期进行联动测试。

22．信息机房应配备泡沫灭火器。

【参考答案】错

【解析】Q/GDW 10343—2018《信息机房设计及建设规范》第14章消防安全中，14.3.5规定：数据中心内，建筑灭火器的设置应符合GB 50140《建筑灭火器配置设计规范》的有关规定。灭火剂不应对电子信息设备造成污渍损害。

23．凡设置气体灭火系统的主机房，应配置专用空气呼吸器或氧气呼吸器。

【参考答案】对

【解析】Q/GDW 10343—2018《信息机房设计及建设规范》第14章消防安全中，14.4.2规定：凡设置气体灭火系统的主机房，应配置专用空气呼吸器或氧气呼吸器。

24．数据中心消防系统包括火灾探测系统、烟感探测系统和灭火系统。

【参考答案】对

【解析】数据中心消防系统包括火灾探测系统、烟感探测系统和灭火系统。

25. 信息设备硬件设备包括主机设备、网络设备、存储设备、安全设备、终端设备、应用系统、外部设备和设备配件等八大类。

【参考答案】错

【解析】《国家电网公司信息设备管理细则》第一章中第三条信息设备主要包括硬件设备和软件设备，硬件设备包括主机设备、网络设备、存储设备、安全设备、终端设备、辅助设备、外部设备和设备配件等八大类，软件设备主要包括应用系统和基础软件两大类。应用系统属于软件设备。

26. 信息设备运行管理工作需定期开展信息设备巡视工作，巡视内容包括：设备运行状态、电源工作状态、机房运行环境等。巡视中发现异常、缺陷应及时进行登记和上报，并进行相应处理。

【参考答案】对

【解析】《国家电网公司信息设备管理细则》第六章中第二十八条规定：信息设备运行管理工作需定期开展信息设备巡视工作，巡视内容包括：设备运行状态、电源工作状态、机房运行环境等。巡视中发现异常、缺陷应及时进行登记和上报，并进行相应处理。

27. 当主机房内设有用水设备时，应采取防止水漫溢和渗漏措施。

【参考答案】对

【解析】Q/GDW 10343—2018《信息机房设计及建设规范》第 7 章建筑与结构中，7.3.4 规定：当主机房内设有用水设备时，应采取防止水漫溢和渗漏措施。

28. 主机房内绝缘体的静电电位不应大于 1kV。

【参考答案】对

【解析】Q/GDW 10343—2018《信息机房设计及建设规范》第 9 章电气中，9.6.6 规定：主机房内绝缘体的静电电位不应大于 1kV（参数引自 GB 50174）。

29. GB/T 51314—2018《数据中心基础设施运行维护标准》规定 A 级和 B 级数据中心应 24h 值班，C 级数据中心宜按照电子信息设备负载的重要性确定值班时间。

【参考答案】错

【解析】GB/T 51314—2018《数据中心基础设施运行维护标准》第 4 章运行中，4.1.2 规定：A 级数据中心应 24h 值班，B 级和 C 级数据中心宜按照电子信息设备负载的重要性确定值班时间。

30. 数据中心消防系统和安全防范系统应在保持正常工作状态，可以随意中断。

【参考答案】错

【解析】GB/T 51314—2018《数据中心基础设施运行维护标准》第 4 章运行中，4.1.3 规定：消防系统和安全防范系统应 24h 保持正常工作状态，不得随意中断。

31. A 级数据中心每日现场巡检次数不应少于 2 次，B 级数据中心每日现场巡检次数不应少于 1 次，C 级数据中心每周现场巡检次数不应少于 1 次。

【参考答案】错

【解析】GB/T 51314—2018《数据中心基础设施运行维护标准》第 4 章运行中，4.1.5 规定：A 级数据中心每日现场巡检次数不应少于 2 次，B 级和 C 级数据中心每日现场巡检次数不应少于 1 次。

32．数据中心设备有备用或冗余的，应轮换使用。

【参考答案】对

【解析】GB/T 51314—2018《数据中心基础设施运行维护标准》第 4 章运行中，4.1.8 规定：设备有备用或冗余的，应轮换使用。

33．UPS 应设置运行参数监控和报警系统，报警内容应包括当前报警和历史报警。

【参考答案】对

【解析】GB/T 51314—2018《数据中心基础设施运行维护标准》第 4 章运行中，4.2.9 规定：UPS 应设置运行参数监控和报警系统，报警内容应包括当前报警和历史报警。

34．室内气流组织应确保合理，防止局部过热。

【参考答案】对

【解析】GB/T 51314—2018《数据中心基础设施运行维护标准》第 4 章运行中，4.3.11 规定：室内气流组织应确保合理，防止局部过热。

35．UPS 宜每两年进行 1 次预防性维护，维护项目包括清扫清洁、温度检查、谐波测试、电气连接、切换功能、并机功能。

【参考答案】错

【解析】GB/T 51314—2018《数据中心基础设施运行维护标准》第 5 章维护中，5.2.8 规定：UPS 宜每年进行 1 次预防性维护，维护项目包括清扫清洁、温度检查、谐波测试、电气连接、切换功能、并机功能。

36．防雷与接地装置的电气连通性应每半年进行 1 次检测。

【参考答案】错

【解析】GB/T 51314—2018《数据中心基础设施运行维护标准》第 5 章维护中，5.2.19 规定：防雷与接地装置的电气连通性应每年进行 1 次检测。

37．空气（氧气）呼吸器应每年进行 1 次预防性维护，检查配置数量和有效期。

【参考答案】对

【解析】GB/T 51314—2018《数据中心基础设施运行维护标准》第 5 章维护中，5.4.13 规定：空气（氧气）呼吸器应每年进行 1 次预防性维护，检查配置数量和有效期。

38．环境和设备监控系统维护过程中，应采取必要的保护措施，确保被监控系统与设备正常工作。

【参考答案】对

【解析】GB/T 51314—2018《数据中心基础设施运行维护标准》第 5 章维护中，5.5.2 规定：环境和设备监控系统维护过程中，应采取必要的保护措施，确保被监控系统与设备正常工作。

39．对外来人员进入机房应由相关管理人员全程陪同，相关操作无需纳入机房监控管理。

【参考答案】错

【解析】《国家电网有限公司网络与信息系统安全管理办法》第二十五条规定：对外来人员进入机房应由相关管理人员全程陪同，相关操作需纳入机房监控管理。

40．信息机房内的电源线缆、通信线缆应分别铺设在管槽内或排架上，排列整齐，捆扎固定，紧凑摆设。

【参考答案】错

【解析】信息机房内的电源线缆、通信线缆应分别铺设在管槽内或排架上，排列整齐，捆扎固定，留有适度余量。

四、实践操作题

1．请演示使用数字万用表测试机房单块蓄电池的直流电压。

【重点速记】

（1）打开万用表电源后，首先检查电池低电量标志。

（2）操作前将功能旋钮打到通断蜂鸣二极管挡位，将黑表笔插入 COM 口，将红表笔插入 VΩ 口，将黑表笔和红表笔的笔头进行接触，如果屏幕有显示没有蜂鸣声，则需要检查是否打开声音模式。

（3）蓄电池两端的电压属于直流电压，本次测试的电池电压 2V，因此再把功能旋钮打到"V～"挡中的 20V 量程。黑表笔接触被测电池的负极，红表笔接触被测电池的正极。测量过程中不得同时将手接触到电池两端。

（4）记录数据，测量完毕，关闭万用表。

2．请演示使用数字万用表测试信息机房低压配电柜的线电压以及相电压。

【重点速记】

（1）首先打开配电柜，找到 A（L1）、B（L2）、C（L3）三条火线（相线）以及一条零线（中性线）。

（2）用转换开关正确选择测量挡位和量程，配电柜的线电压和相电压属于交流电压，因此再把功能旋钮打到"V～"挡中 750V 的量程。

（3）测量线电压：红表笔接 A 线，黑表笔接 B 线，测量 AB 两相之间的线电压，并记录。红表笔接 B 线，黑表笔接 C 线，测量 BC 两相之间的线电压，并记录。红表笔接 C 线，黑表笔接 A 线，测量 CA 两相之间的线电压，并记录。

（4）测量相电压：黑表笔接 A 线，红表笔接零线，测量 A 相的相电压，并记录。黑表笔接 B 线，红表笔接零线，测量 B 相的相电压，并记录。黑表笔接 C 线，红表笔接零线，测量 C 相的相电压，并记录。

（5）最后关闭万用表，将配电柜关闭。

3．测量信息机房低压配电柜电流。

【重点速记】

（1）首先准备工具：螺丝刀、钳形电流表、绝缘手套。

（2）首先打开配电柜，戴好绝缘手套。

（3）打开钳形表，测试钳形表各项功能，分别测试 A、B、C 三相电流并记录。

（4）测量完毕，将配电柜关闭。

4．请演示如何使用验电器进行验电。

【重点速记】

（1）对已经停电的线路或设备，其经常接入的电压断电或其他信号指示无电，均不得作为无电的依据，应通过验电器验电进行判断。

（2）使用验电笔时，拇指和中指握住电笔绝缘处。

（3）验电前应先在有电设备上进行实验，以确认验电器良好。

（4）使用时逐渐靠近被测体，氖管发光证明验电器良好。

（5）将验电器探头靠近待测导线或插座，当验电器测到交流电电压信号时，红色信号灯闪烁，触碰设备会有蜂鸣声。

（6）验电完毕，关闭验电器。

5．请演示如何开展信息机房UPS巡检。

【重点速记】

（1）首先观察Fault指示灯，如果指示灯闪烁，则UPS出现故障告警。

（2）查看主路和旁路指示灯，由主路到整流器再到逆变器，最后输出。

（3）点亮下方显示屏幕，显示主路到整流器，交流电变为直流电，整流器输出后通过逆变器，直流电变为交流电最后输出。

（4）点击量测画面，先看主输入相电压、线电压、相电流、频率等参数是否正常，再看主输出电压、电流、频率以及负载等参数是否正常，通常情况下单路UPS负载不得超过40%，然后看蓄电池，蓄电池看容量、状态等参数是否正常。

（5）返回主界面。

（6）打开UPS机柜门，先听有没有异响，之后使用红外测温仪进行测温，查看市电输入和UPS输出的温度不超过50℃，蓄电池输入和UPS输出温度也不超过50℃。

（7）关闭机柜门，巡检结束。

6．请演示如何开展信息机房配电柜巡检。

【重点速记】

（1）打开配电柜门，查看指示灯，A相、B相、C相、储能指示灯、合闸指示灯、分闸指示灯、故障指示灯状态。观察开关状态后关闭柜门。

（2）使用验电器测试配电柜后盖螺钉是否有电。

（3）打开配电柜后盖，切记戴好绝缘手套。

（4）查看铜排是否有变色、变黑，在连接处进行红外测温，温度在20～50℃之间。

（5）安装配电柜后盖，巡检结束。

7．请演示如何开展信息机房精密空调巡检。

【重点速记】

（1）首先准备工具：钥匙、绝缘手套、手枪钻、工具箱、安全帽、手电筒。

（2）查看精密空调运行状态，然后将空调关机。

（3）打开空调柜门，查看空调过滤网是否脏污、堵塞，空调内部是否有杂物。拆除右侧挡板，使用手电筒查看风机内部有无异物，冷凝器有无冷凝水以及冷凝器是否漏水。

（4）安装挡板，关闭空调柜门，将空调开机，查看空调运行状态，空调运行正常。

8．请演示如何开展信息机房蓄电池组巡检，判断电池状态是否正常。

【重点速记】

（1）通过蓄电池检测模块查看蓄电池各项数据。

（2）使用万用表随机检测几块蓄电池电压是否在正常范围，用手电筒查看蓄电池侧面是否有鼓包，拔掉蓄电池正负极绝缘帽，使用扳手查看蓄电池正负极螺钉是否松动、虚接，最后查看蓄电池有无漏液现象。

9．请演示如何测试信息机房三相不平衡率。

【重点速记】

（1）三相平衡是指在机房三相电路中，三相电流（或电压）幅值一致，三相不平衡率应小于 30%。

（2）找到信息机房离设备最近的配电柜，找到电能表，调整到电能表中出现三相电流的界面。

（3）找到三相电流中的最大电流和最小电流，最大电流与最小电流的差除以最大电流，就是三相不平衡率。

注：通常零线电流越小，三相不平衡率越低。

10．请演示如何更换信息机房空调过滤棉。

【重点速记】

（1）点击查看空调运行状态，查看过滤网数值，看是否需要更换过滤网。

（2）打开空调柜门，过滤网脏污、堵塞，每台空调需要更换 8 块过滤网。

（3）打开安全扣，将过滤网依次取出，更换过程中小心把手划伤。将过滤网稍往起提，然后取出。查看空调内部，没有杂物以后开始安装新的过滤网。安装时看箭头方向，由里到外，依次安装。更换完后，关闭空调柜门。

（4）查看小显示屏幕，点击参数设置，根据实际情况进行设置过滤网告警时间。结束之后，返回主页，点击运行状态，过滤网时间归零，信息机房精密空调过滤网更换结束。

11．请演示如何对机房漏水检测系统进行测试。

【重点速记】

（1）查看设备指示灯，红灯常亮，设备正常运行，黄灯闪烁说明机房有漏水，小屏幕中可在漏水时显示具体漏水位置。

（2）打开静电地板，取出漏水绳。选取不同位置，将漏水绳浸入水中，检测设备开始告警。将漏水绳擦干，检测设备告警消除。

（3）将静电地板恢复，本次测试结束。

12．请演示背负式呼吸器使用方法。

【重点速记】

（1）打开箱子，半跪于地上。

（2）检查面罩，干净无划痕，快速插口完好，颈带完好，束带完好，密封胶皮完好，口鼻罩子完好。试一下进气口密封性。检查气瓶、背板、肩带、腰带、卡扣完好。调节至合适位置，检查压力表外观完好，指针在零位。打开气瓶阀，指针转动灵敏，关闭气瓶阀，稳压 1min，压降小于 2MPa，整体气密性良好。检查供气阀，外观正常，慢慢放气，放气灵敏，压力下降小于 5MPa，鸣哨正常，排出气体，压力表归零，检查完毕。连接面罩检查进气正常。

（3）开始佩戴，打开气瓶阀两圈以上，将呼吸器穿戴好，拉紧腰带，垂直向下向后甩向下拉，收紧束带，气密性良好，戴好安全帽。

13．请演示推车式二氧化碳灭火器和手提式二氧化碳灭火器使用方法。

【重点速记】

（1）使用推车式二氧化碳灭火器灭火，推车式二氧化碳灭火器一般两人操作。

1）将设备推到有火灾的位置。

2）一人快速取下喷射喇叭筒，另一人协助展开，捋直喷射胶管。

3）一人跑至喷射有效位置，左右手平握住喇叭筒根部和手柄，前腿弓，后腿蹬直，做好喷射姿势。另一人快速除掉铅封，拔出保险销，按逆时针方向旋动手轮，并开到最大位置。

4）前方人员在火焰斜上方5m左右对准火焰根部喷射，不断向前左右摆动喇叭筒，喷射直至灭火，另一人根据情形进行配合或移动灭火器。

注意事项：①两人推动设备时方向一致。②喷射胶管应完全展开，不应出现打圈。③二氧化碳喷射时温度较低，使用中需戴上手套，禁止操作人员裸手抓握喇叭筒外壁，防止冻伤。④注意灭火射程，不要太远无效灭火。⑤在空气不畅的地方使用必须及时通风。

（2）使用手提式二氧化碳灭火器灭火。

1）扳起喷筒。

2）拔掉保险销。

3）按下压把，开始灭火。

注意：灭火时对准火焰斜上方。

14．请演示使用隔绝式压缩氧气自救器和过滤式消防自救呼吸器的使用方法。

【重点速记】

（1）隔绝式压缩氧气自救器：

1）将设备取出戴在胸前。

2）打开挂钩取下上盖。

3）展开气囊拔掉口塞。

4）咬紧牙具闭紧嘴唇。

5）逆时针打开气阀。

6）按压指压板。

7）夹好鼻夹离开现场。

（2）过滤式消防自救呼吸器：

1）将设备取出，拔掉橡胶塞。

2）将呼吸器戴好，勒紧头带。

3）最后离开现场。

15．请演示手持二氧化碳灭火器检查内容。

【重点速记】

（1）看灭火器外观组件是否正常。查看提把、压把保险销、瓶头、瓶体、锁扣、喷嘴是否完好正常，连接是否牢固，是否有松动、破损，瓶身是否有掉漆、损坏、裸露、变形，瓶底磨损是否严重，查看使用年限是否到期，信息是否准确。

（2）每月检查时进行称重，不能低于总质量5%。刚买五年内，外观检查，每月称重检查，不用年检。超过五年，每两年进行年检，送到专业机构进行压力测试。二氧化碳灭火器瓶体有硬性要求超过12年必须报废处理。

16．请演示 UPS 四种工作模式如何切换使用。

【重点速记】

（1）市电逆变模式，即为通常使用的模式。主输入和旁路输入均为闭合状态，市电输入经过整流器变成直流，给蓄电池进行浮充充电，之后通过逆变器变成交流，再通过静态开关，最后经过断路器给市电供电。

（2）电池模式。当主输入市电回路失电断电时，或者为测试蓄电池运行状态和供电性能断开主输入断路器时，整流器停止工作。这时蓄电池供电，蓄电池出来的直流电经过逆变器，变为交流电后给负载供电。

（3）旁路输入模式。当逆变器出现故障或者逆变器过载时，静态开关自动打到旁路，进行旁路供电。

（4）维修旁路模式。当 UPS 设备进行维护或者保养时，关闭手动维护旁路开关，断开 UPS 设备两端电源，使得市电直接给后续负载供电。

17．请演示信息机房设备上架相关操作。

【重点速记】

（1）由设备管理员把机房上架空闲情况表交由机房设施管理员，机房设施管理员根据设备情况以及设备所属机房区域、机房空闲度、PDU 空闲度、电源负载情况，最终确认上架的目标机柜，由机房设施管理员填写对应的目标机柜编号、PDU 编号等信息。

（2）设备安装时上下设备之间必须至少保留 1 个 U 的距离，保证设备的良好散热，不允许设备直接堆叠。

（3）设备安装必须按照机房设施管理员给的 PDU 编号接入机房电力系统中，其中单电源设备必须接到 STS 设备上，双电源设备分别接到不同编号的 PDU 上，设备管理员需将电源线扎在机柜的两侧，多余电源线必须进电源理线器，不允许线路杂乱无章，不允许跨机柜走线。

（4）将设备接地线接到本机柜铜排上。

18．请演示设备如何入网使用。

【重点速记】

（1）接入网线时需要注意，将网线两端粘贴临时标签，网线需沿设备的理线器布放，插接到相应接口上，使用扎带将网线固定到机柜上。每隔约 150mm 绑扎一次，将网线绑扎成矩形，要求线扣整齐，方向一致。

（2）接入光纤时需要注意，在光纤两端粘贴临时标签。

（3）电源线、接地线与信号线缆的间距要大于 30mm，光纤拐弯处最小弯曲半径应大于 40mm。光纤的绑扎不能太紧，绑扎后光纤可以自由抽动为宜，最后在机柜顶部拐弯处需裹缠绕管，确保线缆安全和美观。

19．请演示蓄电池日常维护内容。

【重点速记】

（1）定期检测漏液、鼓包、灰尘、接口锈蚀、接线牢固。

（2）测试电压、电阻等。

20．请演示利用机房智能化监控系统开展机房日常巡检。

【重点速记】

（1）首先输入账号，进入系统。

（2）先对机房门禁、温湿度、烟感、漏水、空调、供配电、不间断电源等监控参数进行检查。

（3）定位到一台精密空调，查看制冷器状态、制热器状态、加湿器状态以及回风温度、回风湿度、开关状态灯。

（4）打开机房供配电系统，查看电流、电压、有功功率、功率因数、谐波含量以及电子信息设备用电量、信息机房用电量、电能利用率等，打开机房不间断电源 UPS 监控参数，查看输入和输出功率、电压、频率、电流、功率因数、负荷率等数据，最后查看蓄电池的电压、内阻、故障、环境温度和充放电状态等。

第二节　网　络　运　维

章节摘要：本章节主要包括网络运维必须掌握的网络基础和路由交换技术相关知识。其中网络基础包括 OSI 模型、TCP/IP 协议簇、局域网和广域网、IPv6 等信息网络基础知识。路由技术包括静态路由、OSPF、ISIS、BGP 路由协议和 MPLS VPN、NAT、QOS 等国家电网有限公司常用路由组网技术知识。交换技术包括交换原理、VLAN、STP、链路聚合、端口安全、ACL、SDN、VXLAN 等常用交换技术知识。

一、单项选择题

1．国际上负责分配 IP 地址的专业组织划分了几个网段作为私有网段，可以供人们在私有网络上自由分配使用，以下不属于私有地址的网段是（　　）。

A．10.0.0.0/8　　B．172.16.0.0/12　　C．192.168.0.0/16　　D．224.0.0.0/8

【参考答案】D

【解析】私有地址的范围 10.0.0.0～10.255.255.255；172.16.0.0～172.31.255.555；192.168.0.0～192.168.255.255。

2．网络管理员在网络中捕获到了一个数据帧，其目的 MAC 地址是 01-00-5E-A0-B1-C3，该 MAC 地址为（　　）。

A．一个单播 MAC 地址　　B．一个广播 MAC 地址

C．一个组播 MAC 地址　　D．一个非法 MAC 地址

【参考答案】C

【解析】第一组 01 转换为二进制为 00000001，第 8 位等于 1，为组播地址。FF-FF-FF-FF-FF-FF 为广播地址。

3．主机的 IPv4 地址为 200.200.200.201/30，拥有以下（　　）IPv4 地址的主机和其通信不需要经过路由器转发。

A．200.200.200.1　　B．200.200.200.202

C．200.200.200.200　　D．200.200.200.203

【参考答案】B

【解析】因为掩码是 30 位，所以根据子网掩码计算，200.200.200.201 和 200.200.200.202

属于同网段，同网段则不需要通过路由器转发。

4．以下属于汇聚层功能的是（ ）。

A．拥有大量的接口，用于与最终用户计算机相连

B．接入安全控制

C．高速的包交换

D．复杂的路由策略

【参考答案】D

【解析】大量接口与终端相连以及接入安全策略是接入层的功能，高速的包交换是核心层的功能。

5．通常情况下，路由器会对长度大于接口 MTU 的报文分片。为了检测线路 MTU，可以带（ ）参数去 ping 目的地址。

A．-a　　B．-d　　C．-f　　D．-c

【参考答案】C

【解析】-a 为带源地址 ping；-d 为设置 socket 模式；-c 为设置 ping 包数量；-f 作用是在发送 ICMP 数据包时设置“禁止分段”标志位，用于测试网络的最大传输单元（MTU）大小。

6．DNS 服务器和 DHCP 服务器的作用是（ ）

A．将 IP 地址翻译为域名、为客户机分配 IP 地址

B．将 IP 地址翻译为域名、解析计算机的 MAC 地址

C．将域名翻译为 IP 地址、为客户机分配 IP 地址

D．将域名翻译为 IP 地址、解析计算机的 MAC 地址

【参考答案】C

【解析】DNS 服务器作用是将域名翻译为 IP 地址，DHCP 服务器作用是为客户机分配 IP 地址。

7．IPv6 地址长度为（ ）bit。

A．32　　B．64　　C．128　　D．256

【参考答案】C

【解析】IPv6 地址长度为 128bit。

8．当今世界上最流行的 TCP/IP 协议的层次并不是按 OSI 参考模型来划分的，相对应于 OSI 的七层网络模型，它没有定义（ ）。

A．物理层与链路层　　B．链路层与网络层

C．网络层与传输层　　D．会话层与表示层

【参考答案】D

【解析】TCP/IP 协议的层次包含物理层、链路层、网络层、传输层等，没有会话层和表示层。

9．以下（ ）不属于数据链路层的主要功能。

A．提供对物理层的控制　　B．差错控制

C．流量控制　　D．决定传输报文的最佳路由

【参考答案】D

【解析】路由寻址是网络层的功能。

10．以下关于双绞线的说法，正确的是（　　）。

A．线缆越长，信号衰减越厉害　　B．线缆越短，信号强度越弱

C．STP 的性能好，价格低　　D．UTP 的性能好，传输距离远

【参考答案】A

【解析】线缆越长，信号衰减越厉害，信号强度越弱。

11．在 TCP/IP 网络中，传输层协议将数据传递到网络层后，封装成（　　），然后交给数据链路层处理。

A．MAC 数据帧　　B．信元（cell）　　C．IP 数据报　　D．TCP 报文段

【参考答案】C

【解析】在 TCP/IP 网络中，传输层协议将数据传递到网络层后，再封装成 IP 数据报以后交给数据链路层处理。

12．以下关于 VLAN 的说法不正确的是（　　）。

A．VLAN 是用户和网络资源的逻辑划分　　B．一个 VLAN 是一个链路层广播域

C．VLAN 是一种新型的局域网　　D．VLAN 的划分与设备的物理位置无关

【参考答案】C

【解析】VLAN 是逻辑划分，它是一个广播域而非新型局域网。

13．以下关于现代交换网络中的 VLAN 和 IP 子网之间的对应关系，描述最准确的是（　　）。

A．一个 IP 子网可以对应多个 VLAN　　B．一个 VLAN 可以对应多个 IP 子网

C．两个 IP 子网对应一个 VLAN　　D．一个 IP 子网对应一个 VLAN

【参考答案】D

【解析】一个 IP 子网对应一个 VLAN。

14．以下不属于 IP 报文头内容的是（　　）。

A．TTL　　B．TOS　　C．DF　　D．AS-Path

【参考答案】D

【解析】IP 数据包的报头至少为 20 个字节，其中包括版本号、报头长度、服务类型（TOS）、数据报总长度、标识、标志（包括 DF 字段）、片偏移、生存时间（TTL）、协议和头部校验和、源、目的 IP 地址、选项等。这里面不包含路径信息（AS-Path）。

15．TCP 建立连接和关闭连接的三次握手过程中报文段使用的标志位分别为（　　）。

A．URG 和 ACK　　B．PSH 和 RST

C．SYN 和 RST　　D．SYN 和 FIN

【参考答案】D

【解析】TCP 三次握手报文段使用 SYN 和 FIN 标志位来建立和关闭连接。

16．以下不是描述 TCP/IP 协议栈的（　　）。

A．它精确地映射了 OSI 参考模型的上层

B．它支持标准的物理层和数据链路层协议

C．它的数据包按顺序传递信息

D．它在接收端将数据包组装成完整的消息

【参考答案】A

【解析】OSI 参考模型的上层为应用层，而 TCP/IP 协议栈不属于应用层。

17. 如果 ARP 表没有目的地址的 MAC 地址表项，源站（ ）找到目的 MAC 地址。

A. 查找路由表　　B. 向全网发送一个广播请求

C. 向整个子网发送一个广播请求　　D. 以上说法都不对

【参考答案】C

【解析】如果 ARP 表没有目的地址的 MAC 地址表项，源站向整个子网发送一个广播请求找到目的 MAC 地址。

18. 10.1.1.225/29 的广播地址是（ ）。

A. 10.1.1.223　　B. 10.1.1.224　　C. 10.1.1.231　　D. 10.1.1.232

【参考答案】C

【解析】子网掩码换算为 255.255.255.248，网络地址为 10.1.1.224～10.1.1.231，最后一个为广播地址。

19. IP 路由发生在（ ）。

A. 物理层　　B. 数据链路层　　C. 网络层　　D. 传输层

【参考答案】C

【解析】IP 路由属于网络层。

20. TCP 是互联网中的传输层协议，使用（ ）次握手协议建立连接。这种建立连接的方法可以防止产生错的连接。

A. 1　　B. 2　　C. 3　　D. 4

【参考答案】C

【解析】TCP 连接为 3 次握手协议。

21. 保留给自环测试的 IP 地址段是（ ）。

A. 164.0.0.0　　B. 130.0.0.0　　C. 200.0.0.0　　D. 127.0.0.0

【参考答案】D

【解析】保留给自环测试的 IP 地址段是 127.0.0.0。

22. 在 ISO 定义的七层参考模型中，对数据链路层的描述正确的是（ ）。

A. 实现数据传输所需要的机械、接口、电气等属性

B. 实施流量监控、错误检测、链路管理、物理寻址

C. 检查网络拓扑结构，进行路由选择和报文转发

D. 提供应用软件的接口

【参考答案】B

【解析】实施流量监控、错误检测、链路管理、物理寻址是数据链路层的主要功能。

23. 通信的主机之间通过（ ）来区分不同的网络会话连接。

A. IP 地址　　B. 物理地址

C. IP 地址+端口号　　D. 以上答案均不对

【参考答案】C

【解析】主机之间是通过 IP 地址和端口号来区分不同的网络会话连接的。

24. 从理论上讲，VLAN ID 的取值范围是（ ）。

A. 1～32　　B. 1～512　　C. 1～4094　　D. 0～4095

【参考答案】D

【解析】理论上，VLAN 的取值是 0～4095，协议规定 0 和 4095 为保留的 VLAN。

25．以下选项描述的参数可以唯一确定一条 TCP 连接（　　）。

A．源端口号，源 IP 地址　　B．目的端口号，目的 IP 地址

C．源 MAC 地址，目的 MAC 地址　　D．以上都不对

【参考答案】D

【解析】TCP 是传输层的协议，它建立可靠的端到端连接，应用层发送什么数据，TCP 就会根据其运行的协议来建立连接，而无法通过上述参数唯一确定一条 TCP 连接。

26．访问控制列表一般无法过滤的是（　　）。

A．交换机自身产生的数据包流量　　B．访问目的地址

C．访问目的端口　　D．访问服务

【参考答案】A

【解析】访问控制列表无法过滤设备自身产生的数据包流量。

27．以下关于 IP 访问控制列表的描述中，错误的是（　　）。

A．扩展访问控制列表可以检查端口号，根据端口号对数据包进行过滤

B．IP 访问控制列表是一个连续的列表

C．在访问控制列表建立并配置好规则后，列表马上生效

D．访问控制列表可以用来限制网络流量，进行流量控制

【参考答案】C

【解析】在配置了访问控制列表后，还必须配置其应用的接口才能生效。

28．以下的访问控制列表中，（　　）可以实现禁止以 Telnet 访问子网 10.10.1.0/24。

A．access-list 15 deny telnet any 10.10.1.0 0.0.0.255 eq 23

B．access-list 115 deny udp any 10.10.1.0 eq telnet

C．access-list 115 deny tcp any 10.10.1.0 0.0.0.255 eq 23

D．access-list 15 deny udp any 10.10.1.0 255.255.255.0 eq 23

【参考答案】C

【解析】根据题意，需采用扩展访问列表，编号范围为 100～199；Telnet 使用 TCP 协议。

29．对于 QoS 技术的应用，边缘路由器和核心路由器的操作是不一样的。在通常情况下，边缘路由器执行（　　）。

A．拥塞管理　　B．拥塞避免

C．数据包分类和标记　　D．以上都不对

【参考答案】C

【解析】数据包的分类和标记在边缘路由器完成。

30．当部署 QoS 时，对数据流的复杂分类通常部署在网络中的（　　）部分。

A．边缘接入层　　B．核心层　　C．汇聚层　　D．数据链路层

【参考答案】A

【解析】数据包的分类和标记在边缘路由器完成。

31．在 SNMP 术语中通常被称为管理信息库是（　　）。

A．MIB　　B．SQLserve　　C．InformationBase　　D．Oracle

【参考答案】A

【解析】MIB 即管理信息库，是 SNMP 协议的核心。

32．SNMP 协议的直接下层协议是（　　）。

A．UDP　　B．ICMP　　C．TCP　　D．IP

【参考答案】A

【解析】SNMP 使用 UDP 协议。

33．802.1D 中规定了 Disabled 端口状态，此状态的端口具有的功能是（　　）。

A．不收发任何报文

B．不接收或转发数据，接收但不发送 BPDU，不进行地址学习

C．不接收或转发数据，接收并发送 BPDU，不进行地址学习

D．不接收或转发数据，接收并发送 BPDU，开始地址学习

【参考答案】A

【解析】Disabled 端口不收发任何报文，包括 BPDU。

34．根据 STP 协议原理，根交换机的所有端口都是（　　）。

A．根端口　　B．指定端口　　C．备份端口　　D．阻塞端口

【参考答案】B

【解析】根据 STP 协议原理，根交换机的所有端口都是指定端口。

35．RSTP 边缘端口的特点是（　　）。

A．它会保持学习状态，直到收到根桥发来的 BPDU 为止

B．它会从侦听状态直接转换到转发状态

C．一旦启用，它会立即转换到转发状态

D．当它转换到禁用状态时，会产生拓扑变更并将变更信息传播给其他端口

【参考答案】C

【解析】RSTP 边缘端口一旦启用，它会立即转换到转发状态。

36．STP 的主要作用是（　　）。

A．防止“广播风暴”　　B．防止信息丢失

C．防止网络中出现信息环路造成网络瘫痪　　D．使网桥具备网络层功能

【参考答案】C

【解析】STP 的主要作用是防止网络中出现环路。

37．交换机 STP 默认优先级为（　　）。

A．0　　B．4096　　C．32768　　D．61440

【参考答案】C

【解析】交换机 STP 默认优先级为 32768。

38．决定网络中根桥（Root Bridge）的是（　　）。

A．优先权　　B．接入交换机的链路成本

C．MAC 地址　　D．桥 ID

【参考答案】D

【解析】STP 根交换机选举时，比较桥 ID 即桥优先级和桥 MAC 地址。

39．STP 协议的配置 BPDU 报文不包含以下（　　）参数。

A．Port ID　　B．Bridge ID　　C．VLAN ID　　D．Root ID

【参考答案】C

【解析】BPDU 报文只包含 PID、PVI、BPDU Type、Flags、Root ID、RPC、Bridge ID、port ID、Message Age、Max Age、Hello time、Fwd Delay。

40．在STP协议中，假设所有交换机所配置的优先级相同，交换机1的MAC地址为00-c0-fc-00-00-40，交换机 2 的 MAC 地址为 00-c0-fc-00-00-10，交换机 3 的 MAC 地址为 00-c0-fc-00-00-20，交换机 4 的 MAC 地址为 00-c0-fc-00-00-80，则根交换机应当为（　　）。

A．交换机 1　　B．交换机 2　　C．交换机 3　　D．交换机 4

【参考答案】B

【解析】根交换机选举规则：先比较桥优先级，值越小越优；如果优先级相同，则比较桥 MAC，值越小越优。

41．在 RSTP 标准中，为了提高收敛速度，可以将交换机直接与终端相连的端口定义为（　　）。

A．快速端口　　B．根端口　　C．边缘端口　　D．备份端口

【参考答案】C

【解析】为提高收敛速度，可将交换机连接终端设备的接口设置为边缘端口，边缘端口不参与生成树计算。

42．基于端口划分 VLAN 的特点是（　　）。

A．根据报文携带的 IP 地址给数据帧添加 VLAN 标签

B．根据数据帧的协议类型、封装格式来分配 VLAN ID

C．主机移动位置不需要重新配置 VLAN

D．主机移动位置需要重新配置 VLAN

【参考答案】D

【解析】接口绑定了 VLAN，当设备从原有接口发生了位移，则需要重新配置 VLAN。

43．VLANtag 在 OSI 参考模型的（　　）实现。

A．物理层　　B．数据链路层　　C．网络层　　D．应用层

【参考答案】B

【解析】VLANtag 在 OSI 参考模型的数据链路层实现。

44．带有 802.1Q 标记的以太网帧格式中 VLAN ID 占（　　）bit。

A．8　　B．10　　C．12　　D．14

【参考答案】C

【解析】VLAN ID 在带有 802.1Q 标记的以太网帧格式中占 12bit，VLANID 的取值范围为 0～4095，其中 0 和 4095 保留不用，可使用的 VLANID 范围为 1～4094。

45．以下关于 VLAN 的说法中，不正确的是（　　）。

A．隔离广播域

B．相互间通信需要通过三层设备

C．可以限制网络上的计算机互相访问的权限

D．只能对同一个物理区域上的主机进行逻辑分组

【参考答案】D

【解析】VLAN 划分可以跨越不同的物理区域。

46．VLAN 在现代组网技术中占有重要地位，同一个 VLAN 中的两台主机（　　）。

A．必须连接在同一交换机上　　B．可以跨越多台交换机

C．必须连接在同一集线器上　　D．可以跨越多台路由器

【参考答案】B

【解析】VLAN 划分可以在多台二层设备中生效，但不能跨越三层设备。

47．网络管理员发现网络中充斥着广播和组播包，如何来解决（　　）。

A．通过创建 VLAN 来创建更大广播域　　B．把不同的节点划分到不同的交换机下

C．通过创建 VLAN 来划分更小的广播域　　D．以上都可以

【参考答案】C

【解析】通过创建 VLAN 来划分更小的广播域，可以有效地限制网络中的广播包和组播包。

48．SwitchA 是未做过任何配置的二层交换机。SwitchA 上配置管理 VLAN 为 VLAN100。SwitchA 的以太网端口 E0/1 为 Trunk 端口，连接到 SwitchB。要实现组网需求，需要对 SwitchA 相应的端口、VLAN 和 VLAN 接口分别做相应配置。以下步骤中，错误的是（　　）。

A．E0/1 端口设置：[SwitchA-Ethernet0/1]port link-type access

B．创建 VLAN100：[SwitchA]vlan 100

C．进入 VLAN100 的接口：[SwitchA]interface vlan-interface100

D．为 VLAN 接口 100 配置 IP 地址：[SwitchA-Vlan-interface100]ip address 192.168.1.1 255.255.255.0

【参考答案】A

【解析】E0/1 端口正确设置为：[SwitchA-Ethernet0/1]port link-type trunk。

49．Access 端口发送数据帧时（　　）。

A．替换 VLAN TAG 转发　　B．剥离 TAG 转发

C．打上 PVID 转发　　D．发送带 TAG 的报文

【参考答案】B

【解析】Access 接口连接的终端设备无法识别 VLAN tag，当 Access 端口发送数据帧时要剥离 TAG。

50．网络管理员在三层交换机上创建了 VLAN10，并在该 VLAN 的虚拟接口下配置了 IP 地址。当使用命令查看接口状态时，发现 VLANIF 10 接口处于 down 状态，则应该通过（　　）操作来使得 VLANIF 10 接口恢复正常。

A．在 VLANIF 10 接口下使用命令“undo shutdown”

B．将一个状态必须为 UP 的物理接口划进 VLAN 10

C．将任意物理接口划进 VLAN 10

D．将一个状态必须为 UP 且必须为 Trurk 类型的接口划进 VLAN10

【参考答案】B

【解析】当一个 UP 状态的交换机端口划入 VLAN10，VLANIF10 接口就会转入 UP 状态。

51．一个三层交换机收到数据包后首先进行的操作是（　　）。

A．发送 ARP 请求

B．上送 ARP 查找路由表获得下一跳地址

C．根据数据报文中的目的 MAC 地址查找 MAC 地址表

D．用自己的 MAC 地址替换数据报文的目的 MAC 地址

【参考答案】C

【解析】交换机收到数据包后，首先会根据数据报文中的目的 MAC 地址查找 MAC 地址表。

52．对（　　）服务，网络尽最大的可能性来发送报文，但对时延、可靠性等性能不提供任何保证。它是现在 Internet 的缺省服务模型，适用于绝大多数网络应用，如 FTP、E-Mail 等。

A．FIFO　　B．Best-Effort Service

C．Integrated Service　　D．Differentiated Service

【参考答案】B

【解析】Best-Effort Service（尽力而为服务），网络尽最大的可能性来发送报文，但对时延、可靠性等性能不提供任何保证。

53．在以太网中，是根据（　　）地址来区分不同的设备。

A．逻辑　　B．MAC　　C．IP　　D．虚拟

【参考答案】B

【解析】在以太网中根据 MAC 地址来区分不同设备。

54．不能通过以下（　　）方式登录交换机设备配置。

A．通过 AUX 口登录　　B．通过 Telnet 登录

C．通过进入 Bootrom 的方式　　D．通过 Console 口登录

【参考答案】C

【解析】可以通过 AUX、Console 或 Telnet 方式登录交换机设备配置。

55．（　　）不但可以消除交换循环，而且使得在交换网络中通过配置冗余备用链路来提高网络的可靠性成为可能。

A．OSPF 协议　　B．VTP 协议　　C．STP 协议　　D．SNMP 协议

【参考答案】C

【解析】STP 协议主要用来消除二层环路，支持交换网络中配置冗余链路。

56．以太网交换机一个端口在接收到数据帧时，如果没有在 MAC 地址表中查找到目的 MAC 地址，通常会（　　）。

A．把以太网帧复制到所有端口

B．把以太网帧单点传送到特定端口

C．把以太网帧发送到除本端口以外的所有端口

D．丢弃该帧

【参考答案】C

【解析】交换机接收到数据帧时，如果没有在 MAC 地址表中查找到目的 MAC 地址，会把以太网帧发送到除本端口以外的所有端口。

57．一台交换机具有 24 个 100Mbit/s 端口和 2 个 1000Mbit/s 端口，如果所有端口都工作在全双工状态，那么交换机总带宽应为（　　）。

A．4.8Gbit/s B．8.8Gbit/s C．9.6Gbit/s D．6.4Gbit/s

【参考答案】B

【解析】交换机总带宽为（100×24+1000×2）×2=8800Mbit/s，即 8.8Gbit/s。

58．（ ）不可能引发广播风暴。

A．网络成环 B．网络抓包 C．ARP 攻击 D．蠕虫病毒

【参考答案】B

【解析】网络抓包不会引发广播风暴，而网络环路、ARP 攻击、蠕虫病毒均可引发广播风暴。

59．以下（ ）不是 AAA 包含的含义。

A．Authentication（认证） B．Access（接入）

C．Authorization（授权） D．Accounting（计费）

【参考答案】B

【解析】AAA 包括 Authentication（认证）、Authorization（授权）、Accounting（计费）。

60．以下不是 OSPF 路由器的 Router ID 的选举规则的是（ ）。

A．在 OSPF 进程下手动配置 OSPF 的 Router ID

B．如果没有手动指定 OSPF 的 Router ID，但在全局视图下配置了 Router ID，则 OSPF 使用全局视图下的 Router ID

C．如果在 OSPF 进程和全局视图下都没有手动配置 Router ID，则路由器使用 Loopback 接口中最大的 IP 地址作为 Router ID

D．如果在 OSPF 进程和全局视图下都没有手动配置 Router ID 且也没有配置 Loopback 接口，则路由器使用物理接口中最小的 IP 地址作为 Router ID

【参考答案】D

【解析】一台路由器如果要运行 OSPF 协议，必须存在 Router ID，作为在自治系统中的唯一标识。OSPF 的 Router ID 的选取原则：首先取 OSPF 进程创建时手动指定的，其次当 OSPF 没有显式指定 Router ID 时，缺省使用路由器全局视图下配置的 Router ID，当全局视图下也没有手动指定 Router ID 时，则优先取自身 Loopback 接口地址中最大的作为 Router ID，如果也没有配置 Loopback 接口地址，则从其他接口的 IP 地址中选择最大的作为 Router ID。

61．关于 OSPF 多进程描述错误的是（ ）。

A．OSPF 多进程这一概念具有全局的意义，一台设备上只能配置一个进程

B．路由器的一个接口只能属于某一个 OSPF 进程

C．不同 OSPF 进程之间的路由交互相当于不同路由协议之间的路由交互

D．在同一台路由器上可以运行多个不同的 OSPF 进程，它们互不干扰，彼此独立

【参考答案】A

【解析】OSPF 支持多进程，在同一台设备上可以运行多个不同的 OSPF 进程，它们之间互不影响，彼此独立。不同 OSPF 进程之间的路由交互相当于不同路由协议之间的路由交互，设备的一个接口只能属于某一个 OSPF 进程，不能属于多个不同的 OSPF 进程。

62．OSPF 区域的边界是（ ），ISIS 区域的边界是（ ）。

A．路由器；链路 B．链路；路由器

C．链路；链路 D．路由器；路由器

【参考答案】A

【解析】OSPF 路由器多个接口可以属于不同的区域，ISIS 路由器只能属于一个区域，OSPF 的区域在路由器本身通过不同接口来分界，ISIS 的区域边界划在链路上区分不同的区域。

63．以下关于 OSPF LSA 格式的描述，不正确的是（　　）。

A．LS age 字段表示 LSA 已经生存的时间，单位是 s

B．LS type 字段标识了 LSA 的格式和功能

C．第一类 LSA 中 Advertising Router 字段是产生此 LSA 的路由器的 Router ID

D．LS sequence number 越小则 LSA 越新

【参考答案】D

【解析】LS age 字段表示 LSA 产生后所经过的时间，单位是 s。无论 LSA 是在链路上传输，还是保存在 LSDB 中，其值都会在不停地增长；LS type 字段标识了 LSA 的格式和功能，常见的有 Type1、2、3、4、5、7 类 LSA；LSA 头部字段 Advertising Router 即表示产生此 LSA 的路由器的 Router ID；对于 LS sequence number，每生成新的 LSA，该字段有序正增长，所以数字越小代表 LSA 越旧。

64．关于 OSPF 计算最短路径树阶段描述正确的是（　　）。

A．第一阶段计算 Stub 网段，第二阶段计算路由器节点和 Transit 网段

B．第一阶段计算 Stub 网段，第二阶段计算路由器节点

C．第一阶段计算路由器节点和 Transit 网段，第二阶段计算 Stub 网段

D．第一阶段计算路由器节点，第二阶段计算 Stub 网段

【参考答案】C

【解析】OSPF 的一类 LSA 和二类 LSA 中，包含了拓扑信息和路由信息。OSPF 将依据 SPF 算法和各类 LSA 进行最短路径树的计算：首先依据一类 LSA 的 P2P、Transnet 及二类 LSA 构建 SPF 树，然后基于这树干根据一类 LSA 中的 Stub 以及二类 LSA，计算最优路由。

65．以下关于 OSPF 开销值设置及计算方法正确的是（　　）。

A．接口开销值=实际带宽/参考带宽

B．接口开销值可以小于 1

C．直接在接口下配置，该开销值是此接口的最终的开销值

D．OSPF 开销值也依赖于到目的网络的跳数

【参考答案】C

【解析】OSPF 的接口开销值，当设置为按照接口带宽自动计算时，接口开销值=参考带宽/实际带宽，接口开销值取整数，最小为 1。当直接在接口下人工指定开销值时，配置的开销值即为此接口的最终开销值，作用范围仅限于本接口。OSPF 开销的计算方法与跳数无直接关系。

66．如果数据包在路由器的路由表中匹配多条路由项，那么关于路由优选的顺序描述正确的是（　　）。

A．首先比较路由优先级，路由优先级值越小的路由越优先

B．首先比较路由条目的掩码长度，掩码长度越长的路由条目越优先

C．首先比较路由迭代深度，迭代深度越浅的路由越优先

D．首先比较路由开销值，路由开销值越小的路由越优先

【参考答案】B

【解析】当路由器收到的数据包根据IP头部的目的IP地址查询路由表如果匹配了多条路由时，首先比较多条路由的掩码长度，掩码长度最长代表这条路由能最精确匹配即最优，当掩码长度相同时比较路由协议优先级，数值越小越优先，当是同种路由协议的不同路由时，则比较路由条目的开销值，值越小的路由越优先。

67. 关于OSPF协议中的DR、BDR选举原则，以下说法正确的是（　　）。

A. DR优先级值最高的路由器一定会被选举为DR

B. 接口IP地址最大的路由器一定会被选举为DR

C. Router ID最大的路由器一定会被选举为DR

D. 优先级为0的路由器一定不参加选举

【参考答案】D

【解析】DR选举规则：最高的OSPF接口优先级拥有者被选作DR，如果优先级相等，具有最高的OSPF Router ID的路由器被选举成DR，并且DR具有非抢占性，也就是如果该MA网络中，已经选举完成并且选举出了一个DR，那么后续即使有新的、更高优先级的设备加入，也不会影响DR的选举，除非DR挂掉，如果一台设备的接口优先级为0，则它不会被选举为DR或BDR。

68. 以下关于OSPF报文正确的是（　　）。

A. Hello报文用于发送确认报文，保证同步的可靠性

B. DD报文用于发送详细的链路状态信息

C. LSU报文用于交互链路状态数据库摘要

D. LSR报文用于请求特定的链路状态信息

【参考答案】D

【解析】Hello报文用于发现和维护邻居关系，DD报文用于交互链路状态数据库摘要，LSU报文用于发送详细的链路状态信息，LSR报文用于请求特定的链路状态信息。

69. 以下关于OSPF邻居状态机制说法正确的是（　　）。

A. 在2-way状态中，双向通信已经建立，但是没有与邻居建立邻接关系

B. 在Exchange状态中，OSPF路由器相互发送LSR报文请求LSA，发送LSU通告LSA

C. 在Loading状态中，路由器相互发送DD报文，描述本地LSDB的内容

D. 在Init状态中，表示没有从邻居收到任何信息

【参考答案】A

【解析】在2-way状态中，双向通信已经建立，但是没有与邻居建立邻接关系，这是建立邻接关系以前的最高级状态。在Exchange状态中路由器相互发送包含链路状态信息摘要的DD报文，描述本地LSDB的内容。在Loading状态中，OSPF路由器相互发送LS Request报文请求LSA，发送LS Update通告LSA。在Init状态中，路由器已经从邻居路由器收到了Hello报文，但是自己不在所收到的Hello报文的邻居列表中，表示尚未与邻居建立双向通信关系。

70. OSPF中DR与BDR可能存在于（　　）类型的网络。

A. P2P、P2MP　　B. Broadcast、NBMA

C. P2P、Broadcast　　D. P2MP、NBMA

【参考答案】B

【解析】DR 指定路由器、BDR 备份指定路由器，DR 负责在 MA 及 NBMA 这些多路访问类型的网络建立和维护邻接关系并负责 LSA 的同步。P2P、P2MP 网络中没有 DR、BDR。

71．在描述 Broadcast 或 NBMA 网络类型的 Router-LSA 中，link ID 的含义是（　　）。

A．对端 OSPF 路由器的该链路物理接口 IP 地址

B．对端 OSPF 路由器的 Router ID

C．本端路由器该链路物理接口的 IP 地址

D．DR 的接口 IP 地址

【参考答案】D

【解析】Type-1 LSA 即 Router-LSA 中的 Link ID 字段表示此链路的对端标识，在不同链路类型的 Link ID 表示的意义也不同，在描述 MA 或 NBMA 网络类型的 Router-LSA 中，Link ID 为 DR 的接口 IP 地址。

72．关于 OSPF 特性描述错误的是（　　）。

A．OSPF 采用链路状态算法

B．每个路由器通过泛洪 LSA 向外发布本地链路状态信息

C．每个路由器收集其他路由器发布的 LSA 以及自身产生的 LSA 生成本地 LSDB

D．OSPF 各个区域中所有路由器上的 LSDB 一定要相同

【参考答案】D

【解析】OSPF 是采用链路状态算法，产生自己的 LSA 通过泛洪方式传播并收集其他路由器产生的 LSA 来生成本地的 LSDB，只在同一区域每台路由器该区域的 LSDB 相同，不同区域的拓扑信息是隔离的，LSDB 也不相同。

73．OSPF 的 Network-summary-LSA 是由（　　）路由器产生的。

A．ASBR　　B．ABR

C．DR　　D．Backbone Router

【参考答案】B

【解析】区域边界路由器 ABR 作为区域间通信的桥梁，同时维护所连接的多个区域的链路状态数据库。其将一个区域的链路状态信息转化成路由信息，然后发布到邻居区域，通过生成 Type-3 即 Network-Summary-LSA 来实现。

74．在 ISIS 的广播类型网络中，Level-2 路由器使用（　　）组播 MAC 地址作为发送 IIH 的目的地址。

A．0180-c200-0014　　B．0180-c200-0016

C．0180-c200-0015　　D．0100-5E00-0002

【参考答案】C

【解析】0180-c200-0014 是广播类型网络 Level-1 路由器发送 IIH 使用的组播目的地址，0180-c200-0015 是广播类型网络 Level-2 路由器发送 IIH 使用的组播目的地址。

75．路由器开启 ISIS 协议后，默认是属于（　　）类型的 ISIS 路由器。

A．Level-1　　B．Level-2

C．Level-1-2　　D．没有初始类型，需要手动指定

【参考答案】C

【解析】缺省情况下，ISIS 设备级别为 Level-1-2。Level-1-2 设备：可以与同一区域的 Level-1 和 Level-1-2 设备形成 Level-1 邻居关系，也可以与其他区域的 Level-2 和 Level-1-2 设备形成 Level-2 的邻居关系。

76. ISIS 协议在广播类型网络中，DIS 默认发送 Hello 报文时间间隔为（　　）s。

A．5　　B．10　　C．40　　D．3.3

【参考答案】D

【解析】在广播网络中，ISIS 的 DIS 发送 Hello 报文时间间隔默认为 10/3s，而其他非 DIS 路由器发送 Hello 报文间隔时间为 10s。

77. 路由器开启 ISIS 协议并在接口下使能 ISIS 后，如未作其他优化配置，ISIS 接口的默认开销值是（　　）。

A．100　　B．1000　　C．1　　D．10

【参考答案】D

【解析】ISIS 设备接收和发送路由的开销类型缺省为 narrow 类型。在该缺省情况下并且未手动指定开销，ISIS 接口的链路开销值固定为 10，不管接口带宽实际为多少。

78. 以下关于 ISIS 协议的报文说法正确的是（　　）。

A．PSNP 类似于 OSPF 的 DD 报文传递的是 LSDB 里所有链路信息的摘要。

B．CSNP 类似于 OSPF 的 LSR 或 LSAck 报文用于请求和确认部分链路信息。

C．LSP 类似于 OSPF 的 LSA，承载的是链路状态信息。

D．ISIS 报文扩展性不如 OSPF 报文。

【参考答案】C

【解析】PSNP 包含部分 LSDB 中的 LSP 摘要信息，能够对 LSP 进行请求和确认，类似于 OSPF 的 LSR 或 LSAck 报文用于请求和确认部分链路信息。CSNP 包括 LSDB 所有 LSP 的摘要信息，从而可以在相邻路由器间保持 LSDB 的同步，类似于 OSPF 的 DD 报文传递的是 LSDB 里所有链路信息的摘要。LSP 类似于 OSPF 的 LSA，承载的是链路状态信息，包含了拓扑结构和网络号。ISIS 使用 TLV 结构的报文，具备灵活性和扩展性。

79. ISIS 路由如果需要打上 tag 标记，以下（　　）开销类型无法实现打 tag。

A．narrow　　B．wide

C．wide-compatible　　D．compatible

【参考答案】A

【解析】管理标记用 tag 来携带关于 IP 地址前缀的管理信息，其用途包括控制不同级别和不同区域间的路由引入，利用该标记可以允许在 ISIS 域中通过 IP 地址前缀发布进行控制，简化管理。只有当 ISIS 的开销类型为 wide、wide-compatible 或 compatible 时，发布的 LSP 中才会携带 tag 值。

80. ISIS 中如需要对 Level-2 的 LSP 报文作认证需要开启（　　）。

A．接口认证　　B．区域认证　　C．路由域认证　　D．骨干域认证

【参考答案】C

【解析】接口认证：在接口视图下配置，对 Level-1 和 Level-2 的 Hello 报文进行认证；区域认证：在 ISIS 进程视图下配置，对 Level-1 的 CSNP、PSNP 和 LSP 报文进行认证；路由域认证：在 ISIS 进程视图下配置，对 Level-2 的 CSNP、PSNP 和 LSP 报文进行认证。

81．BGP 邻居间未建立连接且未尝试发起建立连接的状态为（　　）。

A．Established　　B．ldle　　C．Active　　D．OpenConfirm

【参考答案】B

【解析】Idle 状态是 BGP 初始状态，在 Idle 状态下，BGP 路由器拒绝邻居发送的连接请求。只有收到本设备的 Start 事件后，BGP 路由器才开始尝试与其邻居进行 TCP 连接，并转至 Connect 状态。

82．在 BGP 邻居之间周期性地发送，用以维护 BGP 连接关系的消息是（　　）。

A．Open　　B．Hello　　C．Keepalive　　D．Update

【参考答案】C

【解析】BGP 路由器会周期性地向邻居发出 Keepalive 报文，用来保持连接的有效性。

83．在 BGP 邻居的建立过程中，如果 TCP 连接失败，那么 BGP 状态机会停留在（　　）状态。

A．idle　　B．OpenSend　　C．Active　　D．Established

【参考答案】C

【解析】BGP 连接建立过程中，如果 TCP 连接失败，那么 BGP 路由器转至 Active 状态，在 Active 状态下，BGP 路由器总是在试图建立 TCP 连接。

84．BGP 是在（　　）之间传播路由信息的动态路由协议。

A．主机　　B．子网　　C．区域（area）　　D．自治系统（AS）

【参考答案】D

【解析】BGP 作为一种外部网关协议，用于在 AS 之间传播路由信息并进行路由控制和选路。

85．在以下几个 BGP 选路原则中，相对最优的原则是（　　）。

A．优选 AS_Path 列表长度短的路由

B．在不同的对等体类型中，优选从 EBGP 对等体学来的路由

C．优选 AS 内部 IGP 的 Metric 值最小的路由

D．对于不同的 Origin 类型的路由按 IGP>EGP>Incomplete 原则来优选

【参考答案】A

【解析】选项里所列的 4 个 BGP 选路原则的相对优先级顺序依次如下：“优选 AS_Path 列表长度短的路由” > “对于不同的 Origin 类型的路由按 IGP>EGP>Incomplete 原则来优选” > “在不同的对等体类型中，优选从 EBGP 对等体学来的路由” > “优选 AS 内部 IGP 的 Metric 值最小的路由”。

86．以下关于 BGP 属性说法正确的是（　　）。

A．Local-Preference 属性会发给 EBGP 对等体

B．Preference_Value 值会发给 BGP 对等体

C．MED 属性仅在相邻两个 AS 之间传递

D．Community 属性用于判断流量离开 AS 时的最佳路由

【参考答案】C

【解析】Local-Preference 属性仅在 IBGP 邻居之间有效，不通告给其他 AS，它表明路由器的 BGP 优先级，用于判断流量离开 AS 的最佳路由；Preference_Value 值私有属性，仅本

地有效，不会发给 BGP 对等体；MED 属性仅在相邻两个 AS 之间传递，收到此属性的 AS 不会再将其通告给任何其他第三方 AS，用于判断流量进入 AS 时的最佳路由；Community 属性用于限定路由的传播范围，打标记，便于对符合相同条件的路由进行统一处理。

87．以下关于 BGP 路由自动聚合说法正确的是（　　）。

A．BGP 路由的聚合分为手动聚合和自动聚合，自动聚合优先级高于手动聚合

B．配置了 BGP 自动聚合后，自动将明细路由条目聚合为掩码长度为 24 位的路由

C．配置了 BGP 自动聚合后，向 BGP 对等体除了发送聚合后的路由，明细路由也会发送

D．配置了 BGP 自动聚合后，BGP 将按照自然网段聚合路由

【参考答案】D

【解析】BGP 路由的手动聚合优先级高于自动聚合，配置了自动聚合后，BGP 将按照自然网段聚合路由，同时抑制明细路由的发送。

88．以下（　　）能够导致 BGP 邻居关系无法建立。

A．在两个 BGP 邻居关系之间配置了阻止所有 TCP 连接的包过滤策略

B．IBGP 邻居是非物理直连的

C．在全互联的 IBGP 邻居关系中开启了 BGP 同步

D．两个 BGP 邻居之间的更新时间不一致

【参考答案】A

【解析】BGP 连接建立依赖于 IP 网络可达并且 TCP 179 端口连接可以正常建立，与是否物理直连无关，与是否开启了 BGP 同步无关。当更新时间不一致时，会进行自动协商，不影响 BGP 连接建立。

89．以下关于 BGP 特性的描述，错误的是（　　）。

A．BGP 是外部路由协议，用来在 AS 之间传递路由信息

B．BGP 是一种链路状态路由协议

C．BGP 支持 CIDR

D．BGP 支持丰富的路由策略。

【参考答案】B

【解析】BGP 是基于距离矢量的路由协议，作用是控制和传递路由，不在于发现和计算路由。

90．关于 BGP 中 network 命令的描述，错误的是（　　）。

A．通过 network 注入的路由必须存在于 IP 路由表中

B．注入的路由需要严格匹配 IP 路由表中的掩码长度

C．network 不能与相应策略配合使用

D．缺省情况下，BGP 不发布任何本地的网络路由

【参考答案】C

【解析】缺省情况下，BGP 不发布任何本地的网络路由，当需要将本地路由表中的路由以静态方式加入到 BGP 路由表中，并发布给对等体时，使用 network 命令。network 命令用来发布精确匹配的路由，指定的目的地址和前缀长度必须与本地 IP 路由表中对应的表项完全一致，路由才能正确发布。network 可以与相应策略配合使用。

91．通过 import-route 命令配置 BGP 发布本地网段路由说法正确的是（　　）。

A．能引入其他路由表中的所有路由

B．通过引入方式发布的路由的 ORIGIN 属性为 IGP

C．缺省情况下，BGP 引入 IGP 路由协议的路由时，不会引入该协议的缺省路由

D．在引入 IGP 路由协议的路由时，不可以针对不同的路由协议来对路由信息进行过滤

【参考答案】C

【解析】使用 import-route 命令引入路由是按协议类型，将其他路由协议的路由注入到 BGP 路由表中，引入的路由需是 Active 有效的状态，通过引入方式发布的路由的 Origin 属性为 Incomplete，可以调用策略对引用的路由信息进行过滤。如果没有配置 default-route imported 命令，则使用 import-route 命令引入其他协议的路由时，不能引入缺省路由。

92．与流量监管相比，流量整形会引入额外的（　　）。

A．丢包　　B．时延　　C．负载　　D．误码

【参考答案】B

【解析】流量整形是对输出报文的速率进行控制，使报文以均匀的速率发送出去，将上游不规整的流量进行削峰填谷，输出一条比较平整的流量，解决下游设备的瞬时拥塞问题，由于需要内存去缓存超额流量，可能会带来额外的时延。

93．以下关于流量整形的描述不正确的是（　　）。

A．相对于流量监管，流量整形具有更好的抗突发能力

B．流量整形可以使报文以比较均匀的速度向外发送

C．由于引入队列，当发生拥塞时，报文的时延相对增加

D．语音业务更适于采用流量整形，而不是流量监管

【参考答案】D

【解析】由于流量整形会引入额外的时延，不适宜应用在语音这类对时延抖动非常敏感的业务。

94．某设备某接口处方向发生拥塞，观察发现其所有 TCP 连接的流量以相同的频率持续振荡，带宽的平均利用率大大降低，为了解决带宽利用率低的问题，可以采用（　　）技术。

A．尾丢弃　　B．RED　　C．WRED　　D．LR

【参考答案】C

【解析】尾丢弃正是引起 TCP 全局同步现象的原因，即造成多个 TCP 连接同时进入拥塞避免和慢启动状态以调整并降低流量，而后又会在某个时间同时出现流量高峰。RED 是早期随机检测，通过随机丢弃数据报文，让多个 TCP 连接不同时降低发送速度，避免了 TCP 全局同步现象，但会造成无法对流量进行区分丢弃，UDP 流量有可能占满，TCP 流量一直得不到调度。WRED 是加权随机早期检测技术，可以实现按照一定丢弃概率主动丢弃队列中的报文，从一定程度上避免了尾丢弃带来的所有缺点。

95．BGP MPLS L3VPN 中三种跨域方式 ASBR 与 ASBR 之间业务数据转发时对于 OptionA、OptionB、OptionC 方式分别会带（　　）层 MPLS 标签。

A．1、2、3　　B．3、2、1　　C．0、1、2　　D．2、1、0

【参考答案】C

【解析】BGP MPLS L3VPN 三种跨域方式中，OptionA 方式是 ASBR 互相将对侧 ASBR 视作 CE 设备，ASBR 发给 ASBR 的数据报文已经离开了 MPLS 网络，作普通 IP 数据包转发，

所以不带 MPLS 标签；OptionB 方式中，ASBR 直接把 VPN 路由发给对侧 ASBR，业务数据在 ASBR-ASBR 转发过程中将携带一层由对侧 ASBR 分配的 VPN 私网标签；OptionC 方式中，PE 与对侧 PE 建立完整的公网 LSP 隧道，ASBR-ASBR 之间业务数据转发时，将携带两层 MPLS 标签，内层是对侧 PE 分配的 VPN 私网 MPLS 标签，外层是对侧 ASBR 分配的到达对侧 PE 的公网 MPLS 标签。

96．公司信息网络由生产控制大区、管理信息大区和（　　）三个大区构成。

A．办公网络大区　　B．物联网络大区
C．专线网络大区　　D．互联网大区

【参考答案】D

【解析】Q/GDW 10594—2021《管理信息系统网络安全等级保护技术要求》3.6 规定：公司信息网络由生产控制大区、管理信息大区和互联网大区三个大区构成。

97．对于不涉及国家秘密、可涉及企业商业秘密的支撑公司内部多维精益管理等新增业务应承载在公司的（　　）。

A．管理信息大区　　B．互联网大区
C．生产控制大区　　D．专线网络大区

【参考答案】A

【解析】Q/GDW 10594—2021《管理信息系统网络安全等级保护技术要求》第 6 章总体安全防护要求，b）1）规定：管理信息大区用于承载原信息内网业务（ERP、生产管理、营销管理、协同办公等）和支撑公司内部多维精益管理等新增业务（不涉及国家秘密，可涉及企业商业秘密）。

98．对二级系统域和三级系统域共用的网络设备、网络通道，应按照（　　）系统防护要求进行统一防护。

A．一级　　B．二级　　C．三级　　D．四级

【参考答案】C

【解析】Q/GDW 10594—2021《管理信息系统网络安全等级保护技术要求》第 6 章　总体安全防护要求，b）4）规定：对二级系统域和三级系统域共用的网络设备、网络通道，应按照三级系统防护要求进行统一防护。

99．三级系统网络结构中有外网交互功能的应用系统应将（　　）部署在互联网大区。

A．前端　　B．后端　　C．数据库　　D．存储

【参考答案】A

【解析】Q/GDW 10594—2021《管理信息系统网络安全等级保护技术要求》8.1.2.1 网络结构，三级系统网络结构应满足以下安全要求：a）有外网交互功能的应用系统应将前端部署在互联网大区。

二、多项选择题

1．以下的应用程序中，基于 TCP 协议的有（　　）。

A．BGP　　B．TFTP　　C．Telnet　　D．FTP

【参考答案】ACD

【解析】TFTP 协议是基于 UDP 传输的。

2．在大型局域网中，网络被分为（　　）层。

A．核心　　B．汇聚　　C．接入　　D．管理

【参考答案】ABC

【解析】在大型局域网中，网络被分为核心、汇聚、接入三层。

3．以下地址中，和 10.110.53.233 在同一网段的地址有（　　）。

A．10.110.48.10mask255.255.248.0　　B．10.110.43.10mask255.255.0.0

C．10.110.43.10mask255.255.248.0　　D．10.110.48.10mask255.255.0.0

【参考答案】ABD

【解析】10.110.48.10mask255.255.248.0 可用 IP 为 10.110.48.1-10.110.55.254；10.110.43.10mask255.255.0.0 可用 IP 为 10.110.0.1-10.110.255.254；10.110.43.10mask255.255.248.0 可用 IP 为 10.110.43.9-10.110.43.14；10.110.48.10mask255.255.0.0 可用 IP 为 10.110.0.1-10.110.255.254。

4．根据在网络中所处的位置和担当的角色，可以将交换机划分为（　　）。

A．接入层交换机　　B．汇聚层交换机

C．核心层交换机　　D．路由层交换机

【参考答案】ABC

【解析】网络划分主要分为接入层、汇聚层和核心三层。

5．关于 IP 协议，以下说法正确的有（　　）。

A．IP 协议规定了 IP 地址的具体格式

B．IP 协议规定了 IP 地址与其域名的对应关系

C．IP 协议规定了 IP 数据报的具体格式

D．IP 协议规定了 IP 数据报分片和重组原则

【参考答案】AC

【解析】IP 协议规定了 IP 地址及 IP 数据报的具体格式，但是分片和重组原则并没有在此规定，另外与域名的对应关系也没有规定。

6．TCP/IP 参考模型中，以下应用层协议是运行在 TCP 之上的有（　　）。

A．HTTP　　B．TFTP　　C．FTP　　D．SMTP

【参考答案】ACD

【解析】TFTP 协议是基于 UDP 传输的。

7．UDP 协议和 TCP 协议头部的共有字段有（　　）。

A．源端口　　B．目的端口　　C．源 IP 地址　　D．校验和

【参考答案】ABD

【解析】TCP 面向连接的传输层协议，有确认号、顺序号、滑动窗口等，UDP 是面向非连接的传输层协议，不确保数据可靠性。

8．VLAN 划分的方法包括（　　）。

A．基于端口　　B．基于 MAC 地址　　C．基于协议　　D．基于物理位置

【参考答案】ABC

【解析】VLAN 划分方式主要包含端口、子网、协议、MAC 地址 4 种。

9．WLAN（wireless LAN）是计算机网络与无线通信技术相结合的产物。以下属于 WLAN 技术标准的有（　　）。

A．802.11a　　B．802.11b　　C．802.11c　　D．802.11g

【参考答案】ABD

【解析】无线标准是由 IEEE802.11 所定义，包含 a、b、g 等。

10．网络的延迟（delay）定义了网络把数据从一个网络节点传送到另一个网络节点所需要的时间。网络延迟包括（　　）。

A．传播延迟（propagation delay）　　B．交换延迟（switching delay）

C．介质访问延迟（access delay）　　D．队列延迟（queuing delay）

【参考答案】ABCD

【解析】延迟是包含数据传输所经历的一切时间。

11．以下关于 IP 地址的说法正确的是（　　）。

A．IP 地址由网络号和主机号两部分组成

B．A 类 IP 地址的网络号有 8 位，实际的可变位数为 7 位

C．D 类 IP 地址通常作为组播地址

D．地址转换（NAT）技术通常用于解决 A 类地址到 C 类地址的转换

【参考答案】ABC

【解析】NAT 技术通常用于私有网络到公共互联网的转换。

12．以下（　　）消息是在 IPv6 地址解析中被使用的。

A．邻居请求　　B．邻居通告　　C．路由器请求　　D．路由器通告

【参考答案】AB

【解析】在 IPv6 协议中，地址解析使用邻居请求消息和邻居通告消息来完成。

13．通过抓包软件得到传输层报头的信息如下：

源端口 13357 目的端口 23；

序列号 43693；

确认编号 8732；

报头长度--保留--代码比特--窗口 12000；

校验和--紧急。

以下（　　）描述了其建立的会话。

A．这是 UDP 报头　　B．包含 Telnet 请求

C．包含 TFTP 数据传输　　D．这是 TCP 报头

【参考答案】BD

【解析】目的端口 23 表示 Telnet 服务，UDP 报头无序列号、确认号、窗口等信息。

14．UDP 协议和 TCP 协议的共同之处是（　　）。

A．流量控制　　B．重传机制

C．校验和　　D．提供目的、源端口号

【参考答案】CD

【解析】UDP 是无连接协议，没有流量控制、重传机制等功能。

15．交换机的 MAC 地址表项可能包含的要素有（　　）。

A．MAC 地址　　B．端口号　　C．VLANID　　D．老化时间

【参考答案】ABCD

【解析】MAC 地址表表项需要有 MAC 地址，以及 MAC 地址所对应端口，及对应的 VLAN，

为防止表项被占满，还需有老化时间。

16．关于单播、组播和广播的对比，正确的有（　　）。

A．和单播相比，组播可以减少链路负载

B．和广播相比，组播可以提升链路使用率

C．和单播相比，广播可以减轻发送源的负担

D．和单播相比，组播可以减轻发送源的负担

【参考答案】ABCD

【解析】单播是一对一，广播是一对所有，组播是一对一个组，所以组播和广播可以减少链路负载和发送源的负担。

17．组播应用基于 UDP，故组播应用存在（　　）特点。

A．无拥塞控制

B．数据包重复接收

C．可以纠正组播数据包乱序到达的问题

D．尽最大努力交付，无法保证低延时应用需求

【参考答案】ABD

【解析】组播不会纠正组播数据包乱序到达问题，而是由对应的应用软件来解决。

18．影响网络通信质量的因素包括（　　）。

A．抖动　　B．时延　　C．带宽　　D．丢包率

【参考答案】ABCD

【解析】数据发送时，抖动、时延、带宽和丢包率都会对网络质量造成影响，影响用户体验。

19．以下有关 MAC 地址的说法中正确的是（　　）。

A．以太网用 MAC 地址标识主机

B．MAC 地址是一种便于更改的逻辑地址

C．MAC 地址固化在 ROM 中，通常情况下无法改动

D．通常只有终端主机才需要 MAC 地址，路由器等网络设备不需要

【参考答案】AC

【解析】MAC 地址又称物理地址，固定在网络设备的 ROM 中，通常无法修改，所以能够通信的设备都需要有 MAC 地址。

20．以下关于 IP 地址的说法正确的是（　　）。

A．IP 地址可以固化在硬件中，是独一无二的

B．IP 地址分为 A、B、C、D、E 五类

C．IP 地址通常用点分十六进制来表示，例如：10.110.192.111

D．IP 地址是由 32 个二进制位组成的

【参考答案】BD

【解析】IP 地址是 32 位的逻辑地址，通常用点分十进制表示，可以进行修改。

21．交换机上的以太帧交换依靠 MAC 地址映射表，这个表可以通过（　　）方式来建立。

A．交换机自行学习　　B．手工添加映射表项

C．交换机之间相互交换目的地的位置信息　D．生成树协议交互学习

【参考答案】AB

【解析】交换机 MAC 地址表只有两种来源：动态学习和静态绑定。

22．以下（　　）是 ACL 可以做到的。

A．允许 125.36.0.0/16 网段的主机使用 FTP 协议访问主机 129.1.1.1

B．不让任何主机使用 Telnet 登录

C．拒绝一切数据包通过

D．仅允许某个用户从外部登录，其他用户不能这样做

【参考答案】ABC

【解析】ACL 无法做到“仅允许某个用户从外部登录，而其他用户不能这样做”。

23．关于 QoS 应用在层次模型哪一层的说法正确的是（　　）。

A．只在核心层实现 QoS 策略　B．接入层可实现 QoS 的报文分类策略

C．QoS 功能需要多层配合　D．QoS 只在汇聚层实现

【参考答案】BC

【解析】QoS 在接入层进行报文分类，同时需要多层配合才能发挥作用。

24．QoS 针对各种不同的需求，提供不同的服务质量，以下属于 QoS 所提供的功能有（　　）。

A．避免和管理网络拥塞　B．支持为用户提供专用带宽

C．可以减少报文的丢失率　D．可以设置报文的源地址

【参考答案】ABC

【解析】QoS 功能包括避免和管理网络拥塞、拥塞后调整优化减少报文丢失、同时对一些重要业务提供专用带宽。

25．BFD 检测可以同（　　）协议模块联动。

A．VRRP　B．OSPF　C．BGP　D．静态路由

【参考答案】ABCD

【解析】BFD 可以联动 VRRP，OSPF，BGP，静态路由。

26．SDN 基本工作过程主要包括（　　）步骤。

A．网元资源信息收集　B．转发信息收集

C．生成内部交换路由　D．拓扑信息搜集

【参考答案】ACD

【解析】SDN 基本工作包括网元资源信息收集、拓扑信息收集并生成内部交换路由。

27．根据 VXLAN 隧道的创建方式可以将 VXLAN 隧道分为（　　）。

A．有状态 VXLAN 隧道　B．无状态 VXLAN 隧道

C．静态 VXLAN 隧道　D．动态 VXLAN 隧道

【参考答案】CD

【解析】VXLAN 建立隧道可通过静态方式或 EVPN 动态方式。

28．生成树算法根据配置消息提供的信息，通过（　　）措施避免环路。

A．从参加计算的所有网桥中，至少选出一个作为根桥

B．为每个非根桥选择一个根端口

C．为每个物理网段选出离根桥最近的那个网桥作为指定网桥

D．既不是指定端口又不是根端口的端口置于阻塞状态

【参考答案】BCD

【解析】生成树算法中，会在所有参加计算的网桥中选出一个且仅一个作为根桥。

29．以下关于 STP 的说法正确的是（　　）。

A．在结构复杂的网络中，STP 会消耗大量的处理资源，从而导致网络无法正常工作

B．STP 通过阻断网络中存在的冗余链路来消除网络可能存在的路径环路

C．运行 STP 的网桥间通过传递 BPDU 来实现 STP 的信息传递

D．STP 可以在当前活动路径发生故障时激活被阻断的冗余备份链路来恢复网络的连通性

【参考答案】BCD

【解析】STP（spanning tree protocol）是一个用于局域网中消除环路的协议，环路会导致广播风暴、MAC 地址表震荡，STP 的主要目的就是确保网络中存在冗余路径的时候，不会产生环路。STP 的标准是 IEEE 802.1D，STP 通过将部分冗余链路强制为阻塞状态，其他链路处于转发状态，将环形网络结构修剪成无环的树形网络结构。

30．ARP 欺骗攻击会导致（　　）。

A．用户发送的数据被攻击者窃取

B．过多的 ARP 报文造成设备 CPU 负荷过重

C．用户无法访问外网或反复掉线

D．设备 ARP 缓存表资源被耗尽

【参考答案】ABCD

【解析】ARP 欺骗攻击会导致网络资源大量消耗，同时也会导致用户数据被泄露。

31．现有两台 H3C 交换机 SW1 和 SW2，SW1 和 SW2 之间有两条链路。现要求在 SW1 和 SW2 上启用 STP，并把 SW1 配置为根桥，正确的配置命令为（　　）。

A．[SW1]stp enable
[SW1]stp mode stp
[SW1]stp root primary

B．[SW2]stp enable
[SW2]stp mode stp
[SW2]stp root secondary

C．[SW1]stp enable
[SW1]stp mode stp
[SW1]stp root secondary

D．[SW2]stp enable
[SW2]stp mode stp
[SW2]stp root primary

【参考答案】AB

【解析】将 SW1 配置为根桥，应设置 SW1 优先级为 primary，SW2 优先级为 secondary。

32．关于 VLAN 以下说法正确的是（　　）。

A．隔离广播域

B．相互间通信要通过路由器

C．可以限制网上的计算机相互访问的权限

D．只能在同一个物理网络上的主机进行逻辑分组

【参考答案】ABC

【解析】VLAN 划分可以跨越不同的物理区域。

33．VLAN 与传统的 LAN 相比，具有（　　）优势。

A．有效限制广播风暴，分割广播域　　B．增强了网络的安全性

C．支持设备在不同物理区域移动　　D．虚拟工作组

【参考答案】ABCD

【解析】VLAN 相比传统 LAN，且有分割广播域、增强网络安全性、支持设备在不同物理区域移动、创建虚拟工作组等优势。

34．二层交换机 VLAN Trunk 技术的优点有（　　）。

A．可以提高链路的带宽利用率　　B．可以节省端口资源

C．Trunk 技术可以提供负载分担功能　　D．能够简化管理

【参考答案】ABD

【解析】Trunk 技术不提供负载分担功能。

35．以下关于以太网交换机 access 端口和链路的描述正确的是（　　）。

A．access 端口可以同时属于多个 VLAN

B．access 链路只能承载不带 VLANID 的数据帧

C．access 链路只能承载带 VLANID 的数据帧

D．当 access 端口接收到一个不带 VLANID 的数据帧时，加上端口的 PVID 值作为数据帧的 VLANID

【参考答案】BD

【解析】access 端口只能属于一个 VLAN，access 端口只能承载剥离 tag 的数据帧。

36．以下有关以太网交换机的说法正确的是（　　）。

A．以太网交换机上电运行后，接收到的第一个单播数据包将向所有端口转发

B．以太网交换机上电运行后，接收到的第一个单播数据包只向该数据包的目的地所在端口转发

C．交换机中的 ARP 缓存是端口号到 MAC 地址的映射，与 IP 地址无关

D．一般情况下，MAC 地址表是设备根据收到的数据帧里的源 MAC 地址自动学习而建立的

【参考答案】ACD

【解析】以太网交换机上电运行后，尚未建立 MAC 地址表，会将接收到的第一个单播数据包将向所有端口转发。

37．端口镜像是指把特定的业务数据复制一份，传送到监控设备，然后进行镜像数据分析，一般运用于流量观测和故障定位，端口镜像可以分为（　　）两种。

A．基于端口的镜像　　B．基于应用的镜像

C．基于流的镜像　　D．基于上层协议的镜像

【参考答案】AC

【解析】端口镜像一般分为流镜像和端口镜像。

38．在以太网中（　　）可以将网络分成多个冲突域，但不能将网络分成多个广播域。

A．网桥　　B．交换机　　C．路由器　　D．集线器

【参考答案】AB

【解析】路由器可以将网络分成多个广播域，集线器上所有端口在一个冲突域。

39．可能导致局域网同一 VLAN 内的主机无法互通的原因有（　　）。

A．交换机上配置了错误的端口和 MAC 地址绑定

B．接口被人为 shutdown 或物理接口损坏

C．交换机上配置了端口隔离

D．交换机 MAC 地址学习错误

【参考答案】ABCD

【解析】以上原因都会造成对端设备无法接收数据。

40．选择网络拓扑结构时，需注意不同网络结构对故障的恢复能力是不同的。以下（　　）网络拓扑结构存在网络单点故障。

A．网状　　B．星型　　C．树型　　D．环型

【参考答案】BC

【解析】星型和树型拓扑网络当中心交换机故障时，会导致网络整体瘫痪。

41．CSMA/CD 的原理简单总结为（　　）。

A．冲突停发　　B．先发后听、边发边听

C．先听后发、边发边听　　D．随机延迟后重发

【参考答案】ACD

【解析】CSMA/CD 的原理简单总结为先听后发、边发边听，冲突停发、随机延迟后重发。

42．以太网是一个支持广播的网络，一旦网络中有环路，这种简单的广播机制就会引发灾难性后果，以下（　　）现象可能是环路导致的。

A．设备无法远程登录

B．在设备上使用 display、interface 命令查看接口统计信息时发现接口收到大量广播报文

C．CPU 占用率超过 70%

D．通过 ping 命令进行网络测试时丢包严重

【参考答案】ABCD

【解析】当网络中有环路时，会引起广播风暴产生，从而导致设备无法远程登录、CPU 占用率过高、丢包严重等后果。

43．以太网交换机端口的工作模式可以被设置为（　　）。

A．全双工　　B．自动切换方式　　C．半双工　　D．自动协商方式

【参考答案】ACD

【解析】交换机端口工作模式包括全双工、半双工和自动协商方式。

44．以下说法中不正确的是（　　）。

A．交换机主要是根据数据包的 MAC 地址查找相应的 IP 地址，实现数据包的转发

B．交换机可以不识别 MAC 地址，但是必须识别 IP 地址

C．和共享式 Hub 比较起来，交换机的一个端口可以说是一个单独的冲突域

D．交换机在收到包含不能识别的 MAC 地址数据包时，将该数据包从所收到的端口直接送回去

【参考答案】ABD

【解析】交换机根据数据包 MAC 地址查找相应端口地址实现数据包的转发；交换机收到

包含不能识别的MAC地址数据包时，会把该数据包发送到除本端口以外的所有端口。

45．链路聚合是企业网络中的常用技术。链路聚合技术的优点包括（　　）。

A．提高可靠性　　B．提高安全性　　C．增加带宽　　D．实现负载分担

【参考答案】ACD

【解析】链路聚合技术的优点不包括提高安全性。

46．以下关于VXLAN报文格式说法正确的是（　　）。

A．UDP头部的源目端口号都为4789

B．V字段长度为24bit

C．外层封装的源目IP分别为源、目VTEP的IP地址

D．UDP头部目的端口号为4789

【参考答案】BCD

【解析】VXLAN UDP的源端口是随机值。

47．位于OSPF LSA报文的报文头部字段的有（　　）。

A．LS type　　B．Metric

C．Link State ID　　D．Advertising Router

【参考答案】ACD

【解析】OSPF LSA的头部字段有LS age、Options、LS type、Link State ID、Advertising Router、LS sequence number、LS checksum、length。Metric字段是位于具体的LSA内的。

48．OSPF的Hello报文包含丰富的信息，（　　）属于Hello报文的信息。

A．目标路由器接口的地址掩码

B．DR和BDR

C．始发路由器接口的认证类型和认证信息

D．路由器的DR优先级

【参考答案】BCD

【解析】OSPF的Hello报文信息包括发送Hello报文的接口所在网络的掩码、发送Hello报文的时间间隔、DR与BDR、DR优先级、认证信息等。

49．以下有关OSPF协议计算路由的说法中正确的是（　　）。

A．OSPF协议在计算区域间路由和自治系统外路由时使用的是距离矢量算法

B．OSPF能够保证在计算区域内路由时没有路由自环产生

C．OSPF能够保证在计算区域间路由时没有路由自环产生

D．OSPF能够保证在计算自治系统外部路由时没有路由自环产生

【参考答案】ABC

【解析】OSPF在区域内收集完整的区域拓扑信息利用SPF算法计算路由来保证无路由自环，在计算区域间路由和外部路由时没有具体的拓扑结构信息，使用的是距离矢量算法，计算区域间路由时依靠非骨干区域之间的通信都要通过骨干区域传递，从骨干区域传来的三类LSA不再传回骨干区域的水平分割机制避免路由环路。对引入的外部路由协议，OSPF没有对其约束机制，不能避免无环路。

50．以下关于OSPF命令配置的描述，不正确的是（　　）。

A．Stub区域和Totally Stub区域的配置区别是Totally Stub区配置了no summary参数

B．Stub 路由器可以与非 Stub 路由器形成邻居关系

C．OSPFv3 配置中不必使用 router-id 命令，配置 router-id 的方法和 OSPFv2 一样

D．OSPFv2 和 OSPFv3 宣告接口网段命令的区别是 OSPFv2 使用 network 命令而 OSPFv3 直接在接口上使能

【参考答案】BC

【解析】Stub 区域里所有路由器都要配置成 Stub 路由器，Stub 路由器不能与非 Stub 路由器形成邻居关系。当配了 no summary 参数时，禁止 ABR 向 Stub 区域内发送 Summary LSA（缺省路由的 LSA 除外），即构建了 Totally Stub 区域。配置 OSPFv3，首先需要在 OSPFv3 进程视图下配置 Router ID，OSPFv3 宣告网段是直接在接口视图下使能并指定区域号。

51．以下关于 OSPF 外部路由说法正确的是（　　）。

A．第一类外部路由的开销值等于 AS 内部开销值加上 AS 外部开销值

B．第二类外部路由的开销值等于 AS 内部开销值加上 AS 外部开销值

C．第一类外部路由比第二类外部路由优先级高

D．第二类外部路由比第一类外部路由优先级高

【参考答案】AC

【解析】OSPF 引入外部路由，第一类外部路由的 AS 外部开销值被认为和 AS 内部开销值是同一数量级的，可信程度高些，所以计算出的外部路由的开销值是 AS 内部开销值+AS 外部开销值；第二类外部路由的 AS 外部开销值被认为远大于 AS 内部开销值，因此第二类外部路由的开销值只包含 AS 外部开销。OSPF 第一类外部路由优于第二类外部路由。

52．OSPF 中配置 Stub 区域时，正确的是（　　）。

A．骨干区域也能配置为 Stub 区域

B．如果要将一个区域配置成 Stub 区域，则该区域中所有路由器必须都要配置成 Stub 路由器

C．Stub 区域内不能存在 ASBR

D．虚连接不能穿越 Stub 区域建立

【参考答案】BCD

【解析】Stub 区域的 ABR 不向 Stub 区域内传播它接收到的自治系统外部路由，配置 Stub 区域时需要注意：骨干区域不能被配置为 Stub 区域；如果要将一个区域配置成 Stub 区域，则该区域中所有路由器都要配置成 Stub 路由器；Stub 区域内不能存在 ASBR，自治系统外部路由不能在本区域内传播；虚连接不能穿越 Stub 区域建立。

53．以下关于 OSPF LSA 中说法正确的是（　　）。

A．所有运行 OSPF 的路由器都能产生 Router LSA

B．Network LSA 由 DR 产生

C．Network-summary-LSA 由 ABR 产生

D．ASBR-summary-LSA 由 ABR 产生

【参考答案】ABCD

【解析】Router LSA 每个 OSPF 路由器都会产生，描述了路由器的链路状态和开销，在所属的区域内传播；Network LSA 由 DR 产生，描述本网段的链路状态，在所属的区域内传播；Network-summary-LSA 由 ABR 产生，描述区域内某个网段的路由，并通告给其他相关

区域；ASBR-summary-LSA 由 ABR 产生，描述到 ASBR 的路由，通告给除 ASBR 所在区域的其他相关区域。

54．以下关于 OSPF 路由协议中 LSA 生存时间说法正确的是（　　）。

A．OSPF 中每个 LSA 条目的老化定时器初始值为 1800s

B．OSPF 中每 1800s 刷新一次 LSA

C．OSPF 中当老化定时器超时，此 LSA 将从 LSDB 中删除

D．OSPF 中的 LSA 将一直有效

【参考答案】 BC

【解析】 OSPF 为每个 LSA 条目维持一个老化计时器，初始为 3600s，当计时器超时，此 LSA 将从 LSDB 中删除。为了防止 LSA 条目达到最大生存时间而被删除，OSPF 通过定期更新（每 1800s 刷新一次）机制来刷新 LSA。

55．Totally Stub 区域中不允许（　　）进入。

A．Type-3 LSA　　B．缺省路由的 Type-3 LSA

C．Type-4 LSA　　D．Type-5 LSA

【参考答案】 ACD

【解析】 Totally Stub 区域既不允许外部路由进入，也不允许除缺省路由的其他区域间路由进入。

56．OSPF 链路状态信息描述了（　　）。

A．链路的类型　　B．接口 IP 地址及掩码

C．链路上所连接的邻居路由器　　D．链路的带宽（开销）

【参考答案】 ABCD

【解析】 每台运行 OSPF 协议的路由器所描述的信息中都应该包括链路的类型、接口 IP 地址及掩码、链路上的邻居、链路的开销等信息。

57．ISIS 协议具备的特点有（　　）。

A．支持丰富的区域特性　　B．报文结构简单

C．适用于大容量的路由传递　　D．扩展性较好

【参考答案】 BCD

【解析】 ISIS 协议仅支持 P2P 与广播类型网络，不支持 NBMA 与 P2MP 网络，相比 OSPF 报文结构简单，没有繁杂的 LSA 类型，适用于大容量的路由传递，使用 TLV 结构报文，扩展性好。

58．ISIS 支持的网络类型有（　　）。

A．P2P　　B．Broadcast　　C．NBMA　　D．P2MP

【参考答案】 AB

【解析】 ISIS 协议仅支持 P2P 与广播类型网络，不支持 NBMA 与 P2MP 网络。

59．以下关于 ISIS 路由协议中 LSP 的生存时间说法正确的是（　　）。

A．LSP 的刷新间隔时间是 900s　　B．LSP 的老化时间是 3600s

C．LSP 的刷新时间间隔是 1800s　　D．LSP 的老化时间是 1200s

【参考答案】 AD

【解析】 ISIS 的 LSP 的刷间隔时间为 15min 即 900s，老化时间为 20min，即 1200s。

60．关于 OSPF 与 ISIS 的不同之处，以下说法正确的是（　　）。

A．OSPF 运行在 IP 层，ISIS 运行于数据链路层

B．对于 ISIS，整个路由器属于多个区域，而 OSPF 中，整个路由器仅仅属于一个区域

C．ISIS 中 DIS 的选举比较简单，是可以预知的，抢占式的；OSPF 中，DR 的选举是不可预知的，非抢占的

D．OSPF 支持 P2P/P2MP/NBMA/广播类型网络，ISIS 仅支持 P2P 和广播类型网络

【参考答案】ACD

【解析】对于 ISIS，整个路由器都是属于同一个区域，而 OSPF 中同一台路由器的不同接口可以属于不同的区域。

61．以下关于 ISIS 路由协议的设置过载位的说法正确的是（　　）。

A．ISIS 路由器设备异常时可导致自动进入过载状态

B．可以通过手工设置方式使 ISIS 路由器设备进入过载状态

C．其他路由器在进行 SPF 计算时不会使用进入了过载状态的路由器做转发

D．其他路由器在进行 SPF 计算时，进入了过载状态的路由器的直连路由也会被视为无效

【参考答案】ABC

【解析】ISIS 过载位置位是指对设备设置过载标志位，这样其他设备在进行 SPF 计算时不会在该节点下再有子树，即通过该节点到达的路由不计算。ISIS 路由器设备异常时可导致自动进入过载状态，也可以手动设置过载状态，其他路由器在进行 SPF 计算时不会使用进入了过载状态的路由器做转发，但该设备的直连路由不会被忽略。

62．ISIS 为加快收敛速度，定义的扩展特性有（　　）。

A．I-SPF 增量最短路径优先算法　　B．PRC 部分路由计算

C．LSP 快速扩散　　D．智能定时器

【参考答案】ABCD

【解析】ISIS 为了快速收敛，定义了以下扩展特性：I-SPF 增量最短路径优先算法是指当网络拓扑改变的时，只对受影响的节点进行路由计算，而不是对全部节点重新进行路由计算；PRC 部分路由计算，是指当网络上路由发生变化的时，只对发生变化的路由进行重新计算；LSP 快速扩散是指收到能触发路由计算或路由更新的 LSP 时，尽可能地在路由计算之前将这些 LSP 扩散出去，加快 LSDB 在全网的同步过程；智能定时器既可以对少量的外界突发事件进行快速响应，又可以避免过度地占用路由器资源。

63．关于 BGP 环路防护的描述正确的是（　　）。

A．对于 IBGP，通过 AS-path 属性，丢弃从 IBGP 对等体接收到的在 AS-PATH 属性里面包含自身 AS 号的任何更新信息

B．对于 EBGP，BGP 路由器不会宣告任何从 EBGP 对等体学来的更新信息给其他 EBGP 对等体

C．对于 EBGP，通过 AS-path 属性，丢弃从 EBGP 对等体接收到的在 AS-PATH 属性里面包含自身 AS 号的任何更新信息

D．对于 IBGP，BGP 路由器不会宣告任何从 IBGP 对等体学来的更新信息给其他 IBGP 对等体

【参考答案】CD

【解析】对于 EBGP，是通过检查 AS-path 属性来避免环路，BGP 路由每经过一个 AS 会将自身的 AS 号放在 AS-path 列表里面，如果收到路由里 AS-path 列表里有自己的 AS 号，说明路由成环，这条路由会直接被丢弃。在 IBGP 里，无法通过 AS-path 属性检查环路，此时是通过水平分割方式避免环路，即 BGP 路由器不会宣告任何从 IBGP 对等体学来的更新信息给其他 IBGP 对等体（BGP 路由反射除外）。

64．关于 BGP 反射器描述正确的是（　　）。

A．在没有路由反射器的情况下，IBGP 邻居关系需全互联。路由反射器的引入可以降低对全互联的要求

B．路由反射器可以将从 non-client 学习到的路由通告给所有 client

C．路由反射器可以将从一个 client 学习到的路由通告其他 client 和 non-client

D．路由反射器可以将从 IBGP 邻居学习到的路由通告所有 client 和 non-client

【参考答案】ABC

【解析】在没有路由反射器的情况下，IBGP 邻居关系需全互联。路由反射器的引入可以降低对全互联的要求。路由反射器可以将从非客户机 IBGP 对等体学到的路由，发布给此 RR 的所有客户机；将从客户机学到的路由，发布给此 RR 的所有非客户机和客户机；将从 EBGP 对等体学到的路由，发布给所有的非客户机和客户机。如果在 IBGP 中路由反射器对两个都不是客户机的路由器建立 BGP，那两个非客户机之间无法通过路由反射器传递路由。

65．以下属于 BGP 公认必遵属性的有（　　）。

A．Origin　　B．AS_Path

C．Local-Preference　　D．Next_Hop

【参考答案】ABD

【解析】BGP 的公认必遵属性包括 Origin、AS_Path、Next_Hop。Local-Preference 是公认任意属性。

66．以下关于 BGP 的 Next_Hop 属性，在 BGP 缺省配置的情况下正确的是（　　）。

A．BGP 向 EBGP 对等体通告路由时，将下一跳属性设为自身与对等体相连的接口地址

B．BGP 从 EBGP 向 IBGP 对等体通告标签路由时，不改变下一跳属性

C．BGP 从 IBGP 向 IBGP 对等体通告路由时，不改变下一跳属性

D．Update 报文中可以没有 Next_Hop 属性

【参考答案】AC

【解析】BGP 路由器在向 EBGP 对等体发布某条路由时，会把该路由信息的下一跳属性设置为本地与对端建立 BGP 邻居关系的接口地址；BGP 从 EBGP 向 IBGP 对等体通告标签路由时，将下一条属性改为自身的接口地址；BGP 从 IBGP 向 IBGP 对等体通告路由时，不改变下一跳属性；Next_Hop 是公认必遵属性，BGP 的 Update 消息中必须包含的。

67．QoS 服务模型包括（　　）。

A．Best-Effort Service 模型　　B．Integrated Service 模型

C．Differentiated Service 模型　　D．FIFO Service 模型

【参考答案】ABC

【解析】QOS 的 Best-Effort Service 模型中网络尽最大可能性来发送报文，但对时延、可

靠性等性能不提供任何保证；Integrated Service 模型在发送报文前，需要通过信令向网络申请特定的服务，网络上为服务预留了资源后再发送报文，可以为某些特定的业务提供带宽、时延等的保证；Differentiated Service 模型首先将网络中的流量分成多个类，然后为每个类定义相应的处理行为，使其拥有不同的转发性能优先级。FIFO 实际属于 Best-Effort Service 模型。

68．DiffServ 模型的组件包括（　　）。

A．流分类和标记　　B．流量监管和整形

C．拥塞管理　　D．拥塞避免

【参考答案】ABCD

【解析】流分类是对进入 DiffServ 域的业务进行分类，以便在网络中得到相应的适当处理；流量监管是指对进入设备的流量进行监控，确保其没有滥用网络资源；流量整形是对输出报文的速率进行控制，使报文以均匀的速率发送出去；拥塞管理指网络在发生拥塞时，如何进行管理和控制；拥塞避免是指通过监视网络资源的使用情况，在拥塞有加剧的趋势时，主动丢弃报文，通过调整网络的流量来解除网络过载的一种流控机制。以上都是 DiffServ 模型的组件。

69．在流量监管中对匹配的流量实施的监管动作包括（　　）。

A．转发　　B．丢弃　　C．重标记　　D．下一级监管

【参考答案】ABCD

【解析】流量监管可以区分报文的类型，使用令牌桶技术对各类数据流量进行测量，测量后的报文可以采取放行、丢弃、重标记、转入下一级监管等多种操作。

70．网管系统 NMS 收不到网络设备的 SNMP 告警的常见原因有（　　）。

A．报文丢失造成网管系统无法接收到告警

B．网络设备 SNMP 配置错误，造成告警无法发送

C．网络设备业务模块没有产生告警，或者产生的告警格式错误导致告警无法发送

D．网管系统没有对应的 MIB 库，无法正常解析网络设备发送的 trap 或 inform 报文的 Oid 节点含义

【参考答案】ABCD

【解析】网络设备通常通过将告警信息以 SNMP trap 或 SNMP inform 方式主动发带 OID 节点信息的报文给网管系统。当网管设备侧本身 SNMP 配置错误、自身业务模块告警信息未产生或产生信息格式错误、网管系统无正确的 MIB 库解析不了对应的 OID 节点含义、报文丢等原因都会造成网管系统收不到网络设备的 SNMP 告警信息。

71．在 MPLS VPN 网络中，数据包在进入公网被转发时，会被封装上两层 MPLS 标签，以下选项中关于两层标签的描述，错误的是（　　）。

A．MPLS VPN 的外层标签为私网标签，内层标签为公网标签

B．MPLS VPN 的外层标签是由 LDP 协议或静态分配的，内层标签是由对端的 MP-BGP 分配的

C．默认情况下，外层标签在数据包转发给最后一跳设备前被弹出

D．外层标签用于在 PE 设备上将数据包正确发送到对应的 VPN 中

【参考答案】AD

【解析】MPLS VPN 内层标签是 VPN 私网标签，用于指示哪个 VPN 路由，由 MP-BGP 分配，外层标签是公网标签，用于指示怎么到达对侧 PE，由 LDP 或静态分配。缺省情况下倒数第二跳弹出使能，外层标签将在数据包转发给最后一跳设备前被弹出。

72．以下关于 MPLS 标签转发表的入标签和出标签的说法错误的是（　　）。

A．在某 LSR 的标签转发表里，每一表项的入标签一定各不相同

B．在某 LSR 的标签转发表里，每一表项的入标签有可能相同

C．在某 LSR 的标签转发表里，每一表项的出标签一定各不相同

D．在某 LSR 的标签转发表里，每一表项的出标签有可能相同

【参考答案】BC

【解析】同一台路由器分配出去的 MPLS 标签是全局共享一个池，不管是私网标签还是公网标签，路由器自己分出去标签在标签转发表项里是作为入标签的，所以每一表项的入标签一定各不相同。而出标签是下游路由器分给自己的，存在多个不同出接口的下游路由器，这些标签是有可能相同的。

73．以下关于 RT 的描述正确的是（　　）。

A．RT 包括 Export Target 属性和 Import Target 属性

B．RT 是配置使能 MP-BGP 路由协议后自动生成的

C．MP-BGP 路由协议会将本地 VPN RT 的 Import Target 携带在路由信息里面发给 BGP 邻居

D．当收到的 MP-BGP 路由中携带的 RT 值与本地的 VPN 的 Import Target 属性存在交集时，该路由就会被添加到该 VPN 的路由表中

【参考答案】AD

【解析】RT 属性包括了出 RT 与入 RT，RT 是在 PE 上创建 VPN 实例时手动指定的，非 BGP 路由协议自动生成的。MP-BGP 路由协议会将本地 VPN RT 的 Export Target 携带在路由信息里面发给 BGP 邻居，而非 Import Target 属性。收到 VPN 路由后检查本地 PE 配的 VPN 实例中入 RT 值与收到 VPN 路由携带的出 RT 值，交集非空时就会将该路由收下。

74．以下（　　）内容会出现在 BGP MPLS VPN 网络的私网报文数据转发过程中。

A．RT　　B．公网 MPLS 标签

C．私网 MPLS 标签　　D．RD

【参考答案】BC

【解析】RT、RD 值只会在 VPN 路由传递过程中出现，数据转发过程中不会出现。公网 MPLS 标签、私网 MPLS 标签会出现在 MPLS VPN 数据转发过程。

75．国家电网有限公司对数据中心的信息网络核心交换机配置要求有（　　）。

A．双机　　B．双引擎　　C．冗余电源　　D．交流供电

【参考答案】ABC

【解析】Q/GDW 11159—2018《信息系统基础设施改造技术规范》5.3.1.1 规定：核心交换机应满足双机、双引擎、冗余电源的配置要求。对交换机是采用交流供电还是直流供电没有做强制要求。

76．以下属于信息网络运维装备的有（　　）。

A．磁盘消磁工具　　B．网络测试仪　　C．网线钳　　D．光功率计

【参考答案】BCD

【解析】Q/GDW 11159—2018《信息系统基础设施改造技术规范》附录 A 信息系统基础设施分类中表 A.1 信息运维装备分类的规定：网络测试仪、网线钳、光功率计属于信息网络运维装备，磁盘消磁工具是属于信息安全运维装备。

77．二级系统网络通道中管理信息大区的网络接入通道应是公司自建光纤专网以及（　　）。

A．电力无线专网　　B．互联网链路　　C．租用的 APN　　D．第三方专线

【参考答案】ACD

【解析】Q/GDW 10594—2021《管理信息系统网络安全等级保护技术要求》7.1.2.2 通道传输规定，二级系统网络通道应满足以下安全要求：a）管理信息大区的网络接入通道应是公司自建光纤专网、电力无线专网、租用的 APN 和第三方专线。

三、判断题

1．ARP 协议的主要功能是将物理地址解析为 IP 地址。

【参考答案】错

【解析】ARP 是将 IP 地址解析为 MAC 地址。

2．一个 IP 地址可同时对应多个域名地址。

【参考答案】对

【解析】IP 地址和域名是一对多的关系，一个 IP 地址可以有多个域名，但是相反，一个域名只能有一个 IP 地址。

3．Telnet 程序是基于 UDP 的一种上层应用程序，它使用的端口号 23。

【参考答案】错

【解析】Telnet 是基于 TCP 协议。

4．TCP/IP 协议中，UDP 比 TCP 协议开销少。

【参考答案】对

【解析】UDP 报文简单没有三次握手机制，没有确认号和顺序号。

5．OSI 参考模型和 TCP/IP 参考模型都采用了层次结构的概念，都能够提供面向连接和无连接两种通信服务机制。

【参考答案】对

【解析】两种模型都支持面向连接和无连接两种通信服务机制。

6．SSH 为建立在应用层上的安全协议，利用 SSH 协议可以有效防止远程管理过程中的信息泄露问题。

【参考答案】对

【解析】安全外壳协议（secure shell，SSH）是一种在不安全网络上用于安全远程登录和其他安全网络服务的协议。利用 SSH 协议可以有效防止远程管理过程中的信息泄露问题。

7．各种网络在物理层互连时要求数据传输率和链路协议都相同。

【参考答案】对

【解析】物理层要求速率和协议必须一致才能建立链路连接。

8．三层交换机的端口只可用作 3 层的路由端口，不可用作 2 层的交换端口。

【参考答案】错

【解析】交换机端口可以支持路由和交换两种模式，两种模式可以切换。

9．在 TCP/IP 网络中，传输层协议将数据传递到网络层后，封装成信元（cell），然后交给数据链路层处理。

【参考答案】错

【解析】网络层是数据包。

10．C 类地址最大可能子网位数是 6。

【参考答案】对

【解析】C 类地址主机位是 8 位，主机位部分最低要保留两位，所以子网位数最多是 6 位。

11．ARP 为 IP 提供地址转换服务，所以它是数据链路层协议。

【参考答案】错

【解析】ARP 是地址解析协议，是根据 IP 地址获取物理地址的一个 TCP/IP 协议，即通过 IP 地址解析对方的 MAC 地址，它工作在网络层。

12．源主机 ping 目的设备时，如果网络工作正常，则目的设备在接收到该报文后，将会向源主机回应 ICMP Echo Request。

【参考答案】错

【解析】目的设备收到源主机 Ping 报文时，首先回应 Echo Reply 报文。

13．通过控制台（Console）端口配置刚出厂未经配置的路由器，终端的串口波特率应设置为 9600。

【参考答案】对

【解析】路由器 Console 口波特率一般为 9600。

14．与传统的 LAN 相比，VLAN 用户不受物理设备的限制，可以处于网络中的任何地方。

【参考答案】对

【解析】VLAN 用户不受物理设备的限制，可以处于网络中的任何地方。

15．IP 协议是一种无连接、可靠的数据报传服务的协议。

【参考答案】错

【解析】IP 协议是一种无连接、不可靠的数据报传服务的协议。

16．SNMP 是面向连接的协议。

【参考答案】错

【解析】SNMP 使用 UDP 协议，是无连接协议。

17．STP 端口的几种状态：Disabled 不收发任何报文。Blocking 不接收和发送数据，接收但不发送 BPDU，不进行地址学习。Listening 不接收和发送数据，接收并发送 bpdu，不进行地址学习。

【参考答案】对

【解析】STP（spanning tree protocol）端口的五种状态分别是：Disabled（禁用）、Blocking（阻塞）、Listening（监听）、Learning（学习）、Forwarding（转发）。

18．在一个端口从不转发状态进入转发状态之前，需要等待一个足够长的时间，这是为了解决在 STP 的端口状态变化过程中可能会出现的临时环路问题。

【参考答案】对

【解析】解决临时环路的方法是：在一个端口从不转发状态进入转发状态之前，需要等待一个足够长的时间，以使需要进入不转发状态的端口有足够时间完成生成树计算，并进入不转发状态。

19．根据 STP 协议原理，根交换机的所有端口都是根端口。

【参考答案】错

【解析】STP 协议中，根交换机的所有端口都是指定端口。

20．有一种运行于以太网交换机的协议，能提供交换机之间的冗余链路，同时也能避免环路的产生，网络正常时阻断备份链路，主用链路 DOWN 掉时，激活备份链路，此协议是 STP。

【参考答案】对

【解析】STP（spanning tree protocol）是一个用于局域网中消除环路的协议，环路会导致广播风暴、MAC 地址表震荡，STP 的主要目的就是确保网络中存在冗余路径的时候，不会产生环路。STP 的标准是 IEEE 802.1D，STP 通过将部分冗余链路强制为阻塞状态，其他链路处于转发状态，将环形网络结构修剪成无环的树形网络结构。

21．采用 VLAN 方式进行组网，能够将网络划分为多个广播域，减少广播流量，避免广播风暴产生，并且增强信息的安全性。

【参考答案】对

【解析】通过划分 VLAN，能够将网络划分为多个广播域，从而减少广播流量，避免广播风暴产生，同时增强信息安全性。

22．在同一台交换机上，可以同时创建多个端口镜像，以实现对不同 VLAN 中的端口进行监听，监听口与被监听口必须处于同一个 VLAN 中。

【参考答案】对

【解析】同一台交换机可以同时创建多个端口镜像，同时监听口与被监听口必须处于同一个 VLAN 中。

23．VLAN 标记中包含有 12bit 用于标识数据帧所属的 VLAN。

【参考答案】对

【解析】VLAN ID 在带有 802.1Q 标记的以太网帧格式中占 12bit，VLANID 的取值范围为 0～4095，其中 0 和 4095 保留不用，可使用的 VLANID 范围为 1～4094。

24．利用交换机可以把网络划分成多个虚拟局域网（VLAN）。一般情况下，交换机默认的 VLAN 是 VLAN0。

【参考答案】错

【解析】一般情况下，交换机默认的 VLAN 是 VLAN1。

25．双绞线电缆中的 4 对线用不同的颜色来标识，EIA/TIA 568A 规定的线序为白橙/橙/白绿/蓝/白蓝/绿/白棕/棕。

【参考答案】错

【解析】EIA/TIA 568B 规定的线序为白橙/橙/白绿/蓝/白蓝/绿/白棕/棕。

26．网络交换机可以有效地隔离广播风暴、减少错帧的出现、避免共享冲突。

【参考答案】错

【解析】网络交换机通过设置 VLAN，才可以有效隔离广播风暴。

27．传输速率 2Mb/s 是指每秒传输 2M 字节。

【参考答案】错

【解析】传输速率 2Mb/s 是指每秒传输 2M bit（比特）。

28．三层交换机既可以工作在网络层，又可以工作在数据链路层。

【参考答案】对

【解析】三层交换机同时也可以作为二层交换机使用。

29．网络核心交换机、路由器等网络设备要冗余配置，合理分配网络带宽，建立业务终端与业务服务之间的访问控制；根据需要划分不同子网；对重要网段采取网络层地址与数据链路层地址绑定措施。

【参考答案】对

【解析】题干内容为网络设备安全稳定运行要求。

30．ARP 是一个使用广播的地址解析协议，并且使用了 ARP 高速缓存，原因是使用广播会耗费大量带宽。

【参考答案】对

【解析】ARP 是使用广播实现地址解析，为减少带宽占用使用 ARP 高速缓存机制。

31．一个 802.3 帧的长度最小是 64B，最长是 1518B。

【参考答案】对

【解析】一个 802.3 帧的长度最小是 64B，最长是 1518B。

32．OSPF 要求，ABR 至少有一个接口属于骨干区域。

【参考答案】对

【解析】OSPF 划分了骨干区域和非骨干区域，所有非骨干区域均直接和骨干区域相连且骨干区域只有一个，所以 ABR 设备至少有一个接口属于骨干区域。

33．OSPF 中骨干区域必须是连续的，但是并不要求物理上连续，可以使用虚连接使骨干区域逻辑上连续。

【参考答案】对

【解析】OSPF 可能会因为各方面条件的限制，无法满足所有非骨干区域与骨干区域保持连通的要求，此时可以通过配置 OSPF 虚连接来解决这个问题。虚连接是指在两台 ABR 之间通过一个非骨干区域建立的一条逻辑上的连接通道，将不连续的骨干区域逻辑上连续。

34．在 OSPF 广播或 NBMA 网络类型中，Router Priority 大的设备不一定会成为 DR。

【参考答案】对

【解析】DR 具有非抢占性，也就是如果该 MA、NBMA 网络中，已经选举完成并且选举出了一个 DR，那么后续即使有新的、更高优先级的设备加入，也不会影响 DR 的选举，除非 DR 挂掉。

35．OSPF 在 P2P 网络中会出现 Attempt 的邻居状态。

【参考答案】错

【解析】OSPF 的 Attempt 状态只在 NBMA 网络上存在，表示没有收到邻居的任何信息，但是已经周期地向邻居发送报文。

36．OSPF vlink-peer 命令用于配置虚拟连接，指定的是对端的 Router ID。

【参考答案】对

【解析】 vlink-peer 命令用来创建并配置虚连接，后面携带的参数是指定建立虚连接的对端路由器的 Router ID。

37．ASBR Summary LSA 是在 ASBR 路由器上产生的。

【参考答案】 错

【解析】 ASBR Summary LSA 是在 ABR 路由器上产生的，告诉其他路由器应该如何去往 ASBR 路由器。

38．OSPF 认证有区域认证和接口认证，当两种认证方式都存在时，优先使用接口认证方式。

【参考答案】 对

【解析】 OSPF 支持认证功能，包括区域认证方式和接口认证方式，接口验证方式用于在相邻的设备之间设置验证模式和口令，优先级高于区域验证方式。如果接口验证方式和区域验证方式同时配置，只需要接口认证通过就可以。

39．ISIS 的路由计算和 OSPF 路由计算工作原理基本一样，但 ISIS 的算法分离了拓扑结构和 IP 网段，加快了网络收敛速度。

【参考答案】 对

【解析】 ISIS 和 OSPF 都是链路状态路由协议，收集网络拓扑信息使用 SPF 算法计算法。ISIS 协议直接承载于链路层，与 IP 解耦，分离了拓扑结构和 IP 网段，收敛更快。

40．接口优先级为 0 的 ISIS 路由器，不能参与 DIS 选举。

【参考答案】 错

【解析】 OSPF 的 DR 优先级为 0 的不参与 DR 选举，但 ISIS 的 DIS 优先级为 0 的也会参与 DIS 选举。

41．ISIS 与 OSPF 一样，选举 DIS 的同时也会选举备份 DIS。

【参考答案】 错

【解析】 ISIS 的 DIS 选举机制不会选举备份的 DIS。

42．ISIS 路由协议如果要支持 IPv6，需要升级新的 ISIS 版本。

【参考答案】 错

【解析】 ISIS 协议的路由信息使用 TLV 报文结构，结构简单，易于扩展，对 IPv6 的支持只需要扩展新的 TLV 就可以，无需要升级新的 ISIS 版本。

43．ISIS 中的 System ID 由设备中 Router-id 按补足 0 方法来转换只是管理手段做法，实际 ISIS 协议本身并未强制要求。

【参考答案】 对

【解析】 ISIS 中的 System ID 需要确保全网唯一，与 Router-ID 没有强制的关联性，为了方便管理，往往采用补 0 方式将 Router-ID 转换过来。

44．由于属性 AS-Path 不能在 AS 内起作用，因此规定 BGP 路由器不会宣告任何从 IBGP 对等体学来的更新信息给其 IBGP 对等体（不考虑路由反射）。

【参考答案】 对

【解析】 AS-Path 属性用于 EBGP 路由防环及选路，在 IBGP 内无法起到防环作用，IBGP 依靠水平分割方式防环。

45．BGP 的 community 属性是公认必遵属性。

【参考答案】错

【解析】BGP 的 community 属性是可选过渡属性。

46．BGP 路由携带 No_Export 的公认团体属性，表示具有此属性的路由在收到后，不能被通告给任何其他的 BGP 对等体。

【参考答案】错

【解析】No_Export 公认团体属性，表示收到此属性的路由后，不将该路由发布到其他 AS。

47．BGP 选路规则中，MED 值高的路由更优先。

【参考答案】错

【解析】BGP 选路规则中，MED 值小的路由更优先。

48．访问控制列表（ACL）能够用于匹配路由信息或者数据包的地址，并且只能区分某一类报文，无法过滤报文。

【参考答案】错

【解析】ACL 当通过 packe-filter（华三）包过滤策略、traffic-filter（华为）流过滤策略调用后并应用到接口上，是可以过滤报文的。

49．无论 BGP 路由表发生任何变化，BGP Speaker 都只将发生变化的路由通告给邻居。

【参考答案】错

【解析】当 BGP 邻居建立成功时，会将 BGP 路由表中所有有效且最优的路由通告给邻居，并且在 BGP ORF 场景中，接收端可以通过将本地的路由策略应用到邻居的出口，使邻居在发布路由时过滤掉无用路由，当 ORF 策略变动时，对方 BGP 路由表没有变，但同样要按新的 ORF 策略给通告路由。

50．对于链路状态路由协议，在入方向进行过滤路由时，实际上可以阻断链路状态信息的传递，过滤的效果是路由不能被加到本地路由表中，并且它的邻居也不能收到完整的路由状态信息。

【参考答案】错

【解析】入方向使用 filer-policy（filer-policy import）不能阻断链路状态信息的传递，仅是让不匹配策略的路由不加入本机路由表，但链路状态数据依然会正常传递。ospf 要过滤链路状态信息时在区域视图下使用 filter 命令。

51．NAT 技术可以通过对数据加密来实现数据安全传输。

【参考答案】错

【解析】NAT 技术是地址转换技术，通过对数据包的 IP 地址及传输端口号进行转换，可以隐藏服务器或客户端的真实 IP，与是否进行数据加密无直接关联。

52．使用 NAT 技术，只可以对数据报文中的网络层信息（IP 地址）进行转换。

【参考答案】错

【解析】NAT 技术不仅可以对数据报文的网络层（IP 地址）进行转换，也可以对传输层的端口号进行转换。

53．核心/汇聚交换机软件版本存在安全隐患，应通过升级软件版本等方式进行消除。

【参考答案】对

【解析】Q/GDW 11159—2018《信息系统基础设施改造技术规范》5.3.1.3 规定：核心/汇

聚交换机软件版本存在安全隐患，应通过升级软件版本等方式进行消除。

54．路由器硬件出现不良工况，应通过升级软件版本等方式进行消除。

【参考答案】错

【解析】Q/GDW 11159—2018《信息系统基础设施改造技术规范》5.3.2.3 规定：路由器硬件出现不良工况，应通过对整机或主控板、以太网板、接口子卡、多功能业务模块、电源模块等硬件进行更换使其恢复正常运行。

55．为了充分利用资源，管理信息大区和互联网大区可以采用共享服务器及桌面主机。

【参考答案】错

【解析】Q/GDW 10594—2021《管理信息系统网络安全等级保护技术要求》第 6 章总体安全防护要求，b）1）规定：管理信息大区和互联网大区分别采用独立的服务器及桌面主机。

四、实践操作题

1．VLAN 基础配置（附 H3C Cloud Lab 工程文件）。VLAN 基础配置如图 2-1 所示。

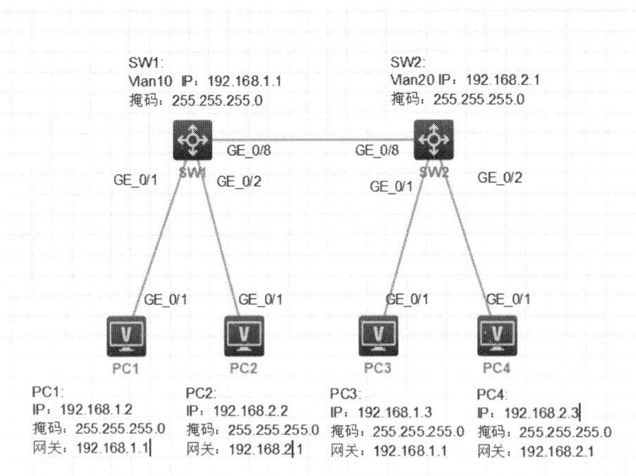

图 2-1　VLAN 基础配置

说明：

（1）PC1、PC3 属于 VLAN10，PC2、PC4 属于 VLAN20。

（2）完成以上拓扑搭建和 SW1、SW2 及 PC1-PC4 的配置，实现 PC1、PC3、SW1 互通，PC2、PC4、SW2 互通。

（3）在 SW1 增加一条静态 MAC 表项，将 PC1 与端口 G1/0/1 和 VLAN10 进行绑定。

（4）保存配置并导出工程文件。

【重点速记】

先创建 VLAN，再将端口加入 VLAN。先配置 VLAN 类型，再设置默认 VLAN 或允许通过 VLAN。交换机连接终端设备端口配置为 access 类型，交换机级联端口配置为 trunk 类型。

（1）配置 PC1-PC4 IP 地址信息（略）。

（2）配置 SW1 VLAN 信息：

```
<H3C>system-view
[H3C]hostname SW1
```

```
[SW1]vlan 10 20
[SW1]interface g1/0/1
[SW1-GigabitEthernet1/0/1]port link-type access
[SW1-GigabitEthernet1/0/1]port access vlan 10
[SW1-GigabitEthernet1/0/1]quit
[SW1]interface g1/0/2
[SW1-GigabitEthernet1/0/2]port link-type access
[SW1-GigabitEthernet1/0/2]port access vlan 20
[SW1-GigabitEthernet1/0/2]quit
[SW1]interface g1/0/8
[SW1-GigabitEthernet1/0/8]port link-type trunk
[SW1-GigabitEthernet1/0/8]port trunk permit vlan 10 20
[SW1-GigabitEthernet1/0/8]quit
[SW1]interface vlan-interface10
[SW1-Vlan-interface10]ip address 192.168.1.1 24
[SW1-Vlan-interface10]quit
[SW1]quit
<SW1>save
```

（3）配置 SW2 VLAN 信息：

```
<H3C>system-view
[H3C]hostname SW2
[SW2]vlan 10 20
[SW2]interface g1/0/1
[SW2-GigabitEthernet1/0/1]port link-type access
[SW2-GigabitEthernet1/0/1]port access vlan 10
[SW2-GigabitEthernet1/0/1]quit
[SW2]interface g1/0/2
[SW2-GigabitEthernet1/0/2]port link-type access
[SW2-GigabitEthernet1/0/2]port access vlan 20
[SW2-GigabitEthernet1/0/2]quit
[SW2]interface g1/0/8
[SW2-GigabitEthernet1/0/8]port link-type trunk
[SW2-GigabitEthernet1/0/8]port trunk permit vlan 10 20
[SW2-GigabitEthernet1/0/8]quit
[SW2]interface Vlan-interface20
[SW2-Vlan-interface20]ip address 192.168.2.1 24
[SW2-Vlan-interface20]quit
[SW2]quit
<SW2>save
```

（4）配置 SW1 PC1 的 MAC 和端口 G1/0/1 绑定 VLAN10。

```
[SW1]display mac-address
MAC Address    VLAN ID  State         Port/Nickname        Aging
9a36-4587-0306  10       Learned        GE1/0/1              Y
[SW1]mac-address static 9a36-4587-0306 interface g1/0/1 VLAN 10
[SW1]dis mac-address static
MAC Address    VLAN ID  State         Port/Nickname        Aging
9a36-4587-0306  10       Static          GE1/0/1              N
```

2．VLAN 间路由（附 H3C Cloud Lab 工程文件）。VLAN 间路由如图 2-2 所示。

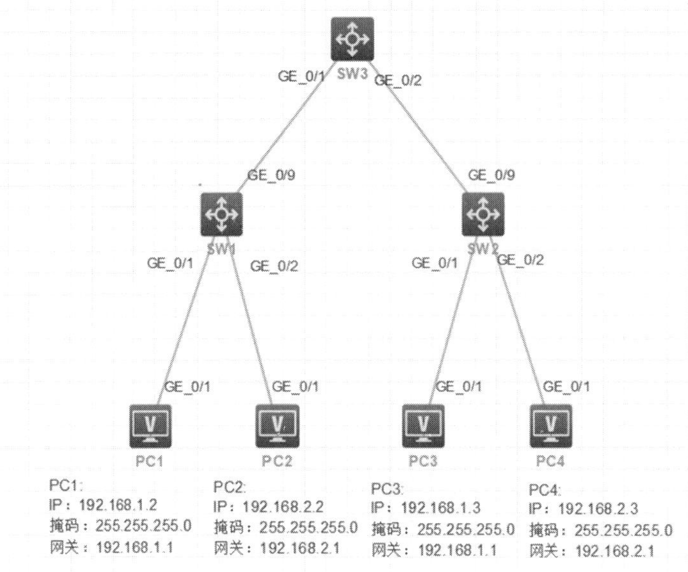

图 2-2　VLAN 间路由

说明：

（1）试题中网络拓扑已搭建，PC1-PC4 已配置。

（2）PC1、PC3 属于 VLAN10，PC2、PC4 属于 VLAN20，通过 SW3 实现 VLAN 间互访。

（3）完成 SW1、SW2、SW3 的配置并保存。导出工程文件。

【重点速记】

通过在三层交换机上为每个 VLAN 配置一个 VLANif 接口和相应的 IP 地址，实现 VLAN 间通信。该 IP 地址即为相应 VLAN 内的终端设备网关地址。

（1）配置 SW1 VLAN 信息：

```
<H3C>system-view
[H3C]hostname SW1
[SW1]vlan 10 20
[SW1]interface g1/0/1
[SW1-GigabitEthernet1/0/1]port link-type access
[SW1-GigabitEthernet1/0/1]port access vlan 10
[SW1-GigabitEthernet1/0/1]quit
[SW1]interface g1/0/2
[SW1-GigabitEthernet1/0/2]port link-type access
[SW1-GigabitEthernet1/0/2]port access vlan 20
[SW1-GigabitEthernet1/0/2]quit
[SW1]interface g1/0/9
[SW1-GigabitEthernet1/0/9]port link-type trunk
[SW1-GigabitEthernet1/0/9]port trunk permit vlan 10 20
[SW1-GigabitEthernet1/0/9]quit
[SW1]quit
<SW1>save
```

（2）配置 SW2 VLAN 信息：

```
<H3C>system-view
[H3C]hostname SW2
[SW2]vlan 10 20
[SW2]interface g1/0/1
[SW2-GigabitEthernet1/0/1]port link-type access
[SW2-GigabitEthernet1/0/1]port access vlan 10
[SW2-GigabitEthernet1/0/1]quit
[SW2]interface g1/0/2
[SW2-GigabitEthernet1/0/2]port link-type access
[SW2-GigabitEthernet1/0/2]port access vlan 20
[SW2-GigabitEthernet1/0/2]quit
[SW2]interface g1/0/9
[SW2-GigabitEthernet1/0/9]port link-type trunk
[SW2-GigabitEthernet1/0/9]port trunk permit vlan 10 20
[SW2-GigabitEthernet1/0/9]quit
[SW2]quit
<SW2>save
```

（3）配置 SW3 VLAN 信息：

```
<H3C>system-view
[H3C]hostname SW3
[SW3]vlan 10 20
[SW3]interface g1/0/1
[SW3-GigabitEthernet1/0/1]port link-type trunk
[SW3-GigabitEthernet1/0/1]port trunk permit vlan 10 20
[SW3-GigabitEthernet1/0/1]quit
[SW3]interface g1/0/2
[SW3-GigabitEthernet1/0/2]port link-type trunk
[SW3-GigabitEthernet1/0/2]port trunk permit vlan 10 20
[SW3-GigabitEthernet1/0/2]quit
```

（4）配置 SW3 VLAN 间路由：

```
[SW3]interface vlan-interface 10
[SW3-Vlan-interface10]ip add 192.168.1.1 24
[SW3-Vlan-interface10]quit
[SW3]interface Vlan-interface 20
[SW3-Vlan-interface20]ip add 192.168.2.1 24
[SW3-Vlan-interface20]quit
[SW3]quit
<SW3>save
```

（5）测试：

在 PC1 上 ping PC3 和 PC2，均可达。

3. MSTP+VRRP 配置（附 H3C Cloud Lab 工程文件）。MSTP+VRRP 配置如图 2-3 所示。

说明：

（1）试题中网络拓扑已搭建，PC1-PC4 已配置。

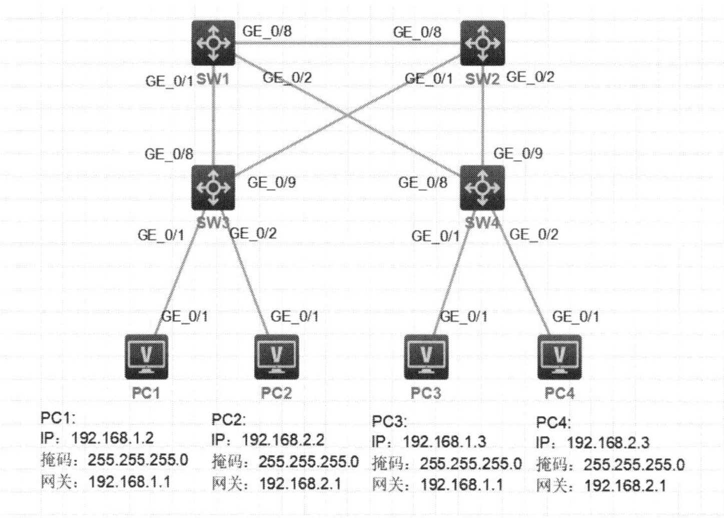

图 2-3 MSTP+VRRP 配置

（2）PC1、PC3 属于 VLAN10，PC2、PC4 属于 VLAN20。在 4 台 SW 中启用 MSTP 协议，配置 region-name 为 h3c，revision-level 0；将 VLAN10 映射 instance 10，VLAN20 映射 instance 20。

（3）将 SW1 配置为 VLAN10 的根桥，IP 为 192.168.1.10；配置为 VLAN20 的备用根桥，IP 为 192.168.2.11。配置 VRRP Vrid 1 优先级 120，虚拟 IP 192.168.1.1；配置 VRRP Vrid 2 优先级 100，虚拟 IP 192.168.2.1。

（4）将 SW2 配置为 VLAN20 的根桥，IP 为 192.168.2.10；配置为 VLAN10 的备用根桥，IP 为 192.168.1.11。配置 VRRP Vrid 1 优先级 100，虚拟 IP 192.168.1.1；配置 VRRP Vrid 2 优先级 120，虚拟 IP 192.168.2.1。

（5）根据以上要求完成 SW1-SW4 的配置并保存。导出工程文件。

【重点速记】

启用 MSTP 协议的交换机需要配置相同的域名、版本信息并激活域配置，在域配置内进行实例和 VLAN 的映射。VRRP 在 VLAN 接口内配置，优先级默认为 100，优先级大的为 Master。

（1）配置 SW3 VLAN 和 STP 信息：

```
<H3C>system-view
[H3C]hostname SW3
[SW3]vlan 10 20
[SW3]interface g1/0/1
[SW3-GigabitEthernet1/0/1]port link-type access
[SW3-GigabitEthernet1/0/1]port access vlan 10
[SW3-GigabitEthernet1/0/1]quit
[SW3]interface g1/0/2
[SW3-GigabitEthernet1/0/2]port link-type access
[SW3-GigabitEthernet1/0/2]port access vlan 20
[SW3-GigabitEthernet1/0/2]quit
[SW3]interface g1/0/8
```

```
[SW3-GigabitEthernet1/0/8]port link-type trunk
[SW3-GigabitEthernet1/0/8]port trunk permit vlan 10 20
[SW3-GigabitEthernet1/0/8]quit
[SW3]interface g1/0/9
[SW3-GigabitEthernet1/0/9]port link-type trunk
[SW3-GigabitEthernet1/0/9]port trunk permit vlan 10 20
[SW3-GigabitEthernet1/0/9]quit
[SW3]stp mode mstp
[SW3]stp region-configuration
[SW3-mst-region]region-name h3c
[SW3-mst-region]instance 10 vlan 10
[SW3-mst-region]instance 20 vlan 20
[SW3-mst-region]revision-level 0
[SW3-mst-region]active region-configuration
[SW3-mst-region]quit
[SW3]quit
<SW3>save
```

（2）配置 SW4 VLAN 和 STP 信息：

```
<H3C>system-view
[H3C]hostname SW4
[SW4]vlan 10 20
[SW4]interface g1/0/1
[SW4-GigabitEthernet1/0/1]port link-type access
[SW4-GigabitEthernet1/0/1]port access vlan 10
[SW4-GigabitEthernet1/0/1]quit
[SW4]interface g1/0/2
[SW4-GigabitEthernet1/0/2]port link-type access
[SW4-GigabitEthernet1/0/2]port access vlan 20
[SW4-GigabitEthernet1/0/2]quit
[SW4]interface g1/0/8
[SW4-GigabitEthernet1/0/8]port link-type trunk
[SW4-GigabitEthernet1/0/8]port trunk permit vlan 10 20
[SW4-GigabitEthernet1/0/8]quit
[SW4]interface g1/0/9
[SW4-GigabitEthernet1/0/9]port link-type trunk
[SW4-GigabitEthernet1/0/9]port trunk permit vlan 10 20
[SW4-GigabitEthernet1/0/9]quit
[SW4]stp mode mstp
[SW4]stp region-configuration
[SW4-mst-region]region-name h3c
[SW4-mst-region]instance 10 vlan 10
[SW4-mst-region]instance 20 vlan 20
[SW4-mst-region]revision-level 0
[SW4-mst-region]active region-configuration
[SW4-mst-region]quit
[SW4]quit
<SW4>save
```

（3）配置 SW1 VLAN 和 STP 信息：

```
<H3C>system-view
[H3C]hostname SW1
[SW1]vlan 10 20
[SW1]interface g1/0/1
[SW1-GigabitEthernet1/0/1]port link-type trunk
[SW1-GigabitEthernet1/0/1]port trunk permit vlan 10 20
[SW1-GigabitEthernet1/0/1]quit
[SW1]interface g1/0/2
[SW1-GigabitEthernet1/0/2]port link-type trunk
[SW1-GigabitEthernet1/0/2]port trunk permit vlan 10 20
[SW1-GigabitEthernet1/0/2]quit
[SW1]interface g1/0/8
[SW1-GigabitEthernet1/0/8]port link-type trunk
[SW1-GigabitEthernet1/0/8]port trunk permit vlan 10 20
[SW1-GigabitEthernet1/0/8]quit
[SW1]stp mode mstp
[SW1]stp region-configuration
[SW1-mst-region]region-name h3c
[SW1-mst-region]instance 10 vlan 10
[SW1-mst-region]instance 20 vlan 20
[SW1-mst-region]revision-level 0
[SW1-mst-region]active region-configuration
[SW1-mst-region]quit
[SW1]stp instance 10 root primary
[SW1]stp instance 20 root secondary
[SW1]interface vlan-interface 10
[SW1-Vlan-interface10]ip add 192.168.1.10 24
[SW1-Vlan-interface10]vrrp vrid 1 virtual-ip 192.168.1.1
[SW1-Vlan-interface10]vrrp vrid 1 priority 120
[SW1-Vlan-interface10]quit
[SW1]interface vlan-interface 20
[SW1-Vlan-interface20]ip add 192.168.2.11 24
[SW1-Vlan-interface20]vrrp vrid 2 virtual-ip 192.168.2.1
[SW1-Vlan-interface20]quit
[SW1]quit
<SW1>save
```

（4）配置 SW4 VLAN 和 STP 信息：

```
<H3C>system-view
[H3C]hostname SW2
[SW2]vlan 10 20
[SW2]interface g1/0/1
[SW2-GigabitEthernet1/0/1]port link-type trunk
[SW2-GigabitEthernet1/0/1]port trunk permit vlan 10 20
[SW2-GigabitEthernet1/0/1]quit
[SW2]interface g1/0/2
[SW2-GigabitEthernet1/0/2]port link-type trunk
[SW2-GigabitEthernet1/0/2]port trunk permit vlan 10 20
[SW2-GigabitEthernet1/0/2]quit
[SW2]interface g1/0/8
```

```
[SW2-GigabitEthernet1/0/8]port link-type trunk
[SW2-GigabitEthernet1/0/8]port trunk permit vlan 10 20
[SW2-GigabitEthernet1/0/8]quit
[SW1]stp mode mstp
[SW2]stp region-configuration
[SW2-mst-region]region-name h3c
[SW2-mst-region]instance 10 vlan 10
[SW2-mst-region]instance 20 vlan 20
[SW2-mst-region]revision-level 0
[SW2-mst-region]active region-configuration
[SW2-mst-region]quit
[SW2]stp instance 20 root primary
[SW2]stp instance 10 root secondary
[SW2]interface vlan-interface 10
[SW2-Vlan-interface10]ip add 192.168.1.11 24
[SW2-Vlan-interface10]vrrp vrid 1 virtual-ip 192.168.1.1
[SW2-Vlan-interface10]quit
[SW2]interface vlan-interface 20
[SW2-Vlan-interface20]ip add 192.168.2.10 24
[SW2-Vlan-interface20]vrrp vrid 2 virtual-ip 192.168.2.1
[SW2-Vlan-interface20]vrrp vrid 2 priority 120
[SW2-Vlan-interface20]quit
[SW1]quit
<SW1>save
```

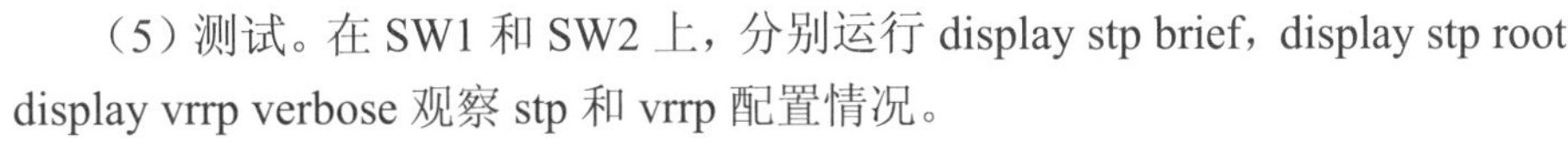

（5）测试。在 SW1 和 SW2 上，分别运行 display stp brief，display stp root，display vrrp verbose 观察 stp 和 vrrp 配置情况。

4．链路聚合配置。链路聚合配置如图 2-4 所示。

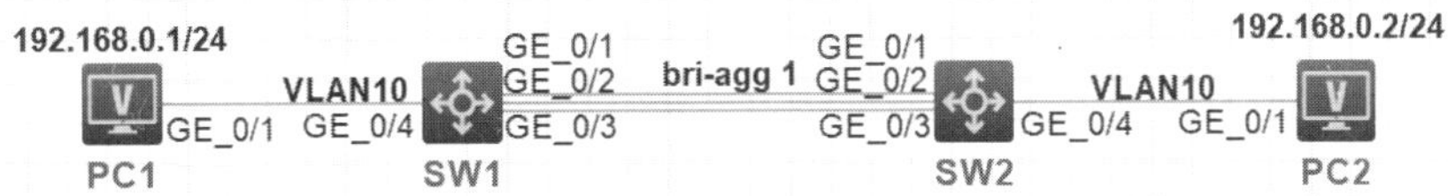

图 2-4　链路聚合配置

说明：

（1）PC1、PC2 的 IP 地址、所属 VLAN 如图 2-4 所示。

（2）配置 SW1 和 SW2 之间的 3 条链路为动态链路聚合，使用 LACP 协议。链路类型为 trunk。

（3）请完成以上拓扑搭建和 SW1、SW2、PC1、PC2 的配置并保存。导出工程文件。

【重点速记】

先创建聚合组，再将端口加入聚合组。动态聚合通过 LACP 协议实现。

（1）配置 PC1 和 PC2 IP 信息（略）。

（2）配置 SW1：

```
<H3C>system-view
```

```
[H3C]hostname SW1
[SW1]vlan 10
[SW1-Vlan10]quit
[SW1]interface g1/0/4
[SW1-GigabitEthernet1/0/4]port link-type access
[SW1-GigabitEthernet1/0/4]port access vlan 10
[SW1-GigabitEthernet1/0/4]quit
[SW1]interface g1/0/1
[SW1-GigabitEthernet1/0/1]port link-type trunk
[SW1-GigabitEthernet1/0/1]port trunk permit vlan 10
[SW1-GigabitEthernet1/0/1]shutdown
[SW1-GigabitEthernet1/0/1]quit
[SW1]interface g1/0/2
[SW1-GigabitEthernet1/0/2]port link-type trunk
[SW1-GigabitEthernet1/0/2]port trunk permit vlan 10
[SW1-GigabitEthernet1/0/2]shutdown
[SW1-GigabitEthernet1/0/2]quit
[SW1]interface g1/0/3
[SW1-GigabitEthernet1/0/3]port link-type trunk
[SW1-GigabitEthernet1/0/3]port trunk permit vlan 10
[SW1-GigabitEthernet1/0/3]shutdown
[SW1-GigabitEthernet1/0/3]quit
[SW1]interface Bridge-Aggregation 1
[SW1-Bridge-Aggregation1]port link-type trunk
[SW1-Bridge-Aggregation1]port trunk permit vlan 10
[SW1-Bridge-Aggregation1]link-aggregation mode dynamic
[SW1-Bridge-Aggregation1]quit
[SW1]interface g1/0/1
[SW1-GigabitEthernet1/0/1]port link-aggregation group 1
[SW1-GigabitEthernet1/0/1]quit
[SW1]interface g1/0/2
[SW1-GigabitEthernet1/0/2]port link-aggregation group 1
[SW1-GigabitEthernet1/0/2]quit
[SW1]interface g1/0/3
[SW1-GigabitEthernet1/0/3]port link-aggregation group 1
[SW1-GigabitEthernet1/0/3]quit
[SW1]quit
<SW1>save
```

（3）配置 SW2:

```
<H3C>system-view
[H3C]hostname SW2
[SW2]vlan 10
[SW2-Vlan10]quit
[SW2]interface g1/0/4
[SW2-GigabitEthernet1/0/4]port link-type access
[SW2-GigabitEthernet1/0/4]port access vlan 10
[SW2-GigabitEthernet1/0/4]quit
[SW2]interface g1/0/1
[SW2-GigabitEthernet1/0/1]port link-type trunk
```

```
[SW2-GigabitEthernet1/0/1]port trunk permit vlan 10
[SW2-GigabitEthernet1/0/1]shutdown
[SW2-GigabitEthernet1/0/1]quit
[SW2]interface g1/0/2
[SW2-GigabitEthernet1/0/2]port link-type trunk
[SW2-GigabitEthernet1/0/2]port trunk permit vlan 10
[SW2-GigabitEthernet1/0/2]shutdown
[SW2-GigabitEthernet1/0/2]quit
[SW2]interface g1/0/3
[SW2-GigabitEthernet1/0/3]port link-type trunk
[SW2-GigabitEthernet1/0/3]port trunk permit vlan 10
[SW2-GigabitEthernet1/0/3]shutdown
[SW2-GigabitEthernet1/0/3]quit
[SW2]interface Bridge-Aggregation 1
[SW2-Bridge-Aggregation1]port link-type trunk
[SW2-Bridge-Aggregation1]port trunk permit vlan 10
[SW2-Bridge-Aggregation1]link-aggregation mode dynamic
[SW2-Bridge-Aggregation1]quit
[SW2]interface g1/0/1
[SW2-GigabitEthernet1/0/1]port link-aggregation group 1
[SW2-GigabitEthernet1/0/1]quit
[SW2]interface g1/0/2
[SW2-GigabitEthernet1/0/2]port link-aggregation group 1
[SW2-GigabitEthernet1/0/2]quit
[SW2]interface g1/0/3
[SW2-GigabitEthernet1/0/3]port link-aggregation group 1
[SW2-GigabitEthernet1/0/3]quit
[SW2]quit
<SW2>save
```

（4）检查：在 SW1 或 SW2 上运行 display interface Bridge-Aggregation 1、display link-aggregation verbose 查看链路聚合信息。

5．SSH 配置。SSH 配置如图 2-5 所示。

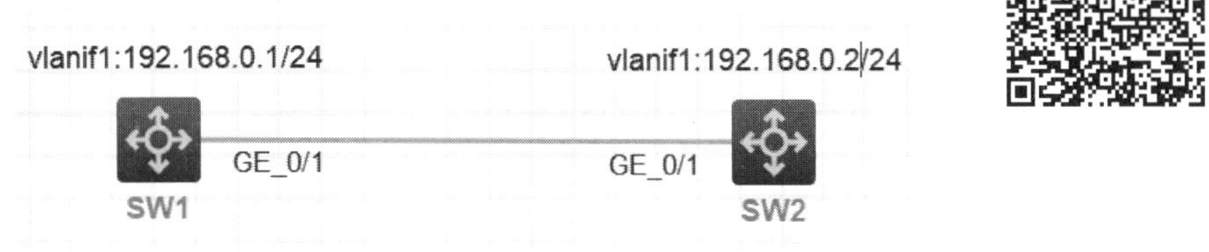

图 2-5　SSH 配置

说明：

（1）配置 SW1 为 SSH Server，要求如下：

1）SSH 认证模式为 aaa 模式。

2）允许五个用户同时在线。

3）用户的权限为最高权限。

4）配置一个账户名为 admin，密码为 sgcc123456!的用户，并使能 SSH。

（2）完成以上网络拓扑搭建和 SW1 配置并保存。导出工程文件。

（3）使用 SW2 作为 SSH 客户端，远程登录 SW1，并将登录成功界面进行截图。

【重点速记】

远程登录配置在 user-interface vty 端口，level-15 为最高权限。使用 local-user 配置用户后需要设置服务类型为 SSH。

（1）配置 SW1：

```
<H3C>system-view
[H3C]hostname SW1
[SW1]interface vlan-interface 1
[SW1-Vlan-interface1]ip address 192.168.0.1 24
[SW1-Vlan-interface1]quit
[SW1]user-interface vty 0 4
[SW1-line-vty0-4]user-role level-15
[SW1-line-vty0-4]authentication-mode scheme
[SW1-line-vty0-4]protocol inbound ssh
[SW1-line-vty0-4]quit
[SW1]local-user admin
[SW1-luser-manage-admin]password
Password:
Confirm:
[SW1-luser-manage-admin]service-type ssh
[SW1-luser-manage-admin]quit
[SW1]quit
<SW1>save
```

（2）配置 SW2：

```
<H3C>system-view
[H3C]hostname SW2
[SW2]int vlan-interface 1
[SW2-Vlan-interface1]ip add 192.168.0.2 24
[SW2-Vlan-interface1]quit
[SW2]quit
<SW2>save
<SW2>ssh 192.168.0.1
```

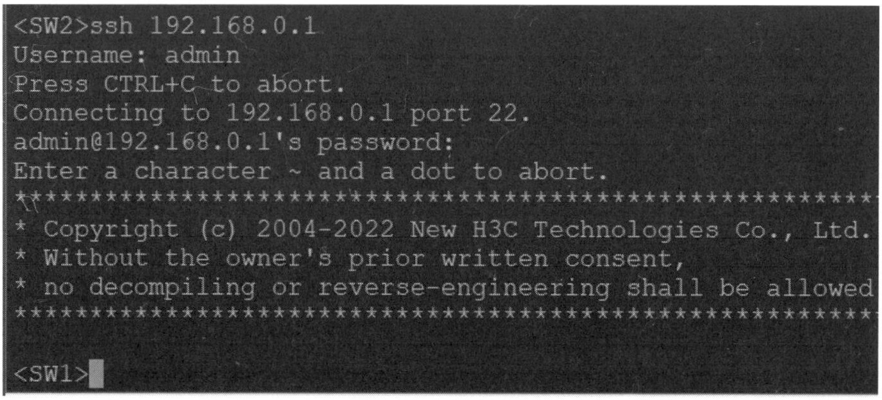

```
<SW2>ssh 192.168.0.1
Username: admin
Press CTRL+C to abort.
Connecting to 192.168.0.1 port 22.
admin@192.168.0.1's password:
Enter a character ~ and a dot to abort.
*********************************************************
* Copyright (c) 2004-2022 New H3C Technologies Co., Ltd.
* Without the owner's prior written consent,
* no decompiling or reverse-engineering shall be allowed
*********************************************************

<SW1>
```

6．DHCP 配置。DHCP 配置如图 2-6 所示。

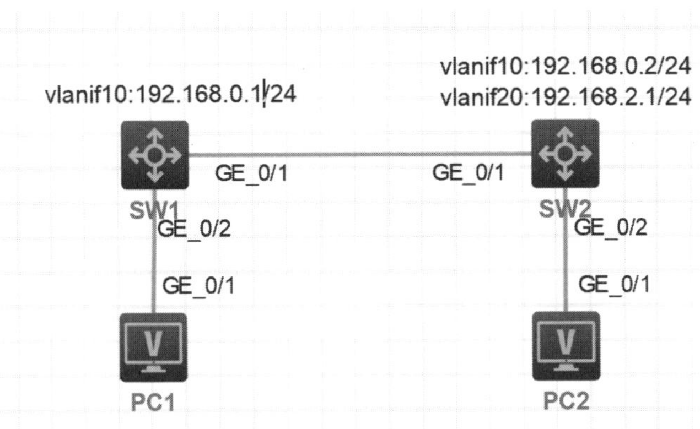

图 2-6 DHCP 配置

说明：

（1）PC1、PC2 配置为自动获取 IP，PC1 属于 VLAN10，PC2 属于 VLAN20。SW1 和 SW2 VLAN 和 IP 设置见图 2-6。

（2）SW1 启用 DHCP。添加地址池 pool1，为 192.168.0.0/24 网段自动分配 IP 地址，网关为 192.168.0.1，排除 192.168.0.1 和 192.168.0.2。添加地址池 pool2，为 192.168.2.0/24 网段自动分配 IP 地址，网关为 192.168.2.1，排除 192.168.2.1。

（3）在 SW1 上添加一条默认路由，指向 SW2（192.168.0.2）。

（4）在 SW2 上设置 DHCP 中继，使 PC2 可以通过 SW1 自动获取 IP。

（5）请完成以上拓扑搭建和 SW1、SW2、PC1、PC2 的配置并保存。导出工程文件。

【重点速记】

首先开启 DHCP，再创建地址池，并在地址池中配置 IP 范围、网关、排除 IP。与 DHCP 服务器在不同网段的网关设备，需要配置 DHCP 中继，指向 DHCP 服务器。SW1 需要配置 192.168.2.0/24 网段的路由或默认路由。

（1）配置 PC1、PC2 的 IP 信息（略）。

（2）配置 SW1：

```
<H3C>system-view
[H3C]hostname SW1
[SW1]vlan 10 20
[SW1-Vlan10]interface g1/0/2
[SW1-GigabitEthernet1/0/2]port link-type access
[SW1-GigabitEthernet1/0/2]port access vlan 10
[SW1-GigabitEthernet1/0/2]quit
[SW1]interface g1/0/1
[SW1-GigabitEthernet1/0/1]port link-type trunk
[SW1-GigabitEthernet1/0/1]port trunk permit vlan 10 20
[SW1-GigabitEthernet1/0/1]quit
[SW1]int vlan -interface 10
[SW1-Vlan-interface10]ip address 192.168.0.1 24
[SW1-Vlan-interface10]quit
```

```
[SW1]dhcp enable
[SW1]dhcp server ip-pool pool1
[SW1-dhcp-pool-pool1]network 192.168.0.0 mask 255.255.255.0
[SW1-dhcp-pool-pool1]gateway-list 192.168.0.1
[SW1-dhcp-pool-pool1]forbidden-ip 192.168.0.1 192.168.0.2
[SW1-dhcp-pool-pool1]quit
[SW1]dhcp server ip-pool pool2
[SW1-dhcp-pool-pool2]network 192.168.2.0 mask 255.255.255.0
[SW1-dhcp-pool-pool2]gateway-list 192.168.2.1
[SW1-dhcp-pool-pool2]forbidden-ip 192.168.2.1
[SW1-dhcp-pool-pool2]quit
[SW1]ip route-static 0.0.0.0 0 192.168.0.2
[SW1]quit
<SW1>save
```

（3）配置 SW2：

```
<H3C>system-view
[H3C]hostname SW2
[SW2]vlan 10 20
[SW2]int vlan-interface 10
[SW2-Vlan-interface10]ip address 192.168.0.2 24
[SW2-Vlan-interface10]quit
[SW2]int vlan-interface 20
[SW2-Vlan-interface20]ip address 192.168.2.1 24
[SW2-Vlan-interface20]quit
[SW2]interface g1/0/2
[SW2-GigabitEthernet1/0/2]port link-type access
[SW2-GigabitEthernet1/0/2]port access vlan 20
[SW2-GigabitEthernet1/0/2]quit
[SW2]interface g1/0/1
[SW2-GigabitEthernet1/0/1]port link-type trunk
[SW2-GigabitEthernet1/0/1]port trunk permit vlan 10 20
[SW2-GigabitEthernet1/0/1]quit
[SW2]dhcp enable
[SW2]interface vlan-interface 20
[SW2-Vlan-interface20]dhcp select relay
[SW2-Vlan-interface20]dhcp relay server-address 192.168.0.1
[SW2-Vlan-interface20]quit
[SW2]quit
<SW2>save
```

（4）检查配置：查看 PC1、PC2 是否正常获取到正确的 IP 地址。PC1 IP 应为 192.168.0.X，PC2 IP 应为 192.168.2.X。

7. 交换机基础管理。交换机基础管理如图 2-7 所示。

说明：完成以下交换机配置和命令操作。

（1）配置 SW1 主机名为 SW01。SW1 启用 NTP 协议，时钟服务器配置为 192.168.0.1，将该条配置截图。

（2）查看 SW1 时间、版本、电源、CPU 使用率、内存、环境温度，并将显示结果进行截图。

图 2-7 交换机基础管理

【重点速记】

相关命令是开展网络设备日常运维的基础知识，应熟练掌握。

（1）配置 NTP 协议。

```
[SW01]
[SW01]ntp unicast-server 192.168.0.1
```

（2）查看交换机相关信息。

```
[SW01]
[SW01]display clock
23:01:48.696 UTC Tue 11/07/2023
[SW01]display version
H3C Comware Software, Version 7.1.070, Alpha 7170
Copyright (c) 2004-2022 New H3C Technologies Co., Ltd. A
H3C S6850 uptime is 0 weeks, 0 days, 0 hours, 4 minutes
Last reboot reason: User reboot
Boot image: flash:/s6850-cmw710-boot-t7064p15.bin
Boot image version: 7.1.070, Alpha 7170
  Compiled Jul 25 2022 11:00:00
Boot image: flash:/s6850-cmw710-system-t7064p15.bin
Boot image version: 7.1.070, Alpha 7170
  Compiled Jul 25 2022 11:00:00

Slot 1:
S6850 with 2 Processors
BOARD TYPE: S6850
DRAM:  512M bytes
FLASH: 1024M bytes
PCB 1 Version: VER.C
Bootrom Version: 908
CPLD 1 Version: 002
CPLD 2 Version: 002
Release Version: H3C S6850
Patch Version: None
Reboot Cause: User reboot
[SubSlot 0] 48SFP Plus+4QSFP Plus
```

```
[SW01]display power
Device Info on Slot 1:
Device ID.  Status
 1          Normal
 2          Normal
[SW01]display cpu-usage
Slot 1 CPU 0 CPU usage:
       2% in last 5 seconds
       2% in last 1 minute
       7% in last 5 minutes

[SW01]display memory
Memory statistics are measured in KB:
Slot 1:
             Total      Used      Free    Shared  Buffers    Cached
Mem:        512200    281952    230248         0     4588    100884
-/+ Buffers/Cache:    176480    335720
Swap:            0         0         0

[SW01]dis environment
System temperature information (degree centigrade):
-------------------------------------
Slot  Sensor    Temperature LowerLimit WarningLimit AlarmLimit
 0/1  Inflow  1  30          -5          66           76
 0/1  Outflow 1  33          -5          66           76
 0/1  Outflow 2  37          -5          66           76
 0/1  Hotspot 1  39          -5          66           76
 0/1  Hotspot 2  42          -5          66           76
 0/1  Hotspot 3  44          -5          66           76
[SW01]
```

8．ACL 配置。ACL 配置如图 2-8 所示。

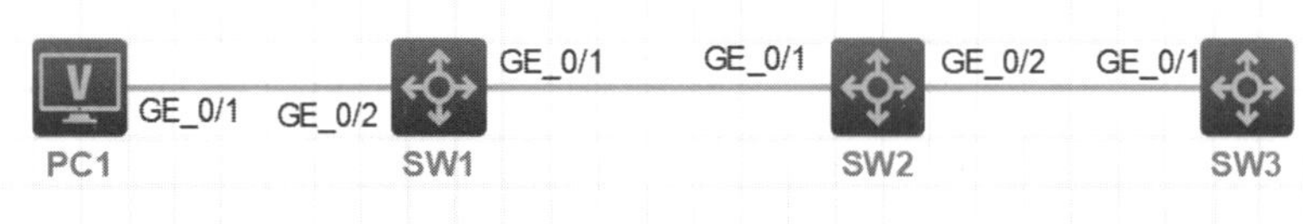

图 2-8　ACL 配置

说明：

（1）PC1 IP 为 192.168.0.3/24，SW1 VLANif1 IP 为 192.168.0.2/24，SW3 VLANif1 IP 为 192.168.0.1/24。

（2）配置 SW3 作为 FTP 服务器（启用 ftp server enable）。

（3）在 SW1 上配置 ACL，实现：禁止 PC1 访问任何 IP 地址。

（4）在 SW2 上配置 ACL，实现：禁止从 192.168.0.2 到 192.168.0.1 的 FTP 数据流，但允许其他数据流通过。

（5）完成以上网络拓扑搭建和 PC1、SW1、SW2、SW3 配置并保存。导出工程文件。

【重点速记】

基本 ACL 编号为 2000～2999，高级 ACL 编号为 3000～3999。基本 ACL 只能基于源 IP 地址来定义规则。ACL 必须应用于端口才能生效。

（1）PC1、SW1、SW3 IP、主机名配置（略）。

（2）SW3 启用 FTP Server。

```
[SW3]ftp server enable
```

（3）SW1 上配置基本 ACL 并应用在 g1/0/2 接口入方向。

```
[SW1]acl basic 2000
[SW1-acl-ipv4-basic-2000]rule deny source 192.168.0.3 0
[SW1-acl-ipv4-basic-2000]quit
[SW1]int g1/0/2
[SW1-GigabitEthernet1/0/2]packet-filter 2000 inbound
```

（4）SW2 上配置高级 ACL 并应用 g1/0/2 接口出方向。

```
[SW2]acl advanced 3000
[SW2-acl-ipv4-adv-3000]rule deny tcp source 192.168.0.2 0 destination 192.168.0.1 0 destination-port eq ftp
[SW2-acl-ipv4-adv-3000]quit
[SW2]int g1/0/2
[SW2-GigabitEthernet1/0/2]packet-filter 3000 outbound
```

（5）检查：在 ACL 应用前后，分别在 PC1 上 ping 192.168.0.1 和在 SW1 上 ftp 192.168.0.1，查看 ACL 是否生效，如下所示。

```
<SW1>
<SW1>ftp 192.168.0.1
Press CTRL+C to abort.
Connected to 192.168.0.1 (192.168.0.1).
220 FTP service ready.
User (192.168.0.1:(none)):
<SW1>ftp 192.168.0.1
Press CTRL+C to abort.
```

9．抓包分析。使用 WireShark 软件打开 exam.pcap 文件并查看。（附 exam.pcap 文件）

回答以下问题：

（1）该报文的 IP 协议源地址、目的地址。

（2）该报文使用的传输层协议类型、源端口、目的端口。

（3）该报文的应用层协议名称。

（4）简述该报文使用的传输层协议三次握手过程。

【重点速记】

抓包分析是网络运维的基本技能，应熟练掌握。TCP 协议的三次握手分别是 syn、syn+ack、ack 报文。

（1）该报文的源 IP 地址为 11.1.1.1，目的 IP 地址为 11.1.1.2。

（2）该报文使用的传输层协议为 TCP，源端口为 35649，目的端口为 21。

（3）该报文的应用层协议名称为文件传输协议（FTP）。

（4）源服务器向目的服务器发送 syn 的 TCP 报文，目的服务器回复 syn+ack 报文，源服务器发送 ack 报文确认之后 TCP 连接建立。

10．QoS 配置。QoS 配置如图 2-9 所示。

说明：

（1）在 SW1（用户接入交换机）上创建 3 个流分类，匹配 3 类报文的源

IP 网段。

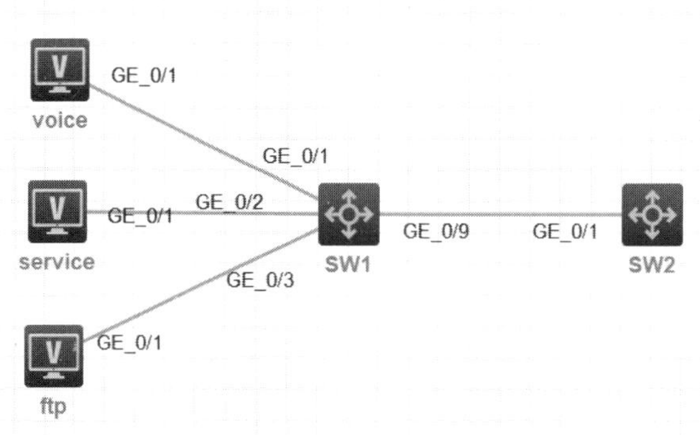

图 2-9　QoS 配置

（2）在 SW1 上创建 3 个流行为，命名同流分类，动作为流量监管，配置相应承诺速率。

（3）在 SW1 上创建 3 个相应的 QoS 策略，将策略应用到 SW1 上的适当端口。

（4）相应命名和配置信息见表 2-1。

表 2-1　　相应命名和配置信息

报文类别（流分类）	ACL 编号	匹配地址	限速
IP 电话（voice）	2000	192.168.1.0/24	1M
业务软件（service）	2001	192.168.2.0/24	4M
FTP（ftp）	2002	192.168.3.0/24	2M

（5）完成以上网络拓扑搭建和 SW1 配置并保存（除 SW1 外其他设备无需配置）。导出工程文件。

【重点速记】

先创建 ACL，再创建流分类并匹配相应 ACL；接着创建流行为设定动作，再创建 QoS 策略将流分类和流行为绑定，最后将 QoS 策略应用到接口。

（1）SW1 配置：

```
<H3C>system-view
[H3C]hostname SW1
[SW1]acl basic 2000
[SW1-acl-ipv4-basic-2000]rule permit source 192.168.1.0 0.0.0.255
[SW1-acl-ipv4-basic-2000]quit
[SW1]acl basic 2001
[SW1-acl-ipv4-basic-2001]rule permit source 192.168.2.0 0.0.0.255
[SW1-acl-ipv4-basic-2001]quit
[SW1]acl basic 2002
[SW1-acl-ipv4-basic-2002]rule permit source 192.168.3.0 0.0.0.255
[SW1-acl-ipv4-basic-2002]quit

[SW1]traffic classifier voice
```

```
[SW1-classifier-voice]if-match acl 2000
[SW1-classifier-voice]quit
[SW1]traffic classifier service
[SW1-classifier-service]if-match acl 2001
[SW1-classifier-service]quit
[SW1]traffic classifier ftp
[SW1-classifier-ftp]if-match acl 2002
[SW1-classifier-ftp]quit

[SW1]traffic behavior voice
[SW1-behavior-voice]car cir 1024
[SW1-behavior-voice]quit
[SW1]traffic behavior service
[SW1-behavior-service]car cir 4096
[SW1-behavior-service]quit
[SW1]traffic behavior ftp
[SW1-behavior-ftp]car cir 2048
[SW1-behavior-ftp]quit

[SW1]qos policy voice
[SW1-qospolicy-voice]classifier voice behavior voice
[SW1-qospolicy-voice]quit
[SW1]qos policy service
[SW1-qospolicy-service]classifier service behavior service
[SW1-qospolicy-service]quit
[SW1]qos policy ftp
[SW1-qospolicy-ftp]classifier ftp behavior ftp
[SW1-qospolicy-ftp]quit

[SW1]int g1/0/1
[SW1-GigabitEthernet1/0/1]qos apply policy voice inbound
[SW1-GigabitEthernet1/0/1]quit
[SW1]int g1/0/2
[SW1-GigabitEthernet1/0/2]qos apply policy service inbound
[SW1-GigabitEthernet1/0/2]quit
[SW1]int g1/0/3
[SW1-GigabitEthernet1/0/3]qos apply policy ftp inbound
[SW1-GigabitEthernet1/0/3]quit
[SW1]quit
<SW1>save
```

（2）检查：display qos policy interface

11．DHCP 与 NAT 配置。DHCP 与 NAT 配置如图 2-10 所示。

说明：

（1）终端 PC 通过 SW1 二层汇聚至网关设备 R1，R1 上开启 DHCP 自动为接入的终端分配 IP 地址及 DNS 配置，分配的网段为 192.168.1.0/24，网关 192.168.1.254，DNS：11.11.11.11 与 22.22.22.22，同时 192.168.1.253 为保留 IP 地址不允许分配出去。

（2）假设 10.0.12.0/30 网段是合法的互联网上的路由段，R2 上使用 Loopback0 8.8.8.8 地址来模拟互联网上的地址，R1 对终端通过 easy-ip 的源 NAT 方式访问互联网，所有设备为空配置。

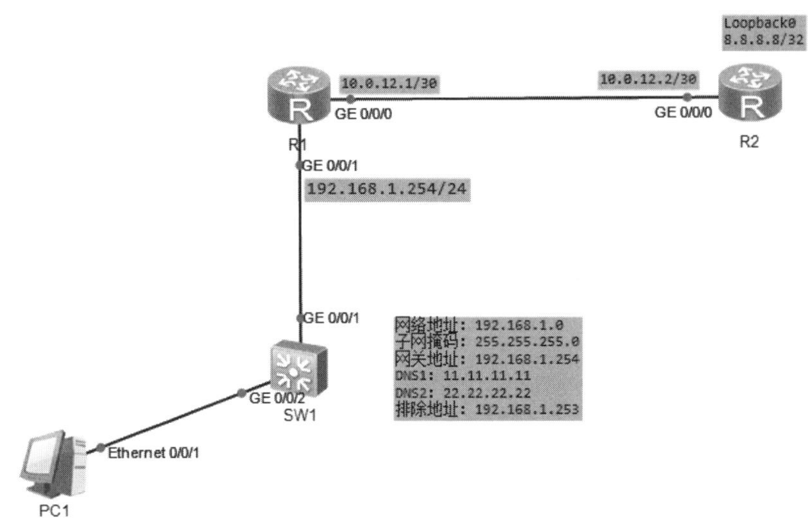

图 2-10　DHCP 与 NAT 配置

（3）请按图示 IP 完善配置，做好 R1 的 DHCP 配置及 NAT 配置，要求终端只能 08 时～18 时可以访问互联网。

【重点速记】

R1 上全局地址池按要求配置好；R1 创建时间段并在 ACL 下引用；R1 上对广域出口出方向做源地址转换；R1 上需要写缺省路由。

（1）R1 配置：

```
#
 sysname R1
#
ip pool NW
 gateway-list 192.168.1.254
 network 192.168.1.0 mask 255.255.255.0
 excluded-ip-address 192.168.1.253
 lease day 7 hour 0 minute 0
 dns-list 11.11.11.11 22.22.22.22
#
#
 interface GigabitEthernet0/0/1
 ip address 192.168.1.254 255.255.255.0
 dhcp select global
#
time-range daytime 08: 00 to 18: 00 daily
#
acl number 2001
rule 10 permit source 192.168.1.0 0.0.0.255 time-range daytime
#
```

```
interface GigabitEthernet0/0/0
 ip address 10.0.12.1 255.255.255.252
 nat outbound 2001
#
ip route-static 0.0.0.0 0.0.0.0 10.0.12.2
```

（2）R2 配置：

```
#
 sysname R2
#
interface GigabitEthernet0/0/0
 ip address 10.0.12.2 255.255.255.252
#
interface LoopBack0
 ip address 8.8.8.8 255.255.255.255
```

（3）PC1 开启 IPv4 DHCP。

12. OSPF 单区域配置。网络拓扑如图 2-11 所示。

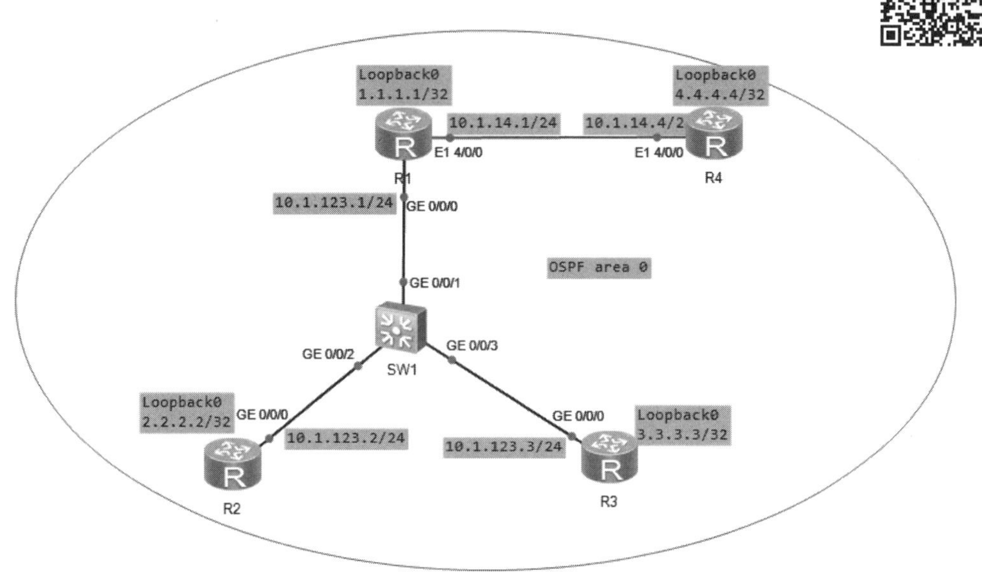

图 2-11　OSPF 单区域配置

说明：

（1）R1、R2、R3 通过 SW1 二层互联，SW1 仅作二层转发，R4 与 R1 通过 2M 接口互联，同时 R4 需要对 R1 建立 ppp 进行 chap 验证，用户名 bx，口令 lnbxusr。

（2）R1、R2、R3、R4 位于单一的 OSPF area0 骨干区域运行 OSPF，设备各自的环回接口及互联接口地址如图 2-11 所示。

（3）现要求做好基本配置及 PPP 验证配置，完善 OSPF 配置，达到全网可互通，同时要求 R1、R2、R3 之间的 DR 固定为 R1，调整 R1 与 R4 之间 OSPF 的 hello 报文发送时间间隔为 3s。

【重点速记】

R1 需要创建 PPP 3A 账号；R4 直接在接口下指定 PPP 账号口令；DR 优先级为 0 的路由器不参与 DR 选举；调整 OSPF 时间参数在接口视图下配置。

（1）R1 配置：

```
#
 sysname R1
#
interface LoopBack0
 ip address 1.1.1.1 255.255.255.255
#
interface GigabitEthernet0/0/0
 ip address 10.1.123.1 255.255.255.0
#
interface Serial4/0/0
 link-protocol ppp
 ppp authentication-mode chap
 ppp chap user bx
 ip address 10.1.14.1 255.255.255.0
 ospf timer hello 3
#
aaa
 local-user bx password cipher lnbxusr
 local-user bx service-type ppp
#
ospf 1 router id 1.1.1.1
 area 0.0.0.0
  network 1.1.1.1 0.0.0.0
  network 10.1.14.0 0.0.0.255
  network 10.1.123.0 0.0.0.255
```

（2）R2 配置：

```
#
interface LoopBack0
 ip address 2.2.2.2 255.255.255.255
#
interface GigabitEthernet0/0/0
 ip address 10.1.123.2 255.255.255.0
 ospf dr-priority 0
#
ospf 1 router-id 2.2.2.2
 area 0.0.0.0
  network 2.2.2.2 0.0.0.0
  network 10.1.123.0 0.0.0.255
```

（3）R3 配置：

```
#
interface LoopBack0
 ip address 3.3.3.3 255.255.255.255
#
```

```
interface GigabitEthernet0/0/0
 ip address 10.1.123.3 255.255.255.0
 ospf dr-priority 0
#
ospf 1 router-id 3.3.3.3
 area 0.0.0.0
  network 3.3.3.3 0.0.0.0
  network 10.1.123.0 0.0.0.255
```

（4）R4 配置：

```
#
interface LoopBack0
 ip address 4.4.4.4 255.255.255.255
#
interface Serial4/0/0
 link-protocol ppp
 ppp chap user bx
 ppp chap password cipher lnbxusr
 ip address 10.1.14.4 255.255.255.0
 ospf timer hello 3
#
ospf 1 router-id 4.4.4.4
 area 0.0.0.0
  network 4.4.4.4 0.0.0.0
  network 10.1.14.0 0.0.0.255
```

13．OSPF 多区域配置。OSPF 多区域配置如图 2-12 所示。

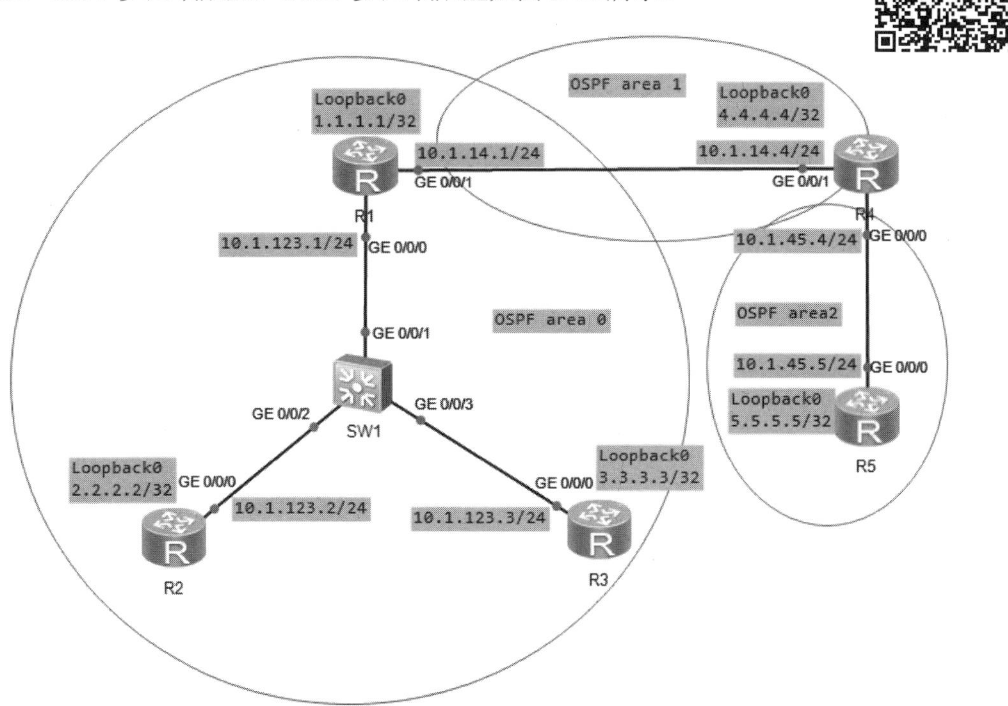

图 2-12 OSPF 多区域配置

说明：

（1）R1、R2、R3 通过 SW1 二层互联，SW1 仅作二层转发，R4 与 R1、R4 与 R5 通过以太网接口互联，R1、R2、R3 位于 OSPF area0 骨干区域，R1-R4 位于 OSPF area 1 区域内，R4-R5 位于 OSPF area2 区域内，R1 的环回口在 area0，R4 的环回口在 area1，环回接口及互联接口地址如图 2-12 所示。

（2）现要求做好基础配置及 OSPF 配置，要求全网地址可互通，同时要求 R1 与 R4 之间不允许选举 DR，R4 与 R5 之间开启 OSPF 接口 MD5 认证，口令 lnbxusr。

【重点速记】

P2P 网络中 OSPF 中不选举 DR；区域 2 与区域 1 之间没有物理连接需要通过虚连接方式互联。

（1）R1 配置：

```
#
 sysname R1
#
interface LoopBack0
 ip address 1.1.1.1 255.255.255.255
#
interface GigabitEthernet0/0/0
 ip address 10.1.123.1 255.255.255.0
#
interface GigabitEthernet0/0/1
 ip address 10.1.14.1 255.255.255.0
 ospf network-type p2p
#
ospf 1 router-id 1.1.1.1
 area 0.0.0.0
  network 1.1.1.1 0.0.0.0
  network 10.1.123.0 0.0.0.255
 area 0.0.0.1
  network 10.1.14.0 0.0.0.255
  vlink-peer 4.4.4.4
```

（2）R2 配置：

```
#
 sysname R2
#
interface LoopBack0
 ip address 2.2.2.2 255.255.255.255
#
interface GigabitEthernet0/0/0
 ip address 10.1.123.2 255.255.255.0
#
ospf 1 router-id 2.2.2.2
 area 0.0.0.0
  network 2.2.2.2 0.0.0.0
  network 10.1.123.0 0.0.0.255
```

（3）R3 配置：

```
#
 sysname R3
#
interface LoopBack0
 ip address 3.3.3.3 255.255.255.255
#
interface GigabitEthernet0/0/0
 ip address 10.1.123.3 255.255.255.0
#
ospf 1 router-id 3.3.3.3
 area 0.0.0.0
  network 3.3.3.3 0.0.0.0
  network 10.1.123.0 0.0.0.255
```

（4）R4 配置：

```
#
 sysname R4
#
interface LoopBack0
 ip address 4.4.4.4 255.255.255.255
#
interface GigabitEthernet0/0/1
 ip address 10.1.14.4 255.255.255.0
 ospf network-type p2p
#
interface GigabitEthernet0/0/0
 ip address 10.1.45.4 255.255.255.0
 ospf authentication-mode md5 1 cipher lnbxusr
#
ospf 1 router-id 4.4.4.4
 area 0.0.0.1
  network 4.4.4.4 0.0.0.0
  network 10.1.14.0 0.0.0.255
  vlink-peer 1.1.1.1
 area 0.0.0.2
  network 10.1.45.0 0.0.0.255
```

（5）R5 配置：

```
#
 sysname R5
#
interface LoopBack0
 ip address 5.5.5.5 255.255.255.255
#
interface GigabitEthernet0/0/0
 ip address 10.1.45.5 255.255.255.0
 ospf authentication-mode md5 1 cipher lnbxusr
#
ospf 1 router-id 5.5.5.5
```

```
 area 0.0.0.2
  network 5.5.5.5 0.0.0.0
  network 10.1.45.0 0.0.0.255
```

14．OSPF 特殊区域配置。OSPF 特殊区域配置如图 2-13 所示。

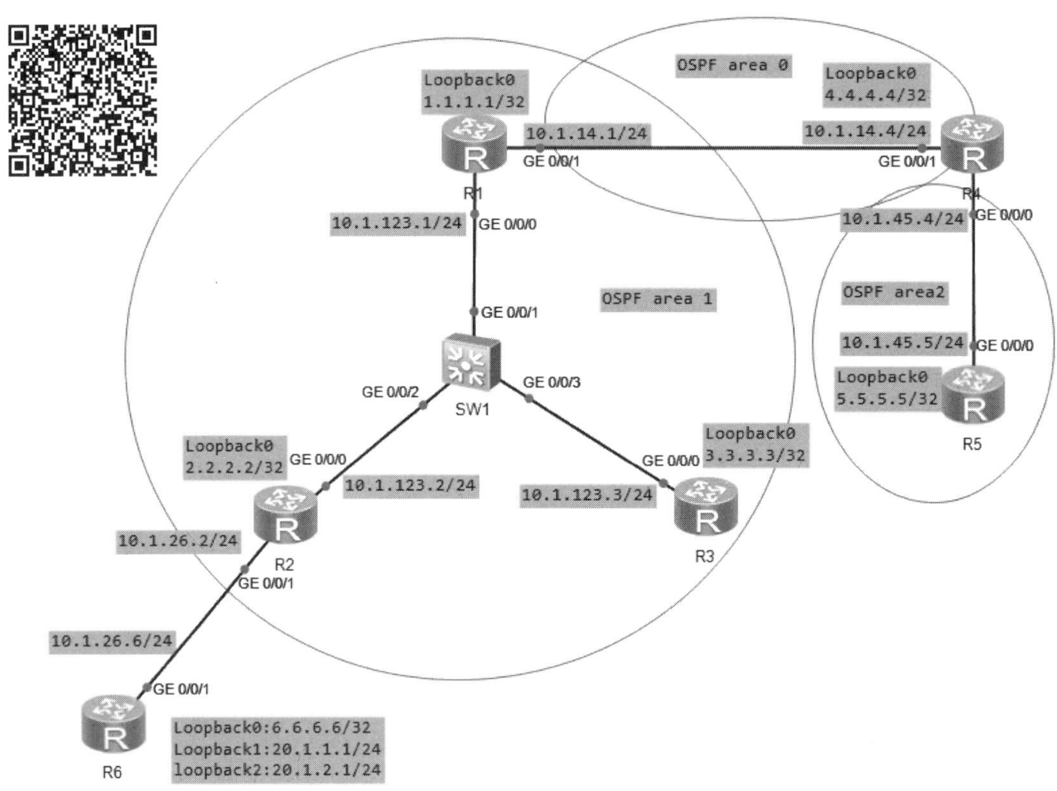

图 2-13　OSPF 特殊区域配置

说明：

（1）R1、R2、R3 通过 SW1 二层互联，SW1 仅作二层转发，R4 与 R1、R4 与 R5、R2 与 R6 通过以太网接口互联，R1-R4 位于 OSPF area0 骨干区域，R1、R2、R3 位于 OSPF area1 区域，R4-R5 位于 OSPF area 2 区域内，R1 的环回口在 area1，R4 的环回口在 area0，R6 与 R2 的互联网段及 R6 的环回接口网段在 R2 上以外部路由形式引入 OSPF，area1 区域为 NSSA 区域、area2 区域为 Stub 区域，环回接口及互联接口地址如图所示，接口 IP 地址基础配置已预配好。

（2）现要求完善好 OSPF 配置，要求全网地址可互通。

【重点速记】

NSSA 区域里所有路由器对应的区域视图下都要配 NSSA 参数；stub 区域里所有路由器对应的区域视图下都要配 stub 参数；R6 上需写缺省路由。

（1）R1 配置：

```
#
ospf 1 router-id 1.1.1.1
```

```
 area 0.0.0.0
  network 10.1.14.0 0.0.0.255
 area 0.0.0.1
  network 1.1.1.1 0.0.0.0
  network 10.1.123.0 0.0.0.255
  Nssa
```

（2）R2 配置：

```
#
ospf 1 router-id 2.2.2.2
 import-route direct route-policy dir-to-ospf
 import-route static
 area 0.0.0.1
  network 2.2.2.2 0.0.0.0
  network 10.1.123.0 0.0.0.255
  nssa
#
route-policy dir-to-ospf permit node 10
 if-match interface GigabitEthernet0/0/1
#
ip route-static 6.6.6.6 255.255.255.255 10.1.26.6
ip route-static 20.1.1.0 255.255.255.0 10.1.26.6
ip route-static 20.1.2.0 255.255.255.0 10.1.26.6
#
```

（3）R3 配置：

```
#
ospf 1 router-id 3.3.3.3
 area 0.0.0.1
  network 3.3.3.3 0.0.0.0
  network 10.1.123.0 0.0.0.255
  nssa
#
```

（4）R4 配置：

```
#
ospf 1 router-id 4.4.4.4
 area 0.0.0.0
  network 4.4.4.4 0.0.0.0
  network 10.1.14.0 0.0.0.255
 area 0.0.0.2
  network 10.1.45.0 0.0.0.255
  stub
#
```

（5）R5 配置：

```
#
ospf 1 router-id 5.5.5.5
 area 0.0.0.2
  network 5.5.5.5 0.0.0.0
```

```
  network 10.1.45.0 0.0.0.255
  stub
#
```

（6）R6 配置：

```
#
ip route-static 0.0.0.0 0.0.0.0 10.1.26.2
```

15．OSPF 路由汇总与过滤。OSPF 路由汇总与过滤如图 2-14 所示。

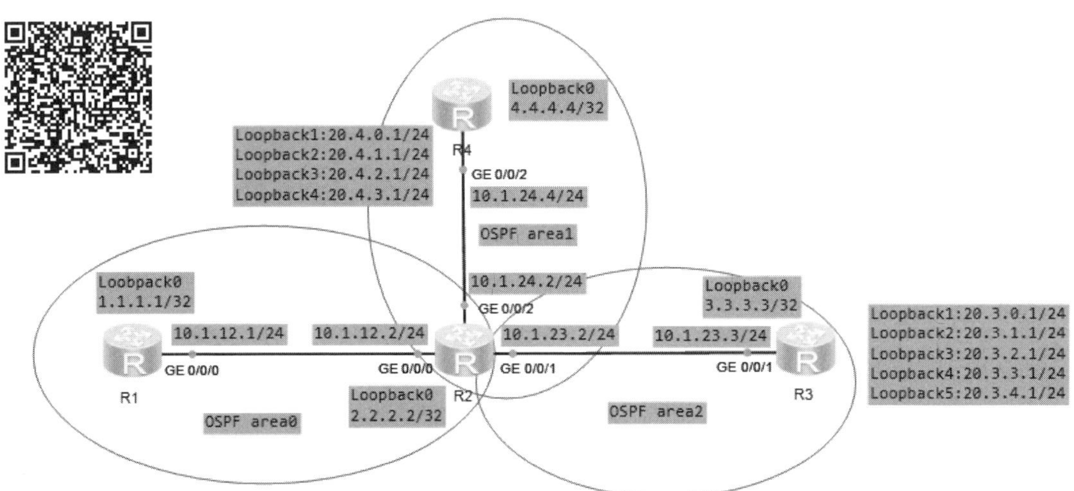

图 2-14　OSPF 路由汇总与过滤

说明：

（1）R1-R2 位于 OSPF area0 骨干区域，R2-R4 位于 OSPF area1 区域，R2-R3 位于 OSPF area2 区域，R2 的 Loopback0 接口位于 area0 区域。互联网段地址及设备各自环回口地址如图所示，所有设备接口 IP 地址已预配置好，R4 上的 Loopback1-4 接口地址网段作为 OSPF 内部路由发布且需要保留原始掩码，R3 的 Loopback1-5 接口地址网段作为 OSPF 外部路由引入。

（2）请完善 OSPF 配置，同时要求 area0 上对于 R4 Loopback1-4 只能看到其最佳汇总网段。R1、R2、R4 上对于 R3 的 Loopback1-4 只能看到其最佳汇总网段，看不到 R3 的 Loopback5 网段，请在 R3 上做优化配置。

【重点速记】

非 32 位地址的 Loopback 接口应将网络类型改成广播类型网络，OSPF 宣告出去的网段路由才会携带原始掩码；在 R2 上对区域 1 做 ABR 路由汇总；在 R3 上做 ASBR 路由汇总，同时调用 IP 前缀列表，向 OSPF 域只发布 R3 的 Loopback1-4 的汇总网段。

（1）R1 配置：

```
#
ospf 1 router-id 1.1.1.1
```

```
 area 0.0.0.0
  network 1.1.1.1 0.0.0.0
  network 10.1.12.0 0.0.0.255
#
```

（2）R2 配置：

```
#
ospf 1 router-id 2.2.2.2
 area 0.0.0.0
  network 2.2.2.2 0.0.0.0
  network 10.1.12.0 0.0.0.255
 area 0.0.0.1
  abr-summary 20.4.0.0 255.255.252.0
  network 10.1.24.0 0.0.0.255
area 0.0.0.2
  network 10.1.23.0 0.0.0.255
#
```

（3）R3 配置：

```
#
ospf 1 router-id 3.3.3.3
 asbr-summary 20.3.0.0 255.255.252.0
 filter-policy ip-prefix loopback1-4 export
 import-route direct route-policy dir-to-ospf
 area 0.0.0.2
  network 3.3.3.3 0.0.0.0
  network 10.1.23.0 0.0.0.255
#
route-policy dir-to-ospf permit node 10
 if-match interface LoopBack1
 if-match interface LoopBack2
 if-match interface LoopBack3
 if-match interface LoopBack4
 if-match interface LoopBack5
#
ip ip-prefix loopback1-4 index 10 permit 20.3.0.0 22 greater-equal 24 less-
equal 24
#
```

（4）R4 配置：

```
#
interface LoopBack1
  ospf network-type broadcast
#
interface LoopBack2
 ospf network-type broadcast
#
interface LoopBack3
  ospf network-type broadcast
#
```

```
interface LoopBack4
  ospf network-type broadcast
#
ospf 1 router-id 4.4.4.4
 area 0.0.0.1
  network 4.4.4.4 0.0.0.0
  network 10.1.24.0 0.0.0.255
  network 20.4.0.0 0.0.0.255
  network 20.4.1.0 0.0.0.255
  network 20.4.2.0 0.0.0.255
  network 20.4.3.0 0.0.0.255
#
```

16. ISIS 基础配置。ISIS 基础配置如图 2-15 所示。

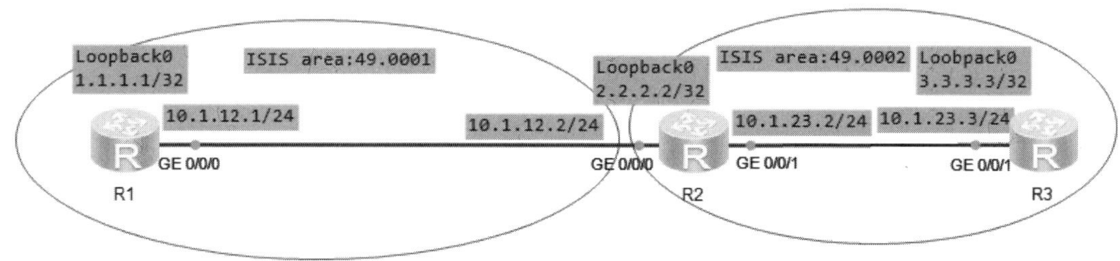

图 2-15 ISIS 基础配置

说明：

（1）R1-R2-R3 通过以太网链路连接，全网通过 ISIS 协议打通 IGP 路由，R1 位于区域 49.0001，R2-R3 位于区域 49.0002 上，设备 system ID 采用 Loopback0 接口地址补 0 方式取，R1 是 level-2 路由器，R3 是 level-1 路由器，设备互联 IP 地址及环回口地址如图 2-15 所示。

（2）请完善基础配置及 ISIS 配置，达到全网可互通，同时要求 R2-R3 之间不允许存在 DIS，且只用可靠的方式建立邻居关系。

【重点速记】

R1 是 level-2 路由器，R3 是 level-1 路由器，那么 R2 必定是 level-1-2 路由器；R2-R3 之间不允许存在 DIS，可以将网络类型改为 P2P；只用可靠方式建立邻居关系，可以将 PPP 协商改成强制三次握手。

（1）R1 配置：

```
#
 sysname R1
#
isis 1
 is-level level-2
 network-entity 49.0001.0010.0100.1001.00
#
interface LoopBack0
 ip address 1.1.1.1 255.255.255.255
```

```
 isis enable 1
#
interface GigabitEthernet0/0/0
 ip address 10.1.12.1 255.255.255.0
 isis enable 1
```

(2）R2 配置：

```
#
 sysname R2
#
isis 1
 network-entity 49.0002.0020.0200.2002.00
#
interface LoopBack0
 ip address 2.2.2.2 255.255.255.255
 isis enable 1
#
interface GigabitEthernet0/0/0
 ip address 10.1.12.2 255.255.255.0
 isis enable 1
 isis circuit-level level-2
#
interface GigabitEthernet0/0/1
 ip address 10.1.23.2 255.255.255.0
 isis enable 1
 isis circuit-type p2p
 isis circuit-level level-1
 isis ppp-negotiation 3-way only
#
```

(3）R3 配置：

```
#
 sysname R3
#
isis 1
 is-level level-1
 network-entity 49.0002.0030.0300.3003.00
#
interface LoopBack0
 ip address 3.3.3.3 255.255.255.255
 isis enable 1
#
interface GigabitEthernet0/0/1
 ip address 10.1.23.3 255.255.255.0
 isis enable 1
 isis circuit-type p2p
 isis ppp-negotiation 3-way only
#
```

17. ISIS 增强配置。ISIS 增强配置如图 2-16 所示。

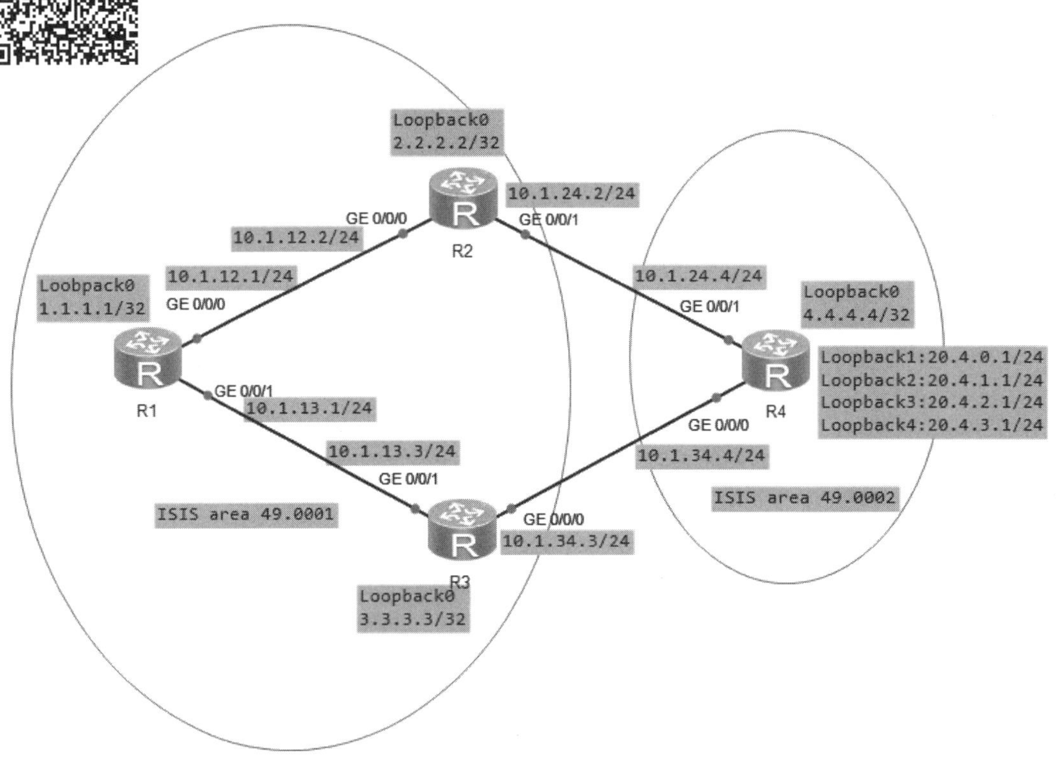

图 2-16　ISIS 增强配置

说明：

（1）R1-R2-R3-R4 通过以太网链路口字形互联，全网 IGP 采用 ISIS 协议，设备 system ID 采用 Loopback0 接口地址补 0 方式取，R1、R2、R3 位于 ISIS area 49.0001 区域内，R4 位于 ISIS 49.0002 区域内，R1 是 level-1 路由器，R4 是 level-2 路由器，R4 的 loopback1-4 接口地址网段路由以外部路由明细形式引入 ISIS 中。设备互联 IP 及环回口 IP 地址如图 2-16 所示，基础 IP 地址已做好预配置。

（2）请完善 ISIS 配置，要求 R1 上能学到 R4 的 Loopback1-4 的最佳汇总路由，同时 R1 访问 R4 来回双向路径优选 R1-R2-R4 这条路，当该路径故障时能自动切换至绕行 R3，正好当前 R2 在远程检修，请采取措施，R1 访问 R4 可以迂回 R3，但 R2 仍能被远程访问。

【重点速记】

由于后续要通过对路由条目打上 tag 管理标记，这里将所有设备的 ISIS 开销类型改成 wide 模式；由于要让 R1 上看到 R4 level-2 区域上的网段路由，而 R1 在 level-1 的区域内，需要在 R2、R3 上精确将 level-2 上的路由渗透到 level-1 上，同时对路由进行聚合；R2 在检修状态，可以置 ISIS 过载位。

（1）R1 配置：

```
#
isis 1
```

```
 is-level level-1
 cost-style wide
 network-entity 49.0001.0010.0100.1001.00
#
interface GigabitEthernet0/0/0
 isis enable 1
 isis cost 1000 level-1
#
interface GigabitEthernet0/0/1
 isis enable 1
 isis cost 1000 level-1
#
interface LoopBack0
 isis enable 1
#
```

（2）R2 配置：

```
#
route-policy tag100 permit node 10
 if-match tag 100
#
isis 1
 cost-style wide
 network-entity 49.0001.0020.0200.2002.00
 import-route isis level-2 into level-1 filter-policy route-policy tag100
 set-overload
 summary 20.4.0.0 255.255.252.0 level-1 avoid-feedback
#
interface GigabitEthernet0/0/0
 isis enable 1
 isis circuit-level level-1
 isis cost 1000 level-1
#
interface GigabitEthernet0/0/1
 isis enable 1
 isis circuit-level level-2
 isis cost 1000 level-2
#
interface LoopBack0
 isis enable 1
#
```

（3）R3 配置：

```
#
route-policy tag100 permit node 10
 if-match tag 100
#
isis 1
 cost-style wide
 network-entity 49.0001.0030.0300.3003.00
```

```
 import-route isis level-2 into level-1 filter-policy route-policy tag100
 summary 20.4.0.0 255.255.252.0 level-1 avoid-feedback
#
interface GigabitEthernet0/0/0
 isis enable 1
 isis circuit-level level-2
 isis cost 2000 level-2
#
interface GigabitEthernet0/0/1
 isis enable 1
 isis circuit-level level-1
 isis cost 2000 level-1
#
interface LoopBack0
 isis enable 1
#
```

（4）R4 配置：

```
#
route-policy dir-to-isis permit node 10
 if-match interface LoopBack1
 if-match interface LoopBack2
 if-match interface LoopBack3
 if-match interface LoopBack4
#
isis 1
 is-level level-2
 cost-style wide
 network-entity 49.0002.0040.0400.4004.00
 import-route direct tag 100 route-policy dir-to-isis
#
interface GigabitEthernet0/0/0
 isis enable 1
 isis cost 2000 level-2
#
interface GigabitEthernet0/0/1
 isis enable 1
 isis cost 1000 level-2
#
#
interface LoopBack0
 isis enable 1
#
```

18．BGP 综合配置。BGP 综合配置如图 2-17 所示。

说明：

（1）R4-R1-R2-R3-R5 通过以太网接口链路互联，设备互联接口及环回口地址如图 2-17 所示，基础 IP 地址已预配置好。

（2）R1-R2-R3 之间 IGP 通过 OSPF 单区域打通，R1-R2-R3 之间位于 BGP AS100 域内，R4 与 R5 分别位于 AS200 与 AS300 内。

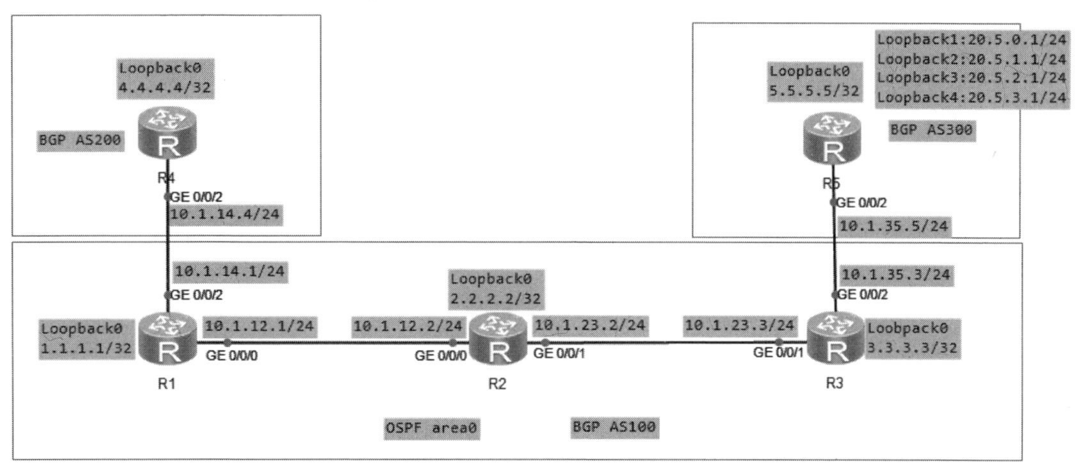

图 2-17　BGP 综合配置

（3）R1-R2 及 R2-R3 通过环回口建 IBGP 邻居，R1-R3 之间不建 BGP 邻居，R1-R4 及 R3-R5 通过直连接口建 EBGP 邻居。R4 的 Loopback0 接口地址段路由通过直接引入方式发布到 BGP 中，R5 的 Loopback0-4 接口地址网段路由通过 network 发布至 BGP 中，并且在 R1-R2 上对 R5 的 Loopback1-4 接口网段只看到最佳汇总路由，Loopback1-4 地址路由（包括其汇总的路由）不允许发布到 AS200 中，R4-R5 的 Loopback0 地址互相 IP 可达。

（4）请按要求完善配置。

【重点速记】

R2 需要对 R1、R3 做反射；在 R1、R3 上需要对 R2 配置将一下跳改为自己；不将路由发布出 AS，可以对路由添加 no-export 属性。

（1）R1 配置：

```
#
ospf 1 router-id 1.1.1.1
 area 0.0.0.0
  network 1.1.1.1 0.0.0.0
  network 10.1.12.0 0.0.0.255
#
#
bgp 100
 peer 2.2.2.2 as-number 100
 peer 2.2.2.2 connect-interface LoopBack0
 peer 10.1.14.4 as-number 200
#
ipv4-family unicast
  undo synchronization
  peer 2.2.2.2 enable
  peer 2.2.2.2 next-hop-local
  peer 10.1.14.4 enable
```

（2）R2 配置：

```
#
```

```
ospf 1 router-id 2.2.2.2
 area 0.0.0.0
  network 2.2.2.2 0.0.0.0
  network 10.1.12.0 0.0.0.255
  network 10.1.23.0 0.0.0.255
#
#
bgp 100
 peer 1.1.1.1 as-number 100
 peer 1.1.1.1 connect-interface LoopBack0
 peer 3.3.3.3 as-number 100
 peer 3.3.3.3 connect-interface LoopBack0
#
ipv4-family unicast
  undo synchronization
  peer 1.1.1.1 enable
  peer 1.1.1.1 reflect-client
  peer 1.1.1.1 advertise-community
  peer 3.3.3.3 enable
  peer 3.3.3.3 reflect-client
#
```

（3）R3 配置：

```
#
ospf 1 router-id 3.3.3.3
 area 0.0.0.0
  network 3.3.3.3 0.0.0.0
  network 10.1.23.0 0.0.0.255
#
ip ip-prefix R5-loopback1-4 index 10 permit 20.5.0.0 22 greater-equal 22 less-equal 24
#
#
route-policy no-export permit node 10
 if-match ip-prefix R5-loopback1-4
 apply community no-export
#
route-policy no-export permit node 20
#
bgp 100
 peer 2.2.2.2 as-number 100
 peer 2.2.2.2 connect-interface LoopBack0
 peer 10.1.35.5 as-number 300
#
ipv4-family unicast
  undo synchronization
  aggregate 20.5.0.0 255.255.252.0 detail-suppressed
  peer 2.2.2.2 enable
  peer 2.2.2.2 route-policy no-export export
```

```
  peer 2.2.2.2 next-hop-local
  peer 2.2.2.2 advertise-community
  peer 10.1.35.5 enable
#
```

（4）R4 配置：

```
#
ip ip-prefix l0 index 10 permit 4.4.4.4 32
#
#
route-policy l0 permit node 10
 if-match ip-prefix l0
#
bgp 200
 peer 10.1.14.1 as-number 100
#
ipv4-family unicast
  undo synchronization
  import-route direct route-policy l0
  peer 10.1.14.1 enable
#
```

（5）R5 配置：

```
#
bgp 300
 peer 10.1.35.3 as-number 100
#
ipv4-family unicast
  undo synchronization
  network 5.5.5.5 255.255.255.255
  network 20.5.0.0 255.255.255.0
  network 20.5.1.0 255.255.255.0
  network 20.5.2.0 255.255.255.0
  network 20.5.3.0 255.255.255.0
  peer 10.1.35.3 enable
#
```

19. BGP 控制选路配置。网络拓扑如图 2-18 所示。

说明：

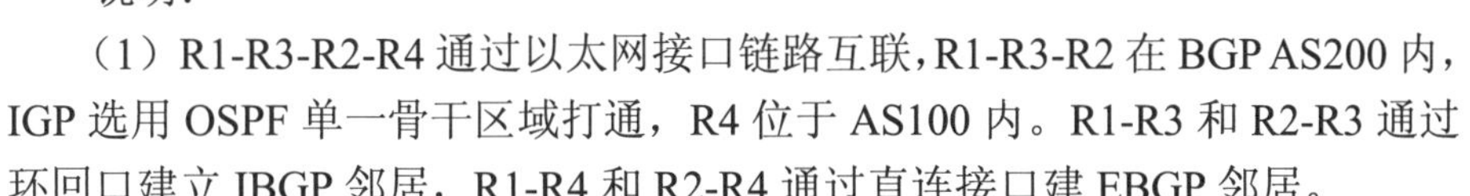

（1）R1-R3-R2-R4 通过以太网接口链路互联，R1-R3-R2 在 BGP AS200 内，IGP 选用 OSPF 单一骨干区域打通，R4 位于 AS100 内。R1-R3 和 R2-R3 通过环回口建立 IBGP 邻居，R1-R4 和 R2-R4 通过直连接口建 EBGP 邻居。

（2）R3 的 Loopabck1 环回口通过引入方式发布到 BGP 中，R4 的环回口通过 network 方式发布到 BGP 中，基础 IP 配置已预配置好。

（3）请完善 IGP、BGP 配置，并在 R1、R2 上通过操作 MED 和 local-preference 属性，控制选路，使 R3（loopback1）-R4（loopback0）的环回口地址互访优先走 R3-R1-R4 这条路径。

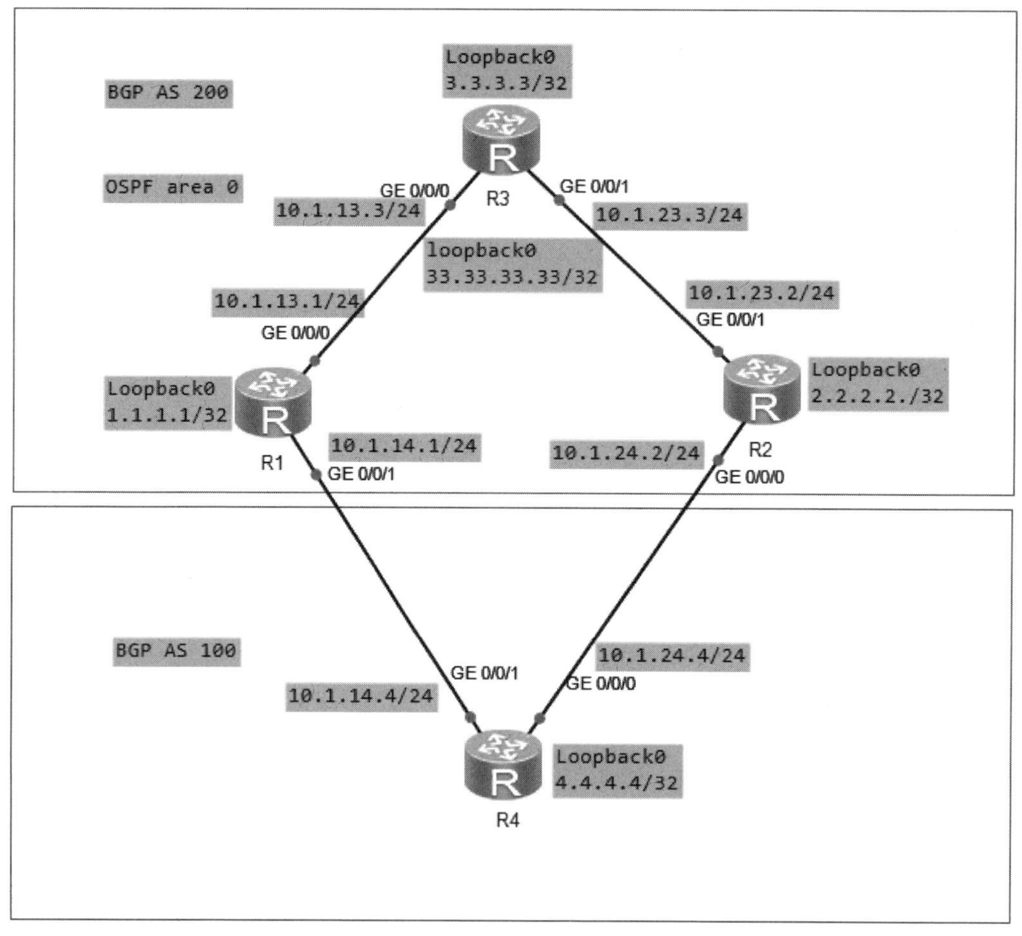

图 2-18　BGP 控制选路配置

【重点速记】

首先在 R1、R2、R3 上通过 OSPF 打通底层 IGP；为了使 R3-R4 之间互访优先走 R1，可以在 R1 对 R3 BGP 出方向应用策略调大 local-preference 值，在 R2 对 R4 的 BGP 出方向调大 MED 值。

（1）R1 配置：

```
#
ospf 1 router-id 1.1.1.1
 area 0.0.0.0
  network 1.1.1.1 0.0.0.0
  network 10.1.13.0 0.0.0.255
#
route-policy add-loc-pre permit node 10
 apply local-preference 200
#
bgp 200
 peer 3.3.3.3 as-number 200
 peer 3.3.3.3 connect-interface LoopBack0
```

```
 peer 10.1.14.4 as-number 100
#
ipv4-family unicast
  undo synchronization
  peer 3.3.3.3 enable
  peer 3.3.3.3 route-policy add-loc-pre export
  peer 3.3.3.3 next-hop-local
  peer 10.1.14.4 enable
#
```

（2）R2 配置：

```
#
ospf 1 router-id 2.2.2.2
 area 0.0.0.0
  network 2.2.2.2 0.0.0.0
  network 10.1.23.0 0.0.0.255
#
#
route-policy add-med permit node 10
 apply cost + 1000
#
bgp 200
 peer 3.3.3.3 as-number 200
 peer 3.3.3.3 connect-interface LoopBack0
 peer 10.1.24.4 as-number 100
#
ipv4-family unicast
  undo synchronization
  peer 3.3.3.3 enable
  peer 3.3.3.3 next-hop-local
  peer 10.1.24.4 enable
  peer 10.1.24.4 route-policy add-med export

#
```

（3）R3 配置：

```
#
ospf 1 router-id 3.3.3.3
 area 0.0.0.0
  network 3.3.3.3 0.0.0.0
  network 10.1.13.0 0.0.0.255
  network 10.1.23.0 0.0.0.255
#
#
ip ip-prefix l1 index 10 permit 33.33.33.33 32
#
#
route-policy dir-to-bgp permit node 10
if-match ip-prefix l1
#
```

```
bgp 200
 peer 1.1.1.1 as-number 200
 peer 1.1.1.1 connect-interface LoopBack0
 peer 2.2.2.2 as-number 200
 peer 2.2.2.2 connect-interface LoopBack0
#
ipv4-family unicast
  undo synchronization
  import-route direct route-policy dir-to-bgp
  peer 1.1.1.1 enable
  peer 2.2.2.2 enable
#
```

（4）R4 配置：

```
#
bgp 100
 peer 10.1.14.1 as-number 200
 peer 10.1.24.2 as-number 200
#
ipv4-family unicast
  undo synchronization
  network 4.4.4.4 255.255.255.255
  peer 10.1.14.1 enable
  peer 10.1.24.2 enable
#
```

20．MPLS VPN 基础配置。MPLS VPN 基础配置如图 2-19 所示。

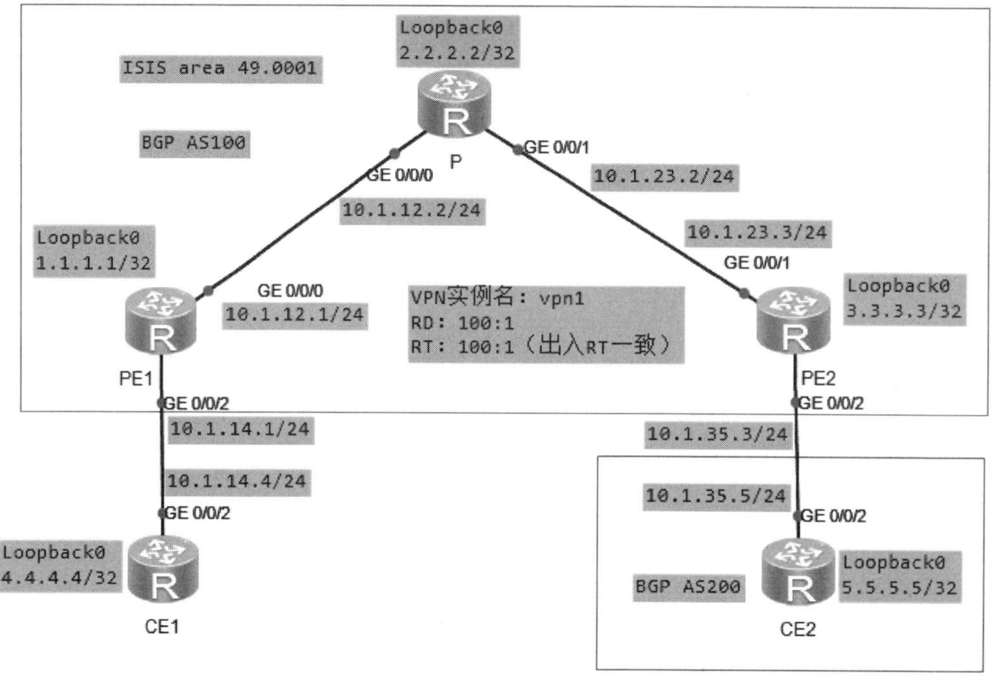

图 2-19　MPLS VPN 基础配置

说明：

（1）PE1-P-PE2 位于 BGP AS100 内，IGP 采用 ISIS，区域号为 49.0001，全部为 level-2 路由器。

（2）CE1 下挂 PE1，CE2 下挂 PE2，CE2 位于 AS200 内。PE1-PE2 通过 LoopBack0 接口建立 IBGP 邻居，PE2-CE2 通过直连接口建立 EBGP 邻居。CE1 与 PE1 通过静态路由方式互联。

（3）PE1-PE2 创建一个 VPN 实例，VPN 实例名：vpn1，RD 值 100：1，RT 值 100：1（出入 RT 值相同）。CE1、CE2 都属于 vpn1，CE1-CE2 的环回口地址需要穿越 AS100 的 MPLS VPN 网络互相通信。设备底层 IP 及 AS100 内的 ISIS IGP 预配置已完成。

（4）请完善 MP-BGP MPLS VPN 配置。

【重点速记】

在 PE1、PE2 上创建 VPN 实例，在连接 CE 的接口上绑定该 VPN 实例，并重新配置 IP 地址；在 PE1、P、PE2 上开启 MPLS 及 MPLS LDP，打通 LSP 隧道；PE1-PE2 之间建 IBGP VPNV4 邻居；PE1 上写指向 CE1 的 VPN 实例下的静态路由，然后将其在 BGP VPN 实例视图下引入；PE2 在 BGP VPN 实例视图下创建与 CE2 的 EBGP 邻居，CE 在 BGP IPv4 地址族视图下创建与 PE2 的 EBGP 邻居，CE2 上通过 EBGP 发布自己环回口地址路由。

（1）PE1 配置：

```
#
ip vpn-instance vpn1
 ipv4-family
  route-distinguisher 100: 1
  vpn-target 100: 1 export-extcommunity
  vpn-target 100: 1 import-extcommunity
#
#
interface GigabitEthernet0/0/2
 ip binding vpn-instance vpn1
 ip address 10.1.14.1 255.255.255.0
#
#
ip route-static vpn-instance vpn1 4.4.4.4 255.255.255.255 10.1.14.4
#
mpls lsr-id 1.1.1.1
mpls
#
mpls ldp
#
interface GigabitEthernet0/0/0
 mpls
 mpls ldp
#
#
bgp 100
 undo default ipv4-unicast
 peer 3.3.3.3 as-number 100
```

```
 peer 3.3.3.3 connect-interface LoopBack0
#
ipv4-family unicast
  undo synchronization
  undo peer 3.3.3.3 enable
#
ipv4-family vpnv4
  policy vpn-target
  peer 3.3.3.3 enable
#
ipv4-family vpn-instance vpn1
  import-route static
#
```

（2）P 配置：

```
#
mpls lsr-id 2.2.2.2
mpls
#
mpls ldp
#
interface GigabitEthernet0/0/0
 mpls
 mpls ldp
#
interface GigabitEthernet0/0/1
 mpls
 mpls ldp
#
```

（3）PE2 配置：

```
#
ip vpn-instance vpn1
 ipv4-family
  route-distinguisher 100: 1
  vpn-target 100: 1 export-extcommunity
  vpn-target 100: 1 import-extcommunity
#
interface GigabitEthernet0/0/2
 ip binding vpn-instance vpn1
 ip address 10.1.35.3 255.255.255.0
#
#
mpls lsr-id 3.3.3.3
mpls
#
mpls ldp
#
#
interface GigabitEthernet0/0/1
```

```
 mpls
 mpls ldp
#
bgp 100
 undo default ipv4-unicast
peer 1.1.1.1 as-number 100
peer 1.1.1.1 connect-interface LoopBack0
#
ipv4-family unicast
  undo synchronization
  undo peer 1.1.1.1 enable
#
ipv4-family vpnv4
  policy vpn-target
  peer 1.1.1.1 enable
#
ipv4-family vpn-instance vpn1
  peer 10.1.35.5 as-number 200
#
```

（4）CE1 配置：

```
ip route-static 0.0.0.0 0 10.1.14.1
```

（5）CE2 配置：

```
#
bgp 200
 peer 10.1.35.3 as-number 100
#
ipv4-family unicast
  undo synchronization
  network 5.5.5.5 255.255.255.255
  peer 10.1.35.3 enable
#
```

第三节 云 平 台 运 维

章节摘要：本章题目涵盖云平台的基础概念、使用和运维相关知识。主要聚焦专有云运营管控台的相关使用，云平台基础产品包括虚拟私有网络（VPC）、云服务器（ECS）、对象存储（OSS）、负载均衡（SLB）、关系型数据库（RDS）等产品的配置和应用场景。针对云产品内部关键原理进行一定程度介绍，结合应用场景体现云产品能力，并对常见运维操作进行对应性阐述。

一、单项选择题

1．以下（　　）不是安全或灾备产品。

A．云盾　　B．异地多活　　C．云监控 CMS　　D．安全组

【参考答案】C

【解析】云监控服务可用于收集获取云资源的监控指标或用户自定义的监控指标，探测

服务可用性以及针对指标设置警报。帮助用户了解云上的资源使用情况、业务的运行状况和健康度，并及时收到异常报警做出反应，保证应用程序顺畅运行。云监控服务不是安全和灾备产品。

2. 对网络、设备、端口、虚电路或其他设施，（　　）是指单位时间内成功地传送数据的数量。

A. 块存储　　B. 吞吐量　　C. 负载量　　D. 带宽数量

【参考答案】B

【解析】吞吐量是指对网络、设备、端口、虚电路或其他设施，单位时间内成功地传送数据的数量（以比特、字节、分组等测量）。

3. 某公司正在推进企业信息化架构往互联网架构演进，想要把企业信息系统部署到云服务器 ECS 上，但出于对数据安全性的考虑，想要把数据存储在本地 IDC，该公司应该采用（　　）架构。

A. 混合云　　B. 私有云　　C. 公有云　　D. 专有云

【参考答案】A

【解析】私有云是指企业自建的云计算基础设施，其中所有的资源（包括硬件设备、软件系统和数据存储等）都属于该企业所有，并且只为该企业的员工提供服务；公有云是指由云计算服务商提供的云计算基础设施，其中所有的资源都由云计算服务商所有，并且可以为多个企业或个人提供服务；混合云是指既使用私有云资源，又使用公有云资源的云计算环境。混合云可以为企业提供灵活的云计算服务，同时也可以帮助企业在成本和安全性之间取得平衡。

4. 每个 VPC 都有一个独立的隧道号，一个隧道号对应着（　　）虚拟化网络。

A. 一个　　B. 两个　　C. 三个　　D. 多个

【参考答案】A

【解析】一个 VPC 内的 ECS 实例之间的传输数据包都会加上隧道封装，带有唯一的隧道号标识，然后通过物理网络上进行传输。不同 VPC 内的 ECS 实例由于所在的隧道号不同，本身处于两个不同的路由平面，因此不同 VPC 内的 ECS 实例无法进行通信，天然地进行了隔离。

5. 以下（　　）组件提供 K8S 的命令行功能。

A. Kubectl　　B. Kube-proxy　　C. Kubelet　　D. Kubetest

【参考答案】A

【解析】Kubernetes 提供 Kubectl 是使用 KubernetesAPI 与 Kubernetes 集群的控制面进行通信的命令行工具。

6. SLB 服务是（　　）产品面向多机方案的一个配套服务。

A. OSS　　B. RDS　　C. OTS　　D. ECS

【参考答案】D

【解析】负载均衡 SLB（server load balancer）是一种对流量进行按需分发的服务，通过将流量分发到不同的后端服务来扩展应用系统的服务吞吐能力，并且可以消除系统中的单点故障，提升应用系统的可用性。

7. 如果用户需要创建 SLB 实例，为了能够真正地实现应用的负载分担，那么要保证至少要有（　　）ECS 实例。

A．5 个　　B．2 个　　C．3 个　　D．1 个

【参考答案】B

【解析】至少 2 个 ECS 实例才可以实现负载分担。

8．某在线考试网站提供在线的认证考试服务，用户登录网站后，需要在 120min 时间内完成答卷。该网站使用了阿里云的云服务器 ECS 以及负载均衡 SLB 实现，上述场景中，如果要保持 120min 之内用户和服务器之间的连接不间断，可以通过负载均衡 SLB 的（　　）功能实现。

A．会话保持　　B．加权轮询　　C．弹性自愈　　D．会话同步

【参考答案】A

【解析】默认情况下，SLB 会将每个客户端请求分别分发至不同的后端服务器上。当开启了会话保持功能后，会话保持可以使来自同一客户端的请求被转发至同一台后端服务器上，方便后端服务器维护状态信息及向客户端提供持续体验。

9．阿里云的负载均衡 SLB 可以把用户请求分发到多台云服务器 ECS 实例上去，其中“加权轮询模式”的转发策略是指（　　）

A．将访问请求按照后端云服务器 ECS 实例的权重依次分发

B．将访问请求分发给目前负载最低的后端云服务器 ECS 实例

C．将等待最久的访问请求分发给后端云服务器池中处理能力最强的 ECS 实例

D．将优先级最高的访问请求优先分发给后端云服务器 ECS 实例

【参考答案】A

【解析】加权轮询（WRR）：权重值越高的后端服务器，被轮询到的概率越高。

轮询（RR）：按照访问顺序依次将外部请求分发到后端服务器。

10．一个阿里云负载均衡服务不包括（　　）。

A．用户　　B．负载均衡实例　　C．监听　　D．后端服务器

【参考答案】A

【解析】负载均衡服务必然包含负载均衡实例、监听及后端服务器。

11．以下云数据库 Redis 的默认端口正确的是（　　）。

A．3306　　B．5674　　C．443　　D．6379

【参考答案】D

【解析】Redis 默认服务端口为 6379。

12．RDS-MySQL 数据库四种特性，不包括（　　）。

A．原子性　　B．事务性　　C．一致性　　D．隔离性

【参考答案】B

【解析】事务的四大特性：

原子性（atomicity）：事务是数据库的逻辑工作单位，事务中包含的各操作要么都做，要么都不做。

一致性（consistency）：事务开始前和结束后，数据库的完整性约束没有被破坏。比如 A 向 B 转账，不可能 A 扣了钱，B 却没收到。

隔离型（isolation）：一个事务的执行不能被其他事务干扰。即一个事务内部的操作及使

用的数据对其他并发事务是隔离的，并发执行的各个事务之间不能互相干扰。

持久性（durability）：指一个事务一旦提交，它对数据库中的数据的改变就应该是永久性的。接下来的其他操作或故障不应该对其执行结果有任何影响。

13．关于备份和容灾的说法，以下不正确的是（　　）。

A．备份的成本通常比容灾高

B．备份一般通过快照、备份等技术构建数据的备份副本

C．容灾一般是通过复制技术在异地构建业务的备用主机和数据

D．容灾主要针对软硬件故障以及海啸、火灾、地震等重大自然灾害造成的业务中断

【参考答案】A

【解析】通常情况下，容灾的成本高于备份的成本。

14．RDS 白名单需要添加多个 IP 地址或 IP 段，请用（　　）符号隔开。

A．,　　B．;　　C．/　　D．;

【参考答案】A

【解析】格式要求，IP 地址或 IP 段使用逗号隔开。

15．阿里云的专有网络 VPC 中用于连接 VPC 内的各个交换机的设备是（　　）。

A．路由器　　B．负载均衡 SLB

C．云服务器 ECS　　D．路由表

【参考答案】A

【解析】路由器是专有网络的枢纽，作为专有网络中重要的功能组件，它可以连接 VPC 内的各个交换机，同时也是连接 VPC 和其他网络的网关设备。每个专有网络创建成功后，系统会自动创建一个路由器。一个 VPC 只有一台虚拟路由器。

16．阿里云专有网络 VPC 创建后，需要完成（　　）操作之后，才能够在专有网络内创建其他的云产品实例，如：云服务器、负载均衡和云数据库等。

A．配置网段地址　　B．创建交换机

C．设置路由表　　D．创建路由器

【参考答案】B

【解析】专有网络是用户独有的云上虚拟网络，用户可以将云资源部署在自定义的专有网络的交换机（子网）中。交换机（vSwitch）是组成专有网络的基础网络设备，用来连接不同的云资源实例。专有网络是地域级别的资源，专有网络不可以跨地域，但包含所属地域的所有可用区。

17．下面（　　）属于 VPC 产品的特性。

A．弱点扫描　　B．安全审计　　C．安骑士　　D．网络隔离

【参考答案】D

【解析】专有网络 VPC（virtual private cloud）是为私人使用而构建的隔离云网络。它允许客户在虚拟网络环境中逻辑地隔离云资源。

18．以下 EDAS 中管理的资源不包含（　　）。

A．ECS　　B．SLB　　C．VPC　　D．OSS

【参考答案】D

【解析】ECS、SLB、VPC 均属于 EDAS 可以管理的资源。

19．EDAS Agent 是安装在用户 ECS 上的 Daemon 程序，主要用于（　　）。

A．EDAS 服务与部署的 ECS 之间进行通信

B．负责文件在网络中的共享

C．EDAS 服务集群与部署在相应的 ECS 上的应用程序之间进行通信

D．跟踪管理系统信息和错误

【参考答案】C

【解析】EDAS Agent 是安装在用户 ECS 上的 Daemon 程序，主要用于 EDAS 服务集群与部署在相应的 ECS 上的应用程序之间进行通信。在运行的过程中主要承担应用管理、状态回报、信息获取等功能；同时也是 EDAS 控制台与用户应用程序之间信息沟通的主要桥梁。

20．ASCM 账号可以修改为（　　）。

A．账号　　　　B．AccessKey ID

C．密码　　　　D．AccessKey Secret

【参考答案】C

【解析】ASCM 账号创建后，账号、AccessKey ID、AccessKey Secret 无法修改。

21．ASCM 最多可以创建（　　）级组织。

A．2　　　　B．3　　　　C．4　　　　D．5

【参考答案】D

【解析】ASCM 最多可以创建 5 级组织。

22．ECS 为业务提供计算服务的最小单位是（　　）。

A．产品　　　　B．实例　　　　C．应用　　　　D．CPU

【参考答案】B

【解析】ECS 实例是云上的虚拟计算服务器，包含 vCPU、内存、操作系统、网络、磁盘等基础组件，是为业务提供计算服务的最小单位。

23．以下属于 ECS 稳定状态的是（　　）。

A．创建中　　　　B．启动中　　　　C．运行中　　　　D．停止中

【参考答案】C

【解析】Running 状态是在 ECS 控制台或者使用接口 StartInstance 成功开启实例后，实例的稳定运行状态。这是实例的正常状态，实例拥有者此时可以运行、管理或者调整实例上运行的业务或者应用。

24．在创建阿里云的云服务器 ECS 实例时必须要选择（　　）来指定新建的云服务器 ECS 实例的系统盘的配置。

A．IP 地址　　　　B．镜像　　　　C．安全组　　　　D．区域

【参考答案】B

【解析】ECS 镜像提供了创建 ECS 实例所需的信息。创建 ECS 实例时，必须选择镜像。镜像文件相当于副本文件，该副本文件包含了一块或多块云盘中的所有数据，对于 ECS 实例而言，这些云盘可以是单块系统盘，也可以是系统盘加数据盘的组合。

25．下面（　　）镜像可以进行复制。

A．自定义镜像　　　　B．公共镜像　　　　C．镜像市场镜像　　　　D．共享的镜像

【参考答案】A

【解析】当成功创建或成功导入自定义镜像后，镜像的状态为可用。此时，用户可以使用该镜像创建实例，可以将其共享给其他阿里云账号使用，或复制该镜像到其他地域使用，或导出该镜像到 OSS 存储空间（OSS Bucket）。不再需要该镜像时，可以将其删除。

26．（　　）是一种虚拟防火墙，用来控制 ECS 实例的出站和入站流量。

A．镜像　　B．快照　　C．安全组　　D．磁盘

【参考答案】C

【解析】安全组是一种虚拟防火墙，能够控制 ECS 实例的出入站流量。安全组的入方向规则控制 ECS 实例的入站流量，出方向规则控制 ECS 实例的出站流量。创建 ECS 实例时，用户可以指定一个或多个安全组。如果创建 ECS 实例时未指定安全组，将使用默认安全组。在决定 ECS 实例的流量能否通过时，与 ECS 实例关联的多个安全组的规则，将按固定的策略排序，共同生效。

27．对象存储 OSS 中所有数据都在 Bucket 中，当一个 OSS Bucket 设置成（　　）权限，意味着该 OSS Bucket 仅允许其他用户来访问（GET Object）属于该 Bucket 下的 Object。

A．私有　　B．私有读　　C．公共读写　　D．公共读

【参考答案】D

【解析】Bucket 包含以下三种读写权限：公共读写即任何人（包括匿名访问者）都可以对该 Bucket 内文件进行读写操作；公共读即只有该 Bucket 的拥有者可以对该 Bucket 内的文件进行写操作，任何人（包括匿名访问者）都可以对该 Bucket 中的文件进行读操作；私有即只有 Bucket 的拥有者可以对该 Bucket 内的文件进行读写操作，其他人无法访问该 Bucket 内的文件。

28．对象存储 OSS 提供了海量的文件存储能力，对于文件管理除了支持简单上传、断点续传和大文件分片上传功能外，还提供了多种删除文件的功能。如果需要删除的 Object 数目很多，而且删除的 Object 是有一定的规律，比如定期删除某些天之前的 Object，或者干脆是要清空整个 Bucket，特别适合使用（　　）功能来完成？

A．管理控制台逐个删除　　B．管理控制台批量删除

C．生命周期管理　　D．通过 OpenAPI 逐个删除

【参考答案】C

【解析】OSS 支持设置 Bucket 生命周期（Lifecycle）规则，自动删除过期的文件（Object）和碎片，或将到期的文件转储为低频或归档存储类型，从而节省存储费用。

29．以下有关 OSS 防盗链实现机制的说法正确的是（　　）。

A．基于 SSL 密钥实现

B．基于 HTTP 的 Authorization 实现

C．基于 IP 黑、白名单机制

D．基于 HTTP Header 中表头字段 Referer 实现

【参考答案】D

【解析】防盗链通过设置 Referer 列表（包括白名单 Referer 和黑名单 Referer）以及是否允许空 Referer 的方式，限制 Bucket 内资源的访问来源，避免 Bucket 内的资源被其他人盗用。

30．阿里云对象存储 OSS 是阿里云对外提供的海量、安全、低成本、高可靠的云存储服务。使用阿里云 OSS 进行数据存储前，需要先建立创建一个或者多个存储空间，这个存储空

间在 OSS 里被称为（　　）。

A．Value　　B．Bucket　　C．Object　　D．Key

【参考答案】B

【解析】在上传数据（例如文档、图片、音视频等）到 OSS 之前，您需要在 OSS 所支持的地域中创建一个存储空间（Bucket），然后将无限数量的对象（Object）上传到该 Bucket 中。

31．Namespace 在 Docker 中起到（　　）作用。

A．资源隔离　　B．资源共享　　C．资源限制　　D．资源分类

【参考答案】A

【解析】Docker 容器本质上是宿主机的进程，Docker 通过 namespace 实现了资源隔离，通过 Cgroup 实现了资源限制，通过写时复制机制（copy-on-write）实现了高效的文件操作。

32．Cgroup 在 Docker 中起到（　　）作用。

A．资源隔离　　B．资源共享　　C．资源限制　　D．资源分类

【参考答案】C

【解析】Docker 容器本质上是宿主机的进程，Docker 通过 namespace 实现了资源隔离，通过 Cgroup 实现了资源限制，通过写时复制机制（copy-on-write）实现了高效的文件操作。

33．当在阿里云 Kubernetes 集群上创建 Pod 时报错，（　　）可以排查错误。

A．Kubectl logs　　B．Kubectl describe

C．Kubectl inspect　　D．Kubectl get

【参考答案】B

【解析】Kubectl describe 是 Kubernetes 提供的一个命令行工具，用于获取 Kubernetes 资源的详细信息。它的作用类似于 Kubectl get 命令，但是输出的结果更加详细，包含了资源的所有属性和配置信息，方便用户进行调试和故障排除。

34．阿里云弹性伸缩（Auto Scaling）是根据用户的业务需求和策略，自动调整其弹性计算资源的管理服务，可以自动调整（　　）。

A．云服务器 ECS 实例的个数　　B．云服务器 ECS 实例的 CPU 个数

C．云服务器 ECS 实例的内存大小　　D．云服务器 ECS 实例的带宽

【参考答案】A

【解析】弹性伸缩（Auto Scaling）是横向扩展，扩展的是云服务器 ECS 实例的个数，云服务器 ECS 实例的配置是不支持伸缩的。

35．阿里云关系型数据库（relational database service，RDS）是一种稳定可靠、可弹性伸缩的在线数据库服务，RDS 支持通过（　　）来扩展读性能。

A．增加内存　　B．添加只读实例

C．增加 CPU　　D．更换高性能云盘

【参考答案】B

【解析】只读实例是目前 RDS 用户实现数据读写分离的一种常见架构，用户只需要将业务中的读请求分担到只读节点上，就可以缓解主库查询压力，同时也可以把一些 OLAP 的分析查询放到另外的只读节点上，减小复杂统计查询对主库的冲击。

36．RDS 高可用系列是（　　）架构，主备实例都会生成 Binlog 文件，通过 Binlog 所在实例编号进行区分。在服务可用性页面可以查看主备实例的编号。

A．二主一备　　B．一主一备　　C．一主两备　　D．一主多备

【参考答案】B

【解析】高可用系列采用一主一备的经典高可用架构，适合 80%以上的用户场景。

37．专有网络虚拟私有云（virtual private cloud）是一个隔离的网络环境，专有网络之间逻辑上彻底隔离，以下（　　）是虚拟交换的开源软件。

A．OVS　　B．QBG　　C．QBH　　D．QBR

【参考答案】A

【解析】OpenvSwitch 简称 OVS，OVS 是一个高质量、多层的虚拟交换软件。它的目的是通过编程扩展支持大规模网络自动化，同时还支持标准的管理接口和协议。

38．除了使用图形化界面来管理 Kubernetes 平台，还可以使用（　　）将旧版本 Kubernetes 平台升级到最新版本。

A．Kubectl　　B．Docker　　C．Kubeadm　　D．Kubelet

【参考答案】C

【解析】Kubeadm 是一个快捷搭建 Kubernetes（K8S）的安装工具，它提供了 Kubeadm init 以及 Kubeadm join 这两个命令来快速创建 Kubernetes 集群。

39．（　　）是一套自动化数据中心管理系统，管理数据中心中的硬件生命周期与各类静态资源（程序、配置、操作系统镜像、数据等）。

A．天基　　B．盘古　　C．伏羲　　D．女娲

【参考答案】A

【解析】天基（飞天基础运维平台）是一套自动化数据中心管理系统，管理数据中心中的硬件生命周期与各类静态资源。

40．在创建阿里云 ECS 实例时，必须选择（　　）来指定新建 ECS 实例的系统盘配置。

A．IP 地址　　B．镜像　　C．安全组　　D．区域

【参考答案】B

【解析】镜像相当于云服务器 ECS 实例的“装机盘”，为云服务器 ECS 实例提供操作系统、初始化应用数据、预装软件。

41．使用阿里云负载均衡 SLB 实例时，合理的会话保持配置可以实现与某个连接（session）相关的所有应用请求由同一台后端云服务器 ECS 实例进行处理，维持业务的延续性。七层服务的会话保持是基于（　　）实现的。

A．源 IP　　B．负载均衡 IP

C．CCookie　　D．用户的 UUID

【参考答案】C

【解析】四层服务的会话保持基于源 IP 实现，七层服务的会话保持基于 Cookie 实现。

42．如果想在阿里云 OSS 中模拟文件夹创建的操作，需要使用的 API 是（　　）。

A．Multipart Upload　　B．Put Object

C．Get Object　　D．Copy Object

【参考答案】B

【解析】阿里云 OSS 是对象存储服务，以 Key-Value 的形式存储数据，当存储文件（Object）时，需要指定此 Object 的名称（Key），后续可通过这个 Key 来获取该 Object 的内容。OSS 中文件夹的概念仅是一个逻辑概念，通过 API 或 SDK 的方式设置文件夹时，可以指定 Object 的 Key 值包含目录信息即可模拟文件夹功能，例如定义 Object 的 Key 为 dir/example.jpg，就会在当前 Bucket 下创建一个名为 dir 的文件夹，而 Put Object 为上传文件操作，需要指定 Oject 的 Key。

43．开通阿里云对象存储服务 OSS 后，首先需要使用 OSS 管理控制台或 OpenAPI 创建存储空间 Bucket 用来存储文件，以下有关 Bucket 的说法，（　　）是正确的。

A．Bucket 的名称要求全局唯一，且创建后不支持更改

B．Bucket 的名称要求全局唯一，创建后支持更改

C．Bucket 的名称只要求在本账号内唯一，创建后支持更改

D．Bucket 的名称要求在本账号内唯一，且创建后不支持更改

【参考答案】A

【解析】每个 Bucket 的名字全局唯一，Bucket 一旦创建成功，名称和所处地域不能修改。

44．关于阿里云 CDN 加速域名的“停用”和“删除”，表述正确的是（　　）。

A．停用加速域名会停止相关域名的解析

B．删除加速域名时，相关域名解析记录会恢复为加速前的内容

C．停用加速域名后，该条加速域名信息仍保留，针对加速域名的请求系统不会再做自动回源处理

D．删除加速域名后，将删除该加速域名的全部相关记录，对于仅需要暂停使用该加速域名，推荐选择停用方式

【参考答案】D

【解析】“停用”加速域名后，CDN 节点上该条加速域名及相关配置等信息仍保留，针对加速域名的请求，系统将做自动回源处理；“删除”加速域名后，CDN 节点上该域名的信息也将被删除。

45．用户基于阿里云对象存储服务 OSS 和云服务器 ECS 实例搭建了一个网站，ECS 实例与 OSS 之间有频繁的文件上传和下载需求。近期，管理员通过阿里云管理控制台发现 OSS 的流量费用增长很快，但是从 ECS 实例上部署的应用系统日志里没有发现网站访问量有明显增长，请分析可能的原因是（　　）。

A．系统架构中缺少云数据库 RDS

B．ECS 实例通过公网地址调用 OSS 的 API

C．ECS 实例的系统配置不足，需要增加内存

D．系统架构中缺少负载均衡 SLB

【参考答案】B

【解析】阿里云对象存储 OSS 自动为每个 Bucket 分配一个外网地址和一个内网地址，OSS 与 ECS 之间通过内网通信，可以节省 OSS 与云服务器 ECS 实例之间的流量费用，同时有效提升文件上传和下载的质量。

46．关于阿里云 CDN 缓存数据更新的建议和描述，错误的是（　　）。

A．同名更新时，如果不主动刷新，只能等待缓存文件到期后才能回源拉取最新的文件

B．阿里云 CDN 支持对同名更新的实时更新，用户只要做相关配置后，不必主动提交请求，便可以实现自动刷新

C．缓存刷新指的是强制将分发节点上缓存的资源标记为过期，当用户再次对该资源发起请求时，节点会回源拉取资源，并缓存一份更新后的资源在分发节点

D．同名更新时，可以从控制台提交刷新请求或使用 API，完成主动刷新

【参考答案】B

【解析】使用 CDN 服务访问资源时，若缓存没有过期，系统会直接反馈给用户 CDN 节点上的缓存。在这期间，若源站执行同名更新（指只修改文件内容，不修改文件名称）操作，则在访问时会发现请求到的资源仍然是旧的资源，可通过控制台或 API 手动刷新对应的资源，将相关文件强制设置为已过期，使得系统重新回源获取数据，保证源站内容与 CDN 缓存内容一致。

47．阿里云对象存储服务 OSS 是阿里云对外提供的海量、安全、低成本、高可靠的云存储服务。与自建存储对比，OSS 在可靠性、安全、成本和数据处理能力等几个方面都具有优势。以下（　　）是 OSS 在安全性方面表现出来的优势。

A．流量清洗和黑洞设备需要另外购买，阿里云的云市场有多家优质的供应商可供选择

B．OSS 提供灵活的开发接口，兼容市面上主流的安全防护设备和协议

C．提供多种鉴权和授权机制，以及白名单、防盗链、主子账号功能

D．阿里云提供定制化的安全服务，可根据用户的需要一对一定制开发

【参考答案】C

【解析】安全性主要表现在三方面：①提供企业级多层次安全防护。②多用户资源隔离机制，支持异地容灾机制。③提供多种鉴权和授权机制及白名单、防盗链、主子账号功能。

48．阿里云弹性伸缩（Auto Scaling）是根据用户的业务需求和策略，自动调整其弹性计算资源的管理服务。为了在弹性伸缩创建的 ECS 实例中可以直接正常处理用户请求，无需任何额外的系统调度和配置，弹性伸缩的云服务器 ECS 实例中部署的应用必须满足（　　）。

A．无状态且可横向扩展的　　　　B．有状态

C．无状态且符合幂等性的　　　　D．所有数据保存在 ECS 实例磁盘上

【参考答案】A

【解析】弹性伸缩主要是对 ECS 实例的横向伸缩，同时也是对服务的横向伸缩，弹性伸缩要求应用是无状态的，否则不能保证数据的统一。

49．阿里云 ECS 服务器会对每个访问的请求进行身份验证，以下（　　）用于标识访问者身份。

A．Access Key Secret　　　　B．Request ID

C．Access Key ID　　　　D．User name

【参考答案】C

【解析】阿里云 Access Key ID 和 Access Key Secret 是访问阿里云 API 的唯一凭证，Access Key Secret 用于鉴权校验，Access Key Id 用于区分用户。

50．SLB 是将访问流量根据转发策略分发到后端多台云服务器 ECS 实例的流量分发控

制服务。下列关于 SLB 说法错误的是（　　）。

A．SLB 的服务能力与后端 ECS 的公网宽带规格无关

B．同一组 ECS 不可以搭建多个网站并同时进行负载均衡

C．在使用 SLB 的过程中，可以随时调整后端 ECS 的数目

D．不同操作系统的 ECS 可以同时作为 SLB 服务的后端服务器

【参考答案】 B

【解析】 同一个 ECS 上可以搭建多个网站，并通过端口区分对不同网站的访问流量，在一组 ECS 上搭建可以实现流量的负载均衡。

51．阿里云可以根据业务需求和策略实现计算资源的自动调整，在业务量高峰时增加 ECS 实例来提升系统的处理能力，在业务量低谷时减少 ECS 实例以节约成本。针对此场景，需要由阿里云的（　　）产品和云服务器 ECS 实例配合实现。

A．云数据库　　B．负载均衡　　C．弹性伸缩　　D．专有网络

【参考答案】 C

【解析】 弹性伸缩能够根据实际需求动态调整资源（例如计算资源、存储资源、带宽等），以满足不同负载情况下的业务需求。

52．在阿里云对象存储 OSS 中，所有数据都保存在 Bucket 内，当一个 OSS Bucket 设置成（　　）权限，意味着该 OSS Bucket 仅允许其他用户来访问属于该 Bucket 下的 Object。

A．公共读写　　B．公共读　　C．私有　　D．私有读

【参考答案】 B

【解析】 OSS 提供 Bucket 级别的权限访问控制，Bucket 目前有三种访问权限：Public-read-write（公共读写），Public-read（公共读）和 Private（私有），它们的含义如下：

Public-read-write：任何人（包括匿名访问）都可以对该 Bucket 中的 Object 进行 Put、Get 和 Delete 操作。

Public-read：只有该 Bucket 的创建者可以对该 Bucket 内的 Object 进行写操作（包括 Put 和 Delete Object），任何人（包括匿名访问）只可以对该 Bucket 中的 Object 进行读操作（Get Object）。

Private：只有该 Bucket 的创建者可以对该 Bucket 内的 Object 进行读写操作（包括 Put、Delete 和 Get Object），其他人无法访问该 Bucket 内的 Object。

53．如果需要定期删除阿里云对象存储 OSS 中某些天之前的 Object，或者清空整个 Bucket，适合使用（　　）功能。

A．管理控制台逐个删除　　B．管理控制台批量删除

C．生命周期管理　　D．通过 OpenAPI 逐个删除

【参考答案】 C

【解析】 OSS 支持设置 Bucket 生命周期（Lifecycle）规则，自动删除过期的文件和碎片，或将到期的文件转储为低频或归档存储类型，从而节省存储费用。

54．针对阿里云专有网络 VPC 内的云服务器 ECS 实例，可以通过安全组控制对 ECS 实例的访问。以下关于安全组的说法，正确的是（　　）。

A．一个安全组中可以包含同一个可用区不同 VPC 内的云服务器 ECS 实例

B．一个安全组中可以包含同一个地域不同 VPC 内的云服务器 ECS 实例

C．一个安全组中仅可以包含同一个可用区同一个 VPC 内的云服务器 ECS 实例

D．一个安全组中可以包含同一个地域同一个 VPC 内的云服务器 ECS 实例

【参考答案】D

【解析】专有网络 VPC 里面的交换机支持部署在同一地域的不同可用区，专有网络 VPC 类型的实例可以加入同一专有网络 VPC 下的安全组。

55．安全组 A 中存在 5 台阿里云云服务器 ECS 实例，在安全组 A 中增加新规则来允许来自特定 IP 地址的入流量，并且在安全组中增加了 3 台新的 ECS 实例，以下描述中正确的是（　　）。

A．无需任何额外的操作，特定来源 IP 地址可以访问所有 8 台云服务器

B．需要将所有服务器重启之后，特定来源 IP 地址可以访问所有的 8 台云服务器

C．特定来源 IP 地址仅可以访问新增的 3 台云服务器

D．特定来源 IP 地址仅可以访问新增的 3 台云服务器，当之前的 5 台服务器进行重启之后也可以进行访问

【参考答案】A

【解析】安全组策略不需要任何操作立即生效。

56．阿里云负载均衡 SLB 包含了以下主要部分：来自外部的访问请求、Listener、LoadBalancer、Backendserver 等，关于 Listener 的说法，正确的是（　　）。

A．主要包括用户定制的负载均衡策略和转发规则

B．提供对外服务的 ECS 实例集合

C．是指负载均衡 SLB 实例

D．通过配置监控规则，可以生成负载均衡 SLB 实例的监控指标

【参考答案】A

【解析】Listener：用户定制的监听器，定义了负载均衡策略和转发规则。

LoadBalancer：负载均衡实例。

BackendServer：后端提供服务的 ECS 实例集合。

57．某个阿里云负载均衡 SLB 实例下，后端多台云服务器 ECS 实例配置的权重都一样，但是实际上 ECS 实例负载却不一样，可能是因为（　　）。

A．ECS 实例在不同的地域，网络延迟不同

B．采用的转发规则不同

C．开启了会话保持功能

D．开启了获取真实 IP 的功能

【参考答案】C

【解析】负载均衡请求不均衡可能有以下原因：①ECS 实例请求连接数较少。②不同 ECS 实例性能不同导致请求不均衡。③开启了会话保持功能。④ECS 健康检查异常。⑤TCP Keepalive 保持长连接。

58．在使用阿里云负载均衡 SLB 时，做了如下健康检查配置：正常响应时间为 1s，超时响应时间为 5s，健康检查间隔为 2s，不健康阈值为 3，健康阈值为 3，即要确认一个云服务器 ECS 实例是健康的，需要连续三次获得 ECS 实例的正常响应。如果某后端云服务器 ECS

实例当前状态是不健康的，先对该实例进行修复，可以通过健康检查确认该实例的时间窗口是（　　）s。

A. 19　　B. 21　　C. 5　　D. 7

【参考答案】D

【解析】健康检查失败时间窗=响应超时时间×不健康阈值+检查间隔×（不健康阈值-1），即 5×3+2×（3–1）=19s；健康检查成功时间窗=（正常响应时间×健康阈值）+检查间隔×（健康阈值–1），即（1×3）+2×（3–1）=7s。

59. 与传统的软件运行和维护相比，云计算要求硬件资源和软件资源能够更好地共享，任何一个企业用户都能够按照自己的需求对 SaaS 软件进行配置而不影响其他用户的使用。云计算环境中能够满足上述需求的技术是（　　）。

A. VPC 技术　　B. 多租户技术

C. 计算资源隔离技术　　D. CDN 技术

【参考答案】B

【解析】多租户技术将资源共享给多个有资源租用需求的用户，且每个用户之间数据是隔离的。

60. 新建阿里云的专有网络 VPC 时，会自动创建一个路由器，路由器自带一个路由表，关于路由表的操作中，说法错误的是（　　）。

A. 删除 VPC 时，系统会自动删除对应的路由表

B. 系统路由表不支持创建和删除

C. 每个路由器可以有多个系统路由表

D. 路由表的路由条目会影响到 VPC 中的所有云产品实例

【参考答案】C

【解析】创建 VPC 后，系统会默认创建一张系统路由表来控制 VPC 的路由，系统路由表只有一个，VPC 内所有交换机默认使用系统路由表。用户不能创建也不能删除系统路由表，但可以在系统路由表中创建自定义路由条目。

61. CDN 支持配置 Referer 防盗链，访问请求到达 CDN 节点后，CDN 节点会根据预设的防盗链黑名单或白名单，对访客的身份进行过滤，符合规则的用户可以顺利请求到资源，不符合规则的用户，请求会返回（　　）响应码。

A. 200　　B. 403　　C. 500　　D. 503

【参考答案】B

【解析】访客请求到达 CDN 节点后，CDN 节点会根据用户预设的防盗链黑名单或白名单，对访客的身份进行过滤，若不符合规则，该访客请求被禁止，返回 403 响应码。403 响应码可以理解为没有权限访问此站，表示服务器理解了本次请求但是拒绝执行该任务。

62. 使用阿里云负载均衡 SLB 实例时，可以通过健康检查来判断后端云服务器 ECS 实例的可用性。针对 4 层服务（TCP 协议），负载均衡 SLB 实例通过（　　）判断云服务器 ECS 实例是否可用。

A. 检查端口是否超时

B. 云服务器 ECS 实例的服务器端返回的报文内容中的特殊字符

C. 云服务器 ECS 实例的服务器端返回的状态码

D．云服务器 ECS 实例的服务器端返回的字节数

【参考答案】A

【解析】四层服务检查服务器的端口，七层服务检查服务器端返回的状态码。

63．阿里云的负载均衡 SLB 可以把用户请求分发到多台云服务器 ECS 实例上去，其中“加权轮询模式”的转发策略是指（　　）。

A．将访问请求分发给目前负载最低的后端云服务器 ECS 实例

B．将等待最久的访问请求分发给后端云服务器池中处理能力最强的 ECS 实例

C．将访问请求按照后端云服务器 ECS 实例的权重依次分发

D．将优先级最高的访问请求优先分发给后端云服务器 ECS 实例

【参考答案】C

【解析】加权轮询是指给后端服务器 ECS 实例配置权重，权重值越高的后端服务器，被轮询到的次数（概率）也越高。

64．某应用系统部署在阿里云云服务器 ECS 实例上，系统每晚会进行当天运营数据的报表统计，在每日凌晨 3 点会出现短暂的统计服务响应变慢的情况，但很快自动消失，该情况很可能是云服务器 ECS 实例自身的（　　）操作引起的。

A．云服务器 ECS 实例自动休眠了

B．云服务器 ECS 实例的自动快照的时间设置在每天凌晨 3 点

C．云服务器 ECS 实例的自动镜像服务设置在凌晨 3 点

D．互联网网络不稳定

【参考答案】B

【解析】创建快照可能会轻微降低磁盘的性能，短暂影响服务响应，所以设置自动快照的创建时间和重复日期时应尽量避开业务高峰。

65．负载均衡 SLB 实例和后端提供服务的云服务器 ECS 实例必须具有相同的（　　）。

A．地域　　B．规格配置（CPU、内存等）

C．可用区　　D．带宽设置

【参考答案】A

【解析】负载均衡 SLB 实例和云服务器 ECS 搭配使用的时候，两者必须是在同一个地域。

66．当一个阿里云的云服务器 ECS 实例无法加入指定的安全组时，可能的原因是（　　）。

A．云服务器 ECS 实例创建之后默认已经加入一个安全组，不能再加入其他安全组

B．云服务器 ECS 实例目前已经加入的安全组数量达到上限

C．该云服务器 ECS 实例没有开启公网带宽，所以无法加入安全组

D．该云服务器 ECS 实例的状态为运行中

【参考答案】B

【解析】每个 ECS 实例最多可以加入 5 个安全组，当超过 5 个以后就无法继续加入其他安全组。

67．专有网络可以与（　　）产品结合使用，与传统数据中心组成一个按需定制的网络环境，实现应用的平滑迁移上云。

A．SLB　　B．VPN　　C．ECS　　D．OCS

【参考答案】B

【解析】通过 VPN 专线可以将云上专有网络与传统数据中心组成一个按需定制的网络环境。

68．负载均衡 SLB 提供性能共享型实例和性能保障型实例，下列选项中（　　）不属于性能保障型实例的关键指标。

A．最大连接数　　B．每秒新建连接数

C．每秒新增查询数　　D．每秒查询数

【参考答案】C

【解析】性能保障型实例的三个关键指标如下:

最大连接数（max connection）定义了一个负载均衡实例能够承载的最大连接数量，当实例上的连接数超过规格定义的最大连接数时，新建连接请求将被丢弃。

每秒新建连接数（connection per second，CPS）定义了新建连接的速率，当新建连接的速率超过规格定义的每秒新建连接数时，新建连接请求将被丢弃。

每秒查询数（query per second，QPS）是七层监听特有的概念，指的是每秒可以完成的 HTTP/HTTPS 查询（请求）的数量，当请求速率超过规格所定义的每秒查询数时，新建连接请求将被丢弃。

69．ECS 实例上部署的应用程序在云产品通信中通过云账号的 AccessKey 访问其业务数据库 RDS 的 API，为了方便和快速地调用，用户直接把 AccessKey 写在配置文件中，但这种方式存在权限过高、泄露信息和难以维护等问题，可以通过开通（　　）服务来解决。

A．RAM　　B．云防火墙　　C．VPC　　D．SLB

【参考答案】A

【解析】访问控制（RAM）是阿里云提供的管理用户身份与资源访问权限的服务。RAM 允许在一个阿里云账号下创建并管理多个身份，并允许给单个身份或一组身份分配不同的权限，从而实现不同用户拥有不同资源访问权限的目的。

70．在启动弹性伸缩前需要设置（　　）条件，可实现在业务需求增长时自动增加 ECS 实例以保证计算能力，在业务需求下降时自动减少 ECS 实例以节约成本。

A．伸缩配置　　B．触发条件　　C．伸缩规则　　D．伸缩策略

【参考答案】C

【解析】弹性伸缩会实时统计指标数据并在统计值满足报警条件时，触发报警自动执行伸缩规则，动态调整伸缩组内的 ECS 实例数量。

71．在阿里云 OSS API 中通过（　　）参数的操作可以实现设置 Object 头。

A．Multipart Upload　　B．Get Object

C．Get Bucket　　D．Copy Object

【参考答案】D

【解析】Copy Object 接口可以发送一个 Put 请求给 OSS，并在 Put 请求 Header 中添加元素 X-OSS-Copy-Source 来指定源 Object。

72．用户使用负载均衡 SLB 和云服务器 ECS 搭建网站，出于安全考虑，网站已部署 SSL 证书，使用 HTTPS 协议访问。现在希望将 HTTP 访问重定向至 HTTPS，最简单的实现方式

是（　　）。

A．开启 SLB 的证书托管功能

B．添加一个新的监听并开启监听转发功能

C．为现有七层监听添加域名转发策略

D．为现有七层监听添加路径转发策略

【参考答案】B

【解析】阿里云 SLB 支持用户在已创建了 HTTPS 监听的情况下，通过配置监听转发来实现 HTTP 访问重定向至 HTTPS。

73．用户的应用部署在阿里云的云服务器 ECS 实例上，想采集指标做应用层面的监控，阿里云提供的云监控服务的（　　）功能可以提供指标收集、聚合和报警的服务。

A．自定义监控　　B．站点监控

C．云服务监控　　D．云监控无法满足

【参考答案】A

【解析】自定义监控为用户提供自定义监控项和报警规则的功能，用户可以通过监控数据接口将自己关心的业务指标上报至云监控，并在云监控上添加监控图表和设置报警规则。

74．阿里云的云服务器 ECS 实例的快照是指某一个时间点上某一块磁盘的数据复制。下列关于云服务器 ECS 实例快照的说法，错误的是（　　）。

A．用户可以手动创建快照和也可以设置自动快照策略

B．可以保留自动快照到用户自己的 OSS Bucket 中

C．系统盘和数据盘都可以制作快照

D．云服务器 ECS 实例到期后或手动释放磁盘时，手动创建的快照不会同时释放

【参考答案】B

【解析】快照存放的位置与用户自建的 OSS Bucket 相互独立。

75．用户通过阿里云的管理控制台将云盘挂载到云服务器 ECS 实例上时，找不到想挂载的云服务器实例，一定不是（　　）原因引起的。

A．待挂载的云盘与云服务器 ECS 实例在同一个可用区

B．云服务器 ECS 实例已经释放

C．待挂载的云盘与云服务器 ECS 实例不在同一个可用区

D．待挂载的云盘与云服务器 ECS 实例在同一个地域

【参考答案】A

【解析】阿里云的云盘只能挂载到同一地域下同一可用区内的 ECS 实例上，不能跨可用区挂载。

76．公网 IP 可以实现阿里云云服务器 ECS 实例与 Internet 之间互访，下列对于云服务器 ECS 实例的公网 IP 描述错误的是（　　）。

A．无论选择何种计费方式，在购买实例的时候，都需要选择公网的带宽上限

B．手工修改 ECS 实例的公网 IP 后，该 ECS 实例的网络通信会受到影响

C．公网 IP 可用于不同地域的云服务器之间互访

D．云服务器 ECS 实例更换系统盘时，公网 IP 地址也会随之变更

【参考答案】D

【解析】更换系统盘不会导致网络层面的变更，所以公网 IP 不会变更。

77．只有当云服务器 ECS 实例处于（　　）状态时，才可以进行快照创建操作。

A．启动中　　B．创建中　　C．运行中　　D．停止中

【参考答案】C

【解析】实例创建快照时，要求实例必须处于稳定状态，即运行中或已停止状态。

78．阿里云云服务器 ECS 实例的操作系统为 Linux 版本，以下关于该云服务器 ECS 实例系统盘和数据盘的说法，错误的是（　　）。

A．云服务器支持对数据盘进行二次分区

B．如果使用第三方工具对系统盘进行二次分区操作，不会发生什么异常

C．可以根据业务需要，对数据盘进行多分区配置

D．系统需要先格式化数据盘，然后挂载数据盘

【参考答案】B

【解析】使用第三方工具对系统盘进行二次分区操作，可能会导致云服务器 ECS 出现异常。

79．关于弹性云服务器的使用限制，下列说法错误的是（　　）。

A．支持声卡应用

B．不要编译 Linux 系统的内核，或对内核进行任何其他操作

C．不要重命名、删除或禁用 Windows 下的 Administrator 账号，以免影响云服务器的正常使用

D．不支持在云服务器上安装虚拟化软件进行二次虚拟化

【参考答案】A

【解析】国网云（华为）弹性云服务器不支持声卡应用。

80．虚拟机镜像默认会安装如下组件，其中（　　）组件可优化虚拟机 I/O 性能。

A．VMTool　　B．CLOUD-INIT　　C．NTP　　D．SSH

【参考答案】A

【解析】VMTool 可以优化虚拟机 I/O 功能，cloud-init 对虚拟机进行初始化配置，NTP 负责时钟同步，SSH 远程连接。

81．工程师小李在进行试验操作时，发现之前在容器运行后写入的文件，在容器重启后，文件都消失了，检查容器运行状态，未发现有异常报错，以下原因分析中，最可能的原因是（　　）。

A．没有为容器挂载持久化存储　　B．容器镜像的本地存储空间满了

C．K8S 集群出现异常　　D．容器中的文件系统出现问题

【参考答案】A

【解析】容器重启后如果未映射本地存储关系文件就会丢失，每一个容器重启后会成为一个全新的容器。

82．当修改（　　）时，会触发弹性伸缩活动。系统自动增加或减少实例已达到期望实例数的数量。

A．最小实例数　　B．期望实例数　　C．最大实例数　　D．冷却时间

【参考答案】B

【解析】当伸缩组中期望实例数与当前实例数不一致时，会触发伸缩活动。

83．每个弹性伸缩组同一时刻支持使用（　　）个伸缩配置。

A．1　　B．3　　C．5　　D．7

【参考答案】A

【解析】每个弹性伸缩组同一时刻支持使用 1 个伸缩配置。资源集最多可以创建 100 个伸缩配置。

84．配置桶日志记录时，以下关于日志文件存放位置说法正确的是（　　）。

A．可以存放在当前桶或其他桶　　B．只能存放在其他桶

C．启用日志管理　　D．只能存放在当前桶

【参考答案】A

【解析】桶的日志文件既可以存放在当前桶也可以存放在其他桶。

85．云硬盘备份的数据会存放至（　　）云服务中。

A．云硬盘服务　　B．对象存储服务

C．弹性云服务器　　D．裸金属服务器

【参考答案】B

【解析】备份数据存放在对象存储里，弹性云服务器和裸金属服务器不存放备份数据。

86．关于虚拟私有云 VPC 和对等连接描述错误的是（　　）。

A．对等连接建立后，还需要在两端 VPC 分别添加路由才能通信

B．考虑到业务高可用，VPC 之间可以同时建立多个 VPC 对等连接

C．假如 VPC 的 CIDR 有重叠，但子网不重叠，那么 VPC 之间可以建立对等连接

D．VPC 间创立对等连接时，默认情况下一个 VPC 不可以通过另一个 VPC 的 EIP 去访问公网

【参考答案】B

【解析】VPC 和对等连接的关系建议每一个 VPC 对应一个连接

87．下列关于 EVS 硬盘，不正确的是（　　）。

A．EVS 磁盘可以挂载到单个实例

B．EVS 磁盘始终不受实例运行时间的影响

C．将 EVS 磁盘挂载到实例后，可以像使用其他物理硬盘一样使用它

D．可以将 EVS 磁盘从实例中卸载，不能将其挂载到另一个实例

【参考答案】D

【解析】EVS 云硬盘，可以从实例中卸载，可以将卸载的云硬盘挂载到其他实例上。

88．关于 EVS 硬盘的挂载，下列不正确的是（　　）。

A．ECS 仅支持 SCSI 模式的磁盘

B．数据盘仅能作为数据盘，不能作为系统盘挂载至 ECS

C．系统盘既可作为系统盘，也可作为数据盘挂载至 ECS

D．带有整机快照的云硬盘仅支持挂载至云硬盘的原云服务器，不允许挂载至其他云服务器

【参考答案】A

【解析】ECS 支持挂载 VBD 模式和 SCSI 模式的磁盘。

89．以下关于弹性文件服务 SFS，错误的是（　　）。

A．不限制容量的文件系统不支持扩容

B．SFS 处于“可用”或者“正在使用”状态时，才支持用户进行容量调整

C．对刚创建的文件系统进行容量调整，系统将报错

D．对刚创建的文件系统进行删除，系统将报错

【参考答案】B

【解析】只有文件系统处于“可用”状态时，才支持用户进行容量调整。

90．对象存储服务 OBS 是一种可存储文档、图片、影音视频等（　　）数据的云存储服务。

A．非结构化　　B．结构化　　C．对象　　D．非对象

【参考答案】A

【解析】OBS 存储文档、图片、影音视频等为非结构化数据。

91．国网云（华为）计算型 ECS，包括高网络收发场景、Web 前端服务器、数据分析等，当发放资源的时候，建议规格为（　　）。

A．2C4G　　B．2C8G　　C．4C8G　　D．2C16G

【参考答案】A

【解析】根据资源分配策略，计算型 ECS 规格为 2C4G。

92．弹性 IP 释放后将被放入回收站，在“弹性 IP”界面增加（　　）状态。

A．待释放　　B．删除　　C．待回收　　D．软删除

【参考答案】D

【解析】将释放后的弹性 IP 放入回收站，在弹性 IP 界面将显示软删除。在回收站可以执行还原或者彻底删除操作。

93．弹性云服务器不再需要弹性 IP 服务，需要执行（　　）操作。

A．绑定　　B．解绑　　C．延期　　D．释放

【参考答案】B

【解析】不再使用的弹性 IP 需要解除绑定，再进行回收。

94．（　　）属于国网云（华为）私有云平台 VPC 中的功能。

A．安全组　　B．ECS　　C．存储卷　　D．ROMA

【参考答案】A

【解析】ECS 是弹性云服务器，存储卷属于存储服务，安全组为 VPC 中的功能。

95．一个 VPC 最多能创建（　　）个虚拟网关。

A．3　　B．2　　C．1　　D．4

【参考答案】C

【解析】在 VPC 使用限制中，每个 VPC 只支持 1 个 NAT 网关。

96．以下（　　）和弹性 IP 的操作无关。

A．绑定　　B．解绑　　C．释放　　D．删除

【参考答案】D

【解析】通过释放操作将弹性 IP 放入回收站

97．一个弹性云服务器只能有 1 个主网卡，扩展网卡数量不能超过（　　）个。

A．10　　B．12　　C．15　　D．20

【参考答案】C

【解析】一个弹性云服务器最多绑定 16 个网卡，去除 1 个主网卡，扩展数量不能超过 15 个。

98．关于弹性 IP，下列说法错误的是（　　）。

A．只有路由网络可以绑定弹性 IP

B．只有主网卡可以绑定弹性 IP

C．弹性 IP 的绑定和解绑都不影响实例的运行

D．一个弹性 IP 只能绑定到一个实例接口

【参考答案】B

【解析】弹性 IP 既可以绑定在主网卡，也可以绑定在扩展网卡上，只有路由网络可以绑定弹性 IP。

99．如下关于 VPC 的描述中，错误的是（　　）。

A．VPC 提供隔离的网络环境　　B．在 VPC 中可以使用 VPN

C．在 VPC 中可以使用安全组　　D．VPC 不提供 NAT 服务

【参考答案】D

【解析】VPC 提供隔离的网络环境，提供安全组、VPN、NAT、子网等功能。

100．在国网云（华为）中，同集群内的两台虚拟机可以正常通信，但在管理进行某项调整操作后不能互相通信，可能的原因是（　　）。

A．管理员调整了其中一台虚拟机的磁盘容量

B．管理员调整了其中一台虚拟机的内存大小

C．管理员调整了其中一台虚拟机的描述

D．管理员调整了其中一台虚拟机的所属端口组

【参考答案】D

【解析】调整虚拟机规格配置、描述不影响虚拟机之间的通信，调整网络相关配置可能会影响相互通信。

101．已经申请了弹性公网 IP，并希望弹性云服务器通过该 IP 访问外网，需要执行（　　）操作。

A．绑定　　B．解绑　　C．延期　　D．释放

【参考答案】A

【解析】申请弹性公网 IP，只有绑定后才能生效使用。

102．关于 VPN 连接，下列说法错误的是（　　）。

A．同一 VPN 网关可与关联的 VPC 内的多个子网建立连接

B．同一 VPN 网关下所有 VPN 连接，相互不能重叠

C．同一 VPN 连接的多个远端子网网段，相互不能重叠

D．同一 VPN 网关下所有 VPN 连接的本端子网网段，相互可以重叠

【参考答案】D

【解析】同一 VPN 网关下所有 VPN 连接的本端子网网段，相互不能重叠。

103．同 Region 的两个 VPC 之间进行通信，建议通过（　　）实现。

A．SNAT　　B．对等连接　　C．EIP　　D．专线

【参考答案】B

【解析】对等连接可以实现同区域或者不同区域的 VPC 私网互通。专线是用户本地数据中心与云上虚拟私有云之间的高安全、高速度、低延迟、稳定可靠的专属连接通道。

104．在物理网络中，（　　）设备能够进行路由转发。

A．Hub　　B．二层交换机

C．路由器　　D．物理服务器网卡

【参考答案】C

【解析】路由器可以进行路由转发，Hub、二层交换机、物理服务网卡不具备三层网络功能

105．在国网云（华为）用户自己创建的镜像是（　　）。

A．公共镜像　　B．私有镜像　　C．共享镜像　　D．市场镜像

【参考答案】B

【解析】公共镜像是云平台系统提供的标准镜像。私有镜像是用户基于云服务器或外部镜像文件创建的个人镜像，仅用户自己可见。共享镜像，当用户需要将自己的私有镜像共享给其他用户使用时，可以使用镜像服务的共享功能。

106．下面（　　）是 CCE 裸金属集群所依赖的 IaaS 服务。

A．BMS　　B．ECS　　C．EVS　　D．VPC

【参考答案】A

【解析】BMS 裸金属服务，ECS 弹性云服务器，EVS 云硬盘，VPC 虚拟私有云。

107．Docker 中查看正在运行的容器的命令是（　　）。

A．Docker images　　B．Docker run　　C．Docker ps　　D．Docker build

【参考答案】C

【解析】Docker image 查看镜像列表，Docker run 创建一个新的容器并运行一个命令，Docker ps 查看正在运行的容器，Docker build 构建一个新的镜像。

108．国网云（华为）CCE 不支持的弹性伸缩的伸缩策略是（　　）。

A．定时策略　　B．周期策略　　C．告警策略　　D．随机策略

【参考答案】D

【解析】CCE 弹性伸缩策略包含告警策略、周期策略、定时策略。

109．应用管理与运维平台（ServiceStage）包含以下能力，除了（　　）。

A．集群和节点的资源管理　　B．应用组件管理

C．数据库管理　　D．容器和虚拟机应用的部署和应用管理

【参考答案】C

【解析】应用管理与运维平台（ServiceStage）是面向企业的应用管理与运维平台，提供应用发布、部署、监控与运维等一站式解决方案。主要功能包含应用管理、微服务应用接入、应用运维，不管理数据库服务。

110．关于 SWR 与 CCE 的关系，说法错误的是（　　）。

A．SWR 不能对接 CCE　　B．SWR 中的镜像可以部署到 CCE 中

C．CCE 支持 K8S 社区原生应用与工具　　D．CCE 可以简化自动化容器环境搭建

【参考答案】A

【解析】SWR 容器镜像服务，CCE 容器引擎服务，SWR 与 CCE 可以进行对接，协同工作。

111．下列关于国网云（华为）CCE 描述不正确的是（　　）。

A．不同集群可以创建在不同的虚拟私有云中

B．不同集群可以创建在同一个子网中

C．不同集群可以创建在不同的子网中

D．集群控制节点可以部署在不同 Region

【参考答案】D

【解析】集群控制节点不能够跨 Region 部署。

112．以下（　　）不属于国网云（华为）CCE 为有状态容器提供的服务优势。

A．数据持久化存储　　B．支持一种存储类型

C．多个实例可共享存储　　D．容器实例故障或迁移时，数据不丢失

【参考答案】B

【解析】云容器引擎支持多种持久化存储卷，比如 EVS、OBS 等。

113．Kubernetes 有状态工作负载指的是（　　）。

A．Deployment　　B．Job　　C．StatefulSet　　D．DaemonSet

【参考答案】C

【解析】Deployment 无工作状态负载，Job 普通任务，StatefulSet 有工作状态负载，DaemonSet 守护进程。

114．在配置微服务灰度发布的“发布任务”时，必须要配置的参数不包括（　　）。

A．任务名称　　B．微服务应用名　　C．发布环境　　D．微服务引擎

【参考答案】B

【解析】配置微服务灰度发布的“发布任务”时，必须要配置的参数包括任务名称、发布环境、微服务引擎。

115．启动 Docker 容器的命令是（　　）。

A．docker pull　　B．docker ps　　C．docker run　　D．docker push

【参考答案】C

【解析】docker pull 拉取镜像，docker ps 查看正在运行的容器，docker run 启动容器，docker push 上传镜像。

116．弹性负载均衡可以通过（　　）扩展应用系统对外的服务能力，实现更高水平的应用程序容错性能。

A．流量转发　　B．流量分发　　C．流量转存　　D．流量控制

【参考答案】B

【解析】ELB 弹性负载均衡通过将流量分发到后端云服务器，提高应用对外服务能力。

117．负载均衡的访问地址，通过该地址可以访问对应的负载均衡。每个 ELB 都必须有一个（　　），是 ELB 的地址信息。

A．服务 IP　　B．弹性 IP　　C．服务链接　　D．对外端口

【参考答案】A

【解析】弹性负载均衡功是通过访问服务 IP，进行负载均衡的访问。

118．（　　）将自动检查其后端云服务器的运行状况。如果发现某台云服务器运行不正常，则会停止向该云服务器发送流量，并重新将流量发送至正常运行的云服务器。

A．后端接口　　B．前端接口　　C．负载均衡器　　D．监听器

【参考答案】D

【解析】监听器是用于检查连接请求的进程，它使用前端（客户端到负载均衡器）连接的协议以及端口和后端（负载均衡器到后端云服务器）连接的协议以及端口配置负载均衡策略。

119．基于源 IP 地址的会话保持时间最长为（　　）h。

A．24　　B．12　　C．2　　D．1

【参考答案】D

【解析】基于源 IP 地址的会话保持时间最长为 1h。基于 HTTP Cookie 的会话保持时间最长为 24h。

120．当分配策略类型为“加权轮询算法”时，需要配置会话保持类型，会话保持类型不包括（　　）。

A．HTTP Cookie　　B．应用程序 Cookie

C．源 IP 地址　　D．TCP

【参考答案】D

【解析】当分配策略类型为“加权轮询算法”时，会话保持包括 HTTP Cookie、应用程序 Cookie、源 IP 地址三种。

121．对于访问量波动明显的场景（如视频类、电商网站等无法预估业务拓展空间场景），可通过（　　）的方式进行业务部署，为业务提供扩展空间。可以将后端云服务器组与弹性伸缩服务配合使用，在保障业务正常运作的同时最大程度降低成本。

A．弹性负载均衡　　B．弹性伸缩

C．弹性 IP　　D．自动扩展

【参考答案】A

【解析】弹性负载均衡能够根据访问流量根据转发策略分发到多台后端云服务器，实现更高应用的服务能力。

122．负载均衡服务 IP 错误的是（　　）。

A．服务 IP 是 ELB 地址信息　　B．可以自动分配服务 IP

C．可以手动分配服务 IP　　D．不是必需的

【参考答案】D

【解析】必须为负载均衡配置 IP，否则发挥不了负载均衡功能。

123．ipvsadm 命令使用（　　）添加真实服务器。

A．–A　　B．–R　　C．–a　　D．–e

【参考答案】C

【解析】ipvsadm 用于管理 LVS 的策略规则，也是一条命令。参数–A 表示添加一个集群服务，–R 表示恢复策略规则，–a 表示添加一个真实服务器，–e 表示编辑一个真实服务器。

124．经典型负载均衡算法，支持的调度算法不包括（　　）。

A．轮询算法　　B．最少连接　　C．连接 ID 算法　　D．源 IP 算法

【参考答案】C

【解析】经典负载均衡算法支持调度算法有轮询算法、最少连接、源 IP 算法。

125．在同一个弹性负载均衡实例内，不同后端云服务器的端口（　　）。

A．可以不同　　B．不可不同　　C．必须不同　　D．都不正确

【参考答案】A

【解析】后端云服务器端口可以相同也可以不同。

126．国网云（华为）MySQL 数据库实例的默认端口为（　　）。

A．3306　　B．2379　　C．11011　　D．1572

【参考答案】A

【解析】MySQL 默认端口为 3306。

127．RDS for MySQL 支持表数量上限为（　　）万张。

A．10　　B．50　　C．100　　D．200

【参考答案】B

【解析】支持表数量上限为 50 万张。大于 50 万张表时，会导致备份和小版本升级失败，影响数据库可用性。

128．创建国网云（华为）RDS 的只读实例的前提条件为（　　）。

A．已创建 ECS 实例　　B．已创建 DDM 实例

C．已开通 DRS 服务　　D．已创建 RDS 单机实例或主备实例

【参考答案】D

【解析】创建国网云（华为）RDS 只读实例与 ECS（弹性行云服务器）、DDM（分布式数据库中间件）、DRS（数据复制服务）无关，前提条件为已有 RDS 实例或者主备实例。

129．RDS 的数据备份存储在（　　）中。

A．ECS　　B．NFS　　C．EVS　　D．OBS

【参考答案】D

【解析】备份数据一般都存储在对象存储 OBS 中，ECS 为弹性云服务器，NFS 一种文件协议，EVS 云硬盘。

130．RDS 使用（　　），实现数据库平滑迁移上云。

A．数据复制服务（DRS）　　B．数据管理服务（DAS）

C．对象存储服务（OBS）　　D．分布式缓存服务（DCS）

【参考答案】A

【解析】数据复制服务（data replication service，DRS）是一种易用、稳定、高效、用于数据库实时迁移和数据库实时同步的云服务。

131．可以通过（　　）对 RDS 进行精细的权限管理。

A．DAS　　B．DRS　　C．IAM　　D．OBS

【参考答案】C

【解析】身份识别与管理（identity and access management，IAM），其中一个功能是可以针对不同资源向不同人员授予不同权限。

132．RDS 读写分离地址都是内网地址，只能通过（　　）连接。

A．内网连接　　B．公网连接　　C．DAS 连接　　D．本地连接

【参考答案】A

【解析】内网地址只能通过内网连接，不能通过公网、DAS、本地连接。

133．RDS for MySQL 最多可以运行（　　）个实例。

A．1　　B．2　　C．5　　D．无数量限制

【参考答案】D

【解析】RDS for MySQL 运行实例没有数量限制。每个单机实例、主备实例最多支持创建 5 个只读实例。

134．不会占用用户所购买的 RDS 实例空间的是（　　）。

A．业务数据　　B．备份数据　　C．数据库日志　　D．业务表索引

【参考答案】B

【解析】备份数据存储在 OBS 对象存储中，此部分空间不占用用户所购买的空间。

135．相比于主备，RDS 单机实例具备（　　）的优势。

A．节约成本　　B．稳定可靠　　C．弹性伸缩　　D．安全运行

【参考答案】A

【解析】主备实例采用一主一备的经典高可用架构，具备稳定可靠、安全运行等功能。单机实例采用单个数据库节点部署架构。与主流的主备实例相比，它只包含一个节点，但具有高性价比。

136．对于数据一致性要求较高的业务，切换主备实例的可用性策略应该选择（　　）。

A．可靠性优先　　B．可用性优先　　C．手动切换　　D．任意策略

【参考答案】A

【解析】可靠性优先适用于对数据一致性要求较高的场景，可用性优先确保数据可用，对于一致性要求不高。

137．下列不是云数据库 RDS 单机实例的适用场景的是（　　）。

A．个人学习　　B．微型网站

C．中小企业的开发测试环境　　D．大中型企业的生产数据库

【参考答案】D

【解析】主备实例提高了实例的可靠性，适用于大中型企业的生产数据库、覆盖互联网、物联网、零售电商、物流、游戏等行业的应用。

138．国网云（华为）当数据盘需要扩容的时候，以（　　）为最小单位进行规划。

A．50GB　　B．100GB　　C．200GB　　D．150GB

【参考答案】A

【解析】根据资源分配原则，数据盘以 50GB 为最小单位进行规划。

139．分布式数据库中间件（distributed database middleware，DDM），专注于（　　）问题，突破了传统数据库的容量和性能瓶颈，实现海量数据高并发访问。

A．解决数据库分布式扩展　　B．数据同步

C．数据迁移　　D．数据备份

【参考答案】A

【解析】DDM是一款分布式关系型数据库中间件。兼容MySQL协议，专注于解决数据库分布式扩展问题，突破传统数据库的容量和性能瓶颈，实现海量数据高并发访问。

140．IaaS服务提供的服务能力不包括（　　）。

A．计算服务　　B．中间件服务

C．存储服务　　D．网络服务

【参考答案】B

【解析】IaaS服务主要包括计算、存储、网络，中间件服务属于PaaS层服务。

141．ROMA的ABCD能力中的D是指（　　）。

A．应用到应用间、数据、消息、API、流程集成

B．公有云到私有云、多云之间的协同

C．设备到设备、OT和IT间的融合

D．企业到企业，跨企业数据交换

【参考答案】C

【解析】ROMA的ABCD中的A指应用到应用间、数据、消息、API、流程集成；B指企业到企业，跨企业数据交换；C指公有云到私有云、多云之间的协同；D指设备到设备、OT和IT间的融合。

142．国网云（华为）对于二类系统，ECS的内存日均使用率为（　　）时，进行资源扩容。

A．大于60%　　B．大于65%　　C．大于50%　　D．大于70%

【参考答案】B

【解析】根据ECS资源扩容原则，二类系统内存日均使用率超过65%时，进行扩容。

143．允许外网22.10.5.10/24子网访问云服务器的Web应用80端口安全组策略正确是（　　）。

A．出方向—协议UDP—端口80—目的地址：0.0.0.0/0

B．入方向—协议UDP—端口80—源地址：0.0.0.0/0

C．出方向—协议TCP—端口80—目的地址：0.0.0.0/0

D．入方向—协议TCP—端口80—源地址：22.10.5.10/24

【参考答案】D

【解析】允许外网访问，需要配置入方向协议，指定地址，需要配置上相应的地址。

144．在国网云（华为）中，以下关于安全组和规则描述不正确的是（　　）。

A．安全组规则的变更需要手动应用到安全组内的虚拟机

B．必须先创建安全组，才能添加规则

C．安全组默认出方向不进行限制

D．删除安全组的前提是安全组内无虚拟机

【参考答案】A

【解析】安全组规则更新后，自动应用在安全组内的虚拟机，无需手动应用。

145．Web应用防火墙WAF的主要功能不包括（　　）。

A．防敏感信息泄露　　B．网站反爬虫

C．网页防算改　　D．弹性云服务器暴力破解防护

【参考答案】D

【解析】Web 应用防火墙，通过对 HTTP（S）请求进行检测，识别并阻断 SQL 注入、跨站脚本攻击、网页木马上传、命令/代码注入、文件包含、敏感文件访问、第三方应用漏洞攻击、CC 攻击、恶意爬虫扫描、跨站请求伪造等攻击，保护 Web 服务安全稳定。

146. 一个租户中最多可包含五级 VDC，二级及二级以下 VDC 中每一级可以有（　　）个 VDC。

A. 1　　B. 3　　C. 5　　D. 多

【参考答案】D

【解析】一个租户中最多可包含五级 VDC。二 ~ 五级 VDC 中每一级可以有多个 VDC。

147. 关于租户的描述不正确的是（　　）。

A. 租户是进行资源分配的单位

B. 租户只能是企业

C. 租户可以是个人

D. 如果企业不需要多级运营，只需创建一个租户和一级 VDC

【参考答案】B

【解析】租户是进行资源分配的单位，在每个租户中，均可以创建多级 VDC（virtual data center，虚拟数据中心），目前支持最多划分五级 VDC。

148. 国网云（华为）私有云平台计算虚拟化采用的是 OpenStack 的（　　）组件实现。

A. Cinder　　B. Nova　　C. Neutron　　D. Swift

【参考答案】B

【解析】Cinder 块存储服务，Nova 计算服务，Neutron 网络服务，Swift 对象存储服务，Nova 负责虚拟化。

149. 超级管理员最多创建 VDC 的层级是（　　）。

A. 三级　　B. 四级　　C. 五级　　D. 六级

【参考答案】C

【解析】国网云（华为）最多支持 5 级 VDC，匹配客户组织模型。

150. APM 全链路拓扑诊断服务，其中（　　）表示异常，黄色表示警告，绿色表示正常。

A. 灰色　　B. 红色　　C. 黄色　　D. 紫色

【参考答案】B

【解析】APM 告警服务，红色表示异常，黄色表示警告，绿色表示正常。

151. 在国网云（华为）中，下列不属于日常监控的功能是（　　）。

A. 告警监控　　B. 大屏监控

C. 云资源监控　　D. 用户使用日志监控

【参考答案】D

【解析】日常监控包括告警监控、大屏监控、云资源监控等，用户使用日志不属于日常监控范围。

152. 关于 DevOps，以下说法不正确的是（　　）。

A. DevOps 代表了一种 IT 文化的变化，专注在面向系统的方法的背景下，采用敏捷、

精简的实践来提供快速的 IT 服务

B．DevOps 借助软件开发过程可视化，软件开发的全生命周期可视化，有效管理软件开发的计划、质量

C．DevOps 从生命周期的角度，利用可编程基础设施的自动化工具

D．DevOps 建议采用传统的瀑布式软件开发模式

【参考答案】D

【解析】DevOps 建议采用微服务架构，传统瀑布式架构不利用开发、测试、一体化运维与运营。

153．应用管理与运维平台（SeviceStage）不支持以下（　　）开发语言。

A．Java　　B．Go　　C．Python　　D．NET

【参考答案】D

【解析】(ServiceStage) 是面向企业的应用管理与运维平台，提供应用发布、部署、监控与运维等一站式解决方案。支持 Java、Php、Python、Node.js、Docker、Tomcat 技术栈。

154．对于用户体验差的事务，APM 可以通过（　　）和调用链完成事务问题定位。

A．性能　　B．拓扑

C．服务器资源使用率　　D．交换机资源使用率

【参考答案】B

【解析】APM 作为云应用诊断服务，拥有指标数据、拓扑、调用链追踪功能。

二、多项选择题

1．SLB 实例监听可选择的协议类型有（　　）。

A．TCP　　B．HTTPS　　C．FTP　　D．HTTP

【参考答案】ABD

【解析】TCP、HTTPS、HTTP 是 SLB 实例监听可选择的协议类型。

2．阿里云的负载均衡 SLB 提供对多台云服务器 ECS 实例进行流量分发的服务，可以通过流量分发扩展应用系统对外的服务能力，通过消除单点故障提升应用系统的可用性。阿里云的负载均衡 SLB 支持（　　）层网络协议的负载均衡服务。

A．4 层（传输层）　　B．7 层（应用层）

C．3 层（网络层）　　D．2 层（数据链路层）

【参考答案】AB

【解析】应用型负载均衡（application load balancer，ALB）：专门面向七层，提供超强的业务处理性能，例如 HTTPS 卸载能力。单实例每秒查询数（query per second，QPS）可达 100 万次。同时 ALB 提供基于内容的高级路由特性，例如基于 HTTP 报头、Cookie 和查询字符串进行转发、重定向和重写等，是阿里云官方云原生 Ingress 网关。

网络型负载均衡（network load balancer，NLB）：面向万物互联时代推出的新一代四层负载均衡，支持超高性能和自动弹性能力，单实例可以达到 1 亿并发连接，轻松应对高并发业务。NLB 面向海量终端连接、高并发消息服务、音视频传输等业务场景针对性地推出了 TCPSSL 卸载、新建连接限速、全端口监听等高级特性，在物联网 MQTTS 加密卸载等场景为用户提供多种辅助手段，是适合 IoT 业务的新一代负载均衡。

3．使用阿里云的负载均衡 SLB 实例时，通过会话保持可以实现与某个连接（session）

相关的所有应用请求能够由同一台后端云服务器 ECS 实例进行处理。为了在七层协议转发中，实现基于 Cookie 的会话保持，阿里云的负载均衡 SLB 提供了（　　）处理方式。

A. Cookie 植入　　B. Cookie 重写　　C. Cookie 跟踪　　D. Cookie 校验

【参考答案】AB

【解析】SLB 开启会话保持后，需要选择 Cookie 的处理方式，有植入 Cookie 和重写 Cookie 两种处理方式。

植入 Cookie：客户端第一次访问时，SLB 会在返回请求中植入 Cookie（即 SLB 插入 SERVERID 和 SERVERCORSID 两个 Cookie；SERVERCORSID 是以 SERVERID 为基础，且加入了 samesite=None 这个属性），下次客户端携带此 Cookie 访问，负载均衡服务会将请求定向转发给之前记录到的后端服务器上。

重写 Cookie：当 SLB 发现用户自定义了 Cookie，将会对原来的 Cookie 进行重写，下次客户端携带新的 Cookie 访问，SLB 会将请求定向转发给之前记录的后端服务器。

4. 以下关于释放阿里云负载均衡 SLB 的说法正确的是（　　）

A. 删除负载均衡实例不会删除后端 ECS

B. 删除负载均衡实例会删除后端 ECS

C. 删除负载均衡实例不会影响后端 ECS 的运行

D. 删除负载均衡实例会将实例的服务地址一同释放掉，从而导致服务中断

【参考答案】ACD

【解析】删除负载均衡实例与释放后端 ECS 无关，不会引起后端 ECS 的释放。

5. 阿里云 RDS MySQL 支持以下（　　）基本功能。

A. 实例管理　　B. 备份恢复　　C. 白名单　　D. 透明数据加密

【参考答案】ABCD

【解析】阿里云关系型数据库（relational database service，RDS）是一种安全稳定可靠、高性价比、可弹性伸缩的在线数据库服务。RDS 提供了容灾、备份、恢复、监控、迁移等方面的全套解决方案，涵盖实例管理、备份恢复、白名单、透明数据加密等功能。

6. 使用阿里云的高速通道可以实现专有网络 VPC 之间的互联和私网通信。以下（　　）场景可以通过高速通道实现。

A. 同一个账号下在同一地域内的两个 VPC 之间的私网通信

B. 不同账号下的两个网段不同的 VPC 之间可以通过高速通道进行私网通信

C. 同一个账号处于两个不同地域的 VPC 之间进行私网通信

D. 同一个账号下的 VPC 与经典网络的云服务器 ECS 实例的私网通信

【参考答案】ABC

【解析】使用高速通道可以实现专有网络 VPC 之间的互联和私网通信，无法实现 VPC 与经典网络互通。

7. 删除 EDAS 微服务空间需要具备（　　）条件。

A. 微服务空间下没有服务在运行

B. 微服务空间下没有 ECS 实例处于运行状态

C. 微服务空间下无任务微服务应用

D. 微服务空间下无任何 ECS 实例

【参考答案】CD

【解析】在满足微服务空间下无任务微服务应用、微服务空间下无任何 ECS 实例条件下才允许删除 EDAS 微服务空间。

8. ASCM 角色的共享范围包括（　　）。

A. 全局共享　　B. 本组织内共享　　C. 下级组织共享　　D. 本用户组共享

【参考答案】ABC

【解析】ASCM 控制台在添加角色配置中的角色共享范围包含全局共享、本组织内共享、下级组织共享。

9. 云服务器 ECS 是一个虚拟的计算环境，包含（　　）等最基础的计算组件。

A. CPU　　B. 内存　　C. 电源　　D. 阵列卡

【参考答案】AB

【解析】云服务器实例是一个虚拟的计算环境，包含 CPU、内存等最基础的计算组件，是云服务器呈献给每个用户的实际操作实体。

10. 云服务器实例是云服务器最为核心的概念，以下（　　）是与 ECS 实例结合后才能使用的。

A. 块存储　　B. 安全组　　C. RDS 数据库　　D. 快照

【参考答案】ABD

【解析】块存储、安全组、快照与 ECS 实例结合才能使用，RDS 为另一款云产品。

11. Kubernetes 镜像的下载策略有（　　）。

A. Often　　B. Always　　C. Never　　D. IfNotPresent

【参考答案】BCD

【解析】镜像下载策略涵盖 Always：每次都从互联网上拉取最新镜像（默认选项）。

Never：只使用本地镜像，不从互联网上拉取镜像。

IfNotPresent：本地没有才在互联网上拉取镜像。

12. Kubectl 的功能包括（　　）。

A. 负载均衡　　B. 查看群集资源

C. 创建、删除和更新　　D. 查看应用程序

【参考答案】BCD

【解析】Kubectl 是 Kubernetes 集群的命令行工具，通过 Kubectl 能够对集群本身进行管理，并能够在集群上进行容器化应用的安装部署，与负载均衡无关。

13. 张某是一名公司运维人员，公司刚刚搭建了自己的阿里云，为了更好地了解和应用阿里云，他正在尝试创建一台 ECS，在创建时，需要记住（　　）这些情况会影响 ECS 对外提供服务的性能。

A. CPU 与内存的大小　　B. 带宽的大小

C. 磁盘的性能　　D. 网络的类型（经典网络/专有网络）

【参考答案】ABC

【解析】网络类型的差别不会影响 ECS 对外服务的性能。

14. 对象是阿里云对象存储 OSS 存储数据的基本单元，也被称为 OSS 的文件。每个对象由文件名（Key），用户数据（Data）和元信息（Object Meta）组成。其中，对象的元信息

是一组键值对，表示对象的一些属性。OSS 支持的文件操作包括（　　）。

A．文件创建　　B．文件读取　　C．文件修改　　D．文件删除

【参考答案】ABD

【解析】OSS 不支持对已上传的文件进行在线修改。如果用户需要对文件进行修改，您可以先将已上传的文件下载到本地，修改后重新上传。

15．云服务器 ECS 实例的磁盘快照是对某一个时刻的磁盘数据的备份，基于快照进行磁盘回滚操作时会把磁盘上的数据恢复到快照制作时的数据，在执行回滚快照操作时以下说法正确的是（　　）。

A．回滚快照会把磁盘上的数据回滚到快照制作时的数据，快照制作时间点到当前时间之间该磁盘上的数据变化将会丢失

B．回滚快照操作只能针对打过快照的磁盘进行

C．回滚快照操作时必须在云服务器 ECS 实例的状态为“停止”时才能进行

D．磁盘在未创建快照的情况下也允许通过其他磁盘的快照进行回滚或数据恢复

【参考答案】ABC

【解析】磁盘在未创建快照的情况下无法通过其他磁盘的快照进行回滚或数据恢复。

16．以下属于 ECS 稳定状态的是（　　）。

A．创建中　　B．启动中　　C．运行中　　D．已停止

【参考答案】CD

【解析】ECS 实例运行中和已停止状态属于稳定状态，创建中、启动中属于非稳定状态。

17．某创业团队开发了一款提供“公共图片服务”的互联网应用，主要用途是为电商类网站提供图片托管，实现海量小图片存储和全国快速访问，每日平均增加 500Gb 图片文件，访问 PV 每日 3000 万次。通过自主开发的 API 接口用于文件上传、查询和删除。目前该团队准备把全部应用迁到阿里云上，至少应该开通阿里云上的（　　）产品。

A．对像存储（OSS）　　B．云服务器（ECS）

C．内容分发网络（CDN）　　D．弹性伸缩（Auto Scaling）

【参考答案】ABC

【解析】题目中提到，需要图片托管，所以需要对像存储（OSS），需要快速访问，所以需要内容分发网络（CDN），需要“自主开发的 API 接口用于文件上传、查询和删除”，所以需要云服务器（ECS）来部署。没有说到弹性伸缩（Auto Scaling）的要求。

18．SLB 实例后端 ECS 实例权重设置为零对健康检查的影响有（　　）。

A．负载均衡不会再将流转发给该 ECS 实例，且四层监听的后端服务器健康检查会显示异常

B．相当于将该 ECS 实例移出负载均衡

C．没有影响，只是分配的流量减少

D．有影响，后端 ECS 会直接释放掉

【参考答案】AB

【解析】SLB 实例后端 ECS 实例权重设置为零，该状态下，负载均衡不会再将流量转发给该 ECS 实例，监听的后端服务器健康检查不会显示异常。将负载均衡后端 ECS 实例的权重置为零，相当于将该 ECS 实例移出负载均衡。一般是在 ECS 实例进行重启和配置调整等

主动运维时将其权重设置为零。

19．以下（　　）存储，数据库类的阿里云产品结合才能满足大多数互联网应用的需求。

A．OSS 存储服务　　B．ECS 云服务器

C．RDS 关系型数据库　　D．OTS 结构化数据库

【参考答案】ABC

【解析】数据存储（OTS）保存客户海量用户数据，满足大数据分析的需求，而不是满足大多数互联网应用的需求。

20．ASCM 执行删除组织时，应确保该组织下无（　　）。

A．用户　　B．用户组　　C．资源集　　D．子组织

【参考答案】ACD

【解析】如果组织下存在用户、资源集、子组织会影响组织的删除。

21．ASCM 中 ASAPI 的优点有（　　）。

A．没有限制的 API　　B．全面开放的 API

C．标准一致的 API　　D．统一的数据采集标准

【参考答案】BCD

【解析】ASAPI 是全面开发、标准一致的 API，有统一的数据采集标准，无法做到没有限制。

22．在 ECS 中挂载磁盘的时，（　　）请求参数是必须的。

A．Disk ID　　B．Instance ID　　C．Action　　D．Device

【参考答案】AB

【解析】在 ECS 挂载磁盘时，请求参数必包含实例 ID 和磁盘 ID。

23．Kubernetes 集群初始命名空间有（　　），除此以外，管理员可以创建新的命名空间满足需要。

A．Ingress-nginx　　B．kube-system　　C．kube-public　　D．default

【参考答案】BCD

【解析】Default：默认的命名空间；kube-system：系统为对象创建的命名空间；kube-public：该命名空间是自动创建的，所有用户（包括未验证身份的用户）都可以读取。该命名空间主要留给集群使用，以防某些资源在整个集群中应该可见、公开可读。这对于提供引导组件所需的集群信息都很有用。它主要由 Kubernetes 本身来管理。Ingress-nginx 不是集群初始命名空间。

24．您计划基于云服务器 ECS 实例搭建一个网站，有可能会影响网站打开速度的因素包括（　　）。

A．网页内容本身的大小　　B．网络的带宽

C．是否有大量数据库的操作　　D．是否过多引用了其他网站的内容

【参考答案】ABCD

【解析】网页内容本身的大小、网络的带宽、是否有大量数据库的操作、是否过多引用了其他网站的内容会影响网站的打开速度。

25．对象存储 OSS 可提供丰富的图片处理服务，包括（　　）。

A．缩略图　　B．裁剪　　C．水印　　D．缩放

【参考答案】ABCD

【解析】OSS 提供的图片处理服务包括缩略图、裁剪、水印、缩放等内容。

26．对象存储 OSS 将数据文件以对象（Object）的形式上传到存储空间（Bucket）中，提供键值对形式的对象存储服务。对象存储 OSS 对对象可以进行的操作包括（　　）。

A．上传文件　　B．新建文件夹

C．获取文件访问地址　　D．修改文件内容

【参考答案】ABC

【解析】OSS 不支持对已上传的文件进行在线修改。如果用户需要对文件进行修改，您可以先将已上传的文件下载到本地，修改后重新上传。

27．阿里云关系型数据库（relational database service，RDS）是一种稳定可靠、可弹性伸缩的在线数据库服务，阿里云 RDS 根据（　　）提供多种实例规格族。

A．CPU　　B．内存　　C．连接数　　D．IOPS

【参考答案】ABCD

【解析】各实例规格的 CPU 核数、内存、存储空间、最大连接数和 IOPS 存在差别。

28．用户在阿里云对象存储 OSS 里存储文件，首先要创建一个存储空间 Bucket，之后才能在 Bucket 中进行文件的上传和管理操作。以下有关 Bucket 的描述，正确的是（　　）。

A．同一个 Bucket 内部的空间是扁平的，所有的对象都是直接隶属于其对应的 Bucket

B．每个用户可以拥有多个 Bucket

C．Bucket 的名称在 OSS 范围内必须是全局唯一的，一旦创建之后无法修改

D．Bucket 在创建时需要指定容量上限

【参考答案】ABC

【解析】阿里云对象存储 OSS 是一种高扩展性、高可靠性、低成本的云存储服务，OSS 总存储容量不限制，单个 Bucket 容量也不限制。

29．当发现无法将指定的阿里云云盘挂载到某台云服务器 ECS 实例上时，可能的原因是（　　）。

A．云服务器 ECS 实例已经挂载的数据盘数量达到上限

B．购买的云盘和云服务器 ECS 实例不在同一个可用区

C．云服务器 ECS 实例处于已停止状态

D．云服务器 ECS 实例没有公网 IP

【参考答案】AB

【解析】一个 ECS 实例最多可以挂载 16 块云盘作为数据盘，且云盘只能挂载到同一地域下同一可用区内的实例上，不能跨可用区挂载。

30．通过 Open API 制作阿里云云服务器 ECS 实例的自定义镜像时失败了，可能的原因是（　　）。

A．选择数据盘快照制作

B．选择系统盘快照制作

C．没有设置自定义镜像的名称

D．没有设置自定义镜像的描述

【参考答案】ACD

【解析】云服务器 ECS 实例自定义镜像需要用系统盘快照制作，同时制作镜像时，自定义镜像的名称和描述不可为空。

31．登录到阿里云的管理控制台对 ECS 实例的磁盘进行回滚操作时，发现不能进行该操作，可能的原因是（　　）。

A．云服务器 ECS 实例的状态为“启动中”

B．云服务器 ECS 实例的状态为“运行中”

C．云服务器 ECS 实例的状态为“已过期”

D．云服务器 ECS 实例的状态为“已停止”

【参考答案】ABC

【解析】回滚磁盘要求云盘必须已经挂载到某个 ECS 实例上，而且实例处于“已停止”状态。

32．阿里云的云服务器 ECS 实例通常是黑客攻击的重要目标。针对云服务器 ECS 实例的攻击有多种类型，下列选项中，专门针对云服务器 ECS 实例操作系统的攻击是（　　）。

A．安装木马后门　　B．SSH 密码暴力破解

C．RDP 密码暴力破解　　D．SQL 注入

【参考答案】ABC

【解析】SQL 注入是针对数据库的攻击。

33．地域指的是阿里云云服务器 ECS 实例所在的物理位置。以下关于 ECS 实例地域的说法，正确的有（　　）。

A．同一地域内的 ECS 实例内网间是可以互通的

B．不同地域之间的 ECS 实例内网不互通

C．不同地域之间的不同云产品，内网不互通

D．华北 1（青岛）的 ECS 实例可以通过内网访问华东 1（杭州）的云数据库 RDS 实例

【参考答案】ABC

【解析】同一个地域之间，内网是互通的，不同的地域之间，内网默认不互通。

34．以下（　　）方式可以实现对阿里云云服务器 ECS 实例运行状态的监控。

A．通过云服务器 ECS 的管理控制台的实例详情页面进行 CPU 利用率和网络的出网和入网情况的监控

B．通过云监控服务的管理控制台进行实例运行情况的监控，并设置报警规则进行定制化的监控

C．通过云服务器 ECS 的管理控制台可以进行监控告警的设置

D．通过云盾进行 ECS 实例 CPU 利用率情况的监控

【参考答案】AB

【解析】目前只支持在云监控的管理控制台进行监控告警的设置；云盾为安全类产品，无法实现对 ECS 实例运行情况的监控。

35．阿里云 CDN 系统的关键组件有（　　）。

A．Origin　　B．LVS　　C．Tengine　　D．Swift

【参考答案】BCD

【解析】LVS 做四层均衡负载，Tengine 做七层负载均衡，Swift 做 HTTP 缓存。

36. 根据业务的需要，可以选择采用手动或者镜像的方式部署阿里云云服务器 ECS 实例的使用环境。针对这两种部署方式，以下说法正确的有（　　）。

A. 阿里云的云市场提供了丰富的镜像资源，大部分镜像都集成了操作系统和应用程序

B. 在创建 ECS 实例时，可以选择云市场的镜像来快速获得所需的应用程序，无需自行安装，如 PHP、MySQL 等

C. 如果需要个性化定制的运行环境，可以使用手动部署

D. 如果使用镜像市场的镜像来重新初始化 ECS 实例，可以通过更换系统盘来完成操作，同时数据盘的数据也会受到影响

【参考答案】ABC

【解析】更改系统盘操作，只会影响系统盘的数据，数据盘的数据不会受到任何影响。

37. 在使用阿里云云服务器 ECS 实例的过程中，如果业务需求发生变化时可能需要进行重置操作系统或者磁盘的操作，在操作前需要注意提前备份对应磁盘里的数据。在进行上述重置操作时，下列说法正确的是（　　）。

A. 使用阿里云提供的公共镜像重置后需要对业务进行重新部署，包括应用的安装和配置，以尽快恢复业务

B. 阿里云云服务器 ECS 实例在重置启动前不会对实例和磁盘进行自动备份

C. 重新初始化系统盘会影响数据盘的数据

D. 可以进行重置操作的前置条件是该 ECS 实例处于“已停止”的状态

【参考答案】ABD

【解析】重新初始化系统盘只会删除系统盘的数据。

38. 使用阿里云云服务器 ECS 实例的内网 IP 进行通信可以提升通信效率，同时节省流量费用，以下（　　）云产品之间的通信可以通过内网 IP 直接完成。

A. 相同地域的不同云服务器 ECS 实例之间

B. 相同地域的云服务器 ECS 实例与对象存储 OSS 之间

C. 相同地域的云服务器 ECS 实例与云服务器 RDS 实例之间

D. 不同地域的不同云服务器 ECS 实例之间

【参考答案】ABC

【解析】不同地域之间的 ECS 不支持通过内网地址互相访问。

39. 如果业务对负载敏感性高，高频率的健康检查探测可能会对正常业务访问造成影响，可以结合业务情况，采取（　　）措施降低影响。

A. 降低健康检查频率　　B. 增大健康检查间隔

C. 七层检查修改为四层检查　　D. 关闭健康检查

【参考答案】ABC

【解析】为了实时检测业务可用性，配置健康检查是必要的，否则无法感知后端服务器的健康状态，业务请求有可能被分发到异常后端服务器上，影响业务使用。

40. 以下（　　）状态属于 ECS 生命周期中的稳定状态。

A. 运行中　　B. 已停止　　C. 已过期　　D. 停止中

【参考答案】ABC

【解析】稳定状态为已停止、运行中，停止中和创建中为中间状态。

41．创建阿里云的云服务器 ECS 实例时需要选择地域，地域有时候也被称为“节点”，是指实例所在的地理位置。下列关于 ECS 实例地域的说法，正确的是（　　）。

A．地域与用户距离越近，延迟越少，下载速度越快。例如，用户都分布在华北地区，则可以选择在华北相关地域创建 ECS 实例，实现更快地访问

B．云服务器 ECS 实例创建完成后可以更换地域

C．不同地域提供的可用区数量、实例系列、存储类型、实例价格等会有所差异，可以根据业务需求进行选择

D．不同地域间的内网不能互通

【参考答案】ACD

【解析】云服务器 ECS 不支持更换地域，也不支持更换可用区。

42．创建阿里云云服务器 ECS 实例的同时可以创建多块数据盘，用于存储应用的数据。如果云服务器 ECS 实例的操作系统为 Linux 版本，其数据盘创建成功之后，数据盘的设备名可以是（　　）。

A．/dev/xvda　　B．/dev/xvdb　　C．/dev/xvdd　　D．/dev/xvdz

【参考答案】BCD

【解析】用 fdisk -l 命令，可以查看到新增的硬盘，/dev/xvda 为系统盘。

43．以下关于对象存储的静态网站托管功能描述正确的是（　　）。

A．可以通过静态网站托管功能将您的静态网站托管到 OSS 的存储空间 Bucket，并使用 Bucket 的访问域名访问这个网站

B．配置静态网站托管时，只需要指定网站的默认首页

C．默认首页指定的文件必须是 Bucket 根目录下不允许被匿名访问的文件

D．默认首页指定的文件仅支持 HTML 格式

【参考答案】AD

【解析】配置静态网站托管时，需要指定网站的默认首页和默认 404 页。默认首页指定的文件必须是 Bucket 根目录下允许被匿名访问的文件。

44．云计算是一种商业计算模型，它将计算任务分布在由大量计算机组成的资源池上，使各种应用系统能够根据需要获取算力、存储空间和信息服务。以下（　　）是按照云计算服务的部署方式分类的。

A．公共云　　B．混合云　　C．专有云　　D．能源云

【参考答案】ABC

【解析】能源云并不属于云计算服务的部署方式。云计算的四种部署方式为私有云、社区云、公有云（公共云）和混合云。

45．以下对于对象存储 OSS 基本概念的释义，正确的是（　　）。

A．对象-Object　　B．元信息-Meta Data

C．用户数据-Data　　D．文件名-Key

【参考答案】ACD

【解析】对象（Object）是 OSS 存储数据的基本单元，也被称为 OSS 的文件，由元信息（Object Meta）、用户数据（Data）和文件名（Key）组成。

46．阿里云作为云计算服务的提供商，为用户提供的安全保障服务包括（　　）。

A．云计算底层硬件设施的安全运维

B．云服务器 ECS 中的应用维护

C．云计算租户之间的安全隔离

D．云数据库 RDS 的 IP 白名单设置

【参考答案】AC

【解析】阿里云作为云计算服务的提供商为用户提供的安全保障包括云计算底层硬件设施的安全运维、云计算租户之间的安全隔离。云服务器 ECS 中的应用维护和云数据库 RDS 的 IP 白名单设置需要用户自己完成。

47．阿里云的负载均衡 SLB 提供对多台云服务器 ECS 实例进行流量分发的服务，可以通过流量分发扩展应用系统对外的服务能力，通过消除单点故障提升应用系统的可用性。阿里云的负载均衡 SLB 支持（　　）网络协议的负载均衡服务。

A．4 层（传输层）　　B．7 层（应用层）

C．3 层（网络层）　　D．2 层（数据链路层）

【参考答案】AB

【解析】阿里云负载均衡 SLB 目前支持 4 层和 7 层的负载均衡。

48．用户可以通过控制台或 API 配置 SLB 监听的健康检查。下列（　　）属于 SLB 健康检查配置中的必选参数。

A．响应超时时间　　B．健康检查间隔

C．不健康阈值　　D．健康检查请求

【参考答案】ABC

【解析】负载均衡 SLB 通过健康检查来判断后端服务器的业务可用性，一项完整的健康检查需配置响应超时时间、健康检查间隔、不健康阈值、健康阈值等参数。

49．以下（　　）是 Web 应用防火墙的典型应用场景。

A．防网页篡改　　B．电商抢购秒杀防护

C．0 Day 漏洞爆发防护　　D．一键检测最新 CVE 漏洞

【参考答案】ABC

【解析】Web 应用防火墙对网站或者 APP 的业务流量进行恶意特征识别及防护，将正常、安全的流量回源到服务器，其典型应用场景包含防网页篡改、电商抢购秒杀防护、0 Day 漏洞爆发防护。

50．针对云硬盘备份策略可以进行以下（　　）操作。

A．删除备份策略　　B．编辑备份策略

C．为备份策略绑定或解绑云硬盘　　D．立即执行备份策略

【参考答案】ABCD

【解析】针对云硬盘备份策略可以进行立即执行备份策略、编辑备份策略、删除备份策略、为备份策略绑定或解绑云硬盘。

51．数据库安全服务可以保护（　　）。

A．本地数据库　　B．RDS 关系型数据库

C．ECS 自建数据库　　D．BMS 自建数据库

【参考答案】BCD

【解析】数据库安全服务可以保护云上的数据库，包括 RDS 关系型数据库、ECS 自建数据库、BMS 自建数据库。

52. 安全组规则预置了可选协议是（　　）。

A. ANY　　B. TCP　　C. UDP　　D. ICMP

【参考答案】ABCD

【解析】安全组规则预置协议有多种类型，包含 ANY、TCP、UDP、ICMP 等。

53. 安全组规则的源、目的地址可以是（　　）。

A. IP 地址：XXX.XXX.XXX.XXX/32　　B. 子网：XXX.XXX.XXX.0/24

C. ANY：0.0.0.0/0　　D. 安全组

【参考答案】ABCD

【解析】安全组规则的源、目的地址可以配置多种类型，包含 IP 地址、子网、安全组、ANY 等。

54. 创建 ECS 时，支持配置云服务器的（　　）等信息。

A. 规格　　B. 镜像　　C. 网络　　D. 磁盘

【参考答案】ABCD

【解析】创建 ECS 时，支持配置云服务器的规格、镜像、网络、磁盘、鉴权方式、创建数量等信息。

55. ECS 控制台支持管理弹性云服务器的生命周期，包括（　　）。

A. 开机　　B. 关机　　C. 重启　　D. 删除

【参考答案】ABCD

【解析】ECS 控制台支持管理弹性云服务器的生命周期，包括开机、关机、重启、删除。

56. FusionSphere 服务器虚拟化的后端存储支持以下（　　）类型。

A. NAS 存储　　B. 对象存储　　C. IP SAN 存储　　D. FC SAN 存储

【参考答案】ACD

【解析】FusionSphere 服务器虚拟化的后端存储支持类型包含 NAS 存储、IP SAN 存储、FC SAN 存储、分布式块存储。

57. UVP VMTools 提供的具体功能有（　　）。

A. 提升虚拟机 I/O 性能

B. 提供虚拟机内部信息查询功能

C. 提供 host OS 与 guest OS 消息通道功能

D. 提供外部使用虚拟机内部功能的能力

【参考答案】ABCD

【解析】UVP VMTools 提供的具体功能有提升虚拟机 I/O 性能、提供虚拟机内部信息查询功能、提供 host OS 与 guest OS 消息通道功能、提供外部使用虚拟机内部功能的能力。

58. 弹性云服务器的应用场景有（　　）。

A. 简单的应用或访问量较小的网站

B. 多媒体、视频制作、图像处理等

C. 数据库及其他要求快速数据交换和处理的应用

D. 有明显的业务峰值的应用

【参考答案】ABCD

【解析】弹性云服务器的应用场景包含简单的应用或访问量较小的网站、多媒体、视频制作、图像处理等；数据库及其他要求快速数据交换和处理的应用；有明显的业务峰值的应用。

59．下列对于虚拟机热迁移描述正确的是（　　）。

A．虚拟机热迁移过程中，虚拟机磁盘数据位置不变，只更改映射关系

B．虚拟机热迁移使用的场景可以容忍业务短时间中断

C．虚拟机热迁移使用的场景不能容忍业务短时间中断

D．虚拟机热迁移过程中，虚拟机磁盘数据位置改变，并更改映射关系

【参考答案】AB

【解析】虚拟机热迁移过程中，虚拟机磁盘数据位置不变，只更改映射关系，并且热迁移可以容忍业务短时间中断。

60．弹性云服务器创建镜像，可以通过（　　）方式创建。

A．系统盘镜像　　B．外挂 ISO 设备镜像

C．数据盘镜像　　D．整机镜像

【参考答案】ACD

【解析】弹性云服务器可以通过系统盘镜像、数据盘镜像、整机镜像创建镜像。

61．弹性云服务器组分类有（　　）策略。

A．亲和性　　B．反亲和性　　C．弱亲和性　　D．弱反亲和性

【参考答案】ABCD

【解析】弹性云服务器组包含亲和性策略、反亲和性策略、弱亲和性策略、弱反亲和性策略。

62．弹性云服务器实现 HA 需要满足的条件是（　　）。

A．全局 HA 功能开关开启

B．云服务器所在的主机组 HA 开关开启或处于未配置状态

C．云服务器的 HA 开关开启

D．云服务器所在的主机组 HA 开关关闭

【参考答案】ABC

【解析】弹性云服务器实现高可用需要满足的条件包含全局 HA 功能开关开启、云服务器所在的主机组 HA 开关开启或处于未配置状态、云服务器的 HA 开关开启三个前置条件。

63．完整的创建弹性云服务器流程包含以下（　　）子任务。

A．创建弹性云服务器

B．查看弹性云服务器的创建状态

C．弹性云服务器创建成功后，初始化挂载的数据盘

D．安装一键式重置密码插件，在密码丢失或过期时，一键式地重置密码。

【参考答案】ABCD

【解析】创建弹性云服务器流程包含创建弹性云服务器、查看弹性云服务器的创建状态、初始化挂载的数据盘、安装一键式重置密码插件。

64．伸缩组进行伸缩活动时，如果移除实例，需遵循一定的移除策略，平台提供的移除

策略有（　　）。

A．较早创建的实例　　　　　　　　B．较晚创建的实例

C．根据较早创建地配置较早创建的实例　　D．根据较早创建地配置较晚创建的实例

【参考答案】ABCD

【解析】伸缩组进行伸缩活动时，如果移除实例，需遵循一定的移除策略。包含移除较早创建的实例、移除较晚创建的实例、移除根据较早创建的配置较早创建的实例、移除根据较早创建的配置较晚创建的实例四种策略。

65．国网云（华为）弹性实例支持以下（　　）类型的伸缩策略。

A．邮件触发策略　　B．定时策略　　C．告警策略　　D．周期策略

【参考答案】BCD

【解析】云平台弹性伸缩策略主要有定时策略、告警策略、周期策略三种类型。

66．对象存储服务可以应用于以下（　　）场景。

A．视频点播　　B．企业云盘　　C．备份归档　　D．视频监控

【参考答案】ABCD

【解析】对象存储服务可以应用于视频点播、企业云盘、备份归档、视频监控等场景。

67．裸金属服务器支持挂载（　　）类型的磁盘。

A．本地硬盘　　B．云硬盘　　C．对象存储　　D．nfs

【参考答案】AB

【解析】裸金属服务器支持挂载本地硬盘、云硬盘类型的磁盘。

68．以下（　　）是裸金属服务器具备的功能。

A．支持自动化发放　　　　B．无性能损失

C．免操作系统安装　　　　D．可以使用云硬盘

【参考答案】ABCD

【解析】裸金属服务器具备的功能特性主要为支持自动化发放、无性能损失、免操作系统安装、可以挂在本地硬盘或云硬盘。

69．裸金属服务器的使用限制是（　　）。

A．禁止修改网络相关的配置，否则可能导致无法连接裸金属服务器

B．对操作系统进行升级或打补丁，需从云服务商处获取相应的 OS 文件

C．裸金属服务只支持从现有的操作系统进行升级或打补丁操作，不支持对已有的裸金属服务器重装操作系统

D．在裸金属服务器上安装 Oracle RAC 时请不要启用 Highly Available IP（HAIP）特性

【参考答案】ABCD

【解析】裸金属服务器使用限制为：一是禁止修改网络相关的配置，否则可能导致无法连接裸金属服务器；二是对操作系统进行升级或打补丁，需从云服务商处获取相应的 OS 文件；三是裸金属服务只支持从现有的操作系统进行升级或打补丁操作，不支持对已有的裸金属服务器重装操作系统；四是在裸金属服务器上安装 Oracle RAC 时请不要启用 Highly Available IP（HAIP）特性。

70．ServiceStage 与（　　）服务有集成关系。

A．虚拟私有云 VPC　　　　B．弹性云服务器 ECS

C．云容器引擎 CCE　　D．容器镜像服务 SWR

【参考答案】ABCD

【解析】ServiceStage 与虚拟私有云、弹性云服务器、云容器引擎、容器镜像服务有集成关系。

71．ServiceStage 支持的微服务框架类型包括（　　）。

A．Java Chassis　　B．Mesher　　C．Go Chassis　　D．Spring Cloud

【参考答案】ABCD

【解析】ServiceStage 支持的微服务框架主要有 Spring Cloud、Mesher 接入、Go/Java Chassis 三种类型。

72．微服务架构将面临（　　）挑战。

A．分布式系统复杂性高　　B．分区数据库架构数据一致性难以保证

C．功能涉及多个模块，不便于测试　　D．交付周期不可避免地延长

【参考答案】ABC

【解析】微服务架构面临的挑战主要有分布式系统复杂性高；分区数据库架构数据一致性难以保证；功能涉及多个模块不便于测试。

73．云平台提供（　　）类型的存储。

A．块存储　　B．本地存储　　C．对象存储　　D．文件存储

【参考答案】ACD

【解析】云平台提供三种存储类型的存储，包含块存储、对象存储、文件存储。

74．弹性负载均衡支持（　　）协议。

A．TCP　　B．UDP　　C．HTTPS　　D．HTTP

【参考答案】ABCD

【解析】弹性负载均衡支持 TCP、UDP、HTTP、HTTPS 协议。

75．负载均衡采用的算法是（　　），用来分配用户访问流量，提升负载均衡能力。

A．应用程序 Cookie　　B．轮询算法

C．最少连接　　D．源 IP 算法

【参考答案】BCD

【解析】负载均衡采用的算法主要有轮询算法、最少连接、源 IP 算法三种，用来分配用户访问流量，提升负载均衡能力。

76．ELB 具有的功能是（　　）。

A．部署支持线性可扩展，无单点问题

B．支持 TCP、UDP、HTTPS 和 HTTP 负载均衡

C．支持内网、外网以及 VPN 访问

D．支持软件负载均衡，即通过软件方式实现负载均衡，包括 CVS 和 Nginx

【参考答案】ABCD

【解析】ELB 功能主要包含部署支持线性可扩展，无单点问题；支持 TCP、UDP、HTTPS 和 HTTP 负载均衡；支持内网、外网以及 VPN 访问；支持软件负载均衡，即通过软件方式实现负载均衡，包括 CVS 和 Nginx。

77．弹性负载均衡包含的主要组件有（　　）。

A．负载均衡器　　B．监听器　　C．弹性 IP　　D．后端服务器

【参考答案】ABD

【解析】弹性负载均衡主要包含负载均衡器、监听器、后端云服务器三个组件。

78．弹性负载均衡具有（　　）的优势。

A．高性能　　B．高可用　　C．灵活扩展　　D．简单易用

【参考答案】ABCD

【解析】弹性负载均衡具备高性能、高可用性、灵活扩展、简单易用的优势。

79．一般情况下，影响负载均衡分配的因素包括（　　）。

A．分配策略　　B．会话保持　　C．长连接　　D．权重

【参考答案】ABCD

【解析】一般情况下，影响负载均衡分配的因素包括分配策略、会话保持、长连接、权重等。

80．当负载均衡器使用四层协议 HTTP/HTTPS 时，（　　）。

A．TCP/UDP 的流量只经过 LVS 集群进行转发

B．LVS 集群的所有节点会根据负载均衡器的流量分配策略，将接收到的访问请求直接分发到后端服务器

C．HTTP/HTTPS 的流量，需要经过 LVS 集群先将访问请求平均分发到 Nginx 集群的所有节点，然后 Nginx 集群的节点再根据负载均衡器的转发策略，将接收到的请求最终分发到后端服务器

D．HTTPS 的流量，在最终分发到服务器前，还需要在 Nginx 集群内进行证书验证以及数据包的解密操作

【参考答案】AB

【解析】当负载均衡器使用四层协议 HTTP/HTTPS 时 TCP/UDP 的流量只经过 LVS 集群进行转发；LVS 集群的所有节点会根据负载均衡器的流量分配策略，将接收到的访问请求直接分发到后端服务器。

81．当负载均衡器使用七层协议 HTTP/HTTPS 时，（　　）。

A．TCP/UDP 的流量只经过 LVS 集群进行转发

B．LVS 集群的所有节点会根据负载均衡器的流量分配策略，将接收到的访问请求直接分发到后端服务器

C．HTTP/HTTPS 的流量，需要经过 LVS 集群先将访问请求平均分发到 Nginx 集群的所有节点，然后 Nginx 集群的节点再根据负载均衡器的转发策略，将接收到的请求最终分发到后端服务器

D．HTTPS 的流量，在最终分发到服务器前，还需要在 Nginx 集群内进行证书验证以及数据包的解密操作

【参考答案】CD

【解析】当负载均衡器使用七层协议 HTTP/HTTPS 时，HTTP/HTTPS 的流量，需要经过 LVS 集群先将访问请求平均分发到 Nginx 集群的所有节点，然后 Nginx 集群的节点再根据负载均衡器的转发策略，将接收到的请求最终分发到后端服务器，HTTPS 的流量，在最终分发到服务器前，还需要在 Nginx 集群内进行证书验证以及数据包的解密操作。

82．国网云（华为）镜像服务主要功能有（　　）。

A．管理公共镜像，查看镜像支持的特性（用户数据注入、磁盘热插拔等）

B．管理私有镜像，例如：修改镜像属性，共享镜像，复制镜像等

C．由现有运行的云服务器，或由外部导入的方式来创建私有镜像

D．通过镜像创建云服务器

【参考答案】ABCD

【解析】镜像服务主要功能有管理公共镜像，查看镜像支持的特性（用户数据注入、磁盘热插拔等）；管理私有镜像，例如：修改镜像属性，共享镜像，复制镜像等；由现有运行的云服务器，或由外部导入的方式来创建私有镜像；通过镜像创建云服务器。

83．镜像服务主要功能是（　　）。

A．提供常见的主流操作系统公共镜像

B．由现有运行的云服务器，或由外部导入的方式来创建私有镜像

C．管理私有镜像，例如：修改镜像属性，共享镜像，复制镜像等

D．通过镜像创建云服务器

【参考答案】ABCD

【解析】镜像服务主要功能是提供常见的主流操作系统公共镜像；由现有运行的云服务器，或由外部导入的方式来创建私有镜像；管理私有镜像，例如：修改镜像属性，共享镜像，复制镜像等；通过镜像创建云服务器。

84．云平台可提供的镜像类型有（　　）。

A．公共镜像　　B．私有镜像　　C．共享镜像　　D．市场镜像

【参考答案】ABC

【解析】云平台可提供的镜像类型包含公共镜像、私有镜像、共享镜像。

85．云容器引擎支持（　　）层面的亲和性与反亲和性。

A．集群　　B．节点　　C．网络　　D．应用

【参考答案】BD

【解析】云容器引擎支持节点与应用层面的亲和性与反亲和性。

86．Kubernetes 主要功能包括（　　）。

A．使用 Docker 对应用程序打包、实例化

B．以集群的方式运行、管理跨节点的容器

C．解决 Docker 跨节点容器之间的通信问题

D．实现对虚拟机的有效管理

【参考答案】ABC

【解析】Kubernetes 主要功能包含使用 Docker 对应用程序打包、实例化；以集群的方式运行、管理跨节点的容器；解决 Docker 跨节点容器之间的通信问题。

87．以下属于云容器引擎 CCE 的特点的有（　　）。

A．支持有状态容器应用　　B．支持无状态容器应用

C．DevOps 持续交付　　D．自动化运维和高可用

【参考答案】ABCD

【解析】云容器引擎 CCE 的特点主要包含支持有状态容器应用和无状态容器应用、

DevOps 持续交付、自动化运维和高可用。

88．以下属于云容器引擎 CCE 适用的场景的有（　　）。

A．传统 IT 架构渐进式转型的场景　　B．业务负荷有明显波动的场景

C．降低资源成本的场景　　D．提升业务上线效率的场景

【参考答案】ABCD

【解析】云容器引擎 CCE 适用的场景主要包含传统 IT 架构渐进式转型的场景、业务负荷有明显波动的场景、降低资源成本的场景、提升业务上线效率的场景。

89．国网云（华为）容器镜像服务 SWR，容器镜像服务中给用户添加权限中可以给用户添加（　　）权限。

A．读取　　B．编辑　　C．管理　　D．读写

【参考答案】ABC

【解析】容器镜像服务针对用户可以添加读取、编辑、管理镜像权限。

90．关于 Docker 的镜像仓库，说法正确的是（　　）。

A．实现 Docker 镜像的全局存储　　B．提供 API 接口

C．提供 Docker 镜像的下载/推送/查询　　D．可用于租户管理

【参考答案】ABCD

【解析】关于 Docker 的镜像仓库可以实现 Docker 镜像的全局存储、提供 API 接口、提供 Docker 镜像的下载/推送/查询、可用于租户管理。

91．云专线整体可分为两段（　　）和（　　）。

A．物理专线　　B．私有专线　　C．公共专线　　D．虚拟专线

【参考答案】AD

【解析】云专线整体可分为物理专线和虚拟专线两段。

92．CCE 集群的 master 节点包括（　　）。

A．API Server　　B．Scheduler

C．Controller Manager　　D．ETCD

【参考答案】ABCD

【解析】CCE 集群的 master 节点包括 API Server、Scheduler、Controller Manager、ETCD。

93．关于 SWR 容器镜像服务，说法正确的是（　　）。

A．一种支持镜像全生命周期管理的服务

B．可帮助用户快速部署容器化服务可以通过界面、社区 CLI 和原生 API 上传、下载和管理容器镜像

C．可配合云容器引擎 CCE、云容器实例 CCI 使用

D．不可单独作为容器镜像仓库使用

【参考答案】ABC

【解析】容器镜像服务一种支持镜像全生命周期管理的服务，可配合云容器引擎 CCE、云容器实例 CCI 使用，可帮助用户快速部署容器化服务可以通过界面、社区 CLI 和原生 API 上传、下载和管理容器镜像。

94．关于 CSE，说法正确的是（　　）。

A．提供服务注册、服务治理、配置管理等全场景能力

B．能够帮助用户实现微服务应用的快速开发和高可用运维

C．支持多语言、多运行时

D．支持双栈模式，统一接入和管理 Spring Cloud 等多种框架

【参考答案】ABCD

【解析】CSE 主要的关键特性为支持多语言、多运行时；支持双栈模式，统一接入和管理 Spring Cloud 等多种框架；提供服务注册、服务治理、配置管理等全场景能力；能够帮助用户实现微服务应用的快速开发和高可用运维。

95．RDS 关键功能特性包括（　　）。

A．高可用　　B．备份与恢复　　C．性能监控　　D．流量清洗

【参考答案】ABC

【解析】RDS 的关键功能特性主要有高可用、备份与恢复、性能监控。

96．用户在 Web 界面可以对 RDS 进行（　　）操作。

A．创建数据库　　B．创建用户

C．创建数据表　　D．向数据库插入数据

【参考答案】AB

【解析】用户在 Web 界面可以对 RDS 进行创建数据库、创建用户操作。

97．RDS for MySQL 可以提供的日志类型有（　　）。

A．错误日志　　B．慢日志　　C．主备切换日志　　D．审计日志

【参考答案】ABCD

【解析】RDS for MySQL 可以提供的日志类型有错误日志、满日志、主备切换日志以及审计日志。

98．关于 RDS 备份保留策略，以下说法正确的是（　　）。

A．如果删除实例，该实例的自动备份将会被同步删除。

B．如果开启了实例的自动备份策略，当实例的自动备份保留期结束，该实例的自动备份也将会被同步删除。

C．如果需要长期保留自动备份，可以复制该自动备份生成一个手动备份，该备份在手动删除之前将会一直保留。

D．如果手动备份所使用的空间超过的默认存储空间，则可能会增加云数据库 RDS 存储成本。

【参考答案】ABCD

【解析】关于 RDS 备份保留策略主要特性为如果删除实例，该实例的自动备份将会被同步删除；如果开启了实例的自动备份策略，当实例的自动备份保留期结束，该实例的自动备份也将会被同步删除；如果需要长期保留自动备份，可以复制该自动备份生成一个手动备份，该备份在手动删除之前将会一直保留；如果手动备份所使用的空间超过的默认存储空间，则可能会增加云数据库 RDS 存储成本。

99．管理员可以对 RDS 实例非管理权限的账号进行（　　）管理操作。

A．创新建数据库账号　　B．重置数据库账号密码

C．修改数据库账号权限　　D．删除数据库账号

【参考答案】ABCD

【解析】管理员可以对RDS实例非管理权限的账号进行创建或删除数据库账号、重置账号密码、修改账号权限等管理操作。

100．RDS提供了（　　）特性来保障租户数据库的可靠性和安全性。

A．网络隔离　　B．访问控制

C．传输加密　　D．自动备份和快照

【参考答案】ABCD

【解析】RDS提供了网络隔离、访问控制、传输加密、自动备份和快照特性来保障租户数据库的可靠性和安全性。

101．RDS相比自建数据库有（　　）优势。

A．无需投入软硬件成本，按需购买，弹性伸缩

B．资源利用率按实际结算，100%利用率

C．支持自动备份，手动备份，自定义备份存储周期

D．防DDoS攻击，流量清洗

【参考答案】ABCD

【解析】关系型数据库服务RDS主要优势为无需投入软硬件成本，按需购买，弹性伸缩；资源利用率按实际结算，100%利用率；支持自动备份，手动备份，自定义备份存储周期；防DDoS攻击，流量清洗。

102．云数据库RDS服务上的MySQL在使用上有一些固定限制，用来提高实例的稳定性和安全性，其中对数据库访问的使用限制有（　　）。

A．如果云数据库RDS实例没开通公网访问，则该实例必须与弹性云服务器在同一个虚拟私有云内才能访问

B．云数据库RDS只读实例必须创建在与主实例相同的一个子网内

C．弹性云服务器必须处于目标云数据库RDS实例所属安全组允许访问的范围内

D．MySQL实例的默认端口为3306，需用户手动修改端口号后，才能访问其他端口

【参考答案】ABCD

【解析】云数据库RDS访问的使用限制主要有：一是弹性云服务器必须处于目标云数据库RDS实例所属安全组允许访问的范围内；二是云数据库RDS只读实例必须创建在与主实例相同的一个子网内；三是MySQL实例的默认端口为3306，需用户手动修改端口号后，才能访问其他端口；四是如果云数据库RDS实例没开通公网访问，则该实例必须与弹性云服务器在同一个虚拟私有云内才能访问。

103．云数据库RDS支持（　　）方式迁移数据。

A．使用命令迁移MySQL数据

B．使用界面方式迁移MySQL数据

C．自建数据库迁移至云数据库MySQL

D．其他云上数据库迁移到云数据库MySQL

【参考答案】ABCD

【解析】云数据库RDS数据迁移支持以下四种方式：使用命令迁移MySQL数据；使用界面方式迁移MySQL数据；自建数据库迁移至云数据库MySQL；其他云上数据库迁移到云数据库MySQL。

104．RDS 的安全保障措施有（　　）。

A．云数据库 RDS 实例可以设置所属虚拟私有云，确保云数据库 RDS 实例与其他业务实现网络安全隔离

B．使用安全组确保访问源为可信的

C．使用 SSL 通道，确保数据传输加密

D．通过统一身份认证服务 IAM，实现对云数据库 RDS 实例的管理权限控制

【参考答案】ABCD

【解析】RDS 主要的安全保障措施有云数据库 RDS 实例可以设置所属虚拟私有云，确保云数据库 RDS 实例与其他业务实现网络安全隔离；使用安全组确保访问源为可信的；使用 SSL 通道，确保数据传输加密；通过统一身份认证服务 IAM，实现对云数据库 RDS 实例的管理权限控制。

105．弹性 IP 有（　　）优势。

A．EIP 支持与 ECS、BMS、NAT 网关、ELB、虚拟 IP 灵活地绑定与解绑，带宽支持灵活调整，应对各种业务变化

B．EIP 可以加入共享带宽，降低带宽使用成本

C．即开即用，绑定解绑、带宽调整实时生效

D．多种计费策略，支持按需、按带宽、按流量计费

【参考答案】ABCD

【解析】弹性 IP 的优势主要包含 EIP 支持与 ECS、BMS、NAT 网关、ELB、虚拟 IP 灵活地绑定与解绑，带宽支持灵活调整，应对各种业务变化；EIP 可以加入共享带宽，降低带宽使用成本；即开即用，绑定解绑、带宽调整实时生效；多种计费策略，支持按需、按带宽、按流量计费。

106．与弹性 IP 相关的操作有（　　）。

A．绑定　　B．解绑　　C．延期　　D．释放

【参考答案】ABCD

【解析】针对弹性 IP 主要的操作包含绑定、解绑、延期、释放。

107．应用上云的模式包括（　　）。

A．基础架构上云　　B．应用改造上云　　C．容器改造上云　　D．接口改造上云

【参考答案】ABC

【解析】应用上云主要有基础架构上云、容器改造上云、应用改造上云三种模式。

三、判断题

1．SLB 一定要搭配弹性伸缩才能使用。

【参考答案】错

【解析】SLB 使用不必一定搭配弹性伸缩。

2．RDS-MySQL 实例支持白屏修改数据库端口。

【参考答案】对

【解析】RDS-MySQL 实例可以白屏修改数据库端口。

3．VPC 中您可以创建和删除系统路由表。

【参考答案】错

【解析】系统路由表是默认创建的。

4．VPC 是基于 vxlan 技术实现的，创建 VPC 会自动创建一个路由器。

【参考答案】对

【解析】VPC 是基于 vxlan 技术实现的，创建 VPC 会自动创建一个路由器。

5．VPC 之间默认是隔离的不能直接通信。

【参考答案】对

【解析】专有网络（virtual private cloud，VPC）是用户基于阿里云创建的自定义私有网络，不同的专有网络之间二层逻辑隔离，用户可以在自己创建的专有网络内创建和管理云产品实例，比如 ECS、SLB、RDS 等。

6．EDAS Agent 只支持手工单机安装，不支持批量安装。

【参考答案】错

【解析】EDAS Agent 支持批量安装。

7．ASCM 控制台中的组织采用层级方式显示，用户可以在各级组织下创建子组织。

【参考答案】对

【解析】ASCM 用户可以在各级组织下创建子组织。ASCM 组织层级最多 5 级。

8．在 ASCM 控制台中一个资源集可以有多个资源，但一个云资源可隶属于不同的资源集。

【参考答案】错

【解析】一个云资源不可以隶属于不同的资源集。

9．ASCM 可实现 ECS、RDS、SLB 等资源所在资源集的变更。

【参考答案】对

【解析】申请资源前，需要先创建资源集，ASCM 支持 ECS、RDS、SLB 等资源所在资源集的变更。

10．ECS 不支持自定义镜像。

【参考答案】错

【解析】ECS 支持自定义镜像。

11．对象存储 OSS 与云服务器 ECS 实例结合，可以实现一个完整的动静分离的网站，静态页面放在 OSS 上提供快速访问能有效降低 ECS 实例的负载。

【参考答案】对

【解析】静态页面放在 OSS 上提供快速访问可以有效降低 ECS 实例的负载。

12．对象存储 OSS 的同一个 Bucket 中的文件不能重名，但是支持对文件进行重命名。

【参考答案】对

【解析】对象存储 OSS 的同一个 Bucket 中的文件不能重名，支持对文件进行重命名。

13．阿里 RDS-MySQL 数据库管理员可以申请 root 或者 sa 权限。

【参考答案】错

【解析】阿里 RDS-MySQL 数据库管理员不支持申请 root 或者 sa 权限。

14．Redis 支持密码认证方式确保访问安全可靠。

【参考答案】对

【解析】Redis 安全认证通常包括连接授权、访问控制、监控和访问日志等功能。在访问控制中，Redis 一般使用安全验证方式，也就是密码认证，通过密码验证来确定会不会允许客户端访问 Redis 服务器。这是保护 Redis 服务器的重要措施，它可使 Redis 难以被攻击，同时保护数据安全，不被破坏、泄露。

15．不同 VPC 之间的通信可以通过高速通道实现。

【参考答案】对

【解析】高速通道可实现不同 VPC 之间的通信

16．云数据库 RDS 的日志备份可以关闭（基础版除外）。

【参考答案】对

【解析】RDS 控制台可以设置是否开启日志备份，关闭日志备份会导致所有日志备份被清除，并且无法使用按时间点恢复数据的功能。

17．使用 free 或 top 命令查询 linux 服务器的内存使用情况发现和 Apsara Stack 控制台实际看到的内存使用情况不一致，是因为云监控在计算内存使用情况时去除了作为缓存的内存。

【参考答案】对

【解析】云监控通过云资源的监控指标，检测服务的可用性。用户可以通过对这些监控指标设置告警规则和通知策略，以便及时了解各产品服务的实例资源运行状况和性能。云监控在计算内存使用情况时去除了作为缓存的内存。

18．RDS-MySQL 的 IP 白名单需要添加多个 IP 地址或 IP 段，需要用英文分号隔开。

【参考答案】错

【解析】RDS-MySQL 的 IP 白名单需要添加多个 IP 地址或 IP 段，使用逗号隔开。

19．负载均衡提供获取客户端真实 IP 地址的功能，针对 4 层（TCP 协议）负载均衡服务，SLB 后端云服务器 ECS 可以直接获得来访者的真实 IP。

【参考答案】对

【解析】SLB 负载均衡能够将访问流量根据转发策略分发到后端多台云服务器中。4 层（TCP 协议）负载均衡服务，SLB 后端云服务器 ECS 可以直接获得来访者的真实 IP。

20．阿里云负载均衡 SLB 为 HTTPS 监听提供证书管理功能。

【参考答案】对

【解析】负载均衡 SLB 为 HTTPS 监听提供证书管理功能。

21．ASCM 云监控中心提供了资源的实时监控、告警及通知服务，目前可以监控云服务器 ECS、云数据库 RDS 版等产品的相关指标。其中，ECS 实例在未安装监控插件时能采集到的操作系统级别的指标数据包括 CPU 总利用率、内存利用率、磁盘每秒读取的字节数等。

【参考答案】错

【解析】ECS 实例需要安装监控插件才能采集操作系统级别的指标数据。

22．在 ASCM 控制台上，管理员可以进行删除资源集和删除组织的操作。删除资源集时，确认资源集中已无资源、组织成员存在即可删除。删除组织时，确认该组织下无资源集、用户存在即可删除。

【参考答案】错

【解析】需要确认资源集中无资源、组织成员和用户组存在，否则资源集无法被删除。执行删除组织时，需要确保该组织下无用户、资源集和子组织，否则无法执行删除操作。

23．修改 ECS 用户密码后需要在实例内部重启才能生效。

【参考答案】错

【解析】修改 ECS 用户密码的操作需要在控制台重启 ECS 实例后才生效。

24．导入本地镜像文件适用于在云上部署业务的场景，可以使用导入的自定义镜像创建 ECS 实例或更换系统盘。导入 Linux 操作系统镜像时，请勿修改/etc/shadow 为只读，否则将导致 ECS 无法正常识别系统发行版，从而创建系统失败。

【参考答案】错

【解析】修改/etc/shadow 为只读，将导致无法修改密码文件，从而创建系统失败。

25．通过云产品控制台，无法操作托管安全组，但可以通过 OpenAPI 访问托管安全组，并调用查询和操作接口。

【参考答案】错

【解析】通过 OpenAPI 访问托管安全组，只能调用查询接口。

26．在同一个阿里云的专有网络 VPC 内，不同的虚拟交换机中的云服务器 ECS 实例是默认内网是不互通的，需要通过添加路由的方式实现互相访问。

【参考答案】错

【解析】在 VPC 内，交换机创建后，系统会自动添加一条以该交换机网段为目标网段的系统路由条目，使得 VPC 内不同交换机间内网互通。

27．如果在创建 ECS 实例时选错 VPC 或者需要重新规划网络，可以更换单个或多个 ECS 实例的 VPC，ECS 实例变更前后的交换机必须在同一地域。

【参考答案】错

【解析】ECS 实例变更前后的交换机必须在同一个可用区。

28．使用阿里云弹性伸缩（Auto Scaling）来实现计算资源的弹性配置时，做了如下设置：伸缩组的属性中设置 MinSize=2，MaxSize=7，伸缩规则为“增加 6 台 ECS”。该伸缩组当前的云服务器 ECS 实例数为 3 台，通过设置定时任务来执行，执行一次后，会增加 4 台云服务器 ECS 实例。

【参考答案】对

【解析】因为规定 MaxSize=7，执行定时任务每次增加 6 台，但是最多只能增加到 7 台，所以执行一次后会增加 7–3=4 台 ECS 实例。

29．ECS 实例必须加入安全组。

【参考答案】对

【解析】每个 ECS 实例最多可以加入 5 个安全组，且 ECS 至少加入一个安全组。

30．拥有 Bucket 写操作权限的用户可以在创建存储空间（Bucket）时设置访问权限（ACL），也可以在创建 Bucket 后根据自己的业务需求修改 ACL。

【参考答案】错

【解析】可以在创建存储空间（Bucket）时设置访问权限（ACL），也可以在创建 Bucket 后根据业务需求修改 ACL，该操作只有 Bucket 的拥有者可以执行。

31．对象存储的生命周期规则只能定期删除过期的 Object。

【参考答案】错

【解析】设置生命周期规则（Lifecycle）可以定期将过期的 Object 和碎片删除。

32．扩容系统盘不会对业务造成影响。

【参考答案】错

【解析】扩容系统盘需要 ECS 处于停止状态，所以相关操作会中断 ECS 上承载的业务。

33．RDS for MySQL 实例支持三种数据库账号：系统管理员账号、高权限账号和普通账号。

【参考答案】错

【解析】RDS for MySQL 实例支持两种数据库账号：高权限账号和普通账号。

34．云服务器 ECS 实例进行续费操作时还可以做变更云服务器 CPU、内存、带宽的操作，在 ECS 实例操作系统内重启后，新配置会立即生效。

【参考答案】错

【解析】修改配置操作完成后，必须通过管理控制台重启实例或使用 RebootInstance 接口重启实例，新配置才能生效。

35．阿里云的安全组规则支持 IP、端口、MAC 授权。

【参考答案】错

【解析】阿里云安全组不支持 MAC 授权。

36．将业务部署在阿里云上时，可以通过将业务的模块进行拆分，部署于多个低配置的云服务 ECS 实例上，并结合负载均衡 SLB，来提高业务的整体可用性。

【参考答案】对

【解析】相较于将微服务架构应用部署在传统 IT 基础设施上，应用上云后可以充分利用云上虚拟机的弹性能力，进行弹性伸缩等配置以充分利用计算资源，同时也可以配置负载均衡，提高业务的可用性。

37．阿里云四层负载均衡的 FULLNAT 转发模式仅支持 TCP 和 UDP 协议。

【参考答案】错

【解析】阿里云四层负载均衡的 FULLNAT 转发模式仅支持 TCP 协议。

38．云资源可以直接部署在专有网络 VPC 下。

【参考答案】错

【解析】云资源不可以直接部署在专有网络中，必须属于专有网络内的某个交换机下。

39．阿里云虚拟交换机的 IPv4 网段中，只有第一个和最后一个 IP 地址为系统保留地址。

【参考答案】错

【解析】每个交换机的第一个和最后三个 IP 地址为系统保留地址。

40．一个 HaVip 支持同时绑定两个 ECS 实例或同时绑定两张辅助弹性网卡，或同时绑定一个 ECS 实例和一个弹性网卡。

【参考答案】错

【解析】一个 HaVip 支持同时绑定两个 ECS 实例或同时绑定两张辅助弹性网卡，但一个 HaVip 不能既绑定 ECS 实例又绑定弹性网卡。

41．容器服务 k8s 版集群的网络插件支持 Flannel 和 Terway，默认启用 Terway。

【参考答案】错

【解析】默认启用 Flannel。

42．国网云（华为）具备提供两地三中心容灾方案，保障机房级、数据中心级安全可靠性。

【参考答案】对

【解析】国网云（华为）具备提供本地高可用方案、双活数据中心方案、主备容灾方案、两地三中心容灾方案，保障机房级、数据中心级安全可靠性。

43．不在国网云（华为）Stack 兼容性列表中的通用服务器，支持全自动化部署。

【参考答案】错

【解析】不在国网云（华为）Stack 兼容性列表中的通用服务器，支持部分自动化部署。

44．安全组提供 ECS 级别防护，网络 ACL 提供子网级别防护。

【参考答案】对

【解析】国网云（华为）提供不同等级网络安全防护能力，安全组可以提供 ECS 级别防护，网络 ACL 提供子网级别防护。

45．微服务的设计建议采用低内聚、紧耦合的设计原则。

【参考答案】错

【解析】微服务设计建议采用高内聚、松耦合的设计原则。

46．数据安全为云计算环境下的用户数据应用、存储等提供机密性、完整性保障。

【参考答案】对

【解析】数据安全为云计算环境下的用户数据应用、存储等提供机密性、完整性保障。

47．恶意网页是指网页的内容中被嵌入恶意代码，当用户访问恶意网页时，恶意代码被植入用户的计算机，可能会导致用户计算机上的隐私信息泄露，计算机成为僵尸网络等严重问题。

【参考答案】对

【解析】当用户访问被嵌入恶意代码的网页时，恶意代码被植入用户的计算机，可能会导致用户计算机上的隐私信息泄露，计算机成为僵尸网络等严重问题。

48．安全组可分为默认安全组和自定义安全组。

【参考答案】对

【解析】安全组自身具备默认安全组，用户可按照业务需求进行自定义安全组创建及配置。

49．安全组规则支持入方向和出方向。

【参考答案】对

【解析】安全组可以针对 ECS、RDS 等资源进行入方向及出方向规则设置。

50．安全组规则支持黑名单与白名单形式。

【参考答案】错

【解析】安全组规则不支持黑名单与白名单形式，网络 ACL 支持黑名单与白名单形式。

51．安全组可以解决网络故障或网络配置错误类问题。

【参考答案】错

【解析】安全组可以解决网络配置错误类问题，网络设备故障不能解决。

52．弹性云服务器 VNC 远程登录可以在多个页面窗口登录。

【参考答案】错

【解析】弹性云服务器 VNC 远程登录只能在一个页面窗口登录。

53．同子网内 ECS 通信既可以使用安全组防护，又可以使用网络 ACL。

【参考答案】错

【解析】同子网内 ECS 通信只能使用安全组防护，网络 ACL 针对不同子网 ECS 进行安全防护。

54．裸金属服务器（bare metal server）为租户提供专属的物理服务器，为核心数据库、关键应用系统、高性能计算业务提供卓越的计算性能以及数据安全，结合云中资源的弹性优势，可实现灵活申请，按需使用。

【参考答案】对

【解析】裸金属服务器（bare metal server）为租户提供专属的物理服务器，为核心数据库、关键应用系统、高性能计算业务提供卓越的计算性能以及数据安全，结合云中资源的弹性优势，可实现灵活申请，按需使用。

55．微服务架构下的微服务天然支持 DevOps，微服务与 DevOps 相辅相成。DevOps 要求业务组件的开发、测试和运维由一个团队负责（twopizzateam），快速迭代、持续交付。

【参考答案】对

【解析】微服务与 DevOps 相辅相成，是由于微服务架构下的微服务天然支持 DevOps。DevOps 要求业务组件的开发、测试和运维由一个团队负责（twopizzateam），快速迭代、持续交付。

56．在 Kubernetes 中一个 Pod 可以包含多个容器。

【参考答案】对

【解析】一个 Pod 可以包含多个容器，但一个 Pod 内只有一个根容器。

57．使用镜像创建云服务器，其系统盘大小可以指定，但必须大于或等于镜像的系统盘大小。

【参考答案】对

【解析】使用镜像创建云服务器，指定的系统盘大小不能小于镜像的系统盘大小。

58．镜像是一个包含了软件及必要配置的服务器或磁盘模板，包含操作系统或业务数据，还可以包含应用软件（例如，数据库软件）和私有软件。

【参考答案】对

【解析】镜像是一个包含了软件及必要配置的服务器或磁盘模板，包含操作系统或业务数据，还可以包含应用软件（例如，办公软件、数据库软件等）和私有软件。

59．镜像分为公共镜像、私有镜像、共享镜像，公共镜像为系统默认提供的镜像，私有镜像为用户自己创建的镜像，共享镜像为其他用户共享的私有镜像。

【参考答案】对

【解析】镜像分为三种，分别为公共镜像、私有镜像、共享镜像，公共镜像为系统默认提供的镜像，私有镜像为用户自己创建的镜像，共享镜像为其他用户共享的私有镜像。

60．私有镜像中的整机镜像不支持通过规格锁定或镜像锁定的弹性云服务器服务创建弹性云服务器。

【参考答案】对

【解析】私有镜像中的整机镜像不支持通过规格锁定或镜像锁定的弹性云服务器服务创建弹性云服务器，只能通过锁定弹性云服务器进行创建。

61．微服务架构模式下，开发者无法自由选择开发技术来提供 API 服务。

【参考答案】错

【解析】微服务架构模式下，开发者可以自由选择开发技术来提供 API 服务。

62．微服务的范围包括自组织团队、技术实践、流程与工具，三者相辅相成，互相促进与发展。

【参考答案】对

【解析】自组织团队、技术实践、流程与工具是微服务的范围，“自组织团队、技术实践、流程与工具”三者相辅相成，互相促进与发展。

63．应用向云原生（CIoudNative）模式演进，微服务是 CloudNative 的事实标准。

【参考答案】对

【解析】应用向云原生（微服务是云原生的事实标准）模式演进。

64．国网云（华为）容器启动速度快、资源占用小、运行效率高等优势，快速扩容、从容应对突发性大流量冲击，从根本上避免了“官宣”式宕机。

【参考答案】对

【解析】容器从根本上避免了“官宣”式宕机，是因为容器具备启动速度快、资源占用小、运行效率高等优势。

65．一台 ECS 虚机只能运行一个容器。

【参考答案】错

【解析】一台 ECS 可以运行一个或多个容器。

66．云容器引擎支持有状态容器应用和无状态容器应用。

【参考答案】对

【解析】云容器引擎支持有状态容器应用和无状态容器应用。

67．Docker 是一个开源的引擎，可以轻松的为任何应用创建一个轻量级的、可移植的、自给自足的容器。

【参考答案】对

【解析】Docker 是一个开源的引擎，基于 Docker 可以为应用创建一个轻量级的、可移植的、自给自足的容器。

68．云硬盘可以跨区域备份和恢复。

【参考答案】错

【解析】云硬盘可以实现跨可用去备份和恢复，不能实现跨区域备份与恢复。

69．SWR 对存储的镜像数量没有限制，可以根据需要上传镜像。

【参考答案】对

【解析】容器镜像服务 SWR 进行容器镜像管理，可以根据需求按需上传镜像，镜像数量无限制。

70．通过 Docker 客户端和 SWR 页面上传的镜像大小一样。

【参考答案】对

【解析】镜像可以通过 Docker 客户端和 SWR 页面两种方式上传，镜像大小不变。

71．云硬盘可以挂载至不同可用区的云服务器。

【参考答案】错

【解析】云硬盘只能在同可用区内进行挂载使用，不能跨可用区挂载。

72．关系型数据库创建成功后，如果规格（CPU 和内存）大小不满足需求，可以变更规格。

【参考答案】对

【解析】关系型数据库可以按照业务实际需求，变更规格。

73．云数据库 RDS 开启自动备份策略后，会自动触发一次全量备份。

【参考答案】对

【解析】云数据库 RDS 开启自动备份策略后，会自动触发一次全量备份。后续按照备份策略进行相应的备份。

74．云数据库 RDS 服务的备份操作是数据库级的。

【参考答案】错

【解析】云数据库 RDS 服务的备份操作是实例级。

75．当数据库实例被删除时，云数据库 RDS 实例的自动备份将被同步删除，手动备份也会被删除。

【参考答案】错

【解析】当数据库实例被删除时，云数据库 RDS 实例的自动备份将被同步删除，手动备份不会被删除。

76．分布式数据库中间件（distributed database middleware，DDM），专注于解决数据库分布式扩展问题，突破了传统数据库的容量和性能瓶颈，实现海量数据高并发访问。

【参考答案】对

【解析】分布式数据库中间件，用于解决数据库分布式扩展问题，由于分布式数据库中间件突破了传统数据库的容量和性能瓶颈，可以实现海量数据高并发访问。

77．一个弹性公网 IP 只能绑定一个云资源使用，且弹性公网 IP 和云资源必须在同一个区域。

【参考答案】对

【解析】一个弹性公网 IP 必须和云资源同一个区域，且只能绑定一个云资源使用。

78．未绑定的弹性公网 IP 地址才可释放，已绑定的弹性公网 IP 地址需要先解绑定后才能释放。

【参考答案】对

【解析】弹性公网 IP 地址需要先解绑定后才能释放，只有未绑定的弹性公网 IP 地址才可直接释放。

79．弹性公网 IP 释放后，如果被其他用户使用，则无法找回。

【参考答案】对

【解析】弹性公网 IP 释放后，已经被其他用户使用，则弹性公网 IP 无法找回。

80．可以通过申请弹性公网 IP 并将弹性公网 IP 绑定到弹性云服务器上，实现弹性云服务器访问公网的目的。

【参考答案】对

【解析】弹性云服务器上绑定弹性公网 IP，可以实现弹性云服务器访问公网的目的。

81．应用上云是指业务应用的资源载体（包括：物理机、虚拟机、容器、基础软件、应用程序等）一种或多种均在云平台纳管范围内，并且云平台可以调控、管理应用运行相关的资源。

【参考答案】对

【解析】云平台纳管一种或多种业务应用的资源载体，并且云平台可以调控、管理应用运行相关的资源。应用的资源载体包括：物理机、虚拟机、容器、基础软件、应用程序等。

四、实践操作题

1．请演示国网云（阿里）中 VPC 的创建配置及 vSwitch 的创建。

【重点速记】

（1）在云平台运营控制台 VPC 产品页面配置新建的 VPC 信息。

（2）注意组织、资源集、地域的选择。

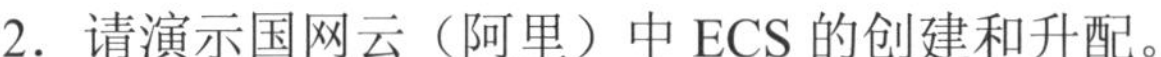

（3）可自定义网段配置。

（4）交换机导航栏进行 vSwitch 的配置和创建。

2．请演示国网云（阿里）中 ECS 的创建和升配。

【重点速记】

（1）在云平台运营控制台 ECS 产品页面配置新建的 ECS 信息。

（2）注意组织、资源集、地域、规格、网络信息的选择；可根据需求使用自定义镜像。

（3）在云平台运营控制台 ECS 产品页面配置新建的 ECS 信息。

（4）在 ECS 产品页面进行实例升降配。

（5）注意升降配页面规格的选择。

3．请演示国网云（阿里）中 ECS 安全组的配置及使用。

【重点速记】

（1）在云平台运营控制台 ECS 产品页面安全组导航栏配置新建的安全组信息。

（2）注意组织、资源集、地域、网络信息的选择。

（3）在安全组导航栏配置安全组通信规则和添加实例。

（4）注意新建安全组规则与已有安全组的策略。

4．请演示国网云（阿里）中 RDS-MySQL 实例、数据库及账号的创建及客户端访问。

【重点速记】

（1）在云平台运营控制台云数据库 RDS 产品页面配置新建的数据库实例信息。

（2）注意实例创建时白名单配置，放通需要访问数据库的源端 IP。

（3）数据库实例中数据库管理导航栏进行 database 的创建。

（4）数据库实例中账号管理导航栏进行数据库账号的创建。

（5）数据管理 DMS 中凭账号密码登录数据库实例。

5．请演示国网云（阿里）中两个 VPC 之间配置高速通道，实现两个 VPC 下 ECS 互通。

【重点速记】

（1）在云平台运营控制台高速通道产品页面创建对等连接。

（2）在对应的 VPC 中路由表导航栏下路由表中添加路由条目。

6．请演示国网云（阿里）中 RDS-MySQL 备份策略的调整及端口调整。

【重点速记】

（1）在云平台运营控制台云数据库 RDS 产品页面找到需要进行调整的实例。

（2）备份恢复导航栏中进行备份设置。

（3）修改对应的备份策略。

（4）数据库连接导航栏修改连接地址完成端口调整。

7．请演示国网云（阿里）中 ossutil 工具的配置及使用。

【重点速记】

（1）通过阿里云官网下载最新的 ossutil 安装包。

（2）在云平台运营控制台对象存储 OSS 产品页面获取域名、名称信息。

（3）在云平台运营控制台个人信息页面获取账号的 ak、sk 信息。

（4）注意个人账号权限和工具的路径。

8．请演示国网云（阿里）中使用 EDAS 发布在 ACK 集群上发布应用。

【重点速记】

（1）在运营控制台中 EDAS 产品中将 k8s 集群导入 edas。

（2）在应用列表导航栏中创建应用，选择所需的应用基本信息和配置信息。

（3）检查应用发布状态。

9．请演示国网云（阿里）中 SLB 负载均衡的配置和使用。

【重点速记】

（1）在运营控制台中进入负载均衡 SLB 产品，配置参数创建负载均衡实例。

（2）配置 SLB 实例，配置负载权重。

（3）确认并测试 SLB 实例状态。

10．请演示国网云（阿里）中在 ECS 上添加快照策略并利用快照生成镜像。

【重点速记】

（1）在云平台运营控制台 ECS 产品页面自动快照策略导航栏配置新建的自动快照策略信息。

（2）注意组织、资源集、地域的选择。

（3）在自动快照导航栏添加云盘。

（4）在快照页面使用快照生成镜像。

（5）注意镜像的命令和共享范围。

11．请演示国网云（阿里）中组织的划分及用户的创建。

【重点速记】

（1）在运营控制台中进入企业模块。

（2）组织管理中可划分创建多级组织（至多 5 级）。

（3）资源集管理和用户管理创建对应资源集和用户。

（4）用户无法更换所属组织。

12．请演示国网云（阿里）中数据库的备份及恢复。

【重点速记】

（1）在运营控制台中进入数据库 RDS 产品。

（2）数据库实例备份，物理备份实例。

（3）数据库恢复（原克隆实例）生成新的数据库实例，包含备份集的数据。

13．请演示国网云（阿里）中 OSS Bucket 的创建及使用。

【重点速记】

（1）在云平台运营控制台 OSS 产品页面安全组导航栏配置新建的 Bucket 信息。

（2）注意组织、资源集、容量大小、权限的选择。

（3）在 Bucket 列表导航栏进行配置的修改和文件的上传下载。

14．请演示国网云（阿里）中 RDS-MySQL 只读实例的创建及使用。

【重点速记】

（1）在运营控制台中进入数据库 RDS 产品。

（2）进入所需要创建只读实例的 RDS 实例信息页面。

（3）选择创建只读实例，配置只读实例参数，完成创建。

15．请演示国网云（阿里）中云盘的申请、挂载及使用。

【重点速记】

（1）在云平台运营控制台 ECS 产品页面存储导航栏配置新建的磁盘信息。

（2）注意组织、资源集、地域的选择。

（3）在存储导航栏或 ECS 实例详情内进行磁盘的挂载。

（4）在 ECS 实例内部进行磁盘的分区和目录挂载。

16．请在国网云（华为云）中发放两台弹性云服务器，名称为 Ks01 和 Ks02，规格为 2C4GB、100GB 数据盘的弹性云服务器，操作系统为 Centos7.5。

【重点速记】

（1）在华为云运营面控制台弹性云服务器产品页面创建弹性云服务器。

（2）注意规格、镜像版本、存储、创建数量的选择。

（3）高级配置界面配置弹性云服务器名称

17．请在国网云（华为云）中对 Ks02 弹性云服务器进行规格变更，将 2C4GB 变更为 4C8GB。

【重点速记】

（1）在华为云运营面控制台弹性云服务器产品页面配置需要进行规格变更的 ECS。

（2）注意云服务器规格的选择。

18．请在国网云（华为云）中 Ks01 新增一块云硬盘，大小为 200G。

【重点速记】

（1）在华为云运营面控制台弹性云磁盘产品页面按题义创建磁盘。

（2）注意云磁盘容量、磁盘类型的选择。

（3）在华为云运营面弹性云服务实例详情页面挂载云硬盘。

19．请在国网云（华为云）中为 Ks01 与 Ks02 弹性云服务器创建快照。

【重点速记】

在华为云运营面控制台弹性云服务器产品页面对需要创建整机快照的云服务器进行配置。

20．请在国网云（华为云）中虚拟私有云中新增子网网段 Ks-subnet002，私有网段为 192.168.1.0，要求此子网有 14 个可用 IP，请自定义子网掩码。

【重点速记】

（1）在华为云运营面控制台虚拟私有云产品页面，在子网栏进行操作。

（2）注意虚拟私有云名称、子网网段，子网掩码，网关地址随机生成，静态路由默认关闭。

21．请在国网云（华为云）中通过云服务器反亲和特性使 Ks01、Ks02 两台服务器分布在不同物理主机上，确保高可用。

【重点速记】

（1）华为云弹性云服务器高可用通过弹性云服务器控制台创建反亲和弹性云服务器组实现。

（2）请按题意选择云服务器组策略。

（3）云服务器组创建完毕后需要跟弹性云服务器进行绑定。

22．请在国网云（华为云）中，为两台服务器 Ks01、Ks02 创建弹性伸缩策略，判断业务高峰期为 14:00～16:00，设置每天 13:30 伸缩服务器数量为 4，16:30 伸缩服务器数量为 2。

【重点速记】

（1）对华为云运营面控制台弹性伸缩产品页面进行配置。

（2）创建伸缩策略，配置模板选择使用已有云服务器规格为模板。

（3）创建弹性伸缩组，按题意设置最大实例数、期望实例数设置为 0、最小实例数设置为 0，健康检查配置默认。

（4）修改伸缩组伸缩配置选择创建的伸缩模板。

（5）配置伸缩实例添加弹性云服务器到伸缩组。

（6）按题义配置伸缩策略。

（7）修改弹性伸缩组配置，最小实例数量，期望实力数量为 2。

23．请在国网云（华为云）中创建一个弹性负载均衡器，名称为 KsElb，为此 ELB 创建云服务器组 Ks10022 并绑定 Ks01 和 Ks02 两台机器 TCP 协议的 Ks10022 端口。

【重点速记】

（1）在华为云运营面控制台弹性负载均衡产品页面申请弹性负载均衡。

（2）按题意配置弹性负载均衡后端云服务器组。

（3）添加弹性云服务器到后端云服务器组。

24．请在国网云（华为云）中为 KsElb 负载均衡器，新增 TCP 协议监听器端口为 13022，并配置后端云服务器组为 Ks10022。

【重点速记】

（1）在华为云运营面控制台弹性负载均衡产品页面进行配置。

（2）配置负载均衡监听器，按题义填写前端端口，并选择后端云服务器组。

25．请在国网云（华为云）中为弹性云服务器 Ks02 添加一块网卡，子网选择 Ks-subnet002。

【重点速记】

（1）在华为云运营面控制台弹性云服务器产品页面对需要新增网卡的云服务器实例进行配置。

（2）注意子网网段的选择。

26．请在国网云（华为云）中配置安全组策略使 192.168.0.222 可以访问 Ks01 与 Ks02TCP 协议的 18080 端口。

【重点速记】

（1）在华为云运营面控制台虚拟私有云产品页面对安全组进行配置。

（2）注意选择包含弹性云服务器的安全组。

27．请在国网云（华为云）中创建名称为 Ks-RDS 的关系型数据库，版本为 MySQL5.7，规格 2C4GB，硬盘 100GB，数据库密码为 Huawei@Ks123。

【重点速记】

（1）在华为云运营面控制台 RDS 产品页面配置新建的数据库实例信息。

（2）注意实例创建时版本、规格、磁盘大小，密码配置。

28．请在国网云（华为云）中修改 Ks-RDS 关系型数据库的对外服务端口为 13306。

【重点速记】

在华为云运营面控制台 RDS 产品详情页面按题义修改数据库端口。

29．请在国网云（华为云）中为 Ks-RDS 关系型数据库设置备份策略，要求每天 01:00～02:00 创建数据库备份，备份保留 7 天。

【重点速记】

在华为云运营面控制台 RDS 产品详情页面备份恢复栏按题义修改备份策略。

30．请在国网云（华为云）中为 Ks-RDS 关系型数据库新增一个只读实例，规格 2C4GB 硬盘 100G。

【重点速记】

在华为云运营面控制台 RDS 产品页面创建只读实例，注意性能规格的选择。

31．请在国网云（华为云）中为 Ks-RDS 关系型数据库创建数据库 Ksdb，并创建 Ksuser 用户对 Ksdb 库拥有只读权限，Ksuser 密码为 Huawei@Ks123。

【重点速记】

（1）在华为云运营面控制台 RDS 产品数据库实例，数据库管理导航栏进行 database 的创建。

（2）数据库实例中账号管理导航栏进行数据库账号的创建。

32．请在国网云（华为云）中创建云容器引擎服务 Ks-cce，指定集群版本为 V1.21，指定控制节点子网为 Ks-subnet002。

【重点速记】

在华为云运营面控制台 CCE 产品界面创建 CCE 集群，按题意选择集群版本、虚拟私有云、控制节点子网的配置。

33．请在国网云（华为云）中为 Ks-cce 云容器引擎服务添加工作节点，规格为 4C8GB，密码为 Ks@HW!@123，容器引擎为 Docker。

【重点速记】

在华为云运营面控制台 CCE 实例界面资源-节点管理-创建节点，注意容器规格，节点规格，实例密码的填写。

34．请在国网云（华为云）中在 Ks-cce 云容器引擎中创建无状态工作负载 nginx-deploy，镜像地址为 nginx，副本数 2，并以 NodePort 方式提供服务，容器端口为 80 服务端口为 80 节点端口为 31080，请确保无状态服务状态在运行中。

【重点速记】

（1）对华为云运营面控制台 CCE 实例界面资源-工作负载-无状态工作负载进行创建。

（2）注意镜像地址、服务配置为 NodePort。

35．请在国网云（华为云）中创建一个分布式缓存服务 Ks-DCS，数据库版本 5，规格 2G 主从，密码为 Huawei@Ks123，数据库端口 16379。

【重点速记】

（1）在华为云运营面控制台 DCS 产品页面配置新建的 DCS 实例信息。

（2）注意实例创建时版本、规格，端口、密码配置。

第四节 中台运维

章节摘要：本章节主要包括数据中台、技术中台、UEP、SG-CIM 模型、指标报表标签中心运维必须掌握的相关知识。其中数据中台分阿里数据中台和华为数据中台。阿里数据中台包括大数据计算服务 MaxCompute、大数据开发平台 DataWorks、表格存储 OTS、数据总线 DataHub 等方面的基础知识，华为数据中台包含 DWS 数仓、MRS 大数据分析及 DAYU（821 版本后为 DGC）等方面的基础知识，并对数据传输组件 UEP、SG-CIM 模型、指标报表标签中心适用的场景和原理进行分析。技术中台则重点涵盖了电网 GIS 平台、i 国网、统一视频平台、统一权限平台等涉及的坐标系、视频传输协议、应用密钥算法方面的基础知识。

一、单项选择题

1．ODPS 中，通常情况下，prj1 项目空间的成员若要访问 prj2 项目空间的数据，则需要 prj2 项目空间管理员执行烦琐的授权操作：首先需要将 prj1 项目空间中的用户添加到 prj2 项目空间中，再分别对这些新加入的用户进行普通授权。实际上 prj2 项目空间管理员并不期望对 prj1 项目空间中的每个用户都进行授权管理，而期望有另一种更高效的机制使得 prj1 项目空间管理员能对许可的对象进行自主授权控制。以下（　　）授权方式可以帮助 prj2 项目空间管理员实现他的预期目标。

A．LabelSecurity B．Role

C．Package D．ProjectProtection

【参考答案】C

【解析】MaxCompute 提供了 Package 授权机制，可以将资源及相应权限打包为 Package，其他项目安装此 Package 后，即可解决跨项目访问资源问题。

2．ADB 中两个普通表关联，对于 JoinKey，以下说法不正确的是（　　）。

A．如果两张表的 JoinKey 都没有 HashMap 索引，则会报错，修正方法为：至少一个 JoinKey 上手工添加 HashMap 索引，且修改过的表需要重新加载数据，重新进行关联

B．两张表的 Hash 分区数必须一致，且分区列一致

C．两张表的 JoinKey 至少有一列建立了 HashMap 索引

D．如果选择只在一张表上建 HashMap 索引的话，推荐建立在数据量较大表的一侧

【参考答案】D

【解析】ADB 中两个表在关联时，如果选择只在一张表上建 HashMap 索引的话，推荐建立在数据量较小表的一侧。

3．OTS 的列对长度有限制。对于 string 类型，如果出现在主键里，长度限制为多少（　　）kB。

A．64 B．1 C．256 D．128

【参考答案】B

【解析】在 OTS 中，String 类型的主键长度限制为 1kB，值大小限制为 2MB。

4．MaxCompute 中，以下（　　）命令可查看角色 role test 的权限。

A．list role role test B．show grants for role role _test

C．desc role role_ test D．show acl for role role test

【参考答案】C

【解析】在 MaxCompute 中，desc role {角色名}命令可以查看对应角色的权限。

5．大数据计算服务 MaxCompute 的 MapReduce 由多个步骤组成，以下（　　）步骤是必须的。

A．combine B．shuffle C．map D．reduce

【参考答案】C

【解析】Map 是 MapReduce 的必须步骤。

6．在大数据计算服务 MaxCompute 项目 prj1 中，某用户申请了一张表 tbl 的读权限，随后该项目的 owner 开启了 LabelSecurity，将表安全等级设置为 1，并将其中的字段 col1 的安全等级设置为了 4，且用户的安全级别为 1，关于用户能否读该表中的数据以下说法正确的是（　　）。

A．可以访问除了字段 col1 之外的数据 B．可以，因为之前已经有读权限了

C．不可以，因为用户的级别较低 D．无法确定

【参考答案】A

【解析】在 MaxCompute 中，可以针对表字段独立设置安全等级，用户无法访问安全级别高于自身的字段数据。

7．大数据计算服务 MaxCompute 的 MapReduce 编程模型通过 Map/Reduce 的协同操作，

可以更加便捷、简易地处理分布式数据，以下关于大数据计算服务 MapReduce 的说法中，正确的是（　　）。

A．Map 和 Reduce 前都需要对数据进行按顺序分片

B．进入 Reduce 前，数据必须进行合并操作（combiner），然后按照 Key 排序

C．MapWorker 在输出数据时，需要为每一个输出数据指定一个 Key

D．Reducer 的个数和 Mapper 的个数必须一致

【参考答案】C

【解析】在 MapReduce 模型中，MapWorker 在输出数据时，需要为每一个输出数据指定一个 Key。

8．数据工厂 DataWorks 中不同角色拥有不同的权限，可以通过角色授权来控制成员的操作权限。角色主要有组织管理员、项目管理员、开发、运维、部署、访客等，以下说法错误的是（　　）。

A．项目管理员角色可以创建数据工厂 DataWorks（原 DataIDE）的项目空间

B．开发角色可以创建调度任务，创建发布包

C．部署角色可以通过执行发布包来发布任务

D．访客角色的用户只具备查看权限，而无权限进行编辑工作流和代码等

【参考答案】A

【解析】组织管理员角色可以创建数据工厂 DataWorks（原 DataIDE）的项目空间。

9．数据工厂 DataWorks 中，某任务需要不定时运行，以下方案正确的是（　　）。

A．创建周期性工作流任务，配置调度周期

B．创建一次性工作流任务，根据需要去人工调用

C．创建一次性节点任务，根据需要去人工运行

D．创建周期性节点任务，配置调度周期

【参考答案】C

【解析】DataWorks 在手动执行任务时，创建一次性节点任务，根据需要去人工运行。

10．大数据计算服务 MaxCompute 中的用户表 dim_user 是一张非分区表，有 100 万条记录，tmp_user 与 dim_user 的表结构相同，有 110 万条记录，执行以下 SQL 语句：insert overwrite table dim_user select * from tmp_user；成功执行后，对表 dim_user 中数据描述正确的是（　　）。

A．dim user 中有 210 素记录　　B．dim_user 中有 100 万条记录

C．dim_user 表中有 110 万条记录　　D．dim_user 表中有 10 万条记录

【参考答案】C

【解析】在使用 MaxCompute SQL 处理数据时，insert into 或 insert overwrite 操作可以将 select 查询的结果保存至目标表中。二者的区别是：insert into 直接向表或静态分区中插入数据；insert overwrite 先清空表中的原有数据，再向表或静态分区中插入数据。

11．传统的 MapReduce 模型要求每一轮 MapReduce 操作之后，数据必须落地到分布式文件系统上。而一般的 MapReduce 应用通常由多个 MapReduce 作业组成，每个作业结束之后需要写入磁盘，接下去的 Map 任务很多情况下只是读一遍数据，为后续的 Shuffle 阶段做准备，这样其实造成了冗余的 I/O 操作。为了解决这一问题，提供更优的性能，大数据计算服务提供了扩展的 MapReduce 模型，该模型区别于普通 MapReduce 模型的主要特点

是（　　）。

A．支持 Map 后连接任意多个 Reduce 操作，如 Map-Reduce-Reduce

B．支持 Map 后不连接 Reduce，而是连接另一个 Map，如 Map-Map-Reduce

C．支持 Chain Mapper/Reducer，即支持 Map-Reduce-Map-Reduce

D．支持没有 Map，直接进入 Reduce

【参考答案】A

【解析】扩展的 MapReduce 模型支持 Map 后连接任意多个 Reduce 操作，如 Map-Reduce-Reduce

12．DataHub 中按照产品逻辑概念由大到小的逻辑是（　　）。

A．Project -> Topic -> Record->Shard　　B．Project -> Table -> Shard-> Record

C．Project-> Table -> Record-> Shard　　D．Project -> Topic -> Shard-> Record

【参考答案】D

【解析】项目（Project）是 DataHub 数据的基本组织单元，下面包含多个 Topic。Shard 表示对一个 Topic 进行数据传输的并发通道，每个 Shard 会有对应的 ID。

Record 是用户数据和 DataHub 端交互的基本单位。

13．使用 MaxCompute 动态分区时，SELECT 的分区列放在列表的（　　）位置。

A．中间　　B．开始　　C．任意位置　　D．结尾

【参考答案】D

【解析】使用 MaxCompute 动态分区时，SELECT 的分区列放在列表的结尾位置。

14．关于 MaxCompute 类型之间的类型转化，说法不正确的是（　　）。

A．隐式类型转换是 MaxCompute 依据上下文使用环境自动进行的类型转换

B．部分类型之间不可以通过显式的类型转换，但可以通过 SQL 的隐式转换完成

C．不支持的隐式类型转换会导致异常

D．MaxCompute 支持的隐式类型转换规则与显式转换相同

【参考答案】B

【解析】不能通过显式转换的类型，也无法通过隐式转换完成。

15．ODPS 负责实时同步的组件是（　　）。

A．ODPS/ODPSServicex　　B．ODPS/HiveServerx

C．ODPS/QuotaServicex　　D．ODPS/TunnelServicex

【参考答案】D

【解析】ODPS 的 TunnelServicex 服务负责实时同步。

16．在 DataWorks 中，任务的运行状态分别有：已完成、失败、运行中、等待时间、等待资源、未运行。以下说法错误的是（　　）。

A．成功的任务可以手动执行重跑　　B．失败的任务可以手动重跑任务

C．未运行的任务可以手动重跑　　D．失败的任务可以手动置成功

【参考答案】C

【解析】在 DataWorks 中，处在未运行状态的任务不能手动重跑。

17．DataWorks 中查看应用的日志，以下说法正确的是（　　）。

A．cdp 的日志文件路径放在/home/admin/base-biz-cdp/logs/下

B．gateway 的日志文件路径在/home/admin/base-biz-gateway/logs/下

C．heartbeat.log 是 gateway 的服务日志

D．任务的日志存放在 gateway 的/home/admin/alisatasknode/日期/客户端名称/具体的时间戳/随机数/下

【参考答案】A

【解析】DataWorks 中的 cdp 的日志文件路径放在/home/admin/base-biz-cdp/logs/。

18．在 DataWorks 中，关于周期任务的说法正确的是（　　）。

A．某个单节点任务设置了天调度，并且设置了自依赖。此任务昨天运行失败了，那么今天这个任务将不会自动运行

B．某个单节点任务设置了天调度，并且设置了自依赖。此任务昨天运行失败了，那么今天这个任务依然会自动运行

C．某个单节点任务设置了天调度，并且设置了自依赖。此任务昨天运行失败了，那么今天这个任务会成功

D．某个单节点任务设置了天调度，并且设置了自依赖。此任务昨天运行失败了，那么今天这个任务会失败

【参考答案】A

【解析】设置了自依赖的周期任务，在上个周期运行失败后，下个周期不会自动运行。

19．运行中的任务在资源管控系统（Alisa）和调度系统（Phoenix）中的状态码分别是（　　）。

A．1，3　　B．2，3　　C．4，2　　D．2，4

【参考答案】D

【解析】DataWorks 中运行中的任务在资源管控系统中的状态码为 2，在调度系统中的状态码为 4。

20．查看 OTS 集群分区分布是否平衡的命令是（　　）。

A．sql lp　　B．sql lt　　C．sql lw　　D．sql ti

【参考答案】C

【解析】OTS 集群中，sql lw 命令用于查看分区分布是否平衡。

21．下列 OTS 集群中服务角色是管理集群、用户与实例信息的是（　　）。

A．TableStore　　B．TableStoreFront

C．TableStoreSql　　D．TableStoreOCM

【参考答案】D

【解析】OTS 集群中，服务角色 TableStoreOCM 用于管理集群、用户与实例信息。

22．下列方法可以重启 sqlonlineworker 的是（　　）。

A．通过 kill 进程 pid，天基自动重拉进行重启

B．/apsara/cloud/app/SQLOnlineWorker#/install.sh restart

C．/home/admin/SQLOnlineWorker#/install.sh restart

D．/apsara/cloud/SQLOnlineWorker#/install.sh restart

【参考答案】A

【解析】国网云（阿里）中，天基后台服务角色可以通过 kill 进程 pid，天基自动重拉进

行重启。

23．在 ODPS 中有 a、b、c 三个任务，它们的依赖关系是 c 依赖 b，b 依赖 a，以下说法正确的是（　　）。

A．a 任务失败，b 任务会接着运行

B．a 任务失败，b 任务的状态是未运行

C．a 任务失败，b 任务的状态也是失败

D．a 任务失败，b 任务处于等待资源的状态

【参考答案】B

【解析】ODPS 中，前置任务运行失败后，后续的任务不会被运行。

24．以下（　　）不是加载数据到 MaxCompute 的合理方法。

A．dship　　B．tunnel　　C．DT task　　D．MapReduce

【参考答案】C

【解析】dship、tunnel、MapReduce 是加载数据到 MaxCompute 的合理方法。

25．DataHub 中的 topic 最大生命周期是（　　）。

A．3 天　　B．5 天　　C．7 天　　D．10 天

【参考答案】C

【解析】DataHub 中的 topic 最大生命周期是 7 天。

26．DataWorks 出现任务积压的情况，根据 alisa 数据库中（　　）表来查询任务状态，来确认任务积压数。

A．alisa_tasks　　B．alia_task　　C．alisa_task　　D．alias_task

【参考答案】C

【解析】DataWorks 组件的 alisa 库中 alisa_task 表保存了任务运行的状态信息。

27．MaxCompute 的命令行工具 ODPScmd 可以使用以下（　　）参数调用某个文件中的命令集（　　）。

A．–k　　B．–e　　C．–f　　D．–c

【参考答案】C

【解析】ODPScmd 常用命令参数。

–f：执行文件中的命令。

–k：运行从指定位置开始的语句。

–e：执行指定的命令，包括 SQL 语句。

–c：列出任务计数器。

28．MaxCompute 的元仓任务说法错误的是（　　）。

A．元仓任务每天凌晨执行

B．元仓任务所在的位置为 ODPSag 的 vm 上

C．元仓任务的位置在/apsara/meta/下

D．需要等到 base_meta 的任务执行完才会执行

【参考答案】D

【解析】MaxCompute 的元仓任务不需要等到 base_meta 的任务执行完才执行。

29．MaxCompute 通过（　　）命令能够查询到当前执行的任务占用的资源。

A．r ttrl　　B．r tfrl　　C．r swl　　D．r cru

【参考答案】D

【解析】r cru 命令用于查询 MaxCompute 中到当前执行的任务占用的资源。

30．DataHub 同步功能异常，需要排查负责同步模块服务的是（　　）。

A．Frontend　　B．DataHub/XStreamServicex

C．DataHub/CoordinatorServicex　　D．DataHub/ShipperServicex

【参考答案】D

【解析】在 DataHub 中，ShipperServicex 服务负责同步功能。

31．DataHub 中 broker 程序提供 topic 和 shard 载体的是（　　）服务。

A．Frontend　　B．DataHub/XStreamServicex

C．DataHub/CoordinatorServicex　　D．DataHub/ShipperServicex

【参考答案】B

【解析】在 DataHub 中，XStreamServicex 提供 topic 和 shard 的载体。

32．OTS 中以（　　）方式来存储数据。

A．对象　　B．二维表　　C．键值对　　D．聚簇列

【参考答案】C

【解析】OTS 中以键值对存储数据。

33．MaxCompute 架构由四层组成，每一层完成不同的工作。现在执行命令“select count（*）from table._a”，最终由（　　）处理该命令并返回结果。

A．计算层　　B．客户端　　C．接入层　　D．逻辑层

【参考答案】A

【解析】MaxCompute 中的 SQL 查询语句由计算层处理并返回结果。

34．下列不属于 MaxCompute 项目空间的对象类型的是（　　）。

A．表　　B．Jar 包　　C．实例　　D．资源

【参考答案】B

【解析】MaxCompute 项目空间的对象类型包括表、实例、资源，不包括 Jar 包。

35．以下（　　）不是由 MaxCompute 接入层提供的服务。

A．HTTP 服务　　B．Load Balance

C．用户空间管理操作　　D．用户认证

【参考答案】C

【解析】MaxCompute 中接入层提供的服务包括 HTTP、Load Balance、用户认证。

36．MaxCompute 中负责对等待提交的 task 进行排序的模块是（　　）。

A．Worker　　B．Executor　　C．Scheduler　　D．controller

【参考答案】C

【解析】Scheduler 模块负责任务调度，对提交的任务进行排序。

37．以下（　　）不属于 MaxCompute 计算存储层的模块。

A．OTS　　B．Pangu　　C．Fuxi　　D．Nuwa

【参考答案】A

【解析】MaxCompute 计算层模块包括盘古（Pangu）提供存储服务，伏羲（Fuxi）提供资

源管理和任务调度，女娲（Nuwa）提供分布式协同服务。不包括 OTS。

38．MaxCompute 表的数据文件在盘古文件系统中默认存储（　　）份副本数据。

A．1　　B．2　　C．3　　D．4

【参考答案】C

【解析】MaxCompute 表的数据文件默认以 3 份副本形式存储。

39．MaxCompute 数据表的默认生命周期是（　　）。

A．1 天　　B．7 天　　C．30 天　　D．无期限

【参考答案】D

【解析】MaxCompute 数据表的生命周期默认无期限。

40．在国网云（阿里）MaxCompute 中，用于判断 X 和 Y 两个整型不相等，可以使用的操作符是（　　）。

A．X==Y　　B．X!=Y　　C．X<>Y　　D．X like B

【参考答案】C

【解析】MaxCompute 中 SQL 语句基本语法，判断不等使用<>。

41．国网云（阿里）MaxCompute 中，用于在关系表达式中匹配任意一个字符的是（　　）。

A．%'　　B．'#'　　C．*　　D．'\'

【参考答案】D

【解析】MaxCompute 中 SQL 语句基本语法，匹配任意字符使用'\'。

42．大数据计算服务（MaxCompute，原 ODPS）提供了大数据的存储和计算服务，非常适合应用于大数据分析的领域。以下说法中错误的是（　　）。

A．可以支持实时 0LAP 分析

B．提供了便捷的分析处理海量数据的手段

C．用户可以计算细节，从而达到分析大数据的目的

D．可以实现大型互联网企业的数据仓库和 BI 分析

【参考答案】A

【解析】MaxCompute 提供离线分析服务，不支持实时的 OLAP 分析。

43．MaxCompute 中，客户端提交任务成功后，可以通过以下（　　）来查询作业状态。

A．SQL ID　　B．Task ID　　C．Instance ID　　D．Job ID

【参考答案】C

【解析】MaxCompute 中，客户端提交任务成功后，可以通过 Instance ID 查询作业状态。

44．DataWorks 可对周期性程序配置短信告警，短信告警是在 DataWorks 中的（　　）模块。

A．数据开发　　B．运维中心　　C．数据管理　　D．QUICK BI

【参考答案】B

【解析】短信告警在 DataWorks 中的运维中心模块。

45．DataWorks 中，Task2 是按天调度的周期任务，配置定时时间 12:00，依赖属性的上游任务配置为任务 Task1，Task1 是按天调度的周期任务，定时时间配置为 00:00，关于 Task2 每天调度情况的说法中正确的是（　　）。

A．Task1 执行成功后，如果时间没到 12:00，那么等到 12:00 Task2 可以运行

B．Task1 执行成功后，Task2 会立即运行

C．Task1 执行成功后，如果时间超过 12:00，那么 Task2 任务已经无法运行

D．Task1 任务执行成功时，时间必须刚好是 12:00 Task2 才能运行

【参考答案】A

【解析】DataWorks 中，周期性调度任务的调度规则是：若任务有上游任务则上游任务必须执行成功，且当前时间点已经等于或超过任务的定时时间，两个条件都满足后当前任务才可以运行；若该任务没有上游任务，则定时时间满足即可运行。

46．DataWorks 中，调度任务每次运行前都先将任务实例化，即生成一个实例，调度运行时实际上在执行相应的实例。在调度的不同阶段，实例会处于不同的状态，包括未运行、运行中、运行成功、运行失败、等待时间、等待资源等。当实例处于（　　）状态时可以将任务置为成功并恢复调度。

A．运行中　　B．未运行　　C．等待时间　　D．失败

【参考答案】D

【解析】当 DataWorks 任务实例处于失败状态时可以将任务置为成功并恢复调度。

47．DataWorks 新建离线同步任务如果设置了并发但是通过任务运行日志发现设置的并非并未生效的原因是（　　）。

A．未设置允许脏数据条数　　B．未正确配置切分键

C．清理规则设置不合理　　D．开启了同步速率限制

【参考答案】B

【解析】离线同步会根据切分键（splitPk）来进行数据分片，数据同步根据此配置启动并发任务进行数据同步，提高数据同步的效能。目前 splitPk 仅支持整型数据切分，不支持字符串、浮点和日期等其他类型。如果指定其他非支持类型，将使用单通道进行同步。如果不填写 splitPk，包括不提供 splitPk 或者 splitPk 值为空，数据同步视作使用单通道同步该表数据。

48．一个完整的 Quick BI 应用流程通常包含以下几个步骤：1—新建数据集；2—搭建数据门户；3—制作工作表、电子表格和仪表板；4—新建数据源。以下应用顺序中正确的是（　　）。

A．1432　　B．4312　　C．1342　　D．4132

【参考答案】D

【解析】一个完整的 Quick BI 应用流程为新建数据源，新建数据集，制作工作表、电子表格和仪表盘，搭建数据门户。

49．下列（　　）不支持同步到 MaxCompute。

A．RDS 中的数据　　B．半结构化

C．结构化数据　　D．OSS 中存放的非结构化数据

【参考答案】D

【解析】MaxCompute 可支持结构化和半结构化数据，不支持非结构化数据的同步。

50．下列（　　）是数据中台的用于大数据实时计算的组件。

A．ECS　　B．SSL　　C．VPC　　D．Blink

【参考答案】D

【解析】Blink 是数据中台的用于大数据实时计算的组件。

51．国网云（阿里）MaxCompute 中，下列对分区描述不正确的是（　　）。

A．需要在创建表时指定分区空间

B．以将分区类比为文件系统下的目录

C．MaxCompute 将分区列的每个值作为一个分区

D．目前不支持 2 级分区

【参考答案】D

【解析】MaxCompute 支持单表分区最多 6 级。

52．对于单表数据条目数亿级以上的单点查询、范围查询场景，建议选用（　　）。

A．OTS　　B．RDS　　C．MaxCompute　　D．ADB

【参考答案】A

【解析】对于单表数据条目数亿级以上的单点查询、范围查询场景，建议使用表格存储 OTS。

53．MaxCompute 中为表添加分区时，以下正确的是（　　）。

A．如果未指定 if not exists 且同名的分区已存在，则报错返回

B．MaxCompute 单表支持的分区数量上限为 6 万

C．对于多级分区的表，如果想添加新的分区，必须指明全部的分区值

D．以上都正确

【参考答案】D

【解析】MaxCompute 在为表添加分区时，如果未指定 if not Exists 且同名的分区已存在，则报错返回。单表支持的分区数量上限为 6 万。对于多级分区的表，如果想添加新的分区，必须指明全部的分区值。

54．用户可以编写应用程序或者使用流计算引擎来处理写入到 DataHub 的流式数据，并且能够产出各种（　　）的数据处理结果。

A．伪实时　　B．大批量　　C．离线　　D．实时

【参考答案】D

【解析】用户可以编写应用程序或者使用流计算引擎来处理写入到 DataHub 的流式数据，并且能够产出各种实时数据处理结果。

55．电网 GIS 平台采用的坐标系为（　　）。

A．北京五四坐标系　　B．西安 80 坐标系

C．国家大地 2000 坐标系　　D．WGS－84 坐标系

【参考答案】C

【解析】按照国网总部标准，电网 GIS 平台采用国家大地 2000 坐标系。

56．电网 GIS 平台属于下列（　　）的范畴。

A．技术中台　　B．电网资源业务中台

C．数据中台　　D．大数据平台

【参考答案】A

【解析】《国家电网公司企业中台白皮书（2020）》第六章　强技术-技术中台能力与价值 01 技术中台总体架构：技术中台包括统一视频平台、统一权限平台、GIS 平台、移动门户平台、人工智能平台、国网链平台等技术平台。

57．电网 GIS 平台两级贯通，是将省侧 GIS 平台（　　）抽取到国网总部 GIS 平台中，

来支撑总部一级业务应用。

A．220V 及以上数据　　B．10kV 及以上数据

C．110kV 及以上数据　　D．500kV 及以上数据

【参考答案】B

【解析】根据相关指标规定，省侧 GIS 平台需要将电网网架 10kV 及以上数据同步至总部 GIS 平台，以支撑总部一级应用。

58．电网 GIS 平台 2.0 提供（　　）供各业务系统个性化集成及开发。

A．车辆数据　　B．ERP 报表

C．在线开发指导手册　　D．控规用地

【参考答案】C

【解析】所有集成电网 GIS 平台的业务系统均可在电网 GIS 平台门户中查看在线开发指导手册。

59．电网 GIS 平台 2.0 空间分析服务不包括（　　）。

A．长度、面积等几何计算　　B．缓冲区分析

C．空间关系判断　　D．车辆实时定位

【参考答案】D

【解析】电网 GIS 平台 2.0 空间分析服务包含长度、面积等几何计算；缓冲区分析；空间关系判断等。

60．电网 GIS 平台中的停电范围分析是依据电网设备的（　　）来开展分析。

A．连接关系　　B．电气拓扑关系

C．空间位置关系　　D．所属关系

【参考答案】B

【解析】电网 GIS 平台停电范围分析依据电网设备的电气拓扑关系来进行分析。

61．电网 GIS 平台中的电网数据坐标采用的是（　　）。

A．原始坐标　　B．线性加密坐标

C．非线性加密坐标　　D．绝对坐标

【参考答案】C

【解析】电网 GIS 平台电网数据的坐标采用非线性加密方式机密存储，确保涉密信息安全保障。

62．管理信息大区的国网统一地图服务（即“思极地图”）采用（　　）部署架构。

A．一级部署　　B．二级部署　　C．两级部署　　D．多级部署

【参考答案】C

【解析】思极地图采用二级部署，三级应用。

63．国网各类专题地图图层发布需要依托于（　　）统筹开展。

A．思极地图　　B．高德地图　　C．百度地图　　D．天地图

【参考答案】A

【解析】国网各类专题地图图层发布需要依托于思极地图统筹开展。

64．信息外网的国网统一地图服务（即“思极地图”）采用（　　）部署架构。

A．总部一级部署

B．网上公司二级部署

C．总部、网省公司两级部署

D．北京、上海、西安三地数据中心一级部署

【参考答案】 D

【解析】 信息外网的国网统一地图服务（即“思极地图”）采用北京、上海、西安三地数据中心一级部署。

65．网上电网通过数据中台的（　　）实现与总部的两级纵向数据贯通。

A．MRS　　B．SG-CIM　　C．CDM　　D．SG-UEP

【参考答案】 D

【解析】 网上电网为实现与总部的两级纵向数据贯通，使用了数据中台的统一数据交换平台，即 SG-UEP。

66．早期业务发展过程中，企业为了解决一些当下的业务问题，按照垂直的、个性化的业务逻辑部署 IT 系统，各种信息系统大多是独立采购与建设的，与流程、底层系统耦合较深，横向和上下游系统之间的交叉关联也较多，导致企业内部形成多个（　　），很难做到信息的完全互联互通。

A．信息集　　B．数据孤岛　　C．数据集　　D．数据库

【参考答案】 B

【解析】 按照垂直的、个性化的业务逻辑部署 IT 系统，各种信息系统大多是独立采购与建设，导致企业内部形成多个数据孤岛。

67．以下（　　）是数据服务的请求方式。

A．DELETE　　B．POST　　C．PUT　　D．UPDATE

【参考答案】 B

【解析】 数据服务通过 POST 请求方式获取数据。

68．以下（　　）是数据服务的协议。

A．HTTPS 协议　　B．WebSocket　　C．TCP/IP 协议　　D．NFS 协议

【参考答案】 A

【解析】 数据服务采用 HTTPS 协议提供服务。

69．SG-UEP 提供的组件能力是（　　）。

A．SG-ETL　　B．消息总线　　C．文件传输组件　　D．以上全部

【参考答案】 D

【解析】 SG-UEP 可以提供 ETL、消息总线和文件传输功能。

70．数据中台标准技术路线中数据服务应基于（　　）层数据发布。

A．源端　　B．贴源　　C．共享　　D．分析

【参考答案】 D

【解析】 数据中台中数据服务基于分析层的数据发布。

71．SG-UEP 初始目的是解决国家电网有限公司内部不同系统间的（　　）问题。

A．数据差异　　B．数据交换　　C．数据异常　　D．数据突变

【参考答案】 B

【解析】 SG-UEP 设计之初是为解决国家电网有限公司内部不同系统数据交换的需求。

72．数据中台运营平台部分中的（　　）是一个非关系型数据库，可以用于存储结构化和半结构化数据。

A．Kibana　　B．Logstash　　C．FileBeat　　D．ElasticSearch

【参考答案】D

【解析】数据中台运营平台部分中的 ElasticSearch 是一个非关系型数据库，可以用于存储结构化和半结构化数据。

73．总部及省侧两级指标报表中心调用（　　）服务能力实现两级数据贯通。

A．ISC　　B．PMS3.0　　C．SG-UEP　　D．RBAC

【参考答案】C

【解析】总部及省侧两级指标报表中心通过统一数据交换平台实现两级贯通，即 SG-UEP。

74．统一数据交换平台的（　　）可以实现数据抽取、加工、传输、装载、调度等。

A．数据整合子系统（SG-ETL）　　B．即时消息总线子系统（SG-IMQ）

C．文件传输子系统（DT）　　D．数据服务发布子系统（DP）

【参考答案】A

【解析】ETL 是一个数据集成工具，可以实现数据抽取、加工、传输、装载、调度等。

75．以下（　　）是统一数据交换平台支持的数据源。

A．Oracle　　B．GaussDB 200　　C．达梦　　D．以上都是

【参考答案】D

【解析】统一数据交换平台支持多种数据源，包括 Oracle、GaussDB、达梦数据库。

76．统一数据交换平台中，（　　）对平台各组件提供统一的可视化状态监测、统计分析、短信告警、报表导出等功能。

A．数据整合子系统（SG-ETL）　　B．即时消息总线子系统（SG-IMQ）

C．文件传输子系统（DT）　　D．统一监控子系统（DMS）

【参考答案】D

【解析】统一数据交换平台中，统一监控子系统（DMS）对平台各组件提供统一的可视化状态监测、统计分析、短信告警、报表导出等功能。

77．统一数据交换平台主要功能包括数据同步、（　　）、数据服务化、任务调度、可视化开发、监控告警。

A．数据治理　　B．数据传输　　C．数据调度　　D．数据清洗

【参考答案】B

【解析】统一数据交换平台主要功能包括数据同步、数据传输、数据服务化、任务调度、可视化开发、监控告警。

78．统一数据交换平台中，数据整合子系统（SG-ETL）的服务引擎是（　　）。

A．DS-Server 任务调度执行引擎　　B．IMQ-Server 消息传输引擎

C．DT-Broker 文件传输引擎　　D．DP-Server 数据服务引擎

【参考答案】A

【解析】统一数据交换平台中，数据整合子系统（SG-ETL）的服务引擎是 DS-Server 任务调度执行引擎。

79．根据 i 国网研发环境的规定，关于操作系统、数据库、中间件等资产的安全要求是

（　　）。

A．仅确保没有弱口令　　B．仅确保没有木马和漏洞

C．确保没有弱口令、木马和漏洞　　D．无特定要求

【参考答案】C

【解析】根据 i 国网研发环境的规定，关于操作系统、数据库、中间件等资产的安全要求是：确保没有弱口令、木马和漏洞。

80．i 国网支持提供踢下线和（　　）次密码输入锁定账号等安全策略。

A．3　　B．4　　C．5　　D．6

【参考答案】C

【解析】根据 i 国网账号安全策略，5 次密码输入错误会锁定账号。

81．为确保 i 国网应用密钥的安全，相关的密钥应当（　　）。

A．存储在 H5 应用的前端代码中　　B．安全存储于服务端

C．存储在小程序的配置文件中　　D．通过邮件共享给团队成员

【参考答案】B

【解析】为确保 i 国网应用密钥的安全，相关密钥信息，应安全存储于服务端。

82．i 国网在（　　）步骤需要填写应用名称、应用类型、应用图标、应用描述等信息。

A．创建应用　　B．配置应用　　C．应用开发　　D．应用测试

【参考答案】A

【解析】i 国网应用创建时，需要填写应用名称、应用类型、应用图标、应用描述等信息。

83．i 国网单点登录中国密算法中用于计算签名的算法是（　　）。

A．SM2　　B．SM3　　C．SM4　　D．Sgin

【参考答案】B

【解析】i 国网单点登录中国密算法中用于计算签名的算法是 SM3。

84．如果员工想要通过 i 国网消息中心跳转到某个在线应用，URL 配置应为（　　）。

A．配置应用的 appid　　B．配置应用的离线地址

C．配置应用对应页面地址　　D．配置在线服务号的应用名

【参考答案】C

【解析】通过 i 国网消息中心跳转到某个在线应用，URL 配置应为应用对应的页面地址。

85．i 国网应用在（　　）中必须完成应用的开发及集成联调。

A．生产环境　　B．开发环境　　C．UAT 环境　　D．模拟环境

【参考答案】C

【解析】i 国网应用必须在 UAT 环境中完成应用的开发及集成联调。

86．i 国网应用名称的长度要求是（　　）个文字。

A．2～6　　B．2～8　　C．4～10　　D．6～12

【参考答案】A

【解析】i 国网应用名称的长度要求是 2～6 个文字。

87．i 国网隔离装置的主要作用是（　　）。

A．支撑总部 i 国网支撑平台与内网数据库交互

B．提供业务系统内网服务

C．用于与总部数据安全接入服务对接

D．支撑业务系统外网服务与内网数据库交互

【参考答案】A

【解析】i 国网隔离装置主要用于支撑总部 i 国网支撑平台与内网数据库交互。

88．统一视频平台定位于公司各类视频图像传感设备的统一接入与管理，为设备、安监、基建、营销等业务部门提供视频应用的基础服务支撑平台，是国网（　　）的重要组成部分。

A．业务中台　　B．数据中台　　C．技术中台　　D．都不属于

【参考答案】C

【解析】国家电网有限公司数字化相关会议明确电网统一视频监控平台属于技术中台重要组成部分。

89．统一视频平台本地录像时支持的视频帧率不应低于（　　）帧/s。

A．25　　B．15　　C．30　　D．20

【参考答案】A

【解析】视频最低的帧率是 25 帧/s，一般不会低于 25 帧/s，因为这是人眼识别的极限，否则就会视觉效果差，视频频率低于 25 帧/s，肉眼观看到的视频会变得卡顿，整个动作就显得不流畅。

90．以下关于统一视频分布式部署描述不正确的是（　　）。

A．平台流媒体模块可采用分布式部署

B．平台存储模块可采用分布式部署

C．分布式部署只需在硬件上实现

D．硬件平台若采用分布式结构，相应软件也要采用分布式结构

【参考答案】C

【解析】统一视频监控平台组件中（通信、流媒体、协议转换、集中存储等模块）可以分布式部署，且分布式部署需要软件和硬件同时支持才能完成。

91．统一视频平台接入大华设备默认端口号为（　　）。

A．8000　　B．9000　　C．37777　　D．35555

【参考答案】C

【解析】常用监控设备中大华设备默认使用 37777 作为通信端口，海康设备默认采用 8000 作为通信端口。

92．统一视频平台内各设备支持通过（　　）协议进行校时。

A．NTP　　B．RTCP　　C．SIP　　D．TCP

【参考答案】A

【解析】目前电网统一视频监控平台使用通用 NTP 协议进行校时，RTCP 主要用于流数据控制，SIP 协议为平台与设备信令交互所使用协议，TCP 为网络协议。

93．统一视频平台支持企业标准、国家标准方式接入视频设备，企业标准、国家标准方式接入的视频设备，视频流直接由设备发送到统一视频（　　）服务。

A．通信　　B．数据库　　C．媒体转码　　D．流媒体

【参考答案】D

【解析】视频平台流媒体服务器作为视频数据流接收组件负责视频数据接收。

94．统一视频平台视频参数设置包括视频帧速率、比特率、视频图像参数、给定码流上限情况下的码流控制、视频图像移动侦测、（　　）。

A．设备启动　　B．网络参数

C．音视频编码参数　　D．视频图像分辨率

【参考答案】D

【解析】视频参数设置主要针对视频图像相关参数设置，因此选 D 视频图像分辨率。

95．统一视频平台支持海康、大华等设备 H262、H261、H264、（　　）码流格式的视频设备接入。

A．H267　　B．H268　　C．H289　　D．H265

【参考答案】D

【解析】目前主流视频编解码格式为 H264 和 H265。

96．采用省级平台云边协同模式。统一视频平台将告警图片与告警结构化消息分别通过 FTPS 协议与（　　）由站端智巡系统上传至人工智能平台。

A．HTTP 协议　　B．MQTT 协议　　C．I2 协议　　D．SIP 协议

【参考答案】B

【解析】相关协议遵循物联管理平台协议要求，统一采用 FTPS 和 MQTT 协议。

97．输电场景下，普通电力线路、电缆沟道、无人机摄像头为 B 类视频终端，直接接入统一视频平台（　　）。

A．互联网大区　　B．管理信息大区　　C．公网　　D．生产控制大区

【参考答案】A

【解析】输电业务相关无线视频终端定义为 B 类终端，可以直接接入统一视频平台互联网大区。

98．指标报表中心找到删除的报表，并恢复的选项是（　　）。

A．进入报表中心—回收站目录下可以看到用户删除的报表，勾选要恢复的报表，单击恢复按钮即可恢复删除的报表—我的报表—个人中心

B．进入报表中心—我的报表—个人中心—回收站目录下可以看到用户删除的报表，勾选要恢复的报表，单击恢复按钮即可恢复删除的报表

C．进入报表中心—个人中心—我的报表—回收站目录下可以看到用户删除的报表，勾选要恢复的报表，单击恢复按钮即可恢复删除的报表

D．个人中心—进入报表中心—我的报表—回收站目录下可以看到用户删除的报表，勾选要恢复的报表，单击恢复按钮即可恢复删除的报表

【参考答案】C

【解析】在指标报表中心系统，依次单击报表中心→个人中心→我的报表→回收站目录，找到并勾选需要恢复的报表，单击恢复按钮即可。

99．报表中心给用户进行目录权限授权时，（　　）。

A．运营管理—权限管理—系统权限管理—用户授权目录，选择授权用户，单击增加权限，勾选需要添加的目录，单击确定即可完成授权

B．授权用户首先必须有管理员权限，然后到运营管理—权限管理—系统权限管理—用户授权目录，选择授权用户，单击确定即可完成授权

C．授权用户首先必须有管理员权限，然后到运营管理—权限管理—系统权限管理—用户授权目录，选择授权用户，单击增加权限，勾选需要添加的目录，单击确定即可完成授权

D．授权用户首先必须有管理员权限，然后到运营管理—权限管理—系统权限管理—用户授权目录，选择授权用户，单击增加权限

【参考答案】C

【解析】出于访问系统权限安全考虑，用户及系统功能目录授权者必须具有系统管理员权限，并且在授权时要确认把哪些功能目录授权给指定用户，所以需要勾选被授权功能目录。

100．报表中心中，报表彻底删除方式是（　　）。

A．到报表中心—个人中心—我的报表目录，勾选要删除的报表，单击删除功能后到回收站再次删除，即可彻底删除报表

B．到报表中心—个人中心—我的报表，勾选要删除的报表，单击删除按钮即可彻底删除

C．报表下线后即代表彻底删除报表

D．到报表维护目录编辑报表，可以彻底删除报表

【参考答案】A

【解析】为防止用户误删除报表操作，用户勾选报表，单击删除功能后，报表先保存至回收站，然后再通过删除回收站报表，才能彻底删除报表信息。

101．指标报表中心针对指标中心指标修改，正确的是（　　）。

A．对当前用户创建的指标进行修改、维度修改、数据项、校核规则、注销操作

B．对指标进行删除

C．对其他用户创建的指标进行注销

D．对其他用户创建的指标进行校核规则配置

【参考答案】A

【解析】用户可以根据实际业务情况对指标信息进行修改。

102．指标报表中心指标详细信息，提供根据一组指标代码，返回覆盖指标元数据全部信息，可通过扩展参数，控制返回内容。包括：（　　）、维度信息、关联信息、管理信息、状态信息、应用信息、运营信息。

A．指标代码　　B．基本信息　　C．指标足迹　　D．配置信息

【参考答案】B

【解析】指标资源管理中心功能清单中指标明细查询微服务明确表明指标详细信息，提供根据一组指标代码，返回覆盖指标元数据全部信息，控制返回内容。输出信息为基本信息、维度信息、关联信息、管理信息、状态信息、应用信息、运营信息等基础信息。

103．指标中心指标工作台和指标目录指标数不一致可能导致的原因是（　　）。

A．指标资源池注册的指标未同步到指标目录

B．注册指标时未原则对应部门

C．未给登录账号进行指标授权

D．注册指标后未进行页面刷新

【参考答案】A

【解析】指标工作台展示所有用户注册指标数，指标目录为指标注册成果沉淀，面向各层级、各专业构建公司级指标资源库。新指标注册后存储于指标资源池中。

104. 指标报表贯通传输数据的传输方式是（　　）。

A. 视图　　B. 物理表　　C. 基本信息表　　D. 数据存储表

【参考答案】A

【解析】不同指标可以组合成许多种组合来制作报表，建表的话占用数据库空间，所以传输方式为视图。

105. 模型标签是通过特定分析模型加工生成的标签，应基于共享层数据，利用数据中台模型开发组件进行开发、训练生成，存储在（　　）。

A. 共享层　　B. 分析层　　C. 源端　　D. 贴源层

【参考答案】B

【解析】基于两级数据中台共享层数据，在分析层构建两级数据标签库，对外提供标签画像相关服务。两级数据中台分析层可通过实时或定期两种方式进行高效的标签交换，具体可根据更新周期、业务需求等进一步明确。

106. 标签的安全管理应遵从国家数据安全法的规定，按照GB/T 22239—2019《信息安全技术　网络安全等级保护基本要求》、GB/T 26335—2010《工业企业信息化集成系统规范》、Q/GDW 1594—2014《国家电网公司管理信息系统安全防护技术要求》的规定，数据标签建设运营应满足信息系统安全等级保护定级的要求，保证数据标签设计、开发、应用、管理及运营等过程中的安全性，标签的安全管理分权限管理和（　　）两部分。

A. 双因素身份验证　　B. 构建数据安全制度体系

C. 数据脱敏　　D. 以上都是

【参考答案】C

【解析】数据标签库遵循数据中台的统一安全防范设计，按照数据中台数据安全全生命周期管理流程，根据数据敏感性、应用需求等因素，提供敏感数据识别、数据动态脱敏、数据访问和导出行为监控、数据风险识别、安全审计等功能。

107. 以下使用最广泛的数据模型是（　　）。

A. 网状模型　　B. 层次模型　　C. 关系模型　　D. E-R 模型

【参考答案】C

【解析】无

108. 视图是从一个或多个表中或视图中导出的（　　）。

A. 虚拟表　　B. 查询　　C. 图片　　D. 数据

【参考答案】A

【解析】视图是从一个或多个表中导出来的表，它是一种虚拟存在的表并且表的结构和数据都依赖于基本表。通过视图不仅可以看到存放在基本表中的数据，并且还可以像操作基本表一样，对视图中存放的数据进行查询、修改和删除。

109. 数据模型的用途是实现业务数据的规范化和（　　）。

A. 标准化　　B. 统一化　　C. 结构化　　D. 以上不是

【参考答案】A

【解析】在2019年发布的《国家电网有限公司公共信息模型》的企业标准中，提到起草和发布该标准的目的是建立一个标准的、开放的信息模型，支撑信息系统设计与开发的规范化。

110. （　　）对数据最底层的抽象，它描述数据在系统内部的表示方法和存取方法，是面向计算机系统的。

A. 概念模型　　B. 物理模型　　C. 逻辑模型　　D. 实体

【参考答案】B

【解析】在 2019 年发布的《国家电网有限公司公共信息模型》的企业标准中，提到起草和发布该标准的目的是建立一个标准的，开放的信息模型，支撑信息系统设计与开发的规范化。物理模型是面向计算机物理表示的模型，描述数据在储存介质上的组织机构，即用于存储结构和访问机制的更高层描述，描述数据是如何存储，如何表达记录结构、记录顺序和访问路径等信息。故选择 B。

111. 大数据常见的计算方式有离线计算、流计算以及在线计算三种，关于这几种计算方式的说法不正确的有（　　）。

A. 流计算是消息驱动的，数据更新一般是定时更新

B. 在线计算一般在用户发起请求时（比如查询）发生

C. 流计算可以应用于实时数值统计、实时事件预警等领域

D. 离线计算的数据更新以定期的批量更新为主

【参考答案】A

【解析】流计算是基于事件驱动的，它通过监听数据流中的事件并对其进行处理。流计算可以持续地接受和处理数据，而不需要等待所有数据都到达。数据更新一般是定时更新适用于处理实时数据流。其他三个选项表述均正确。

112. 企业中台不仅是技术架构的创新，也是（　　）的转变，通过公司资源汇聚、交叉引流、业务融通、开放共享，满足千人千面的需求服务，实现管理提升和价值创造。

A. 管理模式　　B. 业务模式　　C. 数据模式　　D. 生产模式

【参考答案】A

【解析】在《国家电网公司企业中台白皮书》中，中台价值部分有该部分的描述，即企业中台不仅是技术架构的创新，也是管理模式转变，通过公司资源汇聚、交叉引流、业务融通、开放共享，满足千人千面的需求服务，实现管理提升和价值创造。

113. 通过（　　），提供可重用能力，实现资源复用、应用复用，满足业务或数据共享复用，实现公司各条线、各业务服务调用。

A. 共享服务　　B. 开发服务　　C. 通信服务　　D. 专业服务

【参考答案】A

【解析】在《国家电网公司企业中台白皮书》中，企业级复用原则中明确表示，通过共享服务，提供可重用能力，实现资源复用、应用复用，满足业务或数据共享复用，实现公司各条线、各业务服务调用。

114. 下列关于数据中台贴源层全量表命名方式，正确的是（　　）。

A. 全量表命名：ODS_{业务系统英文简称}_{源端实例名}_{源端用户名}_{源系统表名}

B. 全量表命名：ODS_{业务系统中文简称}_{源端实例名}_{源端用户名}_{源系统表名}

C. 全量表命名：ODS_{业务系统中文简称}_{源系统表名}

D．ODS_{业务系统英文简称}_{源端用户名}_{源端实例名}_{源系统表名}

【参考答案】A

【解析】在《国家电网公司两级数据中台命名规范指导意见》中，第四章节内部数据表命名规范的贴源层全量表命名（总部、省侧）小节中对全量表命名进行规范，即ODS_{业务系统英文简称}_{源端实例名}_{源端用户名}_{源系统表名}。

115．下列关于数据中台分析层应用结果表命名方式，正确的是（　　）。

A．ads_{数据域简称}_{项目名简称}_{自定义表名}_{刷新周期编码}{分区增量编码}

B．dim_{数据域简称}_{项目名简称}_{自定义表名}_{刷新周期编码}{分区增量编码}

C．fct_{数据域简称}_{项目名简称}_{自定义表名}_{刷新周期编码}{分区增量编码}

D．dws_{数据域简称}_{项目名简称}_{自定义表名}_{刷新周期编码}{分区增量编码}

【参考答案】A

【解析】在《国家电网公司两级数据中台命名规范指导意见》中规定：对于统推项目，应用层表命名为ads_{数据域简称}_{项目名简称}_{自定义表名}_{刷新周期编码}{分区增量编码}。

116．下列（　　）通常是集群的最主要瓶颈。

A．CPU　　B．网络　　C．磁盘I/O　　D．内存

【参考答案】C

【解析】无

117．数据中台总体架构由（　　）、分析层、共享层、贴源层和数据资产管理五大板块组成，支持营配贯通、多维精益分析、数字化审计分析、智慧供应链分析、网上电网分析、供电服务指挥支撑等应用。

A．统一数据开发平台　　B．统一数据服务调度

C．统一调度平台　　D．统一数据服务平台

【参考答案】B

【解析】在《国家电网公司企业中台白皮书》中的总体架构介绍中，明确数据中台总体架构由统一数据服务调度、分析层、共享层、贴源层和数据资产管理五大板块组成，在建设成效章节中描述了数据中台支持营配贯通、多维精益分析、数字化审计分析、智慧供应链分析、网上电网分析、供电服务指挥支撑等应用。

118．数据量小于50M，且数据全量抽取对源端系统影响较小采取（　　）接入策略。

A．全量定时抽取　　B．全量实时同步

C．增量定时抽取　　D．增量实时同步

【参考答案】A

【解析】根据《中台数据接入整合和两级贯通技术方案》中描述，数据量小于50M，且数据全量抽取对源端系统影响较小的场景，宜采取全量定时抽取的方式接入数据。

119．数据量大于50M，或源端数据表存在数据新增、删除、修改操作，或数据抽取对源端性能影响较大采取（　　）接入策略。

A．全量定时抽取　　B．全量实时同步

C．增量定时抽取　　D．增量实时同步

【参考答案】D

【解析】根据《中台数据接入整合和两级贯通技术方案》中描述，数据量大于 50M，或源端数据表存在数据新增、删除、修改操作，或数据抽取对源端性能影响较大的场景，宜采取增量实时同步的方式接入数据。

120．主备集群容灾场景中，以下（　　）组件的数据复制方式为周期性复制类型。

A．Hbase　　B．Elasticsearch　　C．Hive　　D．Kakfa

【参考答案】C

【解析】周期性（HDFS、Hive、HetuEngine、FlinkServer、Ranger、Manager）流式同步（Kafka、ClickHouse、Redis、Elasticsearch、HBase）。周期性同步为周期性触发，RPO 跟同步周期相关（几十分钟～小时级）；流式同步为实时同步，RPO 较短（分钟级）。

121．以下关于主备集群容灾场景下的说法错误的是（　　）。

A．主集群与容灾集群的域名不可以相同

B．主集群与容灾集群需配置互信

C．配置容灾保护后，主集群和容灾集群会定时进行所保护数据的一致性校验

D．对于周期性备份，同一保护组内只能包含一项服务

【参考答案】D

【解析】对于周期性备份，一个保护组可以包括多项服务，流式的则只能包括一个。原因是周期性的可以一起管理（一起启动），流式的则需要关注实时 RPO，不同的服务实际 RPO 不同，不能放在一起展示。

122．以下说法错误的是（　　）。

A．IoTDB 元数据分散在各个节点，能尽量 cache 在内存中，充分利用各个节点的内存，加快访问

B．IoTDB 支持通过 FusionInsight Manager 库表级别读写权限控制

C．CDL 不支持通过 Ranger 配置权限策略

D．CDL 服务仅包含 CDLConnector 和 CDLService 两种角色

【参考答案】C

【解析】CDL 通过 Ranger 进行权限控制，通过配置 ranger 策略对 CDL 驱动上传、link 创建、任务创建/编辑/启停进行权限控制。

123．在 CDL 的 Web 界面上创建作业时不支持对接的数据库类型是（　　）。

A．MySQL　　B．MongoDB　　C．Oracle　　D．PostgreSQL

【参考答案】B

【解析】目前 CDL 支持的数据库包括 MySQL、PostgreSQL、Oracle、OpenGauss。

124．以下不属于 Flink 强依赖的服务是（　　）。

A．HDFS　　B．ZooKeeper　　C．Yarn　　D．Kafka

【参考答案】D

【解析】HDFS—元数据、lib 都会上传到 hdfs ZooKeeper—jobmanager HA 的实现依赖 Yarn—flink 作业资源调度 Kafka 不强依赖，业务决定。

125．在 HCS 8.1.0 下，DMS 提供的 DDL SQL 审核工具目前有（　　）个审核项。

A．10　　B．11　　C．12　　D．13

【参考答案】A

【解析】DDL 审核工具包括审核以下 10 项：索引列数/PCK 列数；分布键数量；可优化索引；分布列规范性；Numeric 使用规范性；无效 PCK 列；复制表大小；单分布列下倾斜识别；索引列宽度；序列的缓存个数。

126．DWS 在线扩容过程中的新增节点元信息追增与切换 Node Group 窗口期，用户的（　　）操作会阻塞。

A．DML　　B．DDL　　C．DCL　　D．DCS

【参考答案】B

【解析】DWS 在线扩容过程中的新增节点元信息追增与切换 Node Group 窗口期，用户的 DDL 操作会阻塞，但可以正常 DML。数据控制语言（data control language，DCL）是用来创建用户角色、设置或更改数据库用户或角色权限的语句。DCS 是缓存数据库。

127．以下关于 DGC 的说法正确的是（　　）。

A．DGC 本身就包含 DLI 能力，不需要再购买 DLI 服务

B．DGC 就是数据湖，客户数据需要抽取到 DGC 进行存储计算

C．数据开发里的 SQL 实际上是在 DGC 中执行的，所以 DGC 需要消耗大量资源

D．DGC 基于数据湖底座，提供数据一站式集成、开发、治理、共享开放平台

【参考答案】D

【解析】数据湖治理中心（data lake governance Center，DGC）是基于数据湖底座，提供数据集成、开发、治理等能力。支持对接所有华为云的数据湖与数据库云服务作为数据湖底座。

128．DGC 的数据集成模块是基于（　　）云服务实现的。

A．ROMA FDI　　B．CDM　　C．DRS　　D．CSE

【参考答案】B

【解析】云数据迁移（cloud data migration，CDM）是一种高效、易用的数据集成服务。CDM 围绕大数据迁移上云和智能数据湖解决方案，提供了简单易用的迁移能力和多种数据源到数据湖的集成能力。

129．在 HCS 中，MRS 的巡检工具名称是（　　）。

A．FusionCare　　B．ServiceOM　　C．CCE　　D．ModelArts

【参考答案】A

【解析】FusionCare 为 MRS 的巡检工具；ServiceOM 为云平台管理相关的组件 ManageOne、云服务 Console 等的一个面向 SRE 的管理框架；CCE 为容器服务；ModelArts 为 AI 服务。

130．关于 Spark 与 MapReduce 的区别，以下说法错误的是（　　）。

A．Spark 和 MapReduce 都是 Hadoop 中最基础的分布式计算框架，而他们主要用来设计非 SQL 类的批处理作业

B．Spark 对内存的要求更大

C．Spark 处理速度相对较慢

D．MapReduce 对硬件要求较低

【参考答案】C

【解析】Spark 是新一代基于内存计算的分布式处理框架，其速度比 MapReduce 快很多。

131．在 MRS 的 IoTDB 服务中，其管理角色为（　　）。

A．DataNode　　B．IoTDBServer　　C．ConfigNode　　D．NameNode

【参考答案】C

【解析】IoTDB 的角色分为 IoTDBServer 和 ConfigNode，其中 ConfigNode 为管理角色。

132．下列关于混合云 ROMA Connect 实例扩容说法错误的是（　　）。

A．扩容失败自动回滚　　B．扩容不中断既有实例正常管控和运行

C．支持各种规格随意切换　　D．扩容过程中可能会有 License 告警产生

【参考答案】C

【解析】当前扩容只支持增大规格不支持缩小规格。

133．下列关于 RocketMQ 说法正确的是（　　）。

A．消费组内消费者数量可大于队列数　　B．消费者加入消费组后会触发重平衡

C．消费组内消费者可订阅不同 topic　　D．消费者无法处理的消息会导致消费阻塞

【参考答案】B

【解析】除 B 选项外，其余说法都错误。

134．DRS 企业版默认支持（　　）条运行中的链路数。

A．5　　B．10　　C．15　　D．20

【参考答案】C

【解析】企业版 license 支持 15 个任务。

135．下面（　　）是去 Oracle-GaussDB 迁移改造中推荐的组合解决产品建议。

A．UGO+DAS　　B．DRS+DAS　　C．UGO+DRS　　D．DAS+RDS

【参考答案】C

【解析】UGO 服务负责 Oracle-GaussDB 的对象迁移，DRS 服务负责 Oracle-GaussDB 的数据实时迁移。

136．DRS 安装部署时，依赖（　　）组件。

A．RDS_MySQL　　B．GaussDBCommon

C．GaussDB_Console　　D．DBS Platform

【参考答案】D

【解析】DBS Platform 是数据库管控的平台服务，DRS 安装前平台服务必须安装完成。

137．DRS 安装部署时，软件包和插件包后台上传路径是（　　）。

A．/home/pkg　　B．/opt/cloud

C．/home/fusionclouddeploy　　D．None

【参考答案】A

【解析】需要上传到/home/pkg 目录下部署。

138．UGO 对象迁移项目，以下流程正确的是（　　）。

A．转换配置—语法转换—对象校正—迁移验证

B．数据采集—预评估—语法转换—迁移验证

C．转换计划—转换配置—语法转换—对象校正—迁移验证

D．转换计划—语法转换—对象校正—业务验证

【参考答案】C

【解析】UGO 服务进行对象迁移时，需要先创建转换计划，然后根据实际的场景进行转

换配置，然后执行语法转换，对转换不正确或不匹配现场场景的进行调整，最后进行迁移验证。

139．如下关于 ROMA Link 的说明正确的是（　　）。

A．ROMA Link 支持 MQTT、OPCUA、985 等多种协议

B．ROMA Link 接收到的设备消息可转发给 MQS 或者客户自己的 Kafka

C．ROMA Link 支持设备 OTA 升级

D．ROMA Link 可以广泛使用在涉及物联网的场景，除了电力、能源外还包括车联网等

【参考答案】B

【解析】支持 MQTT、MODBUS 和 OPCUA 协议，其他的暂不支持。ROMA l 不支持 OTA 升级，目前主要应用在电和能源行业。ROMA Link 接收到的设备消息可转发给 MQS 或者客户自己的 Kafka。

140．在 HCS 8.2.0 中，DWS 集群支持的最大节点数可达（　　）。

A．128　　B．256　　C．1024　　D．2048

【参考答案】D

【解析】当前版本下，DWS 当前支持的最大集群节点数为 2048。

141．在国网云（华为云）Stack 高阶服务中，可通过 MRS 服务构建数据湖，让数据可以便捷地利用起来，以下关于 URS 构建数据湖的描述错误的是（　　）。

A．实时数据湖通常会采用消息队列+流处理的方式，适用于实时决策类业务

B．离线数据湖可以使用 HDFS 或 OBS 存储数据，经处理后，可以用于生成报告、机器学习、数据科学等用途

C．离线数据湖通常采用定期收集数据，批量处理的方式，适用于时效性不强，数据关联复杂的分析业务

D．实时数据湖的数据来源通常是 Hive，经分析处理后，可以用于支撑实时风控、实时查询、实时营销等业务

【参考答案】D

【解析】Hive 是典型的批处理场景，不作为实时数据湖的数据来源。实时数据湖的数据来源往往是集群外的数据库等，通过消息队列的方式实时输入数据湖，再使用 Flink 做流式分析。

142．数据仓库是一个（　　）的，集成的，时变的，非易失的数据集合，支持管理者的决策过程。

A．方法客观　　B．面向主题　　C．事务频繁　　D．安全可靠

【参考答案】B

【解析】数据仓库是一个面向主题的，集成的，时变的，非易失的数据集合，支持管理者的决策过程。

143．下面（　　）不是数据仓库的多维数据模型。

A．星形模式　　B．太阳模式　　C．雪花模式　　D．事实星座模式

【参考答案】B

【解析】数据仓库的数据模型主要指星型模型、雪花模型、事实星座模式（又称星系模式）。

144. 在 MapReduce 的应用程序开发中，下列（　　）Java 类负责管理和运行一个计算任务。

A. lob　　B. Context　　C. FileSystem　　D. Configuration

【参考答案】A

【解析】MapReduce 的应用程序通过 Job 类定义和管理计算任务。

145. 对于运行在 MapReduce 平台上的应用程序，此应用程序所依赖的 jar 包会被放到（　　）。

A. HIVE　　B. HBASE　　C. HDFS　　D. DB

【参考答案】C

【解析】运行在 MapReduce 平台上的应用程序，其依赖的 jar 需要放到 HDFS 中，以便所有节点都可以访问。

146. 当一个 MapReduce 应用程序被执行时，如下（　　）动作是 Map 阶段之前发生的。

A. split　　B. combine　　C. partition　　D. sort

【参考答案】A

【解析】在进行 MapReduce 前，先对要分析的数据进行切割（split），以便分布式并行操作。

147. MapReduce 任务最终是在下列（　　）中被执行的。

A. NodeManager　　B. container

C. ResourceManager　　D. AppMaster

【参考答案】B

【解析】MapReduce 任务最终都在 Container 中执行。Container 提供了计算资源（CPU 和内存）。

148. 关于 Redis 集群拓扑信息，下面描述正确的是（　　）。

A. 客户端缓存有集群的拓扑信息　　B. 服务端缓存有集群的拓扑信息

C. 两者都是　　D. 两者都不是

【参考答案】C

【解析】Redis 集群拓扑结构是一种将多个独立的 Redis 服务器组成一个集群的技术。这种技术的目的是提高 Redis 服务器的性能和可靠性，也可以使部署变得更加容易，同时满足数据复制和负载平衡的需求。

Redis 集群拓扑结构的基本原则是，它由若干台 Redis 服务器组成，每台服务器都有一个唯一的 Node ID 和 IP 地址。在集群中，每台服务器可以担当两种角色，一种是 master 节点，一种是 slave 节点。主节点实际上是当前可存储数据的服务器，从节点是没有数据存储能力的节点，但它可以从主节点同步数据的所有更改，这样就可以使 Redis 存储的数据在集群中复制。此外，它还可以为主节点提供数据备份，以确保数据的完整性和一致性。

当用户需要使用 Redis 集群时，口令可以使用 Redis 命令行客户端（CLI）连接到集群中的任意一台服务器，该服务器称为“客户端服务器”。当客户端连接到集群后，它将从其他节点收集集群的全部信息，然后将这些信息存储在内存中，被称为“内存映射”，用于定位查询和写入的正确节点。根据这些信息，客户端会自动将查询发送到正确的节点，从而实现 Redis 集群中的数据可用性。

149．在编写 MapReduce 应用程序时，通常需要开发者具体的（　　）操作。

A．Map 与 Combine　　B．Reduce 与 Combine

C．Combine 与 Sort　　D．Map 与 Reduce

【参考答案】D

【解析】MapReduce 应用程序需要定义具体的 Map 与 Reduce 操作。

150．以下不是 MapReduce 的特点的是（　　）。

A．易于编程　　B．良好扩展性　　C．实时计算　　D．高容错性

【参考答案】C

【解析】MapReduce 并不适用于实时计算，用于实时计算的一般都是类似于 Flink 这种流式计算引擎。

151．在国网云（华为云）Stack 中，以下关于 DGC 数据湖治理中心能力的描述，错误的是（　　）。

A．DGC 通过应用在企业业务领域积累的丰富的行业领域模型和算法，帮助企业构建数据中台，快速提升数据运营能力

B．DGC 数据集成包含批量数据迁移和实时数据接入两种主要能力，其目的都是将需要接入的数据汇总存储在 DGC 节点内，以便于后期的数据分析治理

C．DGC 支持云内的 MRS.DWS.GES 等服务的数据接入，也支持第三方异构的数据源接入

D．DGC 具备图形化界面，支持多种云服务作业编排，即开即用，轻松上手

【参考答案】B

【解析】数据不存储在 DGC 节点内。

152．以下关于国网云（华为云）Stack 高阶云服务的描述，正确的是（　　）。

A．ROMA Factory Devps 是全流程 DevOps 开发平台，可以做到低代码，甚至是无代码的应用开发

B．云原生的演进不是一蹴而就的，为了满足渐进的发现需求，华为云 Stack 提供了 MRS 服务，支持新老业务系统统一接入治理消除数字断层

C．由于数据处理的重要意义日渐凸显，华为云 Stack 可以提供数据仓库、数据湖、数据湖治理等相关服务，帮助政企客户用好数据

D．分布式缓存服务 DCS 是高性能，分布式应用缓存系统，提供 ey-Value 类型的缓存数据库服务，100%兼容 HySQL

【参考答案】C

【解析】选项 A 中 ROMA Factory Devps 不是低代码、无代码开发平台，低代码、无代码开发平台应该是 AppCube；华为云 Stack 提供了 ROMA Connect 服务，支持新老业务系统统一接入治理消除数字断层，而不是 MRS，故选项 B 错误；100%兼容 Redis，不是 HySQL，故选项 D 错误。

153．以下描述符合国网云（华为云）Stack 中 DGC 服务“一站数据运营平台”和“丰富的数据开发类型”的特点是（　　）。

A．数据全生命周期管控，提供数据规范定义及可视化的模型设计，智能化地帮助用户

生成数据处理代码，数据处理全流程质量监控，异常事件实时通知

B．贯穿数据全流程的一站式治理运营平台，提供全域数据集成、标准规范设计、连接并萃取数据价值、全流程数据质量监控、统一数据资产管理、数开发服务等，帮助企业构建完整的数据中台解决方案

C．提供垂直行业可复用的知识库，涵盖行业数标准、行业领域模型、行业数据主题库、行业算法和行业指标等，支持智营政务智营务、智算园区等行业，帮助企业快速定制数据运营端到端解决方案

D．支持多在线协作开发，脚本开发可支持 QLShell 在线编实时查询作业开发可支持 CDM.SQL.RS.Shell，LSSpak 等多种数据处理节点，但不提供调度配置策略与海量的作业调度能力

【参考答案】B

【解析】针对企业数字化运营诉求提供的具有数据全生命周期管理和智能数据管理能力的一站式治理运营平台，包含数据集成、数据开发、数据架构、数据质量监控、数据资产管理、数据服务、数据安全等功能，支持行业知识库智能化建设，支持大数据存储、大数据计算分析引擎等数据底座，帮助企业快速构建从数据接入到数据分析的端到端智能数据系统，消除数据孤岛，统一数据标准，加快数据变现，实现数字化转型。

154．以下关于国网云（华为云）Stack 助力政企数据化转型的描述，错误的是（　　）。

A．敏捷应用：立而不破，加速企业应用创新

B．坚实基座：与华为公有云、华为云边缘构建客户视角一朵云，提供一致的体验、一致的生态

C．智能数据：数据不出本地，每日一次汇集数据，助力企业运营分析

D．卓越服务：从以往大量的成功案例中汲取经验，为客户提供优质的服务，帮助客户快速建云，安心用云

【参考答案】C

【解析】华为云 Stack 云管理平台：坚实基座：匹配政企，构建客户视角一朵云。智能数据：跨域协调，助力政企实时运营。

敏捷应用：立而不破，加速应用创新。

卓越服务：海量实践，快速建云，安心用云。

155．国网云（华为云）DRS 服务不适合用于以下（　　）场景。

A．数据在线迁移　　B．数据格式转换

C．数据同步复制　　D．多对一数据归集

【参考答案】B

【解析】DRS 服务负责数据同步，可以用于迁移、同步、数据汇聚等场景。

156．以下（　　）不属于 Kafka 的基本要素。

A．Producer　　B．Broker　　C．Partition　　D．collection

【参考答案】D

【解析】Kafka 的一些概念包括：生产者 Producer，消费者 consumer，主题 Topic，分区 Partition，存储节点 Broker。

157．Kafka 不支持以下（　　）功能。

A．广播消费　　B．消息回溯　　C．消息堆积　　D．消息追踪

【参考答案】D

【解析】广播消费：不同的消费实例配置不同的 GroupID 即可以支持广播消费的场景。消息回溯：基于消息偏移量回溯，基于时间点的消息回溯。

消息堆积：生产者短期间生产太量消息到 Broker，消费者无法及时消费。

158．兼容 RocketMQ/RabbitMQ 和 Kafka，支持点对点、发布/订阅等多种通信模型，这是（　　）组件具备的能力。

A．文档数据库　　B．消息队列　　C．分布式事务　　D．负载均衡

【参考答案】B

【解析】RocketMQ/RabbitMQ 和 Kafka 这些都是消息队列，点对点、发布/订阅等多种通信模型描述的都是消息的生产和消费方式。

159．在 HCS 中，HDFS 不适用于以下（　　）场景。

A．流式数据访问　　B．大量小文件存储

C．大文件存储与访问　　D．随机写入

【参考答案】B

【解析】NameNode 中会记录每个文件的元数据，大量的小文件会很快耗尽 NameNode 的内存（但存储空间却没有使用太多）。HDFS 存储大量小文件会导致内存不足、性能下降等问题。

160．统一权限管理平台采取以（　　）为核心的授权模式。

A．业务　　B．需求　　C．角色　　D．组织

【参考答案】C

【解析】参照 Q/GDW 11417—2019《统一权限平台接口规范》3.10，基于角色访问控制模型引入“角色”的概念，并通过建立“用户-角色-资源”的映射关系，来灵活地表示用户和资源之间访问与被访问关系。

161．ActiveMQ 三方中间件在统一权限中是（　　）服务。

A．消息　　B．认证　　C．缓存　　D．同步

【参考答案】A

【解析】ActiveMQ 主要用于统一权限日志、数据同步等事件消息的传递。

162．在统一权限用户表的实体关系中，用户和组织之间具有（　　）联系。

A．一对一　　B．一对多　　C．多对一　　D．多对多

【参考答案】C

【解析】参照 Q/GDW 11417—2019《统一权限平台接口规范》B1.1 权限数据模型要求，用户和组织之间具有多对一联系。

163．统一权限平台的功能包含（　　）。

A．统一身份、统一认证管理、统一授权、安全审计

B．统一身份、统一认证管理、安全审计、单点登录

C．统一身份、统一认证管理、行为审计、安全审计

D．统一认证管理、单点认证 Agent、目录服务、缓存服务

【参考答案】A

【解析】统一权限平台是公司身份权限统一管理平台，涉及身份管理，认证服务，权限管理，审计管理四项业务。

164. 根据统一权限平台安全防护方案，统一权限平台的口令应（　　）内修改一次。

A. 一个月　　B. 两个月　　C. 三个月　　D. 半年

【参考答案】C

【解析】统一权限平台强制要求用户定期（至少三个月一次）修改口令，且修改前后不能完全一样。

165. 统一权限管理平台可以支持（　　）日志管理操作。

A. 查看日志记录　　B. 新增日志记录　　C. 阅读日志内容　　D. 修改日志记录

【参考答案】A

【解析】根据设计要求，日志信息仅能查询不能篡改。

166. 统一权限平台的部署架构是（　　）。

A. 一级部署　　B. 二级部署　　C. 两级部署　　D. 本地部署

【参考答案】C

【解析】目前统一权限按二级部署架构在北京亦庄数据中心及27家省市数据中心分布式部署。

二、多项选择题

1. 国网云（阿里）流计算可以直接读写下列（　　）产品的数据。

A. DataHub　　B. 日志服务（SLS）

C. RDS　　D. AnalyticDB

【参考答案】ABCD

【解析】流计算可以直接读写 DataHub、SLS、RDS、Adb 产品的数据。

2. 数据工厂 DataWorks 中，可以通过配置报警规则来监控周期调度任务的运行，以便及时告警，如监控到任务失败就告警。目前数据工厂 DataWorks 支持的告警方式有（　　）。

A. 邮件　　B. 短信　　C. 电话　　D. 旺旺

【参考答案】AB

【解析】DataWorks 目前支持邮件、短信的方式告警。

3. MaxCompute 账号体系中，支持两种账号为（　　）。

A. 云账号　　B. 普通账号　　C. VIP 账号　　D. RAM 账号

【参考答案】AD

【解析】MaxCompute 账号体系中支持云账号和 Ram 账号。

4. Blink 管控节点包含（　　）。

A. Zookeeper　　B. ResourceManager

C. Flume　　D. Namenode

【参考答案】ABD

【解析】Blink 管控节点包括 Zookeeper、ResourceManager 和 Namenode。

5. OTS 写操作具有（　　）。

A. 原子性　　B. 强一致性　　C. 最终一致性　　D. 事务一致性

【参考答案】AB

【解析】OTS 的写操作具备原子性和强一致性。OTS 保证数据写入操作一旦执行完成，返回成功的结果，应用就能立即读到最新的数据。

6．OTS 以（　　）形式组织数据。

A．schema　　B．表组　　C．表　　D．实例

【参考答案】CD

【解析】OTS 以表和实例形式组织数据。实例（Instance）是使用和管理表格存储服务的实体，每个实例相当于一个数据库。一个实例可以有多张表。

7．DataWorks 中，通过数据管理可以查看表的血缘关系以及表元数据信息，以下（　　）信息变更后通过数据管理可以实时刷新查看。

A．表新增的字段结构信息　　B．表修改的描述信息

C．表修改了某个字段信息　　D．表中新增的数据内容

【参考答案】ABC

【解析】在 DataWorks 中，表新增的字段结构信息、表修改的描述信息、表修改了某个字段信息均可通过数据管理可以实时刷新查看。

8．查看 OTS 集群中分区加载状态的命令是（　　）。

A．sql cpls　　B．sql cpl　　C．sql lt　　D．sql lw

【参考答案】AB

【解析】sql cpls 和 sql cpl 命令可以查看 OTS 集群中分区加载状态。

9．OTS 存在热点分区的现象有（　　）。

A．客户报错信息中有-3001 的报错　　B．客户报错信息中有-3002 的报错

C．OTS 的 OTSserver 机器 load 负载高　　D．OTS 的 OTSserver 机器 load 负载正常

【参考答案】AC

【解析】OTS 存在热点分区的现象有客户报错信息中有-3001 的报错、OTS 的 OTSserver 机器 load 负载高。

10．DataHub 故障排查需要关注的排查项是（　　）。

A．排查 partitions 分配情况

B．排查 Broker 加载 partition 状态

C．排查 topic 的后台连接状态

D．排查 pangu、fuxi、nuwa 服务是否到终态

【参考答案】ABCD

【解析】分区分配情况、加载情况，Topic 的链接状态、后台盘古、伏羲和女娲服务运行情况，均是 DataHub 故障排查需要关注的要点。

11．要处理 ODPS 小文件过多或者盘古 chunks 数量过多的问题，需要进行（　　）环境检查。

A．确认 DataWorks 集群服务终态且功能正常

B．确认 ODPS 的产品集群服务终态且功能正常

C．确认 ODPS 产品依赖的相关产品、服务已到终态且功能正常

D．无需环境检查

【参考答案】BC

【解析】要处理 ODPS 小文件过多或者盘古 chunks 数量过多的问题时，需要确认 ODPS 自身和其依赖的产品服务是否已达终态且服务正常。

12. DataWorks 中数据地图页面无数据的原因可能是（　　）。

A. ODPS 的元仓任务没有跑完

B. ODPS 的元仓任务有失败

C. base_meta 项目下的任务可能有失败

D. 谷歌浏览器版本问题

【参考答案】ABC

【解析】DataWorks 中数据地图页面无数据的原因可能是 ODPS 的元仓任务没有跑完、ODPS 的元仓任务有失败或者 base_meta 项目下的任务失败。谷歌浏览器版本不会导致页面无数据的问题。

13. MaxCompute 常驻服务包括（　　）。

A. ODPS/CGServiceControllerx　　B. ODPS/HiveServerx

C. ODPS/garudaAppMaster　　D. ODPS/MessagerServicex

【参考答案】ABD

【解析】MaxCompute 的常驻服务角色包括 CGServiceControllerx、HiveServerx、Messager Servicex。

14. DataWorks 的工作空间模式包括（　　）。

A. 一般模式　　B. 简单模式　　C. 标准模式　　D. 高级模式

【参考答案】BC

【解析】DataWorks 工作空间模式包括简单模式和标准模式。

15. DataWorks 中，通过运维中心的任务管理列表可以对任务进行一些批量修改，从而提高项目管理员管理调度任务的效率，其中批量操作功能包括（　　）。

A. 添加报警　　B. 修改资源组　　C. 修改调度周期　　D. 修改负责人

【参考答案】ABD

【解析】DataWorks 中，通过运维中心可以对任务进行批量修改，包括添加报警、修改资源组、修改负责人，但不能批量修改调度周期。

16. 大数据计算服务（MaxCompute，原 ODPS）提供的是海量数据的存储和计算能力，和我们熟悉的关系型数据库存在较大的差别。以下说法中正确的是（　　）。

A. 不支持事务　　B. 不支持 delete　　C. 不支持索引　　D. 不支持压缩

【参考答案】ABC

【解析】MaxCompute 支持数据压缩，作为离线分析数据库，不支持事务、Delete 删除操作和索引。

17. 以下（　　）数据是流式数据。

A. 日志文件　　B. 社交网站信息

C. 地理空间服务信息　　D. 设备或仪器的遥测数据

【参考答案】ABCD

【解析】流数据是一组顺序、大量、快速、连续到达的数据序列，一般情况下，流数据可被视为一个随时间延续而无限增长的动态数据集合。日志文件、社交网站信息流、地理空间服务信息流、设备或仪器的遥测数据都属于流式数据。

18．实时计算与批量计算两类计算模型的差别有（　　）。

A．批量计算预先加载数据，实时计算实时加载数据并且实时计算

B．批量计算业务逻辑可以修改，数据可重新计算，实时计算业务逻辑一旦修改，之前的数据不可重新计算

C．批量计算可以处理复杂的分析，实时计算只能处理简单的响应函数、聚合和滚动指标

D．批量计算处理大规模数据需要分钟、小时级时长，实时计算处理大规模量数据仅需要毫秒或秒级时间

【参考答案】ABCD

【解析】批量计算是一种批量、高时延、主动发起的计算。使用的批量计算的顺序是：预先加载数据，提交计算作业，并且可以根据业务需要修改计算作业；再次提交作业；计算结果返回。

实时计算是一种持续、低时延、事件触发的计算作业。实时计算的顺序是：提交实时计算作业；等待流式数据触发实时计算作业；计算结果持续不断对外写出。

19．OSS 对象存储的副本存储原则是（　　）。

A．副本在不同交换机下　　B．副本在不同机柜下

C．副本在相同的主机上　　D．副本在不同主机上

【参考答案】ABD

【解析】为提升 OSS 对象存储副本的高可靠性，建议副本分布在不同主机上，主机分布在不同交换机和机柜下。

20．数据总线（DataHub）提供对流式数据的（　　），让用户可以轻松进行流式数据的分析和应用。

A．采集　　B．存储　　C．处理　　D．计算

【参考答案】ABC

【解析】数据总线（DataHub）提供对流式数据的采集、存储和处理，让用户可以轻松进行流式数据的分析和应用。

21．DataWorks 运维中心包括（　　）。

A．运维大屏　　B．周期任务运维

C．触发式任务运维　　D．智能监控

【参考答案】ABCD

【解析】DataWorks 运维中心包括运维大屏、周期任务运维、触发式任务运维、智能监控。

22．DataWorks 中，调度任务每次运行前都先将任务实例化，即生成实例，调度运行时实际上在执行相应的实例。在调度的不同阶段，实例会处于不同的状态，包括（　　）。

A．未完成　　B．运行中　　C．未运行　　D．失败

【参考答案】BCD

【解析】DataWorks 任务实例可以处于运行中、未运行、失败状态。

23．技术中台包括（　　）等技术平台。

A．统一视频平台　　B．GIS 平台

C．移动门户平台　　D．人工智能平台

【参考答案】ABCD

【解析】技术中台包括统一视频平台、统一权限平台、GIS 平台、移动门户平台、人工智能平台、国网链平台等技术平台。

24．电网 GIS 平台中的电网数据有（　　）。

A．500kV 及以上数据　　B．220kV 输电数据

C．110kV 输电数据　　D．10kV 配网数据

【参考答案】ABCD

【解析】电网 GIS 平台中的电网数据包含：500kV 及以上数据、220kV 输电数据、110kV 输电数据、10kV 配网数据、220V 低压配网数据。

25．电网 GIS 平台定位为国网企业中台的技术中台一个重要技术底座。目标是基于 GIS 平台构建输、变、配、用一体的数字化电网，为国家电网有限公司提供（　　）等共享服务。

A．统一地图　　B．电网资源图形

C．地理位置　　D．车辆信息

【参考答案】ABC

【解析】电网 GIS 平台定位为国网企业中台的技术中台一个重要技术底座。目标是基于 GIS 平台构建输、变、配、用一体的数字化电网，为国家电网有限公司提供统一地图、电网资源图形数据、电网设备地理位置等共享服务。

26．地图数据是电网地理信息服务的重要组成部分，常见的地图数据类型包括（　　）。

A．亚米级影像数据　　B．2.5m 影像数据

C．15m 影像数据　　D．1:2000 矢量数据

【参考答案】ABCD

【解析】常见的地图数据类型包括：亚米级影像数据、2.5m 影像数据、15m 影像数据、1:2000 矢量数据、导航电子地图。

27．电网 GIS 平台技术架构分为（　　）。

A．应用层　　B．服务层　　C．组件层　　D．数据层

【参考答案】ABCD

【解析】电网 GIS 平台是技术中台的重要组成部分其技术架构分为应用层、服务层、组件层、数据层。

28．营销 2.0 数据中台主要侧重于（　　）。

A．打破数据孤岛　　B．发现数据

C．深度挖掘数据本身价值　　D．优化与客户的直接交互体验

【参考答案】ABC

【解析】数据中台不直接提供与用户（客户）的直接交互功能，其他选项正确。

29．数据中台的贴源层的功能包括（　　）。

A．同步存储结构化数据

B．减少表关联，提高明细数据易用性

C．依据业务需求保存历史数据、清洗数据

D．对非结构化（日志）结构化处理，同步存储

【参考答案】ACD

【解析】数据中台的贴源层的功能包括同步存储结构化数据；依据业务需求保存历史数据、清洗数据；对非结构化（日志）结构化处理，同步存储。

30．数据中台全链路监测运营平台链路采集对象主要有（　　）。

A．组件　　B．任务　　C．数据表　　D．数据服务

【参考答案】ABCD

【解析】数据中台全链路监测运营平台链路采集对象主要有组件、任务、数据表和数据服务。

31．数据中台全链路监测实时监测方面，重点监测任务实例（　　）等信息。

A．开始运行时间　　B．完成时间

C．作业执行状态　　D．作业业务延时

【参考答案】ABCD

【解析】数据中台全链路监测实时监测方面，重点监测任务实例的开始运行时间、完成时间、作业执行状态、作业业务延时等信息。

32．SG-UEP 的数据传输不仅限于数据，还可以传输（　　）。

A．文件　　B．消息　　C．日志　　D．工具

【参考答案】ABC

【解析】SG-UEP 可以支持文件、消息、日志数据的传输。

33．SG-UEP 的分布式架构中，每个节点都有相同的职责和功能，但数据的（　　）任务可以在不同的节点上分布处理。

A．存储　　B．计算　　C．加工　　D．整合

【参考答案】AB

【解析】SG-UEP 的分布式架构中，数据的存储和计算可以在不同的节点上分布处理。

34．统一数据交换平台系统架构由（　　）构成。

A．展示层　　B．服务层　　C．传输层　　D．存储层

【参考答案】ABD

【解析】统一数据交换平台系统架构由展示层、服务层、存储层组成。

35．统一数据交换平台，数据整合子系统（SG-ETL）支持（　　）。

A．文本文件插件　　B．数据库处理插件

C．数据转换插件　　D．视频转换插件

【参考答案】ABC

【解析】SG-ETL 支持文本文件处理、数据库处理、数据转换，但不支持视频转换。

36．i 国网支持集成（　　）。

A．视频号　　B．集成 H5 应用

C．集成小程序　　D．唤起外部 APP

【参考答案】BCD

【解析】i 国网支持集成 H5 应用、小程序、唤起外部 APP 方式。

37．i 国网应用全面适配手机、平板和电脑终端以及（　　）等操作系统，满足用户多样化终端和操作系统使用需求。

A．iOS　　B．MacOS　　C．Android　　D．鸿蒙

【参考答案】ABCD

【解析】i 国网应用全面适配手机、平板和电脑终端以及 iOS、iPadOS、MacOS、Android、鸿蒙和 Windows 操作系统，满足用户多样化终端、操作系统使用需求。

38．i 国网应用类型目前支持（　　）。

A．离线应用　　B．在线应用　　C．微信小程序　　D．业务应用

【参考答案】ABC

【解析】i 国网目前支持离线应用、在线应用、微信小程序三个类型。

39．i 国网生产环境架构在（　　）区域。

A．互联网　　B．互联网大区　　C．信息管理大区　　D．云外服务

【参考答案】ABC

【解析】i 国网生产环境架构在互联网、互联网大区、信息管理大区区域。

40．i 国网采用私有化部署，从（　　）等方面提供全链路安全防护，满足国家和公司的安全等保密要求。

A．终端　　B．应用　　C．通信　　D．服务端

【参考答案】ACD

【解析】i 国网采用私有化部署，从终端、通信、服务端三方面提供全链路安全防护，满足国家和公司的安全等保密要求。

41．统一视频平台视频无法调阅的原因主要包括（　　）。

A．网络问题　　B．设备问题　　C．台账问题　　D．平台问题

【参考答案】ABCD

【解析】视频无法调阅影响因素较多，通常为平台运行、设备、网络、台账等因素导致。

42．接入统一视频平台的前端处理设备根据信号接口类型可分为（　　）。

A．数字硬盘录像机　　B．混合式硬盘录像机

C．网络硬盘录像机　　D．以上都不是

【参考答案】ABC

【解析】统一视频平台支持数字硬盘录像机、混合式硬盘录像机、网络硬盘录像机、网络摄像机等多种设备接入。

43．统一视频平台支持（　　）等多种录像方式，可选支持触发帧录像。

A．手动录像　　B．定时录像　　C．告警联动录像　　D．动态检测录像

【参考答案】ABCD

【解析】视频平台支持手动录像、定时录像和联动录像，其中告警联动录像和动态检测录像都属于联动录像一种。

44．统一视频平台视频运维管理服务具体包括（　　）。

A．设备状态监控服务　　B．设备画面质量诊断服务

C．热点资源定位服务　　D．平台状态监测服务

【参考答案】ABCD

【解析】统一视频平台视频运维管理服务包括设备状态监控服务，设备画面质量诊断服务，热点资源定位服务，平台状态监测服务等。

45. 统一视频平台采用“标准、开放、迭代、兼容”的设计思想，为各专业提供（　　）视频运维管理、视频存储管理六大核心服务能力。

A. 视频设备接入　　B. 视频调阅控制

C. 视频内外交互　　D. 视图分析管理

【参考答案】ABCD

【解析】视频平台六大核心功能为视频设备接入、视频调阅控制、视频内外交互、视图分析管理、视频运维管理、视频存储管理。

46. 融合统一视频与电网 GIS 两大基础组件优势，将 GIS 空间可视化信息与现场实时监控数据整合，实现收藏详情、（　　）、历史录像或图片调阅等功能。

A. 设备快捷搜索　　B. 标签管理

C. 场景定位　　D. 实时视频或图片调阅

【参考答案】ABCD

【解析】视频平台 GIS 融合应用后可实现收藏详情、设备快捷搜索、标签管理、场景定位、实时视频或图片调阅、历史录像或图片调阅等功能。

47. 统一视频平台云镜控制可设置项目包括（　　）。

A. 摄像机云台的解码器协议类型　　B. 摄像机云台的解码器地址参数

C. 串口通信倍率参数　　D. 以上都不是

【参考答案】ABC

【解析】云台控制功能包括摄像机云台的解码器协议类型、摄像机云台的解码器地址参数、串口通信倍率参数等功能。

48. 指标中心 API 接口主要包括（　　）功能。

A. 数据采集　　B. 数据处理　　C. 数据展示　　D. 数据分析

【参考答案】ABCD

【解析】指标共享服务发布对于指标数据进行 API 接口发布，包括标准化接口发布，以及自定义接口配置及发布服务。提供指标订阅、数据订阅、指标订阅查看、数据订阅审核、指标订阅管理统计、个人订阅指标明细查看功能，对指标订阅可按照指标属性、指标状态、指标体系进行筛选及查看。对于订阅指标，支持自定义检索，搜索结果高亮显示匹配词。提供分领域、层级、部门查询指标数据的 API 接口功能。

49. 造成数据重复存储、格式不统一、信息不能有效共享的因素有（　　）。

A. 同一份数据存在多个源端业务系统之中

B. 系统建设的开发商以及使用的软硬件不统一

C. 系统建设周期不统一

D. 系统的建设标准不统一

【参考答案】ABCD

【解析】自 2007 年开展 SG186 工程以来，公司一直在致力于开展统一权威数据源、加大系统间的数据交互共享工作，但由于信息系统建设周期不统一、系统建设的开发商以及使用的软硬件不统一、系统的建设标准不统一、同一份数据存在多个源端业务系统之中等因素，造成业务数据重复存储、数据格式不统一、信息不能在系统间有效共享，故选择 ABCD。

50. 数据中台共享层是指存储按照数据中台数据接入需求（　　）后的业务明细数据。

A．清洗　　B．转换　　C．整合　　D．采集

【参考答案】ABC

【解析】在《国家电网有限公司两级数据中台命名规范指导意见》中，提到共享层是数据中台体系结构的标准模型层，用于存储经过模型清洗、转换、整合后形成的企业级业务标准明细数据。故选择 ABC。

51．SG-CIM 物理数据模型字段的数据类型包括（　　）。

A．varchar　　B．varchar2　　C．String　　D．number

【参考答案】ABD

【解析】在 SG-CIM 中，物理数据模型字段 i 这段的数据类型有 blob、clob、char、date、number、varchar、timestamp 等，没有 String。

52．增量数据同步链路开发及验证任务中，数据中台依次开展下列工作中的（　　）。

A．OGG 进程配置国网云（阿里）或 DRS 任务配置（华为云）

B．消息队列配置

C．增量表构建

D．增全量合并脚本编写

【参考答案】ABCD

【解析】在《能源互联网营销服务（营销 2.0）营销数据服务架构及实施内容介绍》中，详细描述了增量数据同步链路开发及验证任务中，数据中台依次开展 OGG 进程配置国网云（阿里）或 DRS 任务配置（华为云）、消息队列配置、增量表构建和增全量合并脚本编写等工作步骤。

53．关于信息系统数据传输的工作要求，下面说法正确的是（　　）。

A．信息系统所有横纵向数据传输需求，均应基于公司统一数据交换平台（SG-UEP）实现

B．信息系统间禁止采用点对点直连或数据库同步复制方式传输数据

C．信息系统所有横纵向数据传输需求，均应基于公司统一数据传输平台（SG-UEP）实现

D．信息系统可根据实际情况选择数据传输技术路线

【参考答案】AB

【解析】在《国家电网公司企业中台白皮书》中，明确表述了信息系统横纵向的传输要求，即信息系统所有横纵向数据传输需求，均应基于公司统一数据交换平台（SG-UEP）实现，信息系统间禁止采用点对点直连或数据库同步复制方式传输数据。

54．数据中台数据目录包括（　　）。

A．贴源层数据目录　　B．共享层数据目录

C．分析层数据目录　　D．源端数据目录

【参考答案】ABC

【解析】在《国家电网公司企业中台白皮书》中，描述了数据中台是由贴源层、共享层、分析层、统一数据服务调度和数据资产管理五大部分组成，则数据中台数据目录应包括贴源层数据目录、共享层数据目录、分析层数据目录。

55．结构化数据是由二维表结构来逻辑表达和实现的数据，有严格的数据格式和长度要

求，一般通过关系型数据进行存储和管理。数据中台一般按（　　）两种模式处理。

A．离线处理模式　　B．在线处理模式　　C．实时处理模式　　D．流处理模式

【参考答案】AC

【解析】根据《国家电网公司企业中台白皮书》中的表述，可以得出数据中台一般有两种数据处理方式，即离线处理模式（批处理）和实时处理模式（流式处理）。

56．在 HCS 中，以下角色支持主备 HA 部署的有（　　）。

A．Hmaster　　B．RegionServer　　C．NameNode　　D．DataNode

【参考答案】AC

【解析】Hmaster 和 NameNode 属于控制角色，是主备 HA 方式部署。RegionServer 和 DataNode 是数据角色，采用分布式多节点部署。

57．在 HCS 中，管理员查看 MRS 集群上报的告警可通过（　　）。

A．登录 FusionInsight Manager 查看

B．登录 ManageOne 运维面管理界面查看

C．登录 MRS 云服务管理控制台进入集群的告警管理页查看

D．登录 FusionCare 页面查看

【参考答案】ABC

【解析】FusionCare 是巡检工具，不是查看告警的界面。

58．以下关于 IoTDB 客户价值说明正确的是（　　）。

A．支持乱序数据每秒千万级写入

B．支持长时间序列（3 年以上）及峰值

C．支持乱序数据采集过程中伴随的实时缺失值填充和异常值清洗

D．支持 TB 级乱序数据与顺序数据毫秒级混合查询

【参考答案】ABCD

【解析】选项所述这些都是 IoTDB 的主要特性。

59．用户通过 FusionInsight Manager 可配置（　　）的备份恢复。

A．IoTDB 元数据　　B．IoTDB 业务数据

C．ClickHouse 元数据　　D．ClickHouse 业务数据

【参考答案】ABCD

【解析】选项所述都支持支的，备份恢复全部的功能可以查阅产品资料。

60．以下关于 Flink 的说法正确的是（　　）。

A．Flink 在 HDFS 文件系统中读写数据

B．Flink 任务的运行依赖 Yarn 来进行资源的调度管理

C．Flink 不支持接收 Kafka 发送的数据流

D．Flink 的 checkpoint 的实现依赖于 ZooKeeper

【参考答案】ABD

【解析】Flink 消费 Kafka 数据流，是很典型的应用场景。

61．在 HCS 中，DMS 作为告警源提供阈值告警能力，其中对于默认告警规则修改时用户可以修改的选项有（　　）。

A．告警规则名称　　B．告警规则绑定集群列表

C．告警指标名称　　　　D．告警阈值

【参考答案】BD

【解析】DMS 作为告警源提供阈值告警能力，默认告警规则修改时支持用户修改的内容有“告警规则绑定集群列表”和“告警阈值”。

62．DWS 当前支持备份数据到以下（　　）介质。

A．NBU　　B．本地盘　　C．OBS　　D．EISSO

【参考答案】ABCD

【解析】DWS 当前支持备份数据到 NBU/本地盘/OBS/EISSO 介质中。

63．以下属于 DGC 数据开发模块优势的是（　　）。

A．调度稳定高效　　　　B．在线 SQL、SHELL 编辑能力

C．跨服务作业编排　　　　D．零编码数据 API 接口开发

【参考答案】ABC

【解析】零编码数据 API 接口开发是数据服务的功能。

64．DWS 的 DMS 监控面板中，“节点监控”监控（　　）指标。

A．CPU 使用率　　　　B．内存使用率

C．平均磁盘使用率　　　　D．磁盘 I/O

【参考答案】ABCD

【解析】HCS 8.2.0 DWS 的 DMS 监控面板的“节点监控”监控：CPU 使用率；内存使用率；平均磁盘使用率；磁盘 I/O。

65．在 HCS 8.2.0 版本下，DWS 控制台界面能申请到的数仓类型有（　　）。

A．云数仓　　B．实时数仓　　C．IoT 数仓　　D．混合负载数仓

【参考答案】ABC

【解析】HCS 8.2.0 在 DWS 控制台上，支持创建云数仓、实时数仓、IoT 数仓三种产品类型。

66．MRS 当前支持以下（　　）部署形态。

A．物理机集群　　　　B．ECS 虚拟机集群

C．BMS 集群　　　　D．容器化部署集群

【参考答案】ABC

【解析】尚不支持容器化部署，预计 2024 年支持。

67．MRS 云原生数据湖场景主要包含的基线方案（　　）。

A．离线数据湖　　B．实时数据湖　　C．逻辑数据湖　　D．专题集市

【参考答案】ABCD

【解析】MRS 云原生数据湖作为 FusionInsight 主打的云服务，是一款 Lakehouse 架构的云原生数据湖服务，解决传统大数据平台零散式建设、供数链路长、人工搬迁慢等问题，MRS 云原生数据湖提供三湖一集市（离线数据湖、实时数据湖、逻辑数据湖、专题集市）能力，让数据分析更敏捷。

68．以下描述正确的是（　　）。

A．MRS 物理机集群不支持存算分离

B．MRS 物理机集群不支持不同架构节点混部

C．MRS 集群默认使用 Superior 调度器

D．MRS 集群支持用户级别资源共享、抢占和隔离

【参考答案】ACD

【解析】物理机是支持存算分离的，也支持不同架构节点混部（x86&arm）。

69．MRS 支持的国产操作系统类型包括（　　）。

A．OpenEuler　　B．银河麒麟　　C．统信 UOS　　D．CentOS

【参考答案】ABC

【解析】CentOS 是支持的，但不属于国产操作系统。

70．CDL 当前支持的数据源包括（　　）。

A．MySQL　　B．PostgreSQL　　C．ORACLE　　D．Kafka

【参考答案】ABCD

【解析】目前 CDL 支持的数据库包括 MySQL、PostgreSQL、Oracle、OpenGauss。以及从 Kafka 消费其他服务放入的数据变更消息（例如 CDM 数据复制服务）。

71．ROMA Connect 支持多种的消息队列中间件内核，包括（　　）。

A．Kafka　　B．RabbitMQ　　C．ActiveMQ　　D．RocketMQ

【参考答案】AD

【解析】当前支持 Kafka 和 rocketmq（HCS8.2.0 版本）的内核。

72．下面（　　）为 ROMA Connect MQS 应用场景。

A．同步调用　　B．削峰填谷　　C．数据交换　　D．大数据处理

【参考答案】BCD

【解析】同步调度不属于消息中间件 MQS 的适用场景。

73．DRS 升级时，步骤为（　　）。

A．软件包校验　　B．参数上传　　C．升级　　D．回退

【参考答案】ABCD

【解析】DRS 升级过程需要进行软件包校验，参数上传，升级操作，如果升级出现问题还会涉及回退。

74．UGO 的核心功能包括（　　）。

A．数据库评估　　B．对象迁移　　C．语句转换　　D．对象比较

【参考答案】ABCD

【解析】UGO 可以进行数据库迁移工作量评估，可以进行数据库对象的迁移，异构数据库的语句转换，以及迁移后的对象比对。

75．UGO 异构数据库结构迁移，支持从 ORACLE 源数据库向如下（　　）目标库的迁移。

A．Oracle To GaussDB（for openGauss）　　B．Oracle To GaussDB（for MySQL）

C．Oracle To RDS for PostgreSQL　　D．Oracle To RDS for MySQL

【参考答案】ABCD

【解析】UGO 支持到 GaussDB、MySQL（含 GaussDB for MySQL）、PostgreSQL 数据库迁移。

76．DRS 安装工程流程包括（　　）。

A．创建工程　　B．检验云服务插件包
C．配置工程参数、安装前检查　　D．上传和校验软件包、安装组件

【参考答案】ABCD

【解析】DRS 安装工程整体流程是：创建工程、检查云服务插件包、配置工程参数、安装前检查、上传和校验软件表、安装组件。

77．边云应用集成 ROMA 平台在企业混合云架构中承担的角色是（　　）。

A．企业云上云下服务能力协同　　B．数据与应用打通
C．数据采集上云的通道　　D．话单集成

【参考答案】ABC

【解析】话单集成是华为内部的计量话单服务负责。

78．Kafka 消息在（　　）情况下被删除。

A．被消费完就立即删除　　B．超过老化时间会被删除
C．超过数据保存最大容量　　D．永远不会被删除

【参考答案】BC

【解析】触发删除 Kafka 消息的两种情况：到期触发老化或空间达到最大容量。

79．分布式消息队列 Kafka 提供了类似于 Java 消息服务（Java Message Service，JMS）的特性，具有的增强特性是（　　）。

A．消息持久化　　B．高吞吐　　C．可靠性　　D．分布式

【参考答案】ABCD

【解析】选项所述均为 Kafka 的基本特点。

80．分布式消息队列 Kafka 是一个（　　）消息发布及订阅系统。

A．分布式的　　B．分区的
C．多副本的　　D．海量数据存储的

【参考答案】ABC

【解析】消息队列一般不会强调存储容量，毕竟它不是用于数据存储，而是用于信息交换。

81．分布式消息队列 Kafka 高吞吐量、高可扩展性的分布式消息队列服务，广泛用于（　　）场景。

A．日志收集　　B．监控数据聚合
C．流式数据处理　　D．在线和离线分析等

【参考答案】ABCD

【解析】选项所述均为 Kafka 的基本应用场景。

82．传统数据处理的瓶颈有（　　）。

A．数据存储成本高　　B．流式数据处理能力不足
C．扩展能力有限　　D．批量数据处理缺失

【参考答案】AC

【解析】传统数据处理一般指批处理，不指流处理。批量数据属于基本场景，谈不上缺失。

83．以下关于 Kafka Prtition 说法正确的是（　　）。

A．引入 Partition 机制，保证了 Kafka 的高吞吐能力

B．每个 Partition 都是有序且不可变的消息队列

C．Partition 数量绝对了每个 consumer group 中并发消费者的最大数量

D．每个 Partition 在存储层面对应一个 log 文件

【参考答案】ABCD

【解析】选项所述均为 Kafka Partition 的基本特点。

84．以下（　　）是 Kafka 实际的应用场景。

A．网络活性跟踪　　B．日志收集

C．聚合统计系统运营数据　　D．资源管理

【参考答案】ABC

【解析】资源管理不属于消息队列的直接应用范畴，消息队列主要用于信息交换。

85．Spark 适用于以下（　　）场景。

A．交互式查询　　B．实时流处理　　C．批处理　　D．图计算

【参考答案】ABCD

【解析】Spark 是通用分布式计算框架，并提供一些的算法库，选项所述场景均可以支持。

86．DRS 在线迁移支持数据库中，包含（　　）。

A．MySQL 数据库　　B．Postgres 数据库

C．MongoDB 数据库　　D．Oracle 数据库

【参考答案】AC

【解析】DRS 在线迁移支持 MySQL-MySQL、MongoDB-MongoDB 同构链路迁移，异构链路以及 GaussDB、PG 系列的数据库同步在 DRS 实时同步链路。

87．向用户授权 DRS 权限流程包括（　　）。

A．创建用户组并授权　　B．创建用户

C．用户登录并验证权限　　D．用户自行添加权限

【参考答案】ABC

【解析】用户使用 DRS，需要创建用户组并授 DRS 操作权限、在这个用户组创建用户后，使用此用户进行登录验证。

88．DAYU 作业调度的方式有（　　）。

A．单次调度　　B．周期调度　　C．事件驱动调度　　D．自定义调度

【参考答案】ABC

【解析】数据开发作业支持单次调度、周期调度、事件驱动调度三种调度方式。

89．HCS 8.2.0 DWS 当前支持的高可用能力有（　　）。

A．管理面跨 AZ 高可用　　B．管理面跨 Region 容灾

C．租户面跨 Region 容灾　　D．租户面跨 AZ 容灾

【参考答案】ABCD

【解析】HCS 8.2.0 DWS 管理面支持跨 Region、跨 AZ 部署，租户面支持跨 Region、跨 AZ 容灾。

90．HCS 8.2.0 在 DWS 控制台界面能申请到的数仓类型有（　　）。

A．云数仓　　B．实时数仓　　C．IoT 数仓　　D．混合负载数仓

【参考答案】ABC

【解析】HCS 8.2.0 在 DWS 控制台上，支持创建云数仓、实时数仓、IoT 数仓三种产品类型。

91．Kubernetes 具备（　　）的特点。

A．水平扩展　　B．自我修复

C．版本更新与回滚　　D．高可用高并发

【参考答案】ABCD

【解析】Kubernetes 是一个完备的分布式系统支撑平台。Kubernetes 具有完备的集群管理能力，包括多层次的安全防护和准入机制/多租户应用支撑能力、透明的服务注册和服务发现机制、内建智能负载均衡器、强大的故障发现和自我修复功能、服务滚动升级和在线扩容能力、可扩展的资源自动调度机制，以及多粒度的资源配额管理能力。

92．统一权限管理平台中关于业务组织单元描述正确的是（　　）。

A．作为该组织下的业务组织角色拥有的功能权限在组织这个维度上的数据权限

B．可以基于业务组织做权限的分级管理

C．作为业务应用系统中业务数据之一使用

D．必须和人资系统的组织信息保持一致

【参考答案】ABC

【解析】业务组织是统一权限中专门提供给各业务系统的组织对象，可以用作业务系统内部的数据范围控制，分级管理组织体系；可以不和人资保持一致，以照顾各系统的业务个性化。

93．在统一权限中，关于数据同步集成描述正确的是（　　）。

A．数据的同步方向为双向　　B．以业务系统数据为数据源

C．数据的同步方向为单向　　D．以统一权限管理系统数据为数据源

【参考答案】CD

【解析】参照 Q/GDW 11417—2019《统一权限平台接口规范》7.1 单体应用数据同步接口要求，已建单体应用自身具备独立的身份权限管理能力，存储身份权限数据，通过统一权限平台主动推送身份权限数据实现数据同步，数据的同步方向为单向。

94．统一权限系统应该支持（　　）。

A．JSON 格式　　B．XML 格式　　C．CSV 格式　　D．数据库格式

【参考答案】ABCD

【解析】涉及服务方式，导入方式等不同场景，需支持多种数据格式。

95．统一权限系统统一认证支持的安全策略（　　）。

A．异地登录检测　　B．登录失败次数检测

C．用户状态禁用登录检测　　D．登录 IP 检测

【参考答案】ABCD

【解析】统一权限账号连续失败登录五次账号会被锁定，15min 后自动解锁也可由管理员手动解锁，禁用账号尝试登录系统会被记录到审计表中，异地登录检测（如果用户账号在异地处于登录状态，那么本地登录会将之前一次登录账号会话强制注销掉）；登录 IP 检测，在统一权限里可以限制某个用户在某个 IP 段或 IP 登录系统。

96. 在统一权限中，企业通讯录的数据源头是（　　）。

A. 协同办公　　B. 统一权限　　C. 人资系统　　D. 企业门户

【参考答案】AB

【解析】正式员工的通讯录信息来源于协同办公，其他人员信息来源于统一权限。

97. 用户账号在 i 国网中存在多身份，导致用户工作台无法正常切换，此问题解决的措施是（　　）。

A. 在 i 国网中清理多余身份数据关系

B. 在通讯录中治理用户数据（原生数据同步）

C. 在 ISC 中清理多余身份数据关系

D. 以上说法都对

【参考答案】AB

【解析】i 国网中账号必须和统一权限平台账号进行一对一的关联映射，用户才能登录 i 国网。

三、判断题

1. 在 MaxCompute 中，所有的请求都会被转化为任务（Task）。

【参考答案】错

【解析】在 MaxCompute 中，并不是所有的请求都会被转化为任务（Task），例如项目空间（Project）、资源（Resource）、自定义函数（UDF）及实例（Instance）的操作均不需要通过 MaxCompute 的任务来完成。

2. MaxCompute 中只有 string、bigint、datetime 和 double 才能参与算术运算。

【参考答案】错

【解析】MaxCompute 中，只有 STRING、BIGINT、DOUBLE 和 DECIMAL 才能参与算术运算，DATATIME 日期类型不支持算术运算。

3. MaxCompute 的文件存储支持数据加密。

【参考答案】对

【解析】MaxCompute 的文件存储支持数据加密。

4. MaxCompute Policy 授权文件的格式是 Json。

【参考答案】对

【解析】MaxCompute Policy 授权文件的格式是 Json。

5. MaxCompute 的 LabelSecurity 对敏感数据的粒度可以支持列级别。

【参考答案】对

【解析】MaxCompute 的 LabelSecurity 对敏感数据的粒度可以支持列级别。

6. MaxCompute 只能支持对结构化数据的存储和处理。

【参考答案】错

【解析】MaxCompute 支持对结构化和半结构化的数据进行存储和处理。

7. 在 MaxCompute 中，对表的列数和列内容的大小没有限制。

【参考答案】错

【解析】目前版本，MaxCompute 表的列数限制为 1200。

8. 流计算对不同的项目进行了严格的项目权限区分，不同用户/项目之间是无法进行访问、操作。

【参考答案】对

【解析】流计算对不同的项目进行了严格的项目权限区分，不同用户/项目之间是无法进行访问、操作。

9. MaxCompute隐式类型转换是指用cast将一种数据类型的值转换另一种类型的值的行为。

【参考答案】错

【解析】在 MaxCompute 中，cast 函数为显式转换。

10. MaxCompute 流计算中可以删除掉运行中的 StreamJob。

【参考答案】错

【解析】在 MaxCompute 中，运行中的流计算任务不能直接删除。

11. MaxCompute MR 中不能只有 Map 没有 Reduce，即不支持 Map-Only。

【参考答案】错

【解析】MaxCompute 中的 MapReduce 支持 Map-Only。

12. MaxCompute 支持外部表，外部表中的数据可以存储在 OSS 或者 OTS 中。

【参考答案】对

【解析】MaxCompute 支持外部表，外部表中的数据可以存储在 OSS 或者 OTS 中。

13. MaxCompute 中 regexp_replace 函数用于使用正则表达式进行字符串替换。

【参考答案】对

【解析】MaxCompute 中 regexp_replace 函数用于使用正则表达式进行字符串替换。

14. AnalyticDB 需要用户提前根据应用需求为相关的列创建索引，以提升查询速度。

【参考答案】错

【解析】AnalyticDB 建表时默认是全索引，即为所有列创建索引。

15. AnalyticDB 是一个 Realtime OLAP 系统。

【参考答案】对

【解析】AnalyticDB 是一个实时分析数据库。

16. 实时计算将计算的结果数据直接写入目的数据存储，其中包括多种数据存储，包括数据存储系统、消息投递系统，甚至直接对接业务规则告警系统发出告警信息。

【参考答案】对

【解析】实时计算将计算的结果数据直接写入目的数据存储，其中包括多种数据存储，包括数据存储系统、消息投递系统，甚至直接对接业务规则告警系统发出告警信息。

17. 从用户角度，对于实时任务，必须预先定义计算逻辑，并提交到实时计算系统中。在整个运行期间，计算逻辑不可更改。当用户停止当前作业运行后再次提交作业时，之前已经计算完成的数据无法重新再次计算。

【参考答案】对

【解析】对于实时计算任务，在运行期间计算逻辑不可更改。更改后再次提交作业时，前期已被计算的数据无法被再次计算。

18. MaxCompute SQL 中，内置函数 ROUND0 用于向上取整数。

【参考答案】错

【解析】ROUND0 为向下取整函数。ceil 为向上取整函数。

19．MapReDuce 的核心是把复杂的任务分成多个子任务然后在一个超级计算机上并发执行。

【参考答案】错

【解析】MapReDuce 的核心是把复杂的任务分成多个子任务然后分布式执行。

20．在 MaxCompute 中，表中的某一列可以同时作为普通列和分区列。

【参考答案】错

【解析】在 MaxCompute 中，某列设置分区列后不再作为普通列。

21．在国网云（阿里）MaxCompute 中，使用 Create Table 建表时，可以使用中文作为表的名字。

【参考答案】错

【解析】在 MaxCompute 中，表名大小写不敏感，不能有特殊字符，只能包含 a～z、A～Z、数字和下划线（_）。建议以字母开头，名称的长度不超过 128 字节。

22．MaxCompute DML 对表的部分行进行更新和删除时，支持 Delete 与 Update 操作。

【参考答案】错

【解析】目前，MaxCompute DML 对表的部分行进行更新和删除时，仅支持使用 Insert Overwrite 和 Insert Into 语句。

23．在数据中台业务应用开发中，要查询表中所有字段内容时，可直接通过 select * from table 进行查询。

【参考答案】错

【解析】禁止使用 select *操作，所有操作必须明确指定列名。

24．数据中台中，生命周期可以设定到表级别，也可以设定到分区级。创建表时即可指定生命周期。

【参考答案】错

【解析】生命周期只能设定到表级别，不可以设定到分区级。

25．电网 GIS 平台 2.0 是基于微服务云架构、采用松耦合设计具有弹性伸缩能力的新一代地理信息平台。

【参考答案】对

【解析】电网 GIS 平台 2.0 是基于微服务云架构、采用松耦合设计具有弹性伸缩能力的新一代地理信息平台。

26．根据国家相关法规，在国内发行的所有地图类产品必须至少使用国家测绘局的非线性偏移算法，对真实坐标进行保密技术处理，才能通过审批准许上市。

【参考答案】对

【解析】根据国家相关法规，在国内发行的所有地图类产品必须至少使用国家测绘局的非线性偏移算法，对真实坐标进行保密技术处理，才能通过审批准许上市。

27．为支撑总部一级业务应用，GIS 平台采用两级部署架构，分别部署在总部和各省公司，省公司 GIS2.0 平台支撑省公司各业务 GIS 应用，省侧 GIS2.0 平台定期推送各省 10kV 以上电网资源数据进行合并处理，来支撑总部各业务部门 GIS 应用。

【参考答案】错

【解析】为支撑总部一级业务应用，GIS平台采用两级部署架构，分别部署在总部和各省公司，省公司GIS2.0平台支撑省公司各业务GIS应用，省侧GIS2.0平台实时推送10kV以上电网资源数据至总部GIS平台进行合并处理，来支撑总部各业务部门GIS应用。

28．思极地图支持栅格和矢量两种切片模式，栅格切片兼容原有应用，矢量切片出图效率高、建筑白模视觉效果好。

【参考答案】对

【解析】思极地图支持栅格和矢量两种切片模式，栅格切片兼容原有应用，矢量切片出图效率高、建筑白模视觉效果好。

29．结合专业应用需求，GIS2.0提供更加丰富的空间分析服务，如行政区划分析、路径纠偏分析、电子围栏分析等，满足更多业务逻辑分析。

【参考答案】对

【解析】结合专业应用需求，GIS2.0提供更加丰富的空间分析服务，如行政区划分析、路径纠偏分析、电子围栏分析等，满足更多业务逻辑分析。

30．同期线损系统穿透查询的低压用户表底和电量是省侧数据中台中数据。

【参考答案】错

【解析】低压用户电量是总部同期线损通过获取量测归集上传的数据计算得出，穿透查询的是总部存储的数据。

31．用电信息采集表底数据接入到数据中台后，同期线损业务人员发现数据存在跳变等异常，可反馈给数据中台运维人员根据实际情况进行修改。

【参考答案】错

【解析】严禁数据中台进行数据修改。

32．在数据中台全链路监测过程中，涉及大量敏感数据的采集、处理和存储，如何保证数据的安全性是非常重要的，在实施数据中台全链路监测时，需要考虑数据加密、访问控制、日志审计、防火墙等方面的安全保护措施。

【参考答案】对

【解析】此题描述正确。

33．数据中台全链路监测运营平台的数据监测能力，不包括对数据传输速度的监测。

【参考答案】错

【解析】数据中台全链路监测运营平台的数据监测能力包括对数据传输速度的监测。

34．数据中台两级中台实时监测从一致性分析、完整性分析、数据突变分析、异常自动告警和处置，提升两级中台数据质量。

【参考答案】对

【解析】此题描述正确。

35．统一数据交换平台组件的配置文件中，数据库密码以明文方式存储。

【参考答案】错

【解析】数据库密码以加密方式存储。

36．统一数据交换平台中，文件传输子系统（DT）主要用于应用间大规模非结构化文件交互。

【参考答案】对

【解析】统一数据交换平台中，文件传输子系统（DT）主要用于应用间大规模非结构化文件交互。

37．i 国网离线微应用的版本管理、上下架、可见范围等管理由省侧进行管理。

【参考答案】错

【解析】i 国网离线微应用的版本管理、上下架、可见范围等管理由各级应用运营管理平台管理员进行管理，由各级数字化职能管理部门负责。

38．i 国网离线应用与安全交互平台的连接步骤为 ISCP 初始化、建立安全交互平台链接、获取业务后台在本地的映射端口、以 ajax 请求方式 url 为 http：//127.0.0.1：{获取的映射端口号}/{应用接口地址}，完成数据请求。

【参考答案】对

【解析】此题描述正确。

39．2021 年，i 国网实现架构无感知升级，平台能力显著提升；2022 年，实现应用、用户全纳管，日活峰值提升至 62.4 万，有效支撑疫情期间移动办公；2023 年，重点推进产品能力深度触达管理层，打造内聚外放的移动数字化宣传和服务阵地。

【参考答案】错

【解析】2021 年，i 国网实现架构无感知升级，平台能力显著提升；2022 年，实现应用、用户全纳管，日活峰值提升至 62.4 万，有效支撑疫情期间移动办公；2023 年，重点推进产品能力深度触达基层。

40．i 国网短视频发布者可选择对全网或所属二级单位发布，可对评论进行审核、删除，对短视频的播放、发布、评论、点赞、转发进行统计，并支持导出统计数据。

【参考答案】对

【解析】i 国网短视频支持向全网或所属二级单位发布，发布者可对评论进行审核、删除，统计短视频播放量、发布、评论、点赞、转发量和导出数据。

41．i 国网支持统一权限账号、手机号、生物识别 3 种认证方式，不支持一人多身份切换登录。

【参考答案】错

【解析】i 国网支持统一权限账号、手机号、生物识别、一人多身份切换登录方式。

42．统一视频平台支持摄像机、监拍设备、移动布控球、执法记录仪、无人机、手机等设备接入，兼容企业标准、国家标准协议。

【参考答案】对

【解析】统一视频平台支持国家标准和企业标准协议，并可通过国家标准、企业标准方式接入摄像机、监拍设备、移动布控球、执法记录仪、无人机、手机等设备。

43．接入统一视频平台的 A 类终端设备提供基于芯片或 TF 卡硬件支持认证和加密的能力，具备更强的安全防护能力。

【参考答案】对

【解析】A 类终端要求基于芯片或 TF 卡硬件支持认证和加密的能力，较 B 类终端具备更强的安全防护能力。

44．统一视频平台视频大文件存储，采用云平台对象存储系统进行存储管理，图片文件通过集成结构化平台实现存储管理。

【参考答案】错

【解析】视频文件为非结构化数据，无法存储在结构化平台。

45．统一视频平台视频终端可以存储含有场所和线路地理坐标等敏感信息。

【参考答案】错

【解析】终端不允许存储敏感信息，敏感信息存储和使用需严格按照数据管理要求执行。

46．统一视频平台预置点位命名支持汉字、字母、数字、字符等混合模式，且字符总长至少支持 32B。

【参考答案】对

【解析】视频平台支持预置位命名功能，且命名支持汉字、字母、数字、字符等混合模式，且字符总长至少支持 32B。

47．变电站硬盘录像机 IP 变更后，不需要通知统一视频项目进行平台 IP 变更。

【参考答案】错

【解析】变电站设备通常通过非标方式接入，需在平台侧配置设备 IP、端口、用户名、密码等信息，因此 IP 变更需同步通知平台变更。

48．统一视频平台新增账号需用 admin 用户赋普通用户视频预览权限，普通用户只能查看视频。

【参考答案】对

【解析】视频平台用户通过角色权限进行功能管理，功能包括视频预览、云台控制等，授权视频预览权限，则普通用户只能查看视频。

49．指标报表中心超级管理员可以添加角色，对角色进行授权操作，可对所有角色配置指标中心的功能使用查看权限。

【参考答案】对

【解析】超级管理员是指标中心的重要角色，具有完全授权和最高角色，角色是用户，角色管理提供超级管理员对角色的删除、检索、新增、权限设置功能。

50．在报表中心，数据维护下的报表结果表画面中可以对指定的数据库账号下的报表结果表信息进行查看、新建、修改和删除操作。

【参考答案】错

【解析】报表中心报表结果表来源于数据中台，报表中心用户无法对结果表信息进行修改和删除操作，所以此说法错误。

51．在数据中台创建表时，无需参照国家电网有限公司两级数据中台命名规范，可随意命名建表。

【参考答案】错

【解析】在《国家电网公司两级数据中台命名规范指导意见》中，对数据中台贴源层、共享层、分析层等都有表的命名规范性格式，严禁随意命名建表。

52．数据接入完成后严禁源端 Oracle 数据库进行 Truncate 操作，避免 OGG 变更日志阻塞数据接入通道。

【参考答案】对

【解析】根据《国家电网公司两级数据中台命名规范指导意见》要求，在数据接入完成后，源端 Oracle 数据库严禁进行 Truncate 操作，因为这样操作会产生大量的归档日志，而

OGG 是靠读取归档日志获取数据变动的，大量的数据变更日志会阻塞数据接入通道。

53．模型及脚本初始化工序中包含全量模型及脚本初始化、调度依赖配置、全量产品链路贯通三个任务。

【参考答案】对

【解析】根据 2022 年发布的《国家电网公司数据中台运营作业指导书（操作分册）》中介绍，模型及脚本初始化工序中包含全量模型及脚本初始化、调度依赖配置、全量产品链路贯通三个任务。

54．调度依赖配置任务中需要正确地设置脚本的调度配置和血缘依赖关系，保证脚本的有序运行。

【参考答案】对

【解析】根据 2022 年发布的《国家电网公司数据中台运营作业指导书（操作分册）》中介绍，在进行数据链路实施过程中，第五步骤就是作业执行人设置调度依赖和调度时间，打开控制面板配置参数，根据业务需求实际情况配置调度时间，并根据表的依赖关系，设置上下游依赖节点。

55．管理员通过 ManageOne 自带的 FusionCare 即可对 MRS 云服务管控面以及租户创建的 MRS 集群进行日常巡检。

【参考答案】错

【解析】MRS 租户面巡检使用的 FusionCare 是自己定制的版本，目前没有归一。

56．MRS 云服务管控面与租户已发放 MRS 集群需要同步升级。

【参考答案】错

【解析】基于配套关系，管理面版本高于租户面版本即可。同时升级实施上也很难做到。

57．配置主备容灾时，主集群与容灾集群所安装的服务必须完全保持一致。

【参考答案】错

【解析】容灾集群仅安装需要容灾的服务即可，在服务数量以及规模上，没有必要做成镜像集群。

58．MRS 支持对指定服务、指定的数据进行容灾，而不是强制要求对所有的数据进行容灾复制。

【参考答案】对

【解析】容灾特性支持仅对重要的数据进行保护，以降低成本。

59．IoTDB 是一个一体化收集、存储、管理与分析物联网时序数据的软件系统。

【参考答案】对

【解析】此题描述正确。

60．IoTDB 中数据点表示每个传感器采集过来的数据，每个时间点都会带一个时间戳。

【参考答案】对

【解析】IoTDB 主要用于记录监控数据，每个数据带有采集时间。

61．CDL 是一种简单、高效的数据实时集成服务，强依赖于 HDFS 服务。

【参考答案】错

【解析】CDL 的功能是作为数据接入，从外部接入到数据湖的 Hudi、ClickHouse 等中，跟 HDFS 没有直接关系。

62．当配置 Yarn 日志汇聚功能，Flink 任务运行结束后，日志归档到 HDFS 系统。

【参考答案】对

【解析】正确，所有 yarn 上的任务，日志最后都归集到 HDFS 上。

63．HCS 8.1.0 DWS 物理机纳管场景下，主推存量老集群升级后纳管，不支持新建物理机集群纳管。

【参考答案】对

【解析】HCS 8.1.0 DWS 物理机纳管场景下，主推存量老集群升级后纳管，不支持新建物理机集群纳管。

64．DMS 作为告警源目前只提供阈值告警能力。

【参考答案】对

【解析】DMS 作为告警源目前只提供阈值告警能力。

65．DWS 扩容操作时，页面默认为离线模式，可选择在线模式。

【参考答案】对

【解析】DWS 扩容操作时，页面默认为离线模式，可选择在线模式。

66．DWS 支持在 Console 界面将 OBS 快照数据恢复到原集群。

【参考答案】错

【解析】DWS 支持在 Console 界面将 OBS 快照数据恢复到新集群，相当于新建一套集群，将数据恢复进去。

67．DGC 分 DGC 标准版和 DGC 铂金版，其中 DGC 标准版提供数据集成和数据开发的能力，DGC 铂金版提供数据集成、数据开发和数据治理的能力。

【参考答案】对

【解析】DGC 标准版提供数据集成和数据开发的能力，DGC 铂金版提供数据集成、数据开发和数据治理的能力。

68．DGC 的数据开发子服务 DLF 调度运行中的作业在 8.1.0 版本中尚无法实现不中断业务升级。

【参考答案】错

【解析】DLF 调度运行中的作业实现了不中断业务升级。

69．DGC 是强依赖 OBS。

【参考答案】错

【解析】DGC 是弱依赖 OBS。

70．DGC DLF/DLM 是否支持 ClickHouse 数据源。

【参考答案】对

【解析】DLF/DLM 支持 ClickHouse 数据源。

71．HCS 8.1.0 及以后版本，DWS 已实现在界面上进行绑定弹性负载均衡（ELB）的功能。

【参考答案】对

【解析】HCS 8.1.0 及以后版本，DWS 已实现在界面上进行绑定弹性负载均衡（ELB）的功能。

72．MRS 的弹性容器功能可以在容器上弹性扩容出 Hive/Spark 等计算节点。

【参考答案】错

【解析】尚不支持容器化部署，预计 2024 年支持。

73．Hive on tez 相对于 on MR 有明显的性能提升。

【参考答案】对

【解析】tez 使用有向无环图方式组织计算过程，性能上强于传统的 MR。

74．HetuEngine 是华为自研高性能分布式 SQL 查询&数据虚拟化引擎。与大数据生态无缝融合，实现海量数据秒级查询。

【参考答案】对

【解析】此题描述正确。

75．ROMA Connect 通过与 CCE 进行联动，支持微服务的 API 发布。

【参考答案】错

【解析】HCS8.2.0 版本暂不支持微服务的 API 发布。

76．DRS 升级完成后，不需要做自动化拨测与巡检。

【参考答案】错

【解析】变更后均需要进行验证和巡检。

77．DRS 安装部署时，安装参数表中 drs_volume_type，磁盘类型可以选择任意一种。

【参考答案】错

【解析】需要从当前环境中查询当前的类型。

78．DRS 安装部署时，网络资源端口列表中会列出了该平面下已占用的 IP，所以在填写安装参数表中的 IP 时，端口中搜索不到的 IP，一般为空闲 IP；也可结合 ping 命令进行判断。

【参考答案】对

【解析】DRS 安装时需要使用未占用的 IP，否则会出现 IP 冲突。

79．DRS 在 MySQL-DDM 的链路中，支持表结构自动迁移。

【参考答案】错

【解析】DDM 链路需要手工创建目标库的表结构，因为 DDM 分库分表需要用户自定义。

80．针对风险支持项，用户在迁移过程中必须参与进行转换配置，否则相关语法将可能迁移失败。

【参考答案】对

【解析】由于数据库差异，有默认和最大兼容等各种策略，需要用户参与配置，才可以准确地完成转换。

81．MQS 即 DMS，是分布式的消息中间件，其内核是由 RocketMQ 构成。

【参考答案】错

【解析】基于 Kafka/RocketMq 的内核构建。

82．APIC 不仅可以支持客户的 API 接入托管，也可以支持客户的数据以 API 开放。

【参考答案】对

【解析】此题描述正确。

83．Kafka 消息被消费完后就被删除。

【参考答案】错

【解析】Kafka 消息删除的两种触发方式：到期触发老化或空间达到最大容量，不是消费完就删除。

84. 分布式消息 Kafka 适用于离线和在线的消息消费，如常规的消息收集、网站活性跟踪、聚合统计系统运营数据（监控数据）、日志收集等大量数据的网络服务的数据收集场景。

【参考答案】 对

【解析】 此题描述正确。

85. 分布式消息 Kafka 在创建实例时候，可以选择是否开启。选择开启，表示生产或消费一个未创建的 Topic 时，会自动创建一个包含 1 个分区和 1 个副本的 Topic。

【参考答案】 错

【解析】 Kafka 没有这样的能力。

86. 数据仓库主要用于支持处理多事务的并发处理。

【参考答案】 对

【解析】 数据仓库主要用于支持处理多事务的并发处理。

87. 在数据仓库术语中，OLAP 是联机申请系统（Online Application System）的意思。

【参考答案】 错

【解析】 在数据仓库术语中，OLAP 是联机分析处理（Online Analytical Processing）的意思。

88. GaussDB（DWS）是一种基于云基础架构和平台的在线数据处理数据库，面向海量数据分析场景，提供即开即用，可扩展且完全托管的分析型数据库服务。

【参考答案】 对

【解析】 GaussDB（DWS）是一种基于云基础架构和平台的在线数据处理数据库，面向海量数据分析场景，提供即开即用，可扩展且完全托管的分析型数据库服务。

89. 华为云 Stack 提供了湖仓一体的智能数据湖解决方案，包括 RS 云原生数据湖、DWS 云数据库、D 数据湖治理中心、GES 图引擎等产品。其中 RS 云原生数据湖可基于一个架构实现“三种湖”，分别是离线数据湖、实时数据湖及逻辑数据湖。

【参考答案】 对

【解析】 华为云 Stack 提供了湖仓一体的智能数据湖解决方案，包括 RS 云原生数据湖、DWS 云数据库、D 数据湖治理中心、GES 图引擎等产品。其中 RS 云原生数据湖可基于一个架构实现“三种湖”，分别是离线数据湖、实时数据湖及逻辑数据湖。

90. HCS 8.2.0 版本以后，DWS 支持在控制台界面将 OBS 快照数据恢复到原集群。

【参考答案】 对

【解析】 HCS 8.2.0 版本以后，DWS 支持在控制台界面将 OBS 快照数据恢复到原集群。老版本仅支持恢复到新集群。

91. 统一权限中，统一认证级联认证分为正向级联认证和反向级联认证。

【参考答案】 对

【解析】 正向级联认证是总部访问省市公司，反向级联是省市公司访问一级部署系统，统一权限平台支持正向、反向级联。

92. 在统一权限中，业务系统可以通过直接调用认证接口方式集成统一认证。

【参考答案】 对

【解析】 针对 CS 模式应用，可以采用接口方式进行统一认证集成。

93．统一权限安全防护框架体系遵循国家及公司网络安全相关要求，针对统一权限面临的主要安全风险，重点从网络层面、数据层面和应用层面加强安全防护。

【参考答案】对

【解析】统一权限平台总体防护架构要求，统一权限安全防护框架体系遵循国家及公司网络安全相关要求，针对统一权限面临的主要安全风险，重点从网络层面、数据层面和应用层面加强安全防护。

94．身份证不是统一权限平台的重要数据，无须加密存储。

【参考答案】错

【解析】统一权限平台服务端应用安全要求，采用国密算法保证鉴别信息、重要业务数据、重要个人信息等重要数据在文件系统、数据库中存储的保密性。

95．用户在统一权限平台登录失败 10 次，锁定用户至少 30min。

【参考答案】错

【解析】统一权限平台主机安全防护措施要求，对 24h 内登录失败 5 次的用户账户进行锁定，用户锁定时间为 30min。

96．在统一权限平台中，可以对用户的登录 IP 和登录时间进行限制。

【参考答案】对

【解析】统一权限平台服务端应用安全要求，在用户账号属性中，可以设置可登录的 IP 范围和登录时间。

四、实践操作题

1．DataWorks 配置 RDS for MySQL 数据源。

【重点速记】

（1）进入“数据源管理”页面。

1）登录 DataWorks 控制台。

2）单击左上角的“☰”图标，选择“全部产品”—“数据汇聚”—“数据集成”。

3）在左侧导航栏，单击数据源—数据源列表，进入工作空间管理—数据源管理页面。

（2）单击右上方的“新增数据源”。

（3）在新增数据源对话框中，选择数据源类型为“MySQL”。

（4）在新增 MySQL 数据源对话框中，配置各项参数。

（5）单击“测试连通性”。

（6）测试连通性通过后，单击“完成”。

2．为 ADB 实例添加公网访问地址。

【重点速记】

（1）登录 AnalyticDB MySQL 版控制台。

（2）在 ADB 管理页面，单击目标实例 ID 或者单击实例右侧操作列下的管理，打开基本信息页面。

（3）在左侧导航栏单击数据库连接。

（4）单击申请外网地址。

（5）在弹出的对话框中，单击确定。

3．blink 创建并运行 SQL 作业。

【重点速记】

（1）创建 SQL 作业。

1）登录实时计算开发平台。

2）在左侧导航栏，单击“作业开发”。

3）单击“新建”。

4）在新建文件对话框，填写作业配置信息。

5）单击“确认”。

（2）将以下作业代码复制到作业文本编辑区。

创建一个产生随机数据的 ceshi 源表，将 ceshi 源表中的数据插入 t2 结果表，代码示例如下所示。

```
create table ceshi(
id VARCHAR ,
'name' varchar,
ds VARCHAR
)WITH (
type='random'
);

CREATE TABLE t2 (
    id VARCHAR,
    'name' VARCHAR,
    ds VARCHAR
) WITH (
    type= 'rds',
    url = 'jdbc:mysql://[illegible].mysql.rds.3.ops.sgmc.sgcc.com.cn:13306/monitor',
    userName = '[illegible]',
    password = '[illegible]',
    tableName = 't2'
);

INSERT into t2
select id,'name',ds from ceshi
```

（3）单击验证，进行语法检查。

（4）验证通过后，单击“上线”。

（5）在左侧导航栏，单击“作业运维”。

（6）单击目标作业名称操作列中的“启动”。

（7）单击确认启动。

单击确认启动后（见图 2-20），您可以看到作业从当前状态到期望状态的变化过程及最终结果。直到状态变为 RUNNING，则代表作业运行正常。

（8）在作业运维页面，单击作业名称，在 Task Manager 页签的日志中查看 Flink 计算结果。

图 2-20　确认启动

4．DataHub 创建 Topic。

【重点速记】

（1）登录 DataHub 控制台。

（2）在默认进入的“项目管理”页面，单击 Project 列表后的“查看”，进入 Project 详情页面，见图 2-21。

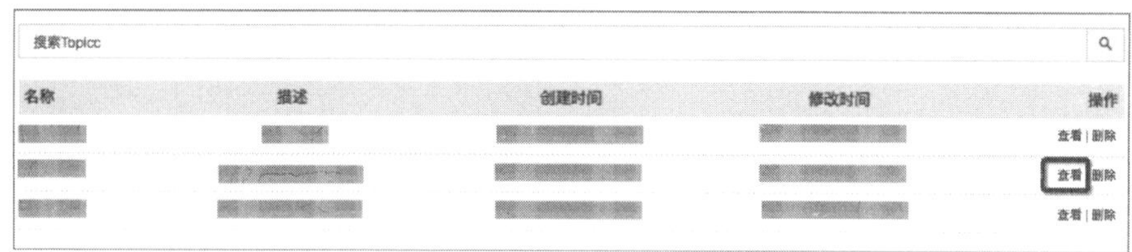

图 2-21　单击 Project 列表后的查看

（3）在 Project 详情页面单击“创建 Topic”，在该 Project 中进行创建 Topic 操作，见图 2-22。

图 2-22　在该 Project 中进行创建 Topic 操作

（4）在弹出的对话框中配置好 Topic 相关信息后，单击“创建”，完成创建 Topic 操作，见图 2-23。

图 2-23　完成创建 Topic 操作

5．使用 DTS 配置 RDS 数据迁移任务。

【重点速记】

（1）登录数据传输服务控制台。

（2）在左侧导航栏，单击“数据迁移”。

（3）单击“创建任务”。

（4）在弹出的对话框中，选择数据迁移实例的参数配置。

（5）在迁移任务列表中，找到刚创建的数据迁移实例，单击配置任务。

（6）配置源库和目标库信息。

（7）配置完成后，单击页面下方的测试连接以进行下一步。

（8）将弹跳框中提示的 DTS 服务器的 IP 地址，加入自建 MySQL 数据库的白名单安全设置中。白名单安全设置完成后，单击测试连接以进行下一步。

（9）选择迁移对象及迁移类型。

（10）上述配置完成后，单击页面下方的下一步预检查并启动。

6．MaxCompute 创建配额组。

【重点速记】

（1）管理员 Apsara Uni-manager 运营控制台。

（2）在上方导航栏中选择“产品”—“大数据”—“大数据计算 MaxCompute”，进入大数据计算 MaxCompute 页面，见图 2-24。

（3）在左侧导航栏单击“配额组管理”，在页面右上角单击“创建”，见图 2-25。

（4）在跳转到的页面中，填写好相关的项目信息后，单击提交，完成配额组的创建。

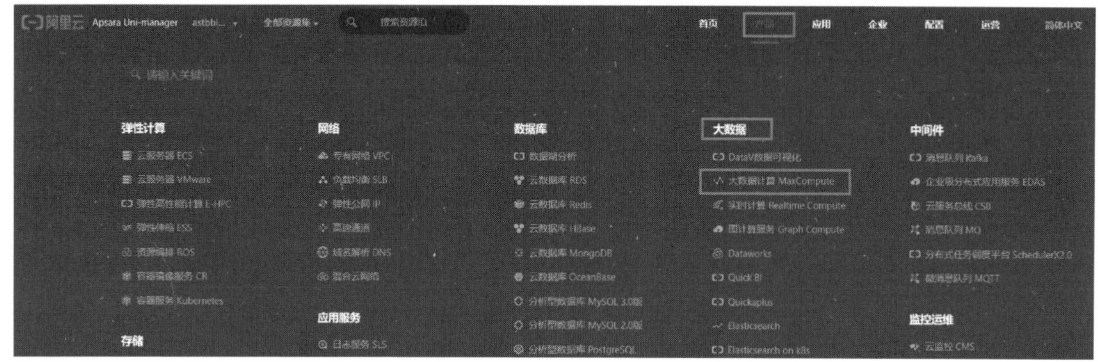

图 2-24　大数据计算 MaxCompute 页面

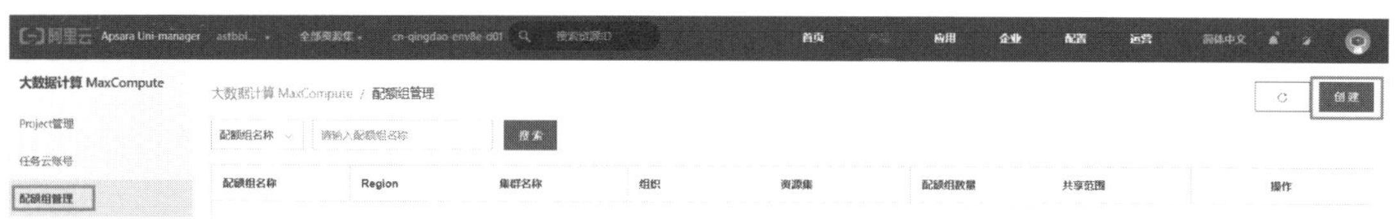

图 2-25　在页面右上角单击创建

7．OTS 实例绑定 VPC。

【重点速记】

（1）登录表格存储管理控制台。

（2）在概览页面，单击实例名称或在操作列单击实例管理。

（3）单击网络管理页签。

（4）在网络管理页签，单击“绑定 VPC”。

（5）在绑定 VPC 对话框，选择目标 VPC 和交换机，输入 VPC 名称。

（6）VPC 名称只能包含字母、数字，且必须以字母开头。名称长度在 3～16B 之间。

（7）单击“确定”。

（8）绑定成功后，在网络管理页签的 VPC 列表中查看已绑定的 VPC 信息。该 VPC 中的 ECS 实例可以通过 VPC 地址访问绑定的表格存储实例。

（9）绑定 VPC 信息后，可以根据实际执行相应操作。

（10）在操作列单击 VPC 实例列表，可以查看 VPC 实例列表信息，包括实例名称、实例 VPC 名称、VPC 域名等。

（11）在操作列单击解除绑定，可以解除实例和 VPC 的绑定关系。解除绑定后，在该 VPC 内的 ECS 实例无法再通过 VPC 地址访问表格存储，如仍需访问请再次绑定。

8．DataWorks 修改默认集成资源组。

【重点速记】

（1）登录 DataWorks 控制台，进入工作空间管理。

（2）在项目调度—调度属性—默认数据集成资源组中选择项目对应资源组，单击“确定”。

9．DataWorks 配置离线任务。

【重点速记】

（1）新建离线同步节点。

1）登录 DataWorks 控制台。

2）在数据开发页面，鼠标悬停至新建图标，单击“业务流程”。

3）在新建业务流程对话框中，输入业务名称和描述。

4）展开业务流程，右键单击“数据集成”。

5）单击“新建”—“离线同步”。

6）在新建节点对话框中，输入节点名称，并选择目标文夹。

7）单击“提交”。

（2）选择数据来源。新建离线同步节点后，首先需要配置离线同步节点的读取端数据源，以及需要同步的表等信息。

（3）选择数据去向。完成读取端数据源的配置后，配置右侧的写入端数据源，以及需要写入的表信息等。

（4）配置字段的映射关系。选择数据来源和数据去向后，需要指定读取端和写入端列的映射关系。可以选择同名映射、同行映射、取消映射或自动排版。

（5）配置作业速率上限、脏数据检查规则等信息。

（6）配置调度属性。

10．MaxCompute 调整项目配额组。

【重点速记】

（1）登录 Apsara Uni-manager 运营控制台。

（2）在上方导航栏中选择“产品”—“大数据”—“大数据计算 MaxCompute”，进入大数据计算 MaxCompute 页面。

（3）在左侧导航栏单击“项目管理”，选择对应项目空间，单击“编辑”。

（4）调整项目对应配额组。

11．在国网云（华为云）下，请演示 MRS 服务资源监控功能的使用。

【重点速记】

（1）以管理员登录 ManageOne 运维面，进入“集中监控”—“资源监控”—“系统资源”，选择“云服务”页签下的云服务。

（2）搜索服务名称“MRS”，单击“名称”进入 MRS 服务概览页面。

（3）单击“进入拓扑视图”。

（4）单击“告警列表”。

（5）单击“组件列表”。

（6）单击“监控视图”。

（7）单击“租户实例”。

（8）单击“自动作业”。

（9）单击“URL 拨测”。

（10）单击“运行日志”。

12．在国网云（华为云）下，请演示如何查看数据复制服务（DRS）的任务列表。

【重点速记】

（1）运营管理员登录 ManageOne。

（2）单击左上角服务管理图标，查找“数据库”—“数据复制服务”，并单击“数据复制服务”。

（3）单击选择左侧列表中的“实时同步管理”。

（4）单击“首页”右侧定位图标处的下拉框，选择当前需要访问的 Region 和项目信息，并单击项目名称，展示指定项目任务列表。

配置：表示任务已经创建出来，还未启动。

启动中：表示任务正在启动，这个状态一般持续时间几分钟。

增量同步（绿色）：表示任务正在运行。

增量失败（红色）：表示任务失败了。

已结束：表示任务已结束，后台资源已释放。

13．在国网云（华为云）下，请演示如何查看数据复制服务（DRS）的业务日志。

【重点速记】

（1）运营管理员登录 ManageOne。

（2）单击左上角服务管理图标，查找“数据库”—“数据复制服务”，并单击“数据复制服务”。

（3）单击选择左侧列表中的“实时同步管理”。

（4）单击“首页”右侧定位图标处的下拉框，选择当前需要访问的 Region 和项目信息，并单击“项目名称”，展示指定项目任务列表。

（5）在任务列表页面单击对应任务名字，进入任务详情页面，获取任务 ID。

（6）登录 Service Om 页面。

（7）单击“服务列表”—“计算资源”。

（8）单击“虚拟机”。

（9）在搜索框按名称搜索 drs-api，获取 drs-api 节点 IP（两个中任意一个都可以）。

（10）使用 opsadmin 账户登录 drs-api 节点，并切换至 root 用户。

（11）执行 cd /root/connNode/进入登录脚本所在目录。

（12）执行 sh connNodeDrs.sh 任务 ID（第 5 步获取的任务 ID）登录至指定 DRS 任务后台。

（13）执行 vim /drs/node-agent.log 查看 DRS 管控的通信信息及调度信息。

（14）执行 vim /drs/tungsten/log/relay.info.log 查看源库日志抽取相关的日志记录。

（15）执行 vim /drs/tungsten/log/capture.info.log 查看源库日志解析信息的日志。

（16）执行 vim /drs/tungsten/log/increment.info.log 查看记录写入目标库过程的相关信息。

14．在国网云（华为云）下，请演示云数据库（RDS）创建主备实例的操作步骤。

【重点速记】

（1）单击创建实例。

（2）引擎选择 MySQL，数据库版本选择 5.6，主备实例。

15．在国网云（华为云）下，请演示云数据库（RDS）如何进行主备切换操作。

【重点速记】

（1）登录 ManageOne 的运营面。

（2）在页面左上角单击，选择“数据库”—“云数据库 RDS”。进入云数据库 RDS 控制台。

（3）在 console 界面实例列表，单击该主实例名称进入实例详情。

（4）单击主备倒换，弹出界面上，单击“是”确定倒换。

16．在国网云（华为云）下，若某一个云数据库（RDS）的端口为默认端口 3306，不符合端口相关管理要求，需要将端口修改为 13306，请演示修改步骤。

【重点速记】

（1）进入“实例管理”页面，选择一个可用实例，单击实例名称。

（2）单击数据库端口后编辑图标。

（3）输入正确的端口号单击“√”。

（4）单击“是”，等待实例重启后查看端口号。

17．在国网云（华为云）下，请演示如何登录到云数据仓库（DWS）集群中指定的某一个 CN 节点后台。

【重点速记】

（1）登录 service om 页面。依次单击“服务列表”—“计算资源”—“虚拟机”。

（2）在搜索框按名称搜索 drs-api，获取 region-master 节点 IP（两个中任意一个都可以）。

（3）使用 opsadmin 账户登录 region-master 节点，并切换至 root 用户。

（4）执行 Kubectl get pod -n dws-maintain，获取 dws-maintain 的容器名称。

（5）执行 Kubectl exec -ti 容器名称（第 7 步获取，任意一个即可）-n dws-maintain/bin/bash。

（6）执行 cd opsTool 进入登录脚本所在目录。

（7）执行 sh connectTool.sh -uecf -drms -XX.XX.XXX.XXX（此处为元数据库 IP）-p7306 -n "XXXXXX（此处为集群名称）-dws-cn-cn-1-1" -tStandalone 后在回显内输出元数据库密码，登录到指定 DWS 集群 CN 节点。

18．在国网云（华为云）下，请演示查看云数据仓库（DWS）集群状态的操作步骤。

【重点速记】

（1）登录 service om 页面。依次单击“服务列表”—“计算资源”—“虚拟机”。

（2）在搜索框按名称搜索 drs-api，获取 region-master 节点 IP（两个中任意一个都可以）。

（3）使用 opsadmin 账户登录 region-master 节点，并切换至 root 用户。

（4）执行 Kubectl get pod -n dws-maintain，获取 dws-maintain 的容器名称。

（5）执行 Kubectl exec -ti 容器名称（第 7 步获取，任意一个即可）-n dws-maintain /bin/bash。

（6）执行 cd opsTool 进入登录脚本所在目录。

（7）执行 sh connectTool.sh -uecf -drms -XX.XX.XXX.XXX（此处为元数据库 IP）-p7306 -n "XXXXXX（此处为集群名称）-dws-cn-cn-1-1" -tStandalone 后在回显内输出元数据库密码，登录到指定 DWS 集群 CN 节点。

（8）执行 su - Ruby 切换为 Ruby 用户。

（9）执行 ssh 'hostname –i'进入集群沙箱内。

（10）执行 cm_ctl query -Cvd 查询 DWS 集群状态详情。

19．通过统一视频平台，请演示如何进行实时视频、实时图片、历史图片调阅步骤。

【重点速记】

通过内网门户登录统一视频，选择“基础应用”，单击“实时视频”，选择需要查看的视频设备，双击打开；选择“基础应用”，单击“图像监拍”选择需要查看的图片监拍设备，双击打开；选择“基础应用”，选择“历史视频”选择需要查看的视频设备，存储类型选择“前端设备”，选择需要查看的时间段，查询到录像后双击下载。

20．通过统一视频平台，请演示如何进行视频、图片设备接入。

【重点速记】

通过内网门户登录统一视频，选择“基础应用”，选择“资源管理”，单击“设备接入”，选择导出模板，包括“区域”“场景”“标准设备”“非标设备”“视频接入设备”“输电专业 I1 协议设备”等，根据需求填写完成接入模板后，单击“导入”，选择设备模板后导出设备，若是非标设备，则先单击“前端系统配置”，选择模板，首先导入前端信息，然后按照前端信息配置导入设备。

21．通过统一视频平台，请演示如何进行离线视频设备导出。

【重点速记】

第一种方式：通过内网门户登录统一视频，选择“基础应用”，单击“实时视频”，选择需要导出的场景，单击鼠标右键，选择导出离线设备信息，然后在“下载”菜单中进行下载。

第二种方式：通过内网门户登录统一视频，选择“基础应用”，单击“智能运维”—“运维监控”—“设备状态”—“设备状态选择离线”，然后全部导出。

22．通过统一权限平台，请演示账号的解锁操作步骤。

【重点速记】

登录统一权限管理平台，依次单击“身份管理”—“账号管理”，输入需要解锁的账号名称单击搜索，然后勾选需解锁的用户，单击更多操作中的“解锁”即可。

23．通过统一权限平台，请演示账号关联手机号的操作步骤。

【重点速记】

登录统一权限管理平台，依次单击“工单管理”—“用户管理”，输入需要解锁的账号名称单击“搜索”，然后勾选需关联手机号的用户，单击“编辑”，输入用户手机号，单击“保存”即可。

24．通过统一权限平台，请演示添加集成系统认证白名单的操作步骤。

【重点速记】

登录统一权限管理平台，依次单击“资源管理”—“业务应用配置”—“部署信息维护”，搜索需添加白名单的系统，单击“新增”按钮，增加需添加白名单的系统名称（节点 1、节点 2……），单击“保存”，相关集成系统白名单即可完成添加。

25．在国网云（华为云）下，请演示 CDM 链路创建的步骤。

【重点速记】

（1）确认 CDM 任务创建位置，进入“服务列表”—“数据治理中心 DGC”—“集群”—“数据集成”—“CDM”。

（2）创建任务—编辑任务名称，命名规则为：[源端数据库类型缩写] _ [目标端数据库类型缩写] _ [源端业务系统名称缩写] _任意；如：ora_my_cms_xxxxx。

（3）选择需要源端数据链接和表名。

（4）选择目标端数据连接和表名。

（5）自动建表选项配置，目标端无表时：选择“不存在时创建”；目标端有表时，选择“不自动创建”；需要重新建表时，选择“先删除后创建”。

（6）全表同步选择“清除全部数据”；部分数据同步时选择“清除部分数据”并在源端查询部分数据和目标端清除部分数据的 WHERE 条件选项中添加条件语句。

（7）下一步，进行源端和目标端的字段对应。

（8）下一步，配置定时或保存。

（9）保存任务后，测试任务，若失败，查看日志排查错误直至成功，完毕。

26．在国网云（华为云）下，请演示 DLF 作业的创建步骤。

【重点速记】

（1）确认 DLF 任务创建位置，如进入服务列表—数据治理中心 DGC—某集群—数据开发。

（2）创建任务，编辑任务名称，命名规则 [业务系统缩写] _001/002/…/ 009/010_任意，如：cms_001_c_cons_df。将 dws SQL 组件拖进任务“画板”中，单击该组件，配置数据连接和数据库。

（3）编辑 SQL 语句，单击保存并测试运行，若失败，查看日志排查错误直至成功。

（4）测试成功后，单击任务“画板”空白处，右侧选择“调度配置”配置定时后保存。

（5）在任务“画板”上方单击执行调度。完毕。

27．在国网云（华为云）下，请演示 APIG 服务的构建步骤。

【重点速记】

（1）确认 APIG 任务创建位置，如进入服务列表—数据治理中心 DGC—某集群—数据服务。

（2）创建 API 目录和 API 应用名称，API 目录和 API 应用名称以业务系统名称命名。

（3）编辑 API 相关内容，其中 API 名称、API 描述、Path 要符合相关命名规范，请求方式选择 post/get 根据业务需求选择，入参定义必须配置分页参数。

（4）下一步，选择“取数方式”—“脚本方式”，选择数据链接和数据库；配置 SQL 脚本，脚本必须配置排序分页，并将入参添加到脚本中。

（5）下一步，测试 SQL，SQL 执行不能超过 20s（超过 20s 报错超时），测试成功后保存。

（6）保存成功后在 API 列表页面，单击刚创建完毕的 API 后“更多”—“发布”，发布成功后单击“更多”—“授权”，授权给相关“API 应用”。

电网企业数字化运行管理题库 下

国家电网有限公司数字化工作部　组编

中国电力出版社
CHINA ELECTRIC POWER PRESS

内 容 提 要

为适应电力企业数字化运行管理工作的发展实际及需要编写了本书。全书共分五章，详细介绍了数字化运行专业标准规范、基础设施、调度运行、运维检修、客户服务等相关内容，通过对各种题型的解析，使读者能更加准确地掌握数字化运行管理的相关知识。

本书坚持理论和实际相结合，作为一本电力企业数字化运行管理试题解析读物，全面体现了电力行业最佳实践成果。本书主要面向电力企业的数字化“调、运、检、客”相关岗位人员，同时也可作为参加国家电网有限公司竞赛、调考、高级运行专家选拔、调度值长选拔、三线运维人员考试的备考书。此外，对于电网行业其他相关人员，本书也极具参考价值。

图书在版编目（CIP）数据

电网企业数字化运行管理题库：全 2 册/国家电网有限公司数字化工作部组编．—北京：中国电力出版社，2024.4

ISBN 978-7-5198-8672-1

Ⅰ．①电…　Ⅱ．①国…　Ⅲ．①电力工业－工业企业管理－数字化－运行－中国－岗位培训－习题集　Ⅳ．①F426.61-44

中国国家版本馆 CIP 数据核字（2024）第 050009 号

出版发行：中国电力出版社
地　　址：北京市东城区北京站西街 19 号（邮政编码 100005）
网　　址：http://www.cepp.sgcc.com.cn
责任编辑：苗唯时（010-63412340）　马雪倩
责任校对：黄　蓓　常燕昆　王海南　郝军燕
装帧设计：郝晓燕
责任印制：石　雷

印　　刷：三河市万龙印装有限公司
版　　次：2024 年 4 月第一版
印　　次：2024 年 4 月北京第一次印刷
开　　本：787 毫米×1092 毫米　16 开本
印　　张：44.5
字　　数：1097 千字
印　　数：0001—3000 册
定　　价：298.00 元（全 2 册）

《电网企业数字化运行管理题库》
编 委 会

主 编 魏晓菁 黄 震

副主编 刘 莹 陈 刚

编 委 柏峻峰 宁辽逸 关 明 乔 林 李 巍
于福海 周小明 罗大勇 李雨泰 矫泰铭
李学斌 李广翱 刘艳敏 李冬华 季 超
林 楠 李佳硕 常 健 刘洪波 朱春艳

编 写 组

成 员 陈雪振 范柏翔 刘瑞英 杨钰雪 佟昆睿
刘泽宇 孙海川 彭 佳 韩兴旺 何健平
富 宇 邵剑飞 王 丽 涂冰花 代荡荡
程锦翔 王敬靖 齐 明 许 路 张菲菲
李 强 黄 刚 王 磊 刘 为 曹 智
郑善奇 曲英实 杨振伟 蔡 滏 佟 芳
雷晓萍 马卓斌 贾 博 李小航 万 珂
时佳伟 何云瑞 谢清玉 王 健 荆琪雯
刘美洋 贾永利

前言

国家电网有限公司始终把数字化智能化作为推进电网转型升级、实现企业高质量发展的重要抓手。持续强化顶层设计和整体布局，坚持企业级建设和中台化架构，提升数字化基础设施和平台能力，促进数字化技术与电网业务深度融合，充分释放数据要素价值，有力支撑新型电力系统建设。

作为支撑公司数字化工作的重要基石和安全平稳发展的有力保障，数字化运行专业践行“业数融合”工作理念，积极应对业务需求快速迭代、运维体量和复杂度大幅增长、应用系统“上云赋智”严峻挑战，持续提升员工专业素养和技能水平。2024 年国家电网有限公司数字化工作部组织，选调数十名专家聚焦数字化运行“标准规范、基础设施、调度运行、运维检修、客户服务”五方面内容，围绕“调、运、检、客”业务领域中涉及的常用知识编撰本书。

本书共分五章，分别针对行业标准、企业标准、规章制度、机房运维、网络运维、云平台运维、中台运维、监控管理、应急管理、方式管理、系统运维、桌面运维、数据库运维、存储运维、中间件运维、检修管理、客服服务、数据运维、业务运维相关知识进行精选，以单项选择、多项选择、判断及实践操作四种题型编制形成题库，支持相关单位用于人员能力测评，以及运行专业人员自学提升。

本书的出版得到国网天津、河北、冀北、山西、山东、上海、江苏、浙江、安徽、福建、湖北、湖南、河南、江西、四川、重庆、吉林、甘肃、青海、宁夏电力，国网信通公司，国网技术学院等单位的大力支持，特别是国网辽宁电力作为牵头单位作出了突出贡献，在此一并表示衷心感谢。

在编撰过程中，编者竭尽全力确保本书内容的时效性与准确性，但数字化转型是一个不断迭代发展的过程。鉴于时间仓促，书中不足之处，恳请广大读者批评指正。

编　者

2024 年 4 月

目 录

第三章

调　度　运　行

第一节　监　控　管　理

章节摘要：监控管理部分基于 SG-I6000 系统，主要包括调度排班、资产管理、采集配置、日常监测等内容，是调度管理的主要组成部分。学习该部分内容有助于学员掌握 SG-I6000 2.0 系统的设计规范及使用方法，了解调度监测工作的要求和内容，是信息调度人员的必修课程。

一、单项选择题

1．SG-I6000 2.0 对业务系统的监控包括了指标数据获取和主页模拟访问探测，其中主页模拟访问探测采用的协议是（　　）。

A．JMS　　B．WebService　　C．HTTP　　D．FTP

【参考答案】C

【解析】在监控指标获取时，指标数据的获取使用 WebService 方式，主页模拟访问探测采用 HTTP 协议对目标系统进行探测。

2．SG-I6000 2.0 系统完成主机、中间件、数据库、网络设备，以及地市公司业务系统设备的采集接入，描述错误的是（　　）。

A．需要在待采集系统服务器安装部署统一 Agent

B．需要现场配合项目组根据采集接入模板要求，收集反馈基础数据

C．与设备台账入库一样在 Excel 模板填写好后直接导入即可完成采集

D．需要厂商配合完成监测配置

【参考答案】C

【解析】在 SG-I6000 2.0 系统中，采集接入无法像设备入库一样填写 Excel 模板直接导入，需要进行手工配置完成采集的配置。

3．C 省电力公司调控中心值班员收到总部调控电话，国网调度监控发现 C 省在运信息系统全部告警，C 省调度人员本地检查 SG-I6000 2.0 系统未发现告警且页面访问异常。在案例中，C 省在运信息系统全部告警不会是（　　）。

A．本省和总部之间网络断了

B．SG-I6000 2.0 级联服务运行异常

C．总部 SG-I6000 2.0 的指标接口总线异常

D．本省个别系统数据库异常

【参考答案】D

【解析】在运系统全部告警，说明系统可用性全部出现问题。当该类情况发生时有两种可能性，一是 C 省与总部之间系统连接出现问题，二是 C 省全部系统同时出现异常。

4．SG-I6000 2.0 监控系统主动探测采集指标通过 HTTP 协议返回码判断业务系统运行状

态是否正常，正常运行返回码是（　　）。

A．200　　B．404　　C．500　　D．403

【参考答案】A

【解析】通过 HTTP 协议进行主动探测时，是根据 HTTP 协议的返回码来判断业务系统的运行状态。200 表示系统运行正常，404 表示请求的资源未找到，500 表示服务器内部错误，403 表示拒绝访问。后面三种情况均为异常情况。

5．SG-I6000 2.0 系统中业务系统运行状态的监控频率是（　　）min。

A．5　　B．30　　C．60　　D．120

【参考答案】A

【解析】按照 SG-I6000 2.0 监控模块的设计规则，业务系统运行状态监控的频率设置为 5min。

6．SG-I6000 2.0 系统针对业务系统的运行指标和应用指标，通过气泡图和监测详情页面进行实时监控，方便运维人员提高工作效率并快速发现和定位系统问题。监控接口采用（　　）方式。

A．SSH　　B．WebService　　C．SNMP　　D．Telnet

【参考答案】B

【解析】按照 SG-I6000 2.0 系统的设计原则，在监控接口时使用的协议是 WebService 协议。

7．SG-I6000 2.0 系统软件实例中数据库集群不能关联的对象有（　　）。

A．数据库基础软件　　B．表空间　　C．数据库用户　　D．所属主机

【参考答案】D

【解析】在软件实例关联时，仅能关联与软件相关的资源，例如基础软件、表空间、数据库用户等，无法与所属主机此类硬件实例关联。

8．SG-I6000 2.0 中（　　）协议能够对隔离装置和安全接入平台的相关指标进行采集。

A．JMX　　B．SSH　　C．SYSLOG　　D．JDBC

【参考答案】C

【解析】按照 SG-I6000 2.0 系统的设计规则，对隔离装置和安全接入平台指标进行采集的协议为 SYSLOG。

9．在 SG-I6000 2.0 系统中，某调度员收到告警，业务系统 A 在 2016 年 3 月 20 日 19:00:15 健康运行时长指标负增长。在本案例中，业务系统 A 发生的情况是（　　）。

A．接口出故障　　B．应用服务器故障

C．监控接口指标数据问题　　D．应用中间件故障

【参考答案】C

【解析】在本案例中，接口出故障、应用服务器故障、应用中间件故障均可导致系统数据无法获取，但无法导致指标出现负增长的情况，仅有监控接口指标数据问题可能导致负增长情况的出现。

10．新上线信息系统（设备）应在上线试运行前完成（　　）接入。

A．系统　　B．设备　　C．监控　　D．流程

【参考答案】C

【解析】《国家电网公司信息通信调度值班工作规范》第二十六条规定：新上线信息系统

（设备）应在上线试运行前完成监控接入。

11．SG-I6000 2.0 系统中，对于业务系统日指标取数时间应配置在（　　）。

A．当日 23:00～次日 05:00 之间　　B．当日 20:00～21:00 之间

C．次日 08:00～12:00 之间　　D．当日 21:00～23:00 之间

【参考答案】A

【解析】在 SG-I6000 2.0 收集指标数据时，会占用一定的系统资源的网络带宽。为了不影响系统的正常运行及其他业务系统的正常访问，应在非业务高峰期对指标进行采集。

12．在 SG-I6000 2.0 中，将所有信息设备划分为主机、存储、网络、安全等共计 8 大类别，某单位共有路由器 20 台、交换机 300 台、磁盘阵列 15 套、光盘库 3 套、存储光纤交换机 15 台、负载均衡器 20 台、作为服务器配件使用的磁盘 30 块按照 SG-I6000 2.0 的设备分类，该单位共有存储设备（　　）台（套）。

A．24　　B．20　　C．18　　D．16

【参考答案】C

【解析】在 SG-I6000 2.0 的信息设备划分中，共有 8 大类。在题干的各类设备中，磁盘阵列、光盘库用于存储数据，属于存储设备。路由器、交换机、存储光纤交换机、负载均衡器均用于数据的传输交换，属于网络设备范畴，因此存储设备为磁盘阵列 15 套加上光盘库 3 套共 18 套。

13．SG-I6000 2.0 系统中业务运行视图气泡图中的气泡状态和以下（　　）指标无关。

A．健康运行时长　　B．设备信息监控率

C．业务系统探测状态　　D．在线用户数

【参考答案】B

【解析】在 SG-I6000 2.0 的业务运行视图气泡图中，可以采集并关联业务系统的健康运行时长、业务系统探测状态、在线用户数等数据，但对设备信息的监控率无法进行关联。

14．SG-I6000 2.0 系统中的告警数据不可以通过以下（　　）方式通知运维人员。

A．邮件　　B．短信　　C．声音提示　　D．电话

【参考答案】D

【解析】在 SG-I6000 2.0 监测到异常数据时，可以通过邮件、短信、声音提示等方式通知监测值班人员或调度值长，但暂不支持直接通过电话的方式进行通知。

15．在 SG-I6000 2.0 系统中，某电力公司调度值班员 A 按照月度排班的要求本应在今天值第一班，但因有事请假，于是经过协商决定与值班员 B 换班，但值班员 B 上班后发现在 SG-I6000 2.0 中不能正常交接班。值班员 A 因有事请假，正确的做法是（　　）。

A．口头向调度值长请假

B．书面向调度值长请假

C．在 SG-I6000 2.0 系统中申请调班，并由值长批准后才能生效

D．直接和下一调度值班员协调

【参考答案】C

【解析】在进行值班管理时，按照规定要求，值班人员不能随意进行换班。若因特殊情况需要进行临时换班时，应在 SG-I6000 2.0 系统中申请调班，并由值长批准后才能换班。经过该流程后，具体值班人员在系统内会进行调整，在进行系统交接班时才能够正常完成交接

班流程。

16．SG-I6000 2.0 主动探测获取的是以下（　　）指标。

A．业务系统服务器的运行情况　　B．业务系统关键进程状态

C．业务系统首页的可访问性　　D．业务系统的数据库使用情况

【参考答案】C

【解析】SG-I6000 2.0 对业务系统的主动探测是指对业务系统的首页发送 HTTP 访问请求，通过 HTTP 返回码的不同数值确定业务系统的运行状态，故主动探测是对业务系统首页的可访问性进行探测，获取相应的指标数据。

17．在 SG-I6000 2.0 系统中，资源监测微应用可对信息运行情况进行监测实时监管，某单位共有服务器 1000 台（其中库存备用 250 台，在运 500 台、未投运 140 台、退运 50 台、其他状态的 60 台），已纳入实时监控的服务器为 450 台。若只考虑服务器部分，则该单位设备监控率为（　　）。

A．94%　　B．90%　　C．60%　　D．45%

【参考答案】B

【解析】SG-I6000 2.0 对信息设备的运行情况进行监测时，仅将在运设备作为指标分母进行统计，其他状态（如库存备用、未投运、退运等）的设备不属于在运状态。本题中在运设备共有 500 台，其中 450 台已纳入实时监控，因此设备监控率为 450/500=90%。

18．某单位共有正式在运信息系统 50 套，其中国家电网有限公司统一推广系统 45 套，自建信息系统 5 套，另有新上线试运行信息系统 25 套。该单位已将 45 套正式运行的信息系统全部纳入 SG-I6000 2.0 监控，此时该单位的信息系统监控率为（　　）。

A．90%　　B．100%　　C．75%　　D．60%

【参考答案】D

【解析】SG-I6000 2.0 对业务系统进行监测时，需将统推系统、自建系统均纳入监测范围，正式运行和试运行状态的系统均纳入监控。该题目中，原有的 50 套系统 均应进行监控，新上线试运行的 25 套系统同时也应纳入监控，因此监控系统总数为 75 台。但目前纳入监控的系统数为 45，监控率为 45/75=60%。

19．SG-I6000 2.0 提供实时监控（　　）数据服务。

A．技术　　B．存储　　C．控制　　D．告警

【参考答案】D

【解析】在 SG-I6000 2.0 系统中，能够为监测人员提供直观的硬件及系统监测，同时提供实时监控告警数据服务。

20．SG-I6000 2.0 系统中实现系统管理，系统新增方式有（　　）。

A．录入安装和导入新增　　B．录入安装

C．以 Excel 方式导入　　D．导入新增

【参考答案】A

【解析】在 SG-I6000 2.0 系统中，在进行系统管理前，需先进行系统安装。在进行录入时，可对每套系统逐一进行录入安装，也可通过模板的方式进行导入。

21．在 SG-I6000 2.0 系统中，月度排班页面默认显示当月本单位及下属单位的月度的排班信息列表，列表内容不包括（　　）。

A．标题、单位名称、部门名称　　B．年份、月份
C．上报时间　　D．下线时间

【参考答案】D

【解析】在 SG-I6000 2.0 系统月度排班页面的排班列表中，包含的信息均与调度排班相关，包括单位名称、部门名称、日期、上报时间等。选项中下线时间与信息系统相关，与排班无关，列表中不会进行展示。

22．在 SG-I6000 2.0 调度管理流程界面，任务栏中不包含（　　）。

A．拟办　　B．待办　　C．已办　　D．委托任务

【参考答案】D

【解析】在 SG-I6000 2.0 系统中，调控管理的流程包括拟办、待办、已办三个页签，拟办用于任务新增，待办用于任务流程处理，已办用于查看已处理任务的实时流程环节，不存在委托任务页签。

23．SG-I6000 2.0 系统中告警状态有（　　）类。

A．1　　B．2　　C．3　　D．4

【参考答案】C

【解析】在 SG-I6000 2.0 中系统告警状态共有严重、次严重、警告三类。

24．SG-I6000 2.0 系统，以下（　　）情况一定会导致业务系统的健康运行时长指标值归零。

A．业务系统数据异常　　B．该业务系统停运
C．该业务系统所在的数据库服务器宕机　　D．该业务系统的灾备复制中断

【参考答案】B

【解析】在 SG-I6000 2.0 中业务系统健康运行时长指标归零代表系统运行出现问题，在题目的四个选项中，仅有 B 选项业务系统停运会导致业务系统整体运行出现问题。

25．在 SG-I6000 2.0 流程页面中，工单发错处理人后，以下可以及时追回该工单并重新发送的情况是（　　）。

A．处理人处理该工单后　　B．处理人没有打开该工单之前
C．任何情况下均可追回　　D．任何情况下均不能追回

【参考答案】B

【解析】在 SG-I6000 2.0 中，若工单流程在用户流程处理结束后，发现发错处理人，能够进行追回。若下一流程用户未打开该工单，则用户能够进行追回。若下一流程用户已打开，则需由该用户进行退回处理。故本题答案选 B。

26．在 SG-I6000 2.0 中，指标数据可分为实时数据，日数据等，下列业务系统相关指标中不是实时指标的为（　　）。

A．在线用户数　　B．日登录人数
C．累计访问人数　　D．业务系统表空间大小

【参考答案】D

【解析】在 SG-I6000 2.0 中，不同指标的采集频率也是不同的，实时数据包括在线用户数、日登录人数、累计访问人数、主页访问状态等，不包含业务系统表空间的大小。

27．SG-I6000 2.0 系统采用（　　），实现采集监控与业务操作的数据分离，进一步增强

实时数据的快速读写能力。

A．Oracle 数据库　　B．MongoDB 数据库

C．memcache　　D．达梦数据库

【参考答案】B

【解析】MongoDB 数据库的特点是高性能、易部署、易使用，数据被分组存储在数据集中，易实现数据分离。因采集数据为 5min 指标，采集数据量大且实时性要求高，故应采用 MongoDB 数据库。

28．SG-I6000 2.0 系统调度监测监控应包含（　　）。

A．业务系统异常监控　　B．设备异常监控

C．桌面异常监控　　D．安全异常监控

【参考答案】A

【解析】在 SG-I6000 2.0 中，系统调度监测监控内容应为针对信息系统的各项指标监测，选项中 A 选项为业务系统相关，其余选项均不是系统调度监测监控的范围。

29．B 省电力公司信息通信调控值班过程中，通过 SG-I6000 2.0 调度监控气泡图发现财务管控系统出现告警，显示财务管控所有监控数据中断，初步判断为财务管控中间件故障，为规范抢修操作，财务管控运维人员首先到 SG-I6000 2.0 检修模块紧急开具工作票，并经过主管领导审核同意后，对财务管控实施抢修，整改处置过程耗时 40min，此时 B 省同时也收到了总部信通调度发来的调度联系单。在本案例中，监控气泡出现告警是（　　）。

A．系统数据库告警　　B．系统服务器内存告警

C．系统中间件监控告警　　D．系统服务器硬盘

【参考答案】C

【解析】在本题中，SG-I6000 2.0 对财务系统的监测出现告警，经运维人员判断为财务系统中间件出现故障，故系统中产生的告警应为系统中间件监控告警。

30．在 SG-I6000 2.0 中，某段时间内共有告警 100 条，其中调度员人工即时确认 90 条，转运维工单处置 8 条，此段时间内的告警处理置率是（　　）。

A．96%　　B．94%　　C．98%　　D．99%

【参考答案】C

【解析】在该题目中，监测时间段内共产生告警 100 条，即时确认的告警与转运维工单处置的告警数均应属于正确处置的告警，因此告警处置率计算应为（90+8）/100=98%。

31．SG-I6000 2.0 资源管理微应用中软件资源包括应用系统、基础软件和（　　）。

A．IP　　B．软件实例　　C．电源负载　　D．网卡

【参考答案】B

【解析】在 SG-I6000 2.0 中，软件资源包括应用系统、基础软件和软件实例。题目中 A、C、D 三个选项中的内容均为软硬件实例中的属性项。

32．以下选项中不属于 SG-I6000 2.0 系统综合视图中气泡颜色的是（　　）。

A．黄　　B．绿　　C．红　　D．蓝

【参考答案】D

【解析】在 SG-I6000 2.0 中，气泡图颜色共有红、橙、黄、绿、灰五种，其中红色代表产生严重告警，橙色代表次严重告警，黄色代表产生一般告警，绿色代表系统运行正常，灰色

代表系统未监测，没有蓝色状态。

33．在 SG-I6000 2.0 中，除了健康运行时长指标，SG-I6000 2.0 还监控的指标不包括（　　）。

A．在线用户数　　B．URL 可用性

C．业务数据情况　　D．管理员登录情况

【参考答案】D

【解析】在 SG-I6000 2.0 中，监控指标包括在线用户数、URL 可用性、业务数据情况、累计登录用户等多项指标，但不包括管理员登录情况。

34．3 月，某单位在运（包含试运行）的统推系统共有 35 套，另有已上报国网备案保留的自建信息系统 5 套，3 月 15 日有 4 套统推信息系统新上线试运行，3 月 20 日有 1 套自建信息系统上线试运行。此时，按照国家电网有限公司的管理要求，该单位应该有（　　）套信息系统纳入 SG-I6000 2.0 统一监控。

A．42　　B．45　　C．48　　D．50

【参考答案】B

【解析】在 SG-I6000 2.0 中，统推系统、自建系统均需纳入监控。正式运行的系统、试运行的系统也均需纳入监控，因此本题中需要纳入监控的系统总数为 35+5+4+1=45 套。

35．在 SG-I6000 2.0 系统中，信息通信运行值班结束时，值班人员填写当班交接班记录，描述当班总体情况、问题处理记录、遗留事项，同时由交班人员和（　　）对交接班记录进行共同确认。

A．运行人员　　B．接班人员　　C．调度主管　　D．调度值长

【参考答案】B

【解析】在 SG-I6000 2.0 中，在进行交接班时，需由交班人员和接班人员同时对交接班记录进行共同确认。

36．国家电网有限公司信息通信调控中心在监控过程中，发现某单位信息系统告警后，通常使用以下 SG-I6000 2.0 系统中（　　）与该单位联络。

A．紧急抢修　　B．调度联系单　　C．公告通知　　D．调度指挥单

【参考答案】B

【解析】在 SG-I6000 2.0 中，国网信息通信调控中心在监控时，若发现系统告警，会通过调度联系单与产生告警的单位进行联系。产生告警的单位结合本地告警情况及调度联系单内容对告警情况进行分析和确认。

37．A 省电力公司信息通信调控值班过程中，通过 SG-I6000 2.0 调度监控气泡图发现财务管控系统出现告警，显示财务管控所有监控数据中断，A 省同时也收到了总部信通调度发来的调度联系单。调度人员在进行故障初步定位和判断后，应（　　）。

A．再继续观察故障现象

B．应立即组织对 SG-I6000 2.0 监控系统进行检查和抢修

C．应立即组织对 ERP 系统进行检查和抢修

D．应立即组织对财务管控进行检查和抢修

【参考答案】D

【解析】在 SG-I6000 2.0 系统中监测到告警后，首先应由调度人员通知运维人员进行故障

的初步分析，分析确认故障原因后应立即组织对故障系统的抢修工作，尽量缩短故障修复时间。

38．各级信通调度在信息通信调控业务活动中是上下级关系，下级调度应服从上级调度的指挥，严格执行（　　）。

A．调度指令　　B．调度操作　　C．运维指令　　D．运维操作

【参考答案】A

【解析】《国家电网公司信息通信调度值班工作规范》第三条规定：各级信通调度在信息通信调控业务活动中是上下级关系，下级调度应服从上级调度的指挥，严格执行调度指令。

39．在 SG-I6000 2.0 中，关于告警关闭以下说法正确的是（　　）。

A．进行手动确认　　B．告警恢复自动关闭

C．不能批量确认　　D．定时自动关闭

【参考答案】B

【解析】在 SG-I6000 2.0 系统中，若系统出现告警，告警的消除方式为当系统告警内容恢复，系统重新恢复正常运行的状态后自动确认关闭。

40．SG-I6000 2.0 系统中，以下属于信息设备台账的是（　　）。

A．主机、网络、安全、存储　　B．主机、终端、应用、系统

C．主机、网络、终端、基础软件　　D．主机、网络、安全、应用系统

【参考答案】A

【解析】在 SG-I6000 2.0 系统中，设备台账包括主机、网络、安全、存储、终端等，应用、系统、软件等均属于软件台账，不属于设备台账。

41．SG-I6000 2.0 系统，调度员在（　　）新建调度值班、交接班等。

A．调度联系　　B．值班管理　　C．调度管理　　D．调度监测

【参考答案】B

【解析】在 SG-I6000 2.0 系统中包含多个功能模块，在题目选项中，调度联系主要用户各级单位间联系单的流转，值班管理用于值班排班、交接班等，调度管理用于各项调度流程管理，调度监测用于监测各类软硬件资源状态。

42．在 SG-I6000 2.0 中，实现了对业务系统在线用户数、日登录人数、注册用户数的监控。某调度员对 SG-I6000 2.0 中某业务系统 A 的指标进行巡检并记录，08:00 记录为 500、300、400，12:00 为 500、200、450，15:00 记录为 500、100、500 请问该调度员记录业务系统 A 的 3 个监控指标的顺序是（　　）。

A．在线用户数、日登录人数、注册用户数

B．在线用户数、注册用户数、日登录人数

C．注册用户数、在线用户数、日登录人数

D．注册用户数、日登录人数、在线用户数

【参考答案】C

【解析】在本题中，共有三个监控指标。三个数据中，第一项数据一天内未发生变化，可判断为注册用户数。第二项数据在三次采集中随时间逐渐减少，日登录用户数只会随时间增长，不符合，因此应为在线用户数。第三项指标随时间逐渐增加，符合日登录人数特点。

43．下列（　　）功能不属于 SG-I6000 2.0 值班管理微应用的功能。

A．值班视图　　B．调度排班　　C．交接班　　D．调度联系单

【参考答案】D

【解析】在 SG-I6000 2.0 系统中，值班管理微应用中包含的功能主要与值班工作相关，包含值班视图、调度排班、交接班等。调度联系单属于调度联络功能，不属于该模块。

44．在 SG-I6000 2.0 系统中，新建一个调度排班的先后过程依次是（　　）。

A．新建岗位、新建班组、新建班次、建立排班视图

B．新建班次、新建班组、新建岗位、建立排班视图

C．建班组、新增班次、新建岗位、建立排班视图

D．新建岗位、新建班次、新建班组、建立排班视图

【参考答案】A

【解析】在 SG-I6000 2.0 系统中，调度排班时，应按照新建岗位、新建班组、新建班次、建立排班视图的顺序进行，前一流程为后一流程提供相应数据。

45．某省电力公司本部共有在运服务器 1000 台，其中内网 800 台、外网 100 台、未联网 80 台、私网 20 台，各下属地市公司共有在运服务器 1000 台，其中内网 600 台、外网 200 台、未联网 100 台、私网 100 台按照 SG-I6000 2.0 设备监控的要求，需要纳入实时监控的服务器总数量为（　　）台。

A．1700　　B．1600　　C．1400　　D．1800

【参考答案】A

【解析】在 SG-I6000 2.0 系统中，需要监测的服务器包括省、市、县公司内网服务器和外网服务器，未联网服务器及私网服务器无需监测。在本题中，省公司需监测服务器数量为内网 800 加外网 100，市公司需监测服务器为内网 600 加外网 200，因此共需监测的服务器数量为 800+100+600+200=1700 台。

46．SG-I6000 2.0 采集控制组件中，OPENSTACK 使用了（　　）采集技术。

A．SSH　　B．JMX　　C．SNMP　　D．API

【参考答案】D

【解析】根据 SG-I6000 2.0 系统的设计原则，在采集控制组件中，OPENSTACK 使用 API 采集技术进行数据的采集。

47．SG-I6000 2.0 采集控制组件中，内外网数据穿隔离是通过（　　）技术实现的。

A．TCP　　B．HTTP　　C．JDBC　　D．WebService

【参考答案】C

【解析】根据 SG-I6000 2.0 系统的设计原则，在采集控制组件中，进行内外网数据穿透隔离设备时，应采用 JDBC 技术实现。

48．当有第三方业务需要 SG-I6000 2.0 采集的指标信息时，最便捷安全的方法是（　　）。

A．分配数据库账号，由第三方直接从数据库中获取

B．在采集配置中添加一个指标的订阅信息，第三方通过消费已订阅的指标获取

C．SG-I6000 2.0 开发一套接口，从数据库中获取，并转发给第三方

D．SG-I6000 2.0 采集的指标直接发送到第三方的数据库中

【参考答案】B

【解析】当有第三方系统希望从 SG-I6000 2.0 系统中获取采集到的指标数据时，可采用多种方式进行获取。在多种方法中，最简捷、安全性较高的方法便是在采集配置中添加一个指标的订阅信息，第三方通过消费已订阅的指标获取。

49．NPM 可以采集的数据有（　　）。

A．SQL 执行时间　　B．代码的执行时间

C．交换机上的网络数据包　　D．应用系统的日志

【参考答案】C

【解析】NPM 对指标的采集主要基于交换机流量的镜像，故采集的数据为交换机上的网络数据包，ABD 三个选项是由 APM 安装的插件进行采集。

50．在 SG-I6000 2.0 的采集控制层中，Agent 方式采集单指标最高频率可达到（　　）s。

A．9　　B．15　　C．19　　D．24

【参考答案】B

【解析】在 SG-I6000 2.0 系统的采集控制层中，Agent 方式采集指标可设置为不同的采集频率，最高频率可设置为 15s。

51．SG-I6000 2.0 的全景分析能力中，未新增的组件是（　　）。

A．集中日志服务组件　　B．数据分析服务组件

C．运维可视化服务组件　　D．智能分析组件

【参考答案】D

【解析】在 SG-I6000 2.0 系统的全景分析能力中，新增的组件包括集中日志服务组件、数据分析服务组件、运维可视化服务组件等，但智能分析组件并不属于新增组件内容。

52．SG-I6000 2.0 的运维感知层的采集方式不包括（　　）。

A．Agent 采集　　B．协议采集　　C．日志采集　　D．监控采集

【参考答案】D

【解析】在 SG-I6000 2.0 系统运维感知层的采集方式中，包括 Agent 采集、协议采集、日志采集等多种采集方式。选项 D 中的监控采集并非该层的采集方式。

53．信息系统巡视巡检的方式不包括（　　）。

A．定期巡检　　B．特殊巡检　　C．监察巡检　　D．临时巡检

【参考答案】D

【解析】《国家电网公司信息系统运行管理办法》第十八条中定义：巡检主要为及时掌握信息系统及运行环境的运行状况，分为定期巡检、特殊巡检和监察巡检。

54．任何与业务有关的电话均应进行电话录音，严禁使用（　　）处理与调度工作无关的事情。

A．普通电话　　B．录音电话　　C．调度电话　　D．联络电话

【参考答案】C

【解析】根据《国家电网公司信息通信调度值班工作规范》第十一条规定：任何与业务有关的电话均应进行电话录音，严禁使用调度电话处理与调度工作无关的事情。

55．SG-I6000 2.0 系统当探测指标缺失时应该查看（　　）服务日志。

A．NmsAppWebservicePlugin　　B．edi-activemq

C．memcached　　D．NmsAppHTTPPlugin

【参考答案】D

【解析】在 SG-I6000 2.0 系统中，负责指标探测的插件为 NmsAppHTTPPlugin，若该服务出现异常，将导致无法正常获取系统探测指标。

56．SG-I6000 2.0 系统中业务系统接口取数 NmsAppWebservicePlugin 插件可配置的接口地址数量为（　　）个。

A．1　　B．2　　C．3　　D．4

【参考答案】A

【解析】在 SG-I6000 2.0 系统中，业务系统接口取数插件只可以配置 1 个接口地址。

57．SG-I6000 2.0 系统服务中 ActiveMQ 服务是（　　）。

A．告警服务　　B．采集服务　　C．数据总线服务　　D．数据级联服务

【参考答案】C

【解析】在 SG-I6000 系统中，ActiveMQ 是数据总线服务，为系统提供高效的、可扩展的、稳定的和安全的企业级消息通信。

58．SG-I6000 2.0 资源监测微服务中，下列不属于探测服务监控的指标是（　　）。

A．是否可访问　　B．状态码　　C．响应时长　　D．内存利用率

【参考答案】D

【解析】在 SG-I6000 2.0 系统中，探测服务指标包括是否可访问、状态码、响应时长等，D 选项中内存利用率为 Agent 采集指标，不属于探测服务监控指标。

59．SG-I6000 2.0 系统气泡图页面，表示系统未接入的气泡颜色是（　　）。

A．红色　　B．黄色　　C．绿色　　D．灰色

【参考答案】D

【解析】在 SG-I6000 2.0 中，气泡图颜色共有红、橙、黄、绿、灰五种，其中红色代表产生严重告警，橙色代表次严重告警，黄色代表产生一般告警，绿色代表系统运行正常，灰色代表系统未监测。

60．SG-I6000 2.0 系统中硬件基础状态不包括（　　）。

A．退运　　B．试运行　　C．库存备用　　D．现场留用

【参考答案】B

【解析】在 SG-I6000 2.0 系统中，硬件设备的状态包括库存备用、在运、现场留用、退运等状态，不存在试运行状态。

61．在 SG-I6000 2.0 系统设备管理中，能批量导入的操作是（　　）。

A．设备入库　　B．设备回收　　C．设备转资　　D．设备报废

【参考答案】A

【解析】在 SG-I6000 2.0 系统中，能够进行批量导入的操作包括设备入库、设备变更、设备退运等。

62．在 SG-I6000 2.0 系统资源管理微应用中，不属于硬件设备分类的是（　　）。

A．主机设备　　B．存储设备　　C．外部设备　　D．通信设备

【参考答案】D

【解析】在 SG-I6000 2.0 系统中，硬件设备包括主机设备、安全设备、存储设备、终端设备、外部设备等八大类，不包括通信设备。

63. 在 SG-I6000 2.0 的采集控制层中，目前能采集的资源类型有（　　）种，指标有（　　）余项。

A. 349，3000　　B. 349，2500　　C. 269，3000　　D. 269，2500

【参考答案】A

【解析】在 SG-I6000 2.0 系统中，目前能够采集的资源类型共有 349 种，指标共有 3000 余项。

64. SG-I6000 2.0 系统中，在两票管理中，可以追回流程的页面是（　　）。

A. 拟办　　B. 已办　　C. 待办　　D. 新增

【参考答案】B

【解析】在 SG-I6000 2.0 系统中，若一完成的流程发现存在错误，需要进行追回时，可在已办页签下找到该任务，在下一步处理人未打开前进行追回。

65.（　　）负责全面掌控信息通信系统运行情况，对当值期间的值班工作负总责。

A. 值长　　B. 主值　　C. 副值　　D. 值班员

【参考答案】A

【解析】《国家电网公司信息通信调度值班工作规范》第七条规定：值长负责全面掌控信息通信系统运行情况，对当值期间的值班工作负总责。

66.（　　）负责当值期间信息通信系统的检修开竣工许可、方式执行许可、缺陷处置指挥等工作。

A. 值长　　B. 主值　　C. 副值　　D. 值班员

【参考答案】B

【解析】《国家电网公司信息通信调度值班工作规范》第八条规定：主值负责当值期间信息通信系统的检修开竣工许可、方式执行许可、缺陷处置指挥等工作。

67.（　　）负责当值期间信息通信系统的运行监视，负责检修计划的执行跟踪和日常巡检、信息报送等工作。

A. 值长　　B. 主值　　C. 副值　　D. 值班员

【参考答案】C

【解析】《国家电网公司信息通信调度值班工作规范》第九条规定：副值负责当值期间信息通信系统的运行监视，负责检修计划的执行跟踪和日常巡检、信息报送等工作。

68. 交接班工作由交班（　　）统一组织开展。交班值长依次主持信息通信交接班。

A. 值长　　B. 主值　　C. 副值　　D. 值班员

【参考答案】A

【解析】《国家电网公司信息通信调度值班工作规范》第十三条规定：交接班工作由交班值长统一组织开展。交班值长依次主持信息通信交接班。

69. 交班人员应提前（　　）min 审核当班运行记录，检查本值工作完成情况，准备好交接班记录，整理交接班材料。

A. 10　　B. 15　　C. 30　　D. 60

【参考答案】C

【解析】《国家电网公司信息通信调度值班工作规范》第十五条规定：交班人员应提前 30min 审核当班运行记录，检查本值工作完成情况，准备好交接班记录，整理交接班材料。

70．接班人员应提前（　　）min 到达值班场所，认真阅读运行记录、交接班记录等，全面了解信息通信系统运行情况。

A．10　　B．15　　C．30　　D．60

【参考答案】B

【解析】《国家电网公司信息通信调度值班工作规范》第十五条规定：接班人员应提前15min 到达值班场所，认真阅读运行记录、交接班记录等，全面了解信息通信系统运行情况。

71．当监控工具失效时，各级信息通信调度应及时通知对应的（　　）。

A．管理单位　　B．运维单位　　C．建设单位　　D．监理单位

【参考答案】B

【解析】《国家电网公司信息通信调度值班工作规范》第三十条规定：当监控工具（I6000、ISS、TMS、通信专业网管）失效时，各级信息通信调度应及时通知对应的运维单位，安排专人值守、加强现场巡视。

72．周期巡视是指按照规定的频次对信息通信系统及设备的可用性、关键指标及重要性能进行有针对性的检查。周期巡视时间间隔不应大于（　　）h。

A．1　　B．2　　C．3　　D．4

【参考答案】D

【解析】《国家电网公司信息通信调度值班工作规范》第二十四条规定：周期巡视是指按照规定的频次对信息通信系统及设备的可用性、关键指标及重要性能进行有针对性的检查。周期巡视时间间隔不应大于 4h。

73．（　　）负责本单位信息系统、各下属单位信息系统以及省级单位与各下属单位间的信息网络。

A．国网信息调度　　B．省级信息调度　　C．市级信息调度　　D．省级信通运维

【参考答案】B

【解析】《国家电网有限公司信息系统调度管理办法》第三章调度监控中，第十二条规定：省级信息调度的调度指挥范围为本单位信息系统、各下属单位信息系统以及省级单位与各下属单位间的信息网络。

74．调度指挥范围是指调度机构行使（　　）的信息系统。

A．调度指挥权　　B．调度管理权　　C．运维管理权　　D．运维操作权

【参考答案】A

【解析】《国家电网有限公司信息系统调度管理办法》第一章总则中，第三条规定：调度指挥范围是指调度机构行使调度指挥权的信息系统。

75．调度监管范围是指纳入（　　）监督管理的信息系统。

A．国网信息调度　　B．省级信息调度　　C．国网系统运维　　D．省级系统运维

【参考答案】A

【解析】《国家电网有限公司信息系统调度管理办法》第一章总则中，第三条规定：调度监管范围是指纳入国网信息调度监督管理的信息系统。

76．对于不能及时处理的缺陷应采取应急措施，同时报送（　　）信息通信职能管理部门，并做好详细记录。

A．上级单位　　B．管理单位　　C．运维单位　　D．本单位

【参考答案】D

【解析】《国家电网公司信息设备管理细则》第三十一条规定：对于不能及时处理的缺陷应采取应急措施，同时报送本单位信息通信职能管理部门，并做好详细记录。

77．在设备属性变更工作完成后（　　）个工作日内，完成台账更新。

A．3　　B．4　　C．5　　D．7

【参考答案】C

【解析】《国家电网公司信息设备管理细则》第三十二条规定：在设备属性变更工作完成后5个工作日内，完成台账更新。

78．备品备件原则上用于信息设备（　　）的处理，不得随意挪用，特殊情况需要临时借用时，须履行借用手续并及时归还。

A．突发故障　　B．常规巡检　　C．应急管理　　D．特殊巡视

【参考答案】A

【解析】《国家电网公司信息设备管理细则》第五十八条规定：备品备件原则上用于信息设备突发故障的处理，不得随意挪用，特殊情况需要临时借用时，须履行借用手续并及时归还。

79．交接班完毕后，交、接班双方人员应对交接班记录进行核对，核对无误后分别在交接班记录上签字，以（　　）签字时间为完成交接班时间。

A．交班值长　　B．交班主值　　C．接班值长　　D．接班主值

【参考答案】C

【解析】《国家电网公司信息通信调度值班工作规范》第十八条规定：交接班完毕后，交、接班双方人员应对交接班记录进行核对，核对无误后分别在交接班记录上签字，以接班值长签字时间为完成交接班时间。

80．若接班人员无法按时到岗，应提前告知所在班组（　　），并由交班人员继续值班。由于交班人员擅自离岗产生的问题，由交班人员负责。

A．值长　　B．主值　　C．副值　　D．调度员

【参考答案】A

【解析】《国家电网公司信息通信调度值班工作规范》第二十十八条规定：若接班人员无法按时到岗，应提前告知所在班组值长，并由交班人员继续值班。由于交班人员擅自离岗产生的问题，由交班人员负责。

二、多项选择题

1．下列菜单属于SG-I6000 2.0值班管理微应用的是（　　）。

A．值班视图　　B．值班管理　　C．交接班　　D．值班日志

【参考答案】ABCD

【解析】在SG-I6000 2.0系统的值班管理微应用中，包括的功能模块均为与值班功能相关联的模块，包括值班视图、值班管理、交接班、值班日志等。

2．新增业务系统接入SG-I6000 2.0系统监控流程包含（　　）。

A．系统厂商完成WebService接口开发

B．与SG-I6000 2.0系统进行联调测试

C．提交业务应用系统 SG-I6000 2.0 接入申请单

D．提交业务应用系统 SG-I6000 2.0 接入测试确认单

【参考答案】ABCD

【解析】当新增业务系统需接入 SG-I6000 监控时，需进行包括系统厂商完成 WebService 接口开发、提交业务应用系统 SG-I6000 2.0 接入申请单、与 SG-I6000 2.0 系统进行联调测试、提交业务应用系统 SG-I6000 2.0 接入测试确认单等步骤后方可接入。

3. A 省电力公司信息通信调控中心值班员收到总部信息通信调控电话，国网调度监控发现 A 省在运信息系统全部告警，A 省调度人员检查本地 SG-I6000 2.0 系统后未发现告警且访问正常。请问该调度员下一步应该（　　），有助于定位问题。

A．检查本省与总部之间网络通断情况

B．检查 SG-I6000 2.0 级联服务是否正常

C．检查 SG-I6000 2.0 业务系统采集模块是否正常

D．检查 SG-I6000 2.0 性能监测模块是否正常

【参考答案】AB

【解析】当 SG-I6000 2.0 系统中发现某网省系统全部告警时，有两种情况是可能的原因。一是该网省与 SG-I6000 2.0 系统的连接出现异常，二是该网省的系统全部同时出现故障（可能性极小），但因本地访问正常，排除第二种可能性，故应着重排查服务连接情况，其中 AB 选项中情况均可能导致系统全部产生告警。

4．SG-I6000 2.0 资源管理微服务中，软件资源分为（　　）类。

A．操作系统　　B．基础软件授权　　C．软件实例　　D．软件子资源

【参考答案】ABCD

【解析】在 SG-I6000 2.0 系统中，软件资源包括操作系统、基础软件授权、软件实例、软件子资源等。

5．下列关于 SG-I6000 2.0 中硬件设备状态变化关系描述正确的是（　　）。

A．硬件设备可以由库存备用状态直接变更为在运状态

B．硬件设备可以由库存备用状态直接变更为未投运状态

C．硬件设备可以由库存备用状态直接变更为待报废状态

D．硬件设备可以由库存备用状态直接变更为退运状态

【参考答案】ABC

【解析】在 SG-I6000 2.0 系统中，硬件设备的状态可以发生改变，例如由库存备用状态变为在运，由在运状态变为报废状态，由库存备用状态变为待报废状态，但无法由库存备用状态直接变为退运状态。

6．SG-I6000 2.0 资源监测微服务中，下列属于探测服务监控的指标有（　　）。

A．系统运行状态　　B．状态码

C．响应时长　　D．CPU、硬盘使用率

【参考答案】ABC

【解析】在 SG-I6000 2.0 系统中，探测服务监控的指标有系统运行状态、状态码、响应时长等，ABC 选项正确。D 选项属于硬件类设备监控指标。

7．SG-I6000 2.0 告警分三种紧急度，以下（　　）属于 SG-I6000 2.0 告警紧急度。

A．警告　　B．次严重　　C．严重　　D．普通

【参考答案】ABC

【解析】在 SG-I6000 2.0 系统中，告警级别分为严重告警、次严重告警和警告三个级别，气泡图分别对应红色、橙色和黄色，没有普通告警。

8．SG-I6000 2.0 中，省电力公司信通值班人员值班时，发现某业务系统出现告警，显示所监控业务系统的监控数据中断，处理的过程应为（　　）。

A．进行故障初步分析和判断

B．立即组织对故障业务系统进行检查和抢修

C．向国网调度上报紧急抢修

D．无需处理，等总部信通调度发来调度联系单后再进行排查处理

【参考答案】ABC

【解析】值班人员在 SG-I6000 2.0 系统中发现告警后，应先对故障进行初步分析和判断，随后立即开展抢修工作，同时向国网调度进行汇报。D 选项明显不符合抢修要求。

9．SG-I6000 2.0 资源管理中的备品备件包括（　　）。

A．网卡　　B．CPU　　C．电源模块　　D．电池

【参考答案】ABCD

【解析】在 SG-I6000 2.0 资源管理中，备品备件的种类非常丰富，包含选项中网卡、CPU、电源模块、电池等，还包括风扇、内存等。

10．SG-I6000 2.0 资源管理微应用中的建筑场地包括（　　）。

A．休息室　　B．办公场地　　C．物资仓库　　D．设备机房

【参考答案】BCD

【解析】在 SG-I6000 2.0 资源管理中，建筑场地包括办公场地、物资仓库、设备机房等，办公场地一般放置终端类设备，物资仓库一般放置备品备件及库存备用设备，设备机房一般放置在运信息设备。

11．SG-I6000 2.0 中需要和总部进行贯通的流程是（　　）。

A．一级紧急抢修　　B．月度排班　　C．巡视管理　　D．运行方式

【参考答案】ABD

【解析】在 SG-I6000 2.0 系统中，许多流程需要与总部进行贯通，例如检修计划、排班计划、运行方式、系统上线等，但各单位的巡视管理无需与总部进行贯通。

12．在 SG-I6000 2.0 资源管理微应用中，以下（　　）设备属于物理机。

A．PC 服务器　　B．小型机　　C．工控机　　D．台式机

【参考答案】ABC

【解析】在 SG-I6000 2.0 系统中，物理机设备指的是主机设备。PC 服务器、小型机、工控机均属于服务器，因此属于物理机。而台式机是普通办公电脑，应属于终端设备。

13．SG-I6000 2.0 资源监测微应用中，应用系统监测会显示红色的气泡图的场景有（　　）。

A．系统监控正常

B．系统主页探测指标异常，健康运行时长、在线用户数指标正常

C．系统主页探测指标正常，健康运行时长、在线用户数指标异常

D．系统主页探测指标、健康运行时长、在线用户数指标均异常

【参考答案】BCD

【解析】在 SG-I6000 2.0 系统中，气泡图显示红色表示系统产生严重告警，选项 BCD 中的情况均可导致严重告警的产生，而选项 A 中系统运行正常情况下气泡图应为绿色。

14．在 SG-I6000 2.0 资源监测微服务中，服务器监测页面，服务器监测列表默认显示（　　）。

A．设备类型　　B．健康运行时长　　C．操作系统　　D．CPU 使用率

【参考答案】ABCD

【解析】在 SG-I6000 2.0 系统中，服务器监测列表中可显示该服务器的运行状态及各种属性信息，选项 ACD 属于服务器的属性信息，B 选项属于服务器的运行状态信息。

15．SG-I6000 2.0 资源管理微应用中，在硬件资源台账录入时作为必填项的有（　　）。

A．设备名称　　B．制造商、品牌、系列

C．所属网络　　D．是否同步至 ERP

【参考答案】ABCD

【解析】在 SG-I6000 2.0 系统中，硬件资源台账在录入时需填写各类信息，选项中设备名称、制造商、品牌、系列、所属网络、是否同步至 ERP 等均属于必填项，用于标识硬件资源信息。

16．以下属于 SG-I6000 2.0 资源监测微应用，监测的应用系统有（　　）。

A．财务管理　　B．营销管理　　C．协同办公　　D．人力资源

【参考答案】ABCD

【解析】根据 SG-I6000 2.0 系统业务系统接入及监控要求，所有在运及试运行系统均应接入，选项 ABCD 均为在运系统。

17．SG-I6000 2.0 资源配置组件中，对外接口中资源操作接口有（　　）。

A．配置项新增接口　　B．配置项变更接口

C．配置项删除接口　　D．配置项查询接口

【参考答案】ABCD

【解析】在 SG-I6000 2.0 系统中，资源操作接口包括新增接口、变更接口、删除接口、查询接口、关联信息查询接口等。

18．SG-I6000 2.0 资源配置组件中，数据建模的主要特点有（　　）。

A．建模工具本身与业务无关　　B．支持模型、属性自定义

C．支持模型间关系自定义　　D．模型继承，支持多继承

【参考答案】ABCD

【解析】在 SG-I6000 2.0 系统资源配置组件中，数据建模的主要特点包括建模工具本身与业务无关、支持模型、属性自定义、支持模型间关系自定义、模型继承，支持多继承。

19．SG-I6000 2.0 采集配置组件中，采集使用了下列（　　）协议。

A．SSH　　B．JMX　　C．SNMP　　D．API

【参考答案】ABCD

【解析】在 SG-I6000 2.0 系统中，采用多种协议对目标系统进行数据采集，常用协议包括 SSH、JMX、SNMP、API、HTTP 等。

20．SG-I6000 2.0 采集控制组件中，可以通过以下（　　）协议监测 Linux 主机。

A．SSH　　B．ICMP　　C．SNMP　　D．JDBC

【参考答案】AC

【解析】在 SG-I6000 2.0 系统中，对 Linux 系统进行监测的协议主要使用 SSH 和 SNMP。

21．SG-I6000 2.0 资源监测微应用中，服务器监测列表页面能正常打开但列表中行数为 0，以下（　　）可能会导致。

A．MongoDB 故障了

B．NmsMonMs 故障了

C．资源配置组件中的 CMDB 资源台账被人清除了

D．KPIIN 故障了

【参考答案】ABC

【解析】在 SG-I6000 2.0 系统中，KPIIN 服务是指标入库服务，用于接收总线上传来的数据。若该服务故障，仅会导致后续指标暂时无法入库，并不影响原有数据及数据的级联服务（KPIU），不会出现列表行数为 0 的现象。

22．SG-I6000 2.0 资源监测微服务中，关于告警管理和告警后台服务，下列说法正确的是（　　）。

A．当前 SG-I6000 2.0 试点现场的告警功能和 SG-I6000 1.0 版本的基本一致，只做了一些简单改造

B．流式处理不能实时检查出所有告警，比如自身问题导致的指标丢失

C．新版告警会有预置的触发条件，提供默认的告警策略

D．故障等级的计算需要依赖故障类型、资源对象级别以及持续时间

【参考答案】ABCD

【解析】在 SG-I6000 2.0 系统资源监测微服务中，告警管理和告警后台服务用于对系统产生的告警进行收集、分析和展示，选择 ABCD 中说法均符合告警管理内容。

23．SG-I6000 2.0 流程服务组件中，工作流组件的特点有（　　）。

A．灵活易扩展的工作流核心引擎　　B．方便快捷的流程模型设计器

C．简单易用的流程客户端　　D．标准化的流程监控和管理

【参考答案】ABCD

【解析】在 SG-I6000 2.0 系统中，流程服务组件的工作流组件具有多项特点，如灵活易扩展的工作流核心引擎、方便快捷的流程模型设计器、简单易用的流程客户端、标准化的流程监控和管理等。

24．SG-I6000 2.0 流程服务组件中，界面设计器组件支持接入的数据源有（　　）。

A．业务类型　　B．SQL 查询语句　　C．API 接口　　D．JSON

【参考答案】ABCD

【解析】在 SG-I6000 2.0 系统中，流程服务组件的界面设计器组件支持多种数据源，包括业务类型、SQL 查询语句、API 接口、JSON 等。

25．SG-I6000 2.0 资源管理微应用，硬件设备台账属性可以划分为（　　）。

A．基本信息　　B．运行信息　　C．安全信息　　D．资产信息

【参考答案】ABD

【解析】在 SG-I6000 2.0 系统中，硬件设备台账的属性列表包含多个页签。选项中基本信息、运行信息、资产信息等均为硬件台账的一个属性页签。

26．SG-I6000 2.0 全景展示组件中，绘制视图时，可以使用（　　）格式的图片资源。

A．PNG　　B．SVG　　C．JPEG　　D．BMP

【参考答案】ABCD

【解析】在 SG-I6000 2.0 系统中，绘制视图时，可以使用多种类型的图片资源，格式为 PNG、SVG、JPEG、BMP 等格式的图片均可作为视图的资源格式。

27．SG-I6000 2.0 系统中，cmdb 的微服务有（　　）。

A．cmdb-model　　B．cmdb-write　　C．cmdb-read　　D．cmdb-access

【参考答案】ABCD

【解析】在 SG-I6000 2.0 系统中，cmdb 的微服务包括 cmdb-model、cmdb-write、cmdb-read、cmdb-access、data-access 等多项微服务，共同提供 cmdb 的各项功能。

28．SG-I6000 2.0 系统中，数据调和预处理功能过程有（　　）。

A．接收消息　　B．分析消息体　　C．配置项比对　　D．调和规则判断

【参考答案】ABCD

【解析】在 SG-I6000 2.0 系统中，数据调和预处理在数据处理过程中起着非常重要的作用，主要过程包括接收信息、分析消息体、配置项对比、调和规则判断、写入待审核数据。

29．SG-I6000 2.0 系统中，模型服务组件的特点有（　　）。

A．单数据源的管理

B．多租户的模型驱动服务

C．支持业务类型视图和业务表单在线设计

D．支持和工作流组件的无缝对接

【参考答案】BCD

【解析】在 SG-I6000 2.0 系统中，模型服务组件的特点包括多租户的模型驱动服务、支持业务类型视图和业务表单在线设计、支持和工作流组件的无缝对接，但数据源支持多数据源管理。

30．SG-I6000 2.0 系统中，大数据分析主要分为（　　）部分。

A．数据的采集与抽取　　B．数据的质量分析与清洗

C．数据的建模分析　　D．分析结果统计与展示

【参考答案】ABCD

【解析】在 SG-I6000 2.0 系统采用了大数据分析技术对采集到的数据进行分析展示，其中大数据分析主要分为数据的采集与抽取、数据的质量分析与清洗、数据的建模分析、分析结果的统计与展示等部分。

31．SG-I6000 2.0 系统中，信息系统应用情况分析 V2.0 的数据采集可以是（　　）数据的采集。

A．关系数据库表　　B．hive 库表　　C．FTP 数据文件　　D．restful 接口

【参考答案】ABCD

【解析】在 SG-I6000 2.0 信息系统应用情况分析 V2.0 的数据采集可以来源于多种方式，

选项中关系数据库表、hive 库表、FTP 数据文件、restful 接口等都可以作为数据来源。

32．SG-I6000 2.0 系统中，信息系统应用情况分析 V2.0 的主要功能有（　　）。

A．用户活跃度分析　　B．功能活跃度分析

C．客户满意度分析　　D．系统访问量分析

【参考答案】ABD

【解析】为 SG-I6000 2.0 信息系统应用情况分析 V2.0 提供了多种分析功能，包括用户活跃度分析、功能活跃度分析、系统访问量分析等，但不包括客户满意度分析功能。

33．Gartner 把性能管理工具分为（　　）两大类。

A．APM　　B．SpringCloudNetflix

C．Dubbo　　D．NPM

【参考答案】AD

【解析】性能管理工具包括应用性能监控及网络性能监控两大类，即 APM 和 NPM。

34．NPM 的应用特点包括（　　）。

A．对业务运行没有影响，低风险

B．对生产网络不产生流量和压力，对网络设备负载可忽略

C．在全局范围定位故障区间很快，区分故障在广域网、网络、服务器、应用程序

D．可以保存原始数据包并深度分析，作为优化的重要依据

【参考答案】ABCD

【解析】NPM 基于网络流量的镜像，利用对流量的监控实现对业务系统的监控，对业务系统不产生影响，对网络设备的影响小，可以忽略不计。因基于流量镜像，可实现全网的快速定位，同时可存储流量信息作为进一步优化的依据。选项 ABCD 四项内容特点均符合 NPM 监控特征。

35．APM 的应用特点包括（　　）。

A．对业务运行没有影响，低风险

B．可在应用服务器中实现代码级的监控

C．实现从用户端到服务层的针对用户真实行为的端到端应用性能监控

D．对应用服务有一定的负载压力

【参考答案】BCD

【解析】APM 基于每台服务器上安装应用代理，采集服务器信息用于性能分析，选项中 BCD 四项内容特点均符合 APM 监控特征，探针的安装对服务器的性能会产生一定的压力。

36．APM 常用的采集技术有（　　）。

A．字节码技术　　B．旁路侦听技术

C．SDK 嵌入技术　　D．angular 技术

【参考答案】AC

【解析】APM 基于每台服务器上安装应用代理，采集服务器信息用于性能分析，字节码技术、SDK 嵌入技术均为 APM 的采集技术，旁路侦听技术多用于 NPM，angular 技术暂未用于采集。

37．在 SG-I6000 2.0 系统中，通过场景管理提供可视化的场景设计器对业务场景的流程进行编排，实现各种运维工具调用的（　　）。

A．流程化　　B．标准化　　C．自动化　　D．智能化

【参考答案】ABCD

【解析】在 SG-I6000 2.0 系统中，对场景管理的流程进行编排时，能够实现各种运维工具调用的流程化、标准化、自动化、智能化。

38．信息系统运行工作，是指公司信息系统调度运行体系中的运行部分，主要通过（　　）、设备管理、缺陷管理等工作，实现对信息系统及其运行环境的管控，保障信息系统安全稳定运行。

A．运行监测　　B．巡视巡检　　C．接入管理　　D．权限管理

【参考答案】ABCD

【解析】《国家电网公司信息系统运行管理办法》第二条规定：信息系统运行工作，是指公司信息系统调度运行体系中的运行部分，主要通过运行监测、巡视巡检、接入管理、权限管理、设备管理、缺陷管理等工作，实现对信息系统及其运行环境的管控，保障信息系统安全稳定运行。

39．信息系统接入管理包括（　　）。

A．新建信息系统的上线

B．在运系统的扩建、改建后重新投入运行

C．新设备的投运

D．在运设备的升级改造后重新投运

【参考答案】ABCD

【解析】《国家电网公司信息系统运行管理办法》第二十一条规定：接入管理包括：新建信息系统的上线，在运系统的扩建、改建后重新投入运行，新设备的投运，在运设备的升级改造后重新投运等。

40．SG-I6000 2.0 系统中，全景展示可对（　　）进行编辑配置。

A．网络视图　　B．机房视图　　C．接口视图　　D．业务视图

【参考答案】ABCD

【解析】在 SG-I6000 2.0 中，可对多种视图进行编辑配置，方便监测人员使用，可编辑的视图包括网络视图、业务视图、接口视图、机房视图等。

41．登录 SG-I6000 2.0 系统，进入全景展示视图编辑页面，可以看到的视图是（　　）。

A．网络视图　　B．接口视图　　C．预置视图　　D．业务视图

【参考答案】ABD

【解析】在 SG-I6000 2.0 中，可对多种视图进行编辑配置，方便监测人员使用，可编辑的视图包括网络视图、业务视图、机房视图、接口视图等，但不存在预置视图。

42．告警生成规则中配置一条越界告警，越界阈值最大值配置为 61，最小值配置为 50。请问当值为（　　）的时候会发生告警。

A．49　　B．50　　C．51　　D．60

【参考答案】CD

【解析】在该题目中，设置的阈值为大于 50 且小于 61，即处在区间（50，61）间的数值会触发告警，在选项中 CD 符合触发条件。

43．SG-I6000 2.0 系统【到保提醒管理】列表默认加载最近一个月内的即将到保的设备，

对于到保时间（　　）天的添加背景色告警。

A．8　　B．9　　C．10　　D．11

【参考答案】ABC

【解析】在 SG-I6000 2.0 中，到保提醒管理功能会对即将到保的设备进行展示，对到保期 10 天以内的数据添加背景色进行告警。

44．终端设备包括台式机、手持终端、笔记本电脑、（　　）、其他终端 。

A．服务器　　B．平板电脑　　C．专用终端　　D．云终端

【参考答案】BCD

【解析】在 SG-I6000 2.0 中，终端设备包括台式机、手持终端、笔记本电脑、平板电脑、专用终端、云终端及其他终端，服务器属于主机设备。

45．各级信通调度应对调度员进行相应的（　　），发布合格调度员名单并报上级调度机构备案。

A．安全生产教育　　B．岗位技能实际业务培训

C．资格认定　　D．企业文化培训

【参考答案】ABC

【解析】《国家电网公司信息通信调度值班工作规范》第十条规定：各级信通调度应对调度员进行相应的安全生产教育、岗位技能实际业务培训和资格认定，发布合格调度员名单并报上级调度机构备案。

46．调度员在其值班期间应严格执行（　　）等各项值班制度。

A．交接班　　B．值班轮值　　C．调度轮值　　D．调度汇报

【参考答案】AD

【解析】《国家电网公司信息通信调度值班工作规范》第十一条规定：调度员在其值班期间应严格执行交接班和调度汇报等各项值班制度。

47．调度员交接班的内容包括（　　）。

A．信息通信系统总体运行情况　　B．信息通信系统故障、异常及处置情况

C．检修工作情况及影响范围、风险点　　D．运行方式及变动情况

【参考答案】ABCD

【解析】《国家电网公司信息通信调度值班工作规范》第十四条规定：交接班内容包括信息通信系统总体运行情况；信息通信系统故障、异常及处置情况；检修工作情况及影响范围、风险点；运行方式及变动情况等九项内容。

48．周期巡视是指按照规定的频次对信息通信系统及设备的（　　）进行有针对性的检查。

A．可用性　　B．关键指标　　C．重要性能　　D．运行方式

【参考答案】ABC

【解析】《国家电网公司信息通信调度值班工作规范》第二十四条规定：周期巡视是指按照规定的频次对信息通信系统及设备的可用性、关键指标及重要性能进行有针对性的检查。

49．遇有（　　）情况，应开展特殊监视。

A．设备有严重或紧急缺陷

B．各类重要保障期间

C．遇特殊恶劣天气时，如地震、雨雪冰冻灾害等

D．其他有特殊监视要求时

【参考答案】ABCD

【解析】《国家电网公司信息通信调度值班工作规范》第二十五条规定，遇有下列情况，应开展特殊监视：设备有严重或紧急缺陷；各类重要保障期间；遇特殊恶劣天气时，如地震、雨雪冰冻灾害等；其他有特殊监视要求时。

50．对于未达到安全生产要求的监控工具，包括（　　），不予接入。

A．告警准确性不够　　B．告警及时性不够

C．告警信息不明确　　D．存在安全漏洞

【参考答案】ABCD

【解析】《国家电网公司信息通信调度值班工作规范》第二十六条规定：对于未达到安全生产要求的监控工具（告警准确性、及时性不够，告警信息不明确，存在安全漏洞等）不予接入。

51．发生重大故障时，应及时启动相关（　　）。

A．应急预案　　B．事故调查　　C．故障排查　　D．漏洞修复

【参考答案】AB

【解析】《国家电网公司信息通信调度值班工作规范》第二十九条规定：发生重大故障时，应及时启动相关应急预案及事故调查。

52．信息通信系统运行数据分析应包括（　　）。

A．信息通信系统总体分析　　B．信息通信设备可靠性分析

C．信息通信系统故障及处置分析　　D．信息通信系统安全性分析

【参考答案】ABC

【解析】《国家电网公司信息通信调度值班工作规范》第三十三条规定：信息通信系统运行数据分析应包括信息通信系统总体分析；信息通信设备可靠性分析；信息通信系统故障及处置分析。

53．信息通信系统总体分析应分析信息通信系统（　　）等运行状态及运行安全数据。

A．检修　　B．停运　　C．缺陷　　D．隐患

【参考答案】ABCD

【解析】《国家电网公司信息通信调度值班工作规范》第三十三条规定：信息通信系统总体分析分析信息通信系统检修、停运、缺陷、隐患等运行状态及运行安全数据。

54．各级信息通信调度在（　　）的基础上，应针对某一类运行情况（检修、缺陷等）开展（　　），以研究解决特定问题。

A．常态分析　　B.安全分析　　C．专项分析　　D．综合分析

【参考答案】AC

【解析】《国家电网公司信息通信调度值班工作规范》第三十四条规定：各级信息通信调度在常态分析的基础上，应针对某一类运行情况（检修、缺陷等）开展专项分析，以研究解决特定问题。

55．国网信息调度关于信息系统的调度管控监视范围为接入总部I6000系统监控的

（　　）信息系统。

A．总部　　B．分部　　C．省公司　　D．直属单位

【参考答案】ABCD

【解析】《国家电网有限公司信息系统调度管理办法》第三章调度监控中，第十一条规定：国网信息调度的调度监管范围为接入总部 I6000 系统监控的总（分）部、省公司、直属单位信息系统以及总部与各分部、省公司、直属单位间的信息网络。

56．定期开展信息设备巡视工作，巡视内容包括（　　）等。

A．设备运行状态　　B．电源工作状态　　C．机房运行环境　　D．综合布线情况

【参考答案】ABC

【解析】根据《国家电网公司信息设备管理细则》第二十八条规定：定期开展信息设备巡视工作，巡视内容包括设备运行状态、电源工作状态、机房运行环境等。

57．信息机房应按照重要级别建设相应的综合监控系统，实现（　　）、水浸、门禁等的安全监控管理。

A．电源　　B．湿度　　C．温度　　D．烟感

【参考答案】ABCD

【解析】根据《国家电网公司信息设备管理细则》第二十九条规定：信息机房应按照重要级别建设相应的综合监控系统，实现电源、温度、湿度、烟感、水浸、门禁等的安全监控管理。

58．为确保资产安全完整，应按照（　　）—（　　）—（　　）的工作顺序，建立常态的信息资产清查工作机制，确保账卡物一致。

A．实物盘点　　B．设备台账　　C．资产卡片　　D．应急管理

【参考答案】ABC

【解析】《国家电网公司信息设备管理细则》第三十三条规定：为确保资产安全完整，应按照实物盘点—设备台账—资产卡片的工作顺序，建立常态的信息资产清查工作机制，确保账卡物一致。

59．《国家电网有限公司信息系统运行管理办法》中规定，运维检修是指对信息系统及其设备进行巡视、维护和修复，主要活动包括（　　）。

A．运行维护　　B．检修维护　　C．业务运维　　D．建运协同

【参考答案】ABCD

【解析】《国家电网有限公司信息系统运行管理办法》第十八条规定：运维检修是指对信息系统及其设备进行巡视、维护和修复，以增强系统功能，提升运行性能，持续深化信息系统应用，为系统安全稳定连续运行提供根本保障。主要活动包括运行维护、检修维护、业务运维、建运协同。

60．SG-I6000 2.0 中，数据库监测里可监测的数据库类型有（　　）等。

A．Oracle 数据库　　B．MySQL 数据库

C．PostgreSQL 数据库　　D．达梦数据库

【参考答案】ABCD

【解析】在 SG-I6000 2.0 中，数据库监测里包含了 Oracle 数据库、MySQL 数据库、PostgreSQL 数据库、达梦数据库、SQLServer 数据库、MONGODB 等。

三、判断题

1．SG-I6000 2.0 中，KPIIN 服务双机部署，当单节点发生故障时，不影响数据入库。

【参考答案】对

【解析】在 SG-I6000 2.0 中，KPIIN 服务是采用双机部署的，若单节点发生故障，另一节点仍能够正常提供服务，不影响数据入库。

2．正常情况下 SG-I6000 2.0 从 MONGODB 备节点写入数据，从 MONGODB 主节点读取数据。

【参考答案】错

【解析】在 SG-I6000 2.0 中，MONGODB 数据库实现了数据的读写分离。正常情况下，系统会从主节点写入数据，在备节点读取数据，主备节点数据实时同步。

3．SG-I6000 2.0 中创建设备台账，必填字段如果不填仍然可以成功创建台账。

【参考答案】错

【解析】在 SG-I6000 2.0 中创建设备台账时，必填字段必须全部填写且符合数据填写要求后方能成功创建设备台账，否则系统将出现提示，且设备无法正常创建。

4．在 SG-I6000 2.0 调度值班中，无值班日志不可以进行交接班；非本班次人员可以进行交接班。

【参考答案】错

【解析】在 SG-I6000 2.0 系统调度值班模块中，非本班次值班人员不可进行交接班，若需要变更，需提交变更申请，由值长同意后方可变更。

5．SG-I6000 2.0 中，服务器监测性能指标包括：风扇状态、电池状态、CPU 平均使用率、内存使用率。

【参考答案】对

【解析】在 SG-I6000 2.0 中，服务器监测性能包括风扇状态、电池状态、CPU 平均使用率、内存使用率等多项指标，为监测人员提供直观的显示。

6．SG-I6000 2.0 中，调度管理中调度联系单进行审核时，审核人和审核结束时间是手动填写的。

【参考答案】错

【解析】在 SG-I6000 2.0 中，调度管理中调度联系单进行审核时，审核人和审核结束时间是系统自动生成的，无需手动再次填写。

7．SG-I6000 2.0 中的告警通知包括提示音通知、短信通知、邮件通知、自动拨打电话。

【参考答案】错

【解析】在 SG-I6000 2.0 中，告警通知包括提示音通知、短信通知和邮件通知方式，暂不支持自动拨打电话功能。

8．SG-I6000 2.0 中设备台账数据更新后，会立即将数据同步到 ERP 系统。

【参考答案】错

【解析】在 SG-I6000 2.0 中，设备台账数据更新后，会发起转资流程，转资流程中会与 ERP 进行同步，但数据并非立即同步，转资频率可配置，一般设置为 30min。

9．在 SG-I6000 2.0 中值班视图用于直观展示工作值班情况，值班视图分为周视图和月视图两类。

【参考答案】错

【解析】在 SG-I6000 2.0 中，值班视图可分为日视图和月视图两类，不存在周视图。

10．SG-I6000 2.0 对业务系统的主页探测指标包括系统是否可访问、主页状态码以及响应时长。

【参考答案】对

【解析】在 SG-I6000 2.0 中，对业务系统的主页探测指标包括是否可访问、主页状态码及响应时长等多项指标。

11．SG-I6000 2.0 中所有设备都必须填写设备所在的机柜号、机架号。

【参考答案】错

【解析】在 SG-I6000 2.0 中，在运设备必须填写设备所在的机柜号、机架号，库存备用设备无需填写。

12．SG-I6000 2.0 中资源管理模型涵盖设备资源、虚拟资源、软件资源三大类。

【参考答案】错

【解析】在 SG-I6000 2.0 中资源管理模型涵盖硬件资源、软件资源、虚拟资源、网络资源、建筑场地、系统资源、子资源、策略等八大类。

13．SG-I6000 2.0 在应用系统监测视图中，白色气泡代表正常，灰色气泡图代表故障。

【参考答案】错

【解析】在 SG-I6000 2.0 应用系统监测视图中，绿色气泡代表正常，灰色气泡代表未接入。

14．SG-I6000 2.0 中某一个业务系统健康运行时长断点时，可能是 SG-I6000 2.0 总线服务宕机导致的。

【参考答案】错

【解析】在 SG-I6000 2.0 中，一个业务系统健康运行时长出现断点说明业务系统运行出现问题，总线服务宕机影响所有的监测系统。

15．当 SG-I6000 2.0 中工作票流程结束时，告诉所在班组的班长就行了，不用归档。

【参考答案】错

【解析】在 SG-I6000 2.0 中，流程结束后需在系统中进行归档操作，归档完成后全部流程流转结束。

16．当某一信息系统上线时，如果该系统不属于国网统推的信息系统，可以不用接入 SG-I6000 2.0 监控。

【参考答案】错

【解析】在 SG-I6000 2.0 中，所有统推系统、自建系统如果处于正式运行或试运行状态，均需接入系统进行监控。

17．SG-I6000 2.0 中业务系统健康运行时长的采集频率为 5min 一次。

【参考答案】对

【解析】在 SG-I6000 2.0 中，业务系统健康运行时长的默认采集频率为 5min 一次。

18．在 SG-I6000 2.0 中，当值调度员查看值班视图时所在班次的班组名称会加粗显示。

【参考答案】对

【解析】在 SG-I6000 2.0 中，值班视图中所在班次的班组名称会加粗显示，能够更加醒目地突出值班班次信息。

19．业务系统停运后，接入 SG-I6000 2.0 监控的健康运行时长指标值应该归零，但如果是正常停机检修，重新启动后该指标需要延续检修前的值继续增长。

【参考答案】错

【解析】在 SG-I6000 2.0 中，业务系统的计划外停运及计划内检修均会导致系统的健康运行时长归零。

20．SG-I6000 2.0 中自主采集监控与各类商业网管软件不可以并存。

【参考答案】错

【解析】在 SG-I6000 2.0 中，自主采集监控与各类商业网关软件可以共存，可实现同时运行管理，运行环境相互独立。

21．SG-I6000 2.0 的综合采集模块是在 IMS 原有采集功能基础上，增加对 tomcat 中间件、磁阵存储等对象的监测；通过有代理方式增加对主机风扇、电源、硬盘转速、CPU 温度等指标监测。

【参考答案】对

【解析】在 SG-I6000 2.0 中，增加了对 tomcat 中间件、磁阵存储等对象的监测；通过有代理方式增加对主机风扇、电源、硬盘转速、CPU 温度等指标监测。

22．SG-I6000 2.0 自主采集监控的部署，支持无代理和有代理两种方式。

【参考答案】对

【解析】在 SG-I6000 2.0 中，自主监控模块可以通过安装代理 Agent 的方式进行 APM 监控，同时也可采用基于流量镜像的 NPM 方式进行监控。

23．在 SG-I6000 2.0 中，必须严格按照排班要求进行值班，因有事请假不能来值班的，可与其他同事协商代替他进行值班，但是系统上不能进行调班操作。

【参考答案】错

【解析】在 SG-I6000 2.0 中，值班管理中可以进行调班操作，进行调班的值班员需完成调班流程，经值长批准后方可完成调班。

24．合规性检查针对最新的录入规则，帮助用户找出历史数据中不符合最新录入规则的资源数据，但在导出时，无法提示用户哪些数据存在问题。

【参考答案】错

【解析】在 SG-I6000 2.0 中，合规性检查针对最新的录入规则，帮助用户找出历史数据中不符合最新录入规则的资源数据，同时在导出时，提示用户哪些数据存在问题。

25．SG-I6000 2.0 中，总部调控中心发现某省公司在运信息系统全部告警，但是省公司检查本地 SG-I6000 2.0 未发现告警且页面访问正常，此情况本省与总部之间网络通断情况对其不会造成任何影响。

【参考答案】错

【解析】在上述案例中，总部发现某省的系统全部告警，但该省系统均处于正常状态，即可初步判断为系统与总部间的连接出现问题，该省与总部间网络故障会导致此类情况的发生。

26．SG-I6000 2.0 中主机采集可以不用建设备台账，直接配置采集。

【参考答案】错

【解析】在进行主机采集时，需先建立主机设备台账，在未创建台账的情况下，无法配置采集任务。

27．在 SG-I6000 2.0 中，值班视图默认以月视图显示公司当月值班信息。

【参考答案】错

【解析】在 SG-I6000 2.0 系统值班管理模块中，值班视图默认以日视图的方式进行展示，显示当日值班信息。

28．目前 SG-I6000 2.0 无法感知采集插件的运行状态。

【参考答案】对

【解析】SG-I6000 2.0 系统暂无法对采集插件的运行状态进行感知，实时发现故障运行插件。

29．SG-I6000 2.0 中，Agent 采集插件的安装需要登录到服务器上手动安装运行。

【参考答案】错

【解析】在 SG-I6000 2.0 系统中，Agent 采集插件的安装通常情况下是在系统内进行采集插件的配置，配置完成后系统自动完成推送及安装工作。

30．SG-I6000 2.0 中，通过单击监测列表弹出的资源监测详情页面是可以现场定制的。

【参考答案】对

【解析】在 SG-I6000 2.0 系统中，监测列表的资源监测详情页面是可以根据监测人员的需求进行个性化定制的，方便监测人员进行系统监测及操作。

31．SG-I6000 2.0 全景展示组件中，已发布的视图，无法重新进行编辑。

【参考答案】错

【解析】在 SG-I6000 2.0 系统全景展示组件中，已经发布的视图可以重新进行编辑，编辑完成后重新发布即可。

32．各级信息通信调度应严格执行 7×24h 有人值班制度。

【参考答案】对

【解析】《国家电网公司信息通信调度值班工作规范》第五条规定：各级信息通信调度应严格执行 7×24h 有人值班制度。

33．调度员岗位由高到低分为值长、主值、副值。原则上高级岗可从事低级岗工作，低级岗可以从事高级岗工作。

【参考答案】错

【解析】《国家电网公司信息通信调度值班工作规范》第六条规定：调度员岗位由高到低分为值长、主值、副值。原则上高级岗可从事低级岗工作，低级岗不得从事高级岗工作。

34．调度员应通过岗位资格考试后持证上岗。

【参考答案】对

【解析】《国家电网公司信息通信调度值班工作规范》第十条规定：调度员应通过岗位资格考试后持证上岗。

35．严禁无故脱岗，因故需暂时离岗时，需向值长提出申请，由值长安排好人员代岗、做好交接并经值长同意后方可离开，并尽快返岗。原则上离岗时间不超过 60min。

【参考答案】错

【解析】根据《国家电网公司信息通信调度值班工作规范》第十一条规定：严禁无故脱

岗，因故需暂时离岗时，需向值长提出申请，由值长安排好人员代岗、做好交接并经值长同意后方可离开，并尽快返岗。原则上离岗时间不超过30min。

36．《国家电网有限公司信息系统调度管理办法》中规定，两级信息调度机构应配置足够的持证上岗信息调度员，以保证值长、主值轮岗锻炼或离岗培训期间，生产值班正常运转不受影响。

【参考答案】对

【解析】《国家电网有限公司信息系统调度管理办法》第四章调度值班与管理中，第十九条规定：两级信息调度机构应配置足够的持证上岗信息调度员，以保证值长、主值轮岗锻炼或离岗培训期间，生产值班正常运转不受影响。

37．信息系统运行机构应按照信息化职能管理部门要求，结合信息系统运行状况和本地重大活动、气候环境变化等情况，制定切实可行的巡检制度，编制计划并合理安排巡检工作。

【参考答案】对

【解析】《国家电网公司信息系统运行管理办法》第十八条规定：信息系统运行机构应按照信息化职能管理部门要求，结合信息系统运行状况和本地重大活动、气候环境变化等情况，制定切实可行的巡检制度，编制计划并合理安排巡检工作。

38．作为SG-I6000 2.0系统的底层数据支撑，采集管理层负责完成对各类资源进行一体化数据采集。

【参考答案】对

【解析】根据SG-I6000 2.0系统设计规则，采集管理层负责完成对各类资源进行一体化数据采集。

39．SG-I6000 2.0中，监测总览、监测列表目前都不是微服务架构，后期需要改造并且前端js都计划使用antd技术框架。

【参考答案】对

【解析】根据SG-I6000 2.0系统设计规则，监测总览、监测列表目前都不是微服务架构，后期需要改造并且前端js都计划使用antd技术框架。

40．要对运维外包人员实施同质化管理，确保信息系统运维检修质量，防范数据泄密和安全运行风险。

【参考答案】对

【解析】根据《国家电网有限公司信息系统运行管理办法》第十九条规定：坚持核心运维自主化原则，并对运维外包人员实施同质化管理，确保信息系统运维检修质量，防范数据泄密和安全运行风险。

四、实践操作题

1．操作人员通过智能一体化运维支撑平台（SG-I6000 2.0）将某系统接入气泡图监控。主页探测地址为http://25.219.XX.XX:38080，采集指标为页面响应代码、页面响应时间、应用系统运行状态。

【重点速记】

（1）打开平台服务—采集控制—采集任务配置页面。

（2）新增采集任务，插件选择page采集插件，填写相关参数，勾选相关指标。

2．操作人员通过智能一体化运维支撑平台（SG-I6000 2.0）配置某系统的运行指标采集任务，WebService 地址为：http://25.219.XX.XX:18082/IMSAgent_Web_exploded/service/KPIManager?wsdl，采集指标为健康运行时长、在线用户数、累计访问人次。

【重点速记】

（1）打开平台服务—采集控制—采集任务配置页面。

（2）新增采集任务，插件选择 WebService 采集插件，填写相关参数，勾选相关指标。

3．操作人员通过智能一体化运维支撑平台（SG-I6000 2.0）配置信息系统告警策略。策略名称为某系统主页探测告警，适用范围为该系统，告警级别为严重，规则触发条件为页面响应代码缺失和值不等于 200，触发时间为 5min。

【重点速记】

（1）打开平台服务—监测管理—告警策略配置页面。

（2）新增告警策略，设置相关触发条件，选择适用范围。

4．操作人员通过智能一体化运维支撑平台（SG-I6000 2.0）配置信息系统告警通知策略。策略名称为某系统主页探测告警处置，告警等级为严重，资源过滤为全省公司，接收人为 imsadmin，通知方式为系统通知，告警通知不重复。

【重点速记】

（1）打开平台服务—监测管理—通知策略配置页面。

（2）新增通知策略，设置相关资源，选择适用范围及接收人。

5．操作人员通过智能一体化运维支撑平台（SG-I6000 2.0）查看某系统运行情况，包括健康运行时长、在线用户数、页面响应信息等指标。

【重点速记】

（1）打开资源监测微应用中的应用系统监测页面。

（2）单击相关系统的气泡图。

（3）打开指标信息页面进行查看。

6．操作人员通过智能一体化运维支撑平台（SG-I6000 2.0）为服务器安装 Agent 工具，版本为 3.4.8。采集区域为内网采集集群，操作系统为 Linux，IP 地址为 20.XX.XX.XX，SSH 端口为 10022，安装用户为 root，安装密码为 XXX，连接方式为安装用户。

【重点速记】

（1）打开平台服务—采集控制—Agent 部署页面。

（2）新增部署任务，填写相关参数。

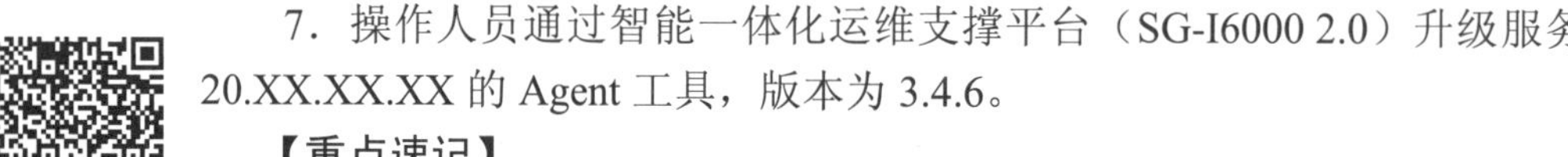

7．操作人员通过智能一体化运维支撑平台（SG-I6000 2.0）升级服务器 20.XX.XX.XX 的 Agent 工具，版本为 3.4.6。

【重点速记】

（1）打开平台服务—采集控制—Agent 注册升级页面。

（2）选择相关服务器进行升级操作。

8．操作人员通过智能一体化运维支撑平台（SG-I6000 2.0）安装服务器采集插件。

【重点速记】

（1）打开平台服务—采集控制—插件安装页面。

（2）选择相关服务器进行插件安装操作。

9．操作人员通过智能一体化运维支撑平台（SG-I6000 2.0）添加服务器采集指标。指标分类为性能，指标 ID 为 6_9600001，指标英文名称为 TESTB，指标英文别名为 TESTB，指标全称为测试 B，数据类型为字符串，定义方式为自定义，使用状态为启用，资源类型设置为主机资源。

【重点速记】

（1）打开平台服务—采集控制—监控指标配置页面。

（2）新增指标，输入相关信息并保存。

10．操作人员通过智能一体化运维支撑平台（SG-I6000 2.0）配置 TOMCAT 中间件采集模板，采集模板名称为 TESTB，采集模板编码为 TESTB，采集插件配置选择 JMX 采集插件，配置指标频率为 1 天/次，状态与性能指标频率为 5min/次，采集指标包括 JVM 堆使用率、JVM 堆已分配大小、JVM GC 次数、JVM GC 时间等。

【重点速记】

（1）打开平台服务—采集控制—采集模板配置页面。

（2）点选中间件并选择对应插件，配置相关指标并保存。

11．操作人员通过智能一体化运维支撑平台（SG-I6000 2.0）查看服务器 20.XX.XX.XX 运行情况，包括 CPU 使用率、内存使用率、文件系统使用率等关键指标。

【重点速记】

（1）打开资源监测微应用中的服务器监测页面。

（2）查询到对应服务器。

（3）打开指标信息页面进行查看。

12．操作人员通过智能一体化运维支撑平台（SG-I6000 2.0）配置 MySQL 数据库监控数据采集。IP 地址为 20.XX.XX.XX，端口为 13306，用户名为 root，密码为 XXX。采集指标包括运行状态、实例 session 总数、实例缓存 session 数量等。

【重点速记】

（1）打开平台服务—采集控制—采集任务配置页面。

（2）新增采集任务，插件选择 jdbc 采集插件，填写相关参数，勾选相关指标。

13．操作人员通过智能一体化运维支撑平台（SG-I6000 2.0）查看 MySQL 数据库 20.XX.XX.XX 运行情况，包括运行状态、运行时长、数据库数据文件大小等关键指标。

【重点速记】

（1）打开资源监测微应用中的数据库监测页面。

（2）查询到对应数据库。

（3）打开指标信息页面进行查看。

14．操作人员通过智能一体化运维支撑平台（SG-I6000 2.0）配置 tomcat 中间件监控数据采集。IP 地址为 20.XX.XX.XX，端口为 10081。采集指标包括 JVM 堆使用率、JVM 堆已分配大小、JVM GC 次数、JVM GC 时间等。

【重点速记】

（1）打开平台服务—采集控制—采集任务配置页面。

（2）新增采集任务，插件选择 JMX 采集插件，填写相关参数，勾选相关指标。

15．操作人员通过智能一体化运维支撑平台（SG-I6000 2.0）查看中间件 20.XX.XX.XX 运行情况，包括运行状态、JVM 堆使用率、运行时长等关键指标。

【重点速记】

（1）打开资源监测微应用中的中间件监测页面。

（2）查询到对应中间件。

（3）打开指标信息页面进行查看。

16．操作人员通过智能一体化运维支撑平台（SG-I6000 2.0）配置 F5 设备（负载均衡器）监控数据采集。IP 地址为 10.XX.XX.XX，协议端口为 161，协议版本为 V2，团体名为 XXX。采集指标包括 CPU 数量、物理内存大小、网络总丢包率、网络总错包率、网络总带宽利用率等。

【重点速记】

（1）打开平台服务—采集控制—采集任务配置页面。

（2）新增采集任务，插件选择 SNMP 采集插件，填写相关参数，勾选相关指标。

17．操作人员通过智能一体化运维支撑平台（SG-I6000 2.0）发现某系统气泡图变红，请查找故障原因并恢复运行状态为正常状态。

【重点速记】

（1）打开资源监测微应用中的中间件监测页面。

（2）查询到对应中间件。

（3）打开指标信息页面进行查看。

（4）根据故障指标联系相关人员进行处理。

18．操作人员通过智能一体化运维支撑平台（SG-I6000 2.0）配置 2023 年 12 月月度排班。使用系统中已配置的岗位、班次和班组信息。

【重点速记】

（1）打开值班管理微应用中的月度排班页面。

（2）单击新增排班，输入相关信息或导入排班表。

19．操作人员通过智能一体化运维支撑平台（SG-I6000 2.0）查看 2023 年 10 月份月度排班视图并通过月视图查看 2023 年 10 月 12 日日视图。

【重点速记】

（1）打开值班管理微应用中的值班视图页面。

（2）查询 2023 年 10 月视图。

（3）单击 10 月 12 日视图。

20．操作人员通过智能一体化运维支撑平台（SG-I6000 2.0）进行交接班操作。

【重点速记】

（1）打开值班管理微应用中的值班视图页面。

（2）单击交接班。

第二节 应 急 管 理

章节摘要：本章节主要考核电网企业数字化运行管理工作中应急管理工作相关规章制度、流程、技术等，包括应急组织体系、应急预案管理、应急演练管理、应急培训管理、应急处置要求、应急技术支撑、应急物资保障、紧急抢修执行、事件报告要求等方面考题。

一、单项选择题

1．《国家电网公司安全事故调查规程》中规定，（ ）以上信息系统事件，应立即按资产关系或管理关系逐级上报至公司总部。

A．五级 B．六级 C．七级 D．八级

【参考答案】B

【解析】《国家电网公司安全事故调查规程》第 6 章即时报告中，第 6.3.2 条规定：发生下列事件，应立即按资产关系或管理关系逐级上报至公司总部。六级以上人身、电网、设备和信息系统事件。

2．《国家电网公司电力安全工作规程》中规定，影响其他设备正常运行的故障设备应及时（ ）。

A．关停 B．拆除 C．脱网 D．修复

【参考答案】C

【解析】《国家电网公司电力安全工作规程》第 5 章一般安全要求中，第 5.9 条规定：影响其他设备正常运行的故障设备应及时脱网（隔离）。

3．《国家电网公司十八项电网重大反事故措施》中规定，信息系统应提供（ ）机制，异常错误应有明确的错误日志，异常描述应清晰、规范，在相应维护手册中能查到错误的原因与处理步骤。同时应具备数据清理能力。

A．业务异常处理 B．数据分析保护 C．日志处理记录 D．数据备份恢复

【参考答案】A

【解析】《国家电网公司十八项电网重大反事故措施》16.4 防止信息系统事故中，第 16.4.1.10 条规定：信息系统应具备服务异常中断时的数据保护能力，当系统恢复后能够保证业务和数据的一致性、完整性。应提供完善的业务异常处理机制，异常错误应有明确的错误日志，异常描述应清晰、规范，在相应维护手册中能查到错误的原因与处理步骤。同时应具备数据清理能力。

4．《国家电网公司信息通信调度值班工作规范》中规定，（ ）负责组织应急处置和紧急、重要事件的汇报。

A．当值 B．值长 C．主值 D．副值

【参考答案】B

【解析】《国家电网公司信息通信调度值班工作规范》第二章值班管理中，第七条规定：值长是信息通信调度当值期间的值班工作负责人，负责组织应急处置和紧急、重要事件的汇报，指导、分解值班任务等工作。

5.《国家电网公司信息系统检修管理办法》中规定，系统故障停运或部分系统（设备）异常可能影响系统正常使用需紧急处理时，（　　）应立即开展紧急检修，同时向国网数字化部及相关业务部门报告。

A. 信息系统调度单位　　B. 信息系统运行单位

C. 信息系统运维单位　　D. 信息系统使用单位

【参考答案】C

【解析】《国家电网公司信息系统检修管理办法》第七章紧急检修管理中，第二十七条规定：系统故障停运或部分系统（设备）异常可能影响系统正常使用需紧急处理时，信息系统运维单位（部门）应立即开展紧急检修，同时向国网数字化部及相关业务部门报告。

6.《国家电网公司网络安全与信息通信应急管理办法》中规定，负责调管范围内的网络安全与信息通信应急处置调度指挥工作，接受国网信通调度的统一调度指挥是（　　）的职责。

A. 国网数字化部　　B. 国网信通公司

C. 各单位数字化部　　D. 各单位信息通信运维单位

【参考答案】D

【解析】《国家电网公司网络安全与信息通信应急管理办法》第二章应急组织体系中，第十二条（四）中规定：公司各单位的信息通信运维单位负责调管范围内的网络安全与信息通信应急处置调度指挥工作，接受国网信通调度的统一调度指挥。

7.《国家电网公司网络安全与信息通信应急管理办法》中规定，（　　）应包括应急组织架构、风险和危害程度分析、事件分级、预警发布流程、应急响应措施、信息报送程序等内容。

A. 应急预案　　B. 专项应急预案　　C. 现场处置方案　　D. 风险预控方案

【参考答案】B

【解析】《国家电网公司网络安全与信息通信应急管理办法》第三章应急预案管理中，第十六条规定：专项应急预案应包括应急组织架构、风险和危害程度分析、事件分级、预警发布流程、应急响应措施、信息报送程序等内容。

8.《国家电网公司网络安全与信息通信应急管理办法》中规定，公司各级单位编制完成网络安全与信息通信专项应急预案和现场处置方案后，应由（　　）组织应急管理方面专家进行评审。

A. 国网数字化部　　B. 国网信通公司

C. 本单位信息通信职能管理部门　　D. 本单位信通公司

【参考答案】C

【解析】《国家电网公司网络安全与信息通信应急管理办法》第三章应急预案管理中，第十七条规定：公司各级单位编制完成网络安全与信息通信专项应急预案和现场处置方案后，应由本单位信息通信职能管理部门组织应急管理方面专家进行评审。

9.《国家电网公司网络安全与信息通信应急管理办法》中规定，公司各级单位网络安全与信息通信专项应急预案和现场处置方案每（　　）年应至少修订一次。

A．一　　B．三　　C．五　　D．七

【参考答案】B

【解析】《国家电网公司网络安全与信息通信应急管理办法》第三章应急预案管理中，第二十一条规定：公司各级单位网络安全与信息通信专项应急预案和现场处置方案每三年应至少修订一次。

10.《国家电网公司网络安全与信息通信应急管理办法》中规定，公司各级单位要结合信息通信专业发展规划和（　　）实施工作，加强信息通信应急理论知识和技能培训。

A．SG-ITOM　　B．SG-I6000　　C．SG-S6000　　D．SG-186

【参考答案】A

【解析】《国家电网公司网络安全与信息通信应急管理办法》第四章应急培训与演练管理中，第二十二条规定：公司各级单位要结合信息通信专业发展规划和国家电网有限公司信息通信运维体系（SG-ITOM）实施工作，加强信息通信应急理论知识和技能培训。

11.《国家电网公司网络安全与信息通信应急管理办法》中规定，各专项应急预案的演练每年至少进行（　　）次。

A．一　　B．二　　C．三　　D．四

【参考答案】A

【解析】《国家电网公司网络安全与信息通信应急管理办法》第四章应急培训与演练管理中，第二十六条（一）规定：各专项应急预案的演练每年至少进行一次。

12.《国家电网公司网络安全与信息通信应急管理办法》中规定，各现场处置方案的演练应制定演练计划，以（　　）年为周期全覆盖。

A．一　　B．两　　C．三　　D．四

【参考答案】C

【解析】《国家电网公司网络安全与信息通信应急管理办法》第四章应急培训与演练管理中，第二十六条（二）规定：各现场处置方案的演练应制定演练计划，以三年为周期全覆盖。

13.《国家电网公司网络安全与信息通信应急管理办法》中规定，公司各级信息通信运维单位应于每年年底前完成次年的年度应急演练计划，经本单位信息通信职能管理部门审核后，由本单位（　　）逐级上报，经总部批复后方可执行。

A．信息通信运行机构　　B．信息通信检修机构

C．信息客服机构　　D．信息通信调度机构

【参考答案】D

【解析】《国家电网公司网络安全与信息通信应急管理办法》第四章应急培训与演练管理中，第三十二条（一）规定：公司各级信息通信运维单位应于每年年底前完成次年的年度应急演练计划，经本单位信息通信职能管理部门审核后，由本单位信息通信调度机构逐级上报，经总部批复后方可执行。

14.《国家电网公司网络安全与信息通信应急管理办法》中规定，公司各级信息通信运维单位根据批复的年度应急演练计划，编制月度应急演练计划，经本单位信息通信职能管理部门审核后，于每月（　　）日前，由本单位信息通信调度机构逐级上报，经总部审批通过

后方可执行。

A．10 B．15 C．20 D．25

【参考答案】C

【解析】《国家电网公司网络安全与信息通信应急管理办法》第四章应急培训与演练管理中，第三十二条（二）规定：公司各级信息通信运维单位根据批复的年度应急演练计划，编制月度应急演练计划，经本单位信息通信职能管理部门审核后，于每月20日前，由本单位信息通信调度机构逐级上报，经总部审批通过后方可执行。

15.《国家电网公司网络安全与信息通信应急管理办法》中规定，突发事件应急处置工作结束后，公司各级单位要成立应急恢复重建小组，组织开展灾损排查。开展受损信息系统检查，重点检查（ ）情况。

A．重要系统功能模块恢复 B．重要数据丢失及系统数据备份可恢复

C．重要服务组件恢复 D．重要监控指标恢复

【参考答案】B

【解析】《国家电网公司网络安全与信息通信应急管理办法》第十章应急恢复重建中，第六十七条（一）规定：开展受损信息系统检查，重点检查重要数据丢失及系统数据备份可恢复情况。

16.《国家电网公司网络安全与信息通信应急管理办法》中规定，当信息通信系统应急处置导致原有（ ）发生变化时，通过重建措施恢复原运行方式或优化更新运行方式。

A．网络拓扑 B．运行方式 C．系统架构 D．应用数据

【参考答案】B

【解析】《国家电网公司网络安全与信息通信应急管理办法》第十章应急恢复重建中，第六十八条规定：当信息通信系统应急处置导致原有运行方式发生变化时，通过重建措施恢复原运行方式或优化更新运行方式。

17.《国家电网公司网络安全与信息通信应急管理办法》中规定，公司各级单位在信息通信系统新建、重建中，要充分考虑采用高可用架构，应符合公司研发安全相关要求，采用必要的网络安全防护措施，避免出现单点隐患、网络安全隐患，同时加强运行期信息通信系统改造，特别是单设备、单链路、单模块的信息通信系统的改造，实现应急故障处理由“抢修—恢复”模式，向（ ）模式的转变。

A．隔离—保障 B．抢修—保障 C．隔离—恢复 D．抢修—隔离

【参考答案】A

【解析】《国家电网公司网络安全与信息通信应急管理办法》第十章应急恢复重建中，第七十条规定：公司各级单位在信息通信系统新建、重建中，要充分考虑采用高可用架构，应符合公司研发安全相关要求，采用必要的网络安全防护措施，避免出现单点隐患、网络安全隐患，同时加强运行期信息通信系统改造，特别是单设备、单链路、单模块的信息通信系统的改造，实现应急故障处理由“抢修—恢复”模式，向“隔离—保障”模式的转变。

18.《国家电网公司信息系统和网络安全事件报告工作要求》中规定，信息系统运行事件发生后，（ ）向（ ）报告，同时报省（自治区、直辖市）电力公司（直属单位）职能管理部门。

A．地市级信息调度、省级信息调度 B．地市级信息调度、国网信息调度

C．省级信息调度、国网数字化部　　　　D．省级信息调度、国网信息调度

【参考答案】D

【解析】《国家电网公司信息系统和网络安全事件报告工作要求》二、报告流程中，（一）信息系统运行事件规定：信息系统运行事件发生后，省级信息调度向国网信息调度报告，同时报省（自治区、直辖市）电力公司（直属单位）职能管理部门。

19.《国家电网公司信息系统和网络安全事件报告工作要求》中规定，信息系统和网络安全事件的书面报告通过（　　）提报。

A．TMS　　B．SG-I6000 2.0　　C．ICS　　D．S6000

【参考答案】B

【解析】《国家电网公司信息系统和网络安全事件报告工作要求》二、报告形式规定：书面报告通过智能一体化运维支撑平台（SG-I6000 2.0）提报。

20.《国家电网公司信息系统和网络安全事件报告工作要求》中规定，各分部、各省（自治区、直辖市）电力公司所辖电网发生大面积停电或重大事件，或各单位发生在社会上造成重大影响的事件，需核实本单位信息系统是否受影响及信息系统对本单位应急工作的支撑情况，按（　　）故障要求执行报告制度。

A．调规七级　　B．调规八级　　C．A类　　D．B类

【参考答案】C

【解析】《国家电网公司信息系统和网络安全事件报告工作要求》五、报送要求中，（一）省级调度报送要求规定：各分部、各省（自治区、直辖市）电力公司所辖电网发生大面积停电或重大事件，或各单位发生在社会上造成重大影响的事件，需核实本单位信息系统是否受影响及信息系统对本单位应急工作的支撑情况，按A类故障要求执行报告制度。

21.《重大活动期间信息通信保障典型措施（试行）》中规定，一旦发生互联网网络攻击等信息安全异常情况，应遵循（　　）的原则进行处置，快速控制影响范围。

A．先隔离、抢通，后修复　　　　B．先关停、隔离，后修复

C．先关停、封堵，后恢复　　　　D．先隔离、封堵，后恢复

【参考答案】C

【解析】《重大活动期间信息通信保障典型措施（试行）》五、报送要求中，二、保障执行阶段中，（十六）做好应急突发处置3规定：一旦发生互联网网络攻击等信息安全异常情况，应遵循“先关停、封堵，后恢复”的原则进行处置，快速控制影响范围。

22.《重大活动期间信息通信保障典型措施（试行）》中规定，重大活动保障准备阶段，对现有的应急预案进行梳理确认，确保应急预案的可用性，必要时编制（　　）。

A．总体应急预案　　B．专项应急预案　　C．现场处置方案　　D．风险预控方案

【参考答案】B

【解析】《重大活动期间信息通信保障典型措施（试行）》五、报送要求中，一、保障准备阶段中，（九）加强应急准备，开展应急演练规定：对现有的应急预案进行梳理确认，确保应急预案的可用性，必要时编制专项应急预案。

23.《重大活动期间信息通信保障典型措施（试行）》中规定，结合保障任务，开展针对性（　　），对暴露的问题进行整改，完善相关应急预案。

A．应急演练　　B．隐患排查　　C．风险分析　　D．专项督查

【参考答案】A

【解析】《重大活动期间信息通信保障典型措施（试行）》五、报送要求中，一、保障准备阶段中，（九）加强应急准备，开展应急演练规定：结合保障任务，开展针对性应急演练，对暴露的问题进行整改，完善相关应急预案。

24. 根据《重大活动期间信息通信保障典型措施（试行）》中规定，保障期间发生影响业务的异常情况，应遵循（　　）原则进行处置。

A. 先封堵，后恢复　　B. 先关停，后恢复

C. 先关停，后修复　　D. 先抢通，后修复

【参考答案】D

【解析】《重大活动期间信息通信保障典型措施（试行）》二、保障执行阶段中，（十六）做好应急突发处置2规定：保障期间发生影响业务的异常情况，应遵循“先抢通，后修复”的原则进行处置，优先恢复重要业务，尽可能缩短业务影响时间和范围。

25. 各级信息调度员应对值班过程中出现的各类告警信息进行跟踪处理。告警处理的基本流程为：①发现告警信息。②确定异常（故障）等级。③初步分析告警原因，对比相关记录判断可能的影响范围及影响时间。④启动相应的应急处理流程，并根据告警信息的反馈结果填写相关处理记录。⑤报告（通知）相关单位（部门）人员。

A. ①③⑤②④　　B. ①②③④⑤　　C. ①③⑤④②　　D. ①⑤③②④

【参考答案】A

【解析】根据应急处置流程和经验，首选应是发现告警，其次是初步分析告警原因，通知相关人员，故障定级，最后启动应急预案，开展应急处置。

26. 网络安全与信息实操演练应选择在（　　）进行，严格控制实操演练引起的信息系统风险，实操演练开展前，可根据需要发布风险预警。

A. 非工作日　　B. 业务高峰期

C. 工作日　　D. 非主要业务时段

【参考答案】D

【解析】《国家电网公司网络安全与信息通信应急管理办法》第四章应急培训与演练管理中，第二十九条规定：网络安全与信息通信实操演练应选择在非主要业务时段进行，严格控制实操演练引起的信息通信系统风险，实操演练开展前，可根据需要发布风险预警。

27.《国家电网公司信息通信调度值班工作规范》中规定，交接班前15min内，一般不进行重大操作。交接班时发生故障异常，应立即停止交接班，并由（　　）负责处理。

A. 接班人员　　B. 下一班值长　　C. 交班人员　　D. 现场抢修人员

【参考答案】C

【解析】《国家电网公司信息通信调度值班工作规范》第三章交接班管理中，第十六条规定：交接班前15min内，一般不进行重大操作。交接班时发生故障异常，应立即停止交接班，并由交班人员负责处理。

28.《国家电网公司信息调度人员培训考核工作规范》中规定，调度值长应具备较强的组织协调和（　　）能力。

A. 分析判断能力　　B. 应急决策能力

C. 沟通协调能力　　D. 处理复杂问题能力

【参考答案】B

【解析】《国家电网公司信息调度人员培训考核工作规范》第三章考核管理中，第十九条规定：调度值长应熟练掌握信息调度、运行、检修相关制度流程，具备较强的组织协调和应急决策能力。

29.《国家电网公司信息调度人员培训考核工作规范》中规定，调度值长应具备组织开展（　　）的能力。

A. 运维检修　　B. 运行监控　　C. 沟通协调　　D. 应急演练

【参考答案】D

【解析】《国家电网公司信息调度人员培训考核工作规范》第三章考核管理中，第十九条规定：调度值长应具有比较丰富的信息运维专业经验，有较强的分析判断能力、沟通协调能力、处理复杂问题和突发事件能力；具备组织开展应急演练的能力。

30.《国家电网公司信息调度人员培训考核工作规范》中规定，典型应急处置场景及预案是（　　）岗前培训的内容。

A. 调度值长　　B. 调度主值　　C. 调度副值　　D. 调度值班员

【参考答案】B

【解析】《国家电网公司信息调度人员培训考核工作规范》第二章岗位培训中，第九条专业知识规定：调度主值岗前培训的内容应包括典型应急处置场景及预案。

31. 对出现的某个网络故障，制定了一个排错方案并实施，结果发现故障并没有排除，那么下一步需要进行的是（　　）。

A. 放弃这个排错方案并开始重新定位问题

B. 恢复实施该排错方案前的网络状态

C. 从网络的目前状态开始进行新的故障排除过程

D. 调度值班员

【参考答案】B

【解析】根据应急处置流程和经验，当排查方案无效时，应将排查措施回退至实施前的状态，避免因为排查操作引起的变化影响对故障原因的判断。

32.《国家电网公司信息系统运行管理办法》中规定，（　　）负责本单位信息系统运行安全保障及应急处置工作。

A. 省公司级安全督查单位（部门）　　B. 国网信通公司

C. 省公司数字化部　　D. 省公司级信息系统运维单位（部门）

【参考答案】D

【解析】《国家电网公司信息系统运行管理办法》第二章职责分工中，第十二条（二）规定：省公司级信息系统运维单位（部门）负责本单位信息系统运行安全保障及应急处置工作。

33.《国家电网公司信息系统运行管理办法》中规定，运行值班人员发现运行异常，应立即报告信息系统运行机构负责人和（　　），记录现场各种异常参数，协助做好相关现场处理工作。

A. 信息系统调度机构　　B. 信息系统检修机构

C. 信息系统建设机构　　D. 信息系统客服机构

【参考答案】A

【解析】《国家电网公司信息系统运行管理办法》第三章工作内容与要求中，第十七条(二)规定：运行值班人员发现运行异常，应立即报告信息系统运行机构负责人和信息系统调度机构，记录现场各种异常参数，协助做好相关现场处理工作。

34.《国家电网公司信息系统运行管理办法》中规定，信息系统运行机构要定期形成分析报告，重大保障和应急处置时期要（　　）进行运行情况简报，并按规定报信息化职能管理部门。

A．每 1h　　B．每日　　C．每周　　D．每月

【参考答案】B

【解析】《国家电网公司信息系统运行管理办法》第三章工作内容与要求中，第二十七条(二)规定：信息系统运行机构要定期形成分析报告，重大保障和应急处置时期要每日进行运行情况简报，并按规定报信息化职能管理部门。

35.《国家电网公司信息系统缺陷管理规范（试行)》中规定，（　　）是指对信息系统安全稳定运行有直接威胁并需立即处理，否则随时可能造成信息系统对外服务不可用的缺陷。

A．危急缺陷　　B．严重缺陷　　C．较大缺陷　　D．一般缺陷

【参考答案】A

【解析】《国家电网公司信息系统缺陷管理规范（试行)》第三章缺陷分类定级中，第十三条缺陷定级(一)规定：危急缺陷是指对信息系统安全稳定运行有直接威胁并需立即处理，否则随时可能造成信息系统对外服务不可用的缺陷。

36.《国家电网公司信息系统缺陷管理规范（试行)》中规定，发生危急缺陷时，应在（　　）内完成缺陷消除的闭环流程，超过消缺时限仍未消缺的纳入隐患管理流程进行闭环督办。

A．六个月　　B．一个月　　C．一周　　D．24h

【参考答案】D

【解析】《国家电网公司信息系统缺陷管理规范（试行)》第六章缺陷消缺中，第二十五条规定：发生危急缺陷时，应在 24h 内完成缺陷消除的闭环流程，超过消缺时限仍未消缺的纳入隐患管理流程进行闭环督办。

37．应急处置人员在完成应急处置后，需要在 24h 内在 SG-I6000 2.0 系统中，补填报紧急检修工单。SG-I6000 2.0 系统中工单填报是在（　　）功能菜单中新建紧急检修计划，并完成对应两票的申报审批流程。

A．检修可视化　　B．检修查询　　C．检修管理　　D．两票管理

【参考答案】C

【解析】《国家电网公司智能一体化运维支撑平台 SG-I6000 2.0 用户手册》3.操作说明中，3.2 工单填报规定：在“检修管理”中，单击左侧菜单“拟办待办”，进入拟办待办页面，单击页面顶部的“拟办”按钮切换至拟办页，单击“新增紧急检修计划”按钮进入填报环节，根据页面提示填写信息填写完成后，单击“发送”按钮进入发送选择，单击发送按钮后，工单填报操作完成。

38.某省公司于本月某一工作日 19:00～23:00 开展财务管控系统数据恢复实操应急演练，

但该单位并未申报演练计划。系统停运后，国网信息调度来电询问情况，并要求立即恢复系统运行，本次事件按系统异常处置，2h 后系统恢复运行。依据《国家电网公司安全事故调查规程》，该事件为（　　）事件。

A．六级信息系统事件　　B．七级信息系统事件

C．八级信息系统事件　　D．不构成定级事件

【参考答案】D

【解析】《国家电网公司安全事故调查规程》4 类型等级中，4.4 信息系统事件 4.4.4 八级信息系统事件 4.4.4.4（3）规定：三类信息系统业务中断，且持续时间 4h 以上，为八级信息系统事件。该案例中财务管控系统为三类信息系统，系统业务中断时长为 2h，小于 4h，因此不构成定级事件。

39．某地市公司计划于 10 月 28 日 20:00～22:00 开展核心交换机不停机检修工作。20:10 该省信息调度监控发现该地市信息内网全部中断，经查中断是因为该检修异常引起，当值信息调度员立即要求地市检修人员恢复网络。21:00 经检修回退操作，该地市信息内网恢复。后经核实，本次除影响该单位信息内网，还影响了该地市 95598 故障工单线上接单。依据《国家电网公司信息系统和网络安全事件报告工作要求》，该故障为（　　）故障。

A．A 类故障　　B．B 类故障　　C．调规七级事件　　D．调规八级事件

【参考答案】B

【解析】《国家电网公司信息系统和网络安全事件报告工作要求》附件 3 国家电网有限公司信息系统故障类型表中，B 类故障规定：省电力公司级以下单位间（包括省级与下属单位间）的网络不可用，为 B 类故障。该案例中故障为某地市级单位本地信息网络不可用，属于 B 类故障。《国家电网公司安全事故调查规程》4 类型等级中，4.4 信息系统事件 4.4.4 八级信息系统事件 4.4.4.2（1）规定：地市供电公司级单位本地信息网络不可用，且持续时间 1h 以上构成八级信息系统事件。该案例中故障持续时间为 50min，不满 1h，因此不构成调规事件级别。按照故障定级从严原则，因此应构成事件报告工作要求中定义的 B 类故障。

40．某工作日 09:10，某省信息调度通过 SG-I6000 监控发现营销业务应用系统健康运行时长归零，系统无法登录，立即组织开展应急处置。10:00，运维人员申请紧急检修，当值值长同意并向国网信息调度汇报，15:31 故障排除，系统恢复正常。故障处置期间，该省信息调度仅在申请紧急检修和抢修结束的两个时间节点向国网信通调度进行汇报。后经确认当日 07:00～09:10 数据丢失，导致该时段内营销业务应用系统 1000 条用户信息无法恢复。故障处置完毕 2 天后，该省信息调度提交书面即时报告至国网信息调度。5 个工作日后提交了正式报告。该省信息调度的汇报有多处不符合要求，请问一共有（　　）处。

A．1　　B．2　　C．3　　D．4

【参考答案】D

【解析】《国家电网公司信息系统和网络安全事件报告工作要求》五、报告要求中，（一）省级调度报送要求规定：发生信息系统和网络安全事件后，故障发生单位信息调度或履行信息调度报告职责部门应核查故障类型，故障发生后立即（30min 内）通过调度电话汇报至国网信息调度，同时上报本单位职能管理部门；故障处置过程中每隔 1h 向国网信息调度汇报故障处置阶段性进展情况；事件处置完毕后，24h 内提交书面即时报告至国网信息调度；事件处置完毕后 7 个工作日内提交正式报告至国网信息调度。该案例中，故障发生后，该省信息

调度人员的汇报不符合要求的地方有 4 处：①A 类故障发生后，省级信息调度应立即（30min 内）通过调度电话汇报至国网信息调度，但该省信息调度在故障发生后 50min 才报国网信息调度；②省信息调度应以调度电话通知本单位有关人员并上报本单位职能管理部门，但该省信息调度未向职能管理部门报告；③故障处置过程中省级信息调度每隔 1h 向国网信息调度汇报故障处置阶段性进展情况，但该省信息调度未向国网信息调度汇报故障处置进展；④故障处置结束后，未在 24h 内提交书面即时报告。

41.《国家电网有限公司网络与信息系统突发事件应急预案》属于公司突发事件应急预案中的（　　）。

A. 总体应急预案　　B. 专项应急预案　　C. 现场处置方案　　D. 部门应急预案

【参考答案】B

【解析】《国家电网有限公司网络与信息系统突发事件应急预案》第一章总则第 1.3 适用范围中，第 1.3.1 条规定：本预案为公司突发事件应急预案中的专项预案，适用于公司应对和处置管理信息大区、互联网大区中因网络与信息系统问题引起的对公司正常生产、经营、管理构成重大影响和威胁的突发事件。

42. 各级单位（　　）负责组织编制和实施本单位的应急预案，并对应急预案的真实性和实用性负责。

A. 主要负责人　　B. 应急工作专责

C. 应急工作分管部门负责人　　D. 应急工作分管专业负责人

【参考答案】A

【解析】《国家电网有限公司应急预案管理办法》第一章总则中，第三条规定：各级单位主要负责人负责组织编制和实施本单位的应急预案，并对应急预案的真实性和实用性负责。

43. 应急预案编制完成后，应征求应急管理归口部门和其他相关部门的意见，并组织（　　）进行论证。

A. 实际演练　　B. 桌面推演　　C. 模拟操作　　D. 计算机仿真

【参考答案】B

【解析】《国家电网有限公司应急预案管理办法》第二章预案编制中，第十一条规定：应急预案编制完成后，应征求应急管理归口部门和其他相关部门的意见，并组织桌面推演进行论证。

44. 应急预案发布时，应统一进行编号。编号采用（　　），应包含编制单位、预案类别、顺序编号和修编次数等信息，并及时发放到本单位有关部门、岗位和相关应急救援队伍。

A. 汉字和英文字母相结合　　B. 汉字和数字相结合

C. 英文字母和数字相结合　　D. 汉字

【参考答案】C

【解析】《国家电网有限公司应急预案管理办法》第三章评审和发布中，第十八条规定：应急预案发布时，应统一进行编号。编号采用英文字母和数字相结合，应包含编制单位、预案类别、顺序编号和修编次数等信息，并及时发放到本单位有关部门、岗位和相关应急救援队伍。

45. 公司各级单位应在应急预案发布后（　　）内完成公司系统内部应急预案备案

工作。

A．5个工作日　　B．10个工作日　　C．15个工作日　　D．20个工作日

【参考答案】D

【解析】《国家电网有限公司应急预案管理办法》第四章备案中，第十九条规定：公司各级单位按照以下规定做好公司系统内部应急预案备案工作。(四)备案时间：应急预案发布后20个工作日内。

46．公司总部各部门、各级单位应当将应急预案培训作为应急管理培训的重要内容，对与应急预案实施密切相关的管理人员和（　　）等组织开展应急预案培训。

A．编制人员　　B．执行人员　　C．作业人员　　D．操作人员

【参考答案】C

【解析】《国家电网有限公司应急预案管理办法》第五章培训与演练中，第二十一条规定：公司总部各部门、各级单位应当将应急预案培训作为应急管理培训的重要内容，对与应急预案实施密切相关的管理人员和作业人员等组织开展应急预案培训。

47．《国家电网有限公司突发事件总体应急预案》中规定，启动（　　）级别应急响应时，应启动公司应急指挥中心。

A．Ⅰ级及以上　　B．Ⅱ级及以上　　C．Ⅲ级及以上　　D．Ⅳ级及以上

【参考答案】B

【解析】《国家电网有限公司突发事件总体应急预案》第五章应急响应中，5.4.2规定：公司专项应急领导小组研究启动Ⅱ级应急响应，启动公司应急指挥中心。

48．公司各级单位应每（　　）至少进行一次应急预案适用情况的评估，分析评价其针对性、实效性和操作性，实现应急预案的动态优化，并编制评估报告。

A．一年　　B．两年　　C．三年　　D．五年

【参考答案】C

【解析】《国家电网有限公司应急预案管理办法》第六章实施与修订中，第三十二条规定：公司各级单位应每三年至少进行一次应急预案适用情况的评估，分析评价其针对性、实效性和操作性，实现应急预案的动态优化，并编制评估报告。

49．公司各级单位总体应急预案评审由（　　）负责组织。

A．本单位应急管理归口部门　　B．预案编制责任部门

C．本部门　　D．业务主管部门

【参考答案】A

【解析】《国家电网有限公司应急预案评审管理办法》第二章评审专家组织中，第五条规定：公司各级单位总体应急预案评审由本单位应急管理归口部门负责组织；专项应急预案的评审由该预案编制责任部门负责组织；部门应急预案的评审由本部门负责组织；需评审的现场处置方案由该方案的业务主管部门自行组织评审。

50．应急预案评审通常采用（　　）形式。

A．远程评审　　B．会议评审　　C．联合评审　　D．现场评审

【参考答案】B

【解析】《国家电网有限公司应急预案评审管理办法》第二章评审专家组织中，第六条规定：应急预案评审通常采用会议评审形式。

51．评审专家对应急预案的应急预案体系、适用范围、危险源辨识与风险评估、突发事件分级、组织机构及职责、信息报告与处置进行评审，属于（　　）评审。

A．形式评审　　B．一般要素评审　　C．关键要素评审　　D．现场评审

【参考答案】C

【解析】《国家电网有限公司应急预案评审管理办法》第四章评审方法中，第十六条规定：关键要素是指应急预案构成要素中必须规范的内容。这些要素涉及单位日常应急管理及应急救援的关键环节，具体包括应急预案体系、适用范围、危险源辨识与风险评估、突发事件分级、组织机构及职责、信息报告与处置、应急响应程序、保障措施、培训与演练等要素。

52．应急预案经评审、修改，符合要求后，由（　　）签署发布。

A．本单位主要负责人（或分管领导）　　B．部门负责人

C．业务归口部门负责人　　D．预案编制负责人

【参考答案】A

【解析】《国家电网有限公司应急预案评审管理办法》第五章评审程序中，第二十六条规定：应急预案经评审、修改，符合要求后，由本单位主要负责人（或分管领导）签署发布。

53．重要网络与信息系统遭受特别严重的系统损失，造成系统大面积瘫痪，丧失业务处理能力，属于（　　）网络与信息系统突发事件。

A．特别重大　　B．重大　　C．较大　　D．一般

【参考答案】A

【解析】《国家电网有限公司网络与信息系统突发事件应急预案》第四章事件分级中，第4.1特别重大事件规定：重要网络与信息系统遭受特别严重的系统损失，造成系统大面积瘫痪，丧失业务处理能力，属于特别重大网络与信息系统突发事件。

54．分部、省公司、直属单位发生重大及以上网络与信息系统突发事件，应在（　　）报告公司网络与信息应急办、相关部门。

A．30min内　　B．1h内　　C．15min内　　D．2h内

【参考答案】A

【解析】《国家电网有限公司网络与信息系统突发事件应急预案》第七章信息报告中，第7.3报告要求规定：分部、省公司、直属单位发生重大及以上网络与信息系统突发事件，应在30min内报告公司网络与信息应急办、相关部门；发生较大及以下网络与信息系统突发事件，应在1h内报告公司网络与信息应急办、相关部门。

55．事发单位在信息系统新建、重建中，要充分考虑、采用（　　）架构，符合公司运行管理及研发安全要求，采用必要的网络安全防护措施，同时加强运行期信息系统改造。

A．单体　　B．微服务　　C．SOA架构　　D．高可用

【参考答案】D

【解析】《国家电网有限公司网络与信息系统突发事件应急预案》第八章后期处置中，第8.2.1处置与恢复原则规定：事发单位在信息系统新建、重建中，要充分考虑、采用高可用架构，符合公司运行管理及研发安全要求，采用必要的网络安全防护措施，同时加强运行期信息系统改造。

56．各分部、公司各单位应按照总部统一要求，与定期开展的专项应急预案和现场处置方案的培训、考试相结合，有效开展各类专项应急演练，每年应组织专项应急预案与现场处置方案演练，各专项应急预案的演练每年至少进行（　　）次，各现场处置方案的演练应制定演练计划，以（　　）年为周期全覆盖。

A．一，两　　B．一，三　　C．两，两　　D．两，三

【参考答案】B

【解析】《国家电网有限公司网络与信息系统突发事件应急预案》第十章预案管理中，第10.2 预案演练规定：各分部、公司各单位应按照总部统一要求，与定期开展的专项应急预案和现场处置方案的培训、考试相结合，有效开展各类专项应急演练，每年应组织专项应急预案与现场处置方案演练，各专项应急预案的演练每年至少进行一次，各现场处置方案的演练应制定演练计划，以三年为周期全覆盖。

57．即时报告中的书面报告应按照《国家电网有限公司信息系统和网络安全事件即时书面报告》的格式填报，（　　）应作为附件统一提报。

A．现场处置方案　　B．应急预案　　C．故障分析报告　　D．运行方式

【参考答案】B

【解析】《国家电网有限公司信息系统和网络安全事件报告工作要求》第四章报告内容要求中，第（一）条即时报告规定：即时报告中的书面报告应按规定的格式填报（见附件1）。基本内容应包括事件发生和恢复时间、影响范围、处置过程（需明确应急预案启动情况）、故障定位及原因分析（原因未明确需写明初步故障定位情况及后续故障原因排查措施）、整改措施等，应急预案应作为附件统一提报。

58.某网省公司在云平台版本升级时，采用主备切换方式对DCS大规格虚拟机进行迁移，导致某系统部分实例连接超时，该异常事件的问题类型属于（　　）。

A．系统部分功能不可用　　B．监控系统异常

C．系统部分用户不可用　　D．系统停运

【参考答案】A

【解析】《国家电网有限公司信息系统和网络安全事件即时书面报告》的问题类型进行分析，升级过程中导致系统部分实例连接异常，属于系统部分功能不可用。

59．某网省公司在对主机固件版本升级过程中，安装了错误的固件版本，导致服务器重启后网络不通，服务器无法正常启动，该异常事件的应急处置方法为（　　）。

A．回退固件版本　　B．去机房重启服务器

C．打电话给信息调度处置　　D．更换新的服务器

【参考答案】A

【解析】该异常事件原因为误刷新了固件版本导致，原固件版本不存在该问题，将固件版本回退至原版本即可解决问题。

60．云平台应急处置要求立即响应，及时处理。一级故障应在（　　）h 内解决，故障复盘并出具故障报告不得超过（　　）天。

A．1，3　　B．1，7　　C．2，3　　D．2，7

【参考答案】A

【解析】《云平台两级协同运营体系建设方案》第四章协同流程中，第（二）节运维类流

程中的应急处置规定：流程时限要求：立即响应，及时处理。一级故障应在1h内解决，二级故障应在2h内解决，三级故障应在4h内解决，四级故障应在8h内解决；故障复盘并出具故障报告不得超过3天。

61．网络安全与信息运行风险预警等级分为（　　）级。

A．一～四　　B．五～八　　C．一～八　　D．五～十二

【参考答案】B

【解析】《国家电网公司网络安全与信息运行风险预警管理规范（试行）》第一章总则中，第四条规定：本规范中网络安全与信息运行风险预警等级与《国家电网公司安全事故调查规程》信息系统事件等级相对应，分为五～八级。

62．GitLab远程代码执行漏洞（CVE-2022-2185）是由于对授权用户导入的项目检测不完善，攻击者可利用该漏洞获得权限的情况下，构造恶意数据执行远程代码执行攻击，最终获取服务器权限。该情况最高可能导致八级信息事件，预警事项GitLab远程代码执行漏洞（CVE-2022-2185）属于（　　）级预警等级。

A．五　　B．六　　C．七　　D．八

【参考答案】D

【解析】《国家电网公司网络安全与信息运行风险预警管理规范（试行）》里规定，风险预警等级与其可能导致的信息事件等级一一对应。

63．网络安全与信息运行预警工作按照“统一管理，分级负责”的原则开展，设定（　　）级预警发布职责体系。

A．一　　B．二　　C．三　　D．四

【参考答案】D

【解析】《国家电网公司网络安全与信息运行风险预警管理规范（试行）》第二章职责分工中，第六条规定：网络安全与信息运行预警工作按照“统一管理，分级负责”的原则开展，设定总部、分部、省（自治区、直辖市）电力公司、地市公司四级预警发布职责体系。

64．由于业务激增等原因导致一类和二类信息系统负载量超过设计要求的（　　）以上，并可能造成系统关键业务使用异常，应发布信息运行风险预警。

A．80%　　B．85%　　C．90%　　D．95%

【参考答案】C

【解析】《国家电网公司网络安全与信息运行风险预警管理规范（试行）》第二章预警条件中，第十一条规定，当满足但不局限于下列条件之一时，应发布信息运行风险预警：（四）由于业务激增等原因导致一类及二类信息系统负载量超过设计要求的90%，并可能造成系统关键业务使用异常。

65．网络安全与信息运行风险预警工作流程包括风险评估、预警发布、（　　）、预警解除四个环节。

A．预警排查　　B．预警消缺　　C．预警承办　　D．预警闭环

【参考答案】C

【解析】《国家电网公司网络安全与信息运行风险预警管理规范（试行）》第四章工作流程中，第十三条规定：网络安全与信息运行风险预警工作流程包括风险评估、预警发布、预警承办、预警解除四个环节，利用信息通信一体化调度运行支撑平台实现风险预警的线上闭

环管理；网络安全风险预警同时通过网络与信息安全风险预警分析平台发布管理。

66. 各单位需结合信息（　　），建立“年、月”网络安全与信息运行风险评估机制。

A. 年度运行方式　　B. 月度运行方式　　C. 年度检修计划　　D. 月度检修计划

【参考答案】A

【解析】《国家电网公司网络安全与信息运行风险预警管理规范（试行）》第四章工作流程中，第十四条规定：各单位需结合信息年度运行方式，建立“年、月”网络安全与信息运行风险评估机制。

67. 全网范围“预警通知单”的预警单号由（　　）统一分配管理。

A. 国网数字化部　　B. 国网信通公司　　C. 国网联研院　　D. 国网电科院

【参考答案】B

【解析】《国家电网公司网络安全与信息运行风险预警管理规范（试行）》第四章工作流程中，第十五条规定：全网范围“预警通知单”的预警单号由国网信通公司统一分配管理，联研院、分部、省（自治区、直辖市）电力公司、直属单位发布的“预警通知单”需同时抄送国网信通调度报备。

68. 原则上五、六级风险预警单应在（　　）h 内反馈，并以“预警通知单”明确的反馈时间为准。

A. 4　　B. 6　　C. 8　　D. 12

【参考答案】B

【解析】《国家电网公司网络安全与信息运行风险预警管理规范（试行）》第四章工作流程中，第十六条规定：原则上五、六级风险预警单应在 6h 内反馈、七级风险预警单应在 12h 内反馈、八级风险预警单应在 24h 内反馈，并以“预警通知单”明确的反馈时间为准。

69. 网络安全与信息运行风险预警管控重点抓好风险辨识和管控措施落实“两个环节”，满足“全面性、准确性、及时性、（　　）”要求。

A. 可用性　　B. 可靠性　　C. 可行性　　D. 安全性

【参考答案】B

【解析】《国家电网公司网络安全与信息运行风险预警管理规范（试行）》第五章工作要求中，第十八条规定：网络安全与信息运行风险预警管控重点抓好风险辨识和管控措施落实“两个环节”，满足“全面性、准确性、及时性、可靠性”要求。

70. 网络安全与信息运行风险预警管控应抓好与信息系统（　　）工作的有序衔接。

A. 运行　　B. 建设　　C. 应急　　D. 漏扫

【参考答案】C

【解析】《国家电网公司网络安全与信息运行风险预警管理规范（试行）》第五章工作要求中，第十九条规定：网络安全与信息运行风险预警管控应抓好与信息系统应急工作的有序衔接，针对信息系统、网络设备、终端等可能发生的风险，制定完善应急预案，制定落实应急措施，适时启动应急机制，全方位做好网络与信息系统运行安全工作。

71. 当云平台的某个节点发生内存故障时，以下（　　）是最可能的解决方案。

A. 从其他节点转移部分内存到故障节点　　B. 将故障节点从集群中移除

C. 检查并修复故障节点的内存问题　　D. 不理会问题，等待用户自行解决

【参考答案】C

【解析】当云平台的某个节点发生内存故障时，解决方案是检查并修复故障节点的内存问题。因为内存故障可能会导致节点无法正常工作，检查并修复内存问题可以解决故障节点的问题，使集群恢复正常运行。

72．当云平台的卷服务无法创建卷时，以下（　　）是最可能的解决方案。

A．检查卷服务的状态　　B．检查磁盘空间是否足够

C．检查网络连接是否正常　　D．不理会问题，等待用户自行解决

【参考答案】A

【解析】当云平台的卷服务无法创建卷时，最可能的解决方案是检查卷服务的状态。因为卷服务状态异常可能会导致无法创建卷，检查卷服务的状态可以帮助识别和解决问题。检查磁盘空间是否足够、检查网络连接是否正常等也可以作为解决方案，但不是最直接和常见的解决方案。不理会问题也不是一个好的选择，因为这可能会影响用户的数据存储和应用程序性能。

73．当云平台的卷服务无法挂载卷时，（　　）是最可能的解决方案。

A．检查卷的权限设置　　B．检查磁盘空间是否足够

C．检查网络连接是否正常　　D．插件镜像服务是否正常

【参考答案】A

【解析】当云平台的卷服务无法挂载卷时，在服务运行状态正常的情况，需要检查权限的设置情况。

74．云平台的镜像服务无法注册镜像时，正确的排查和解决方案是（　　）。

A．检查镜像的格式是否正确　　B．检查镜像的完整性是否完好

C．检查网络连接是否正常　　D．检查镜像源数据

【参考答案】A

【解析】云平台的镜像服务无法注册镜像时，如果格式平台不支持的情况下是无法正确注册的，需要了解平台支持和检查镜像格式。

75．云平台的调度服务无法分配计算资源时，以下（　　）是最可能的解决方案。

A．检查镜像资源是否足够　　B．检查调度服务的配置是否正确

C．检查网络资源是否足够　　D．检查计算资源是否足够

【参考答案】D

【解析】解决方案是检查计算资源是否足够。因为计算资源不足可能会导致无法分配资源，检查计算资源可以帮助识别和解决问题。

76．发生重大及以上突发事件，由（　　）协调指导事发单位开展事件处置工作。

A．总部专项事件应急处置领导小组　　B．专项事件应急处置领导小组

C．省公司专项事件应急处置指导小组　　D．应急指挥办

【参考答案】B

【解析】《国家电网有限公司应急工作管理规定》第六章应急处置与救援中，第五十八条规定：发生重大及以上突发事件，专项事件应急处置领导小组协调指导事发单位开展事件处置工作。

77．公司及各单位要对突发事件的起因、性质、影响、经验教训、（　　）等问题进行调查评估。

A．整改措施　　B．责任认定　　C．恢复重建　　D．评估结论

【参考答案】C

【解析】《国家电网有限公司应急工作管理规定》第七章事后恢复与重建中，第六十四条规定：公司及各单位要对突发事件的起因、性质、影响、经验教训、恢复重建等问题进行调查评估。

78．总体应急预案是公司为应对各种突发事件而制定的综合性工作方案，是公司应对突发事件的总体工作程序、措施和（　　）的总纲。

A．应急预案体系　　B．流程　　C．规范　　D．制度

【参考答案】A

【解析】《国家电网有限公司突发事件总体应急预案》第一章总则中，第 1.6.1 条规定：总体应急预案是公司为应对各种突发事件而制定的综合性工作方案，是公司应对突发事件的总体工作程序、措施和应急预案体系的总纲。

79．当容器 Service 提供公网或内网服务无法访问，应该通过（　　）方法排查问题。

A．检查集群中节点的安全组是否正确放通 30000～32768 端口区间

B．检查 Service 是否可以在集群中正常访问

C．检查 Service 的 type 类型（loadbalancer，nodeport，clusterip）

D．以上皆正确

【参考答案】D

【解析】当容器 Service 提供公网或内网服务无法访问，需要检查检查集群中节点的安全组是否正确放通 30000～32768 端口区间，检查 Service 是否可以在集群中正常访问，检查 Service 的 type 类型（loadbalancer，nodeport，clusterip）。

80．当云平台容器 pod 服务状态为 pending 时，正确的排查和解决方案是（　　）。

A．检查云平台容器 pod 服务镜像的格式是否正确

B．检查云平台容器 pod 服务镜像完整性是否完好

C．检查云平台容器 pod 服务的网络连接是否正常

D．检查云平台容器 pod 服务调度是否正常

【参考答案】D

【解析】当云平台容器 pod 服务一直处于 Pending 的状态时，说明该 pod 还未被调度到某个节点上，需查看 pod 分析问题原因。

二、多项选择题

1．国家电网有限公司应急预案管理工作应当遵循（　　）、协调衔接的原则。

A．统一标准　　B．分类管理　　C．分级负责　　D．条块结合

【参考答案】ABCD

【解析】《国家电网公司应急预案管理办法》第一章总则中，第二条规定：公司应急预案管理工作应当遵循统一标准、分类管理、分级负责、条块结合、协调衔接的原则。对涉及企业秘密的应急预案，应当严格按照保密规定进行管理。

2．应急预案的编制应依据有关方针政策、法律、法规、规章、制度、标准，并遵循公司的应急预案编制规范和格式要求，要素齐全。应急预案的内容应突出（　　）的原则，既要避免出现与现有安全生产管理规定、规程重复或矛盾，又要避免以应急预案替代规定、规

程的现象。

A．实际　　B．实用　　C．实效　　D．实在

【参考答案】ABC

【解析】《国家电网公司应急预案管理办法》第二章预案编制中，第九条规定：应急预案的编制应依据有关方针政策、法律、法规、规章、制度、标准，并遵循公司的应急预案编制规范和格式要求，要素齐全。应急预案的内容应突出“实际、实用、实效”的原则，既要避免出现与现有安全生产管理规定、规程重复或矛盾，又要避免以应急预案替代规定、规程的现象。

3．应急预案评审包括（　　）。

A．形式评审　　B．要素评审　　C．格式评审　　D．内容评审

【参考答案】AB

【解析】《国家电网公司应急预案管理办法》第三章评审和发布中，第十七条规定：应急预案评审包括形式评审和要素评审。

4．公司突发事件应急预案体系由（　　）构成。

A．总体应急预案　　B．专项应急预案　　C．部门应急预案　　D．现场处置方案

【参考答案】ABCD

【解析】《国家电网有限公司突发事件总体应急预案》第一章总则 1.6 预案体系中，第 1.6.1 条规定：公司突发事件应急预案体系由总体应急预案、专项应急预案、部门应急预案、现场处置方案构成。

5．公司按照（　　），必要时统一调配使用的原则，持续完善电力专用和公用通信网，健全有线和无线相结合、基础公用网络与机动通信系统相配套的应急通信系统，确保应急处置过程中通信畅通、信息安全。

A．统一管理要求　　B．统一系统规划　　C．统一技术规范　　D．统一组织建设

【参考答案】BCD

【解析】《国家电网有限公司突发事件总体应急预案》第八章应急保障中，8.2 通信与信息保障规定：公司按照统一系统规划、统一技术规范、统一组织建设，必要时统一调配使用的原则，持续完善电力专用和公用通信网，健全有线和无线相结合、基础公用网络与机动通信系统相配套的应急通信系统，确保应急处置过程中通信畅通、信息安全。

6．应急演练组织单位应对演练进行评估，并针对演练过程中发现的问题，对（　　）等提出意见和建议，形成应急演练评估报告。

A．修订预案　　B．应急准备　　C．应急机制　　D．应急措施

【参考答案】ABCD

【解析】《国家电网有限公司突发事件总体应急预案》第九章附则 9.2 预案演练中，9.2.2 规定：应急演练组织单位应对演练进行评估，并针对演练过程中发现的问题，对修订预案、应急准备、应急机制、应急措施等提出意见和建议，形成应急演练评估报告。

7．公司网络与信息系统突发事件预警分为（　　），依次用红色、橙色、黄色和蓝色表示。

A．一级　　B．二级　　C．三级　　D．四级

【参考答案】ABCD

【解析】《国家电网有限公司网络与信息系统突发事件应急预案》第五章监测预警中，5.2 预警分级规定：公司网络与信息系统突发事件预警分为一级、二级、三级和四级，依次用红色、橙色、黄的和蓝色表示，一级为最高级别。

8．网络与信息系统预警信息内容包括发布单位、发布时间、（ ）、涉及系统、涉及设备、通过何种监控手段、告警具体信息、处置要求等要求。

A．风险等级 B．风险类型 C．预警原因 D．影响范围

【参考答案】ABCD

【解析】《国家电网有限公司网络与信息系统突发事件应急预案》第五章监测预警 5.3 预警发布中，5.3.2 发布内容规定：网络与信息系统预警信息内容包括发布单位、发布时间、风险等级、风险类型、涉及系统、涉及设备、预警原因、通过何种监控手段、告警具体信息、影响范围、处置要求等要点。

9．《国家电网有限公司网络与信息系统突发事件应急预案》规定，要积极采用新的技术手段，开展技术支撑手段建设，提升在（ ）过程中的技术支撑能力。

A．监测及预警 B．故障定位与影响分析

C．故障处置自动化 D．故障自愈恢复

【参考答案】ABC

【解析】《国家电网有限公司网络与信息系统突发事件应急预案》第八章后期处置 8.2 处置原则和内容中，8.2.1 处置和恢复原则规定：事发单位在信息系统新建、重建中，要充分考虑采用高可用架构，符合公司运行管理及研发安全相关要求，采用必要的网络安全防护措施，同时加强运行期信息系统改造。要积极采用新的技术手段，开展技术支撑手段建设，提升在监测及预警、故障定位与影响分析、故障处置自动化过程中的技术支撑能力。

10．公司按照“平战结合、反应快速”的原则，建立健全应急队伍体系，加强队伍（ ）建设，做到专业齐全、人员精干、装备精良、反应快速，持续提升突发事件应急处置能力。

A．专业化 B．流程化 C．规范化 D．标准化

【参考答案】ACD

【解析】《国家电网有限公司网络与信息系统突发事件应急预案》第九章应急保障中，9.1 应急队伍保障规定：公司按照“平战结合、反应快速”的原则，建立健全应急队伍体系，加强队伍专业化、规范化、标准化建设，做到专业齐全、人员精干、装备精良、反应快速，持续提升突发事件应急处置能力。

11．公司应建立健全网络与信息系统突发事件的应急物资装备（ ）机制。

A．储存 B．紧急配送 C．回收 D．调拨

【参考答案】ABD

【解析】《国家电网有限公司网络与信息系统突发事件应急预案》第九章应急保障中，9.2 应急物资与装备保障规定：公司应建立健全网络与信息系统突发事件的应急物资装备储存、调拨和紧急配送机制。

12．各分部、公司各单位应将所属网络与信息系统纳入公司系统容灾体系，按照公司（ ）要求，做好业务与数据的备份工作，确保网络与信息系统快速恢复。

A．备份 B．双活 C．数据级容灾 D．应用级容灾

【参考答案】CD

【解析】《国家电网有限公司网络与信息系统突发事件应急预案》第九章应急保障中，9.3容灾备份保障规定：各分部、公司各单位应将所属网络与信息系统纳入公司系统容灾体系，按照公司数据级、应用级容灾要求，做好业务与数据的备份工作，确保网络与信息系统快速恢复。

13．各分部、公司各单位应建立应急演练常态机制并形成制度，通过演练提升应急队伍指挥协调能力、专业协同能力，增强应急处置能力，确保应急处置（　　）。

A．协调有序　　B．保障有力　　C．响应迅速　　D．专业实效

【参考答案】BCD

【解析】《国家电网有限公司网络与信息系统突发事件应急预案》第十章预案管理中，10.2预案演练规定：各分部、公司各单位应建立应急演练常态机制并形成制度，滚动修订应急演练年度计划，落实应急演练保障措施，建立健全应急演练情景任务库，通过演练提升应急队伍指挥协调能力、专业协同能力，增强应急处置能力，确保应急处置响应迅速、保障有力、专业实效。

14．《国家电网有限公司应急工作管理规定》中规定应急管理是指（　　）、事后恢复与重建工作。

A．应急体系建设与运维　　B．突发事件的预防与应急准备

C．监测与预警　　D．应急处置与救援

【参考答案】ABCD

【解析】《国家电网有限公司应急工作管理规定》第一章总则中，第二条规定：本规定所指应急管理，是指公司应急体系建设与运维、突发事件的预防与应急准备、监测与预警、应急处置与救援、事后恢复与重建等工作。

15．应急工作应遵循以人为本，减少危害；居安思危，预防为主；（　　）的工作原则。

A．统一指挥，分级负责　　B．把握全局，突出重点

C．快速反应，协同应对　　D．依靠科技，提高能力

【参考答案】ABCD

【解析】《国家电网有限公司应急工作管理规定》第一章总则中，第四条规定，公司应急工作原则如下：以人为本，减少危害；居安思危，预防为主；统一指挥，分级负责；把握全局，突出重点；快速反应，协同应对；依靠科技，提高能力。

16．国网云平台应急处置流程主要覆盖的两级协同运营场景包括（　　）。

A．全网网络中断　　B．全网平台组件故障

C．省侧重大故障处置　　D．本地化部署组件故障

【参考答案】ABC

【解析】《云平台两级协同运营体系建设方案》第四章协同流程（二）运维类流程中，应急处置规定：应急处置流程为国网云运营中心运维团队受理云平台运行故障，并提供应急状态下的统一指挥及技术支撑服务，有力支撑全网云平台故障的快速处置和闭环管理。应急处置流程主要覆盖的两级协同运营场景包括全网网络中断应急处置、全网平台组件故障应急处置、省侧重大故障处置等。

17．信息系统和网络安全事件即时书面报告中应详细列出各个时间节点的处置过程及故

障恢复情况，包括（　　）。

A．发现故障开始时间　　B．处理结束时间

C．恢复正常时间　　D．应急预案启动情况

【参考答案】ABCD

【解析】《国家电网有限公司信息系统和网络安全事件报告工作要求》附件 1 的备注中，第 7 点处置过程规定：详细列出各个时间点的处置过程及故障恢复情况，包括发现故障开始时间、处理结束时间、恢复正常时间、应急预案启动情况。

18．以下属于触发应急预案修订的条件包括（　　）。

A．下级单位隶属关系变化　　B．周围环境发生变化形成重大危险源

C．应急组织指挥体系变化　　D．依据的标准变化

【参考答案】BCD

【解析】《国家电网有限公司应急预案管理办法》第六章实施和修订中，第三十三条规定：应急预案每三年至少修订一次，有以下情形之一的，应进行修订。（一）本单位生产规模发生较大变化或进行重大技术改造的；（二）本单位隶属关系或管理模式发生变化的；（三）周围环境发生变化、形成重大危险源的；（四）应急组织指挥体系或者职责发生变化的；（五）依据的法律、法规和标准发生变化的；（六）重要应急资源发生重大变化的；（七）应急处置和演练评估报告提出整改要求的；（八）政府有关部门提出要求的。

19．应急预案构成要素的关键要素包含（　　）。

A．应急预案体系　　B．预防与预警　　C．应急响应程序　　D．突发事件分级

【参考答案】ACD

【解析】《国家电网有限公司应急预案评审管理办法》第四章评审方法中，第十六条规定：关键要素是指应急预案构成要素中必须规范的内容。这些要素涉及单位日常应急管理及应急救援的关键环节，具体包括应急预案体系、适用范围、危险源辨识与风险评估、突发事件分级、组织机构及职责、信息报告与处置、应急响应程序、保障措施、培训与演练等要素。

20．应急队伍由（　　）组成。

A．应急救援基干分队　　B．应急抢修队伍

C．应急专家队伍　　D．应急后勤保障队伍

【参考答案】ABC

【解析】《国家电网有限公司应急工作管理规定》第三章应急体系建设中，第二十八条规定：应急队伍由应急救援基干分队、应急抢修队伍和应急专家队伍组成。

21．某网省公司通过监控发现，某应用系统的主机磁盘使用率 100%告警，可通过（　　）方式进行应急处置。

A．对磁盘空间进行清理　　B．扩容磁盘空间

C．直接删除告警　　D．忽略告警，不予处置

【参考答案】AB

【解析】当磁盘空间使用率达到 100%时，需登录主机操作系统查看磁盘分区，并对磁盘使用情况进行查看，业务运维人员确认磁盘数据是否可清理，如可清理则可通过清理磁盘空间的方式释放存储空间，如无法清理，则可通过扩容方式增加存储空间。

22．突发事件信息报告包括及时报告、后续报告，报告方式有（　　）。

A．电子邮件　　B．传真　　C．电话　　D．短信

【参考答案】ABCD

【解析】《国家电网有限公司应急工作管理规定》第五章监测与预警中，第五十一条规定：突发事件信息报告包括及时报告、后续报告，报告方式有电子邮件、传真、电话、短信等（短信方式需收到对方回复确认）。

23．当监控发现操作系统的交换空间（Swap）过满告警时，可通过（　　）方式进行应急处置。

A．释放部分内存　　B．优化系统参数

C．增加交换空间　　D．不影响继续使用

【参考答案】ABC

【解析】当 Swap 过满时可能会对系统的性能产生负面影响，需要通过释放部分内存来保证交换空间的利用率，通过优化系统参数让应用程序调用较小的交换空间，或者增加交换空间来增加最大负载。

24．预警信息通过（　　）方式进行发布。

A．信息通过智能一体化运维支撑平台　　B．全场景网络安全态势感知平台

C．电子邮件　　D．传真

【参考答案】ABCD

【解析】《国家电网有限公司网络与信息系统突发事件应急预案》第五章监测预警中，第5.3.3 发布方式规定：预警信息通过智能一体化运维支撑平台、全场景网络安全态势感知平台、电子邮件、传真等方式进行发布。

25．当云平台某台计算节点上所有虚拟机业务网络连接异常，进行排查处置应该（　　）。

A．检查该计算节点业务网卡连通性　　B．检查该计算节点存储网卡连通性

C．检查该计算节点管理网卡连通性　　D．检查该计算节点网络服务是否异常

【参考答案】AD

【解析】虚拟机业务网络对应计算节点的业务网络，检查网卡的连接状态可以确定网卡是否已经连接上，故障节点网络服务的异常会导致虚拟网络无法正常连接。

26．云平台创建虚拟机无法获取 IP 导致虚拟机创建失败，可从（　　）等方面进行排查处置。

A．检查网络服务 api 是否正常启动　　B．检查网络服务写入数据库是否异常

C．查看各节点 ntp 时间是否有一致　　D．检查硬件网卡是否故障

【参考答案】ABC

【解析】一般无法获取 IP 地址，是由网络服务异常导致，通过日志的回显来排查服务故障点，所有的虚拟机信息都会写入数据库，当无法获取 IP 时，可能是网络服务和数据库连接异常导致。另外控制节点和计算节点的时间不一致，也会导致写入数据库报错。

27．云平台虚拟机无法热迁移，可能产生该问题的原因为（　　）。

A．目标节点 CPU 指令集不统一　　B．目标节点 CPU 型号不一致

C．目标节点 home 目录空间不足　　D．目标资源不足

【参考答案】ABD

【解析】虚拟机的热迁移会检查 CPU 的型号和指令集，如不一致会导致热迁移失败，当目标资源不足时也会导致热迁移失败。

28.《国家电网公司十八项电网重大反事故措施》中规定，信息系统上线前应同步制订和落实（　　），并在运行过程中滚动修订、定期演练。

A. 运维作业指导书　B. 应急预案　C. 风险预控措施　D. 故障恢复措施

【参考答案】ABD

【解析】《国家电网公司十八项电网重大反事故措施》16.4 防止信息系统事故中，第 16.4.2.12 条规定：信息系统上线前应同步制订和落实运维作业指导书、应急预案及故障恢复措施，并在运行过程中滚动修订、定期演练。

29.《国家电网有限公司信息系统调度管理办法》中规定，省级信息调度负责调度指挥范围内信息系统（　　）等工作。

A. 应急预案的编制　B. 应急演练

C. 信息运行风险预警　D. 系统建设

【参考答案】ABC

【解析】《国家电网有限公司信息系统调度管理办法》第二章职责分工中，第十条（二）规定：省级信息调度负责调度指挥范围内信息系统的应急管理工作，包括组织开展异常处置指挥、异常原因调查分析、信息系统应急预案编制、信息运行风险预警及应急演练等工作。

30. 当信息运行出现（　　）风险时，各级信息调度应及时发布风险预警。

A. 计划性　B. 短期性　C. 突发性　D. 预见性

【参考答案】ABCD

【解析】《国家电网有限公司信息系统调度管理办法》第七章应急管理中，第三十三条（二）规定：当信息运行出现计划性、短期性、突发性、预见性风险时，各级信息调度应及时发布风险预警。

31.《国家电网公司信息通信调度值班工作规范》中规定，主值在应急处置过程中主要负责（　　）。

A. 受理故障申告和上报　B. 指挥开展故障处置

C. 审核故障报告　D. 故障即时报告

【参考答案】ABC

【解析】《国家电网公司信息通信调度值班工作规范》第二章值班管理中，第八条主值主要承担的职责（二）规定：负责受理故障申告和上报，指挥开展故障处置，审核故障报告。

32.《国家电网公司网络安全与信息通信应急管理办法》中规定，网络安全和信息通信应急管理按照公司整体应急管理体系的统一部署开展工作，遵循"（　　）"的原则。

A. 统一领导　B. 分级负责　C. 预防为主　D. 常备不懈

【参考答案】ABCD

【解析】《国家电网公司网络安全与信息通信应急管理办法》第二章总则中，第三条规定：网络安全和信息通信应急管理按照公司整体应急管理体系的统一部署开展工作，遵循"统一领导、分级负责、预防为主、常备不懈"的原则。

33.《国家电网公司网络安全与信息通信应急管理办法》中规定，公司各单位的信息通信运维单位负责编制本单位网络安全与信息通信（　　）。

A．总体应急预案　　B．专项应急预案　　C．现场处置方案　　D．应急恢复方案

【参考答案】BC

【解析】《国家电网公司网络安全与信息通信应急管理办法》第二章应急组织体系中，第十二条（二）规定：公司各单位的信息通信运维单位负责编制本单位网络安全与信息通信专项应急预案和现场处置方案，组织开展本单位应急培训及应急演练工作。

34.《国家电网公司网络安全与信息通信应急管理办法》中规定，网络安全与信息通信应急预案体系是公司应急预案体系的重要组成部分，由（　　）构成。

A．专项应急预案　　B．现场处置方案　　C．风险预控方案　　D．应急回退方案

【参考答案】AB

【解析】《国家电网公司网络安全与信息通信应急管理办法》第三章应急预案管理中，第十四条规定：网络安全与信息通信应急预案体系是公司应急预案体系的重要组成部分，由专项应急预案和现场处置方案构成。

35.《国家电网公司网络安全与信息通信应急管理办法》中规定，公司各级单位网络安全与信息通信应急预案体系由本单位信息通信职能管理部门负责组织编制，编制过程应以《国家电网公司应急预案管理办法》为依据，遵循“（　　）”的原则。

A．横向到边　　B．纵向到底　　C．上下对应　　D．内外衔接

【参考答案】ABCD

【解析】《国家电网公司网络安全与信息通信应急管理办法》第三章应急预案管理中，第十五条规定：公司各级单位网络安全与信息通信应急预案体系由本单位信息通信职能管理部门负责组织编制，编制过程应以《国家电网公司应急预案管理办法》为依据，遵循“横向到边、纵向到底、上下对应、内外衔接”的原则。

36.《国家电网公司网络安全与信息通信应急管理办法》中规定，专项应急预案包括（　　）。

A．网络与信息系统突发事件处置应急预案　　B．网络信息安全突发事件处置应急预案

C．通信系统突发事件处置应急预案　　D．信息通信系统突发事件处置应急预案

【参考答案】AC

【解析】《国家电网公司网络安全与信息通信应急管理办法》第三章应急预案管理中，第十五条（一）规定：专项应急预案由（1）网络与信息系统突发事件处置应急预案；（2）通信系统突发事件处置应急预案组成。

37.《国家电网公司网络安全与信息通信应急管理办法》中规定，应急演练工作遵循“（　　）”的原则。

A．统一领导、分级负责　　B．依法依规、统筹规划

C．突出重点、讲求实效　　D．协调配合、保障安全

【参考答案】BCD

【解析】《国家电网公司网络安全与信息通信应急管理办法》第四章应急培训与演练管理中，第二十四条规定：应急演练工作遵循“依法依规、统筹规划、突出重点、讲求实效、协调配合、保障安全”的原则。

38.《国家电网公司网络安全与信息通信应急管理办法》中规定，应急演练方式分为（ ）。

A. 桌面演练　　B. 专项演练　　C. 模拟演练　　D. 实操演练

【参考答案】ACD

【解析】《国家电网公司网络安全与信息通信应急管理办法》第四章应急培训与演练管理中，第二十八条规定：应急演练方式分为桌面演练、模拟演练及实操演练。

39.《国家电网公司网络安全与信息通信应急管理办法》中规定，应急技术支撑建设的工作组织形式分为（ ）。

A. 各单位自行实施　　B. 各单位制定原则、总部统一安排

C. 总部统一安排　　D. 总部制定原则、各单位自行实施

【参考答案】CD

【解析】《国家电网公司网络安全与信息通信应急管理办法》第四章应急培训与演练管理中，第三十五条规定：应急技术支撑建设的工作组织形式分为总部统一安排和总部制定原则、各单位自行实施等。

40.《国家电网公司网络安全与信息通信应急管理办法》中规定，公司网络安全与信息通信应急技术支撑工作要按照信息通信专业发展规划和运维体系总体要求，落实本质安全工作要求，结合公司网络安全与信息通信运行技术支撑现状开展，全面覆盖（ ）。

A. 监测及预警　　B. 故障分析与定位　　C. 应急处置　　D. 应急工作管理

【参考答案】ABCD

【解析】《国家电网公司网络安全与信息通信应急管理办法》第五章应急技术支撑中，第三十三条规定：公司网络安全与信息通信应急技术支撑工作要按照信息通信专业发展规划和运维体系总体要求，落实本质安全工作要求，结合公司网络安全与信息通信运行技术支撑现状开展，全面覆盖监测及预警、故障分析与定位、应急处置、应急工作管理等方面。

41.《国家电网公司网络安全与信息通信应急管理办法》中规定，信息通信备品备件包括（ ）。

A. 信息设备　　B. 备品　　C. 备件　　D. 通信器材

【参考答案】BC

【解析】《国家电网公司网络安全与信息通信应急管理办法》第七章应急物资保障中，第四十九条规定：信息通信备品备件包括备品和备件。

42.《国家电网公司网络安全与信息通信应急管理办法》中规定，公司各级单位应急物资和备品备件应按照“（ ）”的原则进行配置与调拨。

A. 统筹优化、合理配备　　B. 统一分配、分级负责

C. 保证重点、科学配置　　D. 规范管理、资源共享

【参考答案】ACD

【解析】《国家电网公司网络安全与信息通信应急管理办法》第七章应急物资保障中，第五十一条规定：公司各级单位应急物资和备品备件应按照“统筹优化、合理配备、保证重点、科学配置、规范管理、资源共享”的原则进行配置与调拨，跨单位调拨由上级单位组织，实现全公司应急工作集约管理、物资共享、能力互济。

43.《国家电网公司网络安全与信息通信应急管理办法》中规定，公司各级单位根据

“（　　）”的原则对突发事件进行24h监测，并不断完善监测手段。

A．谁主管谁负责　　B．谁维护谁负责　　C．谁使用谁负责　　D．谁运行谁负责

【参考答案】AD

【解析】《国家电网公司网络安全与信息通信应急管理办法》第八章监测与预警中，第五十三条规定：公司各级单位根据“谁主管谁负责、谁运行谁负责”的原则对突发事件进行24h监测，并不断完善监测手段。

44.《国家电网公司网络安全与信息通信应急管理办法》中规定，公司各级单位应按照“（　　）”的原则，建立应急处置协同机制，依据突发事件级别，启动应急响应，根据职责分工及处置流程组织开展突发事件发现、响应、分析处置等应急处置工作。

A．统一指挥　　B．统一领导　　C．综合协调　　D．分级响应

【参考答案】BCD

【解析】《国家电网公司网络安全与信息通信应急管理办法》第九章应急处置中，第五十八条规定：公司各级单位应按照“统一领导、综合协调、分级响应”的原则，建立应急处置协同机制，依据突发事件级别，启动应急响应，根据职责分工及处置流程组织开展突发事件发现、响应、分析处置等应急处置工作。

45.《国家电网公司网络安全与信息通信应急管理办法》中规定，公司网络安全与信息通信应急响应分为四级，分别对应发生（　　）网络安全与信息通信突发事件。

A．特别重大　　B．重大　　C．较大　　D．一般

【参考答案】ABCD

【解析】《国家电网公司网络安全与信息通信应急管理办法》第九章应急处置中，第五十八条规定：公司网络安全与信息通信应急响应分为四级，分别对应发生特别重大、重大、较大和一般网络安全与信息通信突发事件。

46.《国家电网公司网络安全与信息通信应急管理办法》中规定，突发事件可通过（　　）等途径发现。

A．信息通信调度机构实时监控　　B．用户向信通客服/业务运维申告

C．信息通信调度机构申告　　D．运维人员巡视

【参考答案】ABCD

【解析】《国家电网公司网络安全与信息通信应急管理办法》第九章应急处置中，第六十条规定：突发事件可通过信息通信调度机构实时监控、用户向信通客服/业务运维申告、信息通信调度机构申告以及运维人员巡视等途径发现。

47.《国家电网公司信息系统和网络安全事件报告工作要求》中规定，报告分为（　　）。

A．口头报告　　B．书面报告　　C．即时报告　　D．正式报告

【参考答案】CD

【解析】《国家电网公司信息系统和网络安全事件报告工作要求》中，三、报告形式规定：报告分为即时报告和正式报告两种类型。

48.《国家电网公司信息系统和网络安全事件报告工作要求》中规定，按照（　　）的总体要求，开展信息系统和网络安全事件报告工作。

A．分级分类　　B．按期限时　　C．迅速准确　　D．应报必报

【参考答案】ABCD

【解析】《国家电网公司信息系统和网络安全事件报告工作要求》中，五、报送要求规定：按照“分级分类、按期限时、迅速准确、应报必报”的总体要求，开展信息系统和网络安全事件报告工作。

49.《国家电网公司信息系统和网络安全事件报告工作要求》中规定，国家电网有限公司信息系统故障类型分为（　　）。

A．A 类故障　　B．B 类故障　　C．C 类故障　　D．D 类故障

【参考答案】AB

【解析】《国家电网公司信息系统和网络安全事件报告工作要求》中，附件 3《国家电网有限公司信息系统故障类型表》规定：信息系统故障分为 A 类故障和 B 类故障。

50.《国家电网公司信息系统和网络安全事件报告工作要求》中规定，发生信息系统和网络安全事件后，故障发生单位信息调度或履行信息调度报告职责部门应核查故障类型，故障处置过程中每隔（　　）向国网信息调度汇报故障处置阶段性进展情况；事件处置完毕后，（　　）内提交书面即时报告至国网信息调度；事件处置完毕后（　　）内提交正式报告至国网信息调度。

A．1h　　B．24h　　C．7 天　　D．7 个工作日

【参考答案】ABD

【解析】《国家电网公司信息系统和网络安全事件报告工作要求》中，五、报送要求（一）省级调度报送要求规定：故障处置过程中每隔 1h 向国网信息调度汇报故障处置阶段性进展情况；事件处置完毕后，24h 内提交书面即时报告至国网信息调度；事件处置完毕后 7 个工作日内提交正式报告至国网信息调度。

51.《国家电网公司信息系统和网络安全事件报告工作要求》中规定，A 类故障发生后，国网信息调度（　　）内通过电话辅以短信方式报送国网数字化部；B 类故障发生（　　）min 未恢复，国网信息调度通过短信方式报送国网数字化部。

A．15　　B．30　　C．60　　D．120

【参考答案】BC

【解析】《国家电网公司信息系统和网络安全事件报告工作要求》中，五、报送要求（三）国网信息调度报送要求规定：A 类故障发生后，国网信息调度 30min 内通过电话辅以短信方式报送国网数字化部；B 类故障发生 60min 未恢复，国网信息调度通过短信方式报送国网数字化部。

52. 某省电力公司当值信息调度员在非工作时段通过 SG-I6000 2.0 监控发现 ERP 系统的健康运行时长指标出现异常。以下说法正确的是（　　）。

A．ERP 系统非工作时段发生的故障属于 A 类故障，所以需按 A 类故障要求执行报告制度

B．ERP 系统非工作时段发生的故障属于 B 类故障，所以需按 B 类故障要求执行报告制度

C．省级信息调度员 30min 内通过调度电话汇报至国网信息调度，同时上报本单位职能管理部门

D．省级信息调度员 60min 内通过调度电话汇报至国网信息调度，同时上报本单位职能管理部门

【参考答案】BC

【解析】《国家电网公司信息系统和网络安全事件报告工作要求》中，附件3规定：二类信息系统非工作时段故障为B类故障。题目中ERP系统为二类信息系统，它非工作时段故障为B类故障；《国家电网公司信息系统和网络安全事件报告工作要求》中，五、报送要求（一）省级调度报送要求规定：故障发生后立即（30min内）通过调度电话汇报至国网信息调度，同时上报本单位职能管理部门。

53．某省电力公司信息调度监控发现SG-I6000 2.0性能监测模块某一在运信息系统可用性告警，但该省信息调度员登录该信息系统，验证确认该系统首页可正常访问。该调度员下一步应该做（　　）检查，有助于定位问题。

A．检查性能监测模块中该系统的访问地址是否正确配置

B．检查性能监测模块中该系统功能点匹配规则是否正确

C．检查性能监测模块的告警功能是否正确配置

D．检查性能监测模块的级联服务是否正常

【参考答案】AB

【解析】依据应急处置经验，某省电力公司信息调度监控发现性能监测模块中某一在运信息系统可用性告警，但登录该信息系统首页却可以正常访问。说明系统本身运行正常，是监控系统相关异常导致告警。系统可用性告警的常见原因有：系统首页地址无法打开，监控判断系统某个功能点异常。告警功能配置异常，则所有系统均会发生告警。级联服务异常，因性能监测模块是一级部署，因此也会出现全部系统告警。

54．各级信息调度可以通过（　　）方式建立实时应急联络机制，开展联合应急处置。

A．内网邮件　　B．调度电话会议

C．i国网视频会议　　D．信息通信调度会商系统

【参考答案】BCD

【解析】依据应急处置经验，实时应急联络机制应是实时联动的。在四个选项中，内网邮件方式不满足实时联动要求，调度电话会议、i国网视频会议、信息通信调度会商系统均是各级信息调度日常开展联合应急处置的常用方式。

55．信息调度员在完成故障应急处置后，需要在SG-I6000 2.0系统中完成（　　）操作。

A．补报紧急检修工单　　B．确认监控指标恢复正常

C．填写并上报即时报告　　D．填写并上报正式报告

【参考答案】ACD

【解析】根据紧急检修流程和应急处置经验，信息调度员在完成应急处置后24h内应在SG-I6000 2.0系统中完成紧急检修的补填报并上报国网信息调度；24h内上报即时报告，7个工作日内上报正式报告。在四个选项中，补报紧急检修工单、填写并上报即时报告、填写并上报正式报告为应急处置后需要完成的后续流程，确认监控指标恢复正常为调度员在应急处置过程中应完成的系统操作。

56．信息调度员开展应急处置时，首先要初步分析告警原因，精准定位告警对象，以便缩小排查范围，提高应急处置效率。在SG-I6000 2.0系统中，（　　）监控指标异常会引起系统监控红灯告警。

A．系统主页探测　　B．健康运行时长

C．在线用户数　　　　　　　　　D．系统注册用户数

【参考答案】ABC

【解析】依据《国家电网公司智能一体化运维支撑平台 SG-I6000 2.0 用户手册》在 SG-I6000 2.0 应用系统监测气泡图中，信息系统的主页探测、健康运行时长、在线用户数三个指标异常，会导致信息系统监测气泡图红灯告警。

57.《国家电网公司信息系统缺陷管理规范》中规定，信息系统缺陷按其严重程度划分为（　　）。

A．危急缺陷　　B．严重缺陷　　C．较大缺陷　　D．一般缺陷

【参考答案】ABD

【解析】《国家电网公司信息系统缺陷管理规范》第三章缺陷分类定级中，第十三条缺陷定级规定：信息系统缺陷按其严重程度划分为危急缺陷、严重缺陷、一般缺陷三个等级。

58.《国家电网公司信息系统缺陷管理规范》中规定，信息系统缺陷管理工作流程包括（　　）环节，利用信息通信一体化调度运行支撑平台规范信息系统缺陷的线上闭环管理。

A．缺陷填报　　B．缺陷审核　　C．缺陷消缺　　D．缺陷定性

【参考答案】ABCD

【解析】《国家电网公司信息系统缺陷管理规范》第四章缺陷填报中，第十五条规定：信息系统缺陷管理工作流程包括缺陷填报、缺陷审核、缺陷消缺、缺陷定性四个环节。

59.《国家电网公司网络安全与信息运行风险预警管理规范（试行）》中规定，预警承办应按照“（　　）”的原则，根据“预警通知单”明确的告警具体信息、影响范围、处置要求等内容，组织开展相应的监护、处理、操作等任务，落实风险管控措施。

A．谁签收　　B．谁预警　　C．谁落实　　D．谁反馈

【参考答案】ACD

【解析】《国家电网公司网络安全与信息运行风险预警管理规范（试行）》第四章工作流程中，第十六条预警承办（一）规定：预警承办应按照“谁签收、谁落实、谁反馈”的原则，根据“预警通知单”明确的告警具体信息、影响范围、处置要求等内容，组织开展相应的监护、处理、操作等任务，落实风险管控措施。

60.《国家电网公司网络安全与信息运行风险预警管理规范（试行）》中规定，风险预警反馈单中的风险管控措施应包括（　　）。

A．预案完善　　B．现场管控　　C．应急准备　　D．漏洞整改

【参考答案】ABCD

【解析】《国家电网公司网络安全与信息运行风险预警管理规范（试行）》第四章工作流程中，第十六条预警承办（二）规定：签收单位填报“预警反馈单”并及时反馈。风险管控措施包括但不限于：方式调整、预案完善、检修计划、特巡特护、现场管控、应急准备、安全策略调整、漏洞整改、补丁升级等措施。

三、判断题

1．突发事件分为自然灾害类、事故灾难类、公共卫生类、社会安全类四类。

【参考答案】对

【解析】《国家电网有限公司突发事件总体应急预案》第一章总则中，第 1.4 条突发事件分类中规定：突发事件是指突然发生，造成或者可能造成严重社会危害，需要公司采取应急处置措施予以应对，或者参与应急救援的自然灾害、事故灾难、公共卫生事件和社会安全事件。

2．按照突发事件的等级，总部和相关单位分别启动相应等级应急响应。公司应急响应分为Ⅰ、Ⅱ、Ⅲ、Ⅳ级，Ⅳ级为最高级别。

【参考答案】错

【解析】《国家电网有限公司突发事件总体应急预案》第五章应急响应中，第 5.1 条响应分级中规定：按照突发事件的等级，总部和相关单位分别启动相应等级应急响应。公司应急响应分为Ⅰ、Ⅱ、Ⅲ、Ⅳ级，Ⅰ级为最高级别。

3．总部有关部门、公司各单位根据各自工作职责组织编制突发事件应急预案。在突发事件应急预案的基础上，根据工作场所和岗位特点，编制简明、实用、有效的应急处置卡。

【参考答案】对

【解析】《国家电网有限公司突发事件总体应急预案》第一章总则第 1.6 条预案体系中，1.6.4 规定：总部有关部门、公司各单位根据各自工作职责组织编制突发事件应急预案。在突发事件应急预案的基础上，根据工作场所和岗位特点，编制简明、实用、有效的应急处置卡。

4．公司应急组织机构包括公司应急领导小组和专项应急 领导小组（两级常设机构），以及应急指挥部（三级常设机构）。

【参考答案】错

【解析】《国家电网有限公司突发事件总体应急预案》第三章组织机构及原则中，第 3.1 条应急组织机构规定：公司应急组织机构包括公司应急领导小组和专项应急领导小组（两级常设机构），以及应急指挥部（临时机构）。

5．《国家电网有限公司网络与信息系统突发事件应急预案》所称的网络与信息系统突发事件，是指突然发生，使信息网络和信息系统遭受故障、损坏、破坏、信息泄露等损害，造成或者可能造成影响公司业务应用正常运转，甚至影响社会正常秩序，需要采取应急处置措施予以解决的网络与信息系统紧急事件。

【参考答案】错

【解析】《国家电网有限公司网络与信息系统突发事件应急预案》第一章总则第 1.3 条适用范围中，1.3.3 规定：本预案所称网络与信息系统突发事件，是指突然发生，使信息网络和信息系统遭受故障、损坏、破坏、信息泄露等损害，造成或者可能造成严重影响公司业务应用正常运转，甚至影响社会正常秩序，需要采取应急处置措施予以解决的网络与信息系统紧急事件。

6．公司各单位均应定期开展应急能力评估活动，应急能力评估由本单位应急管理办按照既定评估标准开展。

【参考答案】错

【解析】《国家电网有限公司应急工作管理规定》第四章预防与应急准备中，第四十条规定：公司各单位均应定期开展应急能力评估活动，应急能力评估宜由本单位以外专业评估机构或专业人员按照既定评估标准，运用核实、考问、推演、分析等方法，客观、科学地评估应急能力的状况、存在的问题，指导本单位有针对性开展应急体系建设。

7．公司网络与信息系统覆盖范围广、集成度高，管理层级多，运行维护难度大，存在造成网络与信息系统突发事件的众多危险源，主要包括内部危险源和外部危险源。

【参考答案】对

【解析】《国家电网有限公司网络与信息系统突发事件应急预案》第三章危险源和危害程度分析中，第3.1条危险源分析规定：公司网络与信息系统覆盖范围广、集成度高，管理层级多，运行维护难度大，存在造成网络与信息系统突发事件的众多危险源。3.1.1 内部危险源 3.1.2 外部危险源。

8．误操作导致发生的网络与信息系统突发事件属于外部危险源。

【参考答案】错

【解析】《国家电网有限公司网络与信息系统突发事件应急预案》第三章危险源和危害程度分析第3.1条危险源分析中，3.1.1 内部危险源规定：网络与信息系统相关软硬件自身缺陷、网络与信息系统机房基础设施故障、网络与信息系统相关设备老化或超负荷运行、员工安全意识薄弱、员工违规操作（或误操作）、员工恶意破坏、信息泄露、内网移动存储设备病毒侵入等导致发生网络与信息系统突发事件。

9．网络与信息系统突发事件从事件发生的根本原因或故障点进行分析，可归类为基础设施类、信息网络类、平台类、业务应用类、网络安全类、其他故障类六类。

【参考答案】错

【解析】《国家电网有限公司网络与信息系统突发事件应急预案》第三章危险源和危害程度分析中，第3.2条危险程度分析规定：根据事件发生的根本原因或故障点进行分类，分析事件危害程度具体如下：基础设施类；信息网络类；平台类；业务应用类；网络安全类；数据安全类；其他故障类。

10．应急预案评审采取会议评审形式，评审意见无需形成书面意见。

【参考答案】错

【解析】《国家电网有限公司应急预案管理办法》第三章评审与发布中，第十六条规定：应急预案评审采取会议评审形式。评审会议由本单位业务分管领导或其委托人主持，参加人员包括评审专家组成员、评审组织部门及应急预案编写组成员。评审意见应形成书面意见，评审意见按照“谁评审、谁签字、谁负责”的原则在评审意见上签字，并由评审组织部门存档。

11．总体应急预案的培训和演练应每三年至少组织一次，专项应急预案的培训和演练应每年至少开展一次，且三年内各专项应急预案至少培训和演练一次。

【参考答案】错

【解析】《国家电网有限公司应急预案管理办法》第五章培训与演练中，第二十三条规定：公司总部各部门、各级单位应制定年度应急演练和培训计划，并将其列入本部门、本单位年度培训计划。每三年至少组织一次总体应急预案的培训和演练，每半年至少开展一次专项应急预案培训和演练，且三年内各专项应急预案至少培训和演练一次；每半年至少开展一次现场处置方案培训和演练，且三年内各现场处置方案至少培训演练一次。

12．公司建立“统一指挥、结构合理、功能实用、运转高效、反应灵敏、资源共享、保障有力”的应急体系，形成快速响应机制，提升综合应急能力。

【参考答案】对

【解析】《国家电网有限公司应急工作管理规定》第三章应急体系建设中，第二十二条规定：公司建立“统一指挥、结构合理、功能实用、运转高效、反应灵敏、资源共享、保障有力”的应急体系，形成快速响应机制，提升综合应急能力。

13．应急管理体系是组织应急工作过程和进行应急工作管理的规则与制度的总和，是公司规章制度的重要组成部分。

【参考答案】错

【解析】《国家电网有限公司应急工作管理规定》第三章应急体系建设中，第二十五条规定：应急制度体系是组织应急工作过程和进行应急工作管理的规则与制度的总和，是公司规章制度的重要组成部分，包括应急技术标准，以及其他应急方面规章性文件。

14．公司各单位均应建立健全突发事件风险评估、隐患排查治理常态机制，掌握各类风险隐患情况，落实防范和处置措施，减少突发事件发生，减轻或消除突发事件影响。

【参考答案】对

【解析】《国家电网有限公司应急工作管理规定》第四章预防与应急准备中，第三十七条规定：公司各单位均应建立健全突发事件风险评估、隐患排查治理常态机制，掌握各类风险隐患情况，落实防范和处置措施，减少突发事件发生，减轻或消除突发事件影响。

15．公司各单位应加强应急专业数据统计分析和总结评估工作，编写并及时向公司应急管理归口部门报送季度（年度）应急管理和突发事件应急处置总结评估报告。

【参考答案】错

【解析】《国家电网有限公司应急工作管理规定》第四章预防与应急准备中，第四十七条规定：公司各单位应加强应急专业数据统计分析和总结评估工作，及时、全面、准确地统计各类突发事件，编写并及时向公司应急管理归口部门报送年度（半年）应急管理和突发事件应急处置总结评估报告、季度（年度）报表。

16．突发事件发生后，情况紧急时，事发单位可越级上报。

【参考答案】对

【解析】《国家电网有限公司应急工作管理规定》第五章监测与预警中，第五十一条规定：突发事件发生后，事发单位应及时向上级单位行政值班机构和专业部门报告，情况紧急时可越级上报。根据突发事件影响程度，依据相关要求报告当地政府有关部门。

17．发生重大及以上突发事件，专项事件应急处置领导小组协调指导事发单位开展事件处置工作。

【参考答案】对

【解析】《国家电网有限公司应急工作管理规定》第六章应急处置与救援中，第五十八条规定：发生重大及以上突发事件，专项事件应急处置领导小组协调指导事发单位开展事件处置工作。

18．公司级相关单位要对突发事件的起因、性质、影响、经验教训和恢复重建等问题进行调查评估，同时，要及时收集各类数据，按照国家有关规定成立的生产安全事故调查组应当对应急救援工作进行评估，并在事故调查报告中作出评估结论，提出防范和改进措施。

【参考答案】对

【解析】《国家电网有限公司应急工作管理规定》第七章事后恢复与重建中，第六十四条规定：公司级相关单位要对突发事件的起因、性质、影响、经验教训和恢复重建等问题进行调查评估，同时，要及时收集各类数据，按照国家有关规定成立的生产安全事故调查组应当对应急救援工作进行评估，并在事故调查报告中作出评估结论，提出防范和改进措施。

19. 应急预案评审应坚持实事求是的工作原则，紧密结合实际，从合法性、合规性、完整性、针对性、实用性、科学性、操作性、衔接性八个方面进行评审。

【参考答案】对

【解析】《国家电网有限公司应急预案评审管理办法》第三章评审依据和要点中，第十二条规定：应急预案评审应坚持实事求是的工作原则，紧密结合实际，从合法性、合规性、完整性、针对性、实用性、科学性、操作性、衔接性八个方面进行评审。

20. 应急预案的要素分为关键要素和一般要素。

【参考答案】对

【解析】《国家电网有限公司应急预案评审管理办法》第四章评审方法中，第十六条规定：要素评审是依据有关规定和标准，从应急预案的合法性、合规性、完整性、针对性、实用性、科学性、操作性和衔接性等方面对应急预案进行评审。应急预案要素分为关键要素和一般要素。

21.《国家电网公司信息通信调度值班工作规范》中规定，主值负责信息通信故障等突发事件的即时报告。

【参考答案】错

【解析】《国家电网公司信息通信调度值班工作规范》第二章值班管理中，第七条值长主要承担的职责（五）规定：负责信息通信故障等突发事件的即时报告。

22.《国家电网公司信息系统检修管理办法》中规定，紧急检修工作要及时启动相应的应急预案，以快速恢复业务为首要任务，尽快消除故障，必要时可先开展紧急检修。

【参考答案】对

【解析】《国家电网公司信息系统检修管理办法》第七章紧急检修管理中，第二十八条规定：紧急检修工作要及时启动相应的应急预案，以快速恢复业务为首要任务，尽快消除故障，必要时可先开展紧急检修。

23.《国家电网公司信息系统检修管理办法》中规定，紧急检修时应填用工作票或任务单，必须经工作票签发人书面签发并同意。

【参考答案】错

【解析】《国家电网公司信息系统检修管理办法》第七章紧急检修管理中，第二十八条规定：紧急检修时应填用工作票或任务单，可不经工作票签发人书面签发，但要经签发人同意。

24.《国家电网公司网络安全与信息通信应急管理办法》中规定，省级电科院负责本单位网络安全与信息通信应急基干队伍的建立维护工作。

【参考答案】错

【解析】《国家电网公司网络安全与信息通信应急管理办法》第二章应急组织体系中，第十二条（六）规定：公司各单位的信息通信运维单位负责本单位网络安全与信息通信应急基干队伍的建立维护工作。

25.《国家电网公司网络安全与信息通信应急管理办法》中规定，现场处置方案应包括故障现象描述、现场处置人员通讯录、方案启动条件、主要操作过程、预期效果、处置要求及运行方式等内容。

【参考答案】对

【解析】《国家电网公司网络安全与信息通信应急管理办法》第三章应急预案管理中，第十六条规定：现场处置方案应包括故障现象描述、现场处置人员通讯录、方案启动条件、主要操作过程、预期效果、处置要求及运行方式等内容。

26.《国家电网公司网络安全与信息通信应急管理办法》中规定，公司各级单位专项应急预案评审通过后，应由本单位数字化部签署发布。

【参考答案】错

【解析】《国家电网公司网络安全与信息通信应急管理办法》第三章应急预案管理中，第十八条规定：公司各级单位专项应急预案评审通过后，应由本单位分管领导签署发布。

27.《国家电网公司网络安全与信息通信应急管理办法》中规定，公司各级单位专项应急预案发布后一个月内，本单位信息通信职能管理部门负责向上级单位报备。

【参考答案】错

【解析】《国家电网公司网络安全与信息通信应急管理办法》第三章应急预案管理中，第十九条规定：公司各级单位专项应急预案发布后 20 个工作日内，本单位信息通信职能管理部门负责向上级单位报备。

28.《国家电网公司网络安全与信息通信应急管理办法》中规定，当公司各级单位应急处置和演练评估报告提出整改要求时，应及时修订相关的网络安全与信息通信专项应急预案和现场处置方案。

【参考答案】对

【解析】《国家电网公司网络安全与信息通信应急管理办法》第三章应急预案管理中，第二十一条规定：公司各级单位网络安全与信息通信专项应急预案和现场处置方案每三年应至少修订一次，出现以下情形之一时，应及时修订：（六）应急处置和演练评估报告提出整改要求的。

29.《国家电网公司信息调度人员培训考核工作规范》中规定，调度主值岗前培训的内容应包括典型应急处置场景及预案。

【参考答案】对

【解析】《国家电网公司信息调度人员培训考核工作规范》第二章岗位培训中，第九条规定：调度主值岗前培训的内容应包括典型应急处置场景及预案。

30.《国家电网公司网络安全与信息通信应急管理办法》中规定，国网信通公司（国网信通调度）每周组织公司各单位开展信息通信系统常态化演练。

【参考答案】错

【解析】《国家电网公司网络安全与信息通信应急管理办法》第四章应急培训与演练管理中，第二十六条（四）规定：国网信通公司（国网信通调度）每双周组织公司各单位开展信息通信系统常态化演练。

31.《国家电网公司网络安全与信息通信应急管理办法》中规定，公司各级信息通信运维单位根据批复的年度应急演练计划，编制月度应急演练计划，经本单位信息通信职能管理部门审核后，逐级上报总部。

【参考答案】对

【解析】《国家电网公司网络安全与信息通信应急管理办法》第四章应急培训与演练管理中，第三十二条（二）规定：公司各级信息通信运维单位根据批复的年度应急演练计划，编制月度应急演练计划，经本单位信息通信职能管理部门审核后，于每月 20 日前，由本单位信息通信调度机构逐级上报，经总部审批通过后方可执行。

32.《国家电网公司网络安全与信息通信应急管理办法》中规定，公司网络安全与信息通信应急基干队伍是指切实防范和有效应对突发网络安全与信息通信事故及对公司或社会造成重大影响的各类突发事件，及时开展应急处置，快速提供必要帮助，参与应急工作的先遣队伍。

【参考答案】对

【解析】《国家电网公司网络安全与信息通信应急管理办法》第六章应急队伍管理中，第三十七条规定：公司以“基干队伍”的形式组建网络安全与信息通信应急团队。网络安全与信息通信应急基干队伍是指切实防范和有效应对突发网络安全与信息通信事故及对公司或社会造成重大影响的各类突发事件，及时开展应急处置，快速提供必要帮助，参与应急工作的先遣队伍。

33.《国家电网公司网络安全与信息通信应急管理办法》中规定，两级应急基干队伍定员各在 60～80 人。

【参考答案】错

【解析】《国家电网公司网络安全与信息通信应急管理办法》第六章应急队伍管理中，第三十八条规定：两级应急基干队伍定员各在 20～40 人。

34.《国家电网公司网络安全与信息通信应急管理办法》中规定，应急基干队伍应每年进行一次测评，评估队员的年龄、体能、技能、专业分布等是否符合队伍结构的要求，并根据结果进行调整。

【参考答案】对

【解析】《国家电网公司网络安全与信息通信应急管理办法》第六章应急队伍管理中，第四十四条规定：应急基干队伍应每年进行一次测评，评估队员的年龄、体能、技能、专业分布等是否符合队伍结构的要求，并根据结果进行调整。

35.《国家电网公司网络安全与信息通信应急管理办法》中规定，公司网络安全与信息通信应急响应分为四级，分别对应发生特别重大、重大、较大和一般网络安全与信息通信突发事件。

【参考答案】对

【解析】《国家电网公司网络安全与信息通信应急管理办法》第九章应急处置中，第五十八条规定：公司网络安全与信息通信应急响应分为四级，分别对应发生特别重大、重大、较大和一般网络安全与信息通信突发事件。

36.《国家电网公司网络安全与信息通信应急管理办法》中规定，突发事件发生后，事发单位信息通信调度机构负责应急处置工作。

【参考答案】错

【解析】《国家电网公司网络安全与信息通信应急管理办法》第九章应急处置中，第五十九条规定：突发事件发生后，事发单位信息通信调度机构负责调度指挥工作，运维检修机构负责应急处置工作。

37.《国家电网公司网络安全与信息通信应急管理办法》中规定，相关单位应根据事态发展变化，调整突发事件响应级别。突发事件得到有效控制，危害消除后，相关单位应解除应急指令，宣布结束应急状态。

【参考答案】对

【解析】《国家电网公司网络安全与信息通信应急管理办法》第九章应急处置中，第六十五条规定：相关单位应根据事态发展变化，调整突发事件响应级别。突发事件得到有效控制，危害消除后，相关单位应解除应急指令，宣布结束应急状态。

38.《国家电网公司信息系统和网络安全事件报告工作要求》中规定，即时书面报告基本内容应包括系统基本情况、事件发生和恢复时间、影响范围、处置过程、故障定位及原因分析、整改措施等。

【参考答案】错

【解析】《国家电网公司信息系统和网络安全事件报告工作要求》四、报告内容要求中，（一）即时报告规定：即时报告中的书面报告应按规定的格式填报。基本内容应包括事件发生和恢复时间、影响范围、处置过程、故障定位及原因分析、整改措施等。

39.《国家电网公司信息系统和网络安全事件报告工作要求》中规定，各单位发生疑似或即将导致八级及以上事件的故障，按 A 类故障要求执行报告制度。

【参考答案】对

【解析】《国家电网公司信息系统和网络安全事件报告工作要求》五、报送要求中，（一）省级调度报送要求规定：各单位发生疑似或即将导致八级及以上事件的故障，按 A 类故障要求执行报告制度。

40.《国家电网公司信息系统和网络安全事件报告工作要求》中规定，当某单位发生 A 类故障后，正式报告应由故障发生单位运行部门负责人签字，并加盖运行部门行政章。

【参考答案】错

【解析】《国家电网公司信息系统和网络安全事件报告工作要求》正式报告签字盖章要求规定：A 类故障正式报告需所在单位职能管理部门负责人签字，加盖职能管理部门章。

41.因机房环境、硬件及云产品等引起的总部云平台混合部署及中心部署云平台组件产品出现问题，导致省公司云平台无法使用故障，由国网信通公司云平台运维专责组织总部运维团队进行故障处置，并将处理进度和结果反馈至国网信通公司调控中心，国网信通公司调控中心统一组织省公司调控开展云平台故障恢复验证。

【参考答案】对

【解析】《云平台两级协同运维工作方案》第 4.4 章协同运维流程中，4.4.1.2 紧急故障抢修规定：因机房环境、硬件及云产品等引起的总部云平台混合部署及中心部署云平台组件产品出现问题，导致省公司云平台无法使用故障，由国网信通公司云平台运维专责组织总部运维团队进行故障处置，并将处理进度和结果反馈至国网信通公司调控中心，国网信通公司调控中心统一组织省公司调控开展云平台故障恢复验证；省公司自身云平台组件无法使用需总部协同处置，由省公司调控中心向国网信通调控中心汇报故障情况，同时在 SG-I6000 填写工单，向国网信通公司运检中心云平台运维专责说明详细故障情况，根据故障现象开展两级协同处置。

42.因总部特殊重点活动等原因，需要启动应急、安全保障流程，由总部云平台运维团队发起安全事项需求，由国网信通公司调控中心向省公司调控中心下达保障通知和相关方案，国网信通公司和省公司云平台运维专责具体组织开展保障工作，启动应急安全保障两级协同流程。

【参考答案】对

【解析】《云平台两级协同运维工作方案》第 4.4 章协同运维流程中，4.1.1.6 应急安全保障规定：因总部特殊重点活动等原因，需要启动应急、安全保障流程，由总部云平台运维团队发起安全事项需求，由国网信通公司调控中心向省公司调控中心下达保障通知和相关方案，国网信通公司和省公司云平台运维专责具体组织开展保障工作，启动应急安全保障两级协同流程。

43．在智能一体化运维支撑平台 SG-I6000 2.0 中上报即时书面报告是通过调度联系模块上报，在系统中上报时附件为按照事件报告工作要求规定格式编制的即时报告文档。

【参考答案】错

【解析】《国家电网有限公司信息系统和网络安全事件报告工作要求》第四章报告内容要求中，第（一）条即时报告规定：即时报告中的书面报告应按规定的格式填报（见附件 1)。应急预案应作为附件统一提报。

44．网络安全类风险预警单通过国家电网有限公司智能一体化运维支撑平台 SG-I6000 2.0 进行发布、接收和上报。

【参考答案】错

【解析】《国家电网公司网络安全与信息运行风险预警管理规范（试行)》第四章工作流程中，第十三条规定：利用信息通信一体化调度运行支撑平台实现风险预警的线上闭环管理；网络安全风险预警同时通过网络与信息安全风险预警分析平台发布管理。目前，网络安全类风险预警单是通过国家电网有限公司全场景网络安全态势感知平台中发布、接收和上报。

45．总部的信息运行类风险预警单是通过国家电网有限公司智能一体化运维支撑平台 SG-I6000 2.0 的调度任务相关模块接收和反馈。

【参考答案】错

【解析】《国家电网公司网络安全与信息运行风险预警管理规范（试行)》第四章工作流程中，第十三条规定：利用信息通信一体化调度运行支撑平台实现风险预警的线上闭环管理；网络安全风险预警同时通过网络与信息安全风险预警分析平台发布管理。信息运行类风险预警单是通过智能一体化运维支撑平台中调度联系模块中待办已办中新增风险预警单功能完成接收和反馈。

四、实践操作题

1．请演示在智能一体化运维支撑平台 SG-I6000 2.0 中查找某一个运行安全事件的事件报告。

【重点速记】

在智能一体化运维支撑平台 SG-I6000 2.0“调度联系—调度联系查询”菜单中完成相关查询；查询可以根据关键信息精准查询某个历史事件的应急处置情况。

2．请演示在智能一体化运维支撑平台 SG-I6000 2.0 中上报运行安全事件的即时报告。

【重点速记】

在智能一体化运维支撑平台 SH-I6000 2.0“调度联系—拟办待办”菜单中完成相关操作；必须将即时报告和涉及的应急预案作为附件一并上传。

3. 请演示在完成故障应急处置后在智能一体化运维支撑平台 SG-I6000 2.0 补报紧急抢修工单。

【重点速记】

在智能一体化运维支撑平台 SH-I6000 2.0“检修实用化”菜单中完成相关操作；必须同时开工作票和操作票，并关联对应的紧急抢修计划工单。

4. 请演示在智能一体化运维支撑平台 SG-I6000 2.0 性能监测模块中进行异常应急处置。

【重点速记】

在智能一体化运维支撑平台 SH-I6000 2.0 性能监测模块“问题管理—异常处理”菜单中完成相关操作；应急处置异常包括处理过程说明和处理结果两步操作。

5. 请演示在智能一体化运维支撑平台 SG-I6000 2.0 性能监测模块中查询某个应用系统的异常告警历史情况。

【重点速记】

在智能一体化运维支撑平台 SG-I6000 2.0 性能监测模块“统计查询—异常数据查询”菜单中完成相关操作；使用查询功能可以精准查询某一应用系统的不同类型异常告警历史情况。

6. 请演示在智能一体化运维支撑平台 SG-I6000 2.0 性能监测模块中查询某个应用系统的异常应急处置历史情况。

【重点速记】

在智能一体化运维支撑平台 SG-I6000 2.0 性能监测模块“统计查询—异常处理率查询”菜单中完成相关操作；使用查询功能可以精准查询需要的异常告警应急处置历史记录。

7. 请演示在智能一体化运维支撑平台 SG-I6000 2.0 中查看某个应用系统的拓扑及软硬件资源实时运行情况。

【重点速记】

在智能一体化运维支撑平台 SG-I6000 2.0 的“资源监测—应用系统监测”菜单中完成相关操作；应用系统拓扑、服务器、数据库、中间件等运行情况均可在系统监控详情中实时查看。

8. 请演示在智能一体化运维支撑平台 SG-I6000 2.0 中查找某个应用系统的告警信息。

【重点速记】

在智能一体化运维支撑平台 SG-I6000 2.0 的“资源监测—应用系统监测”菜单中完成相关操作；使用查询功能可以精准查询应用系统的告警信息详细情况。

9. 请演示在智能一体化运维支撑平台 SG-I6000 2.0 中判断某个应用系统气泡图红灯告警的原因。

【重点速记】

在智能一体化运维支撑平台 SG-I6000 2.0 的“资源监测—应用系统监测”菜单中完成相关操作；导致 SG-I6000 2.0 中某个应用系统红灯告警的原因包括“健康运行时长”“在线用户数”、应用系统运行状态 3 个指标中任意一个或多个指标缺失或异常。

10. 请演示在智能一体化运维支撑平台 SG-I6000 2.0 性能监测模块中分析某一应用系统告警情况。

【重点速记】

在智能一体化运维支撑平台 SG-I6000 2.0 性能监测模块“综合分析—系统分析—告警分析”菜单中完成相关操作；使用查询功能可以精准分析某一应用系统不同周期内的告警情况。

11. 请演示在智能一体化运维支撑平台 SG-I6000 2.0 中如何下发一个风险预警。

【重点速记】在智能一体化运维支撑平台 SG-I6000 2.0 调度联系模块“拟办待办”菜单中完成相关操作；单击“新增风险预警单”新建下发风险预警工单。

12. 请演示在智能一体化运维支撑平台 SG-I6000 2.0 中如何接收并上报风险预警。

【重点速记】

在智能一体化运维支撑平台 SG-I6000 2.0 调度联系模块“拟办待办”菜单中完成相关操作；单击“待办”中待反馈的风险预警单，根据反馈要求填写并上报。

13. Linux 数据盘使用率告警问题处理。

【重点速记】

（1）df -h 命令查看目录使用率情况，确认 vg 和 lvm 名称。

（2）创建云硬盘。

（3）云硬盘挂载。

14. 云平台计算节点故障疏散虚拟机。

【重点速记】

（1）关闭宕机节点存储网路。

（2）查看虚拟机网络连接情况。

（3）确认故障计算节点状态。

（4）关闭故障节点调度的服务。

（5）疏散该故障节点虚拟机至其他节点。

15. 数据中台 ARM 计算节点硬盘故障排查处置。

【重点速记】

（1）输入 root 密码进入紧急模式；执行 mount -a 命令。

（2）登录宿主机执行 dmesg -T | grep -I error.看到 sdc。

（3）查看磁盘的 smart 信息。

（4）查看宿主机 sdc 盘映射的 wwn 号。

（5）根据磁盘 wwn 找到对应虚拟机的盘符 sde。

（6）登录虚拟机 OS 内，查看 sde 对应的磁盘 UUID。

（7）将虚拟机中/etc/fstab 文件中对应 UUID 的行注释，然后重启虚拟机可以正常登录。

第三节 方 式 管 理

章节摘要：本章节主要考核电网企业数字化运行管理工作中方式管理的相关规章制度、流程，包括方式的变更、审批、实施，系统上下线，设备的投退运等内容。以及如何使用SG-I6000 2.0进行方式变更的申请和记录。

一、单项选择题

1．蓝线指标评分达到（　　）分后，即可完成上线试运行验收。

A．60　　B．70　　C．80　　D．90

【参考答案】C

【解析】《国家电网有限公司信息系统上下线管理办法》中第三章第二十条规定：蓝线指标采用量化评分制，评分达到80分后，即可完成上线试运行验收。

2．当小版本迭代信息系统可研和设计的功能满足大于（　　）%，且核心功能经业务部门确认后，承建单位即可填写上线试运行申请单。

A．50　　B．60　　C．70　　D．80

【参考答案】B

【解析】《国家电网有限公司信息系统上下线管理办法》中第六章第三十八条规定：当小版本迭代信息系统可研和设计的功能满足要求（大于60%）且核心功能经业务部门确认后，承建单位即可填写上线试运行申请单，移交相关上线文档。

3．各级信息系统调度机构需组织开展运行方式执行情况的（　　）工作。

A．分析　　B．审计　　C．验收　　D．调研

【参考答案】A

【解析】《国家电网公司网络与信息系统运行方式工作管理规范（试行）》中第八章第三十三条规定：各级信息系统调度机构负责组织对运行方式的执行情况进行分析。

4．信息系统运行方式的年度运行方式主要内容包括网络与信息系统的（　　）。

A．当年运行情况　　B．当年存在的问题和改进措施

C．次年需求分析与信息系统方式编排　　D．全都包括

【参考答案】D

【解析】《国家电网公司网络与信息系统运行方式工作管理规范（试行）》中第三章第十二条规定：信息系统年度方式的主要内容应包括网络与信息系统当年运行情况、网络与信息系统当年存在的问题和改进措施、网络与信息系统次年需求分析与信息系统方式编排三部分。

5．在SG-I6000 2.0中，同一年度可产生（　　）年度运行方式记录。

A．一条　　B．两条　　C．三条　　D．无限制

【参考答案】A

【解析】《国家电网公司智能一体化运维支撑平台SG-I6000 2.0用户手册》规定：每个编制单位同一年度仅允许有一条年度运行方式记录。

6．各级信息系统年度方式的编制要遵循（　　）的原则。

A．相互独立　　B．相互协调　　C．下级服从上级　　D．互补

【参考答案】C

【解析】《国家电网公司网络与信息系统运行方式工作管理规范（试行）》中第三章第十一条规定：信息系统年度方式编制应遵循下级单位信息系统方式要服从上级单位信息系统方式的原则。

7. 信息系统年度方式中，针对网络与信息系统（　　）存在问题与改进方式，应汇总所有存在的问题，分析潜在风险，提出改进对策和意见，作为下一年项目申请、任务安排的依据。

A. 上年度　　B. 本年度　　C. 下半年度　　D. 上半年度

【参考答案】B

【解析】《国家电网公司网络与信息系统运行方式工作管理规范（试行）》中第三章第十二条规定：信息系统年度方式的主要内容应包括网络与信息系统当年存在的问题和改进措施。根据当年网络与信息系统的现状描述和运行分析，汇总所有存在的问题，分析潜在风险，提出改进对策和意见，作为下一年项目申请、任务安排的依据。

8. 各单位每（　　）应至少组织开展一次信息系统方式单（资料）和现场情况是否相符的核查工作。

A. 月　　B. 季度　　C. 半年　　D. 年

【参考答案】D

【解析】《国家电网公司网络与信息系统运行方式工作管理规范（试行）》中第五章第二十三条规定：各单位每年应至少组织开展一次信息系统方式单（资料）和现场情况是否相符的核查工作。

9. 信息系统方式是指（　　）。

A. 网络与信息系统运行的方法和形式

B. 信息系统运行计划和方案

C. 信息系统按照计划和方案运行在某一时刻的现状描述

D. 以上皆是

【参考答案】D

【解析】《国家电网公司网络与信息系统运行方式工作管理规范（试行）》中第一章第二条规定：本规范所称的信息系统方式是指网络与信息系统运行的方法和形式，是信息系统运行计划和方案，是信息系统按照计划和方案运行在某一时刻的现状描述。

10. 公司各级（　　）为信息系统方式安排的责任部门。

A. 信息通信调度机构　　B. 信息运行维护部门

C. 信息运行检修部门　　D. 信息运行方式部门

【参考答案】A

【解析】《国家电网公司网络与信息系统运行方式工作管理规范（试行）》中第二章第八条规定：公司各级信息通信调度机构为信息系统方式安排的责任部门。

11. 公司信息系统年度运行方式工作应由（　　）进行监督检查和评价考核。

A. 国网数字化部　　B. 国网信通公司

C. 本单位信息化职能管理部门　　D. 本单位信息系统运维部门

【参考答案】A

【解析】《国家电网公司网络与信息系统运行方式工作管理规范（试行）》中第二章第六

条规定：国网数字化部主要职责：组织开展信息系统方式工作的监督检查和评价考核。

12．公司运行方式编制工作实行“（　　）”方式。

A．一级编制　　B．两级编制　　C．三级编制　　D．四级编制

【参考答案】B

【解析】《国家电网有限公司网络与信息系统年度运行方式编制指南》中 2.1 规定：公司运行方式编制工作实行“两级编制”方式。

13．总（分）部、各省（自治区、直辖市）电力公司、各直属单位信息通信系统年度运行方式由本单位信息化职能管理部门审批，并报（　　）统一审查。

A．国网数字化部　　B．省信息调度

C．国网信通公司　　D．省数字化部

【参考答案】A

【解析】《国家电网公司网络与信息系统运行方式工作管理规范（试行）》中第三章第十三条规定：总（分）部、各省（自治区、直辖市）电力公司、各直属单位信息系统年度方式经本单位审核后报国网数字化部，由国网数字化部统一组织审查，经批准同意后自行发布。

14．省级信息调度组织开展调度指挥范围内信息系统日常运行方式的编制、下达、监督执行、分析总结和优化等工作。执行机构收到方式单后应严格按照（　　）的要求执行相关工作，并将执行结果及时反馈。

A．方式单　　B．上级调度　　C．本公司调度　　D．调度负责人

【参考答案】A

【解析】《国家电网有限公司信息系统调度管理办法》中第五章第二十六条规定：（一）省级信息调度组织开展调度指挥范围内信息系统日常运行方式的编制、下达、监督执行、分析总结和优化等工作，并根据业务变化及系统运行存在的薄弱环节和缺陷隐患，组织开展运行方式调整；（二）执行机构收到方式单后应严格按照方式单上的要求执行相关工作，并将执行结果及时反馈。

15．（　　）负责审核、下达调度指挥范围内信息系统的运行方式，对调度指挥范围内信息资源统一管理并调配使用。

A．省信通运维部门　　B．省级信息调度

C．省信通客服　　D．省信通建设部门

【参考答案】B

【解析】《国家电网有限公司信息系统调度管理办法》中第二章第十条（五）规定：省级信息调度负责审核、下达调度指挥范围内信息系统的运行方式，对调度指挥范围内信息资源统一管理并调配使用。

16．若遇紧急、特殊情况，信息调度有权先以（　　）方式指挥执行调度方式单，但事后应立即补发。

A．口头　　B．工单　　C．邮件　　D．短信

【参考答案】A

【解析】《国家电网有限公司信息系统调度管理办法》中第五章第二十六条（三）规定：方式单用书面形式下达，若遇紧急、特殊情况，信息调度有权先以口头方式指挥执行调度方式单，但事后应立即补发。

17．设备、业务系统接入公司网络应经（　　）批准，并严格遵守公司网络准入要求。

A．信息运维单位（部门）　　B．信息化主管部门

C．信息架构督查管理部门（单位）　　D．系统建设单位

【参考答案】A

【解析】《国家电网公司电力安全工作规程》中 5.1 规定：设备、业务系统接入公司网络应经信息运维单位（部门）批准，并严格遵守公司网络准入要求。

18．常态方式调整，即在（　　）运行方式的基础上进行配置调优。

A．变更　　B．不改变　　C．执行　　D．下发

【参考答案】B

【解析】《国家电网有限公司网络与信息系统年度运行方式编制指南》中 1.4.1 规定：常态方式调整，即在不改变运行方式的基础上进行配置调优，如路由协议、路由逻辑策略、负载均衡策略、安全策略、数据库归档模式、存储容量分配策略、备份容量分配策略和备份策略等调整、调优。

19．信息设备变更用途或下线，应（　　）其中数据。

A．保存　　B．清理　　C．擦除或销毁　　D．迁移

【参考答案】C

【解析】《国家电网公司电力安全工作规程》中 5.10 规定：信息设备变更用途或下线，应擦除或销毁其中数据。

20．业务系统上线前，应在具有资质的测试机构进行（　　），并取得检测合格报告。

A．兼容性测试　　B．用户确认测试　　C．功能测试　　D．安全测试

【参考答案】D

【解析】《国家电网公司电力安全工作规程》中 2.3.3 规定：业务系统上线前，应在具有资质的测试机构进行安全测试，并取得检测合格报告。

21．公司各级信息通信运行检修机构作为信息系统方式的执行部门，主要职责之一负责组织执行下达的信息系统方式，并将执行情况反馈（　　），确保系统实际运行情况与运行方式安排相符。

A．数字化部　　B．本单位信息化职能管理部门

C．调度机构　　D．电科院

【参考答案】C

【解析】《国家电网公司网络与信息系统运行方式工作管理规范（试行）》中第二章第九条规定：公司各级信息通信运行检修机构作为信息系统方式的执行部门，主要职责：负责组织执行下达的信息系统方式，并将执行情况反馈调度机构，确保系统实际运行情况与运行方式安排相符。

22．信息系统月度方式编制应以信息系统（　　）方式为基础。

A．月度　　B．日常　　C．年度　　D．季度

【参考答案】C

【解析】《国家电网公司网络与信息系统运行方式工作管理规范（试行）》中第四章第十六条规定：信息系统月度方式编制应遵循以下原则：（一）以信息系统年度方式为基础，根据信息化工作的整体进度，调整、细化年度信息系统方式的安排。

23．信息系统日常方式的执行实施（　　）管理。

A．闭环　　B．开环　　C．半闭环　　D．半开环

【参考答案】A

【解析】《国家电网公司网络与信息系统运行方式工作管理规范（试行）》中第五章第二十条规定：信息系统日常方式的执行实施闭环管理。

24．各单位应充分利用信息通信一体化调度运行支撑平台系统（SG-I6000 2.0）等技术支撑手段，开展信息方式单（　　）工作。

A．规范化　　B．电子化　　C．统一化　　D．简明化

【参考答案】B

【解析】《国家电网公司网络与信息系统运行方式工作管理规范（试行）》中第五章第二十四条规定：各单位应充分利用信息通信一体化调度运行支撑平台系统等技术支撑手段，开展信息方式单电子化工作，并持续开展信息系统方式相关基础数据治理工作，确保相关数据准确可用。

25．信息系统检修方式是指因检修导致信息系统（　　）无法正常运行，以牺牲一定的稳定或安全等性能，最大程度保持业务应用所采取的运行方式。

A．业务应用　　B．数据库　　C．常态方式　　D．正常功能

【参考答案】C

【解析】《国家电网公司网络与信息系统运行方式工作管理规范（试行）》中第六章第二十五条规定：信息系统检修方式是指因检修导致信息系统常态方式无法正常运行，以牺牲一定的稳定或安全等性能，最大程度保持业务应用所采取的运行方式。

26．月度检修计划在生成前，凡涉及信息系统方式变更的，应由信息运行检修机构提前向信息调度机构提出（　　），并提供相应的技术资料。

A．方式申请单　　B．检修计划申请　　C．信息方式单　　D．检修申请单

【参考答案】A

【解析】《国家电网公司网络与信息系统运行方式工作管理规范（试行）》中第六章第二十八条规定：月度检修计划在生成前，凡涉及信息系统方式变更的，应由信息运行检修机构提前向信息调度机构提出方式申请单，并提供相应的技术资料。

27．信息调度机构方式管理人员根据相关的设计资料、网络和系统资料现状编制信息方式单，经（　　）审批后下达至信息运行检修机构。

A．信通公司　　B．信息运维单位

C．调度机构　　D．调度机构负责人

【参考答案】D

【解析】《国家电网公司网络与信息系统运行方式工作管理规范（试行）》中第六章第二十八条规定：信息调度机构方式管理人员根据相关的设计资料、网络和系统资料现状编制信息方式单，经调度机构负责人审批后下达至信息运行检修机构。

28．信息检修机构需得到方式调整批复，方可进入月度检修计划审批和执行流程。如月度检修计划执行前，原信息系统常态方式或检修内容有调整，应（　　）。

A．重新提交检修计划　　B．重新进行方式调整审批

C．重新办理工作票　　D．无需变更

【参考答案】B

【解析】《国家电网公司网络与信息系统运行方式工作管理规范（试行）》中第六章第二十八条规定：（三）信息检修机构需得到方式调整批复，方可进入月度检修计划审批和执行流程。如月度检修计划执行前，原信息系统常态方式或检修内容有调整，应重新进行方式调整审批。

29．如检修计划所涉及非管辖范围内的网络与信息系统软硬件资源，根据检修计划和审批流程，申请检修的（　　）应向有管辖权的信息调度机构提出方式调整申请，经审批通过后，同意检修计划申请单位的申请。

A．信通公司　　B．信息运维单位

C．调度机构　　D．调度机构负责人

【参考答案】C

【解析】《国家电网公司网络与信息系统运行方式工作管理规范（试行）》中第六章第二十八条规定：（四）如检修计划所涉及非管辖范围内的网络与信息系统软硬件资源，根据检修计划和审批流程，申请检修的调度机构应向有管辖权的信息调度机构提出方式调整申请，经审批通过后，同意检修计划申请单位的申请。

30．（　　）根据执行情况进行信息系统常态方式的更新工作。

A．信通公司　　B．信息运维单位

C．信息调度机构　　D．调度机构负责人

【参考答案】C

【解析】《国家电网公司网络与信息系统运行方式工作管理规范（试行）》中第六章第二十八条规定：（六）信息调度机构根据执行情况进行信息系统常态方式的更新工作。

31．红线指标中数据遵从度是指信息系统业务数据模型不违反公司（　　）信息模型标准。

A．公共　　B．特有　　C．自建　　D．标准

【参考答案】A

【解析】《国家电网有限公司信息系统上下线管理办法》中附件5规定：红线指标中数据遵从度是指信息系统业务数据模型不违反公司公共信息模型标准。

32．当发生故障处置造成信息系统方式变更时，经所属（　　）许可后进行入紧急抢修流程，故障处置完成后，与紧急抢修手续一并补齐方式变更申请手续，作为故障办结的必备条件之一。

A．信通公司　　B．信息运维单位

C．信息调度机构　　D．调度机构负责人

【参考答案】C

【解析】《国家电网公司网络与信息系统运行方式工作管理规范（试行）》中第七章第三十条规定：（一）当发生故障处置造成信息系统方式变更时，经所属信息调度机构许可后进行入紧急抢修流程，故障处置完成后，与紧急抢修手续一并补齐方式变更申请手续，作为故障办结的必备条件之一。

33．对于重要时期的网络与信息系统稳定运行保障的运行方式，对应的信息运行部门应明确保障的具体措施和安全保障工作部署，以确保全系统（　　）的运行方式。

A．正常　　B．零缺陷　　C．一般　　D．重要

【参考答案】B

【解析】《国家电网公司网络与信息系统运行方式工作管理规范（试行）》中第七章第三十一条规定：对于重要时期的网络与信息系统稳定运行保障的运行方式，对应的信息运行部门应明确保障的具体措施和安全保障工作部署，以确保全系统零缺陷的运行方式，原则上不安排计划检修。

34．各级调度机构的（　　）应对管辖范围内信息系统运行状态进行充分了解，避免产生对于已进入特殊状态的信息系统出现误操作的情况，并实时跟踪进展情况，直至系统退出特殊方式状态，进入常态方式运行。

A．负责人　　B．所有人员　　C．所有调度专责　　D．上级部门

【参考答案】C

【解析】《国家电网公司网络与信息系统运行方式工作管理规范（试行）》中第七章第三十二条规定：各级调度机构所有调度专责应对管辖范围内信息系统运行状态进行充分了解，避免产生对于已进入特殊状态的信息系统出现误操作的情况，并实时跟踪进展情况，直至系统退出特殊方式状态，进入常态方式运行。

35．各级信息系统（　　）负责组织对运行方式的执行情况进行分析。

A．调度机构　　B．检修机构　　C．运维单位　　D．职能管理部门

【参考答案】A

【解析】《国家电网公司网络与信息系统运行方式工作管理规范（试行）》中第八章第三十三条规定：各级信息系统调度机构负责组织对运行方式的执行情况进行分析，每月召开运行分析会，重点对于本月信息方式单执行情况、信息系统紧急抢修工作、本月重大保障工作进行分析。

36．（　　）负责对本单位信息系统运维单位（部门）运行方式工作进行检查考核。

A．调度机构　　B．信通公司

C．各单位信息化职能管理部门　　D．检修部门

【参考答案】C

【解析】《国家电网公司网络与信息系统运行方式工作管理规范（试行）》中第九章第三十七条规定：各单位信息化职能管理部门负责对本单位信息系统运维单位（部门）运行方式工作进行检查考核。

37．公司各单位（　　）是本单位信息系统上下线工作的归口管理部门。

A．电力调度机构　　B．信通公司　　C．数字化部　　D．业务部门

【参考答案】C

【解析】《国家电网有限公司信息系统上下线管理办法》中第二章第八条规定：公司各单位数字化职能管理部门是本单位信息系统上下线工作的归口管理部门。

38．公司各单位（　　）负责落实本单位信息系统红蓝线指标要求，组织开展本单位信息系统上线试运行验收工作。

A．电力调度机构　　B．信通公司

C．数字化部　　D．信息系统运行维护单位（部门）

【参考答案】D

【解析】《国家电网有限公司信息系统上下线管理办法》中第二章第九条规定：公司各单

位信息系统运行维护单位（部门），负责落实本单位信息系统红蓝线指标要求，组织开展本单位信息系统上线试运行验收工作。

39. 各单位（　　）是本专业信息系统上下线工作的业务责任部门。

A. 财务部门　　B. 信息化职能管理部门
C. 业务部门　　D. 审计监管部门

【参考答案】 C

【解析】《国家电网有限公司信息系统上下线管理办法》中第二章第十一条规定：公司总（分）部、各单位业务部门是本专业信息系统上下线工作的业务责任部门。

40.（　　）负责非功能性需求的设计与开发，满足信息系统红蓝线指标要求。

A. 国网信通公司　　B. 国网数字化部
C. 省数字化部　　D. 信息系统承建单位

【参考答案】 D

【解析】《国家电网有限公司信息系统上下线管理办法》中第二章第十二条规定：各信息系统承建单位主要职责：（一）负责非功能性需求的设计与开发，满足信息系统红蓝线指标要求。

41. 非电网数字化专项立项的信息系统，须由业务部门提出申请，经（　　）审批，方可接入公司网络运行。

A. 国网数字化部　　B. 国网信通公司　　C. 省数字化部　　D. 本级数字化部

【参考答案】 D

【解析】《国家电网有限公司信息系统上下线管理办法》中第三章第十三条规定：非电网数字化专项立项的信息系统，须由业务部门提出申请，经本级数字化职能管理部门审批，方可接入公司网络运行。

42.（　　）是指根据公司年度电网数字化专项建设内容，满足业务应用目标和整体架构要求，全新部署的稳态信息系统。

A. APP 上线　　B. 大版本变更　　C. 小版本迭代　　D. 新建系统

【参考答案】 D

【解析】《国家电网有限公司信息系统上下线管理办法》中第三章第十五条规定：新建系统是指根据公司年度电网数字化专项建设内容，满足业务应用目标和整体架构要求，全新部署的稳态信息系统。

43.（　　）是指 APP 通过首次上架发布程序，对外提供服务的过程。

A. 大版本变更　　B. APP 上线　　C. 小版本迭代　　D. 新建系统

【参考答案】 B

【解析】《国家电网有限公司信息系统上下线管理办法》中第三章第十八条规定：APP 上线是指 APP 通过首次上架发布程序，对外提供服务的过程。

44.（　　）是公司为各类移动应用提供统一入口的 APP。

A. 统一权限　　B. 内网门户　　C. 外网门户　　D. 移动门户

【参考答案】 D

【解析】《国家电网有限公司信息系统上下线管理办法》中第三章第十八条规定：移动门户是公司为各类移动应用提供统一入口的 APP，移动微应用指嵌入于公司移动门户（i 国网、网上国网等），由移动门户统一进行登录和提供框架支持的应用程序。

45．SG-I6000 2.0 在发起设备入库流程时，流程环节包括：填报、资源管理员审核、（　　）审核及归档四节点。

A．方式专责　　B．调度员

C．I6000 管理员审核　　D．部门领导

【参考答案】C

【解析】《国家电网公司智能一体化运维支撑平台 SG-I6000 2.0 用户手册》4.6.7.2.1 设备入库流程规定，设备入库流程环节包括：填报、资源管理员审核、I6000 管理员审核及归档四节点。

46．通过 SG-I6000 2.0 发起设备报废流程，资源状态为（　　）时，报废流程可以发起。

A．在运　　B．待报废　　C．其他状态　　D．未投运

【参考答案】B

【解析】《国家电网公司智能一体化运维支撑平台 SG-I6000 2.0 用户手册》4.6.7.2.4 设备报废流程规定：1. 资源属性"ERP 转资状态"为"已完成"（资源已完成转资）；2. 资源状态为"待报废"状态；3. 报废比例与报废原因为必填项。

47．各单位每年应至少组织开展（　　）次信息系统方式单（资料）和现场情况是否相符的核查工作。

A．一　　B．两　　C．三　　D．四

【参考答案】A

【解析】《国家电网公司网络与信息系统运行方式工作管理规范（试行）》中第五章第二十三条规定：各单位每年应至少组织开展一次信息系统方式单（资料）和现场情况是否相符的核查工作，重要信息系统应结合春检、秋检工作增加核查工作次数，新建系统在投运前建设单位需详细编制信息系统方式并及时提交至调度和运检机构。

48．信息系统（　　）方式指因非管辖网络与信息系统运行资源发生变化，造成所辖资源的运行方式变化，或者应急抢修或特殊保障期间，网络与信息系统的非常态运行方式。

A．抢修　　B．检修　　C．特殊　　D．保障

【参考答案】C

【解析】《国家电网公司网络与信息系统运行方式工作管理规范（试行）》中第七章第二十九条规定：信息系统特殊方式指因非管辖网络与信息系统运行资源发生变化，造成所辖资源的运行方式变化，或者应急抢修或特殊保障期间，网络与信息系统的非常态运行方式。

49．信息（　　）是信息系统运行方式执行、变更的唯一载体和依据。

A．检修票　　B．检修计划　　C．方式单　　D．操作票

【参考答案】C

【解析】《国家电网公司网络与信息系统运行方式工作管理规范（试行）》中第五章第二十一条规定：信息方式单是信息系统运行方式执行、变更的唯一载体和依据。

50．APP 上线试运行期间，（　　）要明确运行维护责任，形成责任备案表。

A．运行维护单位　　B．信息调度机构　　C．调度机构负责人　　D．信通公司

【参考答案】A

【解析】《国家电网有限公司信息系统上下线管理办法》中第七章第四十五条规定：APP 上线试运行期间，运行维护单位（部门）要明确运行维护责任，形成责任备案表，负责 APP

运行环境的基础设施、软硬件平台的安全运行责任；建设单位（部门）承担 APP 的安全运行责任。

51．大版本变更系统如未涉及运维责任变化，信息系统运维责任备案表可（　　）。

A．调度单位重新签订　　B．沿用原有备案

C．承建单位重新签订　　D．维护单位重新签订

【参考答案】B

【解析】《国家电网有限公司信息系统上下线管理办法》中第五章第三十二条规定：大版本变更系统如未涉及运维责任变化，可沿用原有信息系统运维责任备案表，不再重新签订。

52．常态运行方式是指在现有运行资源基础上，网络与信息系统最（　　）的运行方式。

A．简单　　B．合理　　C．复杂　　D．经济

【参考答案】B

【解析】《国家电网有限公司网络与信息系统年度运行方式编制指南》中 1.4.1 规定：在现有的运行资源基础上，网络与信息系统以最合理的运行方式进行运行，这种方式称为常态运行方式。

53．信息系统运行、检修及工程建设机构应在 SG-I6000 2.0 中提前（　　）个工作日向信息系统调度机构提出方式申请。

A．3　　B．5　　C．7　　D．10

【参考答案】B

【解析】《国家电网公司智能一体化运维支撑平台 SG-I6000 2.0 用户手册》4.8.5.1 规定：信息系统运行、检修及工程建设机构应提前 5 个工作日向信息系统调度机构提出方式申请。

54．SG-I6000 2.0 中，相关的（　　）归档关闭后，运行方式申请单才能流转至确认归档环节。

A．检修票　　B．工作票　　C．年度方式　　D．检修计划

【参考答案】D

【解析】《国家电网公司智能一体化运维支撑平台 SG-I6000 2.0 用户手册》4.8.5.2 规定：相关的检修计划归档关闭后，运行方式申请单才能流转至确认归档环节。

55．业务信息系统上线前应组织对统一开发的业务信息系统进行（　　）测评，测评合格后方可上线。

A．功能　　B．安全　　C．环保　　D．经济

【参考答案】B

【解析】《国家电网公司十八项电网重大反事故措施（修订版）》16.3.2.65 规定：业务信息系统上线前应组织对统一开发的业务信息系统进行安全测评，测评合格后方可上线。

56．在信息系统运行维护、数据交互和调试期间，认真履行相关流程和审批制度，执行（　　）制度，不得擅自进行在线调试和修改，相关维护操作在测试环境通过后再部署到正式环境。

A．工作票　　B．操作票　　C．工作票和操作票　　D．以上都不是

【参考答案】C

【解析】《国家电网公司十八项电网重大反事故措施（修订版）》16.3.3.8 规定：在信息系统运行维护、数据交互和调试期间，认真履行相关流程和审批制度，执行工作票和操作票制

度，不得擅自进行在线调试和修改，相关维护操作在测试环境通过后再部署到正式环境。

57．系统上线运行（　　）月内，由信息化管理部门和相关业务部门根据国家信息安全等级保护有关要求，组织进行国家信息安全等级保护备案，结合智能电网项目评估工作，组织国家或电力行业认可的队伍开展等级保护符合性测评。

A．半个　　B．一个　　C．两个　　D．三个

【参考答案】B

【解析】《国家电网公司十八项电网重大反事故措施（修订版）》16.3.3.1 规定：系统上线运行一个月内，由信息化管理部门和相关业务部门根据国家信息安全等级保护有关要求，组织进行国家信息安全等级保护备案，结合智能电网项目评估工作，组织国家或电力行业认可的队伍开展等级保护符合性测评。

58．信息方式资源管理包括（　　）管理、资源管理和方式管理等。

A．上下线　　B．建转运　　C．信息检修　　D．账号权限

【参考答案】A

【解析】《国家电网有限公司信息系统运行管理办法》中第三章第十四条规定：信息方式资源管理包括上下线管理、资源管理和方式管理等。

59．（　　）是指在公司移动应用技术政策要求范围内，基于公司统一移动平台，构建于移动门户之外独立运行的应用程序。

A．移动门户　　B．独立部署 APP　　C．移动微应用　　D．外部 APP

【参考答案】B

【解析】《国家电网有限公司信息系统上下线管理办法》中第三章第十八条规定：独立部署 APP 是指在公司移动应用技术政策要求范围内，基于公司统一移动平台，构建于移动门户之外独立运行的应用程序。

60．信息系统的蓝线指标测试要求账号应符合“（　　）”管理要求，实行系统管理员、业务配置员、系统审计员“三权分立”。

A．强关联　　B．实名制　　C．唯一性　　D．可变性

【参考答案】B

【解析】《国家电网有限公司信息系统上下线管理办法》中附件 8 规定：蓝线指标中账号权限安全评估要求账号应符合“实名制”管理要求，实行系统管理员、业务配置员、系统审计员“三权分立”。

二、多项选择题

1．信息系统常态方式分为信息系统（　　）。

A．年度方式　　B．月度方式　　C．季度方式　　D．日常方式

【参考答案】ABD

【解析】《国家电网公司网络与信息系统运行方式工作管理规范（试行）》中第一章第三条规定：信息系统常态方式又分为信息系统年度方式、信息系统月度方式和信息系统日常方式。

2．省级信息调度对调度指挥范围内各类软硬件资源（包括云平台资源）进行统筹规划，受理、评估、审核资源（　　）等申请。

A．新增　　B．变更　　C．回收　　D．查看

【参考答案】ABC

【解析】《国家电网有限公司信息系统调度管理办法》中第五章第二十五条（一）规定：省级信息调度对调度指挥范围内各类软硬件资源（包括云平台资源）进行统筹规划，受理、评估、审核资源新增、变更、回收等申请，组织开展资源调配，对资源使用情况进行统计分析、评价和预警。

3．蓝线指标中软硬件资源复用评估的资源复用率包括（　　）。

A．系统应在上线前同步制定同一系统老旧版本的下线或腾退计划，双轨运行时间不超过 3 个月

B．系统上线部署应优先复用已有数据库

C．系统上线部署应优先上云平台

D．系统数据存储应优先复用已有存储空间

【参考答案】BD

【解析】《国家电网有限公司信息系统上下线管理办法》中附件 8 规定：软硬件资源复用评估是指评估信息系统上线部署资源利用程度。系统应在上线前同步制定同一系统老旧版本的下线或腾退计划，双轨运行时间不超过 6 个月；系统上线部署应优先复用已有数据库；系统数据存储应优先复用已有存储空间。

4．使用信息工作票的工作，工作负责人应向工作许可人交代工作内容、发现的问题和存在问题等，并会同工作许可人进行（　　），确认无遗留物件后方可办理工作终结手续。

A．运行方式检查　　B．状态确认　　C．检修验证　　D．功能检查

【参考答案】ABD

【解析】《国家电网公司电力安全工作规程》中 3.4.2 规定：工作结束后，工作负责人应向工作许可人交代工作内容、发现的问题和存在问题等。并与工作许可人进行运行方式检查、状态确认和功能检查，各项检查均正常方可办理工作终结手续。

5．网络与信息系统当年运行情况要求数据（　　），有利于全盘掌控系统运行数据。

A．全面　　B．真实　　C．准确　　D．最新

【参考答案】ABC

【解析】《国家电网公司网络与信息系统运行方式工作管理规范（试行）》中第三章第十二条规定：网络与信息系统当年运行情况要求数据全面、真实、准确，有利于全盘掌控系统运行数据，为科学合理地安排次年信息系统方式提供基础。

6．网络与信息系统运行方式共分（　　）。

A．常态方式　　B．特殊方式

C．检修方式　　D．保障时期方式

【参考答案】ABC

【解析】《国家电网公司网络与信息系统运行方式工作管理规范（试行）》中第一章第三条规定：信息系统方式分为信息系统常态方式、信息系统检修方式和信息系统特殊方式。

7．SG-I6000 2.0 中运行方式包括（　　）。

A．年度方式　　B．月度方式　　C．周度方式　　D．季度方式

【参考答案】AB

【解析】《国家电网公司网络与信息系统运行方式工作管理规范（试行）》中第一章第三条规定：信息系统常态方式分为信息系统年度方式、信息系统月度方式和信息系统日常方式。

不包括周度运行方式、季度运行方式。

8．新上线信息系统（设备）和新投运通信系统（设备）应在上线试运行前完成监控接入，同时还需满足（　　）后方可纳入信息通信调度监视范围。

A．信息系统需完成上线试运行申请并通过部署实施验收，具备完整的运行方式及应急预案，接入前完成单点部署等隐患整改工作

B．通信系统完成工程验收、完成系统建转运流程审批，具备完整的运行方式及应急预案

C．完成监控有效性验证，具备声、光、电告警功能，能够清晰准确地对系统故障、缺陷进行定位和提示；同时具备完备的操作手册，提供所有监控项、阈值等监控指标的定义，提供监控内容列表，并根据调度需要开展专项培训

D．监控工具对于未达到安全生产要求的监控工具（告警准确性、及时性不够，告警信息不明确，存在安全漏洞等）不予接入

【参考答案】ABCD

【解析】《国家电网公司信息通信调度值班工作规范》中第四章第二十二条规定：新上线信息系统（设备）和新投运通信系统（设备）应在上线试运行前完成监控接入，同时还需满足：1. 信息系统需完成上线试运行申请并通过部署实施验收，具备完整的运行方式及应急预案，接入前完成单点部署等隐患整改工作。2. 通信系统完成工程验收、完成系统建转运流程审批，具备完整的运行方式及应急预案。3. 完成监控有效性验证，具备声、光、电告警功能，能够清晰准确地对系统故障、缺陷进行定位和提示；同时具备完备的操作手册，提供所有监控项、阈值等监控指标的定义，提供监控内容列表，并根据调度需要开展专项培训。4. 监控工具对于未达到安全生产要求的监控工具（告警准确性、及时性不够，告警信息不明确，存在安全漏洞等）不予接入。

9．信息系统在临时运行期间，可能会造成后退至建设期的情况包括（　　）。

A．超过三个月仍不推进转试运行　　B．不符合临时运行管理要求

C．存在网络安全风险　　D．超过六个月仍不推进转试运行

【参考答案】BCD

【解析】《国家电网有限公司信息系统上下线管理办法》中第八章第四十九条规定：运行维护单位（部门）应在临时运行期间，对信息系统进行重点监视，定期开展安全验证，对不符合临时运行管理要求、存在网络安全风险以及超过六个月仍不推进转试运行的信息系统，应及时报本单位业务主管部门和数字化职能管理部门，评估后退至建设期或采取下线、关停等处理。

10．信息系统上线前，应（　　）。

A．删除临时账号　　B．删除临时数据

C．修改系统账号默认口令　　D．回收所有账号权限

【参考答案】ABC

【解析】《国家电网公司电力安全工作规程》中 5.5 规定：信息系统上线前，应删除临时账号、临时数据，并修改系统账号默认口令。

11．信息系统下线时应同步完成（　　）等工作。

A．系统相关文档材料的归档备查　　B．设备台账状态变更

C．业务监控接口与系统集成接口停运　　D．账号权限和 IP 地址等资源回收

【参考答案】ABCD

【解析】《国家电网有限公司信息系统上下线管理办法》中第九章第五十二条规定：信息系统下线时应同步完成设备台账状态变更、业务监控接口与系统集成接口停运、账号权限和 IP 地址等资源回收，以及系统相关文档材料的归档备查工作。

12．信息系统上线蓝线指标中，（　　）属于运行可靠性指标。

A．运行稳定性评估　　B．系统容错能力评估

C．系统安全能力评估　　D．系统恢复能力评估

【参考答案】ABD

【解析】《国家电网有限公司信息系统上下线管理办法》附件 8 中规定：国家电网有限公司信息系统蓝线指标运行可靠性包括运行稳定性评估、系统容错能力评估、系统恢复能力评估三方面。

13．北京、上海、西安三地数据（灾备）中心负责编制所辖范围内的信息系统年度方式，分别经（　　）审核后上报。

A．国网北京电力　　B．国网上海电力　　C．国网陕西电力　　D．国网信通公司

【参考答案】BCD

【解析】《国家电网公司网络与信息系统运行方式工作管理规范（试行）》中第三章第十四条规定：北京、上海、西安三地数据（灾备）中心负责编制所辖范围内的信息系统年度方式，内容涵盖机房基础设施、网络系统、支撑系统、灾备系统资源使用情况、一级部署系统灾备等。信息系统年度方式分别经国网信通公司、国网上海电力和国网陕西电力审核后上报。

14．信息系统年度方式应与年度网络与信息系统（　　）相结合。

A．新（改、扩）建计划　　B．信息检修计划

C．信息系统上下线　　D．应急演练计划

【参考答案】ABCD

【解析】《国家电网公司网络与信息系统运行方式工作管理规范（试行）》中第三章第十一条规定：信息系统年度方式应与年度网络与信息系统新（改、扩）建计划、信息检修计划、信息系统上下线、应急演练计划相结合。

15．信息系统检修方式是指因检修导致信息系统常态方式无法正常运行，以牺牲一定的稳定或安全等性能，最大程度保持业务应用所采取的运行方式。检修操作包括但不限于（　　）等。

A．系统（或设备、设施）接入、退运、变更　　B．系统升级或调优

C．切换试验　　D．设备检修

【参考答案】ABCD

【解析】《国家电网公司网络与信息系统运行方式工作管理规范（试行）》中第六章第二十五条规定：信息系统检修方式是指因检修导致信息系统常态方式无法正常运行，以牺牲一定的稳定或安全等性能，最大程度保持业务应用所采取的运行方式。检修操作包括但不限于系统（或设备、设施）接入、退运、变更、系统升级或调优、切换试验、设备检修等。

16．国家电网有限公司信息系统红线指标中架构遵从度包括（　　）。

A．外网系统须支持 IPv4 网络协议

B．涉及用户权限管理的信息系统应实现与 ISC 集成，实现系统单点登录

C．系统主要环节及核心部件要满足“n–1”架构要求

D．信息系统应符合公司“云平台”部署架构要求，具备系统上云条件

【参考答案】BCD

【解析】《国家电网有限公司信息系统上下线管理办法》中附件 5 规定：红线指标架构遵从度包括：1. 互联网应用数据存储应符合公司互联网业务、数据、安全、架构典型设计。2. 信息系统应符合公司“云平台”部署架构要求，具备系统上云条件（如确因工作实际暂无法上云的，应充分说明，并经运维单位评审后，采用软硬件资源池方式，满足虚拟化要求）。3. 系统主要环节及核心部件要满足“n–1”架构要求（如电源、存储、安全设备、基础平台软件、应用节点等）。4. 涉及用户权限管理的信息系统应实现与 ISC 集成，实现系统单点登录。5. 外网系统须支持 IPv6 网络协议。

17.（　　）属于信息系统年度方式编制所需的相关资料。

A．项目预算　　B．设备资料　　C．检修计划　　D．技改计划

【参考答案】BCD

【解析】《国家电网公司网络与信息系统运行方式工作管理规范（试行）》中第二章第九条规定：信息系统年度方式编制所需的相关资料，包括设备资料、检修计划、技改计划等。

18. 信息系统蓝线指标中运行稳定性评估包含（　　）。

A．统计信息系统故障发生次数　　B．统计信息系统缺陷数

C．检查应用程序服务运行状态　　D．压力测试

【参考答案】ABCD

【解析】《国家电网有限公司信息系统上下线管理办法》附件 8 中规定：国家电网有限公司信息系统蓝线指标运行稳定性评估包含统计信息系统故障发生次数、统计信息系统缺陷数检查应用程序服务运行状态、压力测试。

19. 根据信息系统的类型特点和上线需求，信息系统上线分为（　　）。

A．新建系统上线　　B．大版本变更　　C．小版本迭代　　D．APP 上线

【参考答案】ABCD

【解析】《国家电网有限公司信息系统上下线管理办法》中第三章第十四条规定：根据信息系统的类型特点和上线需求，上线分为新建系统上线、大版本变更、小版本迭代（敏捷发布）和 APP 上线四种形式。

20. 出现（　　）之一的，可判定为大版本变更。

A．信息系统核心组件、核心功能发生变化

B．信息系统开发平台发生变化

C．信息系统或软硬件平台改造后迁移

D．信息系统安全架构重大变更

【参考答案】ABCD

【解析】《国家电网有限公司信息系统上下线管理办法》中第三章第十六条规定：大版本变更是指在原有信息系统上进行升级改造，出现以下特征之一的，判定为大版本变更：1. 信息系统核心组件、核心功能发生变化。2. 信息系统开发平台发生变化。3. 信息系统或软硬

件平台改造后迁移。4. 信息系统安全架构重大变更。

21. 各单位信息化管理部门在本单位信息系统上下线工作中，主要职责有（　　）。

A. 负责编制公司信息系统上下线的各项规章制度和工作要求

B. 负责本单位信息系统上下线工作的组织和协调

C. 负责本单位信息系统上线审批和下线备案工作

D. 负责本单位信息系统上下线工作的检查和评价

【参考答案】BCD

【解析】《国家电网有限公司信息系统上下线管理办法》中第二章第八条规定公司各单位信息化职能管理部门是本单位信息系统上下线工作的归口管理部门，主要职责：1.负责落实公司信息系统上下线的各项规章制度和工作要求。2.负责本单位信息系统上下线工作的组织和协调。3.负责本单位信息系统上线审批和下线备案工作。4.负责本单位信息系统上下线工作的检查和评价。

22. 新建系统上线和试运行验收过程主要包括（　　）。

A. 上线试运行申请　　B. 红线指标验证

C. 上线试运行验收申请　　D. 蓝线指标验证

【参考答案】ABCD

【解析】《国家电网有限公司信息系统上下线管理办法》中第四章第二十一条规定：新建系统上线和试运行验收过程主要包括上线试运行申请及红线指标验证、上线试运行验收申请及蓝线指标验证。

23. 蓝线指标是判断信息系统是否具备正式运行条件，主要包括（　　）。

A. 运行可靠性　　B. 系统实用化　　C. 系统安全性　　D. 资源复用率

【参考答案】ABCD

【解析】《国家电网有限公司信息系统上下线管理办法》中第三章第二十条规定：蓝线指标是以满足信息系统安全可靠为基础，通过上线试运行期间信息系统运行、应用的情况，判断信息系统是否具备正式运行条件，主要包括运行可靠性、系统实用化、系统安全性和资源复用率。

24. 临时运行信息系统须通过（　　）作为临时运行的最低标准。

A. 安全防护方案评审　　B. 第三方测试

C. 完成 S6000 监控指标接入　　D. 完成 SG-I6000 2.0 监控指标接入

【参考答案】ABD

【解析】《国家电网有限公司信息系统上下线管理办法》中第六章第四十八条规定：临时运行信息系统须通过安全防护方案评审、第三方测试（安全测试和渗透测试）、完成 I6000 监控指标接入，作为临时运行的最低标准。

25. 信息系统月度运行方式的主要内容包括（　　）。

A. 上月运行情况　　B. 本月检修情况

C. 隐患及整改情况　　D. 本月方式计划安排

【参考答案】ACD

【解析】《国家电网公司网络与信息系统运行方式工作管理规范（试行）》中第四章第十七条规定：信息系统月度运行方式的主要内容包括：1.上月运行情况。重点对上月方式执行情况进行总结，描述上月信息系统运行方式调整情况。2.隐患及整改情况。描述发现的重要隐患及整改情况。3.本月方式计划安排。根据本月信息系统上线计划、检修计划等进行方式安排。

26．检修方式安排的（　　）是保障检修计划执行期间和执行后网络与信息系统稳定运行的关键。

A．科学性　　B．唯一性　　C．合理性　　D．易变性

【参考答案】AC

【解析】《国家电网有限公司网络与信息系统年度运行方式编制指南》中 1.4.2 规定：检修方式安排的科学性和合理性是保障检修计划执行期间和执行后网络与信息系统稳定运行的关键。

27．信息系统年度方式统计分析主要包括（　　）。

A．当年运行方式变化对网络与信息系统的影响

B．对次年新增业务需求和变更计划引起的资源需求进行合理预测与分析

C．信息系统年度方式执行情况分析

D．建设、运行、保障等方面对网络与信息系统运行方式进行总体评价分析

【参考答案】ABCD

【解析】《国家电网公司网络与信息系统运行方式工作管理规范（试行）》中第八章第三十四条规定，信息系统年度方式统计分析主要包括：当年运行方式变化对网络与信息系统的影响（包括但不限于系统架构和资产的变化，系统资源的变化等）；对次年新增业务需求和变更计划引起的资源需求进行合理预测与分析；信息系统年度方式执行情况分析；从建设、运行、保障等方面对网络与信息系统运行方式进行总体评价分析网络与信息系统运行方式存在的问题并提出改进措施。

28．SG-I6000 2.0 系统年度运行方式实现年度运行方式文档的查阅和管理，包括（　　）等功能。

A．上传　　B．更新　　C．下载　　D．删除

【参考答案】ABCD

【解析】《国家电网公司智能一体化运维支撑平台 SG-I6000 2.0 用户手册》44.14.1.2.1 规定：SG-I6000 系统年度运行方式模块包含年度运行方式文档的查阅和管理功能，包括上传、更新、下载、删除等主要功能。

29．常态方式内容全面，以（　　）为主，作为月度运行方式的纲领。

A．原则性　　B．复杂性　　C．连贯性　　D．指导性

【参考答案】AD

【解析】《国家电网有限公司网络与信息系统年度运行方式编制指南》中 1.4.1 规定：常态方式内容全面，以原则性、指导性为主，作为月度运行方式的纲领。

30．信息系统投入运行后，应对（　　）进行全面清理，复查账号权限，核实安全设备开放的端口和策略。

A．访问策略　　B．操作权限　　C．占用空间　　D．临时数据

【参考答案】AB

【解析】《国家电网公司十八项电网重大反事故措施（修订版）》16.3.3.5 规定：信息系统

投入运行后，应对访问策略和操作权限进行全面清理，复查账号权限，核实安全设备开放的端口和策略。

31．公司总（分）部、各单位业务部门是本专业信息系统上下线工作的业务责任部门，负责（　　）工作。

A．信息系统的业务许可　　B．信息系统的业务培训

C．确认业务功能的完整性　　D．确认业务功能的可用性

【参考答案】ACD

【解析】《国家电网有限公司信息系统上下线管理办法》中第二章第十一条公司总（分）部、各单位业务部门是本专业信息系统上下线工作的业务责任部门，主要职责包括负责信息系统的业务许可，确认业务功能的完整性和可用性。

32．信息系统方式工作主要包含（　　）等工作。

A．方式编制　　B．方式审批　　C．方式执行　　D．方式发布

【参考答案】ABCD

【解析】《国家电网公司网络与信息系统运行方式工作管理规范（试行）》中第一章第三条规定：信息系统方式工作主要包含方式编制、方式审批、方式执行、方式发布和方式日常管理等工作。

33．各信息系统承建单位主要职责包括（　　）。

A．负责非功能性需求的设计与开发，满足信息系统红蓝线指标要求

B．负责信息系统上线试运行和试运行验收的申请工作

C．负责信息系统上线试运行期间的系统优化与隐患漏洞消缺，并定期发布应用程序补丁

D．负责信息系统的业务培训和技术支持工作

【参考答案】ABCD

【解析】《国家电网有限公司信息系统上下线管理办法》中第二章第十二条规定各信息系统承建单位主要职责：1. 负责非功能性需求的设计与开发，满足信息系统红蓝线指标要求。2. 负责信息系统上线试运行和试运行验收的申请工作。3. 负责信息系统上线试运行期间的系统优化与隐患漏洞消缺，并定期发布应用程序补丁。4. 负责信息系统的业务培训和技术支持工作。

34．《国家电网有限公司信息系统上下线管理办法》中 APP 包括（　　）。

A．独立开发 APP　　B．移动门户　　C．移动微应用　　D．独立部署 APP

【参考答案】BCD

【解析】《国家电网有限公司信息系统上下线管理办法》中第三章第十八条规定：APP 上线是指 APP 通过首次上架发布程序，对外提供服务的过程。APP 包括移动门户、移动微应用和独立部署 APP。

35．（　　）属于公司移动门户。

A．内网邮件　　B．SG-I6000 2.0　　C．i 国网　　D．网上国网

【参考答案】CD

【解析】《国家电网有限公司信息系统上下线管理办法》中第三章第十八条规定：移动门户是公司为各类移动应用提供统一入口的 APP，移动微应用指嵌入于公司移动门户（i 国网、

网上国网等），由移动门户统一进行登录和提供框架支持的应用程序。

36. 红线指标包括（　　）。

A. 数据遵从度　　B. 架构遵从度　　C. 运安符合度　　D. 功能满足度

【参考答案】ABCD

【解析】《国家电网有限公司信息系统上下线管理办法》中第三章第十九条规定：红线指标是以满足公司安全要求为底线，判断信息系统是否具备上线试运行的条件，包括数据遵从度、架构遵从度、运安符合度和功能满足度；红线指标采用一票否决制，全部满足即可上线试运行。

37. 管理信息系统遵循“（　　）”的安全防护策略，切实做好边界、网络、主机、应用、数据的安全防护。

A. 双网双机、分区分域　　B. 安全接入、动态感知

C. 异地部署、分权分域　　D. 精益管理、全面防护

【参考答案】ABD

【解析】《国家电网公司十八项电网重大反事故措施（修订版）》16.3 规定：管理信息系统遵循“双网双机、分区分域、安全接入、动态感知、精益管理、全面防护”的安全防护策略，切实做好边界、网络、主机、应用、数据的安全防护。

38. 为防止电网信息系统事故，应全面落实信息系统与信息安全（　　）的“三同步”原则。

A. 同步规划　　B. 同步建设　　C. 同步投入运行　　D. 同步使用

【参考答案】ABC

【解析】《国家电网公司十八项电网重大反事故措施（修订版）》16.3 规定：为防止电网信息系统事故，应全面落实信息系统与信息安全“同步规划、同步建设、同步投入运行”的“三同步”原则。

39. 设计开发前，相关业务部门要依据国家信息安全等级保护有关要求，组织对业务系统的信息安全等级保护定级情况进行评审，并由公司信息安全归口管理部门统一向行业（　　）申请进行信息系统等级定级审批。

A. 监管部门　　B. 技术监督局　　C. 公安部门　　D. 工信部

【参考答案】AC

【解析】《国家电网公司十八项电网重大反事故措施（修订版）》16.3.1.1 规定：设计开发前，相关业务部门要依据国家信息安全等级保护有关要求，组织对业务系统的信息安全等级保护定级情况进行评审，并由公司信息安全归口管理部门统一向行业监管部门和公安部门申请进行信息系统等级定级审批。

40. 年度运行方式按适用场景可分为常态、检修、特殊三种，分别针对（　　）等工作场景制定。

A. 日常运行　　B. 特殊事件

C. 检修保障　　D. 应急处置和重大保障

【参考答案】ACD

【解析】《国家电网有限公司网络与信息系统年度运行方式编制指南》中 1.4 规定：年度运行方式按适用场景可分为常态、检修、特殊三种，分别针对日常运行、检修保障、应急处

置和重大保障等工作场景制定。

41. 涉及（　　）资源变更的应履行信息运行方式申请流程。

A. 硬件　　B. 存储　　C. IP　　D. 通信

【参考答案】ABC

【解析】《国家电网公司智能一体化运维支撑平台 SG-I6000 2.0 用户手册》4.8.5 规定：涉及信息与网络资源（硬件资源、存储资源、IP 资源等）变更的应履行运行方式申请流程。

42. 省级信息调度对调度指挥范围内信息系统（　　）的指标满足情况进行审查。

A. 上线　　B. 试运行验收　　C. 竣工验收　　D. 下线

【参考答案】ABD

【解析】《国家电网有限公司信息系统调度管理办法》中第五章第二十四条（一）规定：省级信息调度对调度指挥范围内信息系统上线、试运行验收、下线的指标满足情况进行审查。

43. 信息系统年度方式应与（　　）相结合。

A. 信息化规划　　B. 通信网年度运行方式

C. 各项业务计划　　D. 电网年度运行方式

【参考答案】ABC

【解析】《国家电网公司网络与信息系统运行方式工作管理规范（试行）》第三章第十一条规定：信息系统年度方式应与信息化规划、通信网年度运行方式以及各项业务计划相结合。

44. 公司年度运行方式总体实行（　　）制度。

A. 逐级审批　　B. 两级审批　　C. 分级发布　　D. 上级发布

【参考答案】BC

【解析】《国家电网有限公司网络与信息系统年度运行方式编制指南》中 2.2.1 规定：公司年度运行方式总体实行“两级审批、分级发布”制度。

45. APP 上线和验收过程主要包括（　　）。

A. 上线试运行申请　　B. 上线试运行验收申请

C. 红线指标验证　　D. 蓝线指标验证

【参考答案】ABD

【解析】《国家电网有限公司信息系统上下线管理办法》中第七章第四十一条规定：APP 上线和验收过程主要包括上线试运行申请、上线试运行验收申请及蓝线指标验证。

三、判断题

1. 信息系统运行方式是指网络与信息系统运行的方法和形式，是信息系统过去某一时刻的状态描述。

【参考答案】错

【解析】《国家电网公司网络与信息系统运行方式工作管理规范（试行）》中第一章第二条规定：信息系统方式是指网络与信息系统运行的方法和形式，是信息系统运行计划和方案，是信息系统按照计划和方案运行在某一时刻的现状描述。

2. 信息系统月度方式编制应遵循以信息系统年度方式为基础，根据信息化工作的整体进度，调整、细化年度信息系统方式的安排。

【参考答案】对

【解析】《国家电网公司网络与信息系统运行方式工作管理规范（试行）》中第四章第十

六条规定：信息系统月度方式编制应遵循以信息系统年度方式为基础，根据信息化工作的整体进度，调整、细化年度信息系统方式的安排。

3．正常信息系统的上线试运行期均不少于 90 天。

【参考答案】对

【解析】《国家电网有限公司信息系统上下线管理办法》附件 8 规定：蓝线指标要求上线试运行期不少于 90 天。

4．国网数字化部受理并审核省级信息调度上报的信息系统上下线备案申请。

【参考答案】错

【解析】《国家电网有限信息系统调度管理办法》中第五章第二十四条规定：国网信息调度受理并审核省级信息调度上报的信息系统上下线备案申请。

5．检修计划执行完成后，信息调度机构应在方式调整后将执行情况进行记录。

【参考答案】错

【解析】《国家电网公司网络与信息系统运行方式工作管理规范（试行）》中第六章第二十八条规定：检修计划执行完成后，信息检修机构应在方式调整后将执行情况进行记录，并反馈信息调度机构。

6．在上线试运行期间，运行维护单位（部门）负责统一运维管理，承担安全运行管理责任，系统承建单位提供技术支持。

【参考答案】错

【解析】《国家电网有限公司信息系统上下线管理办法》中第四章二十五条规定：新建系统在上线试运行期间，运行维护单位（部门）要明确运行维护责任，形成责任备案表，承担基础设施、软硬件平台的安全运行责任；建设单位（部门）承担信息系统的安全运行责任。

7．上线试运行验收通过后，新建系统即进入临时运行状态。

【参考答案】错

【解析】《国家电网有限公司信息系统上下线管理办法》中第四章第二十七条规定：上线试运行验收通过后，新建系统即进入正式运行状态，运行维护单位（部门）负责信息系统的安全运行责任。

8．公司各级信息通信调度机构应安排专人负责信息系统方式相关工作。

【参考答案】对

【解析】《国家电网公司网络与信息系统运行方式工作管理规范（试行）》中第五章第二十二条规定：公司各级信息通信调度机构应安排专人负责信息系统方式相关工作。

9．信息系统在未做安全测试的情况下可上线应用。

【参考答案】错

【解析】《国家电网有限公司信息系统上下线管理办法》中第八章第四十八条规定：临时运行信息系统须通过安全防护方案评审、第三方测试（安全测试和渗透测试）、完成 SG-I6000 2.0 监控指标接入。

10．紧急情况下，上级调度机构有权调度下级调度机构人力和技术资源。

【参考答案】对

【解析】《国家电网有限公司信息系统调度管理办法》中第五章第二十五条（三）规定：紧急情况下，上级调度机构有权调度下级调度机构人力和技术资源。

11．正常运行中，可以在无信息方式单的情况下，改变网络与信息系统的运行方式。

【参考答案】错

【解析】《国家电网公司网络与信息系统运行方式工作管理规范（试行）》中第五章第二十一条规定：正常运行中，严禁在无信息方式单的情况下，改变网络与信息系统的运行方式。

12．SG-I6000 2.0 中设备管理模块可通过方式变更等实现由业务驱动设备的状态和属性变化。

【参考答案】对

【解析】《国家电网公司智能一体化运维支撑平台 SG-I6000 2.0 用户手册》4.6.7.2 规定：设备管理模块可实现服务器、网络设备、安全设备等硬件设备的入库、变更、转资、报废全过程管理，并可通过方式变更等实现由业务驱动设备的状态和属性变化。

13．公司各级信息通信调度机构为信息系统方式安排的责任部门负责信息系统方式的日常管理，包括受理、审批信息系统方式等。

【参考答案】对

【解析】《国家电网公司网络与信息系统运行方式工作管理规范（试行）》中第二章第八条规定：公司各级信息通信调度机构为信息系统方式安排的责任部门负责信息系统方式的日常管理，包括受理、审批信息系统方式变更申请，滚动更新信息系统方式，以及在相关技术支撑手段中维护方式相关数据。

14．各单位网络与信息系统年度运行方式由本单位数字化职能管理部门审批，并经本单位数字化职能管理部门报国网数字化部审查、备案。

【参考答案】错

【解析】《国家电网有限公司信息系统调度管理办法》中第五章第二十六条规定：各分部、省公司级单位网络与信息系统年度运行方式由本单位数字化职能管理部门审批，并经国网信息调度报国网数字化部审查、备案。

15．上线试运行期间，信息调度部门要明确运行维护责任。

【参考答案】错

【解析】《国家电网有限公司信息系统上下线管理办法》中第七章第四十五条规定：上线试运行期间，运行维护单位（部门）要明确运行维护责任，形成责任备案表，负责 APP 运行环境的基础设施、软硬件平台的安全运行责任。

16．业务系统下线后，运行维护单位（部门）根据信息调度部门要求对应用程序和数据进行备份、迁移或擦除、销毁。

【参考答案】错

【解析】《国家电网有限公司信息系统上下线管理办法》中第八章第五十一条规定：业务系统下线后，运行维护单位（部门）根据业务主管部门要求对应用程序和数据进行备份、迁移或擦除、销毁。

17．小版本迭代信息系统在六个月试运行期内稳定运行，未发生系统停运等运行事件，承建单位即可填写上线试运行验收申请单。

【参考答案】错

【解析】《国家电网有限公司信息系统上下线管理办法》中第六章第四十条规定：小版本迭代信息系统在三个月试运行期内稳定运行，未发生系统停运等运行事件，承建单位即可填写上线试运行验收申请单。

18．信息系统临时运行申请期限为两个月，确有必要延期的由信息调度部门确认后重新申请，原则上不超过六个月。

【参考答案】错

【解析】《国家电网有限公司信息系统上下线管理办法》中第八章第四十八条规定：信息系统临时运行申请期限为两个月，确有必要延期的，待临时运行结束前，由业务主管部门确认后重新申请，原则上不超过六个月。

19．各级调度机构负责审核检修机构提交的信息系统检修内容，并上报检修计划。

【参考答案】对

【解析】《国家电网公司网络与信息系统运行方式工作管理规范（试行）》中第二章第八条规定：各级调度机构负责审核检修机构提交的信息系统检修内容，并上报检修计划。

20．国网公司在 SG-I6000 2.0 中编制年度运行方式之前，需要下发对应年度分册模板。

【参考答案】对

【解析】《国家电网公司智能一体化运维支撑平台 SG-I6000 2.0 用户手册》中 4.14.1.2.2 规定：国家电网公司在编制年度运行方式之前，需要下发对应年度分册模板。

21．涉及信息系统方式变更的可不需要向信息调度机构提出方式申请单，直接执行。

【参考答案】错

【解析】《国家电网公司网络与信息系统运行方式工作管理规范（试行）》中第六章第二十八条规定：凡涉及信息系统方式变更的，应由信息运行检修机构提前向信息调度机构提出方式申请单，并提供相应的技术资料。

22．信息系统下线前，信息调度部门提出下线申请，由国网信息调度审批通过后开展实施。

【参考答案】错

【解析】《国家电网有限公司信息系统上下线管理办法》中第九章第五十条规定：信息系统下线前，业务主管部门或运行维护单位（部门）提出下线申请，运行维护单位（部门）负责对系统下线进行风险评估并开展具体实施，下线完成后报国网信息调度备案。

23．软硬件购置类项目，试运行无异常，凭验收投运单即可完成验收。

【参考答案】对

【解析】《国家电网有限公司信息系统上下线管理办法》中第三章第十五条规定：软硬件购置类项目，试运行无异常，凭验收投运单即可完成验收。

24．公司各级信息调度部门负责信息系统上线试运行期间的安全运行，组织承建单位开展系统优化与隐患漏洞消缺，配合运行维护单位（部门）开展红蓝线指标验证。

【参考答案】错

【解析】《国家电网有限公司信息系统上下线管理办法》中第二章第十条规定：公司各级信息系统建设单位负责信息系统上线试运行期间的安全运行，组织承建单位开展系统优化与隐患漏洞消缺，配合运行维护单位（部门）开展红蓝线指标验证。

25．以公司移动门户（如 i 国网、网上国网等提供统一登录和框架支持的应用程序）为统一入口的移动微应用，承建单位仅通过第三方渗透测试，即可开展部署实施。

【参考答案】对

【解析】《国家电网有限公司信息系统上下线管理办法》中第七章第四十二条规定：针

对以公司移动门户（如 i 国网、网上国网等提供统一登录和框架支持的应用程序）为统一入口的移动微应用，承建单位仅通过第三方渗透测试，即可开展部署实施；独立部署 APP（必须经过互联网职能管理部门同意建设）、移动门户，须通过全部第三方测试，方可部署实施。

26．信息检修机构需得到方式调整批复，方可进入月度检修计划审批和执行流程。

【参考答案】对

【解析】《国家电网公司网络与信息系统运行方式工作管理规范（试行）》中第六章第二十八条规定：信息检修机构需得到方式调整批复，方可进入月度检修计划审批和执行流程。如月度检修计划执行前，原信息系统常态方式或检修内容有调整，应重新进行方式调整审批。

27．蓝线指标采用一票否决制，全部满足即可上线试运行。

【参考答案】错

【解析】《国家电网有限公司信息系统上下线管理办法》中第三章第十九条规定：红线指标是以满足公司安全要求为底线，判断信息系统是否具备上线试运行的条件，红线指标采用一票否决制，全部满足即可上线试运行。

28．信息系统小版本迭代特指稳态信息系统小版本迭代。

【参考答案】错

【解析】《国家电网有限公司信息系统上下线管理办法》中第三章第十七条规定：小版本迭代是指除大版本变更特征外（不含大版本变更），功能模块需要快速迭代和敏捷发布的，判定为小版本迭代；本办法中特指敏态信息系统小版本迭代。

29．针对新建系统和大版本变更信息系统，如暂不具备试运行条件，但确有必要如期投运，可开展临时运行。

【参考答案】对

【解析】《国家电网有限公司信息系统上下线管理办法》中第八章第四十七条规定：针对新建系统和大版本变更信息系统，如暂不具备试运行条件，但确有必要如期投运的（如紧急任务、公司年度重点项目等），可开展临时运行。

30．SG-I6000 2.0 年度运行方式中已经发起网评的数据不允许回退。

【参考答案】对

【解析】《国家电网公司智能一体化运维支撑平台 SG-I6000 2.0 用户手册》4.14.1.2 规定：已经发起网评的数据不允许回退。

四、实践操作题

1．请演示智能一体化运维支撑平台 SG-I6000 2.0 中执行年度运行方式文档的查阅和管理相关操作。

【重点速记】

（1）在 I6000 中单击全局导航。

（2）在工具应用中单击年度运行方式。

2．请演示智能一体化运维支撑平台 SG-I6000 2.0 中新增设备上架运行方式申请。

【重点速记】

（1）在 I6000 中单击全局导航。

（2）在工具应用中单击信息方式管理。

（3）单击年度运行列表。

（4）单击新增。

3．请演示智能一体化运维支撑平台 SG-I6000 2.0 中设备物理位置变更相关运行方式申请。

【重点速记】

（1）在 I6000 中单击全局导航。

（2）工具应用中单击台账管理微应用。

（3）单击全过程管理。

（4）单击拟办待办中拟办，然后单击新建。

（5）单击设备变更，单击相关设备，单击选择，设备类型选择硬件资源中物理机中 PC 服务器。

（6）单击查询，选择相应设备后单击确定，单击修改，修改相应设备物理位置。

4．请演示智能一体化运维支撑平台 SG-I6000 2.0 中某系统下线并撤销 I6000 监控接口相关操作。

【重点速记】

（1）在 I6000 中单击全局导航。

（2）单击平台服务，单击监测管理，单击告警策略管理，单击信息系统，单击实例选择相应系统并删除。

（3）返回 I6000 首页后单击平台服务，打开采集控制中的采集配置，单击采集任务配置，单击组织视角，单击应用，选择相应系统，单击停止，单击删除。

（4）返回 I6000 首页，单击工具应用，单击系统上下线级联总部，单击拟办待办，单击相应流转工单进行审批操作。

5．请演示智能一体化运维支撑平台 SG-I6000 2.0 中某系统上线并增加 I6000 监控接口相关操作。

【重点速记】

（1）在 I6000 中单击全局导航，单击平台服务，单击资源配置中的资源管理，单击系统资源，单击信息系统，选择相应系统。

（2）返回 I6000 首页，单击平台服务，单击采集控制，单击采集配置，单击采集任务配置，单击组织视角，单击本部，单击应用并增加，选择采集集群，单击关闭增加采集资源，单击采集指标，单击设置相应参数，关闭采集配置。

（3）返回 I6000 首页，单击平台服务，单击监测管理，单击告警管理中的告警策略管理，单击系统资源，单击信息系统，单击实例，单击新增。

（4）返回 I6000 首页，单击工具应用，单击系统上下线级联总部，单击拟办待办，单击相应流转工单进行审批操作。

6. 请演示智能一体化运维支撑平台 SG-I6000 2.0 中某设备投运相关操作。

【重点速记】

（1）在 I6000 中单击全局导航，单击工具应用，单击台账管理中的全过程管理，单击拟办代办并选择新增，单击设备投运，填写申请事由。

（2）单击相应设备，单击选择，单击设备类型选择硬件资源，然后选择物理机中的 PC 服务器，单击查询，选择相应设备，单击导入，单击发送，流转工单进行审批操作。

7. 请演示智能一体化运维支撑平台 SG-I6000 2.0 中某设备退运相关操作。

【重点速记】

在 I6000 中单击全局导航，单击工具应用，单击台账管理中的全过程管理，单击拟办代办并选择新增，单击设备退运，填写申请事由，单击相应设备，单击选择设备类型，选择硬件资源中的物理机，选择 PC 服务器，单击查询，选择相应设备，单击导入，单击发送，流转工单进行审批操作。

8．请演示智能一体化运维支撑平台 SG-I6000 2.0 中设备物理位置变更操作。

【重点速记】

在 I6000 中单击全局导航，工具应用中单击台账管理微应用，单击全过程管理，单击拟办待办中的拟办，单击新建，单击设备变更，单击相关设备，单击选择，在设备类型选择硬件资源中物理机中 PC 服务器，单击查询，选择相应设备后单击确定，单击修改，修改相应设备物理位置。

9．请演示智能一体化运维支撑平台 SG-I6000 2.0 中设备转资查询操作。

【重点速记】

在 I6000 中单击全局导航，单击工具应用，单击台账管理，单击转资查询。

10．请演示智能一体化运维支撑平台 SG-I6000 2.0 中虚拟资源新增操作。

【重点速记】

在 I6000 中单击全局导航，单击工具应用，单击台账管理，单击全过程管理，单击拟办代办并选择新增，单击虚拟资源新增并填写申请事由，单击虚拟资源→单击新增，新增虚拟资源，单击虚拟化平台，单击阿里云平台并填写相应信息，单击上传文件，单击解析，单击导入，单击发送，流转工单进行审批操作。

11．请演示智能一体化运维支撑平台 SG-I6000 2.0 中虚拟资源变更操作。

【重点速记】

在 I6000 中单击全局导航，工具应用中单击台账管理微应用，单击全过程管理，单击拟办待办中选择拟办，单击新建，单击虚拟资源变更，单击虚拟资源，单击选择，虚拟资源类型选择虚拟资源中虚拟化平台中阿里云平台，单击查询，选择相应虚拟资源后单击确定，单击修改，修改相应的虚拟资源。

12．请演示智能一体化运维支撑平台 SG-I6000 2.0 中某中间件 IP 地址的变更相关流程操作。

【重点速记】

在 I6000 中单击全局导航，工具应用中单击台账管理微应用，单击全过程管理，单击拟办待办并选择拟办，单击新建，选择软件变更，单击相关设备中软件资源类型选择，软件资源中基础软件中数据库，单击查询，选择相应设备后单击确定，单击修改，修改相应的硬盘容量。

13. 请演示智能一体化运维支撑平台 SG-I6000 2.0 中某服务器操作系统升级相关流程

操作。

【重点速记】

在 I6000 中单击全局导航，平台服务中单击监测管理，单击告警管理，单击告警策略管理，单击系统资源中信息系统。

14. 请演示智能一体化运维支撑平台 SG-I6000 2.0 中某服务器硬盘扩容相关操作。

【重点速记】

在 I6000 中单击全局导航，工具应用中单击台账管理，单击全过程管理，单击拟办待办并选择拟办，单击新建，新建设备变更，单击相关设备，单击选择，设备类型选择硬件资源中 PC 服务器，单击查询，选择相应设备后单击确定，单击修改，修改相应的硬盘容量。

15. 请演示智能一体化运维支撑平台 SG-I6000 2.0 中业务系统上云备案相关流程操作。

【重点速记】

在 I6000 中单击全局导航，工具应用中单击国网云运营中心，单击业务系统上云备案，单击业务系统上云备案申请，单击拟办，单击新建业务系统上云备案。

16. 请演示智能一体化运维支撑平台 SG-I6000 2.0 中某设备报废相关流程操作。

【重点速记】

在 I6000 中单击全局导航，工具应用中单击台账管理微应用，单击全过程管理，单击拟办待办，单击拟办，单击新建，单击设备报废。

第四章

运 维 检 修

第一节 系 统 运 维

章节摘要：操作系统（operating system，OS）是指控制和管理整个计算机系统的硬件和软件资源，并合理地组织调度计算机的工作和资源的分配。本章节主要包含操作系统基本原理、进程管理等相关理论，同时涵盖 Linux 系统的用户管理、权限管理、文件系统、shell 脚本、定时任务、相关服务等内容。

一、单项选择题

1. 现代操作系统的两个基本特征是（　　）和资源共享。

A. 多道程序设计　　B. 中断处理

C. 程序的并发执行　　D. 实现分时与实时处理

【参考答案】C

【解析】现代操作系统的两个基本特征是资源共享和程序的并发执行。

2. 在操作系统中，“死锁”的概念是指（　　）。

A. 程序死循环

B. 硬件发生故障

C. 两个或多个并发进程各自占用某种资源而又都等待其他进程释放它们所占有的资源

D. 系统停止运行

【参考答案】C

【解析】在操作系统中，“死锁”的概念是指两个或多个并发进程各自占用某种资源而又都等待其他进程释放它们所占有的资源。

3. 为了进行进程协调，进程之间应当具有一定的联系，这种联系通常采用进程间交换数据的方式进行，这种方式称为（　　）。

A. 进程互斥　　B. 进程同步　　C. 进程制约　　D. 进程通信

【参考答案】D

【解析】进程通信是指在进程间传输数据（交换信息）。

4. 操作系统采用缓冲技术，能够减少对 CPU 的（　　）次数，从而提高资源的利用率。

A. 中断　　B. 访问　　C. 控制　　D. 依赖

【参考答案】A

【解析】为了缓和 CPU 和 I/O 设备速度不匹配的矛盾，提高 CPU 和 I/O 设备的并行性，在现代操作系统中，几乎所有的 I/O 设备在与处理机交换数据时都用了缓冲区，并提供获得和释放缓冲区的手段。总结来说，缓冲区技术用到了缓冲区，而缓冲区的引入是为了缓和 CPU 和 I/O 设备的不匹配，减少对 CPU 的中断频率，提高 CPU 和 I/O 设备的并行性。

5．操作系统的五大功能模块为（　　）。

A．程序管理、文件管理、编译管理、设备管理、用户管理

B．硬盘管理、软盘管理、存储器管理、文件管理、批处理管理

C．运算器管理、控制器管理、打印机管理、磁盘管理、分时管理

D．处理器管理、存储器管理、设备管理、文件管理、作业管理

【参考答案】D

【解析】操作系统的五大功能模块为处理器管理、存储器管理、设备管理、文件管理、作业管理。

6．操作系统采用缓冲技术的目的是增强系统（　　）的能力。

A．串行操作　　B．控制操作　　B．重执操作　　D．并行操作

【参考答案】D

【解析】缓冲区技术用到了缓冲区，而缓冲区的引入是为了缓和 CPU 和 I/O 设备的不匹配，减少对 CPU 的中断频率，提高 CPU 和 I/O 设备的并行性。

7．预防死锁的四个必要条件之一就可以预防死锁，若规定一个进程请求新资源之前首先释放已占有的资源则是破坏了（　　）条件。

A．互斥使用　　B．部分分配　　B．不可剥夺　　D．环路等待

【参考答案】C

【解析】死锁的不可剥夺条件：进程已获得的资源，在未使用完之前，不能强行剥夺。题目所示，则是破坏不可剥夺条件从而预防死锁。

8．死锁时，若没有系统的干预，则死锁（　　）。

A．涉及的各个进程都将永久处于等待状态

B．涉及的单个进程处于等待状态

C．涉及的两个进程处于等待状态

D．涉及的进程暂时处于等待状态

【参考答案】A

【解析】死锁是指两个或两个以上的进程在执行过程中，由于竞争资源或者由于彼此通信而造成的一种阻塞的现象，若无外力作用，它们都将无法推进下去，既所涉及的所有进程都将永久处于等待状态。

9．进程的控制信息和描述信息存放在（　　）。

A．JCB　　B．PCB　　C．AFT　　D．SFT

【参考答案】B

【解析】为了描述控制进程的运行，系统中存放进程的管理和控制信息的数据结构称为进程控制块（PCB）。

10．进程调度是按某种调度算法从（　　）的进程中选择一个进程。

A．就绪队列　　B．等待队列　　C．运行队列　　D．后备作业队列

【参考答案】A

【解析】进程调度程序按一定的策略，动态地把处理机分配给处于就绪队列中的某一个进程，以使之执行。

11．单一处理机上，将执行时间有重叠的几个程序称为（　　）。

A. 顺序程序　　B. 多道程序　　C. 并发程序　　D. 并行程序

【参考答案】C

【解析】并行在多处理器系统中存在，而并发可以在单处理器和多处理器系统中都存在。在单一处理机上，将执行时间有重叠的几个程序称为并发程序。

12. 创建一个 test 用户的时候将用户加入 root 组中的命令是（　　）。

A. useradd -g test root　　B. useradd -g root test

C. useradd -r root test　　D. useradd root test

【参考答案】B

【解析】新建用户并将其加入指定用户组，作为其主用户组：useradd -g <用户组名称> <用户名称>。

13. 在 Linux 系统中，/etc/fstab 文件中（　　）参数一般用于加载 CD-ROM 等移动设备。

A. defaults　　B. sync　　C. rw 和 ro　　D. noauto

【参考答案】D

【解析】/etc/fstab 文件参数：

（1）rw/ro：是否以只读或者读写模式挂载。

（2）auto 与 noauto：启动时是否自动挂载。auto 代表自动加载，noauto 用于手动挂载。

（3）sync：指定文件系统以同步模式挂载（async 以异步模式挂载）。

（4）default：组合参数，同时具有 rw、async、exec、auto 等默认参数的设置。

14. 用（　　）方法可以计算出逻辑卷的实际占用容量。

A. PP 的个数乘以 32MB　　B. LP 的个数乘以 32MB

C. PP 的个数乘以 PP 的大小　　D. LP 的个数乘以 PP 的大小

【参考答案】C

【解析】PP：物理分区，LP：逻辑分区，LV：逻辑卷。一个逻辑卷 LV 由多个逻辑分区 LP 组成，一个逻辑分区 LP 默认对应一个物理分区 PP（有镜像情况下，则对应多个物理分区）。

因此 LV 容量=LP 容量×LP 数量=PP 容量×镜像数×LP 数量（PP 数量=镜像数×LP 数量）=PP 容量×PP 数量。

15. 用 ls -al 命令列出文件列表，（　　）文件是链接文件。

A. -rw-rw-rw- 2 hel -s users 56 Sep 09 11:05 hello

B. -rwxrwxrwx 2 hel -s users 56 Sep 09 11:05 goodbey

C. drwxr--r-- 1 hel users 1024 Sep 10 08:10 file1

D. lrwxr--r-- 1 hel users 2024 Sep 12 08:12 file2

【参考答案】D

【解析】ls -al 显示的所有文件与文件夹的详细信息，包括所有被隐藏的文件和文件夹，并成列表显示。其中第一列代表文件属性。

d 代表目录；-代表文件；l 代表链接；b 代表设备文件中可供存储的接口设备；c 代表设备文件中的串行端口设备，如鼠标键盘。

16. 对名为 testfile 的文件执行 chmod 551 testfile 后，它的权限是（　　）。

A. -rwxr-xr-x　　B. -rwxr--r--　　C. -r--r--r--　　D. -r-xr-x--x

【参考答案】D

【解析】chmod 命令修改文件权限，可以用数字代表权限，读权限 r 对应数字 4，写权限 w 对应数字 2，执行权限 x 对应数字 1，因此题目中的 chmod 551 testfile，代表的权限为 r-x-r-x---x。

17. Linux 系统中关于 inode 描述错误的是（　　）。

A. i 节点和文件是一一对应的

B. i 节点能描述文件占用的块数

C. i 节点描述了文件大小和指向数据块的指针

D. 通过 i 节点实现文件的逻辑结构和物理结构的转换

【参考答案】A

【解析】硬链接不会产生新的 i 节点，直接指向源文件的 i 节点，这种情况下，i 节点和文件不是一一对应。

18. Linux 系统中关于链接描述，错误的是（　　）。

A. 硬链接就是让链接文件的 i 节点号指向被链接文件的 i 节点

B. 硬链接和符号连接都会产生一个新的 i 节点

C. 链接分为硬链接和符号链接

D. 硬链接不能链接目录文件

【参考答案】B

【解析】硬链接不会产生新的 i 节点，直接指向源文件的 i 节点；符号链接会直接产生新的文件，文件内容是源文件路径，类似于 Windows 快捷方式，本身是一个独立文件，因此会产生新的 i 节点。

19. 在 vi 编辑器中的命令模式下，键入（　　）可在光标当前所在行下添加一行。

A. a　　B. i　　C. o　　D. p

【参考答案】C

【解析】vi 编辑器常用命令:

（1）文本修改:

i: 在当前光标位置前插入数据。

a: 在当前光标位置后插入数据。

I: 在当前行开头处插入数据。

A: 在当前行末尾处插入数据。

o: 在当前行下面插入一行。

O: 在当前行上面插入一行。

（2）文本删除:

x: 删除光标处的字符。

X: 删除光标前面的字符。

dd: 删除光标所在的整行。

D 或 d$: 删除从光标所在处开始到行尾的内容。

（3）文本复制:

yy: 复制光标所在的整行。

Y 或 y$: 复制从光标所在处开始到行尾的内容。

20．Linux 系统中 在给定文件中查找与设定条件相符字符串的命令为（　　）。

A．grep　　B．gzip　　C．find　　D．sort

【参考答案】A

【解析】grep 命令用于在文件中查找指定模式的字符串；gzip 用于压缩文件，文件压缩后，后缀名为".gz"；find 命令是通过条件匹配在指定目录下查找对应文件或者目录；sort 命令是用于对文本文件进行排序的命令。

21．"touch {1…20}；ls | grep 1 | wc -l"执行的结果是（　　）。

A．1　　B．10　　C．11　　D．20

【参考答案】C

【解析】touch 命令创建文件，ls 命令显示文件信息，grep 命令在文件中查找指定模式的字符串；wc 命令用于统计。

touch {1…20}代表创建了 1～20 共计 20 个文件；ls 命令，则会显示 1～20，共计 20 个文件的信息，匹配 grep 命令，grep 1 表示，包含 1 的信息，因此会显示 1，10～19 共计 11 个文件，最后用 wc -l 命令用于统计行数，得到 11。

22．init 3 代表（　　）。

A．关机　　B．重启　　C．切换到图形　　D．切换到字符

【参考答案】D

【解析】

init 7 个级别的含义：

0：停机或者关机（千万不能将 init default 设置为 0）。

1：单用户模式，只 root 用户进行维护。

2：多用户模式，不能使用 NFS（net file system）。

3：完全多用户模式（标准的运行级别，字符界面）。

4：安全模式。

5：图形化（即图形界面）。

6：重启（千万不要把 init default 设置为 6）。

23．Linux 中可自动加载文件系统的是（　　）。

A．/etc/inittab　　B．/etc/profile　　C．/etc/fstab　　D．/etc/nameconf

【参考答案】C

【解析】/etc/inittab 存储运行时配置文件，/etc/profile 是一个全局的 shell 配置文件，用于设置系统中所有用户的环境变量和初始配置；/etc/fstab 存放的是系统中的文件系统信息，用于文件挂载；/etc/named.conf 是 BIND 域名系统的主要配置文件。

24．Linux 系统下，一个 bash shell 脚本的第一行是（　　）。

A．#/bin/bash　　B．!/bin/bash　　C．/bin/bash　　D．#!/bin/bash

【参考答案】D

【解析】一个 bash shell 脚本的第一行通常是指定解释器，例如 "#!/bin/bash"，这行代码的作用是告诉系统使用哪个解释器来执行这个脚本，常用的 Linux 系统上默认都是执行 /bin/bash 来执行 shell 脚本。

25．可以从/opt 目录下找出大小超出 10M 的文件的命令是（　　）。

A．find /opt -type f -size 10M　　B．find /opt -type f -size +10M

C．find /opt -type d -size 10M　　D．find /opt -type d -size +10M

【参考答案】B

【解析】find 命令：用来在指定目录下查找文件。

语法格式：find [搜索范围] [搜索条件];

-name 文件名;

-iname 文件名（忽略大小写）;

-user 用户的文件;

-group 所属组的文件;

-size +n：文件大小大于 n（100M=1024000B=2048000 数据库）;

-type：文件类型（-d 目录-f 文件-l 软链接）;

-inum：根据 i 节点查找;

-mtime：修改时间。

26．Linux 中充当虚拟内存的是（　　）。

A．swap　　B．/　　C．/boot　　D．/home

【参考答案】A

【解析】swap 分区是指在 Linux 操作系统中为了提高系统运行效率而设置的一块特殊的硬盘空间，也称为虚拟内存。

27．以下属于 Linux 管道符的是（　　）。

A．|　　B．>　　C．>>　　D．<

【参考答案】A

【解析】Linux 系统的管道符为|，通常用于进程间的通信，它表现出来的形式将前面每一个进程的输出直接作为下一个进程的输入。

28．要给文件加上其他人可执行属性的命令是（　　）。

A．chmod a+x　　B．chown a+x　　C．chmod o+x　　D．chown o+x

【参考答案】C

【解析】chmod 命令修改文件权限，chown 用于修改文件属主。chmod 命令下，u 代表属主用户，g 代表同组用户，o 代表其他用户，a 代表所有用户；r 读权限，w 写权限，x 执行权限。因此 chmod o+x 实现功能为给文件加上其他人可执行属性。

29．Linux 中卸载一个软件包，使用（　　）。

A．rpm -i　　B．rpm -e　　C．rpm -q　　D．rpm -a

【参考答案】B

【解析】rpm 用于软件包安装与卸载：

语法格式：lvcreate [参数] [软件包];

-i 安装;

-v 显示文件详细信息;

-h 显示进度;

-e 卸载;

-q 查询是否安装;

-i 查询软件信息;

-R 查询依赖性;

-p 查询未安装包信息，需要使用全包名;

-f 查询文件属于哪个包。

30．使用绝对路径名访问文件是从（　　）开始按目录结构访问某个文件。

A．当前目录　　B．用户主目录　　C．根目录　　D．父目录

【参考答案】C

【解析】使用绝对路径名访问文件是从根目录开始按目录结构访问某个文件。

31．使用 uptime 命令查看系统负载时，对应的负载数值如果是 0.91、0.56、0.32，那么最近 15min 内负载压力最大的是（　　）。

A．1　　B．3　　C．5　　D．15

【参考答案】A

【解析】uptime 命令用于查看系统的运行时间、负载平均值和当前登录用户数，无选项 uptime 命令会显示一行信息，依次为：当前时间、系统已经运行了多长时间、目前有多少用户登录、系统在过去的 1min、5min 和 15min 内的平均负载。

32．/etc 文件系统的标准应用是用于（　　）。

A．安装附加的应用程序　　B．存放可执行程序、系统管理工具和库

C．设置用户的主目录　　D．存放用于系统管理的配置文件

【参考答案】D

【解析】/etc 目录是系统配置文件存放的目录，/dev 目录存储和管理设备文件，/bin 目录存放可执行程序、系统管理工具和库，/opt 目录存放安装附加的应用程序，/home 目录是用户的家目录。

33．cron 后台常驻程序（daemon）用于（　　）。

A．负责文件在网络中的共享　　B．管理打印子系统

C．跟踪管理系统信息和错误　　D．管理系统日常任务的调度

【参考答案】D

【解析】cron 后台常驻程序（daemon）用于管理系统日常任务的调度。

34．Linux 文件权限共 10 位长度，分 4 段，第 3 段表示的内容是（　　）。

A．文件类型　　B．文件所有者权限

C．文件所有者所在组的权限　　D．其他用户的权限

【参考答案】C

【解析】Linux 文件权限共 10 位长度，分为四段。第一段描述文件或目录类型；第二段描述文件所有者对该文件的可读、可写和可执行权限；第三段描述文件所有者所在组对该文件的可读、可写和可执行权限；第四段描述其他身份用户对该文件的可读、可写和可执行权限。

35．Linux 系统默认使用的 shell 是（　　）。

A．sh　　B．bash　　C．csh　　D．ksh

【参考答案】B

【解析】Linux 系统默认使用的 shell 是 bash。

36．Linux 里添加 sgid 命令为（　　）。

A．chmod 1XXX file　　B．chmod 2XXX file

C．chmod 4XXX file　　D．chmod 6XXX file

【参考答案】B

【解析】sgid 对可执行的二进制程序文件（命令）来说，命令执行者在执行命令期间，组身份变成所属组身份，对该程序具有执行权限（x）；对目录来说，新创建的文件的所属组会继承上级目录的所属组。

设置 sgid 命令：chmod g+s file。与普通权限一样，特殊权限也可以使用数字的方式表示，suid=4，sgid=2，sticky=1，因此 chmod 2XXX file 命令，为文件添加 sgid 的命令。

37．Linux 系统下，在 ckvg 上创建 lv，空间大小为 1000M，lv 取名为 cklv，实现以上要求的命令是（　　）。

A．lvadd -L 1000M -n cklv ckvg　　B．mklv -L 1000M -n cklv ckvg

C．createlv -L 1000M -n cklv ckvg　　D．lvcreate -L 1000M -n cklv ckvg

【参考答案】D

【解析】lvcreate 命令的功能是用于创建逻辑卷设备。

语法格式：lvcreate [参数] [逻辑卷]；

-L 参数用于指定逻辑卷大小（容量）；

-l 参数用于指定逻辑卷个数；

-n 命名。

38．shell 预定义变量中表示当前进程的进程号的为（　　）。

A．$#　　B．$*　　C．$$　　D．$!

【参考答案】C

【解析】$#：传给脚本的参数个数；

$0：脚本本身的名字；

$1：传递给该 shell 脚本的第一个参数，当 n>=10 时，需要使用${n}来获取参数；

$@：传给脚本的所有参数的列表；

$*：取所有参数；

$?：显示最后命令的退出状态，0 表示没有错误，其他表示有错误；

$!：后台运行的最后一个进程的进程 ID 号。

39．vi 编辑器中，删除整行的命令是（　　）。

A．dd　　B．y　　C．d　　D．qq

【参考答案】A

【解析】vi 编辑器常用命令：

（1）文本修改：

i：在当前光标位置前插入数据；

a：在当前光标位置后插入数据；

I：在当前行开头处插入数据；

A：在当前行末尾处插入数据；

o：在当前行下面插入一行；

O：在当前行上面插入一行。

（2）文本删除：

x：删除光标处的字符；

X：删除光标前面的字符；

dd：删除光标所在的整行；

D 或 d$：删除从光标所在处开始到行尾的内容。

（3）文本复制：

yy：复制光标所在的整行；

Y 或 y$：复制从光标所在处开始到行尾的内容。

40．操作系统的（　　）部分直接和硬件打交道，（　　）部分和用户打交道。

A．kernel 直接和硬件打交道；shell 和用户打交道

B．shell 直接和硬件打交道；kernel 和用户打交道

C．BIOS 直接和硬件打交道；DOS 和用户打交道

D．DOS 直接和硬件打交道；BIOS 和用户打交道

【参考答案】A

【解析】操作系统的 kernel 直接和硬件打交道，shell 和用户打交道。

41．假如需要找出/etc/my.conf 文件属于哪个包（package），您可以执行（　　）。

A．rpm -q /etc/my.conf　　　　B．rpm -requires /etc/my.conf

C．rpm -qf /etc/my.conf　　　　D．rpm -q | grep /etc/my.conf

【参考答案】C

【解析】rpm 用于软件包安装与卸载：

语法格式：lvcreate [参数] [软件包]；

-i 安装；

-v 显示文件详细信息；

-h 显示进度；

-e 卸载；

-q 查询是否安装；

-i 查询软件信息；

-R 查询依赖性；

-p 查询未安装包信息，需要使用全包名；

-f 查询文件属于哪个包。

42．如果你的 umask 设置为 022，你创建的文件的权限为（　　）。

A．----w--w-　　B．-w--w----　　C．r-xr-x---　　D．rw-r--r--

【参考答案】D

【解析】umask 可以指定当前用户在新建文件和目录时的默认权限，umask 的值表示的是文件或目录的“默认最大值”（最大值为 666）需要减掉的权限，因此题目设置的 022，那么默认的文件的权限则为 644，既 rw-r--r--。

43．一次删除 pkg1，pkg2，pkg3 软件包的操作为（　　）。

A．yum uninstall pkg1 pkg2 pkg3　　　　B．yum remove pkg1 pkg2 pkg3

C．yum del pkg1 pkg2 pkg3　　D．yum delete pkg1 pkg2 pkg3

【参考答案】B

【解析】yum 命令用于在系统上安装、更新和卸载软件包。

语法格式：yum [参数][软件包];

-install 安装软件包;

-update 更新软件包;

-remove 卸载软件包;

-search 查找相关软件包;

-list 列入已安装软件包。

44．文件 file1 的访问权限为 rw-r--r--，现要增加所有用户的执行权限和同组用户的写权限，下列命令正确的是（　　）。

A．chmod a+x g+w file1　　B．chmod 765 file1

C．chmod o+x file1　　D．chmod g+w file1

【参考答案】A

【解析】chmod 命令下，u 代表属主用户，g 代表同组用户，o 代表其他用户，a 代表所有用户；r 读权限（r=4），w 写权限（w=2），x 执行权限（x=1）。题目要求增加所有用户的执行权限和同组用户的写权限，则 chmod a+x g+w file1；或者 chmod 775 file1。

45．在 bash 中，　在一条命令后加入"1>&2"意味着（　　）。

A．标准错误输出重定向到标准输入　　B．标准输入重定向到标准错误输出

C．标准输出重定向到标准错误输出　　D．标准输出重定向到标准输入

【参考答案】C

【解析】>是重定向符，就是把前面输出的内容重定向到后面指定的位置；&是一个描述符，如果 1 或 2 前不加&，会被当成一个普通文件，&0 表示标准输入，&1 表示标准输出，&2 表示标准错误。

2>&1　把标准错误输出重定向到标准输出;

1>&2　把标准输出重定向到标准错误。

46．在 bash 中，export 命令的作用是（　　）。

A．在子 shell 中运行命令

B．使在子 shell 中可以使用命令历史记录

C．为其他应用程序设置环境变量

D．提供 NFS 分区给网络中的其他系统使用

【参考答案】C

【解析】在 bash 中，export 命令的作用是为其他应用程序设置环境变量。

47．假设计划让 Linux 系统自动在每个月的第一天 04:00 执行一个维护工作 shell 脚本，以下 cron 正确的是（　　）。

A．041 * * /maintenance.sh　　B．41 * * * /maintenance.sh

C．0431 /1 *　/maintenance.sh　　D．1400 * * /maintenance.sh

【参考答案】A

【解析】crontab 命令用于设置周期性被执行的指令，每一行都代表一项任务，每行的每

个字段代表一项设置，它的格式共分为六个字段。第一到五个字段分别代表分钟、小时、日期、月份、星期几，第六个字段为执行的命令。因此每个月的第一天 04:00 执行一个维护工作 shell 脚本为

041 * * /maintenance.sh。

48．在使用 mkdir 命令创建新的目录时，在其父目录不存在时先创建父目录的选项是（　　）。

A．mkdir -d　　B．mkdir -m　　C．mkdir -R　　D．mkdir -p

【参考答案】D

【解析】mkdir 用于创建目录。

语法格式：mkdir [参数][目录名];

-m：设置权限模式（类似 chmod），而不是 rwxrwxrwx 减 umask;

-p：需要时创建目标目录的上层目录，但即使这些目录已存在也不当作错误处理;

-v：次创建新目录都显示信息;

-Z：将每个创建的目录的 SELinux 安全环境设置为 CTX。

49．执行 tail myfile 默认显示 myfile 文件的（　　）。

A．前 10 行　　B．最后 10 行　　C．前 50 行　　D．最后 50 行

【参考答案】B

【解析】tail 命令用于显示指定文件末尾内容，默认显示最后 10 行。

50．超级用户 root 当前所在目录为：/usr/local，键入 cd 命令后，用户当前所在目录为（　　）。

A．/home　　B．/root　　C．/home/root　　D．/usr/local

【参考答案】B

【解析】cd 命令用于指定要进入的目录，不带任何参数或路径，既回到当前登录用户的家目录，root 的家目录是/root。

51．因特殊需要创建新用户 admin，将目录为"/admin"，默认 shell 为"/sbin/nologin"，并将 wheel 作为其扩展组，那么指定用户家目录的选项，指定用户 shell 的选项，指定用户扩展组的选项分别是（　　）。

A．-h，-s，-g　　B．-d，-s，-G　　C．-d，-s，-g　　D．-h，-s，-G

【参考答案】B

【解析】useradd 命令用于添加用户。

语法格式：useradd [参数][用户名];

-u 指定 uid;

-d 指定用户的 home 目录;

-g 设置用户初始组的名称或 ID;

-G 设置用户加入的附加组列表;

-s 设置用户 shell 路径。

52．Linux 中使用最广泛的域名解析软件是（　　）。

A．dhcp　　B．chrony　　C．bind　　D．httpd

【参考答案】C

【解析】bind 是 Linux 中使用最广泛的域名解析软件。dhcp 是 IP 地址自动分配，chrony 用于时钟同步，httpd 是 Apache 超文本传输协议（HTTP）服务器的主程序。

53．init 的运行等级一般说来有（　　）个等级。

A．4　　B．5　　C．7　　D．6

【参考答案】C

【解析】init 7 个级别的含义：

0：停机或者关机（千万不能将 init default 设置为 0）；

1：单用户模式，只 root 用户进行维护；

2：多用户模式，不能使用 NFS（Net File System）；

3：完全多用户模式（标准的运行级别，字符界面）；

4：安全模式；

5：图形化（即图形界面）；

6：重启（千万不要把 init default 设置为 6）。

54．Linux 单用户主要用于（　　）。

A．进行系统维护　　B．重建操作系统　　C．安装硬件　　D．编译程序

【参考答案】A

【解析】Linux 单用户主要用于进行系统维护。

55．下列将 testuser 用户密码的最大天数设为 30 天的命令是（　　）。

A．chage -W 30 testuser　　B．chage -M 30 testuser

C．chage -d 30 testuser　　D．chage -E 30 testuser

【参考答案】B

【解析】chage 用于密码的实效管理，用来修改账号和密码的有效期。

语法格式：chage [参数][用户名]；

-l：列出用户的以及密码的有效期限；

-m：修改密码的最小天数；

-M：修改密码的最大天数；

-I：密码过期后，锁定账号的天数；

-d：指定密码最后修改的日期；

-E：有效期，0 表示立即过期，−1 表示永不过期；

-W：密码过期前，开始警告天数。

56．下列文件系统中，采用了 inode 来标识文件的是（　　）。

A．ntfs　　B．fat16　　C．fat32　　D．ext3

【参考答案】D

【解析】Linux 系统采用 inode 来标识文件，ext3 是 Linux 的文件系统，因此采用了 inode 节点。

57．在 Linux 环境下，如果要将文件名 file1 修改为 file2，下列命令（　　）可以实现。

A．cp file1 file2　　B．mv file1 file2　　C．ls file1 >file2　　D．ll file1 > file2

【参考答案】B

【解析】mv 命令实现重命名或移动文件（夹）。

58. 在 Linux 环境下，假设文件 fileA 的符号链接为 fileB，那么删除 fileA 后，下面的描述正确的是（　　）。

A. fileB 也随之被删除

B. fileB 仍存在，但是属于无效文件

C. 因为 fileB 未被删除，所以 fileA 会被系统重新建立

D. fileB 会随 fileA 的删除而被系统自动删除

【参考答案】B

【解析】符号链接通过创建一个指向其他文件或目录的路径信息，实现对其他文件或目录的引用。它实际上是一个包含了指向目标文件或目录的路径的特殊文件，因此删除源文件并不影响符号链接，但其指向文件不存在，因此属于无效文件。

59. 在 Linux 环境下，当字符串用两个单引号（‘’）括起来时，shell 将（　　）。

A. 解释引号内的特殊字符

B. 执行引号中的命令

C. 不解释引号内的特殊字符

D. 结束进程

【参考答案】C

【解析】在 Linux 中，单引号和双引号都用于引用字符串，使用单引号引用字符串时，其中的所有字符都被视为普通字符，包括特殊字符和变量，使用双引号引用字符串时，其中的特殊字符和变量会被解析和展开。

60. Linux 系统中有多种配置 IP 地址的方法，使用下列的（　　）方法配置以后，新配置的 IP 地址可以立即生效。

A. 使用命令：netconfig

B. 修改配置文件/etc/sysconfig/network

C. 使用 ifconfig 命令

D. /etc/sysconfig/network-scripts/ifcfg-eth0

【参考答案】C

【解析】ifconfig 命令用于显示和配置网络接口的信息，配置后可直接生效，不用重启网络服务，但重启后配置丢失。

61. 在 Linux 系统中，普通用户的 ID 一般是（　　）。

A. >0　　B. >100　　C. >500　　D. >1000

【参考答案】C

【解析】管理员在默认情况下为 root 账户，UID=0。普通用户 UID 默认范围为 1-65535。

1-99 为系统预设账号；

100-499 保留给一些服务使用；

500-65535 给一般使用者使用。

62. 在 Linux 系统中，（　　）命令可以查看系统内存，虚拟内存的大小以及占用情况。

A. mem　　B. du　　C. memon　　D. free

【参考答案】D

【解析】free 命令可以查看系统内存，虚拟内存的大小以及占用情况；du 用来查看目录或文件所占用磁盘空间的大小。mem 和 memon 无此命令。

63. 下列不属于 shell 功能的是（　　）。

A. 中断

B. 文件名的通配符

C. 管道功能

D. 输入输出重定向

【参考答案】A

【解析】shell 是用户与操作系统内核之间的接口，起着协调用户与系统的一致性和在用户与系统之间进行交互的作用，可以实现文件名的通配符、管道功能、输入输出重定向等功能。

64．Linux 文件系统的文件都按其作用分门别类地放在相关的目录中，对于外部设备文件，一般应将其放在（　　）目录中。

A．/bin　　B．/etc　　C．/dev　　D．/lib

【参考答案】C

【解析】/etc 目录是系统配置文件存放的目录，/dev 目录存储和管理设备文件，/bin 目录存放可执行程序、系统管理工具和库，/lib 是库文件目录，包含了所有对系统有用的库文件。

65．在 Linux 系统中，包含了主机名到 IP 地址的映射关系的文件是（　　）。

A．/etc/HOSTNAME　　B．/etc/hosts

C．/etc/resolv.conf　　D．/etc/networks

【参考答案】B

【解析】/etc/hosts 包含了主机名到 IP 地址的映射关系；/etc/hostname 用于配置主机名；/etc/resolv.conf 是 DNS 配置文件；/etc/networks 用于网络配置。

66．下面用来定义 shell 的全局变量的命令是（　　）。

A．exportfs　　B．alias　　C．exports　　D．export

【参考答案】D

【解析】export 定义 shell 的全局变量；exportfs 和 exports 均用于 NFS 共享；alias 用于设置别名。

67．默认情况下管理员创建了一个用户，就会在（　　）目录下创建一个用户主目录。

A．/usr　　B．/home　　C．/root　　D．/etc

【参考答案】B

【解析】默认情况下管理员创建了一个用户，就会在/home 目录下创建一个用户主目录。

68．除非特别指定，cp 要复制的文件在（　　）目录下。

A．用户　　B．home　　C．root　　D．当前

【参考答案】D

【解析】cp 指令是用于复制文件或目录的指令，如没有指定目录，则会再复制到当前目录。

69．Linux 文件名的长度不得超过（　　）个字符。

A．64　　B．128　　C．255　　D．512

【参考答案】C

【解析】Linux 文件名的长度不得超过 255 个字符。

70．Linux 提供多种远程联机服务，下面（　　）服务可以实现数据加密通信。

A．Telnet　　B．rlogin　　C．SSH　　D．bind

【参考答案】C

【解析】SSH 命令是 SSH 客户端，允许实现对远程系统经验证的加密安全访问；Telnet、rlogin、bind 均无数据加密。

71．Linux 系统中的日志子系统对于系统安全来说非常重要，日志的主要功能是（　　）。

A．记录　　B．查错　　C．审计和监测　　D．追踪

【参考答案】C

【解析】Linux 日志的主要功能是审计和监测。

72．执行#chmod 700 /bin/rpm 是为了（　　）。

A．改变 rpm 的权限　　B．使 root 对 rpm 有最大权限

C．其他用户无法使用 rpm　　D．以上都包括

【参考答案】D

【解析】chmod 命令下，u 代表属主用户，g 代表同组用户，o 代表其他用户，a 代表所有用户；r 读权限（r=4），w 写权限（w=2），x 执行权限（x=1），因此 chmod 700 /bin/rpm 代表只有属主（root）才有读写执行权限，其他所有用户无任何权限。

73．在 Linux 系统中，使用（　　）命令可以看到磁盘的 I/O 状况。

A．vmstat　　B．iostat　　C．netstat　　D．perfmon

【参考答案】B

【解析】iostat 用于查看系统 I/O 性能和磁盘活动；vmstat 用于查看虚拟内存统计信息；netstat 用于显示网络连接、路由表和网络接口等信息；perfmom 是 Windows 系统的性能监视工具。

74．为了达到使文件的所有者有读（r）和写（w）的许可，而其他用户只能进行只读访问，在设置文件的许可值时，应当设为（　　）。

A．566　　B．644　　C．655　　D．744

【参考答案】B

【解析】chmod 命令下，u 代表属主用户，g 代表同组用户，o 代表其他用户，a 代表所有用户；r 读权限（r=4），w 写权限（w=2），x 执行权限（x=1），题目所示，所有者有读写权限（6），其他用户（包括同组其他用户）为只读权限（4），因此权限值为 644。

75．Linux 生成交换文件的是（　　）。

A．initswap　　B．mkswap　　C．createswap　　D．startswap

【参考答案】B

【解析】mkswap 命令来生成交换文件，initswap、createswap、startswap 均无以上命令。

76．Linux 系统中建立一个新文件可以使用的命令为（　　）。

A．chmod　　B．more　　C．cp　　D．touch

【参考答案】D

【解析】touch 命令用于文件创建，chmod 用于修改文件权限，more 命令用于文本显示，cp 命令用于复制文件或目录。

77．在（　　）文件里，可以显示出当前系统所有用户的 UID 和 GID。

A．/etc/id　　B．/etc/passwd　　C．/etc/group　　D．/etc/profile

【参考答案】B

【解析】/etc/passwd 文件包含了所有系统用户账户列表以及每个用户的基本配置信息（包含 uid 和 gid）；/etc/group 存放用户组配置文件；/etc/profile 用于设置系统中所有用户的环境变量和初始配置；/etc/id 无此目录。

78．浏览 man page 时，使用（　　）键使 man 帮助程序退出。

A．Z　　B．TAB　　C．q　　D．Enter

【参考答案】C

【解析】man 可以查看 Linux 中的指令帮助、配置文件帮助和编程帮助等信息，可以使用箭头键向上或向下滚动页面，按 q 键退出手册页面。

79．shell 中变量的赋值有四种方法，其中，采用 name=abc 的方法是（　　）。

A．直接赋值　　B．使用 read 命令

C．使用命令行参数　　D．使用命令的输出

【参考答案】A

【解析】shell 中变量的赋值方法有直接赋值、read 命令赋值、命令行参数赋值、命令行输出结果赋值，题目中的 name=abc 为直接赋值。

80．不能够作为 Linux 根分区的分区类型是（　　）。

A．ext3　　B．ext2　　C．ntfs　　D．reiserfs

【参考答案】C

【解析】ext2、ext3、reiserfs 均可作为 Linux 根分区，ntfs 不能用于 Linux 系统根分区。

81．不属于 ifconfig 命令作用范围的是（　　）。

A．配置本地回环地址　　B．配置网卡的 IP 地址

C．激活网络适配器　　D．加载网卡到内核中

【参考答案】D

【解析】ifconfig 作为网络配置命令，可以配置网卡 IP 地址、本地回环地址，可以直接激活网络配置器不需要重启，但无法加载网卡到内核，因此重启后配置会失效。

82．root 用户可以使用（　　）命令向所有用户发送消息。

A．talk　　B．wall　　C．send　　D．write

【参考答案】B

【解析】wall 命令向所有用户发送消息。talk 命令是服务器的客户端工具，通过 talk 命令可以让用户和其他用户聊天；send 命令是 sendmail 软件包中的一部分，用于发送电子邮件；write 命令用于向指定登录用户终端上发送信息。

83．局域网的网络地址 192.168.1.0/24，其网关地址是 192.168.1.1。主机 192.168.1.20 访问 172.16.1.0/24 网络时，其路由设置正确的是（　　）。

A．route add －net 192.168.1.0 gw 192.168.1.1 netmask 255.255.255.0 metric 1

B．route add －net 172.16.1.0 gw 192.168.1.1 netmask 255.255.255.255 metric 1

C．route add －net 172.16.1.0 gw 172.16.1.1 netmask 255.255.255.0 metric 1

D．route add default 192.168.1.0 netmask 172.168.1.1 metric 1

【参考答案】B

【解析】route 命令用于操作基于内核 IP 路由表，其语法格式为 route [-f] [-p] [Command [Destination] [mask Netmask] [Gateway] [metric Metric]] [if Interface]。依据题目要求。目的网段为 172.16.1.0/24，因此答案 AD 排除，局域网网关地址为 192.168.1.1，因此选择选项 B。

84．Linux 系统中从文本文件的每一行中截取指定内容的数据的命令是（　　）。

A．cp　　B．dd　　C．fmt　　D．cut

【参考答案】D

【解析】cut 命令用于从文本文件的每一行中截取指定内容的数据；cp 命令用于复制文件或目录；dd 是一个 UNIX 和类 UNIX 系统上的命令，主要功能为转换和复制文件；fmt 名利会从指定的文件里读取内容，将其依照指定格式重新编排后，输出到标准输出设备。

85. Linux 系统使用（　　）命令删除某用户的任务计划。

A. crontab –e　　B. crontab -l　　C. crontab -r　　D. crontab -d

【参考答案】C

【解析】crontab 是一个用于管理、编辑和查询用户定时任务的命令行工具。以下是各参数的含义：

-l：列出当前用户所有定时任务；

-e：编辑当前用户的定时任务；

-r：删除当前用户的所有定时任务。

二、多项选择题

1. Linux 中安装软件可使用（　　）。

A. setup　　B. yum install　　C. rpm　　D. 源代码安装

【参考答案】BCD

【解析】Linux 中安装软件可使用 rpm、yum install、源代码安装。

2. 文件和目录存取权限的类型有（　　）。

A. read　　B. format　　C. execute　　D. write

【参考答案】ACD

【解析】文件和目录存取权限有读 read，写 write 和执行 execute。

3. 在 shell 中，当用户准备结束登录对话进程时，可用（　　）命令。

A. logout　　B. exit　　C. Ctrl+d　　D. shutdown

【参考答案】ABC

【解析】在 shell 中，结束对话的命令有 logout、exit、Ctrl+d，shutdown 命令用于关机和重启。

4. 有关归档和压缩命令，下面描述错误的是（　　）。

A. 可以用 uncompress 命令解压后缀为.zip 的压缩文件

B. unzip 命令和 gzip 命令可以解压缩相同类型的文件

C. tar 归档且压缩的文件可以由 gzip 命令解压缩

D. tar 命令归档后的文件也是一种压缩文件

【参考答案】ABD

【解析】tar 是一种归档文件格式，它通常用于将多个文件打包成一个单一的文件，无法实现文件压缩，通常通过 gzip 来进行文件压缩；compress 产生.z 后缀的压缩文件，由 uncompress 命令进行解压；gzip 命令可以用于压缩与解压缩，产生后缀为.gz 的压缩文件；unzip 命令用于解压.zip 后缀的文件。

5. 下列命令中用于解压的是（　　）。

A. uncompress　　B. compress　　C. tar -zxvf　　D. gzip -d

【参考答案】ACD

【解析】uncompress 可解压后缀为.z 的文件；tar -zxvf 和 gzip -d 均实现解压后缀为.gz 的文件；compress 命令用于压缩文件。

6．Linux 支持的文件系统有（　　）。

A．ext3　　B．swap　　C．vfat　　D．ntfs

【参考答案】ABCD

【解析】Linux 支持的文件系统类型包括 ext3、swap、vfat、ntfs 等。

7．下面（　　）命令可以用来显示目录空间使用情况。

A．df　　B．du　　C．ls　　D．more

【参考答案】AB

【解析】df 命令用于查看文件系统的磁盘空间占用情况；du 命令用于查看目录或文件所占用磁盘空间的大小; ls 命令列出当前目录下的所有文件和子目录; more 命令用于文本显示。

8．/etc/passwd 文件中包含的信息有（　　）。

A．uid　　B．gid　　C．用户主目录　　D．shell

【参考答案】ABCD

【解析】/etc/passwd 文件包含了所有系统用户账户列表以及每个用户的基本配置信息，包含 uid、gid、用户主目录、用户登录 shell 等信息。

9．某文件的权限是-rwxr--r--，下面描述正确的是（　　）。

A．文件的权限值是 755　　B．文件的所有者对文件只有读权限

C．文件的权限值是 744　　D．其他用户对文件只有读权限

【参考答案】CD

【解析】chmod 命令下，r 读权限（r=4），w 写权限（w=2），x 执行权限（x=1），因此题目所示的文件权限为 744；文件权限依次为所有者、同组用户、其他人，因此题目所示，其他用户对文件只有读权限。

10．在 shell 编程中关于$2 的描述正确的是（　　）。

A．程序后携带了两个位置参数　　B．宏替换

C．程序后面携带的第二个位置参数　　D．用$2 引用第二个位置参数

【参考答案】CD

【解析】$1：传递给该 shell 脚本的第一个参数；

$2：传递给该 shell 脚本的第二个参数。

11．Linux 中的通配符有（　　）。

A．*　　B．?　　C．[ ]　　D．{ }

【参考答案】ABC

【解析】通配符*：匹配任意多个字符（包括 0 个字符）；

通配符?：匹配任意一个字符；

通配符[ ]：匹配方括号中的任意一个字符。

12．ls [abc]*表示（　　）。

A．显示 a 开头的文件　　B．显示 b 开头的文件

C．显示 c 开头的文件　　D．不显示 abc 开头的文件

【参考答案】ABC

【解析】通配符*：匹配任意多个字符（包括 0 个字符）；通配符[ ]：匹配方括号中的任意一个字符。因此[abc]*代表 a、b、c 中的任意一个字符，并且可以重复（0 次或者多次），既开头为 a、b、c 的文件均可以匹配。

13．使用 chmod 命令修改文件权限时，可以使用的有关用户的选项参数有（　　）。

A．g　　B．u　　C．a　　D．o

【参考答案】ABCD

【解析】chmod 命令与用于相关的参数：g 代表文件所有者所在组、u 代表文件所有者、o 代表其他用户、a 代表所有用户。

14．Linux 系统下，格式化 cklv，新建目录/mnt/lvm，并将 cklv 挂载到/mnt/lvm，实现以上要求的命令是（　　）。

A．mke2fs -j /dev/ckvg/cklv　　B．mkdir /mnt/lvm

C．mount -t ext3 /dev/ckvg/cklv /mnt/lvm　　D．lvcreate -L 1000M -n cklv ckvg

【参考答案】ABC

【解析】mke2fs -j /dev/ckvg/cklv 实现格式化 cklv，mkdir /mnt/lvm 实现新建目录，mount -t ext3 /dev/ckvg/cklv /mnt/lvm 实现文件挂载功能。

15．关于/etc/group 文件的描述下列说法正确的是（　　）。

A．用来分配用户到每个组

B．给每个组 ID 分配一个名字

C．存储用户的口令

D．详细说明哪些用户能访问网络资源，比如打印机资源

【参考答案】AB

【解析】/etc/group 用户组的配置文件，此文件是记录组 ID（GID）和组名相对应的文件，内容包括用户和用户组，并且能显示出用户是归属哪个用户组或哪几个用户组。

16．使用 fdisk 对硬盘分区进行管理时，下面的参数正确的是（　　）。

A．l 参数，可以显示出 Linux 所支持的分区类型

B．d 参数，删除一个分区

C．n 参数，增加一个分区

D．m 参数，改变分区的类型

【参考答案】ABC

【解析】fdisk 用于创建、删除、调整分区以及设置分区属性。

（1）显示硬盘分区信息：

fdisk -l。

（2）进入交互式分区工具：

fdisk /dev/sda（以/dev/sda 为例）。

（3）创建新分区：

输入 n，选择分区类型（主分区或逻辑分区），然后按照提示设置分区大小和起始位置。

（4）删除分区：

输入 d，选择要删除的分区号，然后按照提示进行删除操作。

（5）修改分区类型：

输入 t，选择要修改的分区号，然后按照提示选择新的分区类型。

（6）保存分区表更改：

输入 w，将对分区表的更改写入硬盘。

-m：打印有关内存映射文件的信息。

17．系统用户账户信息被储藏在下面（　　）文件中。

A．/etc/fstab　　B．/etc/shadow　　C．/etc/passwd　　D．/etc/inittab

【参考答案】BC

【解析】/etc/passwd 文件包含了所有系统用户账户列表以及每个用户的基本配置信息；/etc/shadow 用于存储 Linux 系统中用户的密码信息；/etc/fstab 存放的是系统中的文件系统信息，用于文件挂载；/etc/inittab 存放的是 Linux 初始化系统使用的配置文件。

18．下面会引起进程创建的事件是（　　）。

A．用户登录　　B．设备中断　　C．作业调度　　D．执行系统调用

【参考答案】AD

【解析】进程创建是操作系统执行程序的需要或者用户或进程要求创建一个新的进程。

进程创建的时机有：

（1）系统初始化。系统的调度进程创建 init 进程。

（2）执行中的进程调用了 fork（　　）系统函数。程序中有 fork（　　）函数。

（3）用户登录，用户命令请求创建进程。例如：用户双击一个图标。

（4）一个批处理作业初始化。

19．Linux 操作系统中，日常巡检及问题处理都需要查看相关日志文件，关于日志文件说法正确的有（　　）。

A．/var/log/messages 包括整个系统信息，其中也包含系统启动期间的日志

B．/var/log/syslog 记录告警信息，常常是系统出问题的信息

C．/var /log/user.log 记录所有等级用户信息的日志

D．/var/log/auth.log 包含系统授权信息，包括用户登录和使用的权限机制等

【参考答案】ABCD

【解析】/var/log/messages 包括整个系统信息，其中也包含系统启动期间的日志；/var/log/syslog 记录告警信息，常常是系统出问题的信息；/var/log/user.log 记录所有等级用户信息的日志；/var/log/auth.log 包含系统授权信息，包括用户登录和使用的权限机制等。

20．关于 shell 参数的说法，正确的是（　　）。

A．$0 当前执行的进程名

B．$#传给脚本的参数个数

C．$*所有位置参数的内容

D．$1 代表第一个参数，$2 代表第二个参数，依次类推，$10 代表第十个参数，$11 代表第十一个参数

【参考答案】ABC

【解析】$#：传给脚本的参数个数；

$0：脚本本身的名字；

$1：传递给该 shell 脚本的第一个参数，当 n>=10 时，需要使用${n}来获取参数；

$@：传给脚本的所有参数的列表；

$*：取所有参数；

$?：显示最后命令的退出状态，0 表示没有错误，其他表示有错误；

$!：后台运行的最后一个进程的进程 ID 号。

21．以下属于网络运维命令的是（　　）。

A．dd　　B．ifconfig　　C．route　　D．lsof

【参考答案】BC

【解析】dd 是一个 UNIX 和类 UNIX 系统上的命令，主要功能为转换和复制文件；ifconfig 用于网络配置；route 命令用于查看和配置操作系统的路由表；lsof 命令用于查看 Linux 系统中已打开的文件。

22．关于硬链接的描述正确的是（　　）。

A．跨文件系统

B．不可以跨文件系统

C．可以做目录的链接

D．链接文件的 i 节点同被链接文件的 i 节点

【参考答案】BD

【解析】硬链接是指多个文件名指向同一个物理文件的链接关系。它们在文件系统中具有相同的 inode 号，不可以跨文件系统，并且目录不能做硬链接。

23．若分区/dev/hda5 已经挂载到/home/testc 目录上，则卸载该分区的命令是（　　）。

A．unmount /home/testc　　B．umount /home/testc

C．unmount /dev/hda5　　D．umount /dev/hda5

【参考答案】BD

【解析】umount 命令用于卸除文件系统。

语法格式：umount [参数][设备名/挂载点]。

24．route 命令可以支持的功能有（　　）。

A．修改主机路由表　　B．查询主机到远程主机的路由路径

C．删除主机路由表条目　　D．查看主机路由表

【参考答案】ACD

【解析】route 命令用于查看和配置操作系统的路由表，可以进行路由表的查看、修改、删除，不支持查询本主机到远端主机的路由路径，这个功能由 traceroute 命令实现。

25．在 vi 编辑器中，（　　）命令可以用来插入文本。

A．a　　B．x　　C．i　　D．dd

【参考答案】AC

【解析】vi 编辑器常用命令：

（1）文本修改：

i：在当前光标位置前插入数据；

a：在当前光标位置后插入数据；

I：在当前行开头处插入数据；

A：在当前行末尾处插入数据；

o：在当前行下面插入一行；

O：在当前行上面插入一行。

（2）文本删除：

x：删除光标处的字符；

X：删除光标前面的字符；

dd：删除光标所在的整行；

D 或 d$：删除从光标所在处开始到行尾的内容。

（3）文本复制：

yy：复制光标所在的整行；

Y 或 y$：复制从光标所在处开始到行尾的内容。

26．在 Linux 系统中，下列关于建立系统用户的正确描述是（　　）。

A．在 Linux 系统下建立用户使用 useradd 命令

B．每个系统用户分别在/etc/passwd 和/etc/shadow 文件有一条记录

C．访问每个用户的工作目录使用命令“cd /用户名”

D．每个系统用户在默认状态下的工作目录在/home/用户名

【参考答案】ABD

【解析】useradd 命令用于添加用户，/etc/passwd 会记录所有系统用户账户列表以及每个用户的基本配置信息；/etc/shadow 用于存储用户的密码信息，因此两个目录都会有记录；用户（除超级用户 root 外）默认的工作目录为/home/用户名。

27．下列标准输入重定向符号的是（　　）。

A．>　　B．>>　　C．<　　D．<<

【参考答案】CD

【解析】>与>>为标准输出重定向，区别在于>>为追加数据，将新数据写在原数据后面，>为覆盖数据，既清空原有数据，再写入（如果已有数据）；<与<<为标准输入重定向，区别在于<<为追加数据，将新数据写在原数据后面，<为覆盖数据，既清空原有数据，再写入（如果已有数据）。

28．以下关于 Linux 下的 Samba 服务描述正确的是（　　）。

A．Samba 是一个 Web 服务器，相对于 Windows 下的 IIS

B．Samba 可以让 Linux 主机和 Windows 主机互访资源

C．启动 Samba 服务可以输入 service smb start

D．Samba 服务使用的端口是 533

【参考答案】BC

【解析】Samba 能够在任何支持 SMB 协议的主机之间共享文件，可以实现 Linux 主机和 Windows 主机互访资源，启用服务命令为 service smb start，Samba 监听的端口有 TCP139、445 端口，UDP137、138 端口。

29．某运维工程师检修时，按照检修方案执行 rmdir /bak20220810 命令删除/bak20220810 目录时发现目录无法删除，请问可能的原因有（　　）。

A．此目录可能不存在　　B．目录不为空

C．目录中有隐含文件存在　　D．目录被设置了权限

【参考答案】ABCD

【解析】目录无法删除可能的原因有：此目录可能不存在、目录不为空、目录中有隐含文件存在、目录被设置了权限。

30．在文件系统中查找文件目录可以使用的命令有（　　）。

A．find　　B．grep　　C．whereis　　D．whois

【参考答案】AC

【解析】find 命令用来在指定目录下查找文件；grep 命令在文件中查找指定模式的字符串；whereis 命令用于定位一个“命令”的二进制文件、源文件、手册文件：whois 命令用于查找并显示指定用户账号、域名相关信息。

31．/etc/password 文件中包含的字段有（　　）。

A．UID　　B．TERM　　C．HOME　　D．SHELL

【参考答案】ACD

【解析】/etc/passwd 记录所有系统用户账户列表以及每个用户的基本配置信息。共有 7 个字段，分别为账号、密码、uid、gid、注释信息、home 目录、登录 shell。

32．在 Linux 系统中，用 uname 命令可以显示（　　）等信息。

A．系统　　B．内存　　C．主机名　　D．操作系统

【参考答案】ACD

【解析】uname 命令用于打印当前系统相关信息（包括系统内核版本号、硬件架构、主机名称和操作系统类型等）。

33．使用 fsck 检查文件系统时，应该（　　）。

A．卸载（umount）将要检查的文件系统

B．一定要在单用户模式下进行

C．最好使用-t 选项指定要检查的文件系统类型

D．在 Linux 下，运行 fsck 对文件系统进行了改变后不必重新启动系统，系统已经将正确的信息读入

【参考答案】AC

【解析】fsck 用来检查和维护不一致的文件系统，在使用 fsck 检查文件前，需要将文件系统卸载（否则可能损坏文件），-t 参数用于指定文件类型，并且在检查之后，需要重启系统。

34．对 cron 计划任务的控制，说法正确的是（　　）。

A．默认情况下，所有用户都能执行 cron 计划任务

B．若需要对不同的用户设置是否允许使用定时任务，可通过/etc/cron.allow 和/etc/cron.deny 文件实现

C．存在/etc/cron.allow 文件时，只有/etc/cron.allow 中允许的用户才能执行定时任务 cron

D．当/etc/cron.allow 和/etc/cron.deny 两个文件都存在时，只有/etc/cron.deny 中的用户被拒绝

【参考答案】ABC

【解析】默认情况下，所有用户都能执行 cron 计划任务，要对不同的用户设置是否允许使用定时任务，是通过/etc/cron.allow 文件和/etc/cron.deny 文件实现的。如果这两个文件都不存在的时候，表示所有的用户都可以执行 cron 计划任务；当系统中有/etc/cron.allow 文件时，

只有其中允许的用户可以执行定时任务 cron，没有写入的用户不能执行；如果/etc/cron.allow 和/etc/cron.deny 两个文件同时存在，则/etc/cron.deny 文件会被忽略，因为/etc/cron.allow 文件的优先级更高。

35．为了能够使用 ls 程序列出目录的内容，并能够使用 cd 进入该目录，操作者需要有（　　）该目录的权限。

A．读　　B．写　　C．执行　　D．递归

【参考答案】AC

【解析】ls 列出目录内容需要读权限，cd 目录需要执行权限。

36．对命令 cat 2>&1 >>/home/test/outfile </home/test/t6 执行结果，以下（　　）说法是正确的。

A．错误信息会输出在 outfile 文件中

B．正确的输出结果会输出在 outfile 文件中

C．错误信息会输出在屏幕上

D．正确的输出结果在屏幕上

【参考答案】BC

【解析】&是一个描述符，如果 1 或 2 前不加&，会被当成一个普通文件，&0 表示标准输入，&1 表示标准输出，&2 表示标准错误。

2>&1 表示把标准错误输出重定向到标准输出。

>是重定向符，是把前面输出的内容重定向到后面指定的位置，原文件内容会被清除；>>保留原文件内容，把新的输出的内容追加到原文件内容后面；<是重定向输入，用指定的文件内容代替键盘等输入设备。

37．Linux 中远程登录至服务器常用命令 SSH host 参数，其中 host 参数可以是（　　）。

A．主机名　　B．IP 地址　　C．网段地址　　D．子网掩码

【参考答案】AB

【解析】Linux 的 SSH 命令参数，可以是主机名或 IP 地址。

38．以下表示 Linux 的文件类型的有（　　）。

A．b　　B．d　　C．c　　D．f

【参考答案】ABC

【解析】d 代表目录；-代表文件；l 代表链接；b 代表设备文件中可供存储的接口设备；c 代表设备文件中的串行端口设备，如鼠标键盘。

39．下列属于 Linux 系统默认目录的有（　　）。

A．/dev　　B．/mnt　　C．/doc　　D．/etc

【参考答案】ABD

【解析】/etc 目录是系统配置文件存放的目录，/dev 目录存储和管理设备文件，/mnt 目录可作为挂载点使用。

40．对/proc 文件系统描述正确的是（　　）。

A．通常情况下，不提供中断、I/O 端口、CPU 等信息

B．/proc 文件系统可以提供系统核心的许多参数

C．/proc 是一个虚拟的文件系统

D．可以得到系统中运行进程的信息

【参考答案】BCD

【解析】/proc 是虚拟的文件系统，存储的是当前内核运行状态的一系列特殊文件，用户可以通过这些文件查看有关系统硬件及当前正在运行进程的信息，甚至可以通过更改其中某些文件来改变内核的运行状态，可以提供中断、I/O 端口、CPU 等信息。

41．Linux 中提升当前普通用户权限的方法有（　　）。

A．su　　B．passwd　　C．usrchmod　　D．sudo

【参考答案】AD

【解析】Linux 给普通用户加超级用户权限的方法通常有两种方式：使用 su 命令和使用 sudo 命令；su 命令可以实现用户切换，可以切换到 root 用户，但需要知道其密码；sudo 命令则需要手动修改 sudo 的配置文件，授予某些普通用户权限。

42．用命令成功建立一个用户后，他的信息会记录在下面（　　）文件中。

A．/etc/passwd　　B．/etc/userinfo　　C．/etc/shadow　　D．/etc/profile

【参考答案】AC

【解析】/etc/passwd 文件包含了所有系统用户账户列表以及每个用户的基本配置信息；/etc/shadow 用于存储 Linux 系统中用户的密码信息，成功创建新用户后，/etc/passwd 和/etc/shadow 均会产生一条新的记录。

43．下列（　　）命令详细显示操作系统的每一个进程。

A．ps　　B．ps –f　　C．ps –ef　　D．ps -aux

【参考答案】CD

【解析】ps 命令用于进程监控。

a：显示现行终端机下的所有进程，包括其他用户的进程；

u：显示进程拥有者、状态、资源占用等的详细信息（注意有“-”和无“-”的区别）；

x：显示没有控制终端的进程。通常与 a 这个参数一起使用，可列出较完整信息；

-e：显示所有进程；

-f：完整输出显示进程之间的父子关系。

因此 ps -ef 和 ps aux 都可以详细显示操作系统的每一个进程。

44．能同时执行多个程序的 OS 是（　　）。

A．多道批处理　　B．单道批处理　　C．分时系统　　D．实时系统

【参考答案】ACD

【解析】多道批处理系统是指用户提交的作业在外存后备队列中等待，由作业调度程序按照一定的调度算法从后备队列中选择若干个作业调入内存，共享 CPU 和系统资源（可同时处理多个作业）；实时系统与分时系统都可以同时运行多个任务或应用程序，实时系统是保证在一定时间限制内完成特定功能的操作系统，分时系统是指在多任务环境下，操作系统根据一定的调度算法，将 CPU 时间片分配给多个用户，以便它们能够轮流使用计算机系统。

45．进程的状态有（　　）。

A．运行态　　B．就绪态　　C．等待态　　D．自由态

【参考答案】ABC

【解析】进程的状态有运行态、就绪态、阻塞态（等待态）。

46．下列使用了通配符的字符串能匹配“reportfiles”字符串的是（　　）。

A．report?files　B．?eportfiles　C．*reportfiles　D．report*files

【参考答案】BCD

【解析】通配符*：匹配任意多个字符（包括 0 个字符）；

通配符?：匹配任意一个字符。因此，选项 A 中？代表任意一个字符，与“reportfiles”不匹配；选项 B 中？可以代表字符 r，这样就与“reportfiles”匹配；选项 C 中*可以代表 0 个字符，这样就与“reportfiles”匹配；选项 D 中*可以代表 0 个字符，这样就与“reportfiles”匹配。

47．在/etc/passwd 文件中保存的其他特殊账户，缺省情况下包括（　　）。

A．syslog　B．ftp　C．mail　D．lp

【参考答案】BCD

【解析】在/etc/passwd 文件中保存的其他特殊账户，缺省情况下包括 ftp、mail、lp。

48．执行（　　）命令可以使用户退出系统返回到 login 状态。

A．kill -9 0　B．kill -kill 0　C．kill -9 1　D．kill -9 -1

【参考答案】AB

【解析】执行 kill -9 0 或 kill -kill 0 命令可以使用户退出系统返回到 login 状态。

49．Linux 操作系统的三个主要部分包括（　　）。

A．内核　B．命令解释　C．文件结构　D．系统配置

【参考答案】ABC

【解析】内核：内核是系统的心脏，是运行程序和管理像磁盘和打印机等硬件设备的核心程序。

命令解释层：是系统的用户界面，提供了用户与内核进行交互操作的一种接口。

文件结构：是文件存放在磁盘等存储设备上的组织方法，文件结构的相互关联性使共享数据变得容易。

50．某生产系统应用服务器于当日 23:22 分无法远程连接，初步排查发现可以 ping 通主机，当日值班的运维工程师于 23:26 分进入机房，发现硬件告警灯在闪烁，运维工程师连接显示器和键盘鼠标后想查看系统错误信息和硬件侦测信息进一步定位故障原因。请问，这位运维工程师可以在以下能找到上述两方面的信息的日志为（　　）。

A．/var/log/messages　B．/var/log/secure

C．/var/log/wtmp　D．/var/log/dmesg

【参考答案】AD

【解析】/var/log/messages 记录系统启动后的信息和错误日志；/var/log/dmesg 记录开机相关的日志；/var/log/secure 记录安全相关的信息；/var/log/wtmp 记录每个用户的登录次数和持续时间等信息。

51．下列对于 Linux 中的 TCP Wrapper 的描述正确的有（　　）。

A．TCP Wrapper 是系统自带的一套保护各种服务的安全机制

B．TCP Wrapper 必须与 ipchains 配合使用

C．TCP Wrapper 对于用户来说是透明的

D．TCP Wrapper 能够为大多数服务提供安全，但是 rlogin 例外

【参考答案】AC

【解析】TCP Wrapper 是系统自带的一套保护各种服务的安全机制，类似于 iptables，对用户来说是透明的，能为大多数服务提供安全，包括 rlogin；ipchains 可用来作为封包过滤与防火墙功能之用，在 Linux 内核 2.4 系列中被 iptables 取代，与 TCP Wrapper 无直接关系。

52．vi 编辑器的工作模式有（　　）。

A．终端模式　　B．命令模式　　C．编辑模式　　D．末行模式

【参考答案】BCD

【解析】vi 编辑器的工作模式有命令模式、编辑模式、末行模式。

53．文件的存储结构不必连续存放的有（　　）。

A．链接结构　　B．索引结构　　C．顺序结构　　D．记录式结构

【参考答案】AB

【解析】文件的物理结构分为顺序结构，链接结构和索引结构三种。顺序结构指一个文件的信息存放在若干连续的物理块中链接结构，因此必须连续存放：链接结构用非连续的物理块来存放逻辑文件信息，物理块之间通过指针进行链接，不必连续存放；索引结构：将逻辑文件划分成与物理块大小相等的若干个逻辑块，并存放在不同的物理块中，每个文件建立一张记录逻辑块号与物理块号对应关系的索引表，不必连续存放。

54．下列（　　）命令可以安全地关掉运行的操作系统。

A．init 0　　B．init 1

C．shutdown -h now　　D．直接关掉电源

【参考答案】AC

【解析】init 0 和 shutdown -h now 为关机命令，init1 为单用户模式，直接关闭电源容易损坏设备。

55．关于进程调度命令，正确的是（　　）。

A．当日 23:00 执行 clear 命令，使用 at 命令：at 23:00 today clear

B．每年 1 月 1 日 06:00 执行 date 命令，使用 at 命令：at 6am Jan 1 date

C．每日 23:00 执行 date 命令，crontab 文件中应为：0 23 * * * date

D．每小时执行一次 clear 命令，crontab 文件中应为：0 */1 * * * clear

【参考答案】ACD

【解析】at 命令可以在特定时间自动完成设定的任务，只能执行一次，因此选项 B 每年一次无法实现。crontab 命令用于设置周期性被执行的指令，每一行都代表一项任务，每行的每个字段代表一项设置，它的格式共分为六个字段。第一到五个字段分别代表分钟、小时、日期、月份、星期几，第六个字段为执行的命令。

56．暂停某用户账号可以使用的方法有（　　）。

A．把/etc/passwd 文件中该用户信息字段前加“!!”

B．usermod -L [用户名]

C．将/etc/passwd 该用户信息 shell 字段改成/sbin/nologin

D．usermod－U [用户名]

【参考答案】BC

【解析】将/etc/passwd 该用户信息 shell 字段改成/sbin/nologin 可以禁止用户登录，usermod-L

命令可以锁定用户；usermod -U 用于解锁被锁定的用户。

57．fdisk 命令中，下列描述错误的是（　　）。

A．n 用于新增分区　　B．d 用于删除分区

C．w 用于退出但不保存分区　　D．q 用于保存并退出分区

【参考答案】CD

【解析】fdisk 命令用于磁盘分区。n 用于新增分区；d 用于删除分区，w 用于保存并退出，q 用于直接退出，不保存。

58．运行一个脚本，用户不需要（　　）的权限。

A．write　　B．read　　C．execute　　D．control

【参考答案】AD

【解析】运行脚本需要读权限（read）和执行权限（execute）。

59．为了实现 Linux 系统和 Windows 系统的资源共享，可使用（　　）工具或服务。

A．nfs　　B．wine　　C．samba　　D．lread

【参考答案】AC

【解析】nfs 可实现在计算机系统之间共享文件和目录的协议；samba 能够在任何支持 SMB 协议的主机之间共享文件，可以实现 Linux 主机和 Windows 主机互访资源；Wine 是一个允许在 Linux、macOS、BSD 等操作系统上运行 Windows 程序的兼容层。

60．正则表达式^a 匹配以下（　　）选项。

A．aa　　B．ab　　C．ac　　D．ca

【参考答案】ABC

【解析】正则表达式：匹配文件中符合条件的字符串。

^代表行首，因此题目所示^a 表示以 a 作为行首，因此 aa，ab，ac 都可以匹配。

61．以下（　　）是 Linux 系统的文件类型。

A．文本文件　　B．目录文件　　C．批处理文件　　D．设备文件

【参考答案】ABD

【解析】Linux 系统的文件类型有：普通文件（包括文本文件）、目录文件、链接文件、设备文件和管道文件。

62．在 Linux 操作系统中，新建用户组的方法有（　　）。

A．groupadd　　B．useradd

C．在/etc/group 手动添加　　D．在/etc/passwd 手动添加

【参考答案】AC

【解析】在 Linux 操作系统中，新建用户组的方法有 groupadd 命令添加或者在/etc/group 文件中手动添加。

三、判断题

1．/etc/services 文件定义了网络服务的端口。

【参考答案】对

【解析】/etc/services 用于处理网络服务，其中定义了网络服务的端口。

2．对于日志文件，我们可以设置 a 隐藏属性，使其只可以增加但是不能修改旧有的日志记录，设置的方法为：chattr +A filename。

【参考答案】错

【解析】a 属性使文件只能追加内容，而不能删除或修改内容，也不能删除、重命名、硬链接、修改权限，但可以软链接；使目录只能增加子文件或子目录，而不能删除子文件或子目录，但限制只针对该目录下的第一级；相应的命令是 chattr +a filename。

3．grep 命令可以一次显示一页内容。

【参考答案】错

【解析】grep 命令在文件中查找指定模式的字符串。

4．进程由进程控制块、数据集以及对该数据集进行操作的程序组成。

【参考答案】对

【解析】进程由进程控制块、数据集以及对该数据集进行操作的程序组成。

5．Linux 系统里允许存在多个 UID=0 的用户，且权限均为 root。

【参考答案】对

【解析】Linux 系统里允许存在多个 UID=0 的用户，且权限均为 root。

6．当使用 mount 进行设备或者文件系统挂载的时候，需要用到的设备名称位于/etc 目录。

【参考答案】错

【解析】当使用 mount 进行设备或者文件系统挂载的时候，需要用到的设备名称位于/dev 目录。

7．Linux 系统中 wc -l 命令可用于统计文件内容的行数。

【参考答案】对

【解析】wc 命令用于统计文件中的行数、字数和字节数。

-l：统计行数；

-w：统计字数；

-c：统计字节数。

8．Linux 系统中 touch -a 命令用于修改文件的访问时间。

【参考答案】对

【解析】touch 命令用于创建文件或者修改文件或者目录的时间属性，touch -a 修改文件读取时间（访问时间）。

9．使用 du 命令查看当前目录下还有多大空间。

【参考答案】错

【解析】du 命令用于查看目录或文件所占用磁盘空间的大小。

10．某文件的权限为：drw-r--r--，该文件为一个目录。

【参考答案】对

【解析】d 代表目录；-代表文件；l 代表链接；b 代表设备文件中可供存储的接口设备；c 代表设备文件中的串行端口设备，如鼠标键盘。

11．/var/adm/btmp 这个文件包含成功用户登录记录。

【参考答案】错

【解析】/var/adm/btmp 用于记录每次失败登录的信息。

12．字符设备文件类型的标志是 p。

【参考答案】错

【解析】d 代表目录；-代表文件；l 代表链接；b 代表设备文件中可供存储的接口设备；c 代表设备文件中的串行端口设备，如鼠标键盘。

13．某文件的权限为：-rws--x--x，则该文件有 SUID 权限。

【参考答案】对

【解析】suid 程序运行时的权限从执行者变更成程序所有者的权限，使用命令 chmod u+s filename，添加 suid 权限。题目所示文件所有者权限为 rws，则说明该文件有 suid 权限。

14．当增加逻辑卷（LV）的容量时，其上对应的文件系统的容量也会增加。

【参考答案】错

【解析】增加逻辑卷（LV）的容量时，其上对应的文件系统的容量不会增加，需要进行手动扩容。

15．通常情况下，一个进程相对于另一个进程的速度是可以预测的。

【参考答案】错

【解析】一般情况下，一个进程相对于另一个进程的速度是不可预测的，也就是说，进程之间是异步运行的。

16．Linux 操作系统中查看文件列表命令是 more。

【参考答案】错

【解析】ls 命令用于查看文件列表，more 命令用于查看文本内容。

17．一个卷组 VG 中可包含多个物理卷 PV。

【参考答案】对

【解析】一个卷组 VG 中可包含多个物理卷 PV。

18．在 Linux 防火墙套件中，Netfilter 工作在内核内部，而 Iptables 则是让用户定义规则集的表结构。

【参考答案】对

【解析】在 Linux 防火墙套件中，Netfilter 工作在内核内部，而 Iptables 则是让用户定义规则集的表结构。

19．在 Linux 系统中，“pwd”命令用于显示当前目录路径名。

【参考答案】对

【解析】pwd 命令用于显示当前工作目录。

20．使用 passwd -d username 可让设备用户密码为空。

【参考答案】对

【解析】passwd 是用于更改用户密码的命令。-d 参数用于删除密码，-l 参数用于锁定用户，-u 参数用于解锁被锁定的用户。

21．在 Linux 系统中，root 用户的权限非常大，可以查看任何用户的文件，也可以知道任何用户的密码。

【参考答案】错

【解析】用户的密码信息存放于/etc/shadow 目录，里面存放的密码信息是经过加密算法生成的，root 账户也不能直接查看其他用户的密码。

22．在 Linux 系统中，查看 VG 信息使用 lvdisplay 命令。

【参考答案】错

【解析】在 Linux 系统中，查看 VG 信息使用 vgdisplay 命令。

23．在 Linux 环境下，能实现域名解析功能软件模块是 named。

【参考答案】错

【解析】在 Linux 环境下，能实现域名解析功能软件模块是 bind。

24．root 用户通过 su 命令切换到别的用户不需要密码，而别的用户之间需要输入密码。

【参考答案】对

【解析】root 用户是超级用户，通过 su 命令切换到别的用户不需要密码，而别的用户之间需要输入密码。

25．使用 uname -a 可显示内核的版本号。

【参考答案】对

【解析】uname 命令用于打印当前系统相关信息（包括系统内核版本号、硬件架构、主机名称和操作系统类型等）。

26．shell 中可使用 alias 命令定义别名。

【参考答案】对

【解析】shell 中可使用 alias 命令定义别名。

27．Iptables 不能阻止 ICMP 包。

【参考答案】错

【解析】iptables 可以阻止 ICMP 包。

28．一旦出现死锁，所有进程都不能运行。

【参考答案】错

【解析】死锁是指两个或两个以上的进程在执行过程中，由于竞争资源或者由于彼此通信而造成的一种阻塞的现象，若无外力作用，它们都将无法推进下去，但其他进程并不影响。

29．在 Linux 系统中，chmod 可以改变文件所有者。

【参考答案】错

【解析】chmod 用于修改文件权限，chown 用于修改文件所有者。

30．配置高速缓冲存储器（Cache）是为了解决 CPU 与内存储器之间速度不匹配问题。

【参考答案】对

【解析】配置高速缓冲存储器（Cache）是为了解决 CPU 与内存储器之间速度不匹配问题。

31．chown oracle:oinstall /u01 会对/u01 整个文件夹中所有的文件进行用户变更。

【参考答案】错

【解析】chown 命令用于修改文件或目录权限，如需递归修改目录下的文件和子目录的所有者，需要加上参数-R。

32．一个物理卷可以属于几个卷组。

【参考答案】错

【解析】一个物理卷只能属于一个卷组，一个卷组可以包含多个物理卷。

33．在 Linux 系统中，输入“ln -s link1 file1”命令可以创建一个符号链接 link1 指向 file1。

【参考答案】错

【解析】ln -s 命令用于创建符号链接。

语法格式：ln -s 原文件 链接文件。

因此 ln -s link1 file1 表示创建一个符号链接文件 file1 指向原文件 link1。

34．cp 命令默认的目录是 home 目录。

【参考答案】错

【解析】cp 命令默认的目录是当前目录。

35．执行系统调用时可以被中断。

【参考答案】对

【解析】中断的优先级高于系统调用，因此执行系统调用时可以被中断。

36．在 grep 命令中，有*这个通配符。

【参考答案】对

【解析】*是 grep 命令的通配符。

37．vi 编辑器中按 ESC 键可以由编辑模式切换到命令模式。

【参考答案】对

【解析】vi 编辑器中按 ESC 键可以由编辑模式切换到命令模式。

38．在 vi 编辑器里，命令“dd”用来删除当前行。

【参考答案】对

【解析】vi 编辑器常用命令:

（1）文本修改:

i: 在当前光标位置前插入数据;

a: 在当前光标位置后插入数据;

I: 在当前行开头处插入数据;

A: 在当前行末尾处插入数据;

o: 在当前行下面插入一行;

O: 在当前行上面插入一行。

（2）文本删除:

x: 删除光标处的字符;

X: 删除光标前面的字符;

dd: 删除光标所在的整行;

D 或 d$: 删除从光标所在处开始到行尾的内容。

（3）文本复制:

yy: 复制光标所在的整行;

Y 或 y$: 复制从光标所在处开始到行尾的内容。

39．atq 命令可以列出定义在以后特定时间运行一次的所有任务。

【参考答案】对

【解析】atq 命令显示系统中待执行的任务列表，也就是列出当前用户的 at 任务列表。

40．只有 root 能设置文件的 a，i 等隐藏属性。

【参考答案】对

【解析】a 属性使文件只能追加内容，而不能删除或修改内容，也不能删除、重命名、硬链接、修改权限，但可以软链接；使目录只能增加子文件或子目录，而不能删除子文件或子目录，但限制只针对该目录下的第一级；i 属性无法追加内容，其余与 a 属性相同，修改属性操作只有root账户能设置。

41．rm命令删除文件或目录需要使用-r参数。

【参考答案】错

【解析】rm命令用于删除一个目录中的一个或多个文件或目录。

语法格式：rm [参数][文件/目录];

-f：忽略不存在的文件，不提示；

-i：交互式删除；

-r：列出的全部目录和子目录均递归地删除（用于目录）；

-v：显示详细步骤。

42．LV由多个LP组成，一个PV由多个PP组成。

【参考答案】对

【解析】PP：物理分区，LP：逻辑分区，LV：逻辑卷。一个逻辑卷LV由多个逻辑分区LP组成，一个逻辑分区LP默认对应一个物理分区PP(有镜像情况下，则对应多个物理分区)。

43．tar可用于备份Linux系统。

【参考答案】对

【解析】tar命令是Linux中常用的备份工具之一，可以将指定目录下的文件和目录打包成一个文件。

44．如果要修改启动级别，需要在/etc/inittab中修改。

【参考答案】对

【解析】通过修改/etc/inittab来修改启动级别。

45．进程处于僵尸状态时，在当前进程表中仍然有记录。

【参考答案】对

【解析】即使是僵尸状态的进程，在进程表中仍然有记录，但不可管控。

四、实践操作题

1．账户管理：新增名为WebUser的用户，要求用户ID值为2000，附属组为WebGroup。

【重点速记】

（1）新增账户命令useradd，-u参数指定ID值，-G可以指定附属组。

（2）所指定的组需要先存在。

2．账户安全配置：设置系统账户默认配置，要求设置账户密码最大使用期限90天，最小使用期限10天，密码最小长度8位，密码到期前5天告警。

【重点速记】

（1）账户默认的密码安全配置文件为/etc/login.defs。

（2）修改默认安全配置后只影响新增账户，对已有账户无影响。

3．网络配置：查看当前系统活动网络接口，重新配置网络接口IP地址为192.168.200.110，掩码255.255.255.0，网关192.168.200.1，并生效接口配置，使用ifconfig <接口名> 命令查看接口状态。

【重点速记】

（1）ifconfig或ip add 可以查看当前活动网络接口及地址。

（2）/etc/sysconfig/network-scripts/目录是redhat系列Linux的网络接口配置文件所在目录。

4．磁盘存储管理：查找服务器上未使用磁盘，对未使用磁盘使用fdisk命令进行分区，共划分5个可用分区，每个分区500M。对分区进行PV创建，并创建VG，名字datavg，设置pe大小32M，加入三个新创建的PV。创建LV，名称datalv，大小700M，所在vg为datavg；以ext4文件格式格式化datalv逻辑卷，并挂载在/APP目录下。配置/APP挂载点在系统重启后自动挂载。

【重点速记】

（1）使用lsblk可以查看当前系统块设备列表。

（2）使用fdisk命令可以对未使用块设备进行分区。

（3）pvcreate用于创建物理卷。

（4）vgcreate用于创建卷组，-s参数可以指定pe大小。

（5）lvcreate用于创建逻辑卷。

（6）mkfs可以格式化文件系统。

（7）/etc/fstab用于配置系统重启后自动挂载的文件系统。

5．配置NFS服务器：准备两台服务器，一台作NFS服务器，一台作NFS客户端。要求在NFS服务器上配置/public目录可通过NFS读写共享，/prive目录可通过NFS只读共享。在NFS客户端新建目录/media/pub，/media/priv，要求NFS服务端共享目录/public挂载到客户端的media/pub目录上，共享目录/prive挂载到客户端的/media/prive目录上，并分别在两个挂载目录下创建test文件，检查/media/pub/是否可写，/media/prive不能写入。

【重点速记】

（1）nfs共享配置文件为/etc/exports。

（2）对于可写权限的共享目录，需注意对应共享目录需在操作系统层面有其他人的写权限。

（3）配置完nfs共享设置后，需要重启nfs-server服务以生效配置。

（4）注意nfs服务需要开通nfs、rpc-bind、mountd三个服务端口。

（5）在客户端使用showmount -e <nfs服务IP地址>可以查看NFS服务端共享目录信息。

6．配置文件目录ACL权限：新建/home/admins目录，要求superuser具有读写和执行权限，normaluser只有读和执行的权限。检查/home/admins的ACL权限。

【重点速记】

（1）getfacl用户查看文件目录的acl配置信息。

（2）setfacl用户配置文件目录acl信息，-m参数用于新增配置，-x参数用于删除配置。

7．文件目录权限管理：创建共享目录/home/share；所属组为sharegroup。sharegroup组成员对目录有读写和执行的权限，其他用户只有读和执行权限；要求在/home/share目录中创建的文件，会自动继承/home/share目录的所属组。

【重点速记】

（1）chgrp用于修改文件目录所属组。

（2）chmod用于修改文件目录的读写执行权限。

（3）chmod g+s 用于对文件目录设置组的特殊权限位（SetGID），实现目录下新增文件的所属组自动继承所在目录的组。

8．文件查找：查找/etc 目录下所有文件大于 10k，小于 80k 的文件，并且显示文件的属性。

【重点速记】

find 命令参数-size [+-]文件大小，可以查找指定大小的文件，+表示大于指定大小，-表示小于指定大小-and 可以连接多个条件；-exec command {} \；后面为对查找结果要执行的命令，{}\；为固定标记格式，表示每一个查找的结果。

9．文件查找及归档：查询/etc 目录下最近 3 天修改的文件，对查找到的所有文件归档为 newmodify.tar.gz。

【重点速记】

find 命令参数-mtime [+-]天数，可以查找指定时间修改过的文件，+表示大于指定时间，-表示小于指定时间；xargs 可以接受通过管道传递的信息作为后面命令的参数

10．管道及多命令组合用法：对 df 命令结果，取出分区利用率的最大值，并只保留数字结果。

【重点速记】

（1）|是管道符。

（2）tr 命令可以一行文本中的字符进行替换。

（3）cut 命令可以按分隔符对一行文件进行分隔，并可返回指定列数据。

（4）sort 命令可以对多行数据进行正反排序。

11．定时任务配置：创建计划任务，要求用户 natasha 每月 1、3、5 日 14:30 执行/bin/echo hello。

【重点速记】

（1）/etc/crontab 文件有定时任务格式示例。

（2）crontab 用于配置定时任务，-u 指定计划任务的用户，-e 表示编辑计划任务，-l 用于查看计划任务。

（3）计算任务中的命令应使用绝对路径指定，避免因环境变量问题导致找不对对应的命令。

12．服务配置修改及系统服务管理：设置 sshd 服务端口为 10022，并禁止 root 远程登录，重启 sshd 服务。

【重点速记】

（1）sshd 的配置文件为/etc/ssh/sshd_config，端口参数为 Port，禁止 root 远程登录参数为 PermitRootLogin。

（2）配置文件修改后需重启 sshd 服务生，systemctl restart sshd。

13．定时数据备份：实现每小时对/var/log 目录归档，并以 gzip 格式压缩归档文件，归档文件名格式为“年-月-日-时-分-秒.bak.gz”，归档备份文件保存在/logbak 目录。

【重点速记】

（1）date 可以显示当前系统时间，使用+%F 可以年-月-日的方式显示日期，其他不同参

数可显示不同的日期或时间格式。

（2）tar 命令使用-z 参数实现 gzip 压缩。

14．awk 命令使用：统计/etc 目录下所有文件所占的字节数，以 K 为统计单位显示。

【重点速记】

（1）awk 命令的使用 BEGIN 指定可初始化变量。

（2）ls -l 命令的第 5 列为文件大小。

（3）按 K 为单位显示需要除以 1024。

（4）ls -l /etc | awk 'BEGIN {size=0} {size=size+$5} END {print size/1024}'。

15．sed 命令使用：使用 sed 命令只显示/etc/passwd 偶数行。

【重点速记】

sed 命令中-n 参数指定只输出设置条件的结果，“～”表示跳过的行数，因此“2～2p”就表示从第二行开始打印，然后每次打印一行后跳过 2 行继续打印。

16．系统日志巡检：查看最新产生的 25 条系统日志。

【重点速记】

（1）Linux 系统日志文件为/var/log/messages。

（2）tail 命令默认显示文件的最后 10 行，-n 参数可以指定显示行数。

17．系统进程管理：查看 TCP 端口号为 25 的进程 ID，并找出对应进程 ID 详细的进程启动信息。

【重点速记】

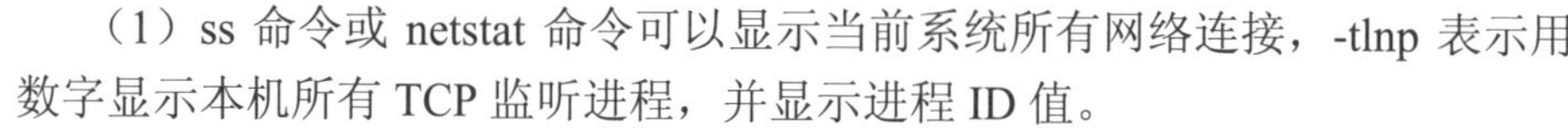

（1）ss 命令或 netstat 命令可以显示当前系统所有网络连接，-tlnp 表示用数字显示本机所有 TCP 监听进程，并显示进程 ID 值。

（2）ps 命令用于显示进程信息，-ef 参数可显示进程详细信息。

18．软件 yum 本地源配置：新建 yum 源配置文件 test.repo，设置 yum 源名称 cdrom，配置 yum 源路径为 file:///mnt，启用此 yum 源，配置为不需要使用 gpgcheck。

【重点速记】

（1）yum 源配置文件在/etc/yum.repos.d/目录下。

（2）每个 yum 源配置文件可以配置多个 yum 源，以[yum 源名]为开始表示一个单独的 yum 配置。

（3）baseurl 参数指定 yum 源软件仓库地址，http//、ftp//、file//等表示访问软件仓库使用的协议。

19．使用 yum 安装软件：使用 yum 安装 httpd 服务，启动服务，并查看服务运行状态，打开 httpd 服务默认网站首页。

【重点速记】

（1）需要确保 yum 软件源配置正确，通过 yum repolist 命令查看当前可用软件源。

（2）安装软件使用 yum install <软件名称>进行安装。

（3）httpd 服务默认端口为 80。

20．shell 脚本编写：编写一个文件信息显示脚本，要求脚本文件命名为 showfile.sh，功能需求为显示参数指定的目录下第一个文件与目录的名称以及对应的八进制数字表示的权限值，不需要递归显示子目录内的文件。当检测为文件时，显示格式为“<文件名> is file! access mode is：<权限八进制数字>”，当检测为目录时，显示格式为“<目录名> is dir! access mode is：<权限八进制数字>”。

【重点速记】

（1）shell 脚本需以#!/bin/bash 指明使用的 shell。

（2）stat 命令用于显示文件或目录的状态信息，包括权限信息，-c 参数可指定显示格式，%a 表示用八进制数字格式显示文件权限。

（3）在 shell 脚本中*表示读取当前目录下所有文件。

第二节 桌 面 运 维

章节摘要：本章节涵盖 Windows 和 Linux 等操作系统、办公软件应用、网络基础、硬件维护、桌面终端管理系统、各类终端软硬件构造和工作原理等方面内容，有助于桌面运维工作者扩宽工作思路、提高运维能力、检查系统以及软件、硬件和网络设备的运行状态；安装和更新桌面系统软件；管理桌面系统的安全策略；定期备份桌面数据；管理硬件资源；高效提供技术支持。

一、单项选择题

1．通过（　　）命令方式查看网卡状态（连接、MAC 地址等）。

A．ipconfig /release　　B．ipconfig /renew

C．ipconfig /all　　D．ipconfig /registerdns

【参考答案】C

【解析】释放 IP 地址：ipconfig /release；重新获取 IP 地址：ipconfig /renew；查看网卡连接状态：ipconfig /all；注册 DNS 服务器：ipconfig /registerdns。

2．断电会使已存信息丢失的存储器是（　　）。

A．半导体 RAM　　B．硬盘　　C．ROM　　D．可读写光盘

【参考答案】A

【解析】硬盘存储器、软盘存储器和 ROM 存储器都是非易失性存储器，其中所存信息不会因断电而丢失；只有半导体 RAM 存储器，断电后已存信息会丢失。

3．DNS 在终端设备上的主要作用是（　　）。

A．为客户机分配 IP 地址　　B．访问 HTTP 的应用程序

C．将域名解析为 IP 地址　　D．将 MAC 地址翻译为 IP 地址

【参考答案】C

【解析】DNS 的主要作用是将域名解析为 IP 地址、负责域名解析与转发、缓存 DNS 请求、防止网络攻击。

4．在下列给系统管理员账户设置的密码中，属于强口令的是（　　）。

A．gy-jg776　　B．3569@bn1　　C．Gwxt3380！　　D．gjkq0001

【参考答案】C

【解析】密码包含了大小写字母、数字和特殊字符、长度大于或等于 8 位符合强口令标准的仅有 C 选项。

5．某办公人员原来有台电脑网络办公使用正常，但更换新电脑后网络不通，使用的是原有 IP 地址，本地连接无异常，最有可能是（　　）。

A．新电脑的网卡故障，需要通知厂商上门维修

B．需要通知网管对 MAC 地址重新做绑定

C．检查网线是不是有故障，或接触不良

D．可以更换个 IP 地址试试

【参考答案】B

【解析】检查网线故障，排除接触不良。检查安全策略配置，可能由于接入网络设备端口与 PC 机 IP（MAC）未正确匹配时，无法正确检测到原 PC 机 MAC 地址造成。

6．必须通过低级格式化才能恢复的故障是（　　）。

A．重新安装操作系统　　B．硬盘出现物理坏道

C．硬盘出现逻辑坏道　　D．硬盘分区引导区物理损坏

【参考答案】C

【解析】重新安装操作系统仅需覆盖主分区（系统）内容，硬盘物理损坏无法通过低级格式化修复，故低级格式化仅能对硬盘出现逻辑坏道故障进行修复。

7．终端侧检查网络连通性的命令是（　　）。

A．ping　　B．ARP　　C．netstat –an　　D．DIR

【参考答案】A

【解析】ping 命令的工作原理是利用 ICMP 回声请求消息给目的地并报告是否收到所希望的 ICMP 回声应答，可用来检查网络的连通性；ARP 为地址解析协议；netstat -an 是（TC）命令检查接口；DIR 是查看目录文件命令。

8．在 Windows“开始”菜单下的“文档”菜单中存放的是（　　）。

A．最近建立的文档　　B．最近打开过的文件夹

C．最近打开过的文档　　D．最近运行过的程序

【参考答案】C

【解析】在 Windows“开始”菜单下的“文档”菜单中存放的是最近打开过的文档。

9．在 Windows 系统中打开注册表编辑器，在运行栏里边输入（　　）。

A．msconfig　　B．winipcfg　　C．regedit　　D．cmd

【参考答案】C

【解析】“regedit”为打开 Windows 系统的注册表编辑器命令。

10．下面关于计算机病毒说法不正确的选项是（　　）。

A．正版的软件不会受计算机病毒的攻击

B．一种防病毒软件也可能能检测出某种病毒，但却无法去除这种病毒

C．任何防病毒软件都不会查出和杀掉全部的病毒

D．杀完毒后，应及时给系统打上补丁

【参考答案】A

【解析】计算机病毒可以感染任何软件，包括正版软件，而并非仅仅是盗版软件。

11. 系统不能启动，电源指示灯不亮，听不到冷却风扇的转动声，故障设备可能是（ ）。

A. CPU　　B. 主板　　C. 电源　　D. 内存

【参考答案】C

【解析】所有现象中设备状态无工作运行行为首先考虑供电设备。

12. 安全移动存储介质按实际使用需求可以划分为（ ）。

A. 交换区和保密区　　B. 验证区和保密区

C. 交换区和数据区　　D. 数据区和验证区

【参考答案】A

【解析】安全移动存储介质按实际使用需求可以划分为保密区和交换区。

13. 终端计算机配置网络时，需要配置（ ）。

A. IP 地址/子网掩码/网关/DNS　　B. IP 地址/子网掩码/网关/WINS

C. IP 地址/网关/DNS　　D. IP 地址/子网掩码/网关

【参考答案】A

【解析】终端计算机配置网络时，需要配置 IP 地址、子网掩码、网关以及 DNS。

14. Windows 下使用（ ）组合键可以快速锁定计算机。

A. Ctrl + L　　B. Shift + L　　C. Win + L　　D. Alt + L

【参考答案】C

【解析】Win + L 为锁屏快捷键。

15. 台式机电源输出的供电电压是（ ）V。

A. 1.5、3.3、12　　B. 3.3、5、24

C. 3.3、5、12　　D. 3、5.5、12

【参考答案】C

【解析】台式机电源输出的供电电压通常是+12、+3.3、+5V。直流+3.3V（橙色）、+5V（红色）、–5V（白色）、+12V（黄色）、–12V（蓝色）、GND（黑色）。

16. 在 PC 终端标准主机单元中，可以正常运行的（ ）。

A. 电源、主板（集成显卡）、CPU、内存

B. 电源、主板（无视频出接口）、CPU（集成显卡）、显示器、内存

C. 电源、主板、CPU、显示器、显卡

D. 电源、主板（集成显卡）、内存、声卡

【参考答案】A

【解析】在 PC 终端标准主机单元中，可以正常运行的硬件至少包括电源、主板（集成显卡）、CPU、内存。

17. 负责计算机内部之间的各种算术运算和逻辑运算的功能，主要由（ ）来实现。

A. CPU　　B. 主板　　C. 内存　　D. 显卡

【参考答案】A

【解析】计算机运算器是计算机中执行各种算术和逻辑运算操作的部件，运算器是 CPU 的核心部分，负责执行大部分的算术和逻辑运算。

18. 台式机 DDR4 内存工作频率是（ ）。

A．133～400MHz　　B．533～800MHz
C．1066～1600MHz　　D．2133～3200MHz
【参考答案】D
【解析】台式机 DDR4 内存的工作频率主要在 2133～4000MHz 的范围内。
19．存储容量中的 1T 是指（　　）。
A．1024GBytes　　B．1000GBytes　　C．1024Gbits　　D．1000Gbits
【参考答案】A
【解析】存储容量中的 1T 指的是 1024GBytes。
20．桌面系统级联状态下，上级服务器制定的强制策略，下级管理员（　　）。
A．无权修改，不可删除　　B．无权修改，可以删除
C．可以修改，可以删除　　D．可以修改，不可删除
【参考答案】A
【解析】在桌面系统级联状态下，上级服务器制定的强制策略，下级管理员无权修改和删除。
21．下面对桌面系统软件分发描述不正确的是（　　）。
A．可进行 EXE、TXT 类型的软件分发功能
B．可以对软件分发是否成功进行查询
C．管理员不可以对文件分发到桌面终端后的路径进行设置
D．软件分发策略的制定，对不同的桌面终端提供不同的软件分发功能
【参考答案】C
【解析】在桌面系统软件分发中，管理员可以对文件分发到桌面终端后的路径进行设置。
22．以下协议不是桌面终端管理系统为了发现客户端而需要的是（　　）。
A．ICMP 协议　　B．NETBIOS 协议　　C．SNMP 协议　　D．ARP 协议
【参考答案】D
【解析】ARP 协议工作在 OSI 模型的第二层，即数据链路层，主要功能是解析 IP 地址对应的 MAC 地址。
23．ping 使用以下（　　）协议通信。
A．icmp　　B．UDP　　C．TCP/IP　　D．ARP
【参考答案】A
【解析】ping 用的 icmp 独立的协议。
24．在 WPS 表格中，以下（　　）快捷键用于插入行。
A．Ctrl + I　　B．Ctrl + R　　C．Ctrl + Shift + =　　D．Ctrl + D
【参考答案】C
【解析】Ctrl + I 选中单元格字体调整为斜体；Ctrl + R 快速填充向右填充公式；Ctrl + Shift + =快速插入行或列；Ctrl + D 删除当前选中单元格内容。
25．在 WPS 文字中，以下菜单包含“插入图片”的选项是（　　）。
A．文件菜单　　B．插入菜单　　C．格式菜单　　D．工具菜单
【参考答案】B
【解析】在 WPS 文字中，插入图片的菜单选项是在插入菜单下。
26．在 WPS 表格中，可以使用（　　）功能来匹配比对两表中的相同字段。

A．VLOOKUP 函数　　B．AVERAGE 函数
C．SUM 函数　　D．MAX 函数

【参考答案】A

【解析】VLOOKUP 函数：匹配比对两表中的相同字段；AVERAGE 函数：计算平均值函数；SUM 函数：是返回某一单元格区域中数字、逻辑值及数字的文本表达式之和；MAX 函数：求向量或者矩阵的最大元素，或几个指定值中的最大值。

27．在 WPS 演示中，以下（　　）视图模式可以查看幻灯片的缩略图。

A．普通视图　　B．幻灯片浏览视图
C．备注页视图　　D．大纲视图

【参考答案】B

【解析】无

28．在 WPS 演示中，以下（　　）快捷键可以开始放映幻灯片。

A．F1　　B．F7　　C．F5　　D．F12

【参考答案】C

【解析】F1：打开 WPS 在线帮助网页；F7：打开“检查拼写”对话框；F5：开始放映幻灯片；F12：打开“另存为”对话框。

29．在 WPS 文字中，以下（　　）快捷键可以重复上一次的操作。

A．Ctrl + A　　B．Ctrl + Y　　C．Ctrl + V　　D．Ctrl + X

【参考答案】B

【解析】在 WPS 文字中，Ctrl + A：全选；“Ctrl+Y”：重复上一次操作；Ctrl + V：粘贴；Ctrl + X：剪切。

30．某小型激光打印机，说明书使用注意事项提示“此打印机连续打印张数为 100 张”，在实际打印中连续打印了 200 张，这时最有可能出现以下（　　）的结果。

A．打印机加热组件可能因长时间高温工作而损坏

B．打印机在打印超过 100 张时不能继续打印，需要重新开机才能继续

C．打印机散热系统开始工作

D. 100 张这个数字只代表此打印机平均每天打印 100 张可以连续使用一个月，所以只会导致耗材消耗过快而已

【参考答案】A

【解析】连续打印过程中，加热组件不能及时散热，就会因为长时间高温工作而导致故障。

31．添加一台打印机实际上是添加该打印机的（　　）。

A．硬件装置　　B．图标　　C．驱动程序　　D．应用程序

【参考答案】C

【解析】电脑上添加一台新的打印机时，系统通常会自动检测并安装适当的驱动程序。

32．喷墨打印机打印表格时，竖向的线条不直，像阶梯状断开，需要（　　）处理。

A．在打印工具里面校准打印头　　B．更换墨盒或喷头
C．重装打印机驱动　　D．打印机电路板故障需要送修

【参考答案】A

【解析】喷墨打印机的打印质量受到打印头的影响，如果打印头出现问题，就会导致打印出来的文档出现线条不直、阶梯状断开等问题。

33．需要打印税票等三联内容，只能选购（　　）。

A．喷墨打印机　　B．油印机　　C．针式打印机　　D．激光打印机

【参考答案】C

【解析】针式打印机属于“击打式打印机”，可以满足三联或六联的打印需求。相比之下，油印机、激光打印机/喷墨打印机都属于“非击打式打印机”。

34．就一般情况而言，打印速度最快的打印机是（　　）。

A．针式打印机　　B．喷墨打印机　　C．激光打印机　　D．击打式打印机

【参考答案】C

【解析】在一般情况下，激光打印机的打印速度是最快的。即使是入门级的激光打印机，其打印速度也能达到每分钟 20 张。相比之下，喷墨打印机的打印速度通常会慢一些。

35．Excel 新建一个工作簿，默认有（　　）个表。

A．1　　B．2　　C．3　　D．4

【参考答案】C

【解析】Excel 新建一个工作簿时，默认有 3 个表。这三个表分别是 Sheet1、Sheet2 和 Sheet3。这些表可以用于存储不同类型的数据或进行不同的计算任务。

36．WPS 表格编辑过程中撤销上一步操作的命令组合键是（　　）。

A．Ctrl+d　　B．Ctrl+z　　C．Shift+z　　D．Shift+d

【参考答案】B

【解析】Ctrl+d：快速复制相同内容到其他单元格中；Ctrl+z：撤销上一步；Shift+z 与 Shift+d：无快捷键功能。

37．WPS 表格中，若将“分号”间隔的数据分别存储在不同的单元格中，应使用（　　）功能。

A．分列　　B．筛选　　C．合并计算　　D．排序

【参考答案】A

【解析】WPS 表格中，同一列中有明显分隔特征或特定字符长度的数据，分成两栏，甚至多栏，使用“分列”功能实现。

38．从网页中复制内容到 WPS 文字中，仅保留内容，不复制任何格式，应执行如下（　　）操作。

A．“编辑”菜单中的“粘贴”

B．“编辑”菜单中“选择性粘贴”中的“无格式文本”

C．“编辑”菜单中“选择性粘贴”中的“带格式文本（HTML）”

D．“编辑”菜单中“选择性粘贴”中的“WPS 文字数据”

【参考答案】B

【解析】在 WPS 文字中，将文档中一部分内容复制到别处，首先要进行的操作是选定，然后“复制”，最后在目标位置进行“粘贴”，不需要粘贴格式时使用“选择性粘贴”中的“无格式文本”。

39．对于私自改动办公内网 IP 地址的行为，以下描述正确的是（　　）。

A．所在部门可取消其接入信息网络资格

B．信息化职能管理部门可取消其接入信息网络资格

C．在不影响他人使用的情况下，可以更改

D．以上选项都可以

【参考答案】B

【解析】私自改动办公内网 IP 地址的行为可能会导致整个局域网电脑 IP 地址的冲突，甚至造成整个局域网网络的瘫痪。因此，信息化职能管理部门应该采取一定的管理措施进行禁止。

40．磁盘存储器的数据存取速度与下列（　　）组性能参数有关。

A．硬盘储存容量，磁盘旋转速度，数据传输速率

B．平均寻道时间，平均等待时间，数据传输速率

C．数据传输速率，磁盘存储密度，平均等待时间

D．磁盘存储容量，数据传输速率，平均等待时间

【参考答案】B

【解析】磁盘存储器的数据存取速度与多个性能参数有关。这些参数包括平均等待时间，磁盘旋转速度，数据传输速率，平均寻道时间等。

41．计算机内部，一切信息的存取、处理和传送都是以（　　）进行的。

A．二进制　　B．ASCII 码　　C．十六进制　　D．EBCDIC 码

【参考答案】A

【解析】无

42．应用程序 PING 发出的是（　　）。

A．TCP 请求报文　　B．TCP 应答报文　　C．ICMP 请求报文　　D．应答报文

【参考答案】C

【解析】应用程序 PING 发出的是 ICMP 请求报文。

43．32 位操作系统中，寻址空间为（　　）。

A．1G　　B．4G　　C．2G　　D．8G

【参考答案】B

【解析】32 位系统有 4 个地址字（32 位、16 位、8 位和 0 位），而每个地址字对应一个内存块的地址空间，所以总的寻址空间就是 4 个内存块的地址空间之和。

44．IPv4 地址包含网络部分、主机部分、子网掩码等，与之相对应，IPv6 地址包含了（　　）。

A．网络部分、主机部分、网络长度　　B．前缀、接口标识符、前缀长度

C．前缀、接口标识符、网络长度　　D．网络部分、主机部分、前缀长度

【参考答案】B

【解析】IPv6 地址分为了三部分，分别为前缀、接口标识符、前缀长度。前缀：前缀的作用与 IPv4 地址中的网络部分类似，用于标识了这个地址属于哪个网络。接口标识符：与 IPv4 地址中的主机部分类似，用于标识了这个地址在网络中的具体位置。前缀长度：作用类似于 IPv4 地址中的子网掩码，用于确定地址中哪一部分是前缀，哪一部分是接口标识符。

45．IP 网中一般是通过（　　）获取域名所对应的 IP 地址。

A．WWW 服务器　　B．FTP 服务器　　C．DNS 服务器　　D．SMTP 服务器

【参考答案】C

【解析】计算机并不能直接处理域名，而是需要将域名解析为对应的 IP 地址才能进行网络访问。

46．当与某远程网络连接不上时，就需要跟踪路由查看，以便了解在网络的什么位置出现了问题，满足该目的的命令是（　　）。

A．ping　　B．ifconfig　　C．traceroute　　D．netstat

【参考答案】C

【解析】traceroute 命令用于追踪数据包在网络上传输时的全部路径，可以知道信息从你的计算机到互联网另一端的主机是走的什么路径 。

47．对于网络管理员判断是否为 DOS 攻击，以下说法正确的是（　　）。

A．导致目标系统无法处理正常用户的请求

B．不需要侵入受攻击的系统

C．以窃取目标系统上的机密信息为目的

D．如果目标系统没有漏洞，远程攻击就不可能成功

【参考答案】A

【解析】DOS（denial of service）攻击即拒绝服务攻击，其目的是让目标系统无法处理正常用户的请求，从而使其无法正常工作。其他选项描述的并不是 DOS 攻击的特点。

48．终端保留给自环测试的 IP 地址段是（　　）。

A．127.0.0.0　　B．200.0.0.0　　C．164.0.0.0　　D．130.0.0.0

【参考答案】A

【解析】127.0.0.0 地址段被称为“回送地址”，用于网络软件测试中，以便将数据包发送回本地主机进行测试和调试。

49．以下正确的叙述是（　　）。

A．十进制可用 10 个数码，分别是 10010

B．一般在数字后面加一大写字母 B 表示十进制数

C．十进制数只有两个数码：1 和 0

D．在计算机内部都是用二进制编码形式表示的

【参考答案】D

【解析】出自《计算机基础》。

50．TCP 三次握手协议的第一步是发送一个（　　）。

A．SYN 包　　B．SCK 包　　C．UDP 包　　D．NULL 包

【参考答案】A

【解析】三次握手是 TCP 协议用于建立可靠连接的过程，其步骤如下：第一次握手（SYN）；第二次握手（SYN+ACK）；第三次握手（ACK）。

51．钓鱼邮件是一种常见的网络攻击方式，若看到“莫名其妙”的邮件，应该（　　）。

A．将发件人、标题等信息报告给公司网络安全专业部门

B．点开邮件并打开里面的链接

C．点开邮件并下载里面的附件

D．查看邮件内容，不做其他操作

【参考答案】A

【解析】钓鱼邮件指利用特制的电邮，引导收件人连接到特制的网页，这些网页通常会伪装成真正的银行或理财网页，令登录者信以为真，输入信用卡或银行卡号码、账户名称及密码等以盗取银行存款，点开邮件打开链接、下载附件、查看邮件内容都存在风险。

52. 将十进制 50 转化为二进制数是（　　）。

A. 110110　　B. 101010　　C. 110001　　D. 110010

【参考答案】D

【解析】将十进制数 50 转化为二进制数，可以使用除 2 取余法。

53. 国产终端系统中使用 tar 命令进行解压的时候，（　　）后缀可以将压缩包解压到制定目录。

A. C　　B. t　　C. h　　D. f

【参考答案】A

【解析】在使用 tar 命令进行解压时，使用–C 加文件地址路径做后缀可以将压缩包解压到指定目录。

54. 国产终端系统中桌面操作系统进入单用户模式的方法（　　）。

A. init6　　B. Ctrl+Alt+T

C. grub 引导界面按 e　　D. F7

【参考答案】C

【解析】在国产终端系统中，两种方式进入单用户模式：①在开机启动时，可以在 GRUB 菜单界面按 E 进入编辑，然后在 kernel 那一行最后添加 single（或者 1）。另外，也可以在桌面环境下的终端输入 init 1 命令来直接进入单用户模式。②另一种方法是，在系统启动并看到内核启动顺序选择界面时，可以通过按键盘上的任意键让系统停留在内核选择阶段。然后，使用上下键来选择 Linux 内核启动项，接着按 Ctrl+X 就可以进入单用户模式。

55. 在 WPS 文字中，有关表格的说法下列错误的是（　　）。

A. 通过“插入”选项卡可插入表格　　B. 表格中的单元格可以合并及拆分

C. “水平居中”是常用的单元格对齐方式　　D. 表格中的数据能求和

【参考答案】D

【解析】WPS 文字中无法实现计算功能，计算功能需在 WPS 表格中进行。

56. 在 WPS 文字中，自动生成目录之前，应将文档中作为目录的文字的格式设置为（　　）。

A. 粗体　　B. 标题样式　　C. 斜体　　D. 正文样式

【参考答案】B

【解析】自动生成目录之前，一定要先设置标题样式。

57. 在 WPS 文档窗口中，要应用一个已有的样式，先选定要应用样式的内容，然后（　　）。

A. 单击“插入”选项卡中的“样式”按钮

B. 单击“开始”选项卡中的“格式化”按钮

C. 单击“文件”选项卡中的“模板”按钮

D. 单击“开始”选项卡中的“样式”功能扩展按钮或编辑界面右侧“样式”浮动功能按钮，选择要应用的样式

【参考答案】D

【解析】WPS 文档窗口中，“样式”功能扩展按钮在“开始”选项卡中。

58．WPS 表格中，下列函数是单条件计数函数的是（　　）。

A．COUNTIF　　B．COUNTIFS　　C．DATEDIF　　D．SUMIFS

【参考答案】A

【解析】单条件计数函数为 COUNTIF，增加后缀 S 为多条件；DATEDIF 函数是返回两个日期之间的间隔数；SUMIFS 函数是一个数学与三角函数，用于计算其满足多个条件的全部参数的总量。

59．WPS 电子表格，“高亮重复项”是在（　　）下。

A．“开始”选项卡　　B．“插入”选项卡

C．“审”选项卡　　D．“数据”选项卡

【参考答案】D

【解析】“高亮重复项”是在（数据）选项卡下。

60．下列关于电子邮件的说法，不正确的是（　　）。

A．电子邮件的 SMTP 协议用于发送电子邮件

B．电子邮件的抄送人能看到密送人是谁

C．电子邮件的 POP3 协议用于从服务器收取电子邮件

D．缺少主题的电子邮件可以发送

【参考答案】D

【解析】SMTP 是发送协议，而 POP3 是接收协议，电子邮件的抄送人可以看到密送人，缺少主题的电子邮件会自动添加一个主题然后发送，因此 D 选项符合题意。

61．查看 Windows 终端信息不正确的是（　　）。

A．在“运行”窗口中输入“cmd”命令并按回车，打开“命令行程序”窗口

B．在命令行中输入“ipconfig”或“ipconfig /all”查看 MAC、IP 等网络配置信息

C．在“我的电脑”属性中查看 CPU、内存等信息

D．在运行命令窗口中，输入注册表的命令“regediti”可打开系统注册表

【参考答案】D

【解析】打开注册表编辑器：在命令行窗口中输入“regedit”命令并按回车键。这将打开 Windows 系统的注册表编辑器。

62．测试 Windows 远程桌面连接正确的顺序是（　　）。

①输入本机的 IP 地址，并点击“连接”，查看是否能远程连接

②打开“远程桌面连接”对话框

③在服务器中打开“运行”窗口，输入“mstsc”命令并按回车

④若连接成功，输入本机的用户和密码即可登录到远程桌面

A．③①②④　　B．①③②④　　C．③②①④　　D．③①④②

【参考答案】C

【解析】测试 Windows 远程桌面连接首先在服务器中打开“运行”窗口，输入“mstsc”命令并按回车；打开“远程桌面连接”对话框；输入本机的 IP 地址，并点击“连接”，查看是否能远程连接；若连接成功，输入本机的用户和密码即可登录到远程桌面。

63．以下（　　）不是注册表的根键。

A．HKEY_CURRENT_USER
B．HKEY_CURRENT
C．HKEY_LOCAL_MACHINE
D．HKEY_CLASSES_ROOT

【参考答案】B

【解析】注册表包括以下 5 个根键（主键）:

（1）HKEY_CLASSES_ROOT。说明：该根键包括启动应用程序所需的全部信息，包括扩展名，应用程序与文档之间的关系，驱动程序名，DDE 和 OLE 信息，类 ID 编号和应用程序与文档的图标等。

（2）HKEY_CURRENT_USER。说明：该根键包括当前登录用户的配置信息，包括环境变量，个人程序以及桌面设置等。

（3）HKEY_LOCAL_MACHINE。说明：该根键包括本地计算机的系统信息，包括硬件和操作系统信息，安全数据和计算机专用的各类软件设置信息。

（4）HKEY_USERS。说明：该根键包括计算机的所有用户使用的配置数据，这些数据只有在用户登录系统时才能访问。这些信息告诉系统当前用户使用的图标，激活的程序组，开始菜单的内容以及颜色，字体。

（5）HKEY_CURRENT_CONFIG。说明：该根键包括当前硬件的配置信息，其中的信息是从 HKEY_LOCAL_MACHINE 中映射出。

64．关于 Windows 注册表，下列说法错误的是（　　）。

A．注册表只存储了有关计算机的软件信息，硬件配置信息无法保存

B．注册表是一个树状分层的数据库系统

C．有些计算机病毒会恶意改注册表，达到破坏系统和传播病毒的目的

D．用户可以通过注册表来调整软件的运行性能

【参考答案】A

【解析】注册表是一个树状分层的数据库系统，它记录了用户安装在计算机上的软件和每个程序的相关信息。注册表包含了计算机的硬件配置信息，包括自动配置的即插即用的设备和已有的各种设备说明、状态属性以及各种状态信息和数据。

65．下列关于 Windows 注册表的描述不正确的是（　　）。

A．注册表是一个以层级结构保存和检索的复杂数据库

B．注册表直接控制 Windows 的启动、硬件驱动程序的装载以及一些 Windows 应用程序的运行

C．注册表采用键和键值来描述登录项和数据

D．注册表中的根键可以删除，而子键不可以

【参考答案】D

【解析】注册表中的根键可以删除，子键也可以删除。

66．WPS 演示中，下列说法中错误的是（　　）。

A．可以动态显示文本和对象
B．可以更改动画对象的出现顺序
C．可以设置幻灯片切换效果
D．图表中的元素不可以设置动画效果

【参考答案】D

【解析】在 WPS 演示文稿中，不仅可以动态显示文本和对象，还可以更改动画对象的出现顺序，甚至可以设置幻灯片切换效果。更重要的是，图表中的元素也是可以设置动画效果的。

67．在 WPS 演示环境中，插入新幻灯片的快捷键是（　　）。

A．Ctrl +n　　B．Ctrl +m　　C．Alt+n　　D．Dalt+m

【参考答案】B

【解析】在 WPS 演示环境中，插入新幻灯片的快捷键是按下“Ctrl + m”。当用户需要在当前位置添加新的幻灯片时，只需移动光标到期望的位置，然后按下该快捷键即可。

68．在 WPS 演示中，“插入”选项卡中不能插入的选项是（　　）。

A．表格　　B．图片　　C．艺术字　　D．动画效果

【参考答案】D

【解析】在 WPS 演示中，“插入”选项卡中无“动画效果”插入选项。

69．WPS 演示文稿默认的文件保存格式是（　　）。

A．ppt　　B．dps　　C．dpt　　D．exe

【参考答案】B

【解析】WPS 演示文稿默认的文件保存格式是 dps。

70．下列关于多道程序环境下进程描述正确的是（　　）。

A．单 CPU 的计算机只允许执行 1 个进程

B．单 CPU 的计算机允许多个进程并发执行

C．多个程序可以合并成一个进程执行

D．多个 CPU 共同执行一个程序

【参考答案】B

【解析】多道程序设计技术是指允许多个程序同时进入内存并运行。

71．WPS 首页的共享列表中，不包含的内容为（　　）。

A．其他人通过 WPS 共享给我的文件夹

B．在操作系统中设置为“共享”属性的文件夹

C．其他人通过 WPS 共享给我的文件

D．我通过 WPS 共享给其他人的文件

【参考答案】B

【解析】“共享”视图内展示的是你访问过的别人分享给你的文件列表，和你分享给他人的所有文件列表。

72．在 WPS 表格中，若要在一个单元格输入两行数据最优的操作方法是（　　）。

A．将单元格设置为“自动换行”，并适当调整列宽

B．输入第一行数据后，直接按“Enter”键换行

C．输入第一行数据后，按“Shift+Enter”组合键换行

D．输入第一行数据后，按“Alt+Enter”组合键换行

【参考答案】D

【解析】A 选项只有当输入的数据超过列宽才会换行，B 选项是选中下面一个单元格的快捷方式，C 选项是选中上面一个单元格的快捷方式，D 选项可以将数据在光标处换行。

73．在 WPS 表格，选定单元格后单击“复制”按钮，再选中目的单元格后单击“粘贴”按钮，此时被粘贴的是源单元格中的（　　）。

A．格式和公式　　B．全部　　C．数值和内容　　D．格式和批注

【参考答案】B

【解析】无

74．大写字母 B 的 ASCII 码值是（　　）。

A．65　　B．66　　C．41H　　D．97

【参考答案】B

【解析】大写字母 B 的二进制为 01000010，换算成十进制 ASCII 码值是 1*2^6+0*2^5+0*2^4+0*2^3+0*2^2+1*2^1+0*2^0=66。

二、多项选择题

1．对于私自改动办公内网 IP 地址的行为，以下描述不正确的是（　　）。

A．所在部门可取消其接入信息网络资格

B．信息化职能管理部门可取消其接入信息网络资格

C．在不影响他人使用的情况下，可以更改

D．重新分配 IP 地址接入办公内网

【参考答案】ACD

【解析】信息化职能管理部门可取消其接入信息网络资格。

2．对于加强对办公计算机外设管理，描述正确的是（　　）。

A．计算机外设要统一管理、统一登记和配置属性参数

B．严禁私自修改计算机外设的配置属性参数，如需修改要报知计算机运行维护部门，按照相关流程进行维护

C．严禁计算机外设在信息内外网交叉使用

D．计算机外设的存储部件要定期进行检查和清除

【参考答案】ABCD

【解析】出自《国网技术资格考试题库》。

3．对于信息内网办公计算机的使用，描述错误的是（　　）。

A．不能配置、使用无线上网卡等无线设备

B．禁止使用电话拨号方式与信息外网互联

C．可以直接通过接入外网网线方式与互联网互联

D．可以禁用内网接入网卡后，插入无线接收器接入互联网

【参考答案】CD

【解析】不能通过任何手段及方式接入外部网络或 Internet，这是为了加强公司信息安全管理，防止未经授权的设备接入内部网络，可能引发安全问题以及防止数据泄露或被黑客攻击。

4．桌面系统按功能可分为（　　）。

A．标准化管理系统　　B．移动存储介质管理系统

C．远程运维呼叫平台　　D．终端涉密检查系统

【参考答案】ABCD

【解析】桌面系统的功能包括以下一些主要部分：标准化管理系统、移动存储介质管理系统、远程运维呼叫平台、终端涉密检查系统。

5．利用桌面系统能够查询到的信息包括（　　）。

A．计算机所属区域、部门、使用人、位置等信息

B．设备 IP、MAC、注册、卸载等信息

C．信任、保护、阻断、休眠、关机等信息

D．杀毒软件、杀毒厂商、系统等信息

【参考答案】 ABCD

【解析】 桌面系统能够查询到计算机所属区域、部门、使用人、位置、设备 IP、MAC、注册、卸载、信任、保护、阻断、休眠、关机、杀毒软件、杀毒厂商、系统等信息。

6．下列（　　）包含在“计算机管理”当中。

A．事件查看器　　B．磁盘管理

C．本地用户和组　　D．设备管理器

【参考答案】 ABCD

【解析】“计算机管理”包括：任务计划程序、事件查看器、共享文件夹、本地用户和组、性能、设备管理器、磁盘管理。

7．下面（　　）情况能在 Windows“安全中心”配置。

A．防火墙是否启用　　B．自动更新设置

C．默认共享的设置　　D．防病毒软件运行状态

【参考答案】 ABD

【解析】 默认共享的设置不在 Windows“安全中心”配置中。

8．对于 Winidows 系统，以下做法（　　）有利于提高计算机的安全性。

A．尽量启用更多的服务　　B．重命名 Administrator 账户

C．及时下载并安装系统漏洞补丁　　D．关闭所有杀毒软件和防火墙

【参考答案】 BC

【解析】 尽量启用更多的服务、关闭所有杀毒软件和防火墙均属于高风险操作，不利于计算机的安全性提升。

9．下列行为违反公司安全规定的有（　　）。

A．在信息外网计算机上存放标识为“内部资料”的文件

B．将标识为“内部事项”的文件存储在安全优盘并带回家中办公

C．在个人办公计算机上使用盗版光盘安装软件

D．使用安全优盘将信息外网计算机中的文件复制到信息内网计算机

【参考答案】 ABC

【解析】 在信息外网计算机上存放标识为“内部资料”的文件，将标识为“内部事项”的文件存储在安全优盘并带回家中办公，在个人办公计算机上使用盗版光盘安装软件等行为，都将对公司信息安全造成威胁同属于违规行为。

10．检测计算机病毒中，检测的原理主要是基于（　　）。

A．比较法　　B．搜索法

C．计算机病毒特征码识别　　D．分析法

【参考答案】 ABCD

【解析】 计算机病毒检测的原理主要是基于计算机病毒特征码识别，即查杀原理中的静态查杀或特征码查杀。另外，也有通过搜索、比较、分析计算机系统中是否含有与特征代码

数据库中特征代码匹配的特征代码，从而确定系统是否染毒的方法。

11．正确的补丁检测工作方式包括（ ）。

A．自动对桌面终端进行补丁检测，并对补丁状况做出统计

B．通过设置，桌面终端只有在指定的时间点才能执行补丁管理的策略

C．桌面终端根据自身的操作系统版本，语言环境选择适当的补丁进行安装

D．桌面终端应将服务器所有补丁下载到本地，再根据策略选择性安装

【参考答案】ABC

【解析】选项 D 下载策略以外无用的补丁增加了终端计算机计算量及网络资源占用，此方法不可取。

12．在《国家电网公司信息设备命名规范》中，为保证信息设备命名的高兼容性，采用字母加数字，在顺序类命名中放弃（ ）字母。

A．I　　B．O　　C．L　　D．Z

【参考答案】AB

【解析】在《国家电网公司信息设备命名规范》中，为保证信息设备命名的高兼容性，采用了字母加数字的方式进行命名。在顺序类命名中，规定要放弃使用字母“I”“O”。

13．补丁自动分发策略中，管理员可以设置自动检测客户端补丁信息的方式为（ ）。

A．终端操作系统启动时检测　　B．间隔检测

C．定时检测　　D．服务器补丁库更新即检测

【参考答案】ABC

【解析】服务器补丁库更新即检测：该方式会在服务器补丁库更新后立即对客户端进行补丁信息的检测，但不属于客户端补丁的方式。

14．桌面终端标准化管理系统客户端驻留程序功能包括（ ）。

A．进行本机硬件属性信息变化监控

B．本机系统补丁、软件安装、运行进程状况监测

C．接受管理平台的管理命令，阻断本机违规外联行为

D．执行管理平台下发的各种策略操作

【参考答案】ABCD

【解析】出自《国网技术资格考试题库》。

15．健康检查管理包含但不限于（ ）。

A．系统运行日志检查　　B．系统存储使用情况检查

C．系统内存使用情况检查　　D．系统 CPU 使用情况检查

【参考答案】ABCD

【解析】出自《国网技术资格考试题库》。

16．桌面终端标准化管理系统的用户类型分为（ ）。

A．超级用户　　B．普通用户　　C．审计用户　　D．来宾用户

【参考答案】ABC

【解析】桌面终端标准化管理系统的用户类型通常包括超级用户、普通用户、审计用户。

17．桌面终端标准化管理系统中“强制策略”与“样板策略”的区别描述正确的是（ ）。

A．强制策略：级联策略下发以后，下级区域无法对策略进行任何操作

B．强制策略：级联策略下发以后，下级区域可以对策略进行某些操作

C．样板策略：样板策略下发以后，下级区域可以对策略的对象分配和启用与否进行分配

D．样板策略：样板策略下发以后，下级区域不可以对策略的对象分配和启用与否进行分配

【参考答案】AC

【解析】强制策略主要是为了确保下级区域严格按照上级服务器设置的任何策略来执行，而样板策略则提供了一定的灵活性，允许下级区域根据自身需要进行适当的调整。

18．下列文件格式中，属于视频文件格式的有（　　）。

A．AVI 文件　　B．ASF 文件　　C．SWF 文件　　D．MPEG 文件

【参考答案】ABD

【解析】SWF 是动画 Flash 的专用格式，是一种支持矢量和点阵图形的动画文件格式，被广泛应用于网页设计，动画制作等领域。

19．下列接口卡中属于多媒体设备的有（　　）。

A．声卡　　B．网卡　　C．电视接收卡　　D．摄像头

【参考答案】ACD

【解析】网卡属于网络接入设备，无影音输入输出功能。

20．关于局域网的叙述正确的是（　　）。

A．覆盖的范围有限、距离短　　B．数据传输速度高、误码率低

C．光纤是局域网最适合使用的传输介质　　D．局域网使用最多的传输介质是双绞线

【参考答案】ABD

【解析】局域网的特点包括覆盖范围有限、数据传输速度快、误码率低。局域网使用最多的传输介质是双绞线，故光纤在局域网中将不适用。

21．关于电子邮件的叙述不正确的是（　　）。

A．电子邮件只能传输文本

B．电子邮件只能传输文本和图片

C．电子邮件可以传输文本、图片、视像、程序等

D．电子邮件不能传输图片

【参考答案】ABD

【解析】电子邮件可以传输文本、图片、视像、程序等。

22．下列关于硬盘的叙述中，正确的是（　　）。

A．硬盘读写速度比光盘慢

B．当今计算机硬盘以 M.2 接口和 SATA 接口为主

C．硬盘存储容量大

D．硬盘存储器系统由硬盘机、硬盘控制适配器组成

【参考答案】BCD

【解析】硬盘读写速度比光盘读写速度快。

23．下列选项中，属于液晶显示器性能指标的有（　　）。

A．亮度　　B．对比度　　C．响应时间　　D．可视角度

【参考答案】ABCD

【解析】出自《国网技术资格考试题库》。

24. 下列选项中，属于辅助设计软件的有（　　）。

A. AutoCAD　　B. 3DS MAX　　C. DB2　　D. photoshop

【参考答案】ABD

【解析】DB2是一种数据库管理系统，不属于辅助设计软件的范畴。

25. 在Windows中，可以放置快捷方式的位置有（　　）。

A. 桌面上　　B. 文本文件中

C. 文件夹中　　D. 控制面板窗口中

【参考答案】AC

【解析】文本文件中仅能添加文字、控制面板窗口中为系统控制界面，无法配置快捷方式。

26. NTFS较之FAT32格式主要有以下（　　）优点。

A. 有一定防病毒能力

B. 能够存放大于4G以上的文件

C. 利用配额功能配合FTP分配磁盘空间使用

D. 安全设置更加复杂化

【参考答案】BCD

【解析】任何硬盘格式都仅是存储方式层面的优化均无防病毒能力。

27. 下列属于应用层协议的有（　　）。

A. SMTP　　B. TCP/IP　　C. HTTP　　D. FTP

【参考答案】ACD

【解析】SMTP、HTTP和FTP属于应用层协议，TCP/IP则工作在传输层和网络层。

28. 某企业办公网速度奇慢，对DNS的ping值非常高，可能是（　　）的问题。

A. 网内ARP攻击

B. 某用户在下载

C. 路由器DNS地址设置不对

D. 冗余路由器或交换机自身故障，单节点运行设备负载高时

【参考答案】ABD

【解析】路由器DNS地址设置错误则会直接造成无法访问。

29. Windows系统以及虚拟内存安装在C盘时，当系统盘空间不足，会有以下（　　）情况发生。

A. 系统提示磁盘空间不足　　B. 运行软件时会提示虚拟内存不足

C. 运行速度会变慢　　D. 系统会提示清理或压缩磁盘空间

【参考答案】ABCD

【解析】出自《国网技术资格考试题库》。

30. 桌面终端运维包括（　　）内容。

A. 安装调试　　B. 软件升级　　C. 配置变更　　D. 数据备份

【参考答案】ABCD

【解析】出自《国网技术资格考试题库》。

31．下面对软件分发描述正确的有（　　）。

A．可进行 EXE、TXT 类型的软件分发功能

B．可以对软件分发是否成功进行查询

C．管理员不可以对文件分发到桌面终端后的路径进行设置

D．软件分发策略的制定，对不同的桌面终端提供不同的软件分发功能

【参考答案】ABD

【解析】管理员可以对文件分发到桌面终端后的路径进行设置。

32．上外网痕迹检查，管理员通过此项功能检查客户端的（　　）含有指定的外网地址痕迹。

A．IE 缓存　　B．Cookies　　C．收藏夹　　D．IE 清单

【参考答案】ABCD

【解析】出自《国网技术资格考试题库》。

33．下列软件中属于 WWW 浏览器的包括（　　）。

A．IE11.0　　B．搜狗浏览器　　C．Google Chrome　　D．C++Builder

【参考答案】ABC

【解析】C++Builder 是一种集成开发环境（IDE），用于开发基于 C++的应用程序，不属于 WWW 浏览器范畴。

34．操作系统的安全加固的主要手段有（　　）。

A．禁用没用的服务　　B．给操作系统打补丁

C．关闭不必要的通信端口　　D．设置系统安全策略

【参考答案】ABCD

【解析】出自《国网技术资格考试题库》。

35．下列选项中，属于衡量内存性能的指标有（　　）。

A．存储容量　　B．主频　　C．存取周期　　D．接口类型

【参考答案】AC

【解析】衡量内存的指标主要有存储容量、存取速度也就是存取周期以及奇偶校验等，主频和接口类型不属于衡量内存的指标。

36．级联注册情况统计中，可以查看到下级的（　　）数据。

A．设备总数　　B．应注册计算机、已注册计算机数

C．在线设备　　D．安装杀毒软件

【参考答案】ABCD

【解析】出自《国网技术资格考试题库》。

37．下列对 NTFS 文件系统叙述正确的有（　　）。

A．支持对分区、文件夹和文件的压缩

B．使用 EFS 加密提高安全性

C．可以为共享资源、文件夹以及文件设置访问许可权限

D．磁盘空间的有效管理

【参考答案】ABCD

【解析】NTFS 支持对分区、文件夹和文件的压缩，支持加密文件系统（EFS）以阻止未

授权的用户访问文件提高安全性，可以为共享资源、文件夹以及文件设置访问许可权限，磁盘空间的有效管理。

38．下列关于栈和队列的描述中，不正确的是（　　）。

A．栈是先进先出　　B．队列是先进后出

C．队列允许在队头删除元素　　D．栈在栈顶删除元素

【参考答案】ABC

【解析】栈实际也是线性表，只不过是一种特殊的线性表栈是只能在表的一端进行插入和删除运算的线性表，通常称插入、删除的这一端为栈顶，另一端为栈底。队列是只允许在一端删除，在另一端插入的顺序表，允许删除的一端叫作队头，允许插入的另一端叫作队尾。

39．对于信息内外网办公计算机终端安全要求，描述不正确的是（　　）。

A．内网桌面办公计算机终端用于信息内网的业务操作及信息处理

B．外网桌面办公计算机终端用于外网信息访问

C．外网桌面办公计算机终端不考虑其安全防护

D．内外网桌面办公计算机可以随意接入使用

【参考答案】CD

【解析】外网桌面办公计算机终端需考虑其安全防护；内外网桌面办公计算机不能随意接入使用。

40．桌面终端标准化管理系统中应注册设备不包括（　　）。

A．被划为无效设备　　B．未获得 MAC 的设备

C．被保护的设备　　D．累计在线时间没有超过 24h 的设备

【参考答案】ABCD

【解析】四个选项描述均属于不需注册的设备。

41．计算机系统在使用一段时间后，会产生很多没用的文件，下列不能清除系统中这些文件的方法是（　　）。

A．磁盘清理　　B．磁盘碎片整理

C．磁盘查错　　D．办公文件的删除

【参考答案】BCD

【解析】磁盘碎片整理，这是一种提高磁盘性能的方法，它通过重新排列磁盘上的文件数据来减少读写时间，但它并不能清除无用文件。磁盘查错，虽然查错过程可能涉及部分文件的删除，但其主要目的是修复磁盘错误，而非清除无用文件。

42．下面是关于中文 Windows 文件名的叙述，正确的是（　　）。

A．文件名中允许汉字

B．文件名中允许使用空格

C．文件名中允许使用多个圆点分隔符（•）

D．文件名中允许使用竖线（|）

【参考答案】ABC

【解析】关于中文 Windows 文件名的叙述，正确的是文件名中允许汉字、空格、圆点分隔符。文件名中不允许使用“/\ : * ? < > "| ”符号。

43．关于计算机语言的描述，不正确的是（　　）。

A．机器语言的语句全部由 0 和 1 组成，指令代码短，执行速度快

B．机器语言因为是面向机器的低级语言，所以执行速度慢

C．汇编语言已将机器语言符号化，所以它与机器无关

D．汇编语言比机器语言执行速度快

【参考答案】BCD

【解析】机器语言的语句全部由 0 和 1 组成，指令代码短，执行速度快。汇编语言已将机器语言符号化，所以它与机器有关。汇编语言比机器语言易读、易记，但仍然与机器有关，且执行速度比机器语言慢。

44．在 WPS 文字中，下列（　　）属于“段落”中的选项。

A．行距　　B．字间距　　C．缩进　　D．版式

【参考答案】AC

【解析】“段落”中的选项不包括“字间距”和“版式”。

45．在 WPS 表格中，在引用单元格地址时有（　　）方法。

A．相对引用　　B．绝对引用　　C．混合引用　　D．间接引用

【参考答案】ABC

【解析】在 WPS 表格中，在引用单元格地址分为绝对引用、相对引用、混合引用。

46．计算机的硬件系统包含以下（　　）。

A．输入设备　　B．存储器　　C．运算器　　D．输出设备

【参考答案】ABCD

【解析】计算机硬件系统主要由输入设备、输出设备、运算器、控制器、存储器五部分组成。

47．下列关于笔记本电脑显卡的叙述中，正确的是（　　）。

A．笔记本电脑显卡分为集成显卡和独立显卡两类

B．集成显卡的显示芯片都是集成在北桥芯片中的

C．独立显卡一般单独安装有显存，不占用系统内存

D．目前笔记本电脑显卡的市场主要被 NVDIA 和 AMD 两家厂商占据

【参考答案】ABCD

【解析】出自《国网技术资格考试题库》。

48．下列选项中，属于固态硬盘特点的是（　　）。

A．能耗低、散热小　　B．读取时间固定，无噪声

C．快速随机读取，延迟小　　D．写入速度快，使用寿命长

【参考答案】ABC

【解析】出自《国网技术资格考试题库》。

49．下列关于操作系统的叙述中，正确的有（　　）。

A．操作系统是系统软件的核心

B．操作系统是计算机硬件的第一级扩充

C．操作系统是计算机和用户之间的接口和桥梁

D．通过操作系统控制和管理计算机的全部软件资源和硬件资源

【参考答案】ABCD

【解析】出自《国网技术资格考试题库》。

50．访问网络中电脑（192.168.0.100）的已共享D盘，可以在地址栏输入（　　）。

A．file：//192.168.0.100/d　　B．file：\\192.168.0.100\d

C．//192.168.0.100/d　　D．\\192.168.0.100\d

【参考答案】AD

【解析】访问网络中电脑（192.168.0.100）的已共享D盘，可以在地址栏输入以下地址：\\192.168.0.100\d，中，“\”表示共享文件夹所在的计算机名或IP地址，后面跟着共享文件夹的路径。在网址（URL）中，“/”可作为请求目录。

51．关于Windows虚拟内存以下说法正确的是（　　）。

A．默认虚拟内存是个固定值

B．虚拟内存会比物理内存大

C．虚拟内存会比物理内存慢

D．虚拟内存所在分区空间不足时，会报虚拟内存不足

【参考答案】BCD

【解析】在Windows系统中，用户可以根据需要手动调整虚拟内存的大小。

52．Wi-Fi加密方式有（　　）。

A．WEP　　B．WPA　　C．WPA2　　D．WPA2-PSK

【参考答案】ABCD

【解析】以上均为Wi-Fi加密方式。

53．下面对专用移动存储介质交换区与保密区登录密码描述错误的是（　　）。

A．交换区与保密区登录密码需分别设置

B．输入一次密码即可同时登录交换区

C．交换区可使用空口令登录

D．交换区可使用空口令登录，保密区需输入登录密码

【参考答案】BCD

【解析】交换区与保密区需分别设置登录密码，在使用时需要分别输入密码，不得使用空口令登录。

54．终端安全事件统计至少包括（　　）。

A．对桌面终端运行资源的告警数量进行统计

B．对桌面终端CPU型号进行统计

C．对桌面终端安装杀毒软件的情况进行统计

D．对桌面终端违规外联行为的告警数量进行统计

【参考答案】ACD

【解析】CPU型号等硬件参数不在必须统计范围内。

55．以下关于Windows文件夹的组织结构描述不正确的有（　　）。

A．表格结构　　B．树形结构　　C．网状结构　　D．线形结构

【参考答案】ACD

【解析】Windows的文件组织结构是树形结构。

56．X86计算机采用总线结构（　　）。

A．提高了 CPU 访问外设的速度　　B．可以简化系统结构
C．易于系统扩展　　D．使信号线的数量增加

【参考答案】BC

【解析】系统结构得到了简化，整个系统更加清晰，连线数量减少，底板连线可以实现印制化；系统具有很好的扩展性，无论是规模扩充还是功能扩充，都可以通过增加相应的插件来实现。

57．关于计算机系统组成的知识，正确的说法是（　　）。

A．软盘驱动器属于主机，软盘属于外设
B．键盘和显示器都是计算机的 I/O 设备
C．键盘和鼠标均为输入设备
D．软盘存储器由软盘、软盘驱动器和软盘驱动卡三部分组成

【参考答案】BCD

【解析】软盘驱动器属于外部设备，简称“外设”，而软盘属于外存储器。

58．关于微型计算机的知识，正确的说法是（　　）。

A．外存储器中的信息不能直接进入 CPU 进行处理
B．系统总线是 CPU 与各部件之间传送各种信息的公共通道
C．微型计算机是以微处理器为核心的计算机
D．光盘驱动器属于主机，光盘属于外部设备

【参考答案】ABC

【解析】光盘驱动器属于外部设备，简称“外设”，而光盘属于外存储器。

59．目前常用的外存储器有（　　）。

A．光盘存储器　　B．硬盘存储器　　C．USB 闪存存储器　　D．寄存器存储器

【参考答案】ABC

【解析】目前常用的外存储器有硬盘存储器、光盘存储器、USB 闪存存储器等。寄存器存储器不属于外存储器，而是属于内存储器。

60．黑客利用 IP 地址进行攻击的方法不包括（　　）。

A．IP 欺骗　　B．解密　　C．窃取口令　　D．发送病毒

【参考答案】BCD

【解析】常见的黑客利用 IP 地址攻击方法包括：IP 地址欺骗攻击、IP 扫描攻击、TCP SYN 洪水攻击、UDP 洪泛攻击、端口扫描攻击等。

61．以下关于 MAC 的说法中正确的是（　　）。

A．MAC 地址在每次启动后都会改变
B．MAC 地址一共有 48B，它们从出厂时就被固化在网卡中
C．MAC 地址也称作物理地址，或通常所说的计算机的硬件地址
D．MAC 地址每次启动后都不会变化

【参考答案】BCD

【解析】MAC 地址是网卡的唯一标识符，它们从出厂时就被固化在网卡中。也称作物理地址，MAC 地址在每次启动后都不会变化。

三、判断题

1．SMTP 服务的默认端口号是 23，POP3 服务的默认端口号是 110。

【参考答案】错

【解析】SMTP 服务的默认端口号是 25，而 POP3 服务的默认端口号是 110。

2. TCP/IP 参考模型的传输层的协议是面向连接的。

【参考答案】错

【解析】TCP/IP 参考模型的传输层有两个协议，第一个协议 TCP 是一种可靠的面向连接的协议，第二个协议 UDP 是一种不可靠的无连接协议。

3. UDP 不能保证数据传输的可靠性，不提供报文排序和流量控制等功能，适合传输可靠性要求不高，但是传输速度较高的流量。

【参考答案】对

【解析】出自《网络工程师能力测试》。

4. Linux 是一个多用户系统，操作系统本身的驻留程序存放在以/etc 开始的专用目录中，有时被指定为系统目录。

【参考答案】对

【解析】描述正确。

5. ARP 协议的主要功能是将物理地址解析为 IP 地址。

【参考答案】错

【解析】ARP 协议是通过广播的方式向网络中的所有设备发送一个包含目标 IP 地址的请求，然后等待目标设备的回应，从而查询得到目标设备的物理地址，而不是将物理地址解析为 IP 地址。

6. 监测 Windows 系统是否有木马入侵，可以通过 netstat -ano 命令，对可疑端口号找 PID，确定该进程是否为木马进程，实现禁用。

【参考答案】对

【解析】netstat –ano 命令可以查看所有的网络连接和侦听端口，通过查找 PID 号可以准确对木马进程实现禁用。

7. 网络管理人员常用各种网络工具包括 Telnet、FTP、SSH 等，分别对应 TCP 的端口 23、21、22，Telnet 和 FTP 是明文传输，安全性较差，SSH 是加密传输，安全性较好。

【参考答案】对

【解析】描述正确。

8. 终端安装桌面管理系统注册程序后，在与桌面管理系统服务器无法连接的情况下无法卸载客户端。

【参考答案】错

【解析】桌管安装程序文件夹中双击 UninstallEdp.exe 应用程序，会要求输入桌管终端软件载码，通过桌面管理系统查询对应卸载码进行卸载。

9. 及时更新操作系统厂商发布的核心安全补丁，更新补丁之前应当在正式系统中进行测试，并制定详细的回退方案。

【参考答案】错

【解析】根据《国家电网公司网络与信息系统安全管理办法》规定补丁安装前须经严格的测试，测试未通过的补丁禁止安装，补丁测试结果应有记录，补丁安装前须先做好系统和数据备份工作，确保任何的操作均可回退。

10．终端远程运维主要目的是通过技术措施，按照事件预约、事件派发、即时短消息、建立远程连接、服务评分的顺序，优化与规范运维操作过程。

【参考答案】对

【解析】出自《国网技术资格考试题库》。

11．终端操作系统漏洞补丁按照重要性共划分为 5 级。

【参考答案】对

【解析】漏洞补丁按重要性分为以下 5 级：严重（critical）漏洞会导致系统的完全崩溃或无法使用，攻击者可以完全控制系统或访问重要数据，没有可用的解决方案或临时修复措施；高危（high）漏洞会严重影响系统的功能或性能，攻击者能够访问敏感数据或执行某些特定操作，可能存在已知的解决方案或临时修复措施；中危（medium）漏洞会对系统的功能或性能产生一定影响，攻击者能够获得有限的敏感信息或执行有限的操作，已经存在解决方案或临时修复措施；低危（low）漏洞对系统的功能或性能影响较小，攻击者只能获得非敏感信息或执行有限的操作，存在已知的解决方案或临时修复措施；信息（informational）漏洞仅提供有关系统的信息，没有实际的安全威胁，通常用于提供警告或增强安全意识。

12．重要数据应使用专用介质复制，涉及企业秘密数据应存储在保密区。

【参考答案】对

【解析】重要数据应使用专用介质复制，涉及企业秘密数据应存储在保密区。这是为了确保数据的安全性和完整性，防止数据被非法访问或泄露。同时，这也符合相关的法律法规要求，如《中华人民共和国网络安全法》等。

13．为方便用户使用，专用移动存储介质交换区与保密区登录密码不区分大小写。

【参考答案】错

【解析】《国家电网公司网络与信息系统安全管理办法》规定：规范账号口令管理，口令必须具有一定强度、长度和复杂度，长度不得小于 8 位字符串，要求是字母和数字或特殊字符的混合，用户名和口令禁止相同。定期更换口令，更换周期不超过 6 个月，重要系统口令更换周期不超过 3 个月，最近使用的 4 个口令不可重复。

14．专用介质登录密码遗忘后，只可重新制作标签，无法还原密码。

【参考答案】错

【解析】专用介质优盘登录密码遗忘后，可在管理端重置为初始密码。

15．终端涉密检查工具能够粉碎的文件数据包含：粉碎全盘数据、粉碎磁盘剩余空间数据、粉碎删除文件记录、粉碎目录、粉碎文件、粉碎 NTFS 日志文件记录。

【参考答案】对

【解析】出自《国网技术资格考试题库》。

16．专用移动存储介质的交换区、保密区密码最大错误次数是防止其他用户暴力破解优盘密码，对输入密码次数进行限制，一旦错误次数超过设定值，优盘将被锁定，无法输入密码。

【参考答案】对

【解析】为防止优盘被暴力破解桌管终端在制作优盘过程中会设置密码输入次数，系统默认最大值为 255 次，且可根据管理要求进行修改，错误次数超过设定值将锁定优盘。

17．宽行打印机、针式打印机、喷墨打印机和激光打印机中，打印速度最快的是激光打印机，打印质量最好的是针式打印机。

【参考答案】错

【解析】打印机质量从高到低依次为激光打印机、喷墨打印机、点阵打印机、针式打印机。

18．在计算机网络中，通常使用 bit/s 表示信道的宽度，bit/s 指的是比特每秒。

【参考答案】对

【解析】出自《计算机基础》。

19．在一个 IP 网络中负责主机 IP 地址与主机名称之间的转换协议称为地址解析协议。

【参考答案】错

【解析】地址解析协议（address resolution protocol，ARP），是根据 IP 地址获取物理地址的一个 TCP/IP 协议，负责 IP 地址与 MAC 地址之间的转换协议。负责主机 IP 地址与主机名称之间的转换协议称之为域名系统（domain name system，DNS）。

20．在一个 IP 网络中负责 IP 地址与 MAC 地址之间的转换协议称为 TCP/IP。

【参考答案】错

【解析】负责 IP 地址与 MAC 地址之间的转换协议称为地址解析协议（address resolution protocol，ARP），是根据 IP 地址获取物理地址的一个 TCP/IP 协议。

21．桌面终端管理系统终端端口管理可以查看远程计算机连接协议类型、IP 地址、端口号，并可以远程切断连接端口。

【参考答案】对

【解析】这主要通过修改注册表中的相关项实现，例如可以定位到"HKEY_LOCAL_MACHINE\SYSTEM\CurrentControlSet\Control\Terminal Server\Wds\rdpwd\Tds\tcp"，然后找到并修改 PortNumber 的值。此外，这种功能往往与远程桌面协议（RDP）有关，该协议在 TCP 中进行封装和加密。然而，在进行此类操作时需要注意，修改后的设置需要重启电脑才能生效。

22．补丁的来源可使用补丁下载服务器从软件厂商网站获取补丁索引及补丁，直接或通过移动存储设备，导入内网区域管理器的补丁分发目录进行客户端补丁自动分发，客户端将获取的补丁放在本地%windir%\system32\distribute 目录下，下载后可自动安装，安装后会自动删除安装文件。

【参考答案】对

【解析】出自《国网技术资格考试题库》。

23．桌面终端管理系统数据重整功能可以每隔一段时间对系统数据库进行重新整理，可针对重复、冗余或无效的数据进行重整。如：IP 和 MAC 重复、IP 不在区域范围内、长时间未使用、区域 IP 范围改变等数据。

【参考答案】对

【解析】出自《国网技术资格考试题库》。

24．接入信息内外网的计算机要统一安装企业版防病毒软件和桌面终端管理系统，桌面终端管理系统按照《国家电网公司信息内网计算机桌面终端系统管理规定》设置管理策略。严禁卸载公司统一安装的软件，严禁安装未经公司许可的软件。

【参考答案】对

【解析】出自《国网技术资格考试题库》。

25．桌面终端标准化管理系统可以实现远程对客户端探头进行卸载的功能。

【参考答案】对

【解析】出自《国网技术资格考试题库》。

26．信息内网办公计算机可以配置、使用无线上网卡等无线设备，通过电话拨号、无线等各种方式连接到互联网。

【参考答案】错

【解析】根据《国家电网公司办公计算机信息安全管理办法》第十条规定，禁止内网计算机与外网直接连接。

27．终端使用涉密工具进行深度检查，选择扇区级别的检测时，可检测出已删除文件含敏感关键字的情况。

【参考答案】对

【解析】出自《国网技术资格考试题库》。

28．一个有效的信息设备命名必须包含主段和至少一个辅段。

【参考答案】对

【解析】设备命名必须包含主段和至少一个辅段。这是信息设备命名和管理的基本原则，旨在规范现场设备的管理，保障设备命名的唯一性，避免因设备命名重复而导致的混淆。例如，“HW-C07-SC-HX-H10508-SW01”这一设备命名中，“HW”表示设备物理上安装的网络区域，“C07”表示设备逻辑上所属网络类型。这种命名规则不仅适用于特定公司或企业，也是遵循国家相关标准如 GB/T 33601—2017《电网设备通用模型数据命名规范》等制定的。通过统一、规范的设备命名，可以提高设备系统调度运行管理水平，实现设备的统一管理。

29．使用保密检测工具粉碎的文件将不可恢复，删除的文件通过特定程序可以恢复。

【参考答案】对

【解析】出自《国网技术资格考试题库》。

30．桌面终端的管理工作范围包括信息网的台式机、外设，不包括笔记本。

【参考答案】错

【解析】根据《国家电网公司办公计算机信息安全管理办法》第二条规定，对公司信息内外网办公用台式机、笔记本和云终端等办公计算机及其外设都纳入管理范围，且对接入网络的终端需全部部署桌面终端系统。信息笔记本电脑也在终端管理范围内。

31．计算机网络中常用的三种有线媒体是同轴电缆、双绞线、光纤。

【参考答案】对

【解析】双绞线是一种综合布线工程中最常用的传输介质，其优点包括成本低、密度高、节省空间、安装容易、高速率，但抗干扰性一般且连接距离较短。同轴电缆是指有两个同心导体，而导体和屏蔽层又共用同一轴心的电缆，其抗干扰性好但接入复杂。光纤是一种由玻璃或塑料制成的纤维，可作为光传导工具，具有带宽宽、传输距离远、抗干扰性强等优点。这些传输媒体各有优缺点，因此在实际应用中需要根据具体需求进行选择。

32．国家电网有限公司桌面安全客户端注册方法包括网页静态注册、网页动态注册、手动注册等。

【参考答案】对

【解析】出自《国网技术资格考试题库》。

33．桌面系统支持管理员分级管理，实现不同管理员管理不同内容，可分为授权、管理和审计等多种角色划分，具有安全性高、可靠性强的特点，最终实现“多级部署、集中管理”的理念。

【参考答案】对

【解析】国家电网有限公司对于桌面终端的注册管理有特定的要求，所有信息内、外网的计算机都必须注册并安装桌面终端管理系统客户端程序，严禁私自卸载。

34．桌面终端标准化管理系统支持对微软操作系统发布补丁的统一分发，并且用户可使用此系统进行级联方式的补丁自动分发安装和监控。统一补丁分发通过补丁下载服务器（互联网）从互联网下载所有补丁。

【参考答案】对

【解析】出自《国网技术资格考试题库》。

35．桌面终端管理系统审计用户可以审计所有用户的用户登录日志、用户操作日志、策略操作日志以及 USB 标签制作查询。

【参考答案】对

【解析】描述正确。

36．国家电网有限公司专用存储设备（优盘/移动硬盘）是集数据加密、访问授权控制功能于一体的移动存储设备，仅限于国家电网有限公司系统内部使用。

【参考答案】对

【解析】出自《国网技术资格考试题库》。

37．国家电网有限公司桌面终端标准化管理系统中，被管理员手动设置为保护状态的设备组称为受保护组。

【参考答案】对

【解析】描述正确，这种受保护的设备组设置可以帮助管理员更好地管理和控制网络设备，提高网络安全保障能力和水平。

38．桌面终端标准化管理系统的扩展性主要包含管理容量的横向扩展能力、组织行政架构上的扩展能力及功能范围的扩展能力。

【参考答案】对

【解析】出自《国网技术资格考试题库》。

39．桌面终端管理系统扫描器需配合区域管理器进行工作，扫描器的扫描范围可能超过它的区域管理器管理的 IP 范围。

【参考答案】错

【解析】桌管终端管理扫描器只能扫描注册过桌管的 IP 终端，未纳入桌管的 IP 终端无法进行终端扫描。

40．桌面终端管理系统数据查询是根据桌面终端标准化管理系统工作的结果，向管理员提供对网络设备信息、网络划分信息、网络中相关的设备安全状态信息的综合查询。

【参考答案】对

【解析】描述正确，通过这个功能，IT 管理员可以高效地管理和保护台式机、手机、笔记本电脑、平板电脑、浏览器、存储设备等终端。此外，这种系统还具有强大的搜索功能，例如在文本缓冲区中查找特定关键字，这对于尝试查找之前运行的命令或特定文件名非常有用。

41．桌面终端标准化管理系统支持管理员分级管理，实现不同管理员管理不同内容。

【参考答案】对

【解析】描述正确，系统管理员主要负责系统的日常运行维护工作，包括网络设备、安全保密产品、服务器和用户终端、操作系统数据库、涉密业务系统的安装、配置、升级、维护、运行管理；网络和系统的用户增加或删除；以及网络和系统的数据备份等工作。通过这种方式，企业可以有效地进行资源配置和任务分配，提高管理效率，确保信息的安全和业务的顺利进行。

42．Windows 注册表采用树状结构，注册表中显示有 5 个“子树”，子树下面的各级分支称为“项”或“子项”，子项中的数据称为“值”，可通过 Win+R 输入 regedit 打开注册表。

【参考答案】对

【解析】出自 Windows 官方网站注册表相关知识解释。

43．Computer Browser 服务进程名 svchost.exe 是维护“网上邻居”中计算机的最新列表，“网上邻居”显示的内容正是由它而来。

【参考答案】对

【解析】出自 Windows 官方网站相关服务功能解释。

四、实践操作题

1．Windows 系统中设置自动备份数据。

【重点速记】

备份对象（系统、用户数据）、备份目标（存放位置）、备份策略（周期、方式）。

2．Windows 系统中设置定时任务。

【重点速记】

定时任务的常规、触发器、操作内容、任务条件及设置（周期、时间、电源、网络等）。

3．Windows 系统中设置远程桌面连接。

【重点速记】

桌面前台功能的启用、相关 Windows 服务启动、端口状态的检查和修改。

4．网线的制作和测试方法。

【重点速记】

线序的排列和分类、水晶头和线材种类分辨、网线的通断测试。

5．简述安全优盘的制作过程及注意事项。

【重点速记】

终端管理软件预装、优盘密码强制修改强口令、交换区与保密区分配、标签验证。

6．桌面终端管理软件的安装过程与注意事项。

【重点速记】

安装程序“以管理员身份运行”、注册用户信息校准和维护。

7．新接入网络打印机在计算机端安装过程。

【重点速记】

驱动安装、网络配置、打印机测试。

8．USB 打印机在终端计算机的安装过程。

【重点速记】

驱动安装、驱动配置、打印机测试。

9．Windows 10 操作系统安装的过程（纯净版）。

【重点速记】

硬盘的前期准备、安装配置、系统测试。

10．Windows 10 系统设置登录口令及来宾账号禁用方法。

【重点速记】

计算机管理功能、密码强度要求、来宾账号禁用。

11．Windows 系统补丁的下载和安装方法。

【重点速记】

下载、安装、测试、发布。

12．解决电脑病毒问题。

【重点速记】

断网隔离、杀毒软件病毒库最新、专杀工具。

13．Windows 终端中查询计算机 MAC、IP 地址步骤。

【重点速记】

两种方法：命令查看法；“本地连接”查看法。

14．安全优盘密码忘记故障的处理过程。

【重点速记】

安全优盘标签版本。

15．主机硬盘故障的判断和更换过程。

【重点速记】

判断硬盘损坏情况、安全准备措施、安装步骤、硬盘测试。

16．主机电源故障的判断和更换过程。

【重点速记】

安全准备措施、24P 电源排线引脚定义、电源电压与线色测试（黑色 GND、橙色+3.3V、红色+5V、黄色+12V）、电源启动引脚（7 针 GND、8 针 PWR_OK）。

17．Windows 端接入办公内网入网配置过程。

【重点速记】

桌管准入安装、入网配置、连通测试。

第三节　数据库运维

章节摘要： 本章节涵盖Oracle、MySQL、Redis、PostgreSQL、MongoDB、GaussDB（DWS）等主流数据库的相关理论知识和实操练习，以帮助读者了解数据库的基础概念、原理等理论知识，掌握数据库的安装部署、日常巡检、性能优化、日志分析、安全加固、故障处理等常用操作要点，从而进一步巩固数据库相关知识，提升数据库运维水平。

一、单项选择题

1．（　　）是Oracle数据库实例内存结构的主要组成部分。

A．SGA　　B．控制文件　　C．数据文件　　D．UNDO表空间

【参考答案】A

【解析】Oracle数据库实例的内存结构主要包括SGA（System Global Area）和PGA（Program Global Area）两部分。

2．在Oracle数据库中，（　　）参数控制数据库中用户进程可以使用的最大PGA内存。

A．PGA_AGGREGATE_LIMIT　　B．SGA_MAX_SIZE

C．DB_CACHE_SIZE　　D．PGA_MAX_SIZE

【参考答案】A

【解析】在Oracle数据库中，控制数据库中用户进程可以使用的最大PGA内存的参数是PGA_AGGREGATE_LIMIT。

3．在Oracle数据库中，（　　）参数控制归档日志的存储位置。

A．LOG_ARCHIVE_DEST　　B．ARCHIVELOG_DEST

C．LOG_ARCHIVE_LOCATION　　D．ARCHIVELOG_LOCATION

【参考答案】A

【解析】在Oracle数据库中，控制归档日志的存储位置的参数是LOG_ARCHIVE_DEST。

4．在Oracle数据库中，（　　）参数控制归档日志的格式。

A．LOG_ARCHIVE_FORMAT　　B．ARCHIVELOG_FORMAT

C．LOG_FILE_FORMAT　　D．ARCHIVE_FILE_FORMAT

【参考答案】A

【解析】在Oracle数据库中，控制归档日志的格式的参数是LOG_ARCHIVE_FORMAT。

5．在Oracle数据库中，（　　）命令用于启用数据库的强制日志记录。

A．ALTER DATABASE FORCE LOGGING

B．ALTER DATABASE NO FORCE LOGGING

C．ALTER SYSTEM FORCE LOGGING

D．ALTER SYSTEM NO FORCE LOGGING

【参考答案】A

【解析】在Oracle数据库中，用于启用数据库的强制日志记录的命令是ALTER DATABASE FORCE LOGGING，该命令会强制数据库在所有操作中记录redo日志，以确保数据的一致性和恢复能力。

6．在Oracle数据库中，（　　）命令用于将内存中的脏数据写入磁盘。

A．ALTER SYSTEM SWITCH LOGFILE

B．ALTER SYSTEM ARCHIVE LOG CURRENT

C．ALTER SYSTEM CHECKPOINT

D．ALTER SYSTEM FORCE LOGGING

【参考答案】C

【解析】ALTER SYSTEM CHECKPOINT 命令会触发数据库进行检查点操作，将缓冲区中被修改但尚未写入磁盘的数据块写入磁盘。

7．在 Oracle 数据库中，（　　）参数控制数据库的字符集。

A．NLS_CHARACTERSET　　B．DATABASE_CHARACTERSET

C．CHARACTER_SET　　D．DB_CHARACTERSET

【参考答案】A

【解析】NLS_CHARACTERSET 定义了数据库中存储的字符数据的字符集，它决定了数据库支持的字符集编码和字符类型。

8．在 Oracle 数据库中，（　　）视图可以提供有关数据库实例的当前运行状态信息。

A．V$INSTANCE　　B．V$DATABASE

C．V$SESSION　　D．V$SGA

【参考答案】A

【解析】V$INSTANCE 包含有关数据库实例的信息，如实例名、启动时间、日志模式及其他与数据库实例状态相关的信息。

9．在 Oracle 数据库中，（　　）文件用于保存数据库的初始化参数。

A．CONTROLFILE　　B．SPFILE　　C．PARAMETER　　D．INIFILE

【参考答案】B

【解析】SPFILE 是一种二进制文件，用于存储数据库实例的配置参数。

10．在 Oracle 数据库中，（　　）参数控制数据库中进程的最大连接数。

A．PROCESSES　　B．SESSIONS

C．MAX_CONNECTIONS　　D．CONCURRENT_CONNECTIONS

【参考答案】A

【解析】PROCESSES 参数决定了数据库中进程的最大连接数。

11．在 Oracle 数据库中，控制文件的作用是（　　）。

A．记录数据库中所有数据文件的位置和状态

B．存储用户数据

C．存储临时数据

D．存储归档日志

【参考答案】A

【解析】控制文件包含了数据库的重要信息，包括数据文件的位置和状态、日志文件名称、数据库名称、时间戳和数据库状态信息等。

12．在 Oracle 数据库中，（　　）视图可以提供有关控制文件的信息。

A．V$CONTROLFILE　　B．V$DATABASE

C．V$FILE　　D．V$LOG

【参考答案】A

【解析】V$CONTROLFILE 包含了控制文件的相关信息，如控制文件的名称、位置及状态等。

13．在 Oracle 数据库中，（　　）命令将备份控制文件生成到系统跟踪文件中。

A．ALTER DATABASE BACKUP CONTROLFILE TO TRACE

B．ALTER DATABASE BACKUP CONTROLFILE AS 'FILENAME'

C．ALTER DATABASE BACKUP CONTROLFILE TO 'FILENAME'

D．ALTER DATABASE BACKUP CONTROLFILE

【参考答案】A

【解析】ALTER DATABASE BACKUP CONTROLFILE TO TRACE 命令将当前的控制文件内容保存到一个系统跟踪文件中，以便在需要时进行数据库恢复或其他管理操作。

14．在 Oracle 数据库中，控制文件的备份文件可以使用（　　）方式进行存储。

A．备份到磁盘　　B．备份到磁带

C．备份到网络位置　　D．以上都可以

【参考答案】D

【解析】在 Oracle 数据库中，控制文件的备份文件可以使用以下方式存储：备份到磁盘、备份到磁带、备份到网络位置。具体选择哪种方式，取决于数据库管理员的备份策略。

15．在数据库中，（　　）约束用于确保每行都有一个唯一的值，且不允许为 NULL。

A．PRIMARY KEY　　B．UNIQUE　　C．NOT NULL　　D. FOREIGN KEY

【参考答案】A

【解析】在数据库中，用于确保每行都有一个唯一的值的约束是 PRIMARY KEY 和 UNIQUE，但 PRIMARY KEY 约束不允许包含 NULL 值，UNIQUE 约束允许包含 NULL 值。

16．在 Oracle 数据库中，（　　）语句用于撤销未提交的更改。

A．ROLLBACK　　B．COMMIT　　C．SAVEPOINT　　D．UNDO

【参考答案】A

【解析】ROLLBACK 命令用于回滚当前事务中所做的所有未提交的更改，将数据库恢复到事务开始之前的状态。

17．在 Oracle 数据库中，表空间用于（　　）。

A．逻辑组织数据　　B．物理组织数据　　C．存储过程和函数　　D．存储索引

【参考答案】A

【解析】Oracle 的表空间属于 Oracle 的存储结构，是一个用于存储数据库对象的逻辑空间，是 Oracle 中数据存储的最大逻辑单元，包含段、区、数据块。

18．在 Oracle 数据库中，（　　）用于存储用户的数据和对象。

A．数据表空间　　B．临时表空间　　C．索引表空间　　D．系统表空间

【参考答案】A

【解析】数据表空间由用户创建，用于存储用户数据和对象，如表、索引、视图等。

19．在 Oracle RMAN 中，（　　）命令用于备份数据库中的所有数据文件。

A．BACKUP DATABASE　　B．BACKUP TABLESPACE

C．BACKUP ARCHIVELOG　　D．BACKUP DATAFILE

【参考答案】A

【解析】BACKUP DATABASE 命令将备份数据库中的所有数据文件。

20．在 Oracle RMAN 中，（　　）命令用于恢复整个数据库。

A．RESTORE DATAFILE　　B．RECOVER DATABASE

C．RESTORE CONTROLFILE　　D．RECOVER CONTROLFILE

【参考答案】B

【解析】RECOVER DATABASE 命令将应用数据库备份和归档日志文件，使数据库恢复到最新可用的一致性状态。

21．在 Oracle RMAN 中，（　　）参数用于指定备份集的标签。

A．TAG　　B．LABEL　　C．DESCRIPTION　　D．NAME

【参考答案】A

【解析】在 Oracle RMAN 中，通过使用 TAG 参数，可为备份集指定一个标签，以便识别和管理备份集。

22．在 Oracle RMAN 中，（　　）命令用于删除过期的备份和日志文件。

A．DELETE BACKUPSET　　B．DELETE OBSOLETE

C．DELETE BACKUP　　D．DELETE ARCHIVELOG

【参考答案】B

【解析】DELETE OBSOLETE 命令会删除过期的备份和归档日志文件，以释放存储空间并维护备份集管理信息。

23．在 Oracle RMAN 中，（　　）命令用于备份控制文件。

A．BACKUP CURRENT CONTROLFILE　　B．BACKUP FILE

C．BACKUP PFILE　　D．BACKUP CONTROLFILE

【参考答案】A

【解析】BACKUP CURRENT CONTROLFILE 命令用于创建一个备份控制文件的副本，以便在数据库发生故障或需要恢复时使用。

24．在 Oracle RMAN 恢复备份过程中，在 ALTER DATABASE 命令中使用（　　）命令参数用于将备份还原到新的位置或文件名。

A．CONVERT　　B．RECOVER　　C．RENAME　　D．RESTORE

【参考答案】C

【解析】在 ALTER DATABASE 命令中使用 RENAME 命令参数，可在恢复备份过程中更改备份文件的名称或位置。

25．在 Oracle 数据库中，返回字符串长度的函数是（　　）。

A．len()　　B．left()　　C．length()　　D．long()

【参考答案】C

【解析】在 Oracle 数据库中，length(string) 用于计算 string 字符所占的长度，返回字符串的长度。

26．在 Oracle 数据库中，（　　）用于将数据导出到文件。

A．EXP　　B．EXPORT　　C．OUT　　D．WRITE

【参考答案】A

【解析】EXP 是 Oracle 数据库中的传统导出工具，它可将数据和对象从数据库导出到一个文件中，用于备份或导入其他数据库中。

27．Oracle ASM 的主要目的是（　　）。

A．提供自动存储管理　　B．提供自动备份管理

C．提供自动性能优化　　D．提供自动数据库管理

【参考答案】A

【解析】Oracle ASM 是 Oracle 数据库的自动存储管理组件，用于管理数据库的数据文件、控制文件和归档日志文件，实现数据冗余和负载均衡，提高数据库性能和可用性。

28．在 Oracle ASM 中，FAILGROUP 的作用是（　　）。

A．实现冗余和故障切换　　B．实现磁盘的动态切换

C．实现磁盘的动态增加　　D．实现磁盘的动态删除

【参考答案】A

【解析】FAILGROUP 是 Oracle ASM 的故障组，用于实现冗余和故障切换。如果一个故障组中的磁盘或存储设备发生故障，Oracle ASM 可以自动将读写请求重定向到其他健康的分组，以保持数据的可用性和完整性。

29．在 Oracle RAC 数据库中，（　　）提供了对磁盘和文件系统的自动存储管理。

A．Oracle Grid Infrastructure　　B．Oracle ASM

C．Oracle Database　　D．Clusterware

【参考答案】B

【解析】Oracle ASM 用于管理和协调数据库存储，包括数据文件、控制文件和归档日志等。

30．在 Oracle ASM 中，使用（　　）删除磁盘组。

A．DROP DISKGROUP　　B．DELETE DISKGROUP

C．REMOVE DISKGROUP　　D．UNMOUNT DISKGROUP

【参考答案】A

【解析】在 Oracle ASM 中，删除磁盘组的命令为 DROP DISKGROUP。

31．在 Oracle 数据库中，（　　）命令用来手工切换日志。

A．ALTER SYSTEM SWITCH LOGFILE

B．ALTER DATABASE SWITCH LOGFILE

C．ALTER SYSTEM CHECKPOINT

D．ALTER DATABASE CHECKPOINT

【参考答案】A

【解析】在 Oracle 数据库中，ALTER SYSTEM SWITCH LOGFILE 命令用来对当前实例执行日志切换。

32．在 Oracle RAC 中，（　　）可以自动管理磁盘组并提供有效的数据冗余功能。

A．Data Guard　　B．Flashback Technology

C．ASM (Automatic Storage Management)　　D．RMAN (Recovery Manager)

【参考答案】C

【解析】ASM 是 Oracle 的自动存储管理解决方案，它可以管理磁盘组、提供高效的数据

冗余，以及简化存储管理方式。

33．在 Oracle RAC 中，（　　）是 OCSSD 进程。

A．Oracle Cluster Synchronization Services Daemon

B．Oracle Cluster Shared Storage Daemon

C．Oracle Cluster Service and Synchronization Daemon

D．Oracle Cluster Storage Synchronization Daemon

【参考答案】A

【解析】OCSSD 进程的全称是 Oracle Cluster Synchronization Services Daemon，它是 Oracle 集群同步服务守护的一个关键进程，如果该进程出现异常，将导致集群系统重启。

34．在 Oracle RAC 架构中，用于实现节点之间高速的网络通信组件是（　　）。

A．Private Interconnect　　B．Public Network

C．SCAN (Single Client Access Name)　　D．VIP (Virtual IP)

【参考答案】A

【解析】Private Interconnect 是 Oracle RAC 中独立的网络通信组件，用于处理集群内部通信和同步操作，以确保集群高效运行和数据同步。

35．在 Oracle RAC 架构中，（　　）组件用于提供高可用性的虚拟 IP 地址。

A．VIP　　B．Clusterware　　C．ACFS　　D．GNS

【参考答案】A

【解析】VIP（Virtual IP）是一种虚拟 IP 地址，在集群环境中，如果一个节点发生故障，可以将 VIP 切换到其他节点，实现数据库服务的高可用性。

36．在 Oracle RAC 架构中，（　　）组件用于提供客户端连接名称并进行负载均衡。

A．SCAN　　B．VIP

C．ACFS　　D．Oracle Grid Infrastructure

【参考答案】A

【解析】SCAN（Single Client Access Name）是一种虚拟主机名，用于提供客户端连接名称，使客户端可以通过 SCAN 负载均衡地连接到 RAC 数据库，当集群中新增节点或删除节点时，不需要额外维护客户端。

37．当删除一个用户的操作时，在（　　）情况下，DROP USER 语句中使用 CASCADE 关键字。

A．包含用户对象

B．不包含用户对象

C．该用户目前与数据库处于连接状态

D．该用户必须保留，但是用户对象需要删除

【参考答案】A

【解析】在使用 DROP USER 语句删除时，使用 CASCADE 关键字会删除该用户及与其关联的所有对象。

38．在 Oracle RAC 架构中，Votedisk 的作用是（　　）。

A．投票选举节点　　B．存储数据库的密码

C．存储数据库实例的状态信息　　D．存储数据库实例的运行日志

【参考答案】A

【解析】Votedisk 是集群节点投票的重要组件，在节点发生故障时，用于表决由哪个节点控制 Oracle 集群。

39. 在 Oracle RAC 架构中，使用（　　）添加新的 Votedisk。

A. crsctl add votedisk 命令　　B. srvctl add votedisk 命令

C. ocrconfig add votedisk 命令　　D. asmcmd add votedisk 命令

【参考答案】A

【解析】在 Oracle RAC 架构中，要添加新的 Votedisk，可以使用 crsctl add votedisk 命令。

40. 在 Oracle RAC 架构中，如果一块 Votedisk 出现故障，为替换该磁盘，使用（　　）命令。

A. crsctl replace votedisk　　B. srvctl replace votedisk

C. ocrconfig replace votedisk　　D. asmcmd replace votedisk

【参考答案】A

【解析】在 Oracle RAC 架构中，替换或移动 Votedisk 磁盘，使用 crsctl replace votedisk 命令。

41. 在 Oracle RAC 架构中，（　　）组件用于保存和管理集群配置信息。

A. OCR　　B. CRS　　C. ACFS　　D. SCAN

【参考答案】A

【解析】OCR 用于保存集群配置信息，包括节点信息、资源配置、服务配置等。OCR 是用于确保集群配置的一致性和可用性的关键组件。

42. 在 Oracle RAC 架构中，（　　）功能允许在多个节点上执行同一个 SQL 语句。

A. Parallel Execution　　B. Distributed Execution

C. Concurrent Execution　　D. Coordinated Execution

【参考答案】A

【解析】Parallel Execution（并行执行）是 Oracle 数据库中的一个特性，允许在多个节点上同时执行同一个 SQL 语句，将大型查询或处理分解为多个小任务，以加速处理并提高性能。

43. 在 Oracle ADG 中，（　　）模式用于最大限度地减少备库与主库的同步延迟。

A. Max Performance　　B. Max Availability

C. Max Protection　　D. Max Efficiency

【参考答案】C

【解析】Max Protection 模式要求在备库上完成归档日志的应用并确认提交后，才能在主库上提交事务。这确保了备库数据与主库的一致性，并最大限度地减少了与主库的同步延迟。

44. 在 Oracle ADG 中，（　　）服务用于管理主库与备库的同步。

A. MRP（Managed Recovery Process）　　B. FSFO（Fast-Start Failover）

C. DGMGRL（Data Guard Manager）　　D. DBFS（Database File System）

【参考答案】A

【解析】MRP 负责将来自主库的归档日志应用到备库，以确保备库与主库的同步，保持数据的一致性。

45. 在 Oracle GoldenGate 中，（　　）组件负责抽取源端数据的变化。

A. Extract B. Pump C. Replicat D. Collector

【参考答案】A

【解析】Extract 组件用于读取源端的日志文件，结合参数配置，将数据变化转换为 OGG 自有格式的文件，并写入指定路径下。

46. Oracle 数据库中逻辑结构按照从大到小的顺序依次为（ ）。

A. 表空间、区、段 B. 段、表空间、区

C. 表空间、段、区 D. 区、表空间、段

【参考答案】C

【解析】Oracle 数据库的逻辑结构之间的关系是：多个数据块组成区，多个区组成段，多个段组成表空间，所以 Oracle 数据库中逻辑结构按照从大到小的顺序依次为表空间、段、区。

47. 一个事务的执行，要么全部完成，要么全部不做，对数据库的所有操作都是一个不可分割的操作序列，这种属性是事务的（ ）。

A. 原子性 B. 一致性 C. 独立性 D. 持久性

【参考答案】A

【解析】原子性（atomicity）是事务的 ACID 属性之一。它确保了一个事务中的所有数据库操作要么全部完成，要么全部不做，事务中的操作被视为不可分割的操作序列。

48. 在 Oracle 数据库巡检过程中，AWR 报告中 log file sync 等待事件出现在 TOP 5 等待事件列表中，该事件通常暗示着（ ）。

A. 频繁的日志切换正在发生

B. REDO 日志的产生比 LGWR 进程写出的数据更快

C. 在应用程序中频繁的 COMMIT 和 ROLLBACK 正在发生

D. 在数据库中频繁的增量检查点正在发生

【参考答案】C

【解析】log file sync 表示等待日志同步，当该等待事件出现在 TOP 5 等待事件列表中时，通常代表着在数据库中进行频繁的 COMMIT 和 ROLLBACK 操作，引发频繁发生日志刷新到磁盘的请求，导致等待事件的发生。

49. Oracle 数据库中，重建控制文件只能在（ ）阶段进行。

A. nomount B. mount C. open D. close

【参考答案】A

【解析】在 Oracle 数据库中，重建控制文件要求数据库在 nomount 状态下执行。

50. Oracle 数据库中，在（ ）情况下 UNDO_RETENTION 参数即使设置了，也不起作用。

A. UNDO 表空间的数据文件是自动扩展

B. 数据库不只有一个 UNDO 表空间可用

C. UNDO 表空间是固定尺寸且 retention guarantee 没有启用

D. UNDO 表空间是自动扩展且 retention guarantee 没有启用

【参考答案】C

【解析】UNDO_RETENTION 参数用于设置 UNDO 表空间中事务所需的保留时间，在 UNDO 表空间是固定尺寸且没有启用 retention guarantee 的情况下，数据库可能会回收旧的 UNDO

数据，以释放空间，而不考虑 UNDO_RETENTION 参数设置的保留时间。

51. 在 Oracle 数据库中，（　　）命令可以将用户的默认密码有效期修改为无限制。

A. ALTER PROFILE DEFAULT LIMIT PASSWORD_LIFE_TIME 0

B. ALTER PROFILE DEFAULT LIMIT PASSWORD_REUSE_TIME 0

C. ALTER PROFILE DEFAULT LIMIT PASSWORD_LIFE_TIME UNLIMITED

D. ALTER PROFILE DEFAULT LIMIT PASSWORD_REUSE_TIME UNLIMITED

【参考答案】C

【解析】ALTER PROFILE DEFAULT LIMIT PASSWORD_LIFE_TIME UNLIMITED 命令用于将密码生命周期设置为无限制，以允许用户的密码永不过期。

52. Oracle 数据库处于非归档模式时，采用 RMAN 备份数据库，必须在（　　）状态才能进行。

A. shutdown　　B. nomount　　C. mount　　D. open

【参考答案】C

【解析】Oracle 数据库处于非归档模式时，采用 RMAN 备份数据库，在 open 状态下无法进行，必须在 mount 状态才能正常执行。

53. 星期五早上 11 点半，管理员发现 Oracle 数据库在早上 8 点半发生了一个严重的操作错误，决定闪回数据库。他必须通过（　　）来确定是否可以将该数据库恢复到指定的时间。

A. 检查报警日志文件　　B. 查询 v$flashback_database_log 视图

C. 查询 v$recovery_file_dest_size 视图　　D. 查询 v$flashback_badatabase_stat 视图

【参考答案】B

【解析】v$flashback_database_log 视图提供了有关可用于闪回数据库的日志的信息，可以帮助用户确定是否可以将数据库恢复到指定的时间点。

54. （　　）进程属于 Oracle 数据库后台数据文件写进程。

A. PMON　　B. SMON　　C. DBWR　　D. LGWR

【参考答案】C

【解析】DBWR（Database Writer）是 Oracle 数据库后台进程之一，负责将脏数据块（已修改但尚未写入磁盘的数据块）写到磁盘的数据文件中，以确保数据的持久化存储。

55. 为数据表创建索引的目的是（　　）。

A. 提高查询的检索性能　　B. 归类

C. 创建唯一索引　　D. 创建主键

【参考答案】A

【解析】为数据表创建索引的主要目的是提高查询的检索性能。索引可以使数据库系统快速定位到符合查询条件的数据行，从而加速查询操作，降低系统的 I/O 开销。

56. 以下有关 Oracle 数据库的归档日志模式，说法正确的是（　　）。

A. 处于非归档日志模式的数据库在 OPEN 状态下能切换至归档日志模式

B. 在切换到归档日志模式之前执行的所有备份都可以用于执行完全恢复

C. 处于归档日志模式的数据库在 OPEN 状态下可以进行全备份

D. 在将数据库置于归档日志模式之前，必须对联机重做日志文件进行多路复用

【参考答案】C

【解析】在 Oracle 数据库中，归档日志记录了数据库中所有的事务操作。如果数据库处于非归档日志模式，联机日志在切换时就会丢弃；而在归档日志模式下，当发生日志切换时，被切换的日志会进行归档。处于非归档日志模式的数据库需要在 mount 状态下切换到归档日志模式，与联机重做日志文件是否多路复用无关，未开启归档日志模式的数据库在数据恢复时只能执行不完全恢复。

57．在 Oracle 数据库中，（　　）操作会导致用户可以连接到 Oracle 数据库，但不能创建表。

A．授予了 CONNECT 的角色，但没有授予 RESOURCE 的角色

B．没有授予用户系统管理员的角色

C．数据库实例没有启动

D．数据库监听没有启动

【参考答案】A

【解析】CONNECT 角色允许用户连接到数据库，但没有创建表的权限。RESOURCE 角色提供了创建表等权限。B 选项即使没有授予用户系统管理员的角色，但是授予创建表权限的用户也可以。C 选项数据库实例没有启动时，用户无法连接到数据库。D 选项数据库监听没有启动时，用户无法连接到数据库。

58．当 Oracle 数据库启动时，下列（　　）文件不是必需的。

A．数据文件　　B．控制文件　　C．日志文件　　D．归档日志文件

【参考答案】D

【解析】当 Oracle 数据库启动时，数据文件、控制文件和日志文件是数据库启动所必需的，归档日志文件不是启动所必需的。

59．SGA 是用于存储 Oracle 数据库信息的内存区，该信息为数据库进程共享，以下（　　）内存区不属于 SGA。

A．PGA　　B．日志缓冲区　　C．数据缓冲区　　D．共享池

【参考答案】A

【解析】PGA（Program Global Area）是用于存储每个 Oracle 进程私有数据的内存区域，不是 SGA 的一部分。

60．在 Oracle 数据库中，（　　）用于存放 SQL 语句使用的数据块内容。

A．SharedPool　　B．Buffer Cache　　C．PGA　　D．UGA

【参考答案】B

【解析】Buffer Cache 用于存放 SQL 语句使用的数据块内容。

61．在 Oracle 数据库中，为启用自动 PGA 内存管理，需要（　　）才能实现。

A．将 MEMORY_TARGET 设置为 0

B．将 STATISTICS_LEVEL 参数设为 BASIC

C．将 WORKAREA_SIZE_POLICY 参数设为 MANUAL

D．将 PGA_AGGREGATE_TARGET 参数设为非零值

【参考答案】D

【解析】PGA_AGGREGATE_TARGET 参数控制整个数据库实例中的 PGA 内存总量，把

该参数设为非零值将启用自动 PGA 内存管理。

62. 如果有两个事务，同时对数据库中的同一数据进行操作，不会引起冲突的操作（　　）。

A. 一个是 DELETE，另一个是 SELECT　　B. 一个是 SELECT，另一个是 UPDATE
C. 两个都是 UPDATE　　D. 两个都是 SELECT

【参考答案】D

【解析】涉及 UPDATE、DELETE 的操作与其他语句操作同时进行时会产生锁，引起冲突。两个 SELECT 语句用于数据库的查询时，不会引起冲突。

63. 在 Oracle 数据库中，为数据文件启用自动扩展功能，以下描述正确的是（　　）。

A. 它只能在小文件表空间中为数据文件启用
B. 只能为非 OMF 表空间中的数据文件启用
C. 仅当表空间中的现有数据文件启用了自动扩展功能时，才能为添加到表空间的新数据文件启用
D. 可以使用 ALTER DATABASE 命令为表空间中的数据文件启用自动扩展功能

【参考答案】D

【解析】在 Oracle 数据库中，为数据文件启用自动扩展功能，与表空间文件的大小无关，与现有表空间是否启用自动扩展功能也无关。OMF 是 Oracle 对文件名称的自动管理方式，不影响自动扩展功能。可以使用 ALTER DATABASE 命令为表空间中的数据文件启用自动扩展功能。

64. 用于将事务处理写到数据库的命令是（　　）。

A. insert　　B. rollback　　C. commit　　D. savepoint

【参考答案】C

【解析】commit 命令将当前事务中的所有 SQL 语句所做的改变持久化地保存到数据库中。

65. （　　）是 Oracle 数据库维护数据文件信息、表空间信息、数据库名称和数据库 SCN（System Change Number）信息。

A. 控制文件　　B. 参数文件　　C. 数据文件　　D. 日志文件

【参考答案】A

【解析】数据库控制文件记录了数据库名字、数据文件的位置信息、表空间信息和数据库 SCN 信息等。

66. MySQL 中建立唯一索引的关键字是（　　）。

A. fulltext index　　B. only index　　C. unique index　　D. index

【参考答案】C

【解析】MySQL 中建立唯一索引的关键字是 unique index。

67. 修改 MySQL 数据库的监听端口时，需要修改的配置文件是（　　）。

A. mysql.conf　　B. user.conf　　C. my.conf　　D. my.cnf

【参考答案】D

【解析】my.cnf 是 MySQL 服务器的主要配置文件，通过 port 配置项可以配置监听端口。

68. 在 Oracle RMAN 中，（　　）命令用于指定备份的存储介质。

A．BACKUP
B．COPY
C．ALLOCATE CHANNEL
D．BACKUP LOCATION

【参考答案】C

【解析】ALLOCATE CHANNEL 命令用于分配备份通道并指定备份的存储介质。

69．Oracle 数据库中表空间的状态可以是（　　）。

A．Online、Offline
B．Use、Unuse
C．Active、Inactive
D．Compressed、Uncompressed

【参考答案】A

【解析】Oracle 数据库中表空间的状态可以是 Online、Offline。

70．在 Oracle 数据库运行过程中，经常需要升级 Patch Set，可使用（　　）。

A．opatch 命令
B．adpatch 命令
C．datapatch 命令
D．upgradepatch 命令

【参考答案】A

【解析】Oracle 用于补丁升级的命令是 opatch。

71．在 Oracle 数据库中，AWR（Automatic Workload Repository）的作用是（　　）。

A．收集和分析性能数据
B．备份数据库
C．收集用户信息
D．升级数据库

【参考答案】A

【解析】AWR 是 Oracle 数据库的重要组件，其作用是收集和分析性能数据，提供对数据库性能的深入分析，帮助识别和解决性能问题。

72．在 Oracle 数据库中，数据字典（Data Dictionary）是指（　　）。

A．包含所有数据的特定表
B．包含数据库的元数据信息
C．存储索引信息的表
D．存储用户数据的表

【参考答案】B

【解析】Oracle 数据库数据字典包含数据库的元数据信息，汇聚了数据库对象及数据库运行时需要的基础信息。

73．在 Oracle 数据库中，（　　）是执行计划。

A．一个 SQL 语句
B．一个 PL/SQL 程序
C．SQL 语句执行的步骤和顺序
D．SQL 语句的错误信息

【参考答案】C

【解析】Oracle 执行计划是指 SQL 语句执行的步骤和顺序，一般执行计划都是 Oracle 通过内部算法计算以后选择的一种消耗比较小的执行路径。

74．在 Oracle 19c 数据库中，PDB 是（　　）。

A．一个独立的数据库实例
B．一个独立的数据库容器
C．一个存储过程
D．一个表

【参考答案】B

【解析】在 Oracle 12c 及以上版本中，PDB 是 Oracle 数据库中的一个重要概念，它允许在单个 Oracle 实例中创建多个独立的数据库，每个 PDB 都是一个独立的数据库容器，可以有自己的表空间、用户、角色和对象。

75．在 Oracle 19c 数据库中，创建一个新的 PDB 使用（　　）命令。

A．CREATE PDB　　B．CREATE PLUGGABLE DATABASE

C．CREATE DATABASE　　D．CREATE PDB DATABASE

【参考答案】B

【解析】在 Oracle 19c 数据库中，创建一个新的 PDB 可以使用 CREATE PLUGGABLE DATABASE 命令。

76．在 Oracle 数据库中，（　　）是 UNDO 表空间。

A．用于存储撤销操作信息的表空间　　B．用于存储临时数据的表空间

C．用于存储元数据的表空间　　D．用于存储控制信息的表空间

【参考答案】A

【解析】在 Oracle 数据库中，UNDO 表空间用于存储撤销操作信息，支持事物的回滚操作，以确保数据一致性。

77．在 Oracle 数据库中，（　　）不是一个角色。

A．CONNECT　　B．DBA　　C．RESOURCE　　D．EXECUTE

【参考答案】D

【解析】DBA、CONNECT 和 RESOURCE 是数据库中的预定义角色，其中 DBA 为管理员角色，CONNECT 授予用户连接数据库的权限，RESOURCE 授予用户创建对象，以及允许用户创建表、视图序列、存储过程的权限。D 选项不是一个角色。

78．Oracle 数据库中的 Schema 是指（　　）。

A．数据库中对象的物理组织　　B．数据库中对象的逻辑组织

C．索引的集合　　D．备份方案

【参考答案】B

【解析】Oracle 数据库中的 Schema 是一系列数据库对象的集合，一个 Schema 由同名的数据库用户所有，是该用户创建的逻辑结构，如表、索引、视图等。

79．Oracle 数据库中创建密码文件的命令是（　　）。

A．orapwd　　B．makepwd　　C．createpwd　　D．make pwdfile

【参考答案】A

【解析】Oracle 数据库使用 orapwd 命令创建密码文件。

80．在 MySQL 中，（　　）命令用于删除整个数据库。

A．DROP DATABASE　　B．DELETE DATABASE

C．REMOVE DATABASE　　D．ERASE DATABASE

【参考答案】A

【解析】在 MySQL 中，使用 DROP DATABASE 命令删除整个数据库。选项 B、C、D 不是 MySQL 的有效命令。

81．在 MySQL 数据库中，（　　）函数用于计算数据表的行数。

A．COUNT　　B．SUM　　C．AVG　　D．MAX

【参考答案】A

【解析】MySQL 数据库中用于计算数据表的行数的函数是 COUNT，而 SUM 用于计算数值列的总和，AVG 用于计算数值列的平均值，MAX 用于求数值列中的最大值。

82. 在 MongoDB 中，（ ）的概念类似于关系型数据库中的表。

A. 集合（collection） B. 文档（document）

C. 索引（index） D. 查询（query）

【参考答案】A

【解析】在 MongoDB 中，集合类似于关系型数据库中的表，它包含多个文档。

83. Redis 是一种（ ）类型的数据库。

A. 关系型数据库 B. 文档数据库 C. 文件数据库 D. 内存数据库

【参考答案】D

【解析】Redis 是一种基于内存的键值存储数据库。

84. Redis 支持（ ）类型的数据用于存储键值对。

A. JSON B. XML C. Hash D. CSV

【参考答案】C

【解析】Redis 支持 Hash 类型的数据存储键值对。

85. 在 Redis 中，（ ）命令用于对 String 类型的 Key 进行赋值。

A. SET B. LET C. UPDATE D. STORE

【参考答案】A

【解析】在 Redis 中，使用 SET 命令对 String 类型的 Key 进行赋值。

86. （ ）是 PostgreSQL 中的备份和恢复工具。

A. pgAdmin B. psql C. pg_dump D. pg_initialize

【参考答案】C

【解析】pg_dump 是用于备份 PostgreSQL 数据库的工具。

87. PostgreSQL 的默认端口号是（ ）。

A. 5432 B. 3306 C. 1521 D. 27017

【参考答案】A

【解析】PostgreSQL 的默认监听端口号是 5432。

88. 以下（ ）描述了 MongoDB 的数据复制机制。

A. 主从复制 B. 对等复制 C. 镜像复制 D. 集群复制

【参考答案】A

【解析】MongoDB 使用主从复制机制来实现数据的冗余和高可用性，一个主节点接收写操作，然后将数据复制到多个从节点上。

89. GaussDB（DWS）DN 的高可用架构是（ ）。

A. 主备从架构 B. 一主多备架构 C. 两者兼有 D. 其他

【参考答案】A

【解析】GaussDB（DWS）DN 的高可用架构是主备从架构，即一主一备一从备。

90. HBase 中数据存储的文件格式是（ ）。

A. Hlog B. TextFile C. Hfile D. SequenceFile

【参考答案】C

【解析】HFile 是 HBase 存储数据的文件组织形式。

91. GaussDB（DWS）数据库中，以下（ ）组件负责接收来自应用的访问请求，并向客户端返回执行结果。

A. GTM　　B. WLM　　C. CN　　D. DN

【参考答案】C

【解析】CN 节点为业务侧与集群连接的节点，接受业务需求并下发至 DN 节点执行，并收集执行结果反馈至业务侧。

92. GaussDB（DWS）数据库中，以下（　　）组件负责存储业务数据、执行数据查询任务以及向 CN 返回执行结果。

A. GTM　　B. WLM　　C. CN　　D. DN

【参考答案】D

【解析】DN 节点为数据节点，需要承担 CN 节点发送的计算任务，并将计算后的结果反馈至 CN，CN 再返回结果至业务方。

93. HBase 的底层以（　　）形式存在。

A. Key-Value　　B. 列存储　　C. 行存储　　D. 实时存储

【参考答案】A

【解析】HBase 底层以 Key-Value 形式存在。

94. GaussDB（DWS）数据库中，以下（　　）工具可以实现大量数据的快速导入和导出。

A. GSQL　　B. GDS　　C. Data Studio　　D. DSC

【参考答案】B

【解析】GDS 专门用来导入导出数据，GSQL 与 Data Studio 注重数据库查询操作等，DSC 是将 SQL 脚本转换为 GaussDB（DWS）数据库 SQL 脚本的工具。

95. HBase 的主 HMaster（　　）。

A. 由 Region Server 进行裁决　　B. 为双主模式，不需要进行裁决

C. 通过 ZooKeeper 进行裁决　　D. 随机选举

【参考答案】C

【解析】HBase 的组件 HMaster 的主备选举由 ZooKeeper 完成。

二、多项选择题

1. Oracle 数据库实例的内存区包括（　　）。

A. SGA（System Global Area）　　B. PGA（Program Global Area）

C. Redo Log Buffer　　D. Data Files

【参考答案】ABC

【解析】Oracle 数据库实例的主要组件包括 SGA、PGA，SGA 主要包括 Shared Pool、Database Buffer Cache、Redo Log Buffer。D 选项 Data Files 属于数据库物理结构。

2. 在 Oracle 数据库实例启动过程中，（　　）是必须完成的步骤。

A. 执行 SGA 的分配和初始化　　B. 分配 PGA

C. 加载初始化参数文件　　D. 检查监听器状态

【参考答案】ABC

【解析】在 Oracle 数据库实例启动过程中，主要是加载初始化参数文件，完成 SGA 的分配和初始化，完成 PGA 的分配，启动 Oracle 数据库后台进程，不需要检查监听器状态。

3．在 Oracle 数据库实例中，（　　）是数据库后台进程。

A．DBWn（Database Writer）

B．LGWR（Log Writer）

C．PMON（Process Monitor）

D．TNS（Transparent Network Substrate）

【参考答案】ABC

【解析】Oracle 数据库后台进程包括 PMON（进程监视）、DBWn（数据库写入）、LGWR（日志写入）等。TNS 是 Oracle 中的一个通信协议，用于在客户端和服务器之间建立连接，实现数据传输，不属于后台进程。

4．关于 Oracle 数据库实例的监听器，（　　）是正确的。

A．监听器用于建立和维护数据库与客户端的连接

B．一个 Oracle 数据库只能有一个监听器

C．监听器可以通过监听规则识别要连接的数据库

D．监听器监听的端口是固定的

【参考答案】AC

【解析】监听器用于建立和维护数据库与客户端的连接，监听器可以通过监听规则识别要连接的数据库。一个 Oracle 数据库可以配置多个监听器，监听端口可以通过配置进行修改。

5．关于 Oracle 数据库实例的启动方式，（　　）是正确的。

A．STARTUP

B．STARTUP NOMOUNT

C．STARTUP MOUNT

D．STARTUP OPEN

【参考答案】ABCD

【解析】Oracle 数据库实例的启动命令为 STARTUP，参数有 NOMOUNT、MOUNT 和 OPEN，缺省参数为 OPEN。

6．关于 Oracle 数据库实例的关闭方式，（　　）是正确的。

A．SHUTDOWN NORMAL

B．SHUTDOWN IMMEDIATE

C．SHUTDOWN NOW

D．SHUTDOWN ABORT

【参考答案】ABD

【解析】Oracle 数据库实例的关闭命令为 SHUTDOWN，参数有 NORMAL、TRANSACTIONAL、IMMEDIATE 和 ABORT，缺省参数为 NORMAL，没有 NOW 参数。

7．在 Oracle 数据库中，参数文件的作用包括（　　）。

A．设置数据库的参数

B．指定数据库的实例名

C．指定数据库的监听器信息

D．记录数据库的表空间信息

【参考答案】AB

【解析】Oracle 数据库参数文件主要用来管理数据库的配置信息，包括设置数据库的参数和指定数据库的实例名等，是 Oracle 数据库的重要文件。数据库监听器信息主要由监听配置文件管理，数据库表空间信息主要由控制文件管理。

8．在 Oracle 数据库中，参数文件的类型包括（　　）。

A．PFILE　　B．SPFILE　　C．DFILE　　D．UFILE

【参考答案】AB

【解析】参数文件的常见类型包括 PFILE（文本文件）和 SPFILE（二进制文件）。PFILE 为文本格式，可以使用编辑器查看内容；SPFILE 为二进制格式，不能使用编辑器查看，可使

用 alter system 指令修改参数。

9．在 Oracle 数据库中，（　　）是参数文件的配置项。

A．db_name　　B．log_buffer　　C．data_file_path　　D．control_files

【参考答案】ABD

【解析】Oracle 数据库参数文件的参数配置项包括 db_name、log_buffer 和 control_files，C 选项 data_file_path 不是参数文件的配置项。

10．在 Oracle 数据库中，控制文件的作用包括（　　）。

A．记录数据库的结构信息　　B．记录数据库中数据文件的位置

C．记录数据库的日志信息　　D．记录数据库的运行参数

【参考答案】ABC

【解析】控制文件是 Oracle 数据库的重要文件，用于记录数据库的结构信息、数据文件的信息、表空间信息、备份信息、日志信息等。D 选项错误，记录数据库运行参数的文件是参数文件。

11．在 Oracle 数据库中，（　　）是创建用户进行管理和访问数据库对象的常见步骤。

A．创建用户　　B．分配表空间　　C．授予用户角色　　D．授予用户权限

【参考答案】ABCD

【解析】Oracle 数据库在使用时，需要创建用户来管理和访问数据对象，创建用户的常见步骤包括创建用户、分配表默认空间、授予用户角色或授予用户权限。

12．在 Oracle RAC 数据库中，适当调整 SGA（System Global Area）可以提高（　　）方面的性能。

A．SQL 执行速度　　B．缓存利用率　　C．数据访问速度　　D．网络带宽

【参考答案】ABC

【解析】在 Oracle 数据库性能优化过程中，优化系统 SGA 是非常重要的一步，适当调整 SGA 可以提供足够的内存，用以缓存数据块、共享池、重做日志缓冲区，可提高 SQL 执行速度、缓存利用率和数据访问速度等。D 选项网络带宽为错误选项。

13．在 Oracle 数据库中，（　　）是静态参数的特点。

A．可以立即生效

B．需要重启数据库才能生效

C．只能通过 ALTER SYSTEM SET 参数名称=数值 SCOPE=BOTH

D．只能通过 ALTER SYSTEM SET 参数名称=数值 SCOPE=SPFILE

【参考答案】BD

【解析】Oracle 数据库静态参数修改后需要重启数据库实例才能生效，SCOPE 可以指定 SPFILE，BOTH 包括 MEMORY 和 SPFILE，静态参数修改不支持 MEMORY，所以 C 不正确。

14．在 Oracle RAC 中，（　　）是视图的常见类型。

A．V$视图　　B．GV$视图　　C．F$视图　　D．H$视图

【参考答案】AB

【解析】在 Oracle RAC 中，常见的视图类型包括 V$视图、GV$视图。C 选项 F$视图和 D 选项 H$视图为错误选项。

15．关于 Oracle 数据库实例的表空间，（　　）是正确的。

A．表空间是逻辑存储单位　　B．一个 Oracle 数据库可以有多个表空间
C．表空间由数据文件组成　　D．表空间只能有一个数据文件

【参考答案】ABC

【解析】Oracle 数据库表空间是逻辑存储单位，一个 Oracle 数据库可以有多个表空间，表空间由数据文件组成。一个表空间可以有多个数据文件。

16．Oracle 数据库表空间的状态可以是（　　）。

A．ONLINE　　B．OFFLINE　　C．READONLY　　D．RESTRICTED

【参考答案】ABC

【解析】Oracle 数据库表空间的状态可以是 ONLINE（在线）、OFFLINE（离线）和 READONLY（只读）。D 选项 RESTRICTED 为错误选项。

17．在 Oracle 数据库中，数据文件的状态可以是（　　）。

A．ONLINE　　B．OFFLINE　　C．READONLY　　D．RESTRICTED

【参考答案】AB

【解析】在 Oracle 数据库中，数据文件的状态可以是 ONLINE（在线）、OFFLINE（离线）。

18．在 Oracle 数据库实例中，（　　）是常见的数据库状态。

A．NOMOUNT　　B．MOUNT　　C．OPEN　　D．STARTUP

【参考答案】ABC

【解析】Oracle 数据库常见的状态包括 NOMOUNT、MOUNT 和 OPEN。STARTUP 为启动数据库命令，不属于数据库运行状态。

19．在 Oracle 数据库中，（　　）是 RMAN 的特点。

A．支持数据库增量备份　　B．能够备份数据库文件和归档日志
C．可以备份操作系统文件　　D．提供数据库恢复功能

【参考答案】ABD

【解析】RMAN（Recovery Manager）是 Oracle 数据库进行数据备份、恢复的一个重要工具，RMAN 有多种备份策略，包括全备份、增量备份、差异备份，能够备份数据库文件和归档日志，但不能备份操作系统文件。

20．在 Oracle RMAN 中，（　　）描述了 RMAN 备份的压缩功能。

A．用于减少备份存储空间　　B．可以使用多种压缩算法
C．可以在备份时进行压缩　　D．只能在备份后进行压缩

【参考答案】ABC

【解析】RMAN（Recovery Manager）备份的压缩可以用于减少备份存储空间，可以使用多种压缩算法，可以在备份时进行压缩。D 选项错误。

21．在 Oracle 数据库中，RMAN 支持的备份形式包括（　　）。

A．完全备份　　B．差异备份　　C．增量备份　　D．日志备份

【参考答案】ABC

【解析】RMAN（Recovery Manager）是 Oracle 数据库进行数据备份、恢复的一个重要工具，具有多种备份策略，包括全备份、增量备份、差异备份。D 选项日志备份为可备份内容，不属于备份形式。

22．在 Oracle 数据库中，采用 RMAN 进行数据恢复可能涉及（　　）操作。

A．恢复损坏的数据文件　　B．使用 RECOVER 命令
C．恢复掉线的节点　　D．使用 RESTORE 命令

【参考答案】ABD

【解析】采用 RMAN 进行数据恢复可能涉及恢复损坏的数据文件、使用 RESTORE 和 RECOVER 命令恢复数据，C 选项恢复掉线的节点与数据恢复无关。

23．在 Oracle RMAN 中，（　　）操作可以实现。

A．恢复整个数据库　　B．恢复表空间
C．恢复数据文件　　D．恢复控制文件

【参考答案】ABCD

【解析】Oracle RMAN（Recovery Manager）支持恢复整个数据库、恢复表空间、恢复数据文件、恢复控制文件、恢复参数文件、恢复归档日志等。

24．在 Oracle RAC 中，（　　）是常见的 RMAN 恢复策略。

A．基于时间点的恢复　　B．基于 SCN 的恢复
C．基于日志序列号的恢复　　D．基于节点的恢复

【参考答案】ABC

【解析】Oracle RMAN（Recovery Manager）常见的恢复策略包括基于时间点、基于 SCN 和基于日志序列号的恢复。D 选项基于节点的恢复为错误选项。

25．在 Oracle RAC 中，（　　）是 Oracle RAC 数据库的特点。

A．分布式架构　　B．高可用性　　C．高性能　　D．负载均衡

【参考答案】ABCD

【解析】Oracle RAC 数据库提供群集管理和存储管理功能，具有多节点负载均衡、分布式架构、高可用性和高性能的特点。

26．在 Oracle RAC 中，（　　）是 SCAN IP 的特点。

A．提供单一名称以简化客户端连接　　B．可以有多个 SCAN IP 地址
C．提供高可用性　　D．SCAN IP 对应每个数据库实例

【参考答案】ABC

【解析】SCAN IP 是 Oracle RAC 数据库中的虚拟 IP 地址，提供简便的客户端的连接服务。Oracle RAC 数据库可以有多个 SCAN 地址以提高可用性，是整个集群的入口点。D 选项 SCAN IP 对应每个数据库实例错误。

27．在 Oracle RAC 中，（　　）是 OCR 的特点。

A．保存集群配置信息　　B．OCR 可以手动备份
C．必须位于共享存储中　　D．OCR 不能备份

【参考答案】ABC

【解析】OCR（Oracle Cluster Registry）存储集群配置信息，配置信息交由多个节点进行共享，所以 OCR 必须位于共享存储中，可以使用外部存储。OCR 管理工具提供备份功能，可以手动备份。

28．在 Oracle RAC 中，（　　）工具可以管理 OCR。

A．srvctl　　B．ocrcheck　　C．ocrconfig　　D．dbca

【参考答案】BC

【解析】Oracle RAC 管理 OCR 的工具包括 ocrcheck 和 ocrconfig。srvctl 是集群管理命令，dbca 是建库命令。

29．在 Oracle RAC 中，Voting Disk 的主要特点（　　）。

A．做集群节点状态的投票　　B．可以作为数据库的数据文件

C．维持集群的高可用性　　D．个数必须为偶数

【参考答案】AC

【解析】Voting Disk 可用于做集群节点状态的投票以及维持集群的高可用性，个数必须为奇数，不能作为数据库的数据文件。

30．在 Oracle RAC 中，（　　）是 CRS 资源的类型。

A．Server　　B．Instance　　C．Service　　D．Listener

【参考答案】ABCD

【解析】在 Oracle RAC（Real Application Clusters）中，CRS（Cluster Ready Services）是用于管理集群资源的组件，以确保高可用性和负载均衡，Server、Instance、Service、Listener 均为 CRS 资源的类型。

31．在 Oracle RAC 中，（　　）是 CRS（Cluster Ready Services）的功能。

A．管理集群节点　　B．管理集群资源

C．管理集群服务　　D．管理数据库实例

【参考答案】ABCD

【解析】在 Oracle RAC（Real Application Clusters）中，CRS（Cluster Ready Services）的主要功能包括管理集群节点、管理集群资源、管理集群服务、管理数据库实例。

32．Oracle ASM 提供了（　　）级别的冗余配置。

A．NORMAL　　B．HIGH　　C．EXTERNAL　　D．MIRROR

【参考答案】ABC

【解析】Oracle ASM（Automatic Storage Management）提供了不同级别的冗余配置，以确保数据的高可用性和容错性。NORMAL、HIGH、EXTERNAL 是 Oracle ASM 提供的冗余配置级别。

33．在 Oracle ASM 中，（　　）是常用的管理 ASM 的视图。

A．V$ASM_DISK　　B．V$ASM_DISKGROUP

C．V$ASM_DISKINFO　　D．V$ASM_GROUP_ATTR

【参考答案】AB

【解析】在 Oracle ASM（Automatic Storage Management）中，V$ASM_DISK 用于查看 ASM 实例中的磁盘信息，包括磁盘状态、大小、路径；V$ASM_DISKGROUP 用于查看 ASM 磁盘组的信息，包括磁盘组名称、状态、总空间、可用空间等。没有名为 V$ASM_DISKINFO、V$ASM_GROUP_ATTR 的标准 ASM 视图。

34．Oracle ASM 可以管理（　　）。

A．数据文件　　B．参数文件　　C．控制文件　　D．归档日志

【参考答案】ABCD

【解析】ASM 可以管理数据库数据文件、参数文件、控制文件和归档日志等。

35．在 Oracle 数据库中，（　　）是数据泵（Data Pump）的主要组件。

A．exp　　B．imp　　C．expdp　　D．impdp

【参考答案】CD

【解析】在 Oracle 数据库中，数据泵的主要组件是 expdp、impdp。

36．数据泵（Data Pump）在导出过程中，可以选择导出（　　）。

A．表　　B．视图　　C．索引　　D．存储过程

【参考答案】ABCD

【解析】在数据泵导出过程中，可以导出表、视图、索引、存储过程类型的对象。

37．Oracle 数据库闪回（Flashback）功能，可以用于（　　）。

A．恢复误删除的数据　　B．恢复误修改的数据

C．恢复误提交的事务　　D．恢复误清空的表

【参考答案】ABCD

【解析】Oracle 数据库的闪回功能可以用于恢复误删除的数据、误修改的数据、误提交的事务、误清空的表。

38．AWR（Automatic Workload Repository）的主要功能包括（　　）。

A．收集性能指标和数据　　B．生成性能报告

C．分析 SQL 语句执行计划　　D．统计资源使用情况

【参考答案】ABCD

【解析】AWR 是 Oracle 数据库中的一个性能监视和调整工具，其主要功能包括收集性能指标和数据、生成性能报告、分析 SQL 语句执行计划、统计资源使用情况。

39．Oracle 数据库执行计划用于描述 SQL 语句的（　　）。

A．SQL 语句执行顺序　　B．访问表的方式

C．使用索引情况　　D．统计执行信息

【参考答案】ABCD

【解析】Oracle 数据库执行计划用于描述 SQL 语句的多个方面，包括 SQL 语句执行顺序、访问表的方式、使用的索引、统计执行信息。

40．若要删除 book 表中的所有数据，以下语句正确的是（　　）。

A．truncate table book　　B．drop table book

C．delete from book　　D．delete * from book

【参考答案】AC

【解析】truncate 是清空表，delete 是删除表数据，drop table 是删除表结构，不符合要求，D 选项有语法错误，不可执行。

41．在 MySQL 数据库中，预设的拥有最高权限的超级用户不包括（　　）。

A．mysql　　B．administrator　　C．dba　　D．root

【参考答案】ABC

【解析】在 MySQL 数据库中，预设的拥有最高权限的超级用户只有 root 用户。

42．MySQL 数据库常用的数据备份方式有（　　）。

A．mysqldump　　B．xtrabackup　　C．rman　　D．expdp

【参考答案】AB

【解析】在 MySQL 数据库中，常用的数据备份方式包括 mysqldump、xtrabackup。rman 是 Oracle 数据库的备份和恢复工具。expdp 是 Oracle 数据库的数据泵工具。

43．MySQL 数据库的（　　）文件可以记录 DDL、DML。

A．binlog　　B．redolog　　C．audit　　D．error

【参考答案】ABC

【解析】在 MySQL 数据库中，binlog、redolog、audit 文件可以记录 DDL（数据定义语言）和 DML（数据操作语言）。error 用于记录 MySQL 服务器的错误和警告消息，但不记录 DDL 和 DML。

44．Oracle 数据库的审计类型包括（　　）。

A．SQL 语句审计　　B．系统进程审计　　C．特权审计　　D．模式对象审计

【参考答案】ACD

【解析】Oracle 数据库的审计类型包括 SQL 语句审计、特权审计、模式对象审计，Oracle 不能审计系统进程。

45．在 Oracle 数据库中，段是表空间中的一种逻辑存储结构。Oracle 数据库使用的段类型是（　　）。

A．索引段　　B．临时段　　C．代码段　　D．数据段

【参考答案】ABD

【解析】在 Oracle 数据库中，段是表空间中的一种逻辑存储结构，主要包括数据段、索引段、临时段、回滚段。

46．对 Oracle 数据库视图的描述正确的是（　　）。

A．Oracle 数据库视图是一张虚拟的表

B．Oracle 数据库视图存储的是视图定义

C．Oracle 数据库视图存储的是数据

D．Oracle 数据库视图可以像查询表一样来查询

【参考答案】ABD

【解析】视图是一种虚拟表，它本身不包含数据，但提供对其他表或视图的查询结果的虚拟表示。视图可以像表一样进行查询操作。

47．在 MySQL 数据库中，二进制日志的主要作用是（　　）。

A．库表复制　　B．数据恢复　　C．辅助诊断　　D．数据查询

【参考答案】ABC

【解析】MySQL 数据库的二进制日志（binary log）的主要作用包括库表复制、数据恢复、辅助诊断，一般情况下不用来数据查询。

48．关于 Oracle 19c 数据库多租户体系结构的优点，以下说法正确的有（　　）。

A．在集中管理平台中操作多个数据库　　B．提供隔离

C．降低管理成本、提高安全性　　D．与资源管理器集成

【参考答案】ABCD

【解析】Oracle 19c 数据库的多租户体系结构提供了多个优点，包括在集中管理平台中操作多个数据库，提供隔离，降低管理成本、提高安全性，与资源管理器集成。

49．关于数据库中索引的说法正确的是（　　）。

A．索引对于表来说没有相关性　　B．索引是用来提高查询速度的

C．索引是用来装饰表的，使表格好看一点　　D．索引会影响更新的速度

【参考答案】BD

【解析】索引可以显著提高数据表查询的速度，尤其是在大型数据表中，但它也会对插入、更新和删除数据的速度产生影响。

50．数据库中，关于主键的说法正确的是（　　）。

A．主键可以是表中的一个字段

B．主键是确定数据库中表的记录的唯一标识字段

C．该字段不可为空也不可以重复

D．主键不可以由表中的多个字段组成

【参考答案】ABC

【解析】主键可以由表中的一个或多个字段组成，但通常是一个字段。主键是用于唯一标识表中记录的字段，以确保每条记录具有唯一性。主键字段的值不可为空（非空）且不可重复，以确保唯一性。创建的联合主键可以由多个字段组成。

51．以下关于 MySQL 数据库的说法，正确的是（　　）。

A．MySQL 具有可扩展性强、支持高并发的特点

B．MySQL 是一种关系型数据库管理系统

C．MySQL 数据库是开源数据库软件

D．MySQL 支持标准 SQL 语句

【参考答案】ABCD

【解析】MySQL 是一种关系型数据库系统，具有出色的可扩展性，能够处理高并发的请求，特别适合 Web 应用和大型数据处理。MySQL 是开源的数据库管理系统，其源代码可免费使用、修改和分发。MySQL 遵循 SQL 标准，支持标准 SQL 语句，使其易于与其他关系型数据库交互。

52．（　　）是数据库的事务特性。

A．独立性　　B．原子性　　C．持久性　　D．一致性

【参考答案】ABCD

【解析】数据库的事务特性，通常被称为 ACID 属性，包括独立性、原子性、持久性、一致性。

53．在 Oracle 数据库中，以下关于临时表空间和临时段的说法，正确的是（　　）。

A．临时表空间中的临时段可用于排序、表连接

B．管理员发现临时表空间总是处于 100%使用，因此诊断数据库一定存在严重问题

C．Oracle 数据库可以设置多个临时表空间

D．在 RAC 环境中，如果某个实例临时段不足，而表空间无法扩展，可以使用其他实例中的临时段

【参考答案】ACD

【解析】临时表空间中的临时段用于存储排序和其他临时操作的数据。Oracle 数据库允许设置多个不同的临时表空间，以便更好地管理临时空间需求。在 Oracle RAC（Real Application Clusters）环境中，如果一个实例的临时段不足，可以借助其他实例中的临时段，以确保临时

空间的可用性。

54．以下对数据库普通视图作用的描述，正确的是（　　）。

A．视图可以加速数据访问

B．视图可以屏蔽掉对部分原始数据的访问

C．视图可以降低查询复杂度

D．视图可以代替原始数据表

【参考答案】ABC

【解析】视图可以提供一个已经定义的查询，它可以简化和优化对底层表的数据访问。视图可以隐藏底层表的某些列或数据，只显示需要的数据，以实现数据和隐私保护。视图可以将复杂的查询逻辑封装在一个简单的接口中，从而简化查询的编写和维护。

55．当 Oracle 数据库配置为归档模式并定期执行完全数据库备份时，丢失（　　）可能需要带有 resetlogs 选项的恢复。

A．控制文件　　B．口令文件

C．非活动的联机重做日志文件　　D．执行恢复所需要的归档日志文件

【参考答案】ACD

【解析】当 Oracle 数据库配置为归档模式并定期执行完全数据库备份时，如果需要执行带有 resetlogs 选项的恢复，可能丢失的文件包括控制文件、非活动的联机重做日志文件、执行恢复所需要的归档日志文件。口令文件不是数据库恢复的关键组成部分。

56．数据库中，属于外连接的有（　　）。

A．Left Join　　B．Right Join　　C．Full Join　　D．Cross Join

【参考答案】ABC

【解析】数据库中，外连接包括 Left Join、Right Join、Full Join。交叉连接（Cross Join）是一种连接，但不是外连接，它返回两个表的笛卡尔积。

57．在数据库中，（　　）是 DDL（数据定义语言）命令。

A．CREATE　　B．SELECT　　C．ALTER　　D．DELETE

【参考答案】AC

【解析】CREATE 和 ALTER 是 DDL（数据定义语言）命令，用于创建、修改数据库对象。SELECT 是 DQL（数据查询语言）命令，DELETE 是 DML（数据操作语言）命令，用于查询和删除数据。

58．有关 Oracle 数据库参数文件 SPFILE 的叙述，正确的是（　　）。

A．SPFILE 是一个二进制文件

B．SPFILE 不能存放在客户端

C．SPFILE 不能修改静态参数

D．SPFILE 可以修改静态参数，重启数据库生效

【参考答案】ABD

【解析】SPFILE（Server Parameter File）是一个二进制文件，用于存储数据库的参数设置。SPFILE 存放在数据库服务器上，而不是客户端上。SPFILE 允许修改静态参数，但修改后需要重新启动数据库才会生效。

59．MongoDB 支持的索引包括（　　）。

A．单键索引　　B．多键索引　　C．复合索引　　D．文本索引

【参考答案】ABCD

【解析】MongoDB 的索引类型包括单键索引、多键索引、复合索引、文本索引、地理空间索引、哈希索引等。

60．MongoDB 的副本集成员有（　　）。

A．Primary　　B．Slave　　C．Secondary　　D．Arbiter

【参考答案】ACD

【解析】MongoDB 的副本集成员包括主成员（Primary）、从成员（Secondary）、仲裁成员（Arbiter）。

61．MongoDB 中的分片用于（　　）。

A．提高查询性能　　B．增加数据冗余

C．横向扩展存储容量　　D．实现数据加密

【参考答案】AC

【解析】MongoDB 中的分片用于提高查询性能和横向扩展存储容量。

62．分布式两阶段事务提交包含（　　）。

A．事务验证阶段　　B．事务预提交阶段

C．事务回滚阶段　　D．事务全局提交阶段

【参考答案】BD

【解析】两阶段事务提交包含事务预提交阶段、事务全局提交阶段。

63．以下关于 GaussDB（DWS）的说法，正确的是（　　）。

A．GaussDB（DWS）支持 X86 和 Kunpeng 硬件架构

B．GaussDB（DWS）仅支持行存储

C．GaussDB（DWS）是一款具备分析及混合负载能力的分布式数据库

D．GaussDB（DWS）提供 PB（petabyte）级数据分析能力、多模分析能力和实时处理能力

【参考答案】ACD

【解析】GaussDB（DWS）支持支持 X86 和 Kunpeng 硬件架构，是一款具备分析及混合负载能力的分布式数据库，提供 PB（petabyte）级数据分析能力、多模分析能力和实时处理能力，支持行存储与列存储。

64．以下关于 GaussDB（DWS）技术特点的说法，正确的是（　　）。

A．支持标准的 SQL92、SQL99、SQL2003 规范

B．支持行列混合存储引擎，数据按照最优负载模型选择存储方式

C．不支持并行数据导出和导入

D．支持基于代价的查询优化模型，提升复杂查询性能

【参考答案】ABD

【解析】GaussDB（DWS）支持标准的 SQL92、SQL99、SQL2003 规范；支持行列混合存储引擎，数据按照最优负载模型选择存储方式；支持并行数据导出和导入；支持基于代价的查询优化模型，提升复杂查询性能。

65．GaussDB（DWS）的适用场景包括（　　）。

A．订单查询　　B．数据仓库　　C．混合负载　　D．大数据分析

【参考答案】ABCD

【解析】GaussDB（DWS）适用于订单查询、数据仓库、混合负载和大数据分析等场景。

66．GaussDB（DWS）支持的隔离级别包括（　　）。

A．读已提交　　B．读未提交　　C．可重复读　　D．可串行化

【参考答案】AB

【解析】GaussDB（DWS）支持的隔离级别包括读已提交与读未提交。

三、判断题

1．在 Oracle 数据库中，可以使用 REVOKE 语句回收用户的角色。

【参考答案】对

【解析】在 Oracle 数据库中，REVOKE 命令用于回收用户的角色或撤销之前授予的权限。

2．Oracle 数据库至少有一个控制文件。

【参考答案】对

【解析】控制文件是 Oracle 数据库的重要文件，用于记录数据库的结构信息、数据文件信息、表空间信息、备份信息、日志信息等。Oracle 数据库至少需要一个控制文件，可以有多个控制文件。

3．在 Oracle 数据库中，参数文件保存了数据库的数据文件位置信息。

【参考答案】错

【解析】Oracle 数据库的参数文件主要用来记录数据库的配置信息，包括数据库的参数和指定数据库的实例名等，但是参数文件不保存数据文件位置信息，数据文件位置信息由控制文件保存。

4．在 Oracle 数据库中，参数文件可以是文本文件。

【参考答案】对

【解析】参数文件的常见类型包括 PFILE（文本文件）和 SPFILE（二进制文件）。PFILE 为文本格式，可以使用编辑器查看内容；SPFILE 为二进制格式，不能使用编辑器查看，可使用 alter system 命令修改。

5．在 Oracle 数据库中，控制文件保存了数据库的表空间信息。

【参考答案】对

【解析】控制文件（Control File）是 Oracle 数据库的重要文件，用于记录数据库的结构信息、数据文件信息、表空间信息、备份信息、日志信息等。

6．在 Oracle 数据库中，AWR 数据收集频率是固定的，不能进行调整。

【参考答案】错

【解析】AWR（Automatic Workload Repository）的主要功能包括收集性能指标和数据、生成性能报告，包括数据库实例性能、SQL 执行性能和段性能等。AWR 数据收集频率可以通过修改相关参数调整，如 SNAPSHOT_INTERVAL。

7．在 Oracle 数据库中，执行计划可以通过执行 SQL 语句 EXPLAIN PLAN 生成。

【参考答案】对

【解析】EXPLAIN PLAN 可以生成 SQL 语句的执行计划，但不会实际执行 SQL 语句。

8．在 Oracle 数据库中，ADDM 分析报告只包括数据库性能问题，不包括解决方案。

【参考答案】错

【解析】ADDM 是 Oracle 数据库的一个自诊引擎，其通过检查和分析 AWR 获取的数据来判断数据库的性能问题，并给出建议或解决方案。

9．Oracle 数据泵可以用于不同 Oracle 数据库之间的数据迁移。

【参考答案】对

【解析】在 Oracle 数据库中，数据泵（Data Pump）可以用于不同 Oracle 数据库之间的数据迁移，具体通过数据泵的导出工具 expdp 和导入工具 impdp 实现。

10．Oracle 数据泵是通过 EXP 和 IMP 命令实现的。

【参考答案】错

【解析】Oracle 数据泵技术支持 Oracle 数据库之间的数据和元数据高速迁移，其主要由客户端 expdp 和 impdp 实用工具来实现数据的导出和导入，而不是 EXP 和 IMP。

11．Oracle 数据泵可以对导出和导入的数据进行压缩。

【参考答案】对

【解析】Oracle 数据泵技术支持数据库之间的数据和元数据高速迁移，可以对导出和导入的数据进行压缩，缩小导出文件的大小。

12．在 Oracle 数据库中，闪回查询可以用于查看表的历史数据。

【参考答案】对

【解析】闪回查询是查询过去某个时间点或某个 SCN 值对应的表中的数据信息，它是基于回滚表空间中的回滚信息实现的，可以用于查看表的历史数据，包括删除或修改之前的数据。

13．在 Oracle RAC 群集中，OCR 文件包含了集群的配置信息，如节点、网络、服务等。

【参考答案】对

【解析】OCR 是 Oracle Cluster Register 的缩写，相当于集群软件 GI 的一个注册表，其中存储了关于集群的各种配置信息，如节点、网络、服务、存储等，是整个集群的配置数据库。

14．在 Oracle RAC 群集中，OCR 不支持保存在 ASM（Automatic Storage Management）中。

【参考答案】错

【解析】OCR 是 Oracle Cluster Register 的缩写，相当于集群软件 GI 的一个注册表，其中存储了关于集群的各种公用配置信息，由多个节点进行共享。所以，OCR 可以保存在共享磁盘上，当然可以保存在 ASM 中，以提高可靠性和可用性。

15．在 Oracle RAC 中，Votedisk 是必需的，没有 Votedisk 集群无法正常工作。

【参考答案】对

【解析】Oracle RAC 的 Votedisk 是用于集群成员之间进行投票的磁盘设备，因此 Votedisk 是必需的，用于判断节点的可用性。

16．在 Oracle RAC 中，ASM 可以通过动态增加磁盘来实现在线容量扩展。

【参考答案】对

【解析】Oracle ASM 是指“自动存储管理”，可自动管理磁盘并提供有效的数据冗余功能。ASM 可以通过动态增加磁盘来实现在线容量扩展，而不需要停止数据库。

17．在 Oracle RAC 中，ASM 可以将数据库文件均匀分布在不同的磁盘上，以提高 I/O 性能。

【参考答案】对

【解析】Oracle ASM 是指“自动存储管理”，可自动管理磁盘并提供有效的数据冗余功能。ASM 可以将数据库文件均匀分布在不同的磁盘上，以提高 I/O 性能。

18．在 Oracle 数据库中，数据文件是用来存储数据库中的数据和对象的物理文件。

【参考答案】对

【解析】数据文件是用来存储数据库中的数据、表、索引、视图等对象的物理文件。

19．在 Oracle 数据库中，一个表空间可以只包含一个数据文件。

【参考答案】对

【解析】一个常规表空间可以包含一个或多个数据文件，具体取决于需求和配置策略；而一个大文件表空间则只能有一个数据文件。

20．在 Oracle RAC 中，数据文件可以直接创建在 ASM（Automatic Storage Management）上。

【参考答案】对

【解析】Oracle ASM 是指“自动存储管理”，可自动管理磁盘并提供有效的数据冗余功能，数据文件可以直接创建在 ASM 上。

21．在 Oracle 数据库中，SYSTEM 表空间用于存储业务数据。

【参考答案】错

【解析】SYSTEM 表空间用于存储系统表、数据字典、元数据等系统级别数据，通常不用于存储用户数据。

22．在 Oracle 数据库中，临时表空间用于存储临时数据，如排序和 Hash 连接的中间结果。

【参考答案】对

【解析】临时表空间用于存储临时数据，如排序和 Hash 连接的中间结果。临时表空间中的数据在事务提交后自动删除。

23．Oracle 数据库可以同时运行多个实例。

【参考答案】对

【解析】Oracle 数据库实例是在物理数据库上运行的进程和内存结构的集合，负责管理数据库的访问、数据缓存、事务控制和并发处理等。一个 Oracle 数据库可以拥有一个或多个实例，具体取决于系统的需求和配置。

24．在 Oracle 数据库中，SGA 中包含数据库缓冲区、共享池和重做日志缓冲区。

【参考答案】对

【解析】SGA 是系统全局区的英文简称，是 Oracle 实例的基本组成部分。SGA 主要由数据缓冲区（Database Buffer Cache）、共享池（Shared Pool）、重做日志缓冲区（Redo Log Buffer）、大型池（Large Pool）、Java 池（Java Pool）、流池（Streams Pool）和其他结构组成。

25．在 Oracle 数据库中，PGA 的大小可以动态调整，不需要重新启动数据库。

【参考答案】错

【解析】PGA 是 Oracle 数据库中的一块全局内存区域，它在用户进程中是独立的，用于存储 SQL 执行时所需要的内部数据结构、排序、哈希计算等。PGA 的大小不能动态调整，需要在数据库实例重新启动后生效。

26．Oracle RAC 可以提供高可用性和可伸缩性。

【参考答案】对

【解析】RAC 是 Real Application Clusters 的缩写，中文名称为“实时应用集群”。Oracle RAC 可以提供高可用性和可伸缩性，允许多个实例同时访问同一个数据库。

27．在 Oracle ADG 中，备库的 DB_UNIQUE_NAME 通常与主库的相同。

【参考答案】错

【解析】ADG（Advanced Data Guard）是 Oracle 数据保护解决方案的一种，其提供了高可用性、数据保护和灾难恢复等功能，实现了数据库高可用性。在 Oracle ADG 中，备库的 DB_UNIQUE_NAME 通常与主库的不同，以便区分主、备库。

28．Oracle GoldenGate 不支持异构数据库之间的数据复制。

【参考答案】错

【解析】Oracle GoldenGate 是一种基于日志的结构化复制软件，它通过解析源数据库在线日志或归档日志获得数据库的增、删、改、查变化，实时捕捉、变换和投递，实现元数据库与目标数据库之间的数据同步。Oracle GoldenGate 支持异构数据库之间的数据复制，可以复制不同类型数据库之间的数据。

29．Oracle GoldenGate 不能实现跨操作系统平台的数据复制。

【参考答案】错

【解析】Oracle GoldenGate 是一种基于日志的结构化复制软件，它通过解析源数据库在线日志或归档日志获得数据库的增、删、改、查变化，实时捕捉、变换和投递，实现元数据库与目标数据库之间的数据同步。Oracle GoldenGate 可以实现跨平台的数据复制，允许将数据库数据从一个平台复制到另一个平台，如从 UNIX 平台复制到 Linux 平台。

30．在 MySQL 数据库中，一个表的 PRIMARY KEY 可以有多个。

【参考答案】错

【解析】PRIMARY KEY（主键）是表中的一个或多个字段，它的值用于唯一标识表中的某一条记录。在 MySQL 数据库中，一个表只能有一个主键，该主键可以由一个或多个列组成。

31．在 MySQL 数据库中，SUM（*）可以用于计算表中的记录数。

【参考答案】错

【解析】在 MySQL 数据库中，SUM（*）函数是用来求和的，用于计算表中的记录数的函数是 COUNT（*）。

32．在 MySQL 数据库中，DESCRIBE 语句用于查看表的结构和属性。

【参考答案】对

【解析】在 MySQL 数据库中，DESCRIBE 语句用于查看表的结构和属性，列出表的字段、类型、主键等信息。

33．在 Oracle 数据库中，RMAN 必须在数据库处于 nomount 或者 mount 的情况下才能对数据库进行完全备份

【参考答案】错

【解析】RMAN 是 Recovery Management 的简称，是 Oracle 数据恢复管理工具，它可实现数据库备份、还原和恢复功能。可以在数据库开启归档模式下的 open 状态，通过 RMAN 工具进行在线热备份。

34. Oracle RMAN 不支持多通道并行备份。

【参考答案】错

【解析】RMAN 是 Recovery Management 的简称，是 Oracle 数据恢复管理工具，它可实现数据库备份、还原和恢复功能。在 RMAN 备份时，可以分配多个通道进行并行备份，加快备份速度。

35. Oracle RMAN 支持对数据库全备份，包括所有表空间、数据文件和控制文件，但不支持参数文件备份。

【参考答案】错

【解析】RMAN 是 Recovery Management 的简称，是 Oracle 数据恢复管理工具，它可实现数据库备份、还原和恢复功能。RMAN 可以备份整个数据库，包括数据文件、控制文件、归档日志和参数文件等。

36. Oracle 数据库实例强制关闭时，不等待事务完成，可以通过 SHUTDOWN NORMAL 命令完成。

【参考答案】错

【解析】Oracle 数据库的 SHUTDOWN NORMAL 命令以正常方式关闭数据库，发起后阻止任何用户建立连接，等待已连接的所有用户主动断开，之后关闭数据库。如果强制关闭数据库，不等待事务完成，可以通过 SHUTDOWN ABORT 命令实现。

37. Oracle RMAN 备份数据库时支持压缩功能，但不支持加密。

【参考答案】错

【解析】RMAN 是 Recovery Management 的简称，是 Oracle 数据恢复管理工具，它可实现数据库备份、还原和恢复功能。通过 RMAN 备份数据时，可以对备份片进行压缩和加密。

38. 在 Oracle RMAN 的日常使用中，可以使用 CROSSCHECK 命令验证备份的有效性。

【参考答案】对

【解析】RMAN 的 CROSSCHECK 命令可以用于核对磁盘和磁带上的备份文件，以确保 RMAN 资料库与备份文件保持同步，验证备份的有效性。

39. Oracle 数据库的 message 日志文件会记录数据库实例运行中发生的错误信息。

【参考答案】错

【解析】Oracle 数据库实例运行中发生的错误信息记录位于 alert 日志文件中，而不在 message 日志文件中。

40. MySQL 数据库支持触发器（Trigger）来在特定事件发生时执行 SQL 代码。

【参考答案】对

【解析】MySQL 触发器是用于在特定事件（如插入、更新、删除）发生时自动执行 SQL 代码的数据库对象。

41. MongoDB 通过分片实现了水平扩展能力。

【参考答案】对

【解析】MongoDB 通过分片实现水平扩展，将数据分布到多个服务器上，以便处理更大规模的数据和负载。

42. 在 MongoDB 副本集中，备节点是通过心跳获取主节点数据的。

【参考答案】错

【解析】MongoDB 副本集中，备节点是通过自动拉取获取主节点数据的。

43．MongoDB 的配置文件是一个文本文件，通常命名为 my.cnf。

【参考答案】错

【解析】MongoDB 的配置文件是一个文本文件，通常命名为 mongod.conf，它记录了监听地址、端口号、数据目录、日志级别等信息。my.cnf 通常为 MySQL 的配置文件。

44．GaussDB（DWS）采用计算分布、数据分布的 MPP 架构。

【参考答案】对

【解析】GaussDB（DWS）采用 MPP（Massively Parallel Processing）架构。

45．Full Join 和 Cross Join 的结果等同。

【参考答案】错

【解析】Cross Join 的结果是笛卡尔积，会显示所有符合条件的结果；而 Full Join 只要某个表存在匹配，其结果就会返回数据行。

46．GaussDB（DWS）可以通过“cm_ctl query”命令查看集群状态，当“cluster_state”为“Normal”时，集群状态正常。

【参考答案】对

【解析】当“cluster_state”为“Normal”时，集群状态正常；为其他状态时，集群异常，需要处理。

47．GaussDB（DWS）支持用户登录、注销审计。

【参考答案】对

【解析】GaussDB（DWS）支持用户登录、注销审计。

四、实践操作题

1．Oracle 数据库采用自动共享内存管理方式，请将 SGA 内存大小修改为 4GB，确保参数生效，并查看所配置的参数数值。

【重点速记】

修改参数 sga_max_size 和 sga_target，注意需要重启数据库。

2．在 Oracle 数据库中创建表空间 testtablespace，数据文件位置为'+DATA/ractest/datafile/testtablespace01.dbf'，大小为 100MB，开启自动扩展，每次扩展 10MB，最大为 300MB。

【重点速记】

（1）create tablespace testtablespace datafile '+DATA/ractest/datafile/testtablespace01.dbf' size 100MB autoextend on next 10MB maxsize 300MB。

（2）查询 dba_data_files，确认表空间信息。

3．在 Oracle 数据库中创建用户，用户名为 mytest，用户密码为 Ora_pw#123，并授予适当的权限，确保能够连接数据库创建表、视图、存储过程等对象；默认表空间为 USERS，默认用户临时表空间为 TEMP。

【重点速记】

（1）create user mytest default tablespace USERS;
temporary tablespace temp identified by Ora_pw#123。

（2）授予 MYTEST 角色为 connect 和 resource。

4．在 Oracle 数据库中启用闪回功能，配置闪回文件存储位置为'+DATA'，配置闪回空间大小为 1GB。

【重点速记】

（1）首先要开启闪回功能，并确认是否开启归档。

（2）修改参数 db_recovery_file_dest_size 和 db_recovery_file_dest。

（3）在 mount 状态下开启闪回功能。

5．对 Oracle 数据库全库进行逻辑备份，采用数据泵方式，用户名为 system，数据库目录名称为 mydir，路径为'/home/oracle/expdp_test'。

【重点速记】

（1）创建数据库目录并对目录授权。

（2）导出数据库：expdp system/Ora_pw#123 irectory=mydir dumpfile=expdp.dmp logfile=exp.log full=y。

6．某业务系统 MySQL 数据库默认存储引擎为 MyISAM，由于业务需求变化，需要将默认存储引擎变更为 InnoDB。

【重点速记】

（1）查看默认存储引擎语句。

（2）修改/etc/my.cnf 下默认存储引擎参数：default_storage_engine=innodb。

（3）重启 mysqld 服务：systemctl restart mysqld。

7．请对 Oracle 数据库添加一组 redo log 日志，日志文件位置和大小与原有日志相同。

【重点速记】

（1）通过 v$logfile 和 v$log 视图查询日志文件位置和大小。

（2）alter database add logfile thread 1 group 6 '+DATA/ractest/onlinelog/group_6.log' size 50MB。

8．在 Oracle 数据库中新建一个 UNDO 表空间，大小为 200MB，对默认 UNDO 表空间进行替换。

【重点速记】

（1）查看默认 UNDO 表空间：show parameter undo。

（2）创建新的 UNDO 表空间，并开启自动扩展功能：

create undo tablespace undo2 datafile。

'+DATA/ractest/datafile/undo2.dbf' size 200M。

（3）修改默认 UNDO 表空间为新的 UNDO2。

9．查看 ASM 卷组信息及磁盘信息，为 ASM 卷组+DATA 添加一块新磁盘'/dev/mapper/ocr06'。

【重点速记】

（1）通过视图 v$asm_diskgroup 和 v$asm_disk 查询磁盘组信息。

（2）添加磁盘：alter diskgroup DATA add disk '/dev/mapper/ocr06'。

10．查看 Oracle RAC 数据库 OCR 检查信息、OCR 备份信息并手动备份 OCR 到/tmp/ocr.bak。

【重点速记】

（1）OCR 检查信息：ocrcheck。

（2）OCR 备份信息：ocrconfig-showbackup。

（3）/u01/app/11.2.0/grid/bin/ocrconfig -export tmp/ocr.bak。

11．配置 RMAN 备份策略，开启控制文件自动备份策略。要求通过 RMAN 备份的控制文件带有时间戳信息，并生成最新的控制文件备份。

【重点速记】

（1）配置参数 controlfile autobackup format 和 controlfile autobackup。

（2）backup current controlfile。

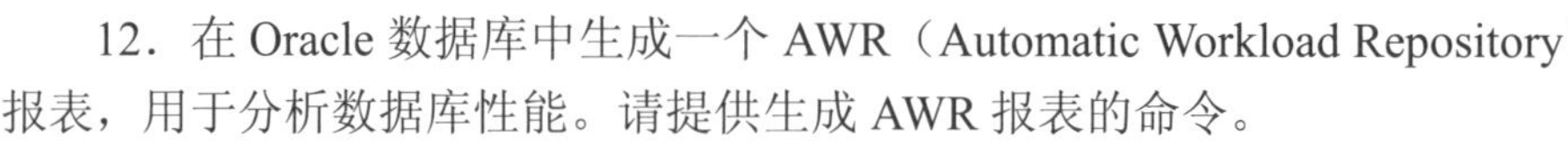

12．在 Oracle 数据库中生成一个 AWR（Automatic Workload Repository）报表，用于分析数据库性能。请提供生成 AWR 报表的命令。

【重点速记】

命令为@?/rdbms/admin/awrrpt.sql，注意选择快照的时间和文件类型。

13．在 Oracle 数据库中创建一个新的 ASM 磁盘组，名称为 DATA_GRP，使用磁盘'/dev/mapper/data05'和'/dev/mapper/data06'。

【重点速记】

（1）采用 grid 用户登录数据库。

（2）create diskgroup DATA_GRP external redundancy disk '/dev/mapper/data05'，'/dev/mapper/data06'。

14．在 Oracle 数据库 alert 日志中发现 ora-27090 错误，信息如下：ora-27090:unable to reserve kernel resources for asynchronous disk i/o。请解决该问题，恢复数据库正常运行。

【重点速记】

（1）修改配置文件/etc/sysctl.conf 的 fs.aio-max-nr 参数。

（2）配置文件生效：sysctl -p。

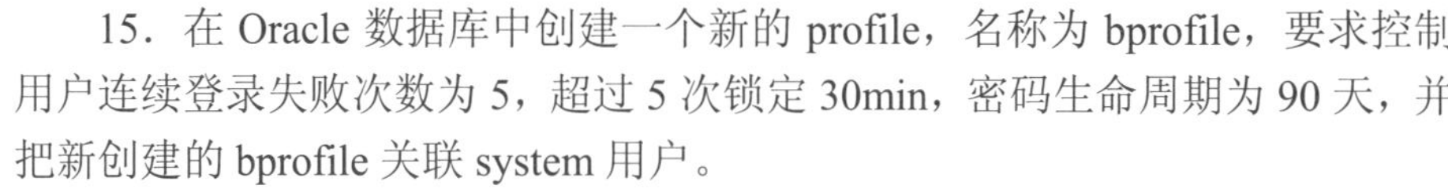

15．在 Oracle 数据库中创建一个新的 profile，名称为 bprofile，要求控制用户连续登录失败次数为 5，超过 5 次锁定 30min，密码生命周期为 90 天，并把新创建的 bprofile 关联 system 用户。

【重点速记】

（1）create profile aprofile limit failed_login_attempts 5 password_lock_time 30 password_life_time 90。

（2）关联用户：alter user system profile aprofile。

16．Oracle 数据库在有全库备份的情况下，运行时发现一个 3 号数据文件/u01/app/datafile/datafile03.dbf 受损，请恢复该数据文件。

【重点速记】

将 datafile 3 脱机，在 RMAN 中用 restore 和 rocover 恢复数据库文件，然后再将 datafile 3 联机。

17．通过 RMAN 对 Oracle 数据库进行完整备份。要求开启备份优化参数，备份目录为/bakup，备份文件名为 orcl_当前日期_唯一文件名.bak。

【重点速记】

（1）配置参数：backup optimization 和 channel device type disk format。

（2）backup database。

18．使用 mysqldump 对 MySQL 数据库 test01 进行备份，备份文件存放到 /bak/Test01.sql。

【重点速记】

mysqldump -u root -p Test01 > /bak/Test01.sql。

19．开启 MySQL 数据库 binlog 日志功能和 GTID。

【重点速记】

（1）关闭 MySQL。

（2）修改 MySQL 配置文件 vim /etc/my.cnf，添加如下参数：

log_bin=/data/binlog/mysql-bin binlog_format=row；

gtid-mode=on enforce-gtid-consistency=true。

（3）启动 MySQL。

20．请在 Oracle 数据库中生成 SQL 语句的执行计划，并根据执行计划结果进行优化。SQL 语句如下：

select employee_id, last_name, first_name, department_name from hr.employees e, hr.departments d where e.department_id = d.department_id and e.last_name like 'T%' order by last_name。

【重点速记】

（1）使用 explain plan for 生成 SQL 语句执行计划并分析。

（2）发现缺少索引，创建索引：create index inx_emp_name on hr.employees（last_name）。

（3）再次查看执行计划，进行验证。

第四节 存 储 运 维

章节摘要：本章节内容是存储系统的基本概念和主要技术，主要包括 DAS、NAS、SAN 存储体系结构，机械硬盘、SSD 等存储介质，HBA 卡、光纤交换机、磁盘阵列等硬件及设备配置管理，存储分配与变更管理，多路径、RAID 等技术，以及常见故障处理和性能优化等。

一、单项选择题

1．DAS 代表的意思是（　　）。

A．两个异步的存储　　B．数据归档软件

C．连接一个可选的存储　　D．直连存储

【参考答案】D

【解析】开放系统的直连式存储简称 DAS，直连式存储与服务器主机之间的连接通道通常采用 SCSI。

2．为了解决同位检查码技术的缺陷而产生的一种内存纠错技术是（　　）。

A．Chipkill　　B．热插拔

C．S.M.A.R.T　　D．Advanced ECC Memory

【参考答案】D

【解析】ECC 内存（error-correcting code memory，ECC Memory），即应用了能够实现错误检查和纠正技术的内存条。

3．以下（　　）是衡量硬盘可靠性的指标。

A．NCQ　　B．TCQ

C．平均无故障间隔时间　　D．平均访问时间

【参考答案】C

【解析】平均无故障间隔时间（mean time before failure，MTBF）是一个可靠性量化指标，其单位为"小时（h）"。产品在总的使用阶段累计工作时间与故障次数的比值为 MTBF，它反映了产品的时间质量。MTBF 通常用于一个故障可恢复的系统，是指系统两次故障间隔时间的平均值，也称平均故障间隔。简单地说，产品故障越少，MTBF 越高，也就意味着产品可靠性越高。

4．SCSI 硬盘接口速率发展到 320MB/s，基本已经达到极限，SCSI 硬盘下一代产品的接口为（　　）。

A．SAS　　B．FC-AL　　C．SATA　　D．PATA

【参考答案】A

【解析】SAS（serial attached SCSI）即串行连接 SCSI，是新一代的 SCSI 技术。SAS 是并行 SCSI 接口之后开发出的全新接口。该接口的设计是为了改善存储系统的效能、可用性和扩充性，并且提供与 SATA 硬盘的兼容性。

5．SATA 2.0 接口规范定义的数据传输速率为（　　）。

A．133MB/s　　B．150MB/s　　C．300MB/s　　D．600MB/s

【参考答案】C

【解析】硬盘 SATA 1.0 的实际读写速率是 150MB/s，带宽是 1.5Gbit/s；硬盘 SATA 2.0 的实际读写速率是 300MB/s，带宽是 3Gbit/s；硬盘 SATA 3.0 的实际读写速率是 600MB/s，带宽是 6Gbit/s。

6．下列（　　）不是 SATA 技术的特点。

A．SATA 连接器可以同时支持 SATA 和 SAS 硬盘

B．支持本机命令队列（NCQ）

C．支持组件管理（enclosure management），如风扇控制、温度控制、新硬盘指示、坏硬盘指示及硬盘状态指示等

D．支持端口复用（port multiplier），允许多个硬盘连接到同一端口

【参考答案】A

【解析】SATA 连接器不支持 SAS 硬盘，SAS 连接器可以同时支持 SATA 和 SAS 硬盘。

7．目前硬盘接口传输速率最快的是（　　）。

A．SAS　　B．FC　　C．SATA　　D．IDE

【参考答案】B

【解析】SATA 接口使用串行传输，因此具有更高的传输速率和更可靠的数据传输。SATA 接口分为 SATA 2 和 SATA 3 两种类型，其中 SATA 3 可以达到 6Gbit/s 的传输速率。

SAS 接口是 SATA 的一种改进版本，它使用了更为先进的 SCSI 接口协议，还支持热插

拔，并且传输速率可以达到 12Gbit/s。

FC 接口是一种基于光纤的硬盘接口，传输速率高，可达到 16Gbit/s 以上，同时具有较好的可靠性和免疫干扰能力。

IDE 接口也称 ATA。ATA-7 是 ATA 接口的最后一个版本，也称 ATA133。ATA133 接口支持 133MB/s 的数据传输速率。

8．SAS 硬盘的接口可以和下列（　　）硬盘的接口兼容。

A．ATA　　B．SATA　　C．SCSI　　D．FC

【参考答案】B

【解析】SAS 连接器可以同时支持 SATA 和 SAS 硬盘。

9．用于定义当磁头移动到数据所在的磁道后，等待所需要的数据块继续转动到磁头下的时间参数是（　　）。

A．平均寻道时间　　B．平均潜伏时间

C．平均等待时间　　D．平均移动时间

【参考答案】B

【解析】平均潜伏时间是指当磁头移动到数据所在的磁道后，等待所需要的数据块继续转动（半圈或多些、少些）到磁头下的时间。平均潜伏时间越短越好，潜伏时间短则代表从硬盘读取数据的等待时间短，这就等于该硬盘具有更高的数据传输率。

10．用于衡量硬盘实际工作速率的参数是（　　）。

A．外部数据传输率　　B．内部数据传输率

C．局部数据传输率　　D．最高数据传输率

【参考答案】B

【解析】内部数据传输率，就是硬盘将数据从盘片上读取出来，然后存储在缓存内的速率。内部传输速率可以明确表现出硬盘的读写速，它的高低才是评价一个硬盘整体性能的决定性因素，是衡量硬盘性能的真正标准。有效地提高硬盘的内部传输率才能对磁盘子系统的性能有最直接、最明显的提升。

11．固态硬盘的优势不包括（　　）。

A．启动快　　B．价格低　　C．读取数据延迟小　　D．功耗低

【参考答案】B

【解析】启动快，没有电动机加速旋转的过程；不用磁头，快速随机读取，读取数据延迟极小；具有相对固定的读取时间；由于寻址时间与数据存储位置无关，因此磁盘碎片不会影响读取时间；基于 DRAM 的固态硬盘写入速度极快；无噪声。因为没有机械电动机和风扇，工作时噪音值为 0dB；低容量的基于闪存的固态硬盘在工作状态下能耗和发热量较低；内部不存在任何机械活动部件，不会发生机械故障，也不怕碰撞、冲击、振动，意外掉落或与硬物碰撞时能够将数据丢失的可能性降到最小。固态硬盘目前最大的不足是价格高，相对普通硬盘，其在价格方面没有任何优势；另外，固态硬盘容量小，无法满足大数据的存储需求。

12．下列 RAID 级别中，数据冗余能力最弱的是（　　）。

A．RAID5　　B．RAID1　　C．RAID6　　D．RAID0

【参考答案】D

【解析】磁盘阵列是由很多块独立的磁盘组合而成的一个容量巨大的磁盘组，其可利用

个别磁盘提供数据所产生的加成效果提升整个磁盘系统的效能。利用这项技术，可将数据切割成许多区段，分别存放在各个硬盘上。RAID0 并不是真正的 RAID 结构，其没有数据冗余，是没有数据校验的磁盘阵列。RAID0 将两块以上的硬盘合并成一块，数据连续地分别存放在每块盘上。因为带宽加倍，所以读写速率加倍，但 RAID0 在提高性能的同时，并没有提供数据保护功能，只要任何一块硬盘损坏就会丢失所有数据。因此，RAID0 不可应用于需要数据高可用性的关键领域。

13．RAID5 级别的 RAID 组的磁盘利用率（*N* 为镜像盘个数）为（　　）。

A．1/*N*　　B．1　　C．（*N*–1）/*N*　　D．1/2

【参考答案】C

【解析】RAID5 检验码分散在每一个硬盘上，数据切割后写入硬盘中。RAID5 将检验码数据存储在每一个硬盘上。所以当 RAID5 中有一个硬盘损毁时，RAID 控制器会从每一个具有检验码的硬盘中自动生成损毁硬盘上的数据。RAID5 至少需要 3 块硬盘，实际容量为 *N*–1，所以磁盘利用率为（*N*–1）/*N*。

14．RAID6 级别的 RAID 组的磁盘利用率（*N* 为成员盘个数）为（　　）。

A．*N*/（*N*–2）　　B．1　　C．（*N*–2）/*N*　　D．1/2*N*

【参考答案】C

【解析】RAID6 与 RAID5 相似，其检验码分散在每一颗硬盘上，数据切割后写入硬盘中。RAID6 将检验码数据存储在每一个硬盘上，带双重分散校验的数据条带。RAID6 中硬盘在损毁 2 块时服务器能正常运行。RAID6 至少需要 4 块硬盘，实际容量为 *N*–2，所以磁盘利用率为（*N*–2）/*N*。

15．RAID1 级别的 RAID 组的磁盘利用率（*N* 为镜像盘个数）为（　　）。

A．1/*N*　　B．1　　C．（*N*–2）/*N*　　D．1/2

【参考答案】D

【解析】RAID1 模式最少需要 2 个硬盘才能组成一个磁盘阵列。RAID1 模式是把每一个要存储的档案，分别同步存放在主硬盘和镜像硬盘里。硬盘实际容量为硬盘总容量的 1/2。

16．如果需要创建一个 RAID10 的 RAID 组，至少需要（　　）块硬盘。

A．2　　B．3　　C．4　　D．5

【参考答案】C

【解析】RAID10 是一个 RAID1 与 RAID0 的组合体，它是利用奇偶校验实现条带集镜像，所以它继承了 RAID0 的快速性和 RAID1 的安全性。至少需要 4 块盘才能组成 RAID10。

17．对于 E-mail 或者 DB 的应用，以下（　　）RAID 级别是不被推荐的。

A．RAID10　　B．RAID6　　C．RAID5　　D．RAID0

【参考答案】D

【解析】RAID0 通过并行读取来提高数据 I/O，读取操作效率很高，但是不提供数据容错及保护，因此不推荐用于 E-mail 或者 DB。

18．下列属于网络文件系统的是（　　）。

A．JFS　　B．NFS　　C．NTFS　　D．HFS

【参考答案】B

【解析】网络文件系统（network file system，NFS）是 FreeBSD 支持的文件系统中的一种。

NFS 允许一个系统在网络上与他人共享目录和文件。通过使用 NFS，用户和程序可以像访问本地文件一样访问远端系统上的文件。

19．针对数据中心，服务器的 ERP、CRM 等应用都是运行在数据库上；针对多台数据库的应用，对性能要求较高的，应该采取（　　）存储整合方式。

A．SAN　　B．NAS　　C．IP-SAN　　D．DAS

【参考答案】A

【解析】SAN 存储是一种集中式高速存储系统，它将存储设备从服务器中分离出来，通过高速光纤通道连接到服务器群，实现数据的集中存储和管理。SAN 存储具有高速、共享、集中管理等特点。

20．下列 RAID 技术无法提高读写性能的是（　　）。

A．RAID0　　B．RAID1　　C．RAID3　　D．RAID5

【参考答案】B

【解析】标准的 RAID 等级包含 RAID0、RAID1、RAID2、RAID3、RAID4、RAID5、RAID6 七个等级，各个不同的等级均在数据可靠性及读写性能上做了不同的权衡。RAID1 无法提高读写性能；阵列的容量等于两块磁盘中容量低的那一块；有冗余功能；如果一个磁盘损坏，所有的数据都不会丢失。

21．下列 RAID 技术中可以允许两块硬盘同时出现故障而仍然保证数据有效的是（　　）。

A．RAID3　　B．RAID4　　C．RAID5　　D．RAID6

【参考答案】D

【解析】RAID6 有两块硬盘用来存储校验位，增强了容错功能。因此，RAID6 允许两块硬盘同时出现故障。

22．下列 RAID 技术中无法提高可靠性的是（　　）。

A．RAID0　　B．RAID1　　C．RAID10　　D．RAID01

【参考答案】A

【解析】RAID0 并不是真正的 RAID 结构，它没有数据冗余，且连续地分割数据并并行地读写于多个磁盘上。因此，RAID0 具有很高的数据传输率，但它在提高性能的同时，并没有提供数据可靠性，如果一个磁盘失效，将影响整个数据。所以，RAID 技术中无法提高可靠性的是 RAID0。

23．下列 RAID 技术中，磁盘空间利用率最低的是（　　）。

A．RAID1　　B．RAID3　　C．RAID0　　D．RAID5

【参考答案】A

【解析】RAID0：0 级廉价冗余磁盘阵列是一种不具备容错能力的阵列。它是由 N 个磁盘存储器组成的 0 级阵列，其平均故障间隔时间（MTBF）是单个磁盘存储器的 N 分之一，但数据传输率是单个磁盘存储器的 N 倍。

RAID1：1 级廉价冗余磁盘阵列是采用镜像容错技术改善其可靠性的一种磁盘阵列。

RAID3：3 级廉价冗余磁盘阵列减少了用于检验的磁盘存储器的台数，从而提高了磁盘阵列的有效容量。RAID3 一般只有一个检验盘。

RAID5：5 级廉价冗余磁盘阵列是对 RAID4 的一种改进，它不设置专门的检验盘。同一台磁盘上既记录数据，也记录检验信息。这就解决了前面多台磁盘机争用一台检验盘的问题。

24. 8 个 300GB 的硬盘做成 RAID5 后，其容量空间为（　　）。

A. 1.2TB　　B. 1.8TB　　C. 2.1TB　　D. 2.4TB

【参考答案】C

【解析】RAID5 磁盘利用率=（N–1）/N，其中 N 为 RAID 中的磁盘总数。所以，8 块 300GB 的硬盘做成 RAID5 后，其容量是（8–1）×300=2.1（TB），可以损坏 1 块硬盘而不丢失数据。

25. 8 个 300GB 的硬盘做成 RAID1 后，其容量空间为（　　）。

A. 1.2TB　　B. 1.8TB　　C. 2.1TB　　D. 2.4TB

【参考答案】A

【解析】RAID1 的设计目的是打造一个安全性极高的存储系统。它使用一个磁盘作为主磁盘的实时镜像，因此损失了一半容量。

26. 以下不属于 RAID 组的工作状态的是（　　）。

A. RAID 组工作正常　　B. RAID 组降级

C. RAID 组失效　　D. RAID 组正在进行重构

【参考答案】D

【解析】RAID 的工作状态：一是正常工作；二是降级，即有一定数量的硬盘失效，但整个 RAID 组能够防止数据丢失，且数据恢复进程尚未启动时的状态；三是失效，即硬盘故障的数量较多，且超过该 RAID 类型支持的冗余硬盘数时，将导致无法完成数据恢复功能时的状态。

27. 在单个阵列盘区中，一系列连续编址的磁盘块的集合被称为（　　）。

A. 磁盘阵列　　B. RAID　　C. 条带　　D. 数据块

【参考答案】C

【解析】条带（stripe）是把连续的数据分割成相同大小的数据块，把每段数据分别写入阵列中不同磁盘上的方法。简单地说，条带是一种将多个磁盘驱动器合并为一个卷的方法。许多情况下，条带是通过硬件控制器来完成的。

28. 镜像阵列或者 RAID 阵列中发生故障的磁盘上，所有用户数据和校验数据的重新生成的过程被称为（　　）。

A. 重计算　　B. 重构　　C. 热备份　　D. 恢复

【参考答案】B

【解析】镜像阵列或者 RAID 阵列中发生故障的磁盘上，所有用户数据和校验数据的重新生成的过程，或者将这些数据写到一个或者多个备用磁盘上的过程，称为重构（rebuild）。

29. 具备最佳读写性能的 RAID 级别是（　　）。

A. RAID1　　B. RAID3　　C. RAID0　　D. RAID5

【参考答案】C

【解析】0 级 RAID 对大数据量的请求工作性能最好，且数据量越大，性能就越好。如果请求的数据量大于驱动器数乘以条带大小，那么某些驱动器将得到多个请求，在完成了第一个请求之后就会开始处理第二个请求。控制器的责任就是分解请求，并且以正确的顺序将适当的命令提供给适当的磁盘，之后在内存中将获得的这些数据装配起来。因此，0 级 RAID 性能优越而且实现简单明了。

30．以下不是采用奇偶校验方式作为数据冗余方式的 RAID 级别是（　　）。

A．RAID2　　B．RAID3　　C．RAID4　　D．RAID5

【参考答案】A

【解析】RAID2 是为大型机和超级计算机开发的带汉明码校验的磁盘阵列。它是将数据条带化地分布于不同的硬盘上，条块单位为位（bit）或者字节（B），并使用“加重平均纠错码”的编码技术来提供错误检查及恢复，这种纠错码也被称为“海明码”。海明码需要多个磁盘存放检查及恢复信息，这使得 RAID2 技术的实施更复杂，因此在商业环境中很少使用。

31．下列说法错误的是（　　）。

A．有 IP 的地方，NAS 通常就可以提供服务

B．NAS 释放了主机服务器 CPU、内存对文件共享管理投入的资源

C．NAS 存储系统只能被一台主机使用

D．NAS 在处理非结构化数据如文件等时性能有明显的优势

【参考答案】C

【解析】NAS（网络附接存储）是一种专门用于存储和共享数据的设备，它可以通过网络连接多台计算机，实现数据的共享和备份。

32．下列关于文件系统的说法，正确的是（　　）。

A．Windows 系统上的 NTFS 格式的文件，可以在 AIX、Solaris、Linux 等操作系统上自由使用

B．文件系统直接关系到整个系统的效率，只有文件系统和存储系统的参数互相匹配，整个系统才能发挥最高的性能

C．文件系统是软件，存储是硬件，两者没有任何关系

D．不同的操作系统缺省都采用相同的文件系统

【参考答案】B

【解析】NTFS 是 Windows NT 内核的系列操作系统支持的一个特别为网络和磁盘配额、文件加密等管理安全特性设计的磁盘格式。NTFS 提供长文件名、数据保护和恢复；能通过目录和文件许可实现安全性，并支持跨越分区；硬件和软件互相依存。硬件是软件赖以工作的物质基础，软件的正常工作是硬件发挥作用的唯一途径。

33．以下存储系统有自己的文件系统的是（　　）。

A．DAS　　B．NAS　　C．SAN　　D．IP SAN

【参考答案】B

【解析】NAS 解决方案通常配置给作为文件服务的设备，由工作站或服务器通过网络协议（如 TCP/IP）和应用程序［如网络文件系统（NFS）或者通用 Internet 文件系统（CIFS）］来文件访问。

34．相对 DAS 而言，以下不是 NAS 的特点的选项是（　　）。

A．NAS 是从网络服务器中分离出来的专用存储服务器

B．NAS 系统的使用层程序机器运行进程和数据存储单元是分离的

C．NAS 系统和 DAS 系统相同，都没有自己的文件系统

D．NAS 的设计便于系统同时满足多种文件系统的文件服务需求

【参考答案】C

【解析】NAS 解决方案通常配置给作为文件服务的设备，由工作站或服务器通过网络协议（如 TCP/IP）和应用程序［如网络文件系统（NFS）或者通用 Internet 文件系统（CIFS）］进行文件访问。

35．下列对 NAS 设备的描述，正确的是（　　）。

A．需要特殊的线缆连接到以太网中　　B．使用标准线缆连接到以太网中

C．客户端使用块设备数据　　D．用于应用共享

【参考答案】B

【解析】NAS 设备可以通过标准线缆或者 Wi-Fi 连接网络，实现数据的远程访问和文件的共享。

36．下列场景不属于存储数据迁移的是（　　）。

A．SAN 存储迁移　　B．NAS 存储迁移　　C．P2V 迁移　　D．数据库迁移

【参考答案】C

【解析】P2V 迁移（物理机虚拟化）是将物理计算机系统转换并迁移到虚拟机（VM）的过程，一般用专门设计的迁移软件来实现。

37．存储区域网络（SAN）安全的基本思想是（　　）。

A．安全渗透网络　　B．泛安全模型　　C．网络隔离　　D．加密

【参考答案】C

【解析】存储区域网络安全的基本思想是网络隔离。

38．下列应用更适合采用大缓存块的是（　　）。

A．视频流媒体　　B．数据库存储　　C．文件系统　　D．数据仓库

【参考答案】A

【解析】因为 Internet 以包传输为基础进行断续的异步传输，对一个实时 A/V 源或存储的 A/V 文件，在传输中它们要被分解为许多包，由于网络是动态变化的，各个包选择的路由可能不尽相同，故到达客户端的时间延迟也就不同，甚至先发的数据包还有可能后到，所以视频流媒体需要合适的缓存块。

39．SAN 是一种（　　）。

A．存储设备　　B．专为数据存储而设计和构建的网络

C．光纤交换机　　D．HBA

【参考答案】B

【解析】SAN 可为服务器和存储设备之间的连接提供更高的能力，支持更远的距离和更可靠的连通。SAN 可以是交换式网络，也可以是共享式网络。

40．以下（　　）不是 SAN 和 NAS 的差异。

A．NAS 设备拥有自己的文件系统，而 SAN 没有

B．NAS 适合文件传输和存储，而 SAN 对于块数据的传输和存储效率更高

C．SAN 可以扩展存储空间，而 NAS 不能

D．SAN 是一种网络架构，而 NAS 是一个专用型的文件存储服务器

【参考答案】C

【解析】NAS 可以通过扩容硬盘等方式扩展存储空间。

41．以下采用串行传输方式的总线技术是（　　）。

A．ATA　　B．PCI-E　　C．PCI-X　　D．PCI

【参考答案】B

【解析】并行总线结构包括 PCI、PCIX、ATA。

42．PCI-E 1X 的速率为（　　）。

A．1Gbit/s　　B．1.5Gbit/s　　C．2Gbit/s　　D．2.5Gbit/s

【参考答案】D

【解析】PCI-E 1X 的速率为 2.5Gbit/s。

43．SAS1.0 标准的数据传输速率为（　　）。

A．1Gbit/s　　B．2Gbit/s　　C．3Gbit/s　　D．4Gbit/s

【参考答案】C

【解析】SAS1.0 标准的数据传输速率为 3Gbit/s。

44．iSCSI 是使用（　　）协议封装（　　）协议的指令和数据，是 IP-SAN 实现的具体方式和协议之一。

A．TCP/IP；FC　　B．SAS；FC　　C．FC；SCSI　　D．TCP/IP；SCSI

【参考答案】D

【解析】Internet 小型计算机系统接口（internet small computer system interface，iSCSI）是一种基于 TCP/IP 的协议，用来建立和管理 IP 存储设备、主机和客户机等之间的相互连接，并创建存储区域网络（SAN）。SAN 使得将 SCSI 协议应用于高速数据传输网络成为可能，这种传输是以数据块级别（block-level）的方式在多个数据存储网络间进行的。

45．FC 协议为（　　）协议栈结构。

A．3 层　　B．4 层　　C．5 层　　D．6 层

【参考答案】C

【解析】FC 协议栈共有 5 层，依次为：

FC4，即协议映射层，定义哪些内容可以被封装在 FC 协议里；

FC3，即通用服务层，加密或进行 RAID 冗余算法时才用到，平时不常用；

FC2，即网络层，FC 协议的最主要层级，定义了整个协议的工作方式；

FC1，即数据链路层，定义了数据传输的编码方式；

FC0，即物理层，定义了线缆的物理属性。

46．存储环境搭建完成后，其上电顺序正确的是（　　）。

①接通硬盘框电源；②接通控制框电源；③接通机柜电源；④接通交换机电源；⑤接通使用服务器电源。

A．①—②—③—④—⑤　　B．③—①—②—④—⑤

C．②—③—①—⑤—④　　D．⑤—③—①—②—④

【参考答案】B

【解析】存储环境的上电顺序为接通机柜电源、接通硬盘框电源、接通控制框电源、接通交换机电源、接通使用服务器电源。

47．对于存储设备安装环境的供电要求，交流电源应该稳定在（　　）。

A．180～230V　　B．190～240V　　C．200～240V　　D．210～250V

【参考答案】C

【解析】存储设备的电源标准为 200～240V。

48．如果磁盘阵列配置了直流电源，则机房应该提供稳定的（　　）的直流电压。

A．–48～–50V　　B．–48～–60V　　C．–24～–48V　　D．–24～–30V

【参考答案】B

【解析】IT 行业标准直流电源电压范围为–48～–60V。

49．FC SAN 和 IP SAN 都可以通过光纤进行连接，主要区别在于（　　）。

A．没有区别

B．一个是多模光纤，另一个是单模光纤

C．一个传输的是 FC 协议，另一个传输的是 IP 协议

D．一个支持的距离短，另一个支持的距离长

【参考答案】C

【解析】FC SAN 和 IP SAN 的传输协议不同。

50．能够实现多个 FC 网络合并和 IP-SAN 协议的是（　　）。

A．IPFC　　B．FCIP　　C．IFCP　　D．iSCSI

【参考答案】B

【解析】FCIP 机制能够通过 IP 网络在存储区域网络（SAN）设备之间用信道数据来传输 FC 通道的信息。作为两种在 IP 网络上传输存储数据的主要方法之一，FCIP 是一种通过增加存储数据传输的容量和性能来使存储区域网络高速发展的关键技术。

51．以下（　　）不是 IP-SAN 所具备的优势。

A．构建成本低　　B．传输距离远　　C．带宽较高　　D．传输效率高

【参考答案】D

【解析】IP-SAN 是在 SAN 后产生的，SAN 指 FC-SAN。FC-SAN 以光纤通道构建存储网络，IP-SAN 则以 IP 网络构建存储网络。较之 FC-SAN，IP-SAN 具有更节约成本、可自由扩展等特点。

52．以下 iSCSI 数据包的封装方式正确的是（　　）。

A．SCSI—iSCSI—IP　　B．IP—SCSI—iSCSI

C．SCSI—IP—iSCSI　　D．iSCSI—IP—SCSI

【参考答案】A

【解析】iSCSI 通过在 TCP/IP 数据包中封装 SCSI 命令，使得 SCSI 命令可以基于 IP 的网络传输。

53．iSCSI 的无限制会话是（　　）。

A．Login 会话　　B．Normal 会话　　C．2WAY 会话　　D．Discovery 会话

【参考答案】B

【解析】正常操作会话（normal operational session）是指没有任何限制的会话类型，SessionType = Normal。Initiator 与 Target 会话建立成功后，使用的会话类型就是 Normal 类型。

54．以下完全不包括 FC 信息的 IP-SAN 协议是（　　）。

A．FCoE　　B．FCIP　　C．IFCP　　D．iSCSI

【参考答案】A

【解析】FCoE 是将 FC 报文封装为以太格式进行传输和处理的方法，以达到实现 FC 网

络和以太网络的目的。

55. 为 TCP/IP 网络上的光纤通道设备提供光纤通道通信服务，以实现光纤通道设备端到端的 IP 连接的 IP-SAN 协议是（　　）。

A. FCoE　　B. FCIP　　C. IFCP　　D. iSCSI

【参考答案】C

【解析】Internet 光纤信道协议（IFCP）是一种网关到网关的协议，为 TCP/IP 网络上的光纤通道设备提供光纤信道通信服务。

56. 实现 IB-SAN 协议的是（　　）。

A. SAS　　B. PCI-E　　C. InfiniBand　　D. iSCSI

【参考答案】C

【解析】InfiniBand 是一种交换结构的 I/O 技术，其设计思路是通过一套中心机构（中心 InfiniBand 交换机）在远程寄存器、网络以及服务器等设备之间建立一个单一的连接链路，并由中心 InfiniBand 交换机来指挥流量。它的结构设计非常紧密，从而大大提高了系统的性能、可靠性和有效性，能缓解各硬件设备之间的数据流量。

57. 《信息系统灾难恢复规范》于 2007 年 11 月 1 日正式升级为国家标准，其中对灾难恢复能力分为（　　）个等级。

A. 4　　B. 5　　C. 6　　D. 7

【参考答案】C

【解析】在《信息系统灾难恢复规范》中对灾难恢复能力分为 6 个等级。

58. 根据 SHARE 78 国际标准，系统容灾方案可分为（　　）个层级。

A. 5　　B. 6　　C. 7　　D. 8

【参考答案】C

【解析】按照国际标准 SHARE 78，系统容灾方案可以分为以下 7 个层级：0 级，无异地备份；1 级，实现异地备份；2 级，热备份站点备份；3 级，在线数据恢复；4 级，定时数据备份；5 级，实时数据备份；6 级，数据零丢失。

59. 关于快照的说法，正确的是（　　）。

A. 快照卷不能被访问

B. TimeMark 就是快照

C. 快照拷贝就是 COW

D. 写即拷贝和写即重定向是差分快照的两种不同技术

【参考答案】D

【解析】在创建快照时，存储子系统会建立源数据指针表的一个副本（元数据拷贝），作为快照卷的数据指针表，简称快照数据指针表。所以，在创建快照之后，这个快照就相当于一个可供上层应用访问的存储逻辑副本，快照卷与源数据卷通过各自的指针表共享同一份物理数据。

快照拷贝是为逻辑资源创建的独立的时间点拷贝，从而形成一个新的逻辑资源（称为目标资源）。快照拷贝是一种在不影响对源资源进行读写的情况下，将执行快照拷贝时刻的源资源内容生成一份副本的功能。它的原理是在执行拷贝的过程中将源资源中要被改变的数据保存在快照资源中，再通过快照资源保存到快照拷贝的副本中，这样就保持了在执行快照拷贝时刻源资源数据的完整性和连续性。

TimeMark 拷贝是拷贝某个时间点的数据，同时保存当前的数据。但是，它需要另外一个和需要回滚的数据盘大小相同的 SAN 资源，在 TimeMark 拷贝的过程中，会提示创建该 SAN 资源。对于同一个 SAN 资源，不能同时执行 TimeMark 拷贝和快照拷贝。

当前快照有两种实现方式，分别是 COW（copy on first write）和 ROW（redirect on first write）。

60．将全面释放网络和服务器资源的备份技术是（　　）。

A．网络备份　　B．LAN Free 备份

C．主机备份　　D．Server Free 备份

【参考答案】D

【解析】Server Free 对需要占用备份主机的 CPU 资源，如果备份过程能够在 SAN 内部完成，而大量数据流无须流过服务器，则可以极大地降低备份操作对生产系统的影响。数据备份作业作为辅助任务，不仅仅需要不影响整个系统数据库业务和应用业务的连续在线运行，更重要的是在整个备份过程中尽可能使备份任务对于整个系统的性能影响降低到最小。Server Free 技术是目前实现备份作业对生产系统零负载影响的最佳技术。

61．Snapshot 的定义是（　　）。

A．基于软硬件的即时数据拷贝　　B．照相机拍摄的图片

C．两套相同的操作系统　　D．一套数据中心蓝图

【参考答案】A

【解析】Snapshot 指一个系统的快照，它可以记录系统的状态，以备系统出现故障时进行恢复。

62．用于表示灾难发生后恢复系统运行所需要的时间的指标是（　　）。

A．RIO　　B．RTO　　C．RPO　　D．TCO

【参考答案】B

【解析】RTO（恢复时间目标）是指灾难发生后，从 IT 系统宕机导致业务停顿之时开始，到 IT 系统恢复至可以支持各部门运作、业务恢复运营之时，两点之间的时间段。

63．关于快照的定义或描述，最准确的是（　　）。

A．为存储阵列内一个数据对象（LUN 或 VOLUME）产生的完全可用的副本，它包含该数据对象在某一时间点的映像

B．快照是关于数据集合的一个完全可用的拷贝，该拷贝包括相应数据在某个时间点（拷贝开始的时间点）的映像

C．分裂镜像快照引用镜像硬盘组上所有数据，每次应用运行时，都生成整个 LUN 的快照

D．在创建克隆快照时，系统先分配等同于主卷大小的物理空间（称为从卷），然后启动一个后台拷贝进程，将主卷的数据完整拷贝到从卷，建立一份创建时间点的完整拷贝

【参考答案】B

【解析】存储网络行业协会（Storage Networking Industry Association，SNIA）对快照（Snapshot）的定义是：关于指定数据集合的一个完全可用的拷贝，该拷贝包括相应数据在某

个时间点（拷贝开始的时间点）的映像。

64．某客户使用每天产生的新数据约 10%，为最大限度地节约存储空间，最适合采用的备份类型是（　　）。

A．全备份　　B．增量备份　　C．差量备份　　D．合成备份

【参考答案】B

【解析】使用增量备份最大的好处在于备份速度，其比完整备份速度要快很多；同时，由于增量备份在做备份前会自动判断备份时间点及文件是否已经改动，所以相对于完全备份，其在节省存储空间方面也大有益处。差量备份、合成备份恢复较快，增量备份更节省空间。

65．有关 VTL 自动磁带缓存的说法，错误的是（　　）。

A．VTL 可以作为物理磁带库的缓存，物理磁带库也可以作为 VTL 的缓存

B．自动磁带缓存可以设置回收策略和迁移策略

C．使用自动磁带缓存技术，无论数据位于磁盘还是磁带，应用程序都可以直接访问

D．使用自动磁带缓存技术后，数据的迁移过程会影响 VTL 的业务

【参考答案】D

【解析】VTL 自动磁带缓存支持基于时间和基于策略的两种方式进行迁移，不会影响 VTL 业务。

66．在 LAN Free 备份模式中，备份软件的 SSO 模块的作用是（　　）。

A．保证数据库数据逻辑的一致性　　B．实现多台应用服务器共享磁带设备

C．缩小备份窗口　　D．降低应用服务器性能影响

【参考答案】B

【解析】备份软件的 SSO 模块可用于多台应用服务器共享磁带设备。

67．以下关于元数据的描述，正确的是（　　）。

A．存放实际的用户数据　　B．记录数据的存储位置

C．记录数据变更　　D．记录未成功写入目标 LUN 的差异数据

【参考答案】B

【解析】元数据是关于数据的结构化的数据，它不一定是数字形式的，可来自不同的资源。元数据是与对象相关的数据，该数据使其潜在的用户不必先具备对这些对象的存在和特征的完整认识。元数据是对信息包裹（information package）的编码的描述。元数据包含用于描述信息对象的内容和位置的数据元素集，促进了网络环境中信息对象的发现和检索。元数据不仅对信息对象进行描述，而且能够描述资源的使用环境、管理、加工、保存和使用等方面的情况。在信息对象或系统的生命周期中可自然增加元数据。元数据常规定义中的“数据”是表示事务性质的符号，是进行各种统计、计算、科学研究、技术设计所依据的数值，或者说数字化、公式化、代码化、图表化的信息。

68．multipath 的配置文件中主要负责全局配置的部分是（　　）。

A．defaults　　B．blacklist_exceptions

C．devices　　D．blacklist

【参考答案】B

【解析】defaults：全局属性的默认设置。

blacklist_exceptions：免除黑名单，会加入黑名单内，但包含在此处的设备不会被忽略。

devices：存储设备相关的配置。

blacklist：黑名单，multipath 会忽略黑名单中的设备。

69．容错的定义是（　　）。

A．能够防止硬件和软件故障

B．能够提供 99.999%的可用性

C．能够探测出现在主系统中的故障并将其转移到一个冗余系统中

D．系统问题快速恢复的能力

【参考答案】D

【解析】容错是指将系统设计为能够在出现错误或故障的情况下继续运行的过程。它确保系统可以不间断地继续运行。在某些情况下，容错是指计算机程序检测和纠正可能导致其异常终止的错误的能力。例如，如果计算机有故障设备，它会发出错误警报——允许相应的用户或技术人员处理它。

70．逻辑单元号（LUN）的定义是（　　）。

A．通过一个 iSCSI 将命令数据块发送到目标

B．一个光纤通道适配器的集合（FCAs）驻留在相同的虚拟服务器

C．一个算法，确定一个 I/O 流将从缓存中受益

D．用来呈现较大或较小的视图的磁盘到服务器存储的唯一的一个 ID 号

【参考答案】D

【解析】LUN 是一些虚拟的对象。比如一个阵列柜，从主机那边看，可视作一个 Target Device。为了某些特殊需要，要将磁盘阵列柜的磁盘空间划分成若干个小的单元给主机来用，于是就产生了逻辑驱动器之类的说法，也就是比 Target Device 级别更低的逻辑对象，习惯上把这些更小的磁盘资源称为 LUN0、LUN1、LUN2 等。而机制使然，操作系统识别的最小存储对象级别就是 LUN Device，这是一个逻辑对象，所以很多时候被称为 Logical Device。

71．以下故障处理工具可以用来替换故障尾纤的是（　　）。

A．网线测试仪　　B．光纤跳线　　C．光纤绑扎带　　D．光功率计

【参考答案】B

【解析】光纤跳线和尾纤都是光缆设备中的一种，但两者的功能和使用场景不同。光纤跳线通常用于设备之间的接口连接和跨楼层或机柜之间的跳线连接，是连接不同类型光缆之间的桥梁，可以达到信号传输的目的；而尾纤是光缆的一种，一般作为主干线，用于连接两个分线点或楼层间的光缆。当主干线无法直接到达某个机房或设备时，可以使用一段光纤跳线来扩展距离和连接设备。

72．存储设备产生了告警，不能有效收集存储故障信息的是（　　）。

A．导出所有数据　　B．检查系统事件　　C．检查 Zone 配置　　D．检查告警信息

【参考答案】C

【解析】Zone 的功能有以下两点：

（1）防止主机节点访问未经授权的存储。Zone 中的设备只能访问同一 Zone 中连接到 Fabric 的其他设备。不在 Zone 中的设备不能被 Fabric 中的其他设备访问。

（2）隔离不必要的注册状态变更通知（registered state change notification，RSCN）或者错误告警等，但无法有效收集存储的故障信息。

73．在进行存储的备份容量规划时，不需要考虑的因素是（　　）。

A．数据保留周期　　B．数据总量　　C．重删率　　D．备份网络

【参考答案】D

【解析】容量规划是容量管理过程中的一个关键环节。通过对数据的需求进行评估和规划，可以确保备份系统的容量能够满足企业的全面备份需求。在进行容量规划时，需要考虑到备份数据的数量、类型和重要程度，以及备份时间和频率等因素。备份网络与备份容量规划无关。

74．在存储设备上，通过（　　）配置，可以将告警信息保存到指定的FTP服务器上。

A．告警转储　　B．邮件通知

C．配置Syslog通知　　D．配置SNMP

【参考答案】A

【解析】设置告警转储功能后，当告警信息的容量达到系统设定的阈值时，将自动转储到指定的FTP服务器或SFTP服务器上。

75．在做主备容灾设计时，对从端的描述正确的是（　　）。

A．采用和主端同样类型的磁盘　　B．RAID设置与主端相同

C．采用和主端同样数量的磁盘　　D．从LUN与主LUN容量一致

【参考答案】D

【解析】主备容灾是指客户在生产中心之外的地点选址建设容灾中心，形成一对一的数据级或应用级保护。相对于两地三中心、双活数据中心等复杂拓扑结构，主备容灾是目前市场上应用最广泛的容灾方式。如果此时有数据的写请求，那么数据会同步写入主LUN和从LUN，所以需要保证从LUN与主LUN容量一致。

76．为了提高存储设备的业务性能，应推荐使用的前端组网方案是（　　）。

A．多链路单交换机组网　　B．单链路直连组网

C．多链路双交换机组网　　D．双链路直连组网

【参考答案】C

【解析】多链路（multi-pathing）是一种用于提高存储连接的可靠性和性能的技术。通过使用多条物理路径连接存储设备，即使其中一条路径发生故障，也可以继续访问存储设备，同时利用多条路径增加带宽。

77．某公司的业务主机运行Linux操作系统（以CentOS为例），存储工程师在进行性能数据搜集过程中，需要使用Linux系统性能监控工具，以下操作错误的是（　　）。

A．使用top命令查看CPU使用率　　B．使用df命令查看存储空间

C．使用iostat命令查看磁盘I/O　　D．使用free命令查看网络I/O信息

【参考答案】D

【解析】使用free命令可以显示Linux系统中空闲的、已用的物理内存，以及swap内存和被内核使用的buffer，不可以查看网络I/O信息。

78．iostat命令主要用于输出磁盘I/O和CPU的统计信息。报告每秒向终端读取和写入的字符数和CPU的信息需要添加的参数是（　　）。

A．-c　　B．-x　　C．-t　　D．-p

【参考答案】C

【解析】iostat 命令主要用于监控系统设备的 I/O 负载情况，据此可以看出当前系统的写入量和读取量、CPU 负载和磁盘负载。

-c：显示 CPU 使用情况；-d：显示磁盘使用情况；-N：显示磁盘阵列（LVM）信息；-n：显示 NFS 使用情况；-k：以 KB 为单位显示；-m：以 MB 为单位显示；-t：报告每秒向终端读取和写入的字符数和 CPU 的信息；-V：显示版本信息；-x：显示详细信息；-p：[磁盘]显示磁盘和分区的情况。

79．在对 Simpana 备份软件进行配置时，可配置的重删策略不包括（　　）。

A．源端重删　　B．客户端重删　　C．全局重删　　D．并行重删

【参考答案】A

【解析】客户端使用本地去重缓存 SSDB 判断数据块的唯一性。数据传送到 MA 后，使用 MA 的 DDB（重复数据删除数据库，deduplication database）查找去重索引。DDB 存放着所有的数据块的 Hash 签名，每一个存储策略拷贝都有一个自己的 DDB。全局重复数据删除存储策略关联多个存储策略，共用一个相同的 DDB，每一个 DDB 定义了一个独立的去重域。DDB 采用 C-Tree 数据库，在不影响性能的情况下，最多可保存 7.5 亿条记录。并行重删是将多个 DDB 分区，一起来分担重删负载。并行重删的节点增加，可以线性地提升处理速度和数据容量。

80．下列（　　）是 MPIO 功能不能预防的。

A．网卡故障　　B．网线故障　　C．交换机故障　　D．服务器崩溃

【参考答案】D

【解析】MPIO 是一种存储网络增强技术，它提供从计算机到块存储提供程序的多个物理路径，而不管存储是直接连接到存储提供程序还是通过网络连接，能预防网卡故障、网线故障和交换机故障

二、多项选择题

1．NAS 提供网络文件共享功能，能实现异构平台的文件共享，安装和使用较为简单，其主要的协议包括（　　）。

A．CIFS　　B．NTFS　　C．GFS　　D．NFS

【参考答案】AD

【解析】对于网络附接存储（NAS），如果应用服务器或者用户都是基于 Windows 的，CIFS 可能是最好的选择；如果是基于 UNIX 或 Linux 的，NFS 可能是更好的选择。

2．FC 支持的拓扑结构包括（　　）。

A．星型　　B．点对点式

C．仲裁环式　　D．光纤交换式（Fabric）

【参考答案】BCD

【解析】FC 协议支持以下三种拓扑结构：

（1）点到点式。两个设备背对背直接连接。这是最简单的一种拓扑结构，连接能力有限。

（2）仲裁环式。所有设备连接在一个类似于令牌环的环路上。该环路中添加或者移除一个设备会导致环路上所有活动中断，一个设备故障会导致整个环路不能工作。

（3）光纤交换式。所有的设备都连接到光纤网交换机上，与以太网的实现形式是类似的。这种拓扑结构相对于点到点式和仲裁环式的优势在于：交换机对结构形式进行管理，提供了

最好的互联形式；多对节点可以同时通信；各个节点的故障是孤立的，不会危及其他节点的工作。

3．主机安装多路径软件后，以下描述正确的是（　　）。

A．LUN 自动映射到主机

B．协助操作系统通过多条链路访问同一 LUN，避免逻辑错误

C．提高链路可靠性，防止单链路故障，从而避免系统失效

D．建立主机和存储设备之间的 SCSI 连接

【参考答案】BC

【解析】多路径软件：在存储设备的同一个 LUN 上，当主机到存储设备有多条链路时，在主机端呈现多个磁盘，该软件能够屏蔽这些磁盘，而生成一个虚拟的磁盘，读写操作通过虚拟的磁盘进行。多路径软件具有如下功能：

一是最优路径选择。选择多条路径中的最佳路径进行操作，能获取最佳的性能。

二是路径 I/O 负载均衡。自动选择多条路径进行下发，能提高 I/O 性能，以及根据路径繁忙程度进行业务路径选择。

三是故障倒换（Failover）。当业务链路发生故障时，故障倒换随之发生，从而实现业务不中断。

四是故障恢复（Failback）。故障倒换之前的业务链路恢复后，业务恢复随之发生，用户无须介入，可自动完成，且业务不中断。

操作系统自带多路径软件，如 Windows 使用的是 MPIO，Linux 使用的是 DM-Multipath。

4．对于非结构化数据来说，包括的类型有（　　）。

A．文本文件　　B．图像文件　　C．视频文件　　D．数据库记录

【参考答案】ABC

【解析】非结构化数据是数据结构不规则或不完整，没有预定义的数据模型，不方便用数据库二维逻辑表来表现的数据。非结构化数据包括所有格式的办公文档、文本、图片、HTML、各类报表、图像和音频/视频信息等。

5．以下关于 RAID 技术的描述，正确的是（　　）。

A．并不是每一种 RAID 技术都能够提升写性能

B．在 RAID0 中，多块硬盘被同时访问（并行访问），加快了数据访问

C．当前的 RAID 技术只能通过奇偶校验机制对数据进行保护

D．所有 RAID 级别的性能会随着成员盘的数据增加而提高

【参考答案】AB

【解析】RAID 的数据保护技术包括两种：一是冗余；二是奇偶校验。RAID0 的读取、写入性能与硬盘的数量成正比。RAID1 的写性能是单个硬盘的写性能，读性能是两个硬盘的性能之和。

6．下列场景的 I/O 模型特征属于随机小 I/O 的是（　　）。

A．OLTP　　B．OLAP　　C．VDI　　D．SPC-1

【参考答案】ACD

【解析】OLTP I/O 特征：随机小 I/O，I/O 大小主要为 8KB（I/O 大小与数据库的 Block 块大小一致），读写比约为 3:2，读全随机，写有一定合并。

OLAP I/O 特征：多路顺序大 I/O（可以近似认为是随机大 I/O），I/O 大小与主机侧设置的分条大小有关（如 512KB），90%以上为读业务，混合间断读写。

VDI I/O 特征：在平稳状态下，读写比例约为 2:8，多路顺序小 I/O，主要是写，存在一定的合并，I/O 大小从 512B 到 16KB 都有；少量的读 I/O，基本都是 16KB，在负载稳定之后，Cache 命中率在 80%以上（在采用链接克隆技术的情况下，如果是完整克隆的情况，命中率有所下降）。

SPC-1 I/O 特征：其抽象测试区域称为 ASU，包括 ASU1 临时数据区域、ASU2 用户数据区域和 ASU3 日志区域。对整体而言，读写比约为 4:6，顺序 I/O 与随机 I/O 的比例约为 3:7，I/O 大小主要为 4KB，有较明显的热点访问区域。

7．关于光纤交换机 Zone 的说法，正确的是（　　）。

A．在同一个 Zone 内的设备可以相互访问　　B．在不同 Zone 内的设备不能相互访问

C．对于设备而言完全透明　　D．一个 Zone 内只能有 2 个设备

【参考答案】ABC

【解析】Zoning 是基于 Fabric 的分区服务，可以将 SAN 划分为多个可以相互访问的逻辑设备组。启用 Zoning 后，设备间的访问将遵循以下规则：Zone 中的设备只能访问同一 Zone 中连接到 Fabric 的其他设备；不在 Zone 中的设备不能被 Fabric 中的其他设备访问。

8．以下（　　）方式可以管理光纤交换机。

A．远程桌面　　B．Telnet　　C．Console　　D．图形界面

【参考答案】BCD

【解析】（1）可通过串口登录，串口参数设置如下：波特率为 9600；数据位为 8；校验位为 None；停止位为 1；流控制为 None。

（2）可通过 Telnet、SSH 方式登录命令行。

（3）可通过 Web Tools 图形界面的管理工具，用浏览器对交换机完成管理工作。

9．SAN 架构基础的组成要素包括（　　）。

A．服务器　　B．后端存储系统　　C．交换机　　D．HBA 卡

【参考答案】ABCD

【解析】SAN 是一种类似于普通局域网的高速存储网络，它通过专用的集线器或交换机和网关建立起与服务器和磁盘阵列之间的直接连接。SAN 改进了备份和还原功能，并减轻了企业局域网（LAN）的网络拥塞问题，其系统存储方案满足前端用户快速灵活的数据访问要求。当前 SAN 多是一种光纤通道（FC）网络，由服务器、光纤通道卡、光纤通道交换机和光纤通道存储阵列组成。

10．需要读写校验盘的 RAID 技术有（　　）。

A．RAID10　　B．RAID50　　C．RAID6　　D．RAID3

【参考答案】BCD

【解析】RAID0：RAID0 也称条带化（stripe），它将数据按一定的大小顺序写到阵列的磁盘里。RAID0 可以并行执行读写操作，可以充分利用总线的带宽。理论上讲，一个由 N 个磁盘组成的 RAID0 系统，其读写性能将是单个磁盘读取性能的 N 倍，且磁盘空间的存储效率最大（100%）。RAID0 有一个明显的缺点：不提供数据冗余保护，一旦数据损坏，将无法恢复。

RAID1: RAID1 称为镜像（mirror），它将数据完全一致地分别写到工作磁盘和镜像磁盘，因此其磁盘空间利用率为 50%，在数据写入时会有影响，但是读取数据时没有任何影响。RAID0 提供了最佳的数据保护，一旦工作磁盘发生故障，系统自动从镜像磁盘读取数据，不会影响用户工作。

RAID2: RAID2 称为纠错汉明码（Hamming code）磁盘阵列，阵列中序号为 2*N* 的磁盘（第 1、2、4、6、……）作为校验盘，其余的磁盘用于存放数据，磁盘数目越大，校验盘所占比率越小。RAID2 在大数据存储的情况下性能很高，但实际应用很少，现在早已被淘汰。

RAID3: RAID3 采用一个硬盘作为校验盘，其余磁盘作为数据盘，数据按位或字节的方式交叉地存储到各个数据盘中。对不同磁盘上同一带区的数据做异或校验，并把校验值写入校验盘中。RAID3 系统在完整的情况下读取时对性能没有任何影响，读性能与 RAID0 一致，却提供了数据容错能力；但是，在写时性能大为下降，因为每一次写操作，即使只改动某个数据盘上的一个数据块，也必须根据所有同一带区的数据来重新计算校验值并写入校验盘中，一个写操作包含了写入数据块、读取同一带区的数据块、计算校验值、写入校验值等操作，系统开销大为增加。

RAID4: RAID4 与 RAID3 的原理基本一致，区别在于条带深度不同，因为条带深度大，所以在写操作时只涉及两块磁盘，即数据盘和校验盘，提高了系统的并发 I/O 性能。但是，面对随机的分散写操作，单一的校验盘往往成为性能瓶颈。

RAID5: RAID5 可以理解为是 RAID0 和 RAID1 的折中方案。RAID5 可以为系统提供数据安全保障，但保障程度要比 RAID1 低而磁盘空间利用率要比 RAID1 高。RAID5 具有和 RAID0 相近的数据读取速度，只是多了一个奇偶校验信息，写入数据的速度比对单个磁盘进行写入操作的速度稍慢。同时，由于多个数据对应一个奇偶校验信息，RAID5 的磁盘空间利用率要比 RAID1 高，存储成本相对较低。RAID5 在数据盘损坏时的情况和 RAID3 相似，由于需要重构数据，性能会受到影响。

RAID6: RAID6 提供两级冗余，即阵列中的两个驱动器失效时，阵列仍然能够继续工作。为了增加 RAID5 的安全性，RAID6 的校验盘有两块，也是将校验盘分布到数据盘中，在每块磁盘上放置两个数据的校验值，即 RAID6 同时在一个条带上保存了两份数学上不相关的校验数据，这样能够保证在同时坏两块盘的情况下，数据依然可以通过联立这两个数学关系式来求解丢失的数据。RAID6 相对 RAID5 而言提高了安全性，但它的写性能更差，因为要多读一个校验数据，而且计算后还要写入一次。

RAID10: RAID10 是 RAID1 和 RAID0 的结合，也称 RAID（0+1）。它是先做镜像然后做条带化，这样既提高了系统的读写性能，又提供了数据冗余保护。RAID10 的磁盘空间利用率和 RAID1 是一样的，为 50%。RAID10 适用于既有大量的数据需要存储，又对数据安全性有严格要求的领域，比如金融、证券等。

11．主机访问存储的主要模式包括（　　）。

A．NAS　　B．SAN　　C．DAS　　D．NFS

【参考答案】ABC

【解析】DAS 存储一般应用在中小企业，与计算机采用直连方式；NAS 存储则通过以太网添加到计算机上；SAN 存储则使用 FC 接口，提供性能更佳的存储。

12．常见数据访问的级别有（　　）。

A．文件级（file level）　　B．异构级（NFS level）
C．通用级（UFS level）　　D．块级（block level）

【参考答案】AD

【解析】数据访问可以分为块级别、文件级别和对象级别三种方式。

13．常用的存储设备包括（　　）。

A．磁盘阵列　　B．磁带机　　C．磁带库　　D．虚拟磁带库

【参考答案】ABCD

【解析】常用的存储设备包括磁盘阵列、磁带机、磁带库、虚拟磁带库（VTL）。

14．固态硬盘 SSD 的存储介质包括（　　）。

A．磁介质盘片　　B．磁带介质
C．DRAM　　D．NAND 型 Flash 颗粒

【参考答案】CD

【解析】固态硬盘的存储介质分为两种：一种是采用闪存（FLASH 芯片）作为存储介质；另外一种是采用 DRAM 作为存储介质。

15．在选择采用何种 RAID 类型时，必须注意的事项包括（　　）。

A．用户数据需要多少空间　　B．校验带来的磁盘空间损失
C．使用的性能要求　　D．在磁盘故障时，磁盘的重建时间

【参考答案】ABCD

【解析】对于 RAID 类型的选择，需要从速度、容量、安全三个维度来综合考虑，且速度、容量、安全 3 个维度各自的优先级有所侧重。

速度优先：RAID0>RAID10>RAID50>RAID5>RAID6>RAID1

容量优先：RAID0>RAID5>RAID6>RAID50>RAID1=RAID10

安全优先：RAID1>RAID10>RAID50>RAID6>RAID5>RAID0

16．NAS 的软件组件包括（　　）。

A．操作系统　　B．文件系统　　C．网络文件共享　　D．存储管理

【参考答案】ABCD

【解析】NAS 软件组成主要包括操作系统、文件系统、网络服务。操作系统是 NAS 的核心软件，常见的操作系统有基于 Linux 的 FreeNAS、QNAP 的 QTS 等。文件系统则负责管理存储设备上的文件和目录，常见的文件系统有 NTFS、FAT、EXT4 等。网络服务则包括文件共享服务、数据备份服务、多用户访问服务等。

17．NAS 的硬件组件包括（　　）。

A．存储部分，主要提供了真正的物理存储空间，主要技术和协议包括 RAID、SCSI、SAS、FC

B．控制器部分，主要指 NAS 机头部分，提供了 NAS 底层所使用的文件系统，以及承载文件系统、各种前端协议的操作系统

C．网络部分，主要提供了和用户交互的网络协议，主要包括 NFS、CIFS、FTP 和 HTTP 等，用户最终通过这些协议访问存储空间

D．心跳部分，主要提供了集群节点之间的心跳连接

【参考答案】ABC

【解析】NAS 的硬件组成主要包括主机、存储设备、网络接口和操作系统。主机是 NAS 的核心部分，通常由服务器构成，负责处理用户的请求和数据传输。存储设备则用于存储数据，可以是硬盘阵列、固态硬盘和磁带等。网络接口则用于连接 NAS 与网络，常见的接口有以太网、无线局域网等。操作系统则是 NAS 的灵魂，它负责管理存储设备、提供文件系统和网络服务等功能。

18．NAS 提供网络文件共享功能，能实现异构平台的文件共享，安装和使用较为简单，其主要的协议包括（　　）。

A．GFS　　B．NFS　　C．CIFS　　D．NTFS

【参考答案】BC

【解析】NAS（network attached storage）协议是一种用于网络存储设备的通信协议，它允许用户通过局域网或互联网连接到存储设备并访问和管理其中的数据。NAS 协议有多种实现方式，包括 NFS、CIFS/SMB、FTP、HTTP 和 iSCSI 等。它是一种基于文件级别的存储方案，可以提供高效的数据共享和备份，并支持多用户同时访问。NAS 协议可以在各种操作系统上运行，如 Windows、Linux、UNIX 和 Mac OS。NAS 协议的作用是使存储设备变得更加灵活、可靠、高效，并且提供更好的数据共享和备份功能。

19．以下关于 LUN 拷贝实施的说法，正确的是（　　）。

A．创建 LUN 拷贝中可选择增量或全量

B．创建完成后不可以再修改增量或全量

C．创建好后需要手动点击同步来触发数据的同步

D．同步的过程中不可以停止

【参考答案】ABC

【解析】LUN 拷贝是一种基于块的将源 LUN 数据复制到目标 LUN 的技术，可以同时在设备内或设备间快速地进行数据的传输。

全量 LUN 拷贝：将所有的数据进行完整的复制，需要暂停业务，该拷贝模式适用于数据迁移业务。

增量 LUN 拷贝：创建增量 LUN 拷贝后会对数据进行完整复制，之后的每次拷贝都只复制自上次拷贝后更新的数据。

20．在创建 LUN 拷贝时，如果源 LUN 的大小是 500GB，那么远程阵列以下容量的目标 LUN 时不能采用 LUN 拷贝的是（　　）。

A．300GB　　B．400GB　　C．500GB　　D．600GB

【参考答案】AB

【解析】创建 LUN 拷贝时请确认满足以下条件：已删除目标 LUN 映射。目标 LUN 的容量不小于源 LUN 的容量。

21．和传统的本地存储和 DAS 存储相比，属于现代新型 SAN 阵列存储的主要特点或优势的是（　　）。

A．容量大　　B．性能高　　C．稳定性好　　D．不关注扩展性

【参考答案】ABC

【解析】SAN 阵列存储具有高性能、可扩展性、容量大、高可用性、管理简便、数据共享、数据保护等优点，特别适用于对存储性能、可靠性和扩展性要求较高的应用场景。

22．iSCSI HBA 卡和 TOE 卡的主要区别有（　　）。

A．在处理 iSCSI 协议报文时，一个不占用主机 CPU 资源，另一个需要占用 CPU 资源

B．一个能卸载 TCP 协议和 iSCSI 协议报文，另一个只能卸载 TCP 协议报文

C．没有区别

D．一个支持 iSCSI 协议，另一个支持 FC 协议

【参考答案】AB

【解析】TOE 卡是指带有 TOE 功能的网卡。TOE 是 TCP/IP offload engine 的缩写，采用 TOE 技术的网卡自身支持 TCP/IP 协议栈的处理，这样能够减轻应用服务器的处理负担。TOE 卡通常用于高速网络接口，如千兆网络和万兆网络。

iSCSI HBA（host bus adapter）卡是专用的连接 iSCSI 设备的主机适配卡，它在支持 TOE 的同时支持对 iSCSI 协议的处理，能够更进一步地减轻应用服务器的处理负担。

23．IP SAN 的接入方式主要有（　　）。

A．TOE 卡+软件 Initiator　　B．iSCSI HBA 卡

C．以太网卡+软件 Initiator　　D．CF 卡+Initiator

【参考答案】ABC

【解析】iSCSI Initiator（iSCSI 启动器）可分为三种，即软件 Initiator 驱动程序、硬件 TOE（TCP offload engine，TCP 卸载引擎）卡以及 iSCSI HBA 卡。就性能而言，软件 Initiator 驱动程序最差，TOE 卡居中，iSCSI HBA 卡最佳。

24．iSCSI 继承的两大最传统技术的是（　　）。

A．SCSI 协议　　B．IP SAN 协议　　C．TCP/IP 协议　　D．FC 协议

【参考答案】AC

【解析】iSCSI 继承了两大最传统技术，即 SCSI 和 TCP/IP 协议。在这种协议中，SCSI 语言可以在 Internet 上传递，也就是 SCSI 语言承载于 TCP/IP 上进行数据块传输的标准。它由 Cisco 和 IBM 两家公司发起，并且得到了各大存储厂商的大力支持。iSCSI 可以实现在 IP 网络上运行 SCSI 协议，使其能够在诸如高速千兆以太网上进行快速的数据存取备份操作。

25．以下可实现 IP-SAN 的协议是（　　）。

A．IPFC　　B．FCIP　　C．IFCP　　D．iSCSI

【参考答案】BCD

【解析】IP-SAN（internet protocol storage area network）的常用协议包括 iSCSI、IFCP 和 FCIP。

iSCSI（互联网小型计算机接口协议）是一种在 Internet 网络上，特别是以太网上进行数据块传输的标准。

FCIP 是跨 IP 光纤协议，它所解决的是光纤网络传输距离有限的问题。

IFCP 的工作原理是将 FC 数据包用 IP 封装，同时给该 FC 设备一个独立的 IP 地址。

26．从实现位置来看，虚拟化技术可分为（　　）。

A．基于主机的虚拟化　　B．基于网络的虚拟化

C．基于存储设备、存储子系统的虚拟化　　D．基于带外的虚拟化

【参考答案】ABC

【解析】虚拟化技术包括存储虚拟化、应用虚拟化、网络虚拟化和 CPU 虚拟化。

27. 存储虚拟化的原动力包括（　　）。

A. 空间资源的整合　　B. 统一数据管理

C. 标准化接入　　D. 使数据自由流动

【参考答案】 ABC

【解析】 虚拟化技术可以将物理资源等底层架构进行抽象，使得设备的差异和兼容性对上层应用透明，从而允许云对底层千差万别的资源进行统一管理。此外，虚拟化简化了应用编写的工作，使得开发人员可以仅关注业务逻辑，而不需要考虑底层资源的供给与调度。在虚拟化技术中，这些应用和服务驻留在各自的虚拟机上，有效地形成了隔离，一个应用的崩溃不至于影响其他应用和服务的正常运行。不仅如此，运用虚拟化技术还可以随时方便地进行资源调度，实现资源的按需分配，这样应用和服务既不会因为缺乏资源而性能下降，也不会由于长期处于空闲状态而造成资源的浪费。最后，虚拟机的易创建性使得应用和服务可以拥有更多的虚拟机来进行容错和灾难恢复，从而提高了自身的可靠性和可用性。

28. 虚拟化技术在容灾系统中的使用可以带来的好处包括（　　）。

A. 提高使用系统性能　　B. 用户掌握系统建设主动权

C. 增加硬件投入降低　　D. 降低总体拥有成本

【参考答案】 BD

【解析】 虚拟化技术的应用带来了许多优点，如更好的资源利用、更灵活的系统管理、更快的部署和更好的容错性。而在容灾系统中，这些优点发挥的作用更加显著。虚拟化技术能够将多个不同的应用程序和操作系统运行在同一个为应用服务器上，从而极大地提高资源利用效率。这样可以节省人力物力成本，同时让系统更加可靠和稳定。当一台应用服务器出现故障时，虚拟化技术能够自动将虚拟机迁移到其他服务器上，避免数据的丢失和系统的中断。

29. 按备份的数据量或实现原理的不同，备份类型可分为（　　）。

A. 全备份　　B. 增量备份　　C. 差量备份　　D. 快照

【参考答案】 ABC

【解析】 业界存在三种基本的备份类型，即完全备份、增量备份以及差异备份。这三种方法各有优劣。

30. 持续数据保护的技术特点包括（　　）。

A. 数据的改变受到连续的捕获和跟踪

B. 所有的数据改变都存储在一个独立地点

C. 只能恢复到特定时间点的数据，不能恢复到任意时间点的数据

D. 可以消除备份窗口问题

【参考答案】 ABC

【解析】 持续数据保护（CDP）是一种在不影响主要数据运行的前提下，可以实现持续捕捉或跟踪目标数据所发生的任何改变，并且能够恢复到此前任意时间点的方法。CDP 系统能够提供块级、文件级和应用级的备份，以及恢复目标无限的任意可变的恢复点。

31. 数据保护手段中，拷贝方式存在的弊端包括（　　）。

A. 不支持以增量方式进行数据保护　　B. 数据格式发生变化，不能快速使用

C. 不能有效保护已经打开的文件　　D. 不能有效保护注册表等系统文件

【参考答案】ACD

【解析】(1) 不支持以增量方式进行数据保护：拷贝方式可能需要每次都完全复制所有数据，而不仅仅是增量部分。这会导致数据备份的时间和存储需求增加。

(2) 不能有效保护已经打开的文件：如果文件正在被使用或打开，拷贝方式可能无法保护这些文件的一致性和完整性。这可能导致备份数据不完整或损坏。

(3) 不能有效保护注册表等系统文件：拷贝方式可能无法正确备份和恢复系统文件，如注册表等关键文件。这可能导致系统无法正常恢复或运行。

32．对象存储的优点包括（　　）。

A．对象接口，灵活分割数据　　B．外部是 SCSI 或者文件接口

C．对象扁平化，易于访问和扩展　　D．提高了数据的完整性和安全性

【参考答案】ACD

【解析】对象存储的优点：一是采用对象接口，灵活分割数据；二是对象扁平化，易于访问扩展；三是自动化管理；四是多租户；五是数据完整性和安全性。

33．当采用异步数据镜像方式实现异地数据保护时，可以满足的数据保护要求包括（　　）。

A．病毒破坏　　B．硬件故障　　C．本地站点灾难　　D．人为误操作

【参考答案】BC

【解析】当采用异步数据镜像方式实现异地数据保护时，可以保护数据免受硬件故障和本地站点灾难的影响。异步数据镜像将本地站点的数据实时复制到异地备份站点，即使本地站点发生硬件故障或遭受灾难，备份站点仍然可以提供可用的数据副本，确保数据的安全性和可用性。因此，异步数据镜像是一种有效的数据保护措施。

34．传统磁带备份存在的问题包括（　　）。

A．机械设备的故障率高　　B．备份/恢复速度慢

C．无法实现磁带压缩　　D．磁带的保存和清洗难

【参考答案】ABD

【解析】磁带备份使用的机械设备，如磁带驱动器，存在故障的风险。由于机械部件的磨损和老化，磁带驱动器可能会出现故障，从而导致备份过程中断或无法正常进行。相比其他备份介质，如硬盘备份或云备份，磁带备份的速度较慢。磁带备份需要按顺序读取或写入数据，而且磁带的读写速度相对较低，因此备份和恢复的过程可能需要较长的时间。磁带备份需要定期进行磁带的保存和清洗工作。磁带需要妥善保存，避免受到磁场、湿度、温度等因素的影响。此外，磁带上可能会积累灰尘和污垢，需要定期进行清洗，以确保数据的可靠性和可恢复性。磁带压缩是一种磁带备份的特性，可以将数据压缩存储在磁带上，以节省存储空间。然而，并非所有的磁带备份系统都支持磁带压缩，因此这并不是传统磁带备份的普遍问题。

35．对于有数据库的应用系统，在配置存储快照的同时，还需要采用快照代理的原因是（　　）。

A．数据库采用了缓存机制，如果仅对磁盘中的数据进行快照操作，而不顾及服务器缓存中的数据，会造成快照和预期中的数据不一致

B．任何数据库的缓存机制都是相同的，因此相同的快照代理可以兼容不同的数据库

C．在存储设备执行数据快照操作时，必须同时兼顾磁盘和缓存中的数据，才能严格保证数据的一致性

D．Oracle 数据库的日志没有缓冲区

【参考答案】AC

【解析】在配置存储快照的同时，需要采用快照代理的原因是为了确保数据的一致性和完整性。数据库系统通常会使用缓存机制来提高读写性能。缓存中的数据可能与磁盘中的数据不一致，因为缓存中的数据可能已经被修改但尚未写入磁盘。如果仅对磁盘中的数据进行快照操作，而不考虑缓存中的数据，会导致快照和预期中的数据不一致。快照代理的作用是在存储设备执行数据快照操作时，同时兼顾磁盘和缓存中的数据，以确保数据的一致性。快照代理会与数据库系统进行通信，将缓存中的数据刷新到磁盘，然后再进行快照操作。这样可以确保快照中包含了最新的数据，避免了数据不一致的问题。另外，不同的数据库系统可能具有不同的缓存机制和数据结构，因此相同的快照代理可能无法兼容所有的数据库系统。每个数据库系统都需要特定的快照代理来与其进行交互，以确保数据的一致性和完整性。因此，配置存储快照时需要采用快照代理的原因是为了兼顾磁盘和缓存中的数据，确保数据的一致性和完整性，并且不同的数据库系统可能需要特定的快照代理来与其进行交互。

36．VTL 的优势主要体现在（ ）。

A．速度快，比磁带库快 N 倍

B．价格便宜，比磁带库便宜 N 倍

C．可靠性高，再也不会出现磁带坏了，备份全白做了的情况

D．无缝备份接入，不用改变备份环境和备份习惯

【参考答案】ACD

【解析】VTL 可以提供比传统磁带库更快的备份和恢复速度。由于 VTL 是基于磁盘的虚拟备份解决方案，它可以通过并行读写和快速数据访问来实现高速备份和恢复操作。相比磁带备份，VTL 可以显著提高数据传输速率，从而节省备份时间。VTL 提供了更高的数据可靠性。传统磁带备份存在磁带损坏或丢失的风险，一旦磁带损坏，备份数据可能无法恢复。而 VTL 使用磁盘作为存储介质，具有更高的数据可靠性和容错能力。即使发生硬件故障，VTL 也可以通过冗余和数据恢复机制来保护备份数据的完整性。VTL 可以无缝集成到现有的备份环境中，而无须对备份环境进行大规模改变。VTL 可以模拟磁带库的接口和功能，使得备份软件可以直接与 VTL 进行通信和操作，而无须修改备份策略和备份习惯。这样可以方便地将 VTL 引入现有的备份架构中，提升备份效率和可靠性，同时保持备份操作的连续性。

37．下列数据保护技术中，从原理上能够找回人为误操作带来的数据丢失的有（ ）。

A．备份　B．快照/CDP　C．镜像　D．远程复制

【参考答案】ABD

【解析】备份是将数据复制到另一个存储介质中，以便在数据丢失或损坏时进行恢复。当发生人为误操作导致数据丢失时，可以通过备份来还原数据。快照/CDP（连续数据保护）可以记录数据的历史状态，包括人为误操作之前的状态。当发生误操作导致数据丢失时，可以使用快照或 CDP 来恢复到之前的数据状态。远程复制技术将数据实时或定期地复制到远程位置，以提供数据的冗余备份。当发生误操作导致数据丢失时，可以使用远程复制的备份数据来恢复丢失的数据。

38．关于 CDP（连续数据保护）解决方案的特点，以下描述正确的是（　　）。

A．全自动连续的快照保护，有效降低数据丢失风险

B．完善的数据库一致性技术，确保备份数据的完整、可用

C．备份数据立即检查及恢复验证，可以将数据快照迅速转化为主机服务器可使用的磁盘，直接挂接使用，进行数据对比和还原验证

D．易于从本地的数据保护模式扩展为远程容灾模式，降低后期系统建设

【参考答案】ABCD

【解析】CDP 解决方案可以实现全自动的连续快照保护，通过频繁的快照记录，有效降低数据丢失的风险。它可以实时捕获数据的变化，并记录下每个时间点的快照，以便在需要时进行数据恢复。CDP 解决方案具备完善的数据库一致性技术，以确保备份数据的完整性和可用性。它可以与数据库系统进行集成，确保在进行数据备份时，数据库处于一致的状态，避免备份数据的损坏或不完整。CDP 解决方案可以立即检查和验证备份数据，并将数据快照迅速转化为主机服务器可使用的磁盘，直接挂接使用。这样可以进行数据对比和还原验证，确保备份数据的准确性和可恢复性。CDP 解决方案具备易于扩展的特点，可以从本地的数据保护模式轻松扩展为远程容灾模式。这样可以降低后期系统建设的复杂性和成本，提供更高级别的数据保护和灾难恢复能力。

39．VTL 和 D2D 能够优化传统的磁带备份，它们的共同点是（　　）。

A．都存在备份窗口　　B．都不需要做格式转换

C．都需要备份服务器和备份软件　　D．都是以数据块的方式存储到磁盘介质

【参考答案】BD

【解析】VTL 和 D2D 备份技术都可以直接将备份数据存储到磁盘介质中，而无须进行磁带格式转换。这样可以简化备份过程、提高备份效率。VTL 和 D2D 备份技术都将备份数据以数据块的方式存储到磁盘介质中。这种存储方式可以提高数据读写速度和存储效率，同时方便数据的管理和恢复。综上所述，VTL 和 D2D 备份技术的共同点是它们都不需要做格式转换，并且都是以数据块的方式存储到磁盘介质中。

40．以下关于虚拟磁带库的描述，正确的是（　　）。

A．可以无缝整合到用户原有的备份环境中

B．和物理磁带库相比可以提高备份系统的可靠性

C．同物理磁带库一样，可以很方便地进行数据归档离线保存

D．可以有效提高数据备份的速度

【参考答案】ABD

【解析】虚拟磁带库（VTL）可以与用户原有的备份软件和备份流程进行无缝整合，而无须对现有备份环境进行大规模改动。这样可以方便用户在保留现有备份流程的同时，享受 VTL 带来的优势。VTL 可将备份数据存储在磁盘介质上，相比传统的物理磁带库，可以提高备份系统的可靠性。磁盘介质具有更高的读写速度和更低的故障率，可以降低备份过程中数据丢失和损坏对风险。VTL 利用磁盘介质进行备份，相比传统的物理磁带备份，可以大幅度提高备份的速度。磁盘的读写速度更快，可以更快地完成备份任务，减少备份窗口的时间。

41．以下说法不符合 LAN 备份特性的是（　　）。

A．节省投资　　B．布置简单

C．备份速度快　　D．不占用服务器资源

【参考答案】CD

【解析】LAN 备份方式提供了一种集中的、易于管理的备份方案，成本较低，但这种备份方案依赖于网络传输资源和备份服务器资源，容易发生堵塞，传输数据量小，对服务器资源占用多。

42．在存储方案部署实施中，需要执行的步骤包括（　　）。

A．存储网络配置　　B．基础环境检查确认

C．硬件安装　　D．存储功能配置调测

【参考答案】ABCD

【解析】存储方案部署实施包括需求分析和规划、设备采购、基础环境检查确认、硬件安装、存储网络配置、存储功能配置调测、数据迁移和备份、性能优化和监控、容量管理和扩展及安全管理

43．某公司因业务需要，计划新部署一套业务系统。计划每 2h 备份一次，备份期间数据流量会比较大。要求备份流量不对公司业务网络产生影响。可采用的备份拓扑包括（　　）。

A．LAN Free　　B．LAN Base　　C．Server Free　　D．Server Base

【参考答案】AC

【解析】LAN Free 备份主要指快速随机存储设备（磁盘阵列或服务器硬盘）向备份存储设备（磁带库或磁带机）复制数据。SAN 技术中的 LAN Free 功能用在数据备份上就是所谓的 LA Free 备份。LAN Free 备份全面支持文件级的数据备份和数据库级的全程或增量备份，这种备份服务可由服务器直接发起，也可由客户机通过服务器发起。在多服务器、多存储设备、大容量数据频繁备份的应用需求环境中，SAN 的 LAN Free 备份更显示出其强大的功能。Server Free 是 LAN Free 的一种延伸，它可使数据能够在 SAN 结构的两个存储设备之间直接传输，通常是在磁盘阵列和磁带库之间传输。Server Free 的优点是数据备份和恢复时间短，网络传输压力小，便于统一管理和备份资源共享。

44．某公司采购了 2 套存储设备，用于部署数据库业务，分别部署在 M 市的 A 数据中心和 B 数据中心，并完成双活容灾配置。发生故障不会导致业务中断的是（　　）。

A．单台设备故障　　B．全市停电

C．工程施工导致 A 数据中心网络故障　　D．数据中心 A 和 B 之间发生网络故障

【参考答案】ACD

【解析】双活容灾支持同域主备、同域双主、异地主备、异地双主四大应用场景；支持断点续传，每个 DB 持久化应答过的同步日志序号，在发生宕机、网络隔离、进程重启等故障场景时，可从该位置进行续传；支持异常重传，解决了网络抖动导致的丢包或延迟现象；全市停电会导致两个数据中心同时中断。

45．业务主机通过 FC SAN 连接至存储设备，但是在业务主机上扫描未发现映射的 LNN。可能的故障原因是（　　）。

A．防火墙拦截　　B．Zone 配置错误

C．业务主机未安装多路径软件　　D．业务主机 FC 光模块故障

【参考答案】BD

【解析】Zone 配置不正确导致主机 HBA 无法连接存储；业务主机 FC 光模块故障导致链

路不同，业务主机扫描不能发现映射的 LNN。

46．以下关于存储组网方式的描述，正确的（　　）。

A．应用服务器通过两条光纤直接连接到存储的 A、B 控制器，应用服务器连接到 LUN 的归属控制器的路径是最优路径

B．在单交换组网场景中，通过交换机的接入可延长数据传输距离

C．在单交换组网场景中，交换机成为单点故障，网络可靠性存在一定风险

D．在双交换组网场景中，每个应用服务器到存储都有多条路径，提供链路冗余，避免网络单点故障

【参考答案】ABCD

【解析】应用服务器通过两条光纤直接连接到存储的 A、B 控制器，最大程度减少网络中间断点可能性；目前主流交换机都具有存储转发功能，也就是中继放大信号；确保网络可靠性的关键因素是冗余。

47．某工程师在对主机和存储系统性能信息分析后发现，性能瓶颈出现在 HBA（host bus adapter）卡。工程师应该从（　　）方面进行排查。

A．HBA 卡并发数设置　　　　B．HBA 卡驱动版本

C．HBA 卡端口数量　　　　D．HBA 管理软件版本

【参考答案】AB

【解析】HBA 卡常见的问题为硬件兼容性、驱动版本、固件版本、参数设置。

48．以下关于 LAN Base 备份方式的特点，描述正确的是（　　）。

A．指令流经过 LAN 网络，数据流不经过 LAN 网络

B．备份的代理会影响应用服务器的性能

C．备份数据基于 LAN，会影响网络性能

D．需要单独维护备份业务，增加管理和维护的难度

【参考答案】BCD

【解析】基于 LAN 的备份（LAN Base）：数据流和控制流都基于 LAN 传输，是占用网络资源的备份模式。优点：备份系统和应用系统分开，备份时不占用应用服务器的硬件资源；缺点：一是增加额外的备份服务器硬件投资成本；二是备份的代理会影响应用服务器的性能；三是备份数据基于 LAN，会影响网络性能；四是需要单独维护备份业务，增加管理和维护的难度；五是对用户业务处理能力的要求较高。

LAN Free 备份：控制流基于 LAN 传输，数据流不经过 LAN。优点：备份数据流不占用 LAN 资源，极大提高了备份性能，且不影响用户网络性能。缺点：一是备份的代理会影响应用服务器的性能；二是对用户业务处理能力的要求较高。

49．硬盘的控制电路主要包含（　　）。

A．RAID 控制芯片　　　　B．数据传输芯片

C．高速数据缓存芯片　　　　D．主控制芯片

【参考答案】BCD

【解析】硬盘的控制电路主要包含主控制电路、高速数据缓存芯片和数据传输芯片。RAID 控制芯片不是硬盘的结构。

50．以下关于 FC 交换机端口的描述，正确的是（　　）。

A．E_Port：级连端口，用于级连（ISL）其他的交换机
B．EL_Port：用于连接 Loop 环上其他设备的 Fabric 端口
C．GL_Port：通用端口可以在 FL_Port 和 F_Port 间自行切换
D．F_Port：交换机连接端口，用于连接两个 N_Ports
【参考答案】AD
【解析】
E_Port=“扩展端口”（交换机到交换机）
F_Port=“Fabric 端口”
FL_Port=“Fabric Loop 端口”
G_Port=“通用（Generic）端口—可以转化为 E 或 F”

51．在对存储设备进行部署实施之前，需要对存储方案进行规划设计。在规划设计时要执行的操作包括（　　）。

A．操作系统和存储的兼容性确认　　B．存储网段规划
C．存储系统升级规划　　D．确认机房提供交流电还是直流电

【参考答案】ABD
【解析】(1）信息收集：收集应用本存储的业务信息，如网络拓扑、主机信息等。

（2）需求分析：根据所收集的信息和具体需求，对存储的容量、IOPS、存储池、管理、高级功能进行分析，分析实施方案的可行性，以及重点需求的实现思路。

（3）兼容性确认：根据客户反馈的主机操作系统版本、主机多路径信息、主机应用系统信息，以及存储版本、存储软件、多路径软件信息进行兼容性检查。

（4）安装存储设备之前仔细检查安装环境，以确保设备安装的顺利进行以及安装后设备的良好运行。

1）环境要求：包括对温度、湿度、海拔、振动、冲击、颗粒污染物、腐蚀性气体污染物、散热和噪声等的要求。

2）电源要求：提供有关电源配置最佳做法的指导准则。

3）消防要求：机房需要有足够的消防设备，以确保机房的安全。

综上所述，答案为 ABD。

52．下列属于存储故障处理基本原则的是（　　）。

A．先共性告警，后个别告警　　B．先定位外部，后定位内部
C．先高级别告警，后低级别告警　　D．先告警分析法，后替代法

【参考答案】ABC
【解析】故障处理过程中应该遵循以下原则：先定位外部，后定位内部；先分析高级别告警信息，后分析低级别告警信息；先分析共性告警，后分析个别告警。综上所述，答案为ABC。

53．存储层性能调优的流程包括（　　）环节。

A．信息收集　　B．调优分析　　C．调优操作　　D．测试与应用

【参考答案】ABCD
【解析】性能调优一般可以分为四个步骤：准备测试环境—分析并制定调优策略—执行—测试，最后总结反思何处导致性能上出现问题。综上所述，答案为 ABCD。

54．以下关于文件业务快照的描述，正确的是（　　）。

A．文件系统快照与源文件系统共享存储空间，无须为快照规划独享的存储空间

B．在实际业务运行中，文件系统快照占用的空间大于源文件系统预留空间

C．文件系统快照可以快速恢复源文件系统在多个时间点的源数据

D．当源文件系统有修改，将修改的数据写入新的位置时，快照不会占用额外的存储空间

【参考答案】ACD

【解析】文件系统快照具有以下优势：

（1）在线备份，无须业务停机。

（2）占用空间小，当源文件系统无修改时，快照不占用额外的存储空间；当源文件系统有修改，将修改的数据写入新的位置时，快照才会占用额外的存储空间。

（3）快速恢复源文件系统在多个时间点的源数据。

综上所述，答案为 ACD。

55．规划设计存储方案时，如果客户注重性能的满足，要从（　　）方面规划设计。

A．RAID 级别　　B．网络带宽　　C．硬盘数量　　D．硬盘类型

【参考答案】ABCD

【解析】影响存储系统 IOPS 性能的因素：①系统的硬盘数量和类型；②网络和接口速度；③应用的随机读写或者顺序读写 I/O 比例；④Cache 命中率；⑤RAID 或文件系统模式；⑥队列深度；⑦应用线程数。综上所述，答案为 ABCD。

56．以下（　　）不是 NAS 的优点。

A．扩展性比 SAN 好　　B．使用简便

C．针对文件共享进行优化　　D．针对块数据传输进行优化

【参考答案】AD

【解析】NAS 具有文件系统，具有使用简便的特点，同时可以针对文件共享进行优化，但是在扩展性方面不如 SAN。

57．下列（　　）数据保护方法可以恢复遭病毒损坏的文件。

A．RAID　　B．Erasure Code　　C．备份　　D．快照

【参考答案】CD

【解析】数据保护方法有很多种，其中备份和快照是两种常用的方法，可以用来恢复被病毒损坏的文件。RAID 是一种数据存储方式，主要用于提高数据的可靠性和性能，与病毒损坏文件无关。Erasure 则是数据删除的意思，与恢复文件无关。因此，正确答案是 CD。

58．存储设备有两个控制器：控制器 A 和控制器 B。如果控制器 A 的 BBU 出现故障，则以下描述不正确的是（　　）。

A．控制器 A 拥有的 LUN 的写入策略将更改为“透写”

B．控制器 B 拥有的 LUN 的写入策略将更改为“透写”

C．所有 LUN 的写入策略将更改为“透写”

D．所有 LUN 的写入策略不会更改为“回写”

【参考答案】ABCD

【解析】在存储设备中，控制器负责管理存储设备的读写操作。如果控制器 A 的 BBU 出现故障，控制器 A 可能会失去一些功能或性能，但不会影响控制器 B 的功能。因此，控制器

B 仍会继续执行原有的写入策略，即不会更改其 LUN 的写入策略。同时，由于控制器 A 的故障，所有 LUN 的写入策略可能会受到影响，但不会更改为回写。因此所有选项 ABCD 都是不正确的。

59．某客户在两个城市各部署一套存储阵列，两套存储阵列间采用异步远程复制组网方式，以下说法正确的是（　　）。

A．异步远程复制自动创建的快照，其类型既可能是私有快照，也可能是公有快照

B．一致性组内 LUN 的数量应该尽量少，仅把对同一应用有写依赖关系的 LUN 放在一个一致性组内

C．在容灾演练场景下，建议对从端 LUN 创建虚拟快照并映射给主机进行访问

D．远程复制链路组网方式中，平行组网比交叉组网的性能好

【参考答案】BD

【解析】A 选项错误，异步远程复制自动创建的快照，其类型只能是公有快照；C 选项错误，在容灾演练的场景下，不建议对从端 LUN 创建虚拟快照并映射给主机进行访问，因为这会加大网络压力，降低复制性能。综上所述，正确答案为 BD。

60．企业计划购买可满足不同性能要求的存储设备。以下（　　）是正确的建议。

A．使用分层存储来降低成本　　B．将 SSD 用于高性能层

C．将 SAS 磁盘用于性能层　　D．将 SATA 硬盘用于容量层

【参考答案】ABC

【解析】对于选项 A，分层存储是一种常见的存储策略，可以根据数据的访问频率和重要程度将数据存储在不同的存储介质上，以满足不同性能和成本需求。因此，使用分层存储来降低成本是正确的建议。对于选项 B，SSD（固态硬盘）具有极快的读写速度，通常用于高性能层，以提供更好的响应性能。因此，使用 SSD 进行高性能层是正确的建议。对于选项 C，SAS（串行高级 SCSI）磁盘通常具有较高的读写速度，也适用于性能层。因此，将 SAS 磁盘用于性能层是正确的建议。D 选项中提到将 SATA 磁盘用于容量层是错误的，因为 SATA 磁盘通常用于存储大量数据，提供较大的容量，但读写速度较慢。综上所述，正确的建议应该是 ABC。

三、判断题

1．RAID6 引入两块校验盘，保证在两块盘同时发生故障时数据不丢失。

【参考答案】对

【解析】RAID6 的特点是采用了校验机制，有两份检验数据，可以保证同一 RAID 组中两块磁盘同时发生故障而不丢失数据。因此，答案为正确。

2．SAN 提供给应用主机的就是一块未建立文件系统的“虚拟磁盘”。在上面建立什么样的文件系统，完全由主机操作系统确定。

【参考答案】对

【解析】SAN+主机的方式中，文件系统是建立在主机上的。因此，答案为正确。

3．SAN 针对海量、面向数据块的数据传输，而 NAS 则提供文件级的数据访问和共享服务。

【参考答案】对

【解析】①SAN 存储设备通过光纤连接，而 NAS 存储设备通过 TCP/IP 连接；②SAN 存

储设备访问数据块，而 NAS 存储设备访问单个文件；③SAN 存储设备连接多个存储设备，而 NAS 存储设备作为单个专用设备运行。因此，答案为正确。

4．为了保证数据一致性，应采用回写方式的数据缓存技术。

【参考答案】错

【解析】回写方式在主存和高速缓存可能有不同的数据，因此无法保证数据的一致性。因此，答案为错误。

5．IP SAN 架构的存储网络具有部署成本低、维护简便、远距离传输等特点。

【参考答案】对

【解析】IP SAN 架构的优点：易安装、成本低、不受地理限制、良好的互操作性、管理方便等。因此，答案为正确。

6．RPO 是衡量系统在灾难发生后将损失多少数据的指标。

【参考答案】对

【解析】恢复点目标（recovery point obejective，RPO）是指业务系统所允许的灾难过程中的最大数据丢失量（以时间来度量），这是一个灾备系统所选用的与数据复制技术有密切关系的指标，用以衡量灾备方案的数据冗余备份能力。因此，答案为正确。

7．容灾方案就是数据备份方案。

【参考答案】错

【解析】容灾方案是指在相隔较远的异地，建立两套或多套功能相同的 IT 系统，互相之间可以进行健康状态监视和功能切换，当一处系统因意外（如火灾、地震等）停止工作时，整个应用系统可以切换到另一处，使得该系统功能可以继续正常工作。因此，答案为错误。

8．对于持续数据保护（continuous data protection，CDP），理论上能够备份恢复。

【参考答案】对

【解析】持续数据保护（CDP）是一种在不影响主要数据运行的前提下，可以实现持续捕捉或跟踪目标数据所发生的任何改变，并且能够恢复到此前任意时间点的方法。CDP 系统能够提供块级、文件级和应用级的备份，以及恢复目标无限的任意可变的恢复点。因此，答案为正确。

9．CDP 强调连续性，能通过持续的捕获，追踪系统 I/O 信息流状态。

【参考答案】对

【解析】CDP 原本是复制结合快照的数据保护产品，其最新版本添加了连续数据保护功能，可连续撷取受保护磁盘的写入 I/O，并提供不受时间点限制的任意还原能力。因此，答案为正确。

10．备份窗口是指应用完成数据备份作业的最佳时刻。

【参考答案】错

【解析】备份窗口是指在用户正常使用的业务系统不受影响的情况下，能够对业务系统中的业务数据进行数据备份的时间间隔，或者说是用于备份的时间段。备份窗口根据操作特性来设定。因此，答案为错误。

11．差异备份相比增量备份所需要的时间更短。

【参考答案】错

【解析】差异备份是指上一次全量备份之后，对发生变化的数据进行的备份。增量备份是指上一次备份之后，对发生变化的数据进行的备份。增量备份没有重复的备份数据，备份所需的时间更短。因此，答案为错误。

12. 数据备份系统面向的对象是数据，目的是实现数据的冗余备份，以便备份数据。

【参考答案】对

【解析】数据备份系统面向的对象是数据，是指为了防止由于操作失误、系统故障等人为因素或意外原因导致数据丢失，而将整个系统的数据或者一部分关键数据通过一定的方法从主计算机系统的存储设备中复制到其他存储设备的过程。因此，答案为正确。

13. 双机互备方式适用于确保应用不间断运行的前提下。从投资的角度考虑，无论采用哪种容灾方案，数据备份还是最基础的。

【参考答案】对

【解析】无论双机互备方式还是其他方式，无论采用哪种容灾方案，数据备份都是必不可少。因此，答案为正确。

14. Cache 主要用来缓存主机数据，使主机在进行数据读写时不用每次都对硬盘进行操作，从而提高系统的读写性能。

【参考答案】对

【解析】Cache（缓存）是独立于硬盘容量以外的，在进行数据读写时是通过 CPU 读取数据，从 CPU 高速缓存中查找，找到后立即读取并发送给 CPU 进行处理的。因此，答案为正确。

15. 数据备份设备只能是物理磁带库或虚拟磁带库，不可以进行磁盘备份。

【参考答案】错

【解析】磁盘本地备份是最常见也是最基本的数据备份方式。它通过将数据复制到外部硬盘、USB 驱动器或网络存储设备等物理介质上来完成。这种方法的优点是速度快、易于操作，而且可以随时访问备份文件。因此，答案为错误。

16. 现在已经做了 RAID1，已经非常安全了，无须再做 HotSpare 磁盘了。

【参考答案】错

【解析】RAID1 并不能绝对保证数据的安全，仍然需要 HotSpare 磁盘，同时兼顾性能和数据安全性。因此，答案为错误。

17. 进行 LAN Free 备份时，所有数据流将不通过局域网，不占用网络资源。

【参考答案】对

【解析】LAN Free，即释放了 LAN 的压力。数据流直接从 File Server 经过 FC Switch 备份到 Tape，而不经过 LAN，这样就不会占用主网络的带宽。因此，答案为正确。

18. 目前，传输速率最快的硬盘接口类型为 FC，容量最大的硬盘接口类型为 SAS。

【参考答案】错

【解析】传输速率最快的硬盘接口类型为 FC，容量最大的硬盘接口类型为 SATA。因此，答案为错误。

19. 备份可预防的问题有物理故障、逻辑故障、自然灾害、黑客入侵。

【参考答案】对

【解析】备份可预防数据丢失，数据备份是保护数据免受硬件故障、人为破坏、自然灾害、恶意软件攻击等因素影响的重要手段。当原始数据发生意外损坏或丢失时，可以通过备份数据进行恢复，保证数据的完整性和可用性。因此，答案为正确。

20．多路径管理软件可以避免存储链路的单点故障以及多链路负载均衡功能，提升可靠性。

【参考答案】对

【解析】存储多路径是指存储设备通过多条链路与主机的一个或多个网卡连接，通过存储设备的控制器控制数据流的路径，实现数据流的负荷分担，保证存储设备与主机连接的可靠性。因此，答案为正确。

21．某档案馆将对其数据中心存储系统进行扩容，在工程师进行容量规划的过程中，除了需要考虑数据容量、文件系统、RAID 级别、热备空间、保险箱盘、增值特性等，还需要考虑硬盘厂商和操作系统间的容量偏差。

【参考答案】对

【解析】规划可用容量时，需要考虑单盘标称容量、热备容量、RAID 利用率等因素，硬盘厂商和操作系统对硬盘容量定义的算法是存在偏差的。因此，硬盘的标称容量和操作系统中显示的实际容量也存在着偏差。对存储池的规划包括：①硬盘类型规划，即加密硬盘和未加密硬盘；②冗余策略规划，即盘级冗余或框级冗余；③RAID 策略规划，即存储系统提供 4 种保护级别，RAID5、RAID6、RAID-TP 和 RAID10，以及热备策略规划。因此，答案为正确。

22．某公司采购了两套全闪存存储设备，分别部署在同城的两个数据中心。在配置存储双活模式时，可以同时配置仲裁服务器模式和静态优先级模式。

【参考答案】对

【解析】双活仲裁模式为静态优先级模式，当发生仲裁时优先站点端获得仲裁并提供业务。仲裁服务器通过配置仲裁网络相关设备（以太网交换机等）实现仲裁站点和两个数据中心间的连通。因此，答案为正确。

23．双活容灾解决方案架构中，两个 FC 交换机级联后将使用相同的 Domain ID，以便划分 Zone。

【参考答案】错

【解析】级联的 FC 交换机为避免网络中 ID 的冲突，需要设置 Domain ID。Domain ID 是交换机光纤通道唯一的标识。因此，答案为错误。

24．在线升级方式是在业务不中断的情况下进行的一种高可靠、高可用的升级方式，适用于升级时不能中断业务的场合。由于在线升级分批进行，对业务性能的影响较小。

【参考答案】错

【解析】在线升级的缺点：①可能存在不兼容问题，从而导致网站出现异常，需要进行手动修复；②需要有稳定的网络环境，否则可能会导致升级失败。因此，答案为错误。

25．某银行的生产中心和容灾中心采用了的超融合存储，站点之间的复制链路建议在 3000km 以内，最小连接带宽不小于双向 10Mbit/s，且复制卷平均写带宽小于远程复制带宽。

【参考答案】对

【解析】复制网络要求：主端存储系统和从端存储系统距离建议在 3000km 之内，最小连接带宽不小于双向 10Mbit/s，且命名空间平均写带宽不大于远程复制带宽。因此，答案为正确。

26．存储工程师A经常收到用户反馈运行在存储上的业务应用读写速度慢，有卡顿的现象。工程师A登录存储检查后发现并没有前端业务端口报警，回复用户说存储性能正常。

【参考答案】错

【解析】系统刚上线各方面都很正常，但是由于某种操作触发或者运行一段时间之后出现接口卡顿、接口响应缓慢超时甚至假死等现象。这种情况的出现大多伴随着系统硬件资源的使用率上升，如CPU和内存使用率突然急剧飙升、直接翻倍甚至占满硬件资源，所以不能通过端口报警进行判断存储性能。因此，答案为错误。

27．平均故障间隔时间（meantime between failures，MTBF），是描述产品在操作使用或测试期间的平均连续无故障时间。

【参考答案】对

【解析】平均故障间隔时间，是指产品或系统在两相邻故障间隔期内正确工作的平均时间，也称平均无故障工作时间。它是标志产品或系统能平均工作多长时间的量。因此，答案为正确。

28．当存储系统上的FC主机端口和主机上的HBA卡端口模式不一致时，通常建议在存储侧修改FC主机端口模式来解决。

【参考答案】错

【解析】FC端口的工作模式分别由相应的驱动程序实现，通常不支持在线切换FC端口的工作模式。如果要切换FC端口的工作模式，通常需要通过重启系统来激活相应的驱动程序。因此，答案为错误。

29．某互联网公司存储系统中有A、B两种业务在不断竞争缓存和网络资源，导致其他业务等待时间变长。其中，A业务是事务处理应用程序，B业务是分析查询应用程序，需要保证A业务的即时响应。为解决该问题，工程师配置A业务的QoS优先级高于B业务。

【参考答案】对

【解析】QoS是quality of service的缩写，它起源于网络技术，用以解决网络延迟和阻塞等问题，能够为指定的网络通信提供更好的服务能力。放到存储系统中，QoS用来保证一定的存储服务质量，具体指如下方面：①为高优先级的业务提供更高的服务质量（包括IOPS、带宽、延时等数据访问服务）；②控制资源抢夺。QoS并没有增加系统服务的能力，它只是通过对系统能力的优化分配，保证关键业务服务质量，同时满足普通业务的基本需求。因此，答案为正确。

30．分布式存储开启对象重删功能后，系统将自动全局查找重复对象，并将相同的对象只保留一个副本而删除多余的重复数据，原来的重复数据则被替换成指向保留的单一副本的引用。

【参考答案】对

【解析】重复数据删除（deduplication）技术，简单来说，就是一种消除重复数据的技术，它用软件或硬件的方式，对存储数据进行处理，以消除其中的重复数据，从而减小数据占用的存储空间。因此，答案为正确。

31．基于异构虚拟化功能的数据迁移过程中，如果出现存储接口不够的情况，可以考虑本端存储系统和异构存储系统组网时与“双活”及“远程复制”业务共用端口。

【参考答案】错

【解析】可以考虑使用其他方案，如增加存储接口或者使用存储虚拟化技术来扩展存储接口数量。共用端口可能会导致性能下降或冲突，因此不建议在数据迁移过程中与“双活”及“远程复制”业务共用端口。因此，答案为错误。

32．发生故障后，需要收集客户的应用程序数据。

【参考答案】错

【解析】在处理故障或事故时，收集客户的应用程序数据通常不是必要的。通常情况下，故障处理的主要目标是快速定位和修复问题，而不需要收集或恢复客户的数据。在这种情况下，应优先考虑保证系统的正常运行和客户的服务质量，而不是收集和恢复应用程序数据。因此，答案为错误。

33．存储设备的有效容量小于实际磁盘容量，该差异可能由热备用空间、保险箱盘、RAID 平价数据或元数据引起。

【参考答案】对

【解析】要理解存储设备的实际物理容量和有效容量的差异。有效容量可能小于实际磁盘容量，这是因为存储设备通常需要预留一些空间用于热备用、保险箱盘、RAID 级别数据或元数据等。这些空间的使用可能会占用一部分存储空间，从而导致有效容量小于实际磁盘容量。因此，答案为正确。

34．数据保护方法（如快照或备份）可以恢复被病毒损坏的文件。

【参考答案】对

【解析】数据保护方法（如快照或备份），可以帮助恢复被病毒损坏的文件。当文件被病毒感染或损坏时，可以使用数据保护方法中的备份或快照来将文件还原到之前的正常状态。这些方法可以帮助保护数据免受病毒攻击的影响，并提供一种可靠的恢复选项。因此，答案为正确。

35．同构在线迁移方案中，目标存储与源存储之间的异构链路只支持 FC 连接。

【参考答案】错

【解析】同构在线迁移方案中，目标存储与源存储之间的异构链路不仅支持 FC 连接，而且支持其他类型的连接，如 iSCSI、fiber chanel over Ethernet（FCoE）等。因此，答案为错误。

36．某公司对其即时聊天业务的文件系统创建定时快照，当存储系统每次生成新的快照时，将自动删除最早创建的快照。

【参考答案】错

【解析】该问题的答案需要根据具体的技术细节和公司的业务规则来判断。根据一般的文件系统管理原则，定时快照通常用于备份和数据恢复，以防止数据损失或损坏。存储系统在每次生成新的快照时，通常不会自动清除最早创建的快照，因为这可能会导致数据丢失或不一致。因此，答案为错误。

37．备份后端容量由初始容量和数据增量决定。

【参考答案】错

【解析】备份后端容量除了受到初始容量和数据增量的影响外，还受到备份策略、备份软件、备份时间、备份介质等多种因素的影响。因此，答案为错误。

38．对于分布式存储，若有 50 个节点，在规划网络时需要用到汇聚交换机。

【参考答案】对

【解析】分布式存储系统是一种用于存储和管理大规模数据的解决方案。在该系统中，数据被分散存储在多个节点上，以提高数据的可靠性和性能。为了实现节点之间的通信和数据传输，需要使用网络设备，如交换机。当节点数量较多时，为了有效地管理和控制网络流量，通常会使用汇聚交换机。汇聚交换机可以集中管理多个节点之间的连接，并提供高带宽和低延迟的数据传输。因此，在分布式存储系统中，当有50个节点时，规划网络时需要使用汇聚交换机。因此，答案为正确。

39．超融合基础架构是指在同一套单元设备中不仅具备计算、网络、存储和服务器虚拟化等资源和技术，而且包括备份软件、快照技术、重复数据删除、在线数据压缩等元素。

【参考答案】对

【解析】超融合基础架构是指在同一套单元设备中，整合了计算、网络、存储和服务器虚拟化等资源和技术，同时包括了备份软件、快照技术、重复数据删除、在线数据压缩等元素。这是一个集成度非常高的基础架构解决方案。因此，答案为正确。

40．在容灾方案设计中，RPO 小于 5min，RTO 小于 3min，那么客户数据最多丢失 3min。

【参考答案】错

【解析】在容灾方案设计中，RPO（恢复点目标）表示系统故障发生时允许丢失的数据量，而 RTO（恢复时间目标）表示系统故障发生后恢复正常运行所需的时间。根据题目中的条件，RPO 小于 5min，表示系统故障发生时最多只能丢失 5min 内的数据；而 RTO 小于 3min，则表示系统故障发生后最多只需 3min 即可恢复正常运行。因此，客户数据最多丢失的时间应该是 RPO 和 RTO 中较大的值，即 5min。因此，答案为错误。

四、实践操作题

1．在 AIX、Linux 操作系统下，查看 HBA 卡的 WWN 号。

【重点速记】

（1）使用命令 lscfg -vpl fcs0 来查看 HBA 卡的 WWN 号。

（2）使用命令 cat /sys/class/fc_host/host*/port_name 来查看 HBA 卡的 WWN 号。

2．博科交换机划分 Zone 的完整过程。

【重点速记】

（1）先规划 Zone 划分原则，基本有三个原则（基于点对点原则的 Zoning、基于单 HBA 原则的 Zoning、基于业务应用的 Zoning）。

（2）对 Zone 进行命名时，每个 Zone 的名称都应具有实际意义。

（3）规划 Zone 信息时需确保同一 Zone 下的成员形式一致（WWPN/端口），避免同一个 Zone 中既出现 WWPN 成员又出现 Domain、Index 成员。

（4）当一台主机需要同时访问磁带设备和磁盘存储设备时，需要将该主机与磁带设备和磁盘存储设备之间的访问流量用不同的 Zone 隔离，防止磁带设备经受不必要的注册状态更改通知（registered state change notification）影响。

3．描述博科交换机微码从 7.4 升级到 8.1 版本的操作过程。

【重点速记】

（1）升级 Firmware 过程中，确保交换机的管理 IP 网络不中断，以保证顺利下载 Firmware 文件至交换机。

（2）升级前需要先配置好 FTP、SFTP 或 SCP 服务器，并将交换机 Firmware 文件放至

FTP、SFTP 或 SCP 服务器根目录下。

（3）如果核心光纤交换机升级，确认 CP0 和 CP1 上配置的以太网接口都已接入用户网络，并且通过连接 Chassis IP 进行升级（Chassis IP，通过 CLI 命令 ipaddrshow 可以查看和获取；如果未配置 Chassis IP 请提前进行配置，Chassis IP 必须配置为 CP0 和 CP1 网口 IP 同一网段的 IP）。

4．华为 OceanStor 9000 分布式 NAS 存储 NFS 的快速配置。

【重点速记】

（1）当 OceanStor 9000 运行时，其内置的分布式文件系统自动整合所有节点内的硬盘资源，并对外显示为一个根目录。要使一个或多个客户端访问 OceanStor 9000 内的存储资源，管理员仅需要在根目录下创建待访问的目录，并将其授权给目标用户或用户组。

（2）OceanStor 9000 支持本地认证、外部 LDAP 域服务器认证、外部 NIS 域服务器认证。如果希望采用外部 LDAP 域服务器或外部 NIS 域服务器认证方式，那么管理员应提前将 OceanStor 9000 加入域。

（3）规划 OceanStor 9000 对外提供访问的文件共享目录，可以创建一个或多个文件共享目录。

（4）指定访问文件共享目录的客户端范围及权限，可以选择一个或多个主机名、IP 地址、IP 地址段或域中的网络组。

（5）共享目录的所属用户、用户组及权限。

（6）OceanStor 9000 InfoEqualizer 动态域名称或任意一个存储节点的前端网络 IP 地址，该域名或 IP 地址将用于客户端访问共享目录。

5．华为存储创建硬盘域步骤。

【重点速记】

（1）创建硬盘域时选择是否使用加密硬盘，决定该硬盘域是否加密。

（2）建议使用不同硬盘域，分别创建用于块存储业务或文件存储业务的存储池。

（3）硬盘域可以由同种类型或不同类型的硬盘组成。同种类型的硬盘组成一个存储层。其中，高性能层由 SSD 盘组成，性能最高，由于其存储介质成本较高且单盘容量小，适合存放访问频率很高的数据。性能层由 SAS 盘组成，性能较高，由于其存储介质成本适中且单盘容量较大，适合存放访问频率中等的数据。容量层由 NL-SAS 或 SATA 盘组成，性能最低，由于其存储介质成本最低且单盘容量大，适合存放大容量的数据以及访问频率较低的数据。

6．描述 HDS VSP Gx00 配置管理工具 Storage Device 的步骤。

【重点速记】

（1）安装完成后会提示相关无法启动 Storage Navigator 的信息。查看上面三个服务，发现有两个没有启动。如果选择启动也提示无法启动，则重启 SVP；重启之后服务正常启动，软件也能够打开，存储也可以正常管理。

（2）重启 SVP 完成，打开桌面的 Open Storage Device 工具，添加存储后，双击存储图标，弹出网页，会有一个过程。当所有都准备好后，即可以正常管理存储。

（3）控制器及 SVP 的 IP 地址说明：LAN 1 口接用户网口，LAN 3、4 口接存储口，LAN

2 口接 MPC。

7．HDS GX00 Dump 收集工作。

【重点速记】

（1）安装完成后会提示相关无法启动 Storage Navigator 的信息。查看上面三个服务，发现有两个没有启动。如果选择启动也提示无法启动，则重启 SVP；重启之后服务正常启动，软件也能够打开，存储也可以正常管理。

（2）重启 SVP 完成，打开桌面的 Open Storage Device 工具，添加存储后，双击存储图标，弹出网页，会有一个过程。当所有都准备好后，即可以正常管理存储。

（3）控制器及 SVP 的 IP 地址说明：LAN 1 口接用户网口，LAN 3、4 口接存储口，LAN 2 口接 MPC。

8．Linux 系统下安装配置 multipath 多路径工具。

【重点速记】

（1）多路径软件（multipath）是一种用于提高存储设备冗余性和性能的工具。可以使用 multipath 工具来实现多路径功能。

（2）成功创建/etc/multipath.conf 文件并进行基本配置后，可以根据需要进一步自定义配置，如添加设备别名、路径优先级等。

9．华为存储 OceanStor UltraPath for Linux 安装。

【重点速记】

（1）在安装 UltraPath 软件之前，需要提前准备数据、相关硬件和软件，确保满足所有的安装要求，以保障 UltraPath 软件的安装能够顺利进行。

（2）查询当前应用服务器的 Linux 操作系统的版本是否满足安装 UltraPath for Linux 的要求。服务器的可用内存容量不低于 600MB。

（3）UltraPath 软件支持 FCoE/FC 类型 HBA、IB 类型 HCA 或者 iSCSI 启动器。不支持同一个 LUN 通过不同厂商、不同型号、不同固件版本的 HBA 卡和 iSCSI 启动器同时映射给主机。

10．华为存储创建存储池步骤。

【重点速记】

（1）建议使用不同硬盘域，分别创建用于块存储业务或文件存储业务的存储池。

（2）存储池是硬盘域中一个或多个存储层的逻辑组合，而不同存储层可以配置不同的 RAID 策略。RAID 策略包含 RAID 级别以及组成 RAID 级别的数据块和校验块的个数。RAID 级别根据数据块和校验块个数的不同可分为典型配置和灵活配置。

11．华为存储如何在 DeviceManager 上配置 HyperSnap。

【重点速记】

为保证业务正常运行，快照 LUN 需要预留的空间包括两部分：存放元数据的空间以及存放写前拷贝数据和快照数据的空间。

（1）存放元数据的空间：单独使用快照特性时，需要预留 LUN 容量的 0.5%；叠加多种增值特性时，需要预留 LUN 容量的 1%。

（2）存放写前拷贝数据和快照数据的空间：根据不同的业务场景和配置，需要预留的空

间存在很大差异，最大的预留空间不超过LUN的容量乘以激活快照的个数。

12．华为存储创建 SmartQoS 策略步骤。

【重点速记】

（1）SmartQoS 特性的多种应用场景，可以帮助用户更好地理解该特性。SmartQoS 特性通过动态分配存储系统资源，可以保证关键型业务以及高级别用户的业务性能。

（2）用户可以通过两种方式来保证关键型业务的性能，即设置I/O优先级和创建SmartQoS流控策略。

（3）为了满足高级别用户，可通过设置LUN的I/O优先级来满足其业务的运行。设置用户A的I/O优先级为高，从而保证用户A业务的正常运行；设置用户B的I/O优先级为低，从而保证用户B业务不会影响用户A业务的正常运行。

（4）存储资源提供商通过SmartQoS特性可以创建以下两个策略。

1）SmartQoS流控策略A：限制签约用户A的业务带宽（如小于或等于100MB/s），在保证用户A业务性能的同时，又不影响整个存储系统的业务性能。

2）SmartQoS流控策略B：限制签约用户B的业务带宽（如小于或等于30MB/s），该带宽比签约用户A更小，限制签约用户B的业务带宽，从而预留足够的系统资源给其他用户。

13．华为存储配置SmartCache步骤。

【重点速记】

（1）SmartCache 是一种采用 SSD 盘作为介质提供读缓存的特性，与普通缓存资源 RAM Cache 配合可实现对热点数据的读加速，提高整个存储系统的性能。SmartCache 特性在对 SSD 盘资源管理方面，分为智能缓存池和SmartCache分区两部分。

（2）智能缓存池管理本控制器的所有SSD盘，用以保证每个智能缓存区的资源来自不同的SSD盘，从而避免不同SSD盘负载不均衡的问题。存储系统默认在每个控制器上生成一个智能缓存池。

（3）外置密钥管理是指利用第三方外置密钥管理服务器来存储密钥信息。密钥管理服务器是一种满足 FIPS 认证，并提供密钥存储、管理等功能的服务器。它能够对接存储系统，并提供KMIP协议要求的功能与接口，使存储系统能够调用这些接口创建、更新、销毁、查询硬盘加密服务所需的密钥。

（4）内置密钥管理和外置密钥管理无法同时使用。两种管理方式相互转换时，需要删除原有业务，重新创建加密硬盘域。否则，硬盘加密特性无法生效。

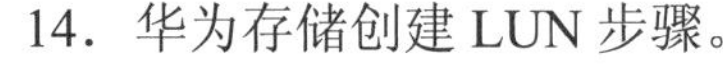

14．华为存储创建LUN步骤。

【重点速记】

（1）thin LUN是主机可访问的一个逻辑硬盘，其在创建时只被分配初始容量，当初始分配容量不足时，系统按照用户实际使用容量从存储池中动态分配存储资源。

（2）thick LUN 是主机可访问的一个逻辑硬盘，根据创建时指定的容量大小，系统通过自动资源配置技术从存储池中一次性为其分配存储资源。

第五节 中 间 件 运 维

章节摘要：本章节涵盖 WebLogic、Tomcat、Nginx 等主流中间件相关理论知识和实操练习，帮助读者了解中间件基础概念、原理等理论知识，掌握中间件安装部署、日常巡检、性能优化、安全加固、漏洞处理、日志信息收集查看等常用操作要点，从而进一步巩固中间件相关知识，提升中间件运维水平。

一、单项选择题

1．以下（　　）不属于中间件的特点。

A．支持分布式计算　　B．支持标准协议

C．支持标准接口　　D．须在同一个 OS 平台下运行

【参考答案】D

【解析】中间件应具有如下特点：①满足大量应用的需要；②运行于多种硬件和 OS 平台；③支持分布式计算，提供跨网络、硬件和 OS 平台的透明性应用或服务的交互；④支持标准的协议；⑤支持标准的接口。

2．由于中间件需要屏蔽分布式环境中异构的操作系统和网络协议，它必须能够提供分布式环境下的通信服务，这种通信服务称为平台。基于目的和实现机制的不同，可以将平台分为以下几类：远程过程调用中间件、面向消息的中间件和（　　）。

A．通信服务中间件　　B．对象请求代理中间件

C．数据同步中间件　　D．对象事务管理中间件

【参考答案】B

【解析】基于目的和实现机制的不同，业内将中间件分为以下几类：①远程过程调用中间件（remote procedure call）；②面向消息的中间件（message-oriented middleware）；③对象请求代理中间件（object request brokers）。

以上几类中间件可向上提供不同形式的通信服务，在这些基本的通信平台之上，可构筑各种框架，为应用程序提供不同领域内的服务。

3．建立 WebLogic 新的域的过程中，选择域源的步骤中，域支持的 BEA 产品中不包含（　　）。

A．WebLogic Portal　　B．WebLogic Server

C．WebLogic Integration　　D．WebLogic BeaServlet

【参考答案】D

【解析】WebLogic 是 Oracle 的主要产品之一，该产品延伸出 WebLogic Server、WebLogic Portal、WebLogic Integration 等中间件产品，以及 OEPE（Oracle Enterprise Pack for Eclipse）开发工具。

4．为了在基于命令行的环境中开始 Domain Configuration Wizard，需要做的工作是（　　）。

A．在 WebLogic Server 安装目录<WLS_Installation>\wlserver\common\bin 下调用“config.cmd”（for Windows）或“sh config.sh”（for UNIX）

B．选择从开始菜单的程序组配置向导选项：Start>Programs>BEA Products>Tools>

Configuration Wizard

C．在 WebLogic Server 安装目录<WLS_Installation>\wlserver\common\bin 下调用“config.cmd -mode=console”（for Windows）或“sh config.sh -mode=console”（for UNIX）

D．在 WebLogic Server 安装目录<WLS_Installation>\wlserver\common\bin 下调用“config.cmd -console”（for Windows）或“sh config.sh-console”（for UNIX）

【参考答案】C

【解析】对于 Windows，在 DOC 窗口下调用“config.cmd -mode=console”；对于 UNIX，执行命令“sh config.sh -mode=console”。以上操作可在基于命令行的环境中开始 Domain Configuration Wizard。

5．WebLogic 中 WLST 的（　　）命令用来把节点管理器需要的配置信息从一台物理主机复制到其他物理主机。

A．nmEnroll　　B．connect　　C．updateDomain　　D．start

【参考答案】A

【解析】nmEnroll 命令用来把节点管理器需要的配置信息从一台物理主机复制到其他物理主机。运行该命令将从管理服务器中下载节点管理器机密文件（nm_password. properties）。

6．WebLogic 11g 中不能建立的数据源类型为（　　）。

A．单数据源　　B．多数据源　　C．数据源工厂　　D．共享数据源

【参考答案】D

【解析】WebLogic 11g 建立数据源时可选择一般数据源、数据源工厂（GridLink 数据源）、多数据源。

7．WebLogic 不能部署的文件类型为（　　）。

A．ear 包　　B．war 包

C．编译好的 class 文件 jar 包　　D．源码包

【参考答案】D

【解析】WebLogic 支持的部署包有 ear、war、应用路径、jar 等。

8．一台服务器运行 WebLogic Server，若观察到系统性能下降，发现有连接不到 Server 的连接请求，中间件日志没有异常，CPU 正常，请问需要做的是（　　）。

A．增加 thread count　　B．增加 heap size

C．增加 backlog　　D．增加本地磁盘空间

【参考答案】C

【解析】WebLogic Server 使用 Accept Backlog（TCP queue）参数规定 WebLogic 向系统请求的 queue 的大小，预设值为 300。如果许多客户端连接被拒绝，客户端收到“connection refused”消息，而在服务器端没有错误显示，说明该值设置得过低，可以适当增大 WebLogic.system.acceptBacklog 的值。

9．proxy plug-in 的作用是：如果当前正在进行 Web 请求的 Server 宕机，plug-in 将根据（　　）进行 fail over。

A．fail over 到 session cookie 中的 secondary_server

B．任意一台 Server

C．根据对 Cluster 的 heart-beat 检测

D．不会 fail over

【参考答案】A

【解析】proxy plug-in 为 WebLogic 的内置插件，如果一个实例失败，plug-in 会定位该 session 的 secondary_server，将请求发给它。

10．一个域中有 3 个集群实例，由 3 台物理机器组成，其中 2 台实例启动正常，但机器 C 异常失败信息如下：

<Error><Cluster><myserver> <WebLogic.time.TimeEventGenerator> <<System>> <>

<BEA-000109> <An error occurred while sending multicast message：...>

下面（　　）对解决该异常无用。

A．运行 utils.MulticastTest，确认机器 C 上的多播工作正常

B．重新启动异常失败的实例（instance）

C．执行上面显示的异常错误信息代码描述的动作

D．重新配置集群组播配置

【参考答案】B

【解析】WebLogic Server 集群是一组相互协作的 WebLogic Server 实例，通过一组服务器共同工作，实现关键业务系统的负载分布，从而消除个别故障点。根据日志描述，错误信息是由集群或网络等原因所致，需要先解决问题后才启动实例。

11．一台服务器上可以启动（　　）个 WebLogic 服务器实例。

A．1 个　　B．3 个

C．仅受机器资源的限制　　D．没有限制

【参考答案】C

【解析】一台服务器可部署多个 WebLogic 服务器实例，可部署的实例数量受服务器资源影响。

12．WebLogic 为了实现管理互动，每个域都需要它自己的（　　）。

A．Admin Server　　B．Configuration 程序助理

C．Ant Task　　D．Node 服务器

【参考答案】A

【解析】Admin Server 是控制整个域配置的中心操作节点，维护着整个域的配置并将配置分配到每个被管理服务器 Managed Server 中，每个域中都必须有一个 Admin Server。

13．WebLogic 的 JDBC 配置，初始和最小容量均默认为（　　），最大容量则默认为（　　）。

A．30；2　　B．30；1　　C．1；15　　D．2；15

【参考答案】C

【解析】JDBC 数据源中的连接池参数即初始容量、最大容量、最小容量的默认值分别为 1、15、1。

14．在 WebLogic 管理控制台中部署一个应用，上下文根参数实际保存在（　　）。

A．config.xml　　B．weblogic.xml　　C．web.xml　　D．以上都不是

【参考答案】B

【解析】应用包的上下文根参数格式为<context-root>/XXX</context-root>，保存在 WEB_

INF/weblogic.xml 文件里。

15．WebLogic Server 有（　　）安装方式。

A．命令行　　B．图形　　C．静默　　D．以上都是

【参考答案】D

【解析】WebLogic Server 安装包括图形、命令行、静默三种方式。

16．（　　）时，要避免在启动 WebLogic 服务时输入用户名和密码。

A．设置 config.xml 文件　　B．设置 boot.properties 文件

C．设置 SetDomainEnv.sh 文件　　D．无法设置

【参考答案】B

【解析】WebLogic Server 启动服务时会 Getting boot identity from user，如果 the boot identity file（boot.propertis）不存在或该文件里 username 和 password 不正确，需要手动输入密码或提示启动失败。

17．在 Linux 环境下，后台启动管理服务的命令是（　　）。

A．./startWebLogic.sh　　B．./stopWebLogic.sh

C．nohup ./startWebLogic.sh &　　D．dbca

【参考答案】C

【解析】启动管理服务的脚本是 startWebLogic.sh，后台启动管理服务的命令是“nohup./startWebLogic.sh &”。

18．WebLogic 是遵循（　　）标准的中间件。

A．DCOM　　B．J2EE　　C．DCE　　D．TCPIP

【参考答案】B

【解析】WebLogic 是主要的 Java（J2EE）应用服务器软件之一。

19．WebLogic Server 在运行当中，JDBC 不能正常启动，则错误级别是（　　）。

A．INFO　　B．WARING　　C．ERROR　　D．NOTICE

【参考答案】C

【解析】INFO: 用于报告普通操作；WARNING: 发生了可疑的操作或配置，但对普通操作没有影响；ERROR: 发生了错误的用户操作，系统或应用不需要中断服务就可以处理该操作；NOTICE: 发生了可疑的错误或配置，可能不会影响服务器的正常操作。JDBC 不能正常启动，可能是因网络或数据库问题而连接不到数据库，进而产生错误日志，错误级别为 ERROR。

20．可以使用管理服务器管理和监控 WebLogic 域中的（　　）内容。

A．服务器和集群　　B．JMS 和 JDBC 资源

C．部署　　D．以上全部正确

【参考答案】D

【解析】WebLogic 通过 console 和 WLST 管理和监视 WebLogic 域，在 console 上可管理和监视服务器、集群、部署、服务（JMS 服务器、数据源、WTC 服务器等）等。

21．下列不是启动 WebLogic 受管服务器所必需的参数是（　　）。

A．指定 Java 堆的最大内存与最小内存　　B．设置 Connection Pool 选项

C．指定服务器的名称　　D．指定管理服务器的主机名与监听端口

【参考答案】B

【解析】启动受管服务器命令为“startManagedServer.sh server_name http://Admin_ip:Admin_port”。启动 WebLogic 受管服务器时加载 JVM 参数，指定受管服务器名称、管理服务器的主机名与监听端口。数据源、应用可在受管服务器启动后再部署启动。Connection Pool 是数据源连接池，不是启动 WebLogic 受管服务器所必需的参数。

22．关于域，下列（　　）情况是不正确的。

A．可以使用配置向导创建域

B．可以使用 WLST 创建域

C．域配置文件位于 WebLogic Domain 目录中

D．可以基于域模板创建域

【参考答案】C

【解析】域配置文件位于 WebLogic 安装目录中。

23．设置 WebLogic Server 中等待 JDBC 连接超时的参数是（　　）。

A．jdbc-connection-timeout-secs　　B．session-timeout

C．/etc/profile 文件中的 TMOUT　　D．jdbc-column-name-max-inacti-einterval

【参考答案】A

【解析】设置 WebLogic Server 中等待 JDBC 连接超时的参数是 weblogic.xml 文件中的 jdbc-connection-timeout-secs，参数格式如下：<jdbc-connection-timeout-secs>XX</jdbc-connection-timeout-secs>。

24．WebLogic 中内存设置参数正确的是（　　）。

A．JAVA_OPTS="-memory-Xms512m-Xmx1024m"

B．JAVA_OPTS="-server-Xms512m-Xmx1024m"

C．MEM_ARGS="-Xms512m-Xmx1024m"

D．MEM_ARGS="-server-Xms512m-Xmx1024m"

【参考答案】C

【解析】内存设置参数定义格式：MEM_ARGS="-Xms512m-Xmx1024m"。

25．以下不属于 WebLogic 日志的是（　　）。

A．域日志　　B．服务器日志　　C．Application 日志　　D．HTTP 日志

【参考答案】C

【解析】WebLogic 日志包括域日志 base_domain.log、服务器日志 server.log、HTTP 日志 access.log、数据源概要文件日志 datasource.log 等。

26．WebLogic Domain 的 bin 目录中存放的文件是（　　）。

A．管理服务启停脚本　　B．受管服务启停脚本

C．设置域环境脚本　　D．以上全部

【参考答案】D

【解析】setDomainEnv.sh 是域环境变量初始化脚本；startWebLogic.sh、stopWebLogic.sh 是管理服务启停脚本；startManagedWebLogic.sh、stopManagedWebLogic.sh 是受管服务启停脚本。这些脚本都在 WebLogic Domain 的 bin 目录下。

27．Linux 环境下，WebLogic 配置文件（　　）可以用于修改开发和生产模式。

A．config.xml　　B．setDomainEnv.sh　　C．startWebLogic.sh　　D．commEnv.sh

【参考答案】B

【解析】在 setDomainEnv.sh 文件里，PRODUCTION_MODE 的参数值若为 true 则是生产模式，若为 false 则是开发模式，修改该参数值后需要重启 WebLogic Server。

28．使用 WebLogic 应用程序部署计划来修改 HTTP POST 值的大小，以下（　　）方法是有效的。

A．在现有的部署计划中重新配置 HTTP POST 值的大小，然后使用 weblogic.Deployer 实用工具重新部署

B．使用 weblogic.Deployer 实用工具更新 HTTP POST 值的大小

C．使用 weblogic.PlanGenerator 更新 HTTP POST 值的大小，然后重新部署应用

D．使用 weblogic.Admin 设置 auto-tune-http-setting 为真，然后重新部署应用

【参考答案】A

【解析】部署计划用于定义特定 WebLogic Server 环境（如开发、测试或者生产）下应用程序部署配置的 XML 文件，可在 XML 文档里设置 HTTP POST 值。部署计划位于应用程序存档文件的外部，包含应用程序现有 JavaEE 和 WebLogic Server 部署描述符的属性。无须修改现有部署描述符，即可使用部署计划轻松更改特定环境下应用程序的 WebLogic Server 配置。

29．WebLogic Server 日志的 rotation 不可以使用（　　）的方法。

A．按访问协议　　B．按时间　　C．按大小　　D．不做 rotation

【参考答案】A

【解析】WebLogic Server 日志的滚动类型可设置为按大小、按时间两种方式。

30．WebLogic Server 用户授权体系主要包括（　　）要素。

A．用户、单位、角色　　B．用户、组、部门

C．用户、组、角色　　D．岗位、组、角色

【参考答案】C

【解析】WebLogic Server 用户授权体系主要由用户、组、角色组成，新建用户后首先应选择其所归属的组，之后给该用户赋予安全领域的全局安全角色或范围安全角色。

31．通过 kill-3 <WLS_pid>指令，可以产生包含（　　）信息的文件。

A．core dump　　B．thread dump　　C．JVM GC　　D．JMS 消息

【参考答案】B

【解析】kill-3 可以打印 Java 进程各个线程的堆栈信息，产生包含 thread dump 信息的文件。

32．修改 WebLogic Server 启动的 heap 配置，不应该在（　　）文件中修改。

A．startNodeManager.sh　　B．console 的 server start 参数中

C．setDomainEnv.sh　　D．startWebLogic.sh

【参考答案】A

【解析】startNodeManager.sh 为节点管理器启动脚本。

其他三个选项可实现对 heap 配置的修改。

33．下列不属于能够让 session 结束的情况是（　　）。

A．用户退出　　B．用户长时间对网页无操作

C．session 中的信息被修改　　D．程序调用 session 的 invalidate 方法

【参考答案】A

【解析】退出时不一定会终止 session。

34．WebLogic 服务器管理控制台的访问方式是（　　）。

A．http://ip:端口/HAEIPAdmin　　B．http://ip:端口/console

C．http://ip:端口/weblogic/console　　D．http://ip:端口/wls/console

【参考答案】B

【解析】http://ip:端口/console 为标准的控制台访问方式。

35．WebLogic 中 proxy plug-in 的作用是（　　）。

A．使得 Web Server 提供静态内容服务　　B．使得 WebLogic 提供动态内容服务

C．负载均衡请求　　D．以上所有

【参考答案】C

【解析】WebLogic 支持两种机制的负载均衡：Proxy plug-ins 及 Hardware load balancers。

36．WebLogic Server 补丁升级程序是（　　）。

A．bsu　　B．startWebLogic　　C．installer　　D．nodemanager

【参考答案】A

【解析】WebLogic 升级补丁需要使用 bsu.sh。

37．对 WebLogic 检查时发现数据库连接池满，可能的原因是（　　）。

A．并发过大　　B．数据库连接不释放

C．并发过大或数据库连接不释放　　D．WebLogic Server 挂起

【参考答案】C

【解析】并发过大或者数据库连接不释放将导致数据库连接数达到 WebLogic 设置的 JDBC 数据源连接池最大容量，之后的数据库请求无法响应。

38．WebLogic 的存储转发（store-and-forward，SAF）被用来（　　）。

A．在集群中给被管服务器可靠地发送配置

B．存储日志消息，并发送给管理服务器生产域日志

C．在 WebLogic 服务器实例的应用之间可靠地存储和分发 JMS 消息

D．可靠地存储和转发 EJB 请求给后端的 EJB 集群

【参考答案】C

【解析】WebLogic 存储转发服务使 WebLogic Server 能在通过 WebLogic Server 实例部署的应用程序间可靠地存储和分发 JMS 消息。

39．WebLogic 中若需要配置一个基于 Java 的节点管理器，（　　）不适用于该配置。

A．可以配置节点管理器作为 Windows 启动服务或 UNIX 平台守护进程

B．可以在命令行或 nodemanager.properties 文件指定 NodeManager 的属性

C．在命令行更改 NodeManager 属性，会覆盖 nodemanager.properties 属性文件里的值

D．如果一个机器上安装有多个 Managed Server，就应该为每个 Managed Server 安装独立的 NodeManager

【参考答案】D

【解析】Managed Server 与 NodeManager 是多对一的关系。

40．下列 JSP 动作中（　　）是页面转向动作。

A．forward　　B．include　　C．plugin　　D．action

【参考答案】A

【解析】forward 执行页面转向，将请求的处理转发到下一个页面。

41．WebLogic 管理控制台 console 无法登录进去，已确认口令是正确的，可能的原因是（　　）。

A．config.xml 被修改　　B．错误登录超过 5 次，用户名被锁定

C．boot.properties 被修改　　D．控制台修改过口令但没有重启

【参考答案】B

【解析】登录 WebLogic 控制台，一般使用 WebLogic 用户名登录，对应的密码是创建 Domain 时的密码。如果忘记密码，WebLogic 默认的登录尝试次数为 5 次，5 次登录失败则 WebLogic 用户锁定，默认的锁定时间为 30min。

42．WebLogic Server 启动顺序正确的是（　　）。

A．Managed Server、Proxy Server、Admin Server

B．Proxy Server、Admin Server、Managed Server

C．Proxy Server、Managed Server、Admin Server

D．Admin Server、Proxy Server、Managed Server

【参考答案】D

【解析】WebLogic Server 的启动顺序为:

（1）启动 Admin Server: $DOMAIN_HOME/startWebLogic.sh。

（2）启动 Proxy Server 及 Managed Server（无启动顺序要求）: $DOMAIN_HOME/bin/startManagedWebLogic.sh servername http://IP:PORT。

43．下列关于中间件的作用描述，错误的是（　　）。

A．中间件降低了应用开发的复杂程度

B．增加了软件的复用性

C．中间件应用在分布式系统中

D．使程序可以在不同系统软件上移植，从而大大减少了技术上的负担

【参考答案】C

【解析】中间件是一种独立的系统软件或服务程序，分布式应用软件借助这种软件可在不同的技术之间共享资源。中间件位于客户机/服务器的操作系统之上，管理计算资源和网络通信。中间件可应用于分布式系统或单机、单系统中。

44．以下（　　）产品特性或工具支持 WebLogic 高可用性。

A．WebLogic 服务器集群　　B．节点管理器

C．RMI　　D．WTC

【参考答案】A

【解析】WebLogic 服务器集群可支持高性能（performance）、可伸缩性、高可用性。

45．以下关于 WebLogic 管理服务器的说法，（　　）是错误的。

A．关闭管理服务器并不影响受管服务器的运行

B．关闭管理服务器将会导致域的日志条目丢失

C．关闭管理服务器将会导致 SNMP agent 功能失效

D．关闭管理服务器将会同时关闭受管服务器

【参考答案】D

【解析】管理服务器实现对整个域的集中控制，受管服务器启动时从管理服务器读取配置信息，关闭和启动管理服务器不影响受管服务器的正常运行。

46．WebLogic 常见调优选项不包括（　　）。

A．数据库连接池大小　　B．应用服务器进程数量

C．JVM 的 GC 策略　　D．JVM 的堆大小

【参考答案】B

【解析】WebLogic Server 是在单一 Java 虚拟机（JVM）上执行的 WebLogic.Server 类的实例。WebLogic Server 最多和一个 WebLogic Server 服务器关联。一个 WebLogic Server 仅对应一个应用服务器进程，因此应用服务器进程数量非 WebLogic 的调优选项。

47．若观察到 WebLogic Server 性能下降，并发现是网络瓶颈，处理措施是（　　）。

A．增加 thread count　　B．分离用来做 multicast 的 channel

C．增加一个 NIC card　　D．B and C

【参考答案】D

【解析】multicast（多路广播）允许一个邮包同时发送给多个接收地址；NIC card 为物理设备层网卡。以上两个选项和网络有关，在网络是瓶颈的情况下，可通过分离用来做 multicast 的 channel、增加一个 NIC card 等方式解决。

48．一台服务器上运行 WebLogic Server，若观察到系统性能下降，并且发现是内存瓶颈，处理措施是（　　）。

A．增加 thread count　　B．增加 heap size

C．分离线程池　　D．增加 backlog

【参考答案】B

【解析】内存达到瓶颈后，需要调整内存大小。

49．一个服务器上运行 WebLogic Server，如果观察到系统性能下降，收集垃圾回收日志，发现 GC 非常频繁，采用（　　）手段是最恰当的。

A．增加 backlog　　B．增加 heap size

C．增加 SWAP 分区　　D．配置集群

【参考答案】B

【解析】内存达到瓶颈值后，频繁触发 Full GC，需调整内存使用大小。

50．一个域由 Admin server 和一个集群构成，该集群包括两个 Managed server，即 serverA、serverB。Admin server 和 serverA 在 machineA，serverB 在 machineB。用户抱怨性能迟缓。WebLogic 系统管理员发现日志系统无报错，并且系统不存在 CPU 瓶颈。以下可能的原因是（　　）。

A．server 没有足够的 RAM　　B．server 需要更大的执行队列

C．server 的 AcceptBacklog 参数设置太低　　D．系统应该使用硬件的 SSL 加速器

【参考答案】D

【解析】日志系统无报错，可排除 A、B、C。使用硬件的 SSL 加速器可以提高 SSL 握手效率、数据传输速度和安全性，降低服务器负载，解决性能迟缓问题。

51．一个 Web 应用打包为 myapp.war，需要做（　　）配置才能够使访问的 URL 为

/MyAppA。

A．将 myapp.war 打包到一个 enterprise application，并且设置 context-root

B．将 myapp.war 解包，然后重新打包为 MyAppA，然后部署

C．A 和 B 都可以

D．A 和 B 都不行

【参考答案】A

【解析】应用包的上下文根参数保存在 WEB_INF/weblogic.xml 文件里，格式为<context-root>XXX</context-root>，XXX 为上下文根参数。

52．WebLogic 集群不能采用（　　）方式进行会话的复制。

A．内存　　B．共享磁盘　　C．JDBC　　D．域

【参考答案】D

【解析】WebLogic 集群可通过内存复制、共享磁盘复制、JDBC 复制、配置文件持久性等方式进行会话的复制。WebLogic 域没有会话复制功能。

53．WebLogic 集群支持的网络为（　　）。

A．局域网（LAN）　B．城域网（MAN）　C．广域网（WAN）　D．以上都支持

【参考答案】D

【解析】WebLogic 集群支持局域网、城域网、广域网，集群中的 WebLogic Server 实例使用以下两种基本网络技术互相通信：①IP 多播，服务器实例使用该技术来广播服务和心跳的可用性；②IP 套接口，这是集群服务器实例之间进行端到端通信的管道。

54．WebLogic 中的两个应用，如果想使得一个应用 A 比另外一个应用 B 早部署，则需要（　　）。

A．A 的 load order 小于 B 的 load order　　B．A 的 load order 大于 B 的 load order

C．A 的 load order 等于 B 的 load order　　D．不可能做到

【参考答案】A

【解析】order 值越小，优先级越高。

55．在 HTTP 响应中，状态代码 404 表示（　　）。

A．服务器无法找到请求指定的资源

B．请求消息中存在语法错误

C．请求需要通过身份验证和/或授权

D．服务器理解客户的请求，但由于客户权限不够而拒绝处理

【参考答案】A

【解析】404 not found，是 HTTP 对网页错误情况返回的一种状态码。当用户在浏览器中输入网址时，服务器会根据输入的地址判断是否有对应的网页信息。如果没有对应信息，说明用户输入的可能是一串无效的链接，服务器就会向用户返回 404 not found 状态码，告诉用户没有找到对应的网页信息。

56．Nginx 的优点是（　　）。

A．跨平台、配置简单　　B．内存消耗小

C．成本低廉，且开源　　D．以上所有

【参考答案】D

【解析】Nginx 的优点有：①跨平台、配置简单；②非阻塞、高并发连接；③内存消耗小；④成本低且开源；⑤稳定性高；⑥内置的健康检查功能等。

57．Nginx 和 Apache 的区别是（　　）。

A．轻量级，比 Apache 占用更少的内存和资源

B．抗并发，Nginx 处理请求是异步非阻塞的，而 Apache 则是阻塞性的，在高并发下 Nginx 能保持低资源、低消耗、高性能

C．高度模块化的设计，编写模块相对简单

D．以上都是

【参考答案】D

【解析】A、B、C 选项描述均正确，最核心的区别在于 Apache 是同步多进程模型，一个连接对应一个进程；而 Nginx 是异步的，多个连接可以对应一个进程。

58．设置 Tomcat 并行 GC 线程数的参数是（　　）。

A．ParallelGCThreads　　B．MaxGCPauseMillis

C．MaxTenuringThreshold　　D．AggressiveOpts

【参考答案】A

【解析】MaxGCPauseMillis 参数用于定义每次年轻代 GC 的最长时间；MaxTenuringThreshold 参数用于定义 GC 的最大年龄；AggressiveOpts 参数用于加快编译；ParallelGCThreads 参数用于定义并行 GC 线程数。

59．Tomcat 修复目录遍历漏洞需要将配置 web.xml 中<param-value>标签的值改为（　　）。

A．0　　B．1　　C．false　　D．true

【参考答案】C

【解析】关闭后不再进行目录遍历。

60．Tomcat 若要禁用不安全的 http 方法，需要修改 web.xml 文件中（　　）标签的内容。

A．http-options　　B．http-method　　C．http-configure　　D．http-config

【参考答案】B

【解析】http-method 为控制参数。

61．Tomcat 设置登录口令的配置文件是（　　）。

A．web.xml　　B．server.xml　　C．tomcat-users.xml　　D．context.xml

【参考答案】C

【解析】修改 Tomcat 的 tomcat-users.xml 文件中<user>标签的 password 值，可设置登录口令。

62．Tomcat 的默认 ajp 监听端口是（　　）。

A．8006　　B．8007　　C．8008　　D．8009

【参考答案】D

【解析】在 Tomcat 中默认配置了 AJP 连接器，用于处理 AJP 协议的请求，默认监听端口是 8009。

63．如果 Tomcat 安装后，需要修改它的端口号，可以通过修改<Tomcat 安装目录>/conf 下的（　　）文件来实现。

A．web.xml　　B．server.xml
C．server-minimal.xml　　D．tomcat-user.xml
【参考答案】B
【解析】通过修改 server.xml 下的<Connector>标签的 port 值来实现。

64．管理员在安装某业务系统应用中间件 Apache Tomcat 时，未对管理员口令进行修改，现通过修改 Apache Tomcat 配置文件，对管理员口令进行修改，以下（　　）修改是正确的。

A．<user username="admin" password="Ims_12376!@#" roles="tomcat, role1"/>
B．<user username="admin" password="Ims_12376!@#" roles="tomcat"/>
C．<user username="admin" password="Ims_12376!@#" roles="admin, manager"/>
D．<user username="admin" password="Ims_12376!@#" roles="role1"/>
【参考答案】C
【解析】roles="admin, manager"为管理员角色。

65．Tomcat 服务器的默认端口号为（　　）。
A．8001　　B．8002　　C．8080　　D．80
【参考答案】C
【解析】Tomcat 服务器的默认端口号是 8080，可以在 Tomcat 的 conf/server.xml 文件中进行修改。

66．Tomcat 为防止直接访问目录时由于找不到默认主页而列出目录下的所有文件，应在 web.xml 中（　　）。
A．将 listings 设置为 false　　B．将 fork 设置为 false
C．将 fork 设置为 true　　D．将 listings 设置为 true
【参考答案】A
【解析】Tomcat 的 web.xml 配置文件中有一个属性值 listing（Directory Listing），该属性值用于控制是否展示虚拟目录。listings 设置为 false 时限制列出目录下的所有文件。

67．Nginx 服务器的默认端口号为（　　）。
A．8001　　B．8002　　C．8080　　D．80
【参考答案】D
【解析】Nginx 的默认端口号是 80。

68．Tomcat 的（　　）参数是最大线程数。
A．maxProcessors　　B．maxSpareThreads
C．maxThreads　　D．acceptCount
【参考答案】C
【解析】每一次 HTTP 请求到达 Web 服务时，Tomcat 都会创建一个线程来处理该请求，最大线程数决定了 Web 服务同时可以处理多少请求。maxThreads 参数用于定义最大线程数的大小，默认值为 200。

69．在 Tomcat 服务器中，一个 Servlet 实例在（　　）创建。
A．Tomcat 服务器启动时
B．客户浏览器向 Tomcat 申请访问该 Servlet 时

C．JBuilder 成功编译包含该 Servlet 的 Web 应用工程后

D．将包含该 Servlet 的 Web 应用工程部署到 Tomcat 服务器后

【参考答案】A

【解析】当 Tomcat 服务器启动时，会读取在 webapps 目录下所有的 Web 应用中的 web.xml 文件，然后对 xml 文件进行解析，并读取 Servlet 注册信息。然后，将每个应用中注册的 Servlet 类都进行加载，并通过反射的方式实例化。

70．Servlet 应部署到 Tomcat 的（　　）目录下。

A．webapps　　B．work　　C．temp　　D．logs

【参考答案】A

【解析】work 目录用来存放编译后的文件，如 JSP 编译后的文件；temp 目录用来存放 Tomcat 运行过程中产生的临时文件；logs 目录用来存放 Tomcat 运行过程中产生的日志文件。Servlet 应部署到 Tomcat 的 webapps 目录下。

71．关于 Tomcat 几个版本分别支持的 JavaEE 规范，下列描述错误的是（　　）。

A．Tomcat6：Servlet 2.5、JSP 2.1、EL 2.1　　B．Tomcat6：Servlet 3.0、JSP 2.1、EL 2.1

C．Tomcat7：Servlet 3.0、JSP 2.2、EL 2.2　　D．Tomcat8：Servlet 3.1、JSP 2.3、EL 3.0

【参考答案】B

【解析】Tomcat6 支持 Servlet 2.5。

72．Apache Tomcat 版本支持的 Java 版本，下列描述错误的是（　　）。

A．Apache Tomcat 6.0.x 支持 Java SE5 and later

B．Apache Tomcat 7.0.x 支持 Java SE6 and later

C．Apache Tomcat 8.0.x 支持 Java SE8 and later

D．Apache Tomcat 9.0.x 支持 Java SE8 and later

【参考答案】C

【解析】Apache Tomcat 8.0.x 支持 Java SE7 and later。

73．关于 Tomcat，以下说法正确的是（　　）。

A．Tomcat 是应用（Java）服务器　　B．Tomcat 是 Web 应用服务器

C．Tomcat 是 HTML 容器　　D．Tomcat 只支持静态网页

【参考答案】B

【解析】Tomcat 服务器是一个免费的开放源代码的 Web 应用服务器，属于轻量级应用服务器，在中小型系统和并发访问用户不是很多的场合下被普遍使用。

74．关于 Tomcat，以下说法错误的是（　　）。

A．Tomcat 是 Java Servlet 2.2 和 JavaServer Pages 1.1 技术的标准实现

B．Tomcat 是完全重写的 Servlet API 2.2 和 JSP 1.1 兼容的 Servlet/JSP 容器

C．Tomcat Server 是根据 Servlet 和 JSP 规范进行执行的

D．Tomcat 是 HTML 容器，功能像 IIS 一样

【参考答案】D

【解析】Tomcat 是 Web 应用服务器，Apache 是 HTML 容器，功能和 IIS 一样。其他三个选项属于 Tomcat 的正确描述。

75．Tomcat Manager 支持的功能为（　　）。

A．在服务器文件系统中指定上下文路径处部署新的 Web 应用

B．列出当前已部署的 Web 应用，以及这些应用目前的活跃会话

C．列出操作系统及 JVM 的属性值

D．以上全是

【参考答案】D

【解析】Tomcat Manager 默认安装在上下文路径/Manager 中，选项 A、B、C 属于其支持的功能。此外，它还具备用以下功能：①已上传的 WAR 文件内容部署新的 Web 应用；②重新加载现有的 Web 应用，以便响应/WEB-INF/classes 或/WEB-INF/lib 中内容的更改；③开启一个已停止的 Web 应用，从而使其再次可用；④停止一个现有的 Web 应用，从而使其不可用，但并不取消对它的部署等。

76．一般情况下，默认安装的 Apache Tomcat 会暴露出详细的 banner 信息，修改 Apache Tomcat 的（　　）配置文件可以隐藏 banner 信息。

A．context.xml　　B．server.xml　　C．tomcat-users.xml　　D．web.xml

【参考答案】B

【解析】Apache Tomcat 隐藏 banner 信息的方法是在$CATALINA_HOME/conf/server.xml 文件中，在 connector 后面添加 server="XXX"。

77．关于 WebLogic 相关文件的说法，错误的是（　　）。

A．系统配置文件 config.xml 存放域内配置信息

B．属性文件 web.xml 存放 Servlet、Filter 等 Web 元素

C．日志文件 access.log 存放 HTTP 访问记录

D．可执行文件 setDomainEnv.sh 存放启动参数，用于启动 WebLogic Server

【参考答案】D

【解析】用于启动 WebLogic Server 的是 startWebLogic.sh 和 startManagedWebLogic.sh。setDomainEnv.sh 用于设置域环境，无启动 WebLogic Server 的功能。

78．WebLogic Server 在（　　）情况下会生成 core dump 文件。

A．服务器崩溃　　B．JVM 崩溃

C．执行本地（C 或 C++）代码失败　　D．以上都是

【参考答案】D

【解析】WebLogic Server 生成 core dump 文件的情况有：①服务器崩溃；②JVM 崩溃；③执行本地（C 或 C++）代码失败时导致服务器的 JVM 失败；④HotSpot 错误；⑤进程或文件资源限制等。

79．Tomcat 修改端口时应当修改（　　）配置文件。

A．config.xml　　B．server.xml　　C．data.xml　　D．port.xml

【参考答案】B

【解析】Tomcat 修改端口的方法是：在$CATALINA_HOME/conf/server.xml 文件中修改 <Server port="XXXX" shutdown="SHUTDOWN"> 和 <Connector port="XXXX" protocol="HTTP/1.1">中的 port 参数。

80．Tomcat JDBC 拦截器缓存（　　）属性。

A．autoCommit、readOnly

B．readOnly

C．autoCommit、readOnly、transactionIsolation

D．transactionIsolation

【参考答案】C

【解析】拦截器缓存了三个属性：autoCommit、readOnly、transactionIsolation，目的是避免系统与数据库之间无用地往返。

二、多项选择题

1．如果 WebLogic 中程序运行日志在/isc/isc_sso_20231024.log 下，可以通过（　　）命令查看该日志文件中的内容。

A．cat /isc/isc_sso_20231024.log　　B．tail -f /isc/isc_sso_20231024.log

C．ls /isc/isc_sso_20231024.log　　D．tar /isc/isc_sso_20231024.log

E．more /isc/isc_sso_20231024.log

【参考答案】ABE

【解析】可以选择以下命令来查看 WebLogic 程序运行日志的内容：①使用 cat 命令查看整个日志文件的内容；②使用 tail 命令实时查看日志文件的新增内容，选项-f 表示跟踪文件的更新；③使用 more 命令逐页查看日志文件的内容，可以按空格键逐页向下滚动查看。

2．WebLogic 中生产模式和开发模式的区别是（　　）。

A．开发模式是为了保证速度快而将安装目录放在指定目录下

B．开发模式是比较自由的，它可以保证开发的灵活性

C．开发模式下任意路径都可以自动更新，从而保证开发人员能够快速部署发布

D．一般开发好的产品，都给客户用生产模式部署

【参考答案】BCD

【解析】开发模式通常用于开发和测试阶段，它允许开发人员灵活地修改和调试应用程序，并提供更多的调试工具和选项。开发模式方便开发人员快速部署发布，安装目录不限于指定目录。在开发模式下，任意路径都可以自动更新。生产模式是为了生产环境的稳定性和性能而设计的。在生产模式下，应用程序被部署到生产服务器上，通常会启用更严格的安全性和性能调优选项，以提供可靠和高效的服务。

3．以下（　　）途径可以获取 WebLogic ThreadDump。

A．kill-3 <pid>　　B．jstack <pid>　　C．WLST　　D．控制台

【参考答案】ABCD

【解析】获取 WebLogic ThreadDump 的方法包括：

（1）使用"kill-3 <pid>"命令发送信号给 WebLogic 进程，使其生成 ThreadDump 信息。

（2）使用"jstack <pid>"命令获取 WebLogic 进程的 Java 线程堆栈信息，从而获取 ThreadDump。

（3）使用 WLST 获取 ThreadDump 信息。

（4）使用 WebLogic 控制台—服务器—AdminServer—监视—线程—转储线程堆栈，获取 ThreadDump 信息。

4．中间件的类型包括（　　）。

A．应用中间件　　B．消息中间件　　C．事务中间件　　D．Web 中间件

【参考答案】ABCD

【解析】中间件是应用程序和操作系统之间的软件层，为应用程序提供运行环境和各种服务。以上四类中间件涵盖了常见的中间件类型。

5．某业务系统 WebLogic 中间件后台存在弱口令，黑客可以利用后台进行（　　）操作。

A．上传打包的 WAR 文件，并获取 WebShell

B．关闭某业务系统的运行

C．删除某业务系统的程序

D．修改某业务系统运行端口

【参考答案】ABCD

【解析】若 WebLogic 中间件后台存在弱口令，黑客可以实现以上四个选项描述的动作，可能导致系统出现数据丢失、系统崩溃或无法正常运行等安全问题。因此，对 WebLogic 中间件必须采取必要的安全措施，包括使用强密码、定期更新和审计口令、安装补丁和进行系统监控等，以减少安全漏洞和遭受黑客攻击的风险。

6．以下（　　）操作可以解决 Linux 环境下因 Java 随机数问题导致 WebLogic 启动慢的问题。

A．配置启动参数：-Djava.security.egd=file:/dev/./urandom

B．配置启动参数：-Djava.security.egd=file:/dev/urandom

C．配置 java.security 文件中的 securerandom.source=file:/dev/urandom

D．配置 java.security 文件中的 securerandom.source=file:/dev/./urandom

【参考答案】AD

【解析】选项 A 和选项 D 均可用于解决 Linux 环境下因 Java 随机数问题导致 WebLogic 启动慢的问题。在启动参数中配置-Djava.security.egd=file:/dev/./urandom 的方法安全性更高，它将强制 Java 使用非阻塞的随机数生成器来提高性能。

7．JVM 中的许多问题都可以使用线程 dump 文件来进行诊断，其中比较典型的包括（　　）。

A．线程阻塞　　B．CPU 使用率过高

C．JVM Crash　　D．堆内存不足和类装载

【参考答案】ABCD

【解析】线程 dump 文件可用于判断是否存在线程阻塞的情况，以及具体有哪些线程存在阻塞；可以确定是否存在某些线程消耗大量 CPU 资源的情况；可以查看堆内存的占用情况以及是否存在内存泄漏的线索；可以显示类的加载情况，帮助分析类加载器相关的问题。

JVM 崩溃时线程 dump 文件包含了崩溃发生时的线程和堆栈信息。通过分析线程 dump 文件，可以了解崩溃发生时的程序状态和错误原因。

8．在 WebLogic 运行时，在 console 浏览器页面上启动 Managed Server，以下说法错误的是（　　）。

A．Admin Server 直接启动 Managed Server

B．Admin Server 向 Nodemanager 发送启动命令

C．对于安装了 Nodemanager 的环境，必须先启动各个服务器上的 Nodemanager

D．只有在 console 浏览器页面上启动的 Managed Server，才可以在 console 浏览器页面上 shutdown

【参考答案】AD

【解析】NodeManager 是一个进程，管理 Managed Server 的生命周期，包括启动、停止和监控等。Admin Server 并不直接启动或关闭 Managed Server。对于安装了 Nodemanager 的环境，在启动 Managed Server 之前，必须确保各个服务器上的 NodeManager 已经启动；通过控制台页面、脚本命令行或其他工具来启动的同一个 WebLogic 域中的 Managed Server，均可以在浏览器页面上关闭。

9．WebLogic Server 使用（　　）方式配置受管服务器。

A．console　　B．命令行　　C．文本文件　　D．客户端

【参考答案】ABC

【解析】管理控制台、命令行工具、文本文件方式均可用于配置受管服务器。客户端通常使用 WebLogic Server 提供的 Java API 或其他编程语言的 API 来进行编程，以实现对服务器的配置、管理和监控等操作，但它不支持配置受管服务器。

10．WebLogic 集群是指一组 WebLogic 实例在一起提供具有（　　）的功能。

A．低耗能　　B．防过载　　C．自有复制　　D．独立运行

【参考答案】BC

【解析】WebLogic Server 集群是一组相互协作的 WebLogic Server 实例，集群提供了高可用性、负载均衡（防过载）、可扩展性（自有复制）。

11．中间件巡检过程中，运维人员不得随意（　　）中间件的参数配置。

A．增加　　B．修改　　C．删除　　D．查询

【参考答案】ABC

【解析】中间件巡检人员只有查询权限，如果要进行增加、修改、删除中间件参数配置操作，必须得到审批后方可进行。

12．WebLogic NodeManager 可以实现（　　）功能。

A．远程启停 Server

B．部署应用程序到 Server 上

C．杀掉状态为失败的 Server，并将其重新启动

D．Server 出现 Crash 情况时自动将 Server 重新启动

【参考答案】ACD

【解析】NodeManager 允许远程管理和控制 WebLogic Server 实例，可以通过 NodeManager 启动、停止和重启 Server，实现远程管理的便利性；NodeManager 可以监控 Server 的状态，并在 Server 发生故障或出现失败状态时，将其停止并重新启动；NodeManager 可以在 Server 崩溃或异常退出后，自动将 Server 重新启动，确保系统的可用性和稳定性。部署应用程序到 Server 上不是 WebLogic NodeManager 的功能。

13．以下属于 Tomcat 安全防护措施的是（　　）。

A．更改服务默认端口　　B．配置账户登录超时自动退出功能

C．禁止 Tomcat 列表显示文件　　D．打包 ear 文件

【参考答案】ABC

【解析】Tomcat 不支持打包 ear 文件，其他三个选项属于安全加固操作。

14．与 WebLogic 集群配置相关的限制，以下说法正确的是（　　）。

A．集群中部署 WebLogic Server 的主机必须使用永久的静态 IP 地址

B．集群中的所有 WebLogic Server 所在操作系统的时钟应保持一致

C．集群中的所有 WebLogic Server 可以使用不同的软件版本

D．所有服务器都应该有相同的 JDBC 配置

【参考答案】ABD

【解析】在规划 WebLogic 集群配置时，应该注意以下与集群配置相关的限制：

（1）动态 IP 地址分配不能用于集群环境。如果服务器位于防火墙后面，而客户机位于防火墙外面，那么服务器必须有公共的静态 IP 地址，只有这样，客户端才能访问服务器。

（2）集群中的所有 WebLogic Server 所在操作系统的时钟若不一致，将导致集群节点的同步复制出现问题。

（3）集群中的所有 WebLogic Server 必须使用相同的软件版本。

（4）对于使用了 JDBC 连接的 EJB，所有部署了某 EJB 的服务器必须具有相同的部署与持久化配置。

15．集群架构的优点包括（　　）。

A．易于管理　　B．灵活的负载均衡　　C．可靠的安全性　　D．可扩展性

【参考答案】ABCD

【解析】集群架构优点如下：

（1）集群架构可以提供统一的管理界面和管理工具，简化了系统管理和维护的复杂性。

（2）集群架构可以通过分发负载来平衡服务器之间的工作负荷，确保资源的合理利用，提高系统的性能和响应能力。

（3）集群架构可以通过冗余备份和故障转移机制，提供高可用性和容错性，从而增加系统的可靠性和安全性。

（4）集群架构可以通过添加或移除服务器节点来实现系统的横向扩展，以满足不断增长的用户需求，提高系统的扩展性和伸缩性。

16．以下关于 Java 反序列化漏洞的说法，正确的是（　　）。

A．利用该漏洞可以在目标服务器当前权限环境下执行任意代码

B．该漏洞的产生原因是 Apache Commons Collections 组件的 Deserialize 功能存在设计缺陷

C．Apache Commons Collections 组件中对于集合的操作存在可以进行反射调用的方法，且该方法在相关对象反序列化时并未进行任何校验

D．攻击者利用漏洞时需要发送特殊的数据给应用程序或使用包含 Java“InvokerTransFormer.class”序列化数据的应用服务器

【参考答案】ABCD

【解析】Java 反序列化漏洞是指在 Java 反序列化过程中出现的安全漏洞。当攻击者构造恶意字节序列，并成功让系统反序列化这些字节序列时，可能会导致远程代码执行（remote code execution，RCE）、拒绝服务（denial of service，DoS）等攻击。ABCD 选项均为 Java 反

序列化漏洞的特性。

17. WebLogic 常见的调优选项包括（　　）。

A. 数据库连接池大小　　B. Java 随机数

C. JVM 的 GC 策略　　D. JVM 的堆大小

【参考答案】ABCD

【解析】WebLogic 常见的调优选项及其作用如下：①根据应用的需求和负载情况来配置数据库连接池大小，可保证数据库连接的有效利用和性能；②调整 Java 随机数，用于提升 WebLogic Server 启动速度及控制台加载效率；③合理配置 GC 策略，可以提高应用的响应性能和减少暂停时间；④合理配置堆大小，可以避免内存溢出和过度内存使用的问题。

18. 运维人员在检查服务器 JDK 时，发现 JDK 版本过低。安装新的 JDK 后，使用 java-verison 发现 JDK 还是原来的版本。通过下列（　　）方法可以实现 JDK 版本更新并永久生效。

A. 修改系统环境变量 JAVA_HOME　　B. 修改当前用户的 JAVA_HOME

C. 在命令行时，设置环境变量 JAVA_HOME　　D. 安装 JRE

【参考答案】AB

【解析】系统环境变量 JAVA_HOME 会影响整个系统中所有用户的 JDK 版本配置。如果安装了新的 JDK 版本后发现 JDK 版本仍然较低，可以尝试通过修改系统环境变量 JAVA_HOME 来解决。

修改当前用户的 JAVA_HOME 可修改当前用户的 JDK 版本配置，需注意此修改对其他用户不起作用。

在命令行时，设置环境变量 JAVA_HOME 为临时设置 JAVA_HOME 的方式，仅在当前命令行窗口中有效。

安装 JRE 是安装 Java Runtime Environment（JRE），而不是 Java Development Kit（JDK）。如果目标是升级 JDK 版本，则应安装新的 JDK，而不是 JRE。

19. 运行在生产模式的 WebLogic Server 部署方法有（　　）。

A. 在 Console 中部署　　B. 在 WLST 中部署

C. 自动部署　　D. 在 config.xml 部署

【参考答案】ABCD

【解析】运行在生产模式的 WebLogic Server 的部署方法有以下几种：

（1）通过 WebLogic Server 的管理控制台（Console）进行部署：在 Console 中，可以上传应用程序文件（如 war、ear 文件）并进行配置，然后将应用程序部署到服务器上。

（2）在 WLST 中部署：可以编写脚本进行应用程序部署，在脚本中指定应用程序的路径和配置，并执行脚本以完成部署过程。

（3）自动部署：可以将 war 包复制到 WebLogic 安装目录下的 domain/domain_name/autodeploy 目录中，即可自动部署。

（4）在 config.xml 部署：可以通过编辑 config.xml 文件手动添加应用程序部署信息，但这并不是常见或推荐的部署方法。

20．WebLogic 集群负载支持的算法有（　　）。

A．循环法　　B．基于权重　　C．随机　　D．后序法

【参考答案】ABC

【解析】WebLogic 集群负载支持的算法有循环法、基于权重、随机。

21．WebLogic Server 启动的 JAVA_OPTION 配置，在（　　）文件中修改。

A．startNodeManager.sh　　B．控制台的服务启动参数中

C．setDomainEnv.sh　　D．startWebLogic.sh

【参考答案】ABCD

【解析】在 startNodeManager.sh、setDomainEnv.sh、startWebLogic.sh 文件中可以修改 JAVA_OPTION 配置；在控制台的服务启动参数中可以修改 JAVA_OPTION 配置。

22．关于 NodeManager，以下说法正确的是（　　）。

A．NodeManager 有 Java 版和 SSH 版两个版本

B．NodeManager 可以查看 Server 的日志文件

C．NodeManager 可以自动侦测到所有 Managed Server 的 crash 并重启

D．NodeManager 接管 Managed Server 的标准输出为<server name>.out 文件

【参考答案】ACD

【解析】NodeManager 主要负责管理和监控 Server 实例的启停和管理，而不涉及日志文件的查看；其他选项为关于 NodeManager 的正确描述。

23．WebLogic 管理控制台页面显示："无法访问此页面！"，可能的原因有（　　）。

A．IP 不正确　　B．端口不正确

C．防火墙设置中端口被禁用　　D．服务宕掉

【参考答案】ABCD

【解析】访问控制台时，需要输入正确的 IP 地址和端口，IP 及端口能通过 Telnet 建立连接，WebLogic Server 正常。

24．Tomcat 通过（　　）工具进行热部署。

A．Tomcat 管理器　　B．ant

C．Tomcat Client Deployer　　D．以上都不是

【参考答案】ABC

【解析】Tomcat 部署方式分为冷部署及热部署两种。

（1）冷部署：将 webapp 放到指定目录，才去启动 Tomcat 服务。

（2）热部署：Tomcat 服务不停止，需要依赖 manager、ant 脚本、TCD（Tomcat Client Deployer）等工具。

25．关于 Tomcat 目录，下列描述正确的是（　　）。

A．lib：存放 Tomcat 运行需要的库文件（JARS）

B．logs：存放 Tomcat 执行时的 LOG 文件

C．webapps：Tomcat 的主要 Web 发布目录

D．work：存放 JSP 编译前产生的 class 文件

【参考答案】ABC

【解析】work 目录用来存放编译后的文件，如 JSP 文件。其他选项描述正确。

26．Tomcat Server 的组成部分包括（　　）。

A．Server　　B．Service

C．Connector　　D．Engine、Context

【参考答案】ABC

【解析】Tomcat 的主要组件包括服务器 Server、服务 Service、连接器 Connector、容器 Container。连接器 Connector 和容器 Container 是 Tomcat 的核心。

27．WebLogic 12c 支持的监控和诊断工具包括（　　）。

A．WebLogic Server 控制台（WebLogic Server Console）

B．Java 管理扩展（Java Management Extensions，JMX）

C．日志文件（Log Files）

D．TFA 信息收集工具

【参考答案】ABC

【解析】WebLogic 12c 提供了多种监控和诊断工具，包括 WebLogic Server 控制台、Java 管理扩展、日志文件和 Health Check Tool 健康检查工具。TFA 信息收集工具是 Oracle 数据库的工具。

28．Tomcat 提供（　　）功能。

A．Realm 支持　　B．事件监听器

C．支持 EJB　　D．支持 JSP 以及 Servlet 规范

【参考答案】ABD

【解析】Tomcat 没有 EJB 容器，所以不支持 EJB。

29．在 J2EE 开发中，以下各项中（　　）属于常用的设计模式。

A．工厂模式　　B．建造模式　　C．原始模型模式　　D．以上都不是

【参考答案】ABC

【解析】Java 的 23 种设计模式包括：工厂模式、建造模式、工厂方法模式、原始模型模式、单例模式、门面模式、适配器模式、桥梁模式、合成模式、装饰模式、享元模式、代理模式、命令模式、解释器模式、访问者模式、迭代子模式、调停者模式、备忘录模式、观察者模式、状态模式、策略模式、模板方法模式和责任链模式。

30．下列（　　）是 Tomcat server.xml 的参数。

A．minSpareThreads　　B．accpetCount　　C．maxThread　　D．-xms

【参考答案】ABC

【解析】-xms 为启动参数，不是 server.xml 的参数。

31．下列（　　）是 Tomcat 中部署 Web 项目的方式。

A．部署解包的 webapp 目录　　B．打包的 war 文件

C．Manager Web 应用程序　　D．打包的 ear 文件

【参考答案】ABC

【解析】ear 包是企业级应用，通常是将 EJB 打成 ear 包。Tomcat 没有 EJB 容器，所以不能够使用 EJB。其他三个选项为 Tomcat 中部署 Web 项目的方式。

32．以下（　　）属于中间件。

A．ActiveMQ　　B．WebLogic　　C．Tomcat　　D．MySQL

【参考答案】ABC

【解析】MySQL 是一个关系型数据库管理系统。

33．在 Nginx 配置文件中，（　　）均可用于 Gzip 配置。

A．http 块　　B．server 块　　C．location 块　　D．events 块

【参考答案】ABC

【解析】Nginx 开启 Gzip 压缩功能，可以使网站的 CSS、JS、XML、HTML 文件在传输时进行压缩，从而提高访问速度，优化 Nginx 性能。在 Nginx 配置文件中，http 块、server 块、location 块可用于 Gzip 配置；events 块用于配置工作模式及连接数上限。

34．以下属于 Nginx 日志级别的是（　　）。

A．info　　B．warn　　C．error　　D．exception

【参考答案】ABC

【解析】Nginx 的日志级别主要有以下几种：①alert 为系统级别紧急信息；②critical 为关键错误信息；③error 为一般性错误信息；④warn 为警告信息；⑤notice 为一些特殊信息；⑥info 为一般信息；⑦debug 为调试信息。

35．中间件账户与口令安全基线的要求包括（　　）。

A．账户口令应满足长度、复杂度要求

B．应设置失败登录次数阈值

C．应设置会话超时时间阈值

D．应配置管理员远程管理 IP 地址访问控制策略

【参考答案】ABCD

【解析】根据 Q/GDW 11445—2022《国家电网公司管理信息系统安全基线要求》，中间件账户与口令应按照中间件账户与口令安全基线要求配置。具体要求包括：

（1）应优化中间件服务账户。对于具备建立独立用户组的账号，应根据实际需要建立相关账户权限。

（2）账户口令应满足长度、复杂度要求。口令长度不得小于 8 位，且为字母、数字或特殊字符的混合组合，账户与口令不得相同。

（3）应修改账户的默认口令，并且修改后口令必须满足口令复杂度要求。

（4）应禁用默认账户。禁用中间件的默认账户。

（5）应设置失败登录次数阈值。应开启登录失败处理功能，限制登录失败次数为 5 次。

（6）应设置会话超时时间阈值。账户 15min 内未操作，应自动保存当前状态并退出。

（7）应配置管理员远程管理 IP 地址访问控制策略。配置访问控制策略，只允许管理员 IP 地址远程访问中间件所在的服务器。

（8）应定期修改账户口令。口令修改周期不应超过三个月，且修改的口令不能与前一次相同。

36．Nginx 的事件驱动模型包括（　　）。

A．select 模型　　B．poll 模型　　C．epoll 模型　　D．rtsig 模型

【参考答案】ABCD

【解析】Nginx 管理 socket 的方式称为事件驱动模型，支持 select、poll、epoll、rtsig、kqueue、/dev/poll、eventport 等，最常用的是前三种。

37．以下关于 JVM 监控与分析工具的说法，正确的是（　　）。

A．GCViewer 可用于 GC 日志文件分析

B．jmap 可用于生成 Java 虚拟机堆内存转储快照

C．Java Mission Control 可用于监控和管理 Java 应用程序

D．jstack 可用于生成 Java 虚拟机堆内存转储快照

【参考答案】ABC

【解析】jstack 可用于生成 Java 虚拟机线程快照。

38．中间件安全防护安全基线要求包括（　　）。

A．应修改中间件默认服务端口

B．应禁用不需要的模块和服务

C．应支持使用 HTTPS、SSL 等加密协议

D．应禁用 PUT、DELETE 等危险的 HTTP 方法

【参考答案】ABCD

【解析】根据 Q/GDW 11445—2022《国家电网公司管理信息系统安全基线要求》，中间件应按照中间件安全防护安全基线要求进行配置。具体要求包括:

（1）应修改中间件版本信息默认值。应修改中间件版本信息，禁止显示中间件名称、单位名称、制造商、软件版本管理员等信息。

（2）应修改中间件默认服务端口。应修改中间件默认的管理服务端口。

（3）应禁用不需要的模块和服务。应删除或关闭中间件示例域及非必须服务，缩小被恶意攻击的目标范围。

（4）应修改参数文件，禁止目录遍历。应禁止遍历操作系统目录，防止恶意用户利用而进行目录遍历攻击。

（5）应设置上传目录文件无执行权限。应禁止上传目录文件的执行权限，防止恶意用户上传可执行的木马文件。

（6）应自定义错误文件反馈内容。应修改错误文件信息内容，防止信息泄露;

（7）应禁用 PUT、DELETE 等危险的 HTTP 方法。应禁用 PUT、DELETE 等危险的 HTTP 方法，防止恶意用户利用而执行上传、删除等非法操作。

（8）应支持使用 HTTPS、SSL 等加密协议。应修改中间件配置，启用 HTTPS、SSL 等加密协议，防止信息泄露。

39．nginx.conf 配置文件全局块中可配置的内容包括（　　）。

A．运行生成的 worker process 数　　B．Nginx 进程 PID 存放路径

C．日志存放路径　　D．单连接请求数上限

【参考答案】ABCD

【解析】nginx.conf 配置文件全局块中与 Nginx 服务器整体运行相关的配置，主要包括配置运行 Nginx 服务器的用户（组）、允许生成的 worker process 数、单连接请求数上限、进程 PID 存放路径、日志存放路径和类型，以及配置文件的引入等。

40．Nginx 服务器的安装目录主要包括（　　）。

A．conf　　B．html　　C．logs　　D．sbin

【参考答案】ABCD

【解析】conf是Nginx所有配置文件的目录；html是编译安装时Nginx的默认站点目录；logs是Nginx默认的日志存放目录，包括错误日志及访问日志；sbin是命令目录。

41．运维人员可通过（　　）等方式对Tomcat进行优化。

A．调整JVM内存　　B．开启日志记录　　C．禁用DNS查询　　D．调整线程数

【参考答案】ACD

【解析】日志只是记录问题的一个手段，并不能对优化起到决定性作用，其他三个选项可用于对Tomcat的优化。

42．WebLogic系统出现挂起故障，可能的原因有（　　）。

A．Java应用程序代码中存在死锁线程

B．WebLogic Server执行线程数较小，线程队列有阻塞的请求

C．JVM垃圾回收（GC）频繁或出现Bug

D．文件描述符数不足

【参考答案】ABCD

【解析】WebLogic系统出现挂起故障，可能的原因有：①在大量负载情况下，JSP编译造成服务器挂起；②JVM垃圾回收（GC）频繁；③应用程序死锁造成JDBC挂起；④网络I/O资源限制；⑤文件描述符不足且有大量高并发请求；⑥大量耗时操作导致执行线程用尽，线程队列有阻塞的请求。

43．下列关于Tomcat目录的说法，正确的是（　　）。

A．bin目录包含启动/关闭脚本

B．conf目录包含不同的配置文件

C．lib目录包含Tomcat使用的JAR文件

D．webapps目录包含Web项目示例，当发布Web应用时，默认情况下把Web文件夹放于该目录下

【参考答案】ABCD

【解析】bin目录主要用来存放Tomcat的命令，包含启动/关闭脚本；conf目录主要用来存放Tomcat的一些配置文件；lib目录主要用来存放Tomcat运行时需要加载的jar包；webapps目录用来存放应用程序，当Tomcat启动时会加载webapps目录下的应用程序。

44．通常情况下，业务系统通过负载均衡设备对外提供服务。若后端由WebLogic提供服务器，其默认情况下WebLogic的access.log日志无法得到访问用户的真实物理IP地址。为得到用户访问时的IP地址，需要采取（　　）措施。

A．修改应用程序，使其支持记录用户访问IP地址

B．在负载均衡设备上对该虚拟服务增加x-forward-for字段

C．将WebLogic日志格式改为扩展日志，并增加对x-forward-for字段的记录

D．升级WebLogic到最新版本

【参考答案】BC

【解析】可以用以下两种方法实现：

（1）打开WebLogic管理控制台，选择“环境”—“服务器”—[服务器]—“HTTP”—“高级”，改变格式为“扩展”，并在扩展日志记录格式字段加入x-forward-for。

（2）在负载均衡设备上对该虚拟服务增加x-forward-for字段，格式为：x-forward-for:

<client>，<proxy1>，<proxy2>。

45．消息中间件投递模式包括（　　）。

A．PTP 模式　　B．Pub/Sub 模式　　C．Partition 模式　　D．Transfer 模式

【参考答案】ABCD

【解析】Point-to-Point（PTP）为点对点通信模式；publish-and- subscribe（Pub/Sub）为发布订阅模式；Partition 为分区模式；Transfer 为消费模式。以上均属于消息中间件投递模式。

46．在安装完成 WebLogic Server 以后，Domain 配置向导的启动主要方式有（　　）。

A．操控台　　B．程序菜单　　C．脚本启动　　D．自行启动

【参考答案】BC

【解析】WebLogic 安装完成后会弹出窗口，可在菜单中点击 Domain 配置向导启动，可在 Windows 的开始程序菜单里找到 Configuration Wizard，也可用命令 config.exe 或 config.sh 启动配置向导。

47．WebLogic Server 全面支持业内多种标准，包括 EJB、（　　）、WML 等，使 Web 应用系统的实施更为简单。

A．JSP　　B．JMS　　C．JDBC　　D．XML

【参考答案】ABCD

【解析】WebLogic Server 具有开发和部署 Web 应用系统所需的多种特性，可支持业内多种标准，包括 EJB、JSP、JMS、JDBC、XML 和 WML，使 Web 应用系统的实施更为简单，使系统具备可扩展性，支持快速开发，且可靠性强。

48．下列属于 WebLogic Driver for Oracle 数据源配置的是（　　）。

A．MyDatasource　　B．MyServer

C．MyDriver　　D．MyConnectionPool

【参考答案】ABD

【解析】选定 Driver for Oracle 后，配置过程中需指定数据源名称、目标 server 和连接池的参数。

49．WebLogic Server 中 HTTP 会话复制失败可能会造成（　　）。

A．会话数据丢失或会话没有按照预期方式运行

B．在会话尚未关闭或超时的情况下要求客户端重新登录

C．报错：I/O Exception

D．没有将请求 Failover 到另一个服务器

【参考答案】ABD

【解析】I/O Exception 是打开文件数过多时的错误信息。选项 A、B、D 属于 WebLogic Server 中 HTTP 会话复制失败可能会造成的影响。

50．以下（　　）通过 WebLogic 管理控制台进行管理。

A．配置资源属性　　B．部署应用程序　　C．查看诊断信息　　D．创建域模板

【参考答案】ABC

【解析】WebLogic 管理控制台可用于配置资源属性、部署应用程序、查看诊断信息，不支持创建域模板。创建域模板可使用 config.sh 命令。

51．下列属于 WLST 命令的是（　　）。

A．cd()　　B．pwd()　　C．updateDomain()　　D．exit()

【参考答案】ABCD

【解析】cd()用于导航配置 Bean 或运行时 Bean 的层次；pwd()用于显示层次中的当前位置；updateDomain()用于更新并保存当前域；exit()用于从用户会话退出 WLST，并关闭脚本外壳。以上均为 WLST 命令。

52．下列属于 Web 中间件的是（　　）。

A．Tomcat　　B．WebLogic　　C．TongWeb　　D．BES AppServer

【参考答案】ABCD

【解析】Tomcat 服务器是一个免费的开放源代码的 Web 应用服务器，WebLogic 是 Oracle 的 Web 中间件，TongWeb 是东方通的 Web 中间件，BES AppServer 是宝兰德的 Web 中间件。

53．下列属于消息中间件的是（　　）。

A．Kafka　　B．ActiveMQ　　C．InforSuite MQ　　D．Redis

【参考答案】ABCD

【解析】消息中间件包括 ActiveMQ、RabbitMQ、RocketMQ、Kafka、ZeroMQ、InforSuite MQ、Redis 等。

54．下列属于交易中间件的是（　　）。

A．Tuxedo　　B．TongEASY　　C．InforSuite AS　　D．AAS

【参考答案】AB

【解析】Tuxedo 是 Oracle 交易中间件，TongEASY 是东方通交易中间件，InforSuite AS 是中创应用服务器，AAS 是金蝶应用服务器。

55．WebLogic 集群消息传送模式是（　　）。

A．单点传送　　B．多点传送　　C．广播传送　　D．以上都不是

【参考答案】AB

【解析】集群可以使用消息传送，以在集群成员之间共享会话、负载平衡和故障转移、JMS 以及其他信息。集群消息可以使用单点传送或多点传送。

56．下列说法正确的是（　　）。

A．WebLogic 11g 可新建一般数据源、多数据源和 GridLink 数据源

B．WebLogic 12c 可新建一般数据源、多数据源、GridLink 数据源、UCP 数据源和 PROXY 数据源

C．WebLogic 12c 只可新建一般数据源、多数据源、GridLink 数据源

D．WebLogic 11g 可新建一般数据源、多数据源、GridLink 数据源和 PROXY 数据源

【参考答案】AB

【解析】WebLogic11g 可新建 JDBC 一般数据源、JDBC GridLink 数据源、JDBC 多数据源；WebLogic12c 可新建一般数据源、GridLink 数据源、多数据源、UCP 数据源、代理数据源。

57．消息中间件通信模式是（　　）。

A．点对点　　B．发布/订阅　　C．广播　　D．以上都不是

【参考答案】AB

【解析】消息模式可分为“点对点”和“发布/订阅”两种模式。在点对点模式中，生产

者将消息发送到一个特定的消息队列中，消息队列只会将消息传递给一个消费者进行处理。在发布/订阅模式中，生产者将消息发布到一个主题（Topic）中，消费者可以订阅该主题并接收其中的消息。

58．下面（　　）属于 WebLogic 的概念。

A．profile　　B．domain　　C．cluster　　D．nodemanager

【参考答案】BCD

【解析】WebLogic 涉及 domain 域、cluster 集群、nodemanager 节点管理器等概念。

59．下列（　　）是 J2EE 中间件平台的优势。

A．跨平台，以便移植　　B．可以做集群实现高可用

C．可用于负载均衡　　D．集成数据库管理功能

【参考答案】ABC

【解析】中间件 WebLogic、Tomcat 可跨平台移植，可以配置集群，支持负载均衡，没有数据库管理功能。

60．以下关于 JDBC 的描述，错误的是（　　）。

A．JDBC 是 JVM 虚拟机与数据库的连接　　B．JBDC 是 JVM 虚拟机之间的连接

C．JDBC 用于 JVM 连接应用服务器　　D．JDBC 用于 JVM 连接 Web 服务器

【参考答案】BCD

【解析】JDBC（Java 数据库连接）是 Java 语言中用来连接和操作关系型数据库的 API。

三、判断题

1．WebLogic Server 中 rtexprvalue-jsp-param-name 参数用于保存为 JSP 生成的 Java 和编译类文件的默认文件名称。

【参考答案】错

【解析】用于保存为 JSP 生成的 Java 和编译类文件的默认文件名称的参数是 default-file-name。

2．WebLogic 中 boot.properties 文件放在 servers 的根目录下。

【参考答案】错

【解析】boot.properties 的位置为 servers/域名称/security/boot.properties。

3．JVM 的 heapsize 不能够超过物理内存。

【参考答案】对

【解析】如果堆最大值和非堆最大值的总和超过了物理内存的最大限制，会导致服务器启动失败。

4．proxy plug-in 的作用是使得 WebLogic 提供动态内容服务。

【参考答案】错

【解析】proxy plug-in 为 WebLogic 内置插件，用于负载均衡。如果一个实例失败，plug-in 会定位该 session 的 secondary_server，将请求发给它。

5．WebLogic Cluster 的默认负载均衡算法为 Round-Robin。

【参考答案】对

【解析】WebLogic Server 的负载均衡算法包括 Round-Robin、Weight-Base、Random、Parameter-Based Routing 等。Round-Robin 是默认算法。

6．WebLogic Domain 中的 boot.properties 文件内容需要手动进行加密。

【参考答案】错

【解析】boot.properties 文件的作用是让 Server 启动时自动从 boot.properties 文件中读取用户名和密码并登录，不需要手动加密。

7．管理 WebLogic 过程中，可使用 jmap [option] <pid>命令获取 JVMDump。

【参考答案】对

【解析】jmap 用于收集内存 JVMDump，命令格式为 jmap-dump:live，format=b，file=heap.bin <pid>。

8．WebLogic Server 仅支持内嵌 LDAP 服务器。

【参考答案】错

【解析】WebLogic 提供了两种 LDAP 应用方案，包括内嵌 LDAP 服务器和连接到外部的 LDAP 目录服务器。

9．WebLogic 生产环境使用开发模式。

【参考答案】错

【解析】WebLogic 开发模式一般用于开发、测试环境。

10．WebLogic 集群的消息传送模式包括多点传送、单点传送和反向传送。

【参考答案】错

【解析】集群信息传送模式包括 unitcast 与 multicast 两种。

11．完成 boot.properties 配置并首次启动 WebLogic，boot.properties 中的用户名和密码是以明文保存的。

【参考答案】错

【解析】首次配置 boot.properties 时用户名和密码是明文保存，成功启动 WebLogic Server 后转为密文保存。

12．WebLogic Server 有两种版本的节点管理器。

【参考答案】对

【解析】WebLogic Server 提供两种版本的节点管理器，即基于 Java 的节点管理器和基于脚本的节点管理器。

13．配置 Tomcat 时，发现页面出现乱码，需要修改 tomcat/conf/server.xml 配置文件中 Connector 标签 URIEncoding 的属性为“GBK”或者“UTF-8”。

【参考答案】对

【解析】URIEncoding 对所有 GET 方式的请求数据进行统一的重新编码（解码），所以对于 URL 提交的数据和表单中 GET 方式提交的数据，可以修改 URIEncoding 参数为浏览器编码以解决乱码问题。

14．如要修改 Tomcat 访问端口，可在 server.xml 文件中修改。

【参考答案】对

【解析】通过修改 server.xml 下的<Connector>标签的 port 属性，可修改 Tomcat 访问端口。

15．一个 WebLogic 域（Domain）中只能有一个集群（Cluster）。

【参考答案】错

【解析】一个 WebLogic 域可以同时管理多个集群以及多个服务器实例。

16．中间件是介于应用系统和系统软件之间的一类软件，是位于操作系统和应用软件之间的一个软件层，向各种应用软件提供服务，使不同的应用进程能在屏蔽掉平台差异的情况下，通过网络互通信息。

【参考答案】对

【解析】中间件是介于应用系统和系统软件之间的一类软件，它使用系统软件所提供的基础服务（功能），衔接网络上应用系统的各个部分或不同的应用，能够达到资源共享、功能共享的目的。

17．执行 WebLogic Domain 根目录下的 stopWebLogic.sh 命令是停止域最有效的方法。

【参考答案】错

【解析】使用 kill-9 <pid>命令是停止域最有效的方法。

18．在 WebLogic 环境中，WebLogic 里面的一个 class 修改了，一定需要重新启动 WebLogic。

【参考答案】错

【解析】如果是 WebLogic 热部署，则不需要重启。

19．在 WebLogic 环境中，使用 JDBC 进行数据库连接，如果数据库连接断开后，会自动重连。

【参考答案】错

【解析】只有打开自动重连参数后，数据库连接断开后方可实现自动重连。

20．在 AdminServer 没有启动的情况下是无法启动一个 ManagedServer 实例的。

【参考答案】错

【解析】AdminServer 和 ManagedServer 是两个不同的实例。在 AdminServer 没有启动的情况下是可以启动一个 ManagedServer 实例的。

21．WebLogic 和 Webshpere 调优过程中涉及 JVM 内存、线程数量、操作系统共享内存大小及文件系统大小。

【参考答案】错

【解析】不涉及文件系统大小。

22．多个 WebLogic 实例必须分布在不同服务器上，以免发生数据冲突。

【参考答案】错

【解析】同一台服务器上可以部署 WebLogic 多个实例，端口不同。

23．WebLogic Server 中的数据源在调用时使用 JNDI 名称指向数据源所绑定的 JNDI 路径。

【参考答案】对

【解析】在 WebLogic Server 中，通过配置 JDBC 数据源创建数据库连接，应用程序按名称 JNDI 查找数据源，获取数据源连接，完成数据库操作。

24．WebLogic Domain 的 config.xml 文件保存在$DOMAIN_HOME/config 目录下。

【参考答案】对

【解析】$DOMAIN_HOME/config/config.xml

25．设置 Tomcat 的最大连接数，即为修改 acceptCount 参数。

【参考答案】错

【解析】设置 Tomcat 接受的最大连接数，可以在 service.xml 文件中修改 max-connections 参数，acceptCount 是排队连接数。

26．在 Linux 环境下安装 Tomcat 前，不需要先安装 JDK。

【参考答案】错

【解析】如果没有 JDK 环境，Tomcat 无法启动。

27．为避免 DOS 攻击，WebLogic 应限制服务器 Socket 数量。

【参考答案】对

【解析】DOS 流量攻击时会与目标建立大量的 Socket 连接，限制该数量可以避免 DOS 攻击。

28．SO_RCVBUF 参数用于设置 Tomcat Socket 发送数据的缓冲大小。

【参考答案】错

【解析】SO_SNFBUF 参数用于设置 Tomcat Socket 发送数据的缓冲大小，SO_RCVBUF 参数用于设置 Tomcat Socket 接收数据的缓冲区的大小。

29．在 WebLogic Server 中，连接池是在 WebLogic 服务器启动时创建的，连接池的大小不能动态调整。

【参考答案】错

【解析】可以在控制台—数据源选项中对连接池大小属性进行动态调整。

30．WebLogic Server 达到缓存中允许的最大 Bean 数时，可通过修改“Dweblogic.threadpool.MaxPoolSize”来解决。

【参考答案】错

【解析】WebLogic Server 达到缓存中允许的最大 Bean 数时，可通过修改“max-beans-in-cache”参数来解决，“Dweblogic.threadpool.MaxPoolSize”是线程参数。

31．一个域的 WebLogic 服务器与集群的永久配置保存在 config.xml 文件中。

【参考答案】对

【解析】WebLogic 服务器与集群的永久配置保存在$DOMAIN_HOME/config/config.xml 中。

32．WebLogic Admin Server 的控制台访问默认端口号为 7001。

【参考答案】对

【解析】WebLogic Admin Server 的控制台访问默认端口号为 7001。根据国家电网公司相关安全加固要求，应进行默认端口修改。

33．可以通过添加或修改启动脚本中的-Xms 和-Xmx 参数来配置 WebLogic Server 的 JVM 内存大小。

【参考答案】对

【解析】在 Linux 环境下，编辑 BEA_HOME\user_projects\domains\domain-name\startWebLogic.sh（在 Windows 环境下，编辑 startWebLogic.cmd），添加或修改-Xms 和-Xmx 参数并重启服务，可配置 WebLogic Server 的 JVM 内存大小。

34．WebLogic 集群是一组一起工作的、相同的 Managed Servers，用以提供容错性、可靠性、扩展性、高可用性、负载均衡，以及满足高并发要求。

【参考答案】对

【解析】WebLogic Server 集群由多个 WebLogic Server 服务器实例组成，这些服务器实例同时运行并一起工作，以提高可缩放性和可靠性。

35．当 WebLogic 集群中的某个受管服务器意外退出时，其上未完成的事务将会自动迁移到健康的服务器上继续处理。

【参考答案】错

【解析】在 WebLogic Server 集群中，当服务器实例失败时应用程序可继续进行处理的前提是开启会话复制功能。

36．在 WebLogic 控制台中可把 Web 应用工程的服务启动到 admin 状态，供管理员单独访问测试，以便正式发布。

【参考答案】错

【解析】管理员也无法访问 admin 状态下的服务。

37．startWebLogic.cmd 中的 JAVA_HOME 环境变量用于指定所使用的 Java 虚拟机。

【参考答案】对

【解析】JDK 环境变量在 startWebLogic.cmd（startWebLogic.sh）的 JAVA_HOME 标签下配置。

38．安装完 WebLogic 后，要设定/bea 目录属性为 WebLogic，命令为 chown -W weblogic：bea/bea。

【参考答案】错

【解析】chown 无-W 参数。

39．“ORA-00002”“BEA-000100”“BEA-000199”等均为 BEA 的错误码。

【参考答案】错

【解析】BEA 错误码的格式是 BEA-唯一的六位标识符。“ORA-00002”为 Oracle 数据库的错误码。

40．WebLogic 不支持 ODBC 组件。

【参考答案】对

【解析】WebLogic 支持的组件有 Express、Portal、 Integration、Workshop、Servlet、JSP、EJB、Web、JMS、JDBC。

四、实践操作题

1．在 Linux 系统下用静默方式安装 WebLogic。

【重点速记】

（1）修改主机名。

（2）创建用户及组。

（3）修改 limits.conf。

（4）上传安装文件。

（5）安装 JDK 及配置 JVM 环境变量。

（6）安装 WebLogic。

2．使用图形化模式部署 WebLogic 域 base1_domain 并在后台启动管理服务。

【重点速记】

（1）设置 DISPLAY。

（2）打开图形化工具。

（3）使用 config.sh 安装。

3. 使用 WLST 部署 WebLogic 域 base1_domain 并启动验证。

【重点速记】

（1）改写建域示例脚本。

（2）通过改写的脚本及 WLST 创建域。

（3）启动创建的域并登录控制台验证。

4. 修改 WebLogic 控制台管理用户和密码。

【重点速记】

（1）备份旧 DefaultAuthenticatorInit 文件后创建新文件。

（2）修改免密登录文件。

（3）删除缓存，重启控制台并验证。

5. 完成 WebLogic 口令策略配置：

（1）WebLogic 配置口令输错 5 次则锁定 20min。

（2）WebLogic 配置口令复杂度为至少 8 位，包含数字、大小写字母、特殊字符。

【重点速记】

（1）WebLogic 配置口令输错则锁定：安全领域—myrealm—用户封锁。

（2）WebLogic 配置口令复杂度：安全领域—提供程序—密码验证—提供程序特定。

6. 启动 WebLogic 管理端口、控制台访问管理端口（端口修改为 17001）、普通应用访问 Server 监听端口（端口修改为 17002）。

【重点速记】

（1）管理端口开启步骤：控制台—域—启用管理端口（修改端口）。

（2）应用端口修改步骤：控制台—服务器—配置监听端口。

7. 切换 WebLogic 生产模式与开发模式。

【重点速记】

控制台—域—配置—一般信息—生产模式/开发模式。

8. 在控制台配置 WebLogic Server 日志滚动，按时间保留 1 周，再按大小保留 10 个文件。

【重点速记】控制台—服务器—日志记录。

9. 优化 WebLogic Server 内存参数，设置内存最大、最小均为 2GB；优化 WebLogic Server 线程数，设置初始值 50，最大值 300；优化 WebLogic Server 随机数。

【重点速记】

（1）修改内存参数：在 setDomainEnv.sh 文件的 JAVA_OPTIONS 中配置 -Xms、-Xmx 参数。

（2）修改线程参数：在 setDomainEnv.sh 文件的 JAVA_OPTIONS 中配置 -Dweblogic.threadpool.MinPoolSize、-Dweblogic.threadpool.MaxPoolSize 参数。

（3）修改随机数：在 JDK 安装目录的 java.security 文件修改随机数。

10. 配置 WebLogic 筛选器，限制 t3、IIOP 协议只允许本地访问。

【重点速记】

（1）配置 t3 协议：控制台—域—安全—筛选器。

（2）禁用 IIOP：控制台—服务器—协议—IIOP。

11．安装 WebLogic 12c 补丁，以及查看补丁版本和卸载补丁。

【重点速记】

（1）升级 OPATCH：java -jar opatch_generic.jar -silent。

（2）升级 WL：opatch apply。

（3）查看补丁版本：控制台—服务器—监视。

（4）卸载补丁：opatch rollback -id。

12．如何在 WebLogic 添加启动参数？“-Dfile.encoding=GBK”，通过三种方式添加。

【重点速记】

（1）控制台—服务器—服务器启动—参数，添加启动参数。

（2）在启动脚本 startWebLogic.sh 中添加参数。

（3）在环境变量脚本 setDomainEnv.sh 中添加启动参数。

13．收集 WebLogic Server threaddump 信息。

【重点速记】

控制台—服务器—监视—线程数—转储线程堆栈，收集 threaddump。

14．在 WebLogic 控制台配置集群 my_cluster，配置属于该集群的受管服务 server1、server2，编辑 server1、server2 的后台启动脚本并用脚本启动。

【重点速记】

（1）控制台部署集群。

（2）控制台配置受管服务器。

（3）编辑受管服务器后台启动脚本。

（4）通过脚本启动受管服务器并登录控制台验证。

15．配置数据源，发布应用包到 WebLogic 集群 my_cluster。

要求：①数据源名称为 Mydb；②jndi 名称为 Myjndi；③初始容量为 5；④最大容量为 20；⑤应用包的上下文为 myApp。

【重点速记】

（1）验证 Oracle 连接串可用，登录控制台按要求配置数据源，测试连通性。

（2）控制台部署应用包到集群。

（3）启动应用并验证应用可访问。

16．完成 WebLogic 日常巡检：检查 WebLogic Server 进程、Server 服务状态、数据源状态、应用包状态、内存使用率、排队或阻塞线程情况和总体系统状态，浏览 Server 日志的最新 50 行。

【重点速记】

（1）登录控制台查看 WebLogic 状态及线程信息。

（2）使用操作命令查看 Java 进程及日志。

17．为 Tomcat 添加内存参数，修改 Tomcat Server 端口，禁用 AJP。

【重点速记】

（1）配置 JVM 堆内存参数：在 catalina.sh 文件中配置-Xms、-Xmx 参数。

（2）修改 HTTP 端口：在 server.xml 文件中配置 Connector port 参数。

（3）禁用 AJP：在 server.xml 文件中注释 AJP 参数。

18．将 Tomcat 线程配置修改为初始值 50，最大值 300；配置禁用 Tomcat 反查域名，配置超时连接为 30s。

【重点速记】

（1）修改线程配置：在 server.xml 文件中配置 ThreadPool 参数。

（2）配置禁用 Tomcat 反查域名：在 server.xml 文件中配置 enableLookups 参数。

（3）配置超时连接：在 server.xml 中配置 connectionTimeout 参数。

19．完成以下 Tomcat 漏洞修复：

（1）Tomcat 任意文件写入。

（2）Tomcat 弱口令。

【重点速记】

（1）在 web.xml 文件中配置 DefaultServlet 参数，解决 Tomcat 任意文件写入漏洞。

（2）在 tomcat-user.xml 文件中配置 password 参数，解决弱口令漏洞。

20．安装 Nginx。

【重点速记】

（1）挂载系统镜像包，配置 yum 源。

（2）安装 OpenSSL 以及依赖包，安装 zlib 及 PCRE，再安装 Nginx。

第六节　检　修　管　理

章节摘要：检修管理主要用于支撑国家电网公司检修运维业务的管理，提供了检修业务的填报、审批、上报、执行、验证、归档等业务功能。本章节主要包含检修计划、紧急检修、检修任务下达、运行方式变更申请等工单流程管理规范，同时涵盖检修可视化、年度检修配置管理和标准时长库管理等内容。

一、单项选择题

1．2 月份，某单位在运（包含试运行）的信息系统共有 40 套，其中包括上报国家电网公司备案保留的自建信息系统 5 套；3 月份，有 2 套统推信息系统下线，有 2 套信息系统试运行满 3 个月并转为正式运行，还有 3 套国家电网公司统推信息系统和 1 套自建信息系统新上线试运行。此时，按照国家电网公司的管理要求，该单位应该有（　　）套信息系统纳入 SG-I6000 2.0 统一监控。

A．40　　B．42　　C．44　　D．38

【参考答案】B

【解析】按照国家电网公司的要求，统推系统和自建系统在试运行和正式运行阶段需纳入 SG-I6000 2.0。40 个在运系统都已纳入监控，3 月份下线 2 套后为 38 套，2 套转为正式运行，已经包含在 38 套中，3 套统推加 1 套自建为增加 4 套，故总共应为 42 套。

2．SG-I6000 2.0 对业务系统的监控包括指标数据获取和主页模拟访问探测，其中主页模拟访问探测采用的是（　　）协议。

A．JMS　　B．WebService　　C．HTTP　　D．FTP

【参考答案】C

【解析】目前 SG-I6000 2.0 监控业务系统指标主要是通过 WebService 和 HTTP 协议进行监控。其中，运行指标和应用指标通过 WebService 协议进行监控，页面模拟通过 HTTP 协议进行监控。

3．SG-I6000 2.0 系统完成主机、中间件、数据库、网络设备以及业务系统设备的采集接入，下列描述错误的是（　　）。

A．需要在待采集系统服务器安装部署统一 Agent

B．需要现场配合项目组根据采集接入模板要求，收集反馈基础数据

C．与设备台账入库一样在 Excel 模板填写好后直接导入即可完成采集

D．需要厂商配合完成监测配置

【参考答案】C

【解析】主机服务器均需安装 Agent 进行采集；中间件、数据库、网络设备需提供采集账号给 SG-I6000 2.0 项目组；SG-I6000 2.0 采集模块没有导入功能；中间件、数据库、网络设备等需要厂商配合开通相关协议（JMX/SNMP 等协议）完成采集监控。

4．某系统需要进行一级检修，目前检修计划已到执行阶段，下列操作错误的是（　　）。

A．检修前需开具工作票，并完成许可流程

B．在检修计划开始前，在检修可视化点击“开工”

C．检修时通知调度，在许可时间后进行检修操作

D．检修结束后需要在工作票归档阶段上传签字盖章的扫描件

【参考答案】B

【解析】开、竣工操作需联系调度，在许可开工后、计划时间内点击“开工”。

5．SG-I6000 2.0 监控系统主动探测采集指标时，通过 HTTP 协议返回码判断业务系统运行状态是否正常，正常运行返回码是（　　）。

A．404　　B．500　　C．200　　D．302

【参考答案】C

【解析】404 为访问不到资源；500 为访问错误；200 表示访问正常；302 表示权限不足。

6．某省电力公司调控中心值班员收到总部调控电话，“国网调度监控发现 C 省在运信息系统全部告警”，某省调度人员在本地检查 SG-I6000 2.0 系统时未发现告警。在此案例中，“C 省在运信息系统全部告警”的原因不会是（　　）。

A．SG-I6000 2.0 级联服务运行异常

B．本省和总部之间网络中断

C．本省个别系统数据库异常

D．总部 SG-I6000 2.0 的指标接口总线异常

【参考答案】C

【解析】总部发现 C 省在运系统全部告警，该问题的发生原因有三种情况：一是 C 省与总部级联异常（A 和 B 本地级联服务异常、网络中断均会导致本地监控查看正常，但是总部系统全部产生告警）；二是总部相关服务异常，导致网省监控数据传输至总部后无法正常入库展示，触发告警，D 选项符合总部相关服务异常的范围；三是本地所有系统同时异常，但因该题中 C 省指标未出现异常，故 C 选项不成立。

7．SG-I6000 2.0 系统中业务系统运行状态的监控频率是（　　）。

A．5 分钟/次　　B．1 分钟/次　　C．半小时/次　　D．1 个月/次

【参考答案】A

【解析】SG-I6000 2.0 指标频率为 5 分钟/次和 1 天/次，其中业务系统运行状态为实时指标（5 分钟/次）。

8．SG-I6000 2.0 系统针对业务系统的运行指标和应用指标，通过气泡图和监测详情页面进行实时监控，以方便运维人员提高工作效率，以及快速发现并定位系统问题。监控接口采用（　　）方式。

A．SSH　　B．WebService　　C．SNMP　　D．JMX

【参考答案】B

【解析】目前 SG-I6000 2.0 监控业务系统指标主要是通过 WebService 和 HTTP 协议进行监控。其中，运行指标和应用指标通过 WebService 协议进行监控。

9．SG-I6000 2.0 系统中，工作票流程不需要的环节是（　　）。

A．工作票填写　　B．签发　　C．许可　　D．计划平衡

【参考答案】D

【解析】工作票填写、签发、许可均为工作票流程。计划平衡为检修计划流程。

10．SG-I6000 2.0 系统中，对于业务系统日指标取数时间应配置为（　　）。

A．当日 23:00 到次日 5:00 之间　　B．当日 20:00 到 21:00 之间

C．次日 08:00 到 12:00 之间　　D．当日 21:00 到次日 23:00 之间

【参考答案】A

【解析】SG-I6000 2.0 日指标取数时间为 02:00，只有 A 符合。

11．SG-I6000 2.0 系统中业务运行视图经典视图中，气泡状态和以下（　　）指标无关。

A．健康运行时长　　B．设备信息监控率

C．业务系统探测状态　　D．在线用户数

【参考答案】B

【解析】健康运行时长、业务系统探测状态、在线用户数均为业务系统指标，且均配置有相关告警。设备信息监控率不是业务系统指标。

12．某业务系统已纳入 SG-I6000 2.0 监控，该业务系统接口传至 SG-I6000 2.0 系统健康运行时长指标在 17:40 时间点的值为 6951000，业务系统正常运行情况下在 17:55 时间点的值应是（　　）。若该业务系统在 18:00—19:00 计划停运检修，19:00 整点启动运行，则 19:05 分健康运行时长应该是（　　）。

A．6951900；300　　B．6951900；100　　C．6951000；300　　D．6952100；400

【参考答案】A

【解析】17:40 时健康运行时长为 6951000，则在 17:55 分为 6951000+15×60=6961900。在 19:00 整点启动，则 19:00 时指标为 0，19:05 时指标为 5×60=300。

13．某省电力公司信息通信调控值班过程中，通过 SG-I6000 2.0 调度监控气泡图发现财务管控系统出现告警，显示财务管控所有监控数据中断，初步判断为财务管控中间件故障。为规范抢修操作，财务管控运维人员首先到 SG-I6000 2.0 检修模块紧急开具工作票，并经过主管领导审核同意后，对财务管控系统实施抢修，整改处置过程耗时 40min，此时某省也收

到了总部信通调度发来的调度联系单。在本案例中，在 SG-I6000 2.0 系统上上报抢修正确的是（　　）。

A．经过财务系统运维专职同意后直接上报

B．应通过 SG-I6000 2.0 主动上报抢修

C．根据抢修的时间决定，如果时间很短，则不上报抢修

D．只通过调度电话向上级调度汇报，口头申请抢修

【参考答案】B

【解析】该故障已确定为紧急故障，并进行抢修操作，则应通过 SG-I6000 2.0 主动上报抢修。

14．SG-I6000 2.0 系统中，以下（　　）情况不会导致业务系统的健康运行时长指标值归零。

A．该业务系统停机检修　　B．该业务系统停运

C．该业务系统所在的数据库服务器宕机　　D．该业务系统的灾备复制中断

【参考答案】D

【解析】业务系统停机检修和系统停运均会导致健康运行时长归零。业务系统所在的数据库服务器宕机可能会导致健康运行时长归零。业务系统的灾备复制中断不影响运行时长。

15．在 SG-I6000 2.0 系统检修模块中，下列（　　）不属于工作票要填写的内容。

A．工作内容　　B．计划类型　　C．工作组成员　　D．安全措施

【参考答案】B

【解析】工作内容、工作组成员、安全措施均需在工作票中填写，计划类型为检修填报内容。

16．SG-I6000 2.0 系统中，以下（　　）指标是通过 HTTP 协议方式主动获取的。

A．业务系统健康运行时长　　B．业务系统关键进程状态

C．业务系统首页的可访问性　　D．业务系统的数据库平均响应时长

【参考答案】C

【解析】SG-I6000 2.0 监控业务系统指标获取共有两种方式：一种是通过 WebService 接口方式主动获取；另一种是通过 HTTP 协议方式主动获取。其中，健康运行时长、在线用户数、累计访问人数等运行指标通过 WebService 接口方式获取；业务系统是否可访问、页面访问代码、页面响应时长 3 个指标通过 HTTP 协议方式主动探测获取。

17．某省公司的运维人员发现一台生产管理系统的服务器存在缺陷，并计划第二天检修处理。该省公司应在 SG-I6000 2.0 中上报（　　）。

A．月检修计划　　B．周检修计划　　C．临时检修计划　　D．紧急检修

【参考答案】C

【解析】月检修计划需每月 20 日前提报；周检修计划需要在每周四之前上报；临时检修计划为提前一个工作日上报检修；紧急检修为临时出现紧急情况要立即进行抢修的操作。

18．某省电力公司信息通信调控值班过程中，通过 SG-I6000 2.0 调度监控气泡图发现财务管控系统出现告警，显示财务管控所有监控数据中断。调度人员立即通知 SG-I6000 2.0 系统运维专责进行处理，后经排查 SG-I6000 2.0 接口无问题，于是调度人员立即通知财务管控运维检修人员，发现财务管控系统宕机。经过 40min 的抢修后故障消除，SG-I6000 2.0 内监

控也恢复正常。此时，某省也收到了总部信通调度发来的调度联系单。监控告警发现后，调度人员首先应该（　　）。

A．立即向上级调度汇报　　B．故障初步定位和判断

C．立即联系运维检修人员抢修　　D．等待故障重现

【参考答案】B

【解析】业务系统发生告警后，调度人员应先对故障进行初步定位和判断，然后根据判断联系 SG-I6000 2.0 运维人员或者告警业务系统运维。一般单个系统告警为业务系统本身问题，多系统同时告警则大概率为 SG-I6000 2.0 系统问题。

19．SG-I6000 2.0 系统一级检修计划申请流程涉及“填报”“数字化部审批”“运维单位审批”“检修平衡”“本级别调度审批”“国网信息调度审批”　“（　　）”“运检验证”“调控验证”环节。

A．总部客服审批　　B．执行

C．总部业务部门审核　　D．国网调度审批

【参考答案】B

【解析】国网信息调度审批后工单流转至执行环节。

20．SG-I6000 2.0 中指标数据可分为实时数据、日数据等，下列业务系统相关指标中不是实时指标的是（　　）。

A．在线用户数　　B．日登录人数

C．累计访问人数　　D．业务系统表空间大小

【参考答案】D

【解析】在线用户数、日登录人数、累计访问人数均为 5min 指标数，业务系统表空间大小为日指标数。

21．信息工作票涉及的岗位不包括（　　）。

A．工作负责人　　B．操作人员　　C．工作签发人　　D．工作许可人

【参考答案】B

【解析】信息工作票涉及的岗位包括工作负责人、工作签发人、工作许可人，其需通过相应考试。

22．SG-I6000 2.0 对于在运信息系统的监控指标，包括运行指标和应用指标两部分。各业务系统被监控的应用指标按照频率不包括（　　）。

A．5min　　B．日　　C．月　　D．年

【参考答案】D

【解析】系统指标有实时指标（5min）、日指标和月指标。

23．某电力公司新进的资产管理人员在使用 SG-I6000 2.0 资源管理微应用时，发现菜单均可正常打开但是没有相关流程的操作按钮入口，最可能是（　　）导致的。

A．系统临时出现故障　　B．该人员无操作权限

C．该人员操作方式错误　　D．该人员所属单位下无设备信息

【参考答案】B

【解析】SG-I6000 2.0 工单拟待办页面打开显示均正常，但无新建按钮，应为未配置该用户流程启动权限，无法发起和填报工单。

24．在 SG-I6000 2.0 系统中，（　　）工单不属于检修管理类工单。

A．工作票　　B．紧急检修　　C．检修计划申请　　D．状态检修

【参考答案】D

【解析】SG-I6000 2.0 检修管理中工单包含一级检修计划、二级检修计划、紧急检修、检修任务下达等。

25．SG-I6000 2.0 系统中，计划检修的查询方法为（　　）。

A．进入检修管理微应用—检修管理查询

B．进入检修管理微应用—高级查询

C．进入统计分析—计划检修查询

D．进入检修管理—高级查询—计划检修查询

【参考答案】A

【解析】检修计划查询是在检修管理微应用的检修管理查询页面进行的查询。

26．SG-I6000 2.0 中，（　　）流程不需要和总部进行贯通。

A．一级紧急检修　　B．调度联系单　　C．信息工作票　　D．一级检修计划

【参考答案】C

【解析】一级紧急检修和一级检修计划需要总部调度进行审批。调度联系单是总部下发的，需要和总部贯通。信息工作票为本地流程，不需要和总部贯通。

27．在 SG-I6000 2.0 检修管理微应用中，根据检修影响的不同对检修级别进行了区分，下列（　　）不属于检修级别。

A．总部下达检修　　B．一级检修　　C．二级一类检修　　D．二级二类检修

【参考答案】A

【解析】检修计划分为一级检修、二级检修。

（1）一级检修：停运检修，或影响国家电网公司总部与三地数据中心、公司各级单位之间信息系统纵向贯通及应用的检修。

（2）二级检修：不停运检修，且未影响国家电网公司总部与三地数据中心、公司各级单位之间信息系统纵向贯通及应用的检修。

28．以下（　　）不属于 SG-I6000 2.0 系统综合视图中气泡的颜色。

A．黄　　B．绿　　C．红　　D．蓝

【参考答案】D

【解析】SG-I6000 2.0 气泡图颜色为绿（正常）、黄（告警）、红（严重告警）、灰（未监控）4 种，不包含蓝色。

29．在 SG-I6000 2.0 系统中，某调度员收到 2 条告警，“业务系统 A 在 2016 年 3 月 20 日 19:00:05 健康运行时长指标中断”“业务系统 B 在 2016 年 3 月 20 日 19:00:15 健康运行时长指标负增长”。除了本案例中的“健康运行时长”指标，SG-I6000 2.0 还监控的指标不包括（　　）。

A．在线用户数　　B．页面响应代码　　C．页面会话连接数　　D．在线人员名单

【参考答案】D

【解析】在线用户数、页面响应代码、页面会话连接数均为业务系统采集指标。SG-I6000 2.0 系统中，在线人员名单指标已弃用。

30．在 SG-I6000 2.0 系统中，一级临时检修计划申请需至少（　　）上报。

A．提前一天　　B．提前两天　　C．提前三天　　D．提前四天

【参考答案】A

【解析】一级临时检修应由本单位信息系统调度机构提前一天上报至国网信通公司，经审核后方可执行。

31．国网信息调度在监控过程中，发现某单位信息系统告警后，通常使用 SG-I6000 2.0 系统中的（　　）流程与该省单位联络。

A．紧急检修　　B．调度联系单　　C．公告通知　　D．调度指挥单

【参考答案】B

【解析】总部调度在发现网省公司系统告警后，会下发调度联系单给网省公司。

32．某省电力公司信息通信调控值班过程中，通过 SG-I6000 2.0 调度监控气泡图发现财务管控系统出现告警，显示财务管控所有监控数据中断。调度人员立即通知 SG-I6000 2.0 系统运维专责进行处理，后经排查 SG-I6000 2.0 接口无问题，于是调度人员立即通知财务管控运维检修人员，发现财务管控系统宕机。经过 40min 抢修后故障消除，SG-I6000 2.0 内监控也恢复正常。此时，某省也收到了总部信通调度发来的调度联系单。调度人员在进行故障初步定位和判断后，应（　　）。

A．继续观察故障现象

B．立即组织对 SG-I6000 2.0 监控系统的检查和抢修

C．立即组织对 ERP 系统的检查和抢修

D．立即组织对财务管控的检查和抢修

【参考答案】D

【解析】要优先保证系统可用。

33．SG-I6000 2.0 自身架构使用以下（　　）中间件。

A．Solr　　B．Kafka　　C．ActiveMQ　　D．RabbitMQ

【参考答案】C

【解析】SG-I6000 2.0 使用的中间件主要包括 ActiveMQ（总线）、Tomcat、Flink（告警）、Redis、WebLogic、ZooKeeper 等中间件程序。

34．SG-I6000 2.0 系统中，资源监测气泡图页面刷新时间可以选择 3min 和（　　）。

A．1min　　B．10min　　C．5min　　D．15min

【参考答案】A

【解析】资源监测微应用的气泡图中，刷新频率默认为 1min，可手动设置为 1min 和 3min。该题在于考察气泡图页面刷新时间而非采集频率。

35．下列（　　）不属于 SG-I6000 2.0 检修管理微应用中的流程。

A．缺陷消缺申请　　B．一级检修计划申请

C．紧急检修　　D．二级检修计划申请

【参考答案】A

【解析】SG-I6000 2.0 检修管理中工单包含一级检修计划、二级检修计划、紧急检修、检修任务下达等。

36．SG-I6000 2.0 可以对已监控的服务器设备下发不同类型的脚本来协助运维人员开展

相关工作，下发脚本的前提条件是（　　）。

A．服务器设备开通了 SSH 协议　　B．服务器设备开通了 WMI 协议

C．服务器已经安装了 Agent 代理　　D．服务器已经开通了远程协议

【参考答案】C

【解析】SG-I6000 2.0 脚本均是通过 Agent 程序下发的，所以要保证服务器 Agent 正常才可以成功下发脚本。

37．下列（　　）选项反映了 SG-I6000 2.0 中工作票的流程。

A．填报—签发—许可—归档　　B．填报—许可—本部审批—归档

C．填报—签发—归档—本部审批　　D．填报—确认—签发—归档

【参考答案】A

【解析】信息工作票流程包含填报、签发、许可等阶段；信息工作任务单流程包括填报、签发阶段。该题为信息工作票，故选 A。

38．总部 SG-I6000 2.0 系统收到（　　）上报的检修计划，然后进行统一审批。

A．县公司　　B．市公司　　C．省公司　　D．总部

【参考答案】C

【解析】一级检修是指影响国家电网公司总部与数据中心、公司各级单位之间信息系统纵向贯通及应用的检修工作。故与总部有关的只有省公司上报的检修计划。

39．SG-I6000 2.0 支持设备台账的导出，但是由于省公司管理的差异，每个单位所关注的信息均略有不同，这时可以通过（　　）导出功能来覆盖每个单位的需求。

A．按规范导出　　B．按可见导出

C．全部导出　　D．使用导出模板选择关注的属性信息

【参考答案】D

【解析】按规范导出会导出规范字段信息；按可见导出会导出目前资源台账已用的所有字段信息；全部导出会导出该资源在数据库中的所有字段信息（包括隐藏和停用字段）；只有通过提前预设模板或者手动选择字段才能只导出关键字段信息。

40．在 SG-I6000 2.0 系统中，下列（　　）不属于一级检修计划申请需要填写的内容。

A．检修任务类型　　B．是否停运　　C．影响范围　　D．操作步骤

【参考答案】D

【解析】操作步骤属于操作票填写内容，不属于检修计划申请需要填写的内容。

41．下列（　　）不属于 SG-I6000 2.0 系统检修管理微应用的流程。

A．检修任务下达　　B．检修计划申请流程

C．工作票流程　　D．紧急检修

【参考答案】C

【解析】检修任务下达为总部下发，检修计划和紧急检修都为本地填报，都属于检修管理微应用工单。工作票流程在两票管理微应用中。

42．在 SG-I6000 2.0 中，实现了对业务系统在线用户数、日登录人数、注册用户数的监控。某调度员对 SG-I6000 2.0 中某业务系统 A 的指标进行巡检并记录，8:00 记录为 500、300、400，12:00 为 500、200、450，15:00 记录为 500、100、500，则该调度员记录业务系统 A 的 3 个监控指标的顺序是（　　）。

A．在线用户数、日登录人、注册用户数

B．在线用户数、注册用户数、日登录人数

C．注册用户数、在线用户数、日登录人数

D．注册用户数、日登录人数、在线用户数

【参考答案】C

【解析】注册用户数为日指标，故不会变动；日登录人数为 5min 指标且当日不可减少；在线用户数为 5min 指标，有数据即可（可为 0）。

43．在 SG-I6000 2.0 中，（　　）检修计划需要经过国网信通公司审批后才能执行。

A．一级检修　　B．二级一类检修　　C．二级二类检修　　D．一级二类检修

【参考答案】A

【解析】一级检修须经国网信通公司审核后方可执行。

44．在 SG-I6000 2.0 中，月度检修计划申请需在（　　）完成上报。

A．月初三天之后　　B．检修开始前一周　　C．检修开始前两周　　D．每月 20 日前

【参考答案】D

【解析】信息系统运维单位（部门）应按月编制稳态系统月度一级检修计划，由本单位信息系统调度机构于每月 20 日前，将次月月度一级检修计划报国网信通公司审核。

45．以下不属于按检修任务类型划分的是（　　）。

A．数据维护类　　B．运行维护类　　C．安全加固类　　D．日常维护类

【参考答案】D

【解析】检修内容划分为部署实施类、数据维护类、安全加固类、运行维护类四大类。

46．SG-I6000 2.0 系统中，对于业务系统健康运行时长，可能产生的告警信息不包括（　　）。

A．超出阈值　　B．不增长　　C．负增长　　D．缺失

【参考答案】A

【解析】SG-I6000 2.0 告警包括缺失告警、阈值告警、字符比较、趋势告警、状态反转、浮动阈值告警、突变告警等几项。健康运行时长只涉及缺失告警和趋势告警，趋势告警主要分为不增长和负增长。健康运行时长无阈值告警。

47．在 SG-I6000 2.0 系统中，月度排班页面默认显示当月本单位及下属单位的月度排班信息列表，列表内容不包括（　　）。

A．标题、单位名称、部门名称　　B．年份、月份

C．上报时间　　D．下线时间

【参考答案】D

【解析】月度排班列表内容包括序号、标题、单位名称、部门名称、年份、月份、值班电话、发布时间、状态等信息。月度排班列表只有删除功能，无下线功能。

48．在 SG-I6000 2.0 系统中，缺陷消缺申请流程涉及“填报”（　　）“缺陷审核”“缺陷消缺”环节。

A．缺陷回访　　B．缺陷定性　　C．缺陷定位　　D．缺陷发送

【参考答案】B

【解析】缺陷消缺申请流程为填报—缺陷定性—缺陷审核—缺陷消缺—归档。

49．某省电力公司信息通信公司要对某安全网关设备进行升级，需要提报检修计划申请，检修对象名称应该选择（　　）。

A．信息系统　　B．基础平台　　C．基础设施　　D．平台资源

【参考答案】B

【解析】检修对象名称分为信息系统、基础平台、基础设施三类。其中，信息系统主要针对业务系统；基础平台主要针对主机、安全、存储、网络等设备；基础设施主要针对机房、UPS、机房空调等设备。安全网关为安全设备，属于基础平台范畴。

50．在 SG-I6000 2.0 中，检修计划中地市公司不能填报的是（　　）。

A．一级检修　　B．二级一类检修　　C．二级二类检修　　D．二级三类检修

【参考答案】A

【解析】检修计划分为一级检修、二级检修。

（1）一级检修：停运检修，或影响国家电网公司总部与三地数据中心、公司各级单位之间信息系统纵向贯通及应用的检修。

（2）二级检修：不停运检修，且未影响国家电网公司总部与三地数据中心、公司各级单位之间信息系统纵向贯通及应用的检修。

因地市公司一般不满足与总部和三地数据中心贯通的条件，故选 A。

51．在 SG-I6000 2.0 中，一级检修计划中不属于检修计划类型的是（　　）。

A．临时计划　　B．总部统一下达计划

C．月计划　　D．周计划

【参考答案】B

【解析】工作计划分为计划检修（周检修、月检修）、临时检修。

52．在 SG-I6000 2.0 中，一级检修计划的检修时间一般不超过（　　）。

A．12h　　B．24h　　C．48h　　D．72h

【参考答案】D

【解析】检修时间填报应合理、合规；主动上报检修及业务部门发起检修的时间填报应按照检修标准时长合理、合规进行上报，检修时间原则上不得超过 72h。

53．在 SG-I6000 2.0 中，一级检修计划的检修内容中（　　）不属于实施部署类。

A．系统加固　　B．功能完善　　C．新建系统部署　　D．业务逻辑变更

【参考答案】A

【解析】实施部署类包括功能新增、功能完善、功能缺陷修复、业务逻辑变更、新建系统部署 5 项。

54．在 SG-I6000 2.0 资源监测中，下列指标和应用系统监测气泡图气泡状态不关联的有（　　）。

A．健康运行时长　　B．设备台账监控率

C．在线用户数　　D．业务系统探测状态

【参考答案】B

【解析】健康运行时长、在线用户数为业务系统运行指标；业务系统探测状态为业务系统探测指标。设备台账监控率不是业务系统指标。

55．信息通信系统运行事件发生并排除后，（　　）内要上报即时报告。

A．12h　　B．24h　　C．36h　　D．48h

【参考答案】B

【解析】故障处置完毕后要24h内提交书面即时报告至国网信通公司。

56．在SG-I6000 2.0流程页面中，工单的追回功能在（　　）标签页下可以看到。

A．拟办　　B．待办　　C．已办　　D．任务统计

【参考答案】C

【解析】SG-I6000 2.0工单追回功能均在已办列表。

57．在SG-I6000 2.0中，二级检修执行到（　　）环节开始不允许回退。

A．本级调度审批　　B．执行　　C．运检验证　　D．归档

【参考答案】B

【解析】原则上，在检修工单流转到执行阶段时，不允许再进行追回操作。

58．SG-I6000 2.0中，（　　）协议能够对Oracle相关指标进行采集。

A．JMX　　B．SNMP　　C．SYSLOG　　D．JDBC

【参考答案】D

【解析】Oracle数据库在SG-I6000 2.0中是通过JDBC采集插件进行采集的。

59．在SG-I6000 2.0中，信息工作票中（　　）不能相同。

A．工作负责人与工作签发人　　B．工作负责人与工作许可人

C．工作签发人和工作许可人　　D．工作负责人和归档人

【参考答案】B

【解析】信息工作票工作负责人与工作许可人不能相同。

60．SG-I6000 2.0系统中，告警数据不可以通过SG-I6000 2.0的（　　）方式通知运维人员。

A．邮件　　B．短信　　C．声音提示　　D．电话

【参考答案】D

【解析】SG-I6000 2.0不能通过电话通知。

61．下列（　　）功能不属于SG-I6000 2.0调度管理微应用调度报送的功能。

A．公告通知　　B．调度任务　　C．检修计划申请　　D．材料上报

【参考答案】C

【解析】检修计划申请属于检修管理微应用。

62．SG-I6000 2.0资源管理微应用中，在硬件资源台账录入时不是必填项的是（　　）。

A．设备名称　　B．制造商、品牌、系列

C．所属网络　　D．实物ID

【参考答案】D

【解析】硬件资源中设备名称、制造商、品牌、系列、所属网络等均为必填项，实物ID为非必填项。

63．在SG-I6000 2.0中，Tomcat使用（　　）协议进行采集。

A．Agent　　B．JMX　　C．JDBC　　D．SNMP

【参考答案】B

【解析】服务器主要使用Agent协议进行采集，当前存储设备主要使用Smis进行采集，

Nginx、Tomcat、WebLogic 域等中间件采集主要使用 JMX 协议，数据库采集主要使用 JDBC 协议，网络设备采集主要使用 SNMP 协议。

64．在 SG-I6000 2.0 中，WebLogic 域使用（　　）协议进行采集。

A．SMIS　B．JMX　C．JDBC　D．SNMP

【参考答案】B

【解析】当前存储设备主要使用 SMIS 进行采集，Nginx、Tomcat、WebLogic 域等中间件采集主要使用 JMX 协议，数据库采集主要使用 JDBC 协议，网络设备采集主要使用 SNMP 协议。

65．在 SG-I6000 2.0 中，Nginx 使用（　　）协议进行采集。

A．SMIS　B．JMX　C．JDBC　D．SNMP

【参考答案】B

【解析】当前存储设备主要使用 SMIS 进行采集，Nginx、Tomcat、WebLogic 域等中间件采集主要使用 JMX 协议，数据库采集主要使用 JDBC 协议，网络设备采集主要使用 SNMP 协议。

66．在 SG-I6000 2.0 中，以下（　　）插件是业务系统采集所使用的。

A．JDBC 采集插件　B．WebService 采集插件

C．SNMP 采集插件　D．JMX 采集插件

【参考答案】B

【解析】业务系统采集插件包括 HTTP 和 WebService 两种。

67．在 SG-I6000 2.0 中，以下（　　）插件是业务系统采集所使用的。

A．HTTP 采集插件　B．SNMP 采集插件　C．SSH 采集插件　D．IPMI 采集插件

【参考答案】A

【解析】业务系统采集插件包括 HTTP 和 WebService 两种。

68．在 SG-I6000 2.0 中，资源管理微应用提供对系统台账的实例化，通过新增系统安装工单、申请、审核完成系统实例化的规范化操作，系统管理支持系统安装、系统卸载、（　　）子功能。

A．设备变更　B．系统变更　C．设备转资　D．软件变更

【参考答案】B

【解析】SG-I6000 2.0 全过程管理的系统管理包括系统安装、系统卸载和系统变更。

69．SG-I6000 2.0 通过 WebService 接口获取的是（　　）指标。

A．业务系统服务器的运行情况　B．业务系统首页的可访问性

C．业务系统健康运行时长　D．业务系统的数据库使用情况

【参考答案】C

【解析】业务系统首页的可访问性，是通过 HTTP 协议进行探测的；业务系统服务器的运行情况和业务系统的数据库使用情况不是业务系统指标；业务系统健康运行时长为 WebService 接口指标。

70．SG-I6000 2.0 系统采用（　　），实现采集监控与业务操作的数据分离，从而进一步增强实时数据的快速读写能力。

A．Oracle 数据库　B．MongoDB 数据库　C．Memcache　D．达梦数据库

【参考答案】B

【解析】SG-I6000 2.0 中的指标数据均存储在非关系型数据库 MongoDB 中。

71．在 SG-I6000 2.0 系统中，资源监测微应用可对信息运行情况进行监测并实时监管。某单位共有服务器 1000 台（其中库存备用 250 台，在运 500 台，未投运 140 台，退役 50 台，其他状态的 60 台），已纳入实时监控的服务器为 450 台。若只考虑服务器部分，则该单位设备监控率为（　　）。

A．0.94　　B．0.9　　C．0.6　　D．0.45

【参考答案】B

【解析】在运数为 500，已监控数为 450，故监控率为 450/500=0.9。

72．SG-I6000 2.0 系统中，告警状态有（　　）种。

A．1　　B．2　　C．3　　D．4

【参考答案】C

【解析】告警短信可在系统中进行配置，SG-I6000 2.0 告警级别只有严重、次严重、警告 3 种。

73．在 SG-I6000 2.0 中，某段时间内共有告警 100 条，其中调度员人工即时确认 90 条，转运维工单 8 条，此段时间内的告警处理率是（　　）。

A．0.96　　B．0.94　　C．0.98　　D．0.99

【参考答案】C

【解析】手动确认工单（90）和转运维工单（8）均会取消告警，故告警处理率为 0.98。

74．在 SG-I6000 2.0 系统中，某调度员收到 2 条告警，“业务系统 A 在 2022 年 3 月 20 日 19:00:05 健康运行时长指标中断”“业务系统 B 在 2022 年 3 月 20 日 19:00:15 健康运行时长指标负增长”。在本案例中，业务系统 A 发生的情况不包括（　　）。

A．接口处故障　　B．应用服务器故障

C．应用中间件故障　　D．SG-I6000 2.0 故障

【参考答案】D

【解析】造成指标监控中断的情况可能是：WebService 接口问题；业务系统本身问题（应用服务器故障、应用中间件故障等都属于业务系统本身问题）；SG-I6000 2.0 系统问题。因为业务系统 B 出现运行时长负增长，说明 SG-I6000 2.0 系统本身无问题。

75．某省电力公司本部共有在运服务器 1000 台，其中内网 800 台、外网 100 台、未联网 80 台、私网 20 台，各下属地市公司共有在运服务器 1000 台，其中内网 600 台、外网 200 台、未联网 100 台、私网 100 台。按照 SG-I6000 2.0 的设备监控要求，需要纳入实时监控的服务器总数量为（　　）台。

A．1700　　B．1600　　C．1400　　D．1800

【参考答案】A

【解析】只有内外网设备需要纳入监控，省公司内网 800+外网 100+地市公司内网 600+地市公司外网 200，共计 1700 台服务器需要监控。

76．以下不属于 SG-I6000 2.0 微应用的是（　　）。

A．两票管理　　B．检修管理　　C．资源配置　　D．资源监测

【参考答案】C

【解析】资源配置属于 SG-I6000 2.0 平台组件，不属于微应用。

77．某单位需要开具工作票，现因其他原因导致计划延期，在变更与延期选择延期后，以下（　　）可以修改。

A．工作班成员　　B．计划开始时间　　C．工作内容　　D．工作场所

【参考答案】B

【解析】工作票延期后，只可修改计划开始时间和计划结束时间。

78．某单位需要开具工作票，现因其他原因导致计划变更，在变更与延期选择变更后，以下（　　）可以修改。

A．工作内容　　B．是否总部信通联调

C．计划开始时间　　D．计划结束时间

【参考答案】A

【解析】工作票变更除计划时间均可修改。是否总部信通联调为一级检修计划填报内容，非工作票内容。

79．SG-I6000 2.0 系统进行业务系统采集监控时，以下（　　）指标连续缺失，不会导致总部侧产生告警。

A．健康运行时长　　B．业务系统运行状态

C．在线用户数　　D．注册用户数

【参考答案】D

【解析】目前 SG-I6000 2.0 主要监控探测指标、健康运行时长、在线用户数等；对注册用户数，总部与本地都未配置告警。

80．信息系统检修前需要相关检修人员在 SG-I6000 2.0 两票管理微应用中开具操作票和（　　），并在检修结束后归档。

A．一级检修　　B．二级检修　　C．工作票　　D．调度联系单

【参考答案】C

【解析】两票管理微应用中只能开具工作票和工作任务单。

二、多项选择题

1．SG-I6000 2.0 中，（　　）流程需要和总部进行贯通。

A．一级检修　　B．月度排班　　C．巡视管理　　D．一级紧急检修

【参考答案】ABD

【解析】一级检修、一级紧急检修都需要总部审批；月度排班在发布后会上传至总部；巡视管理只会在本地产生数据。

2．SG-I6000 2.0 中，检修管理微应用包含（　　）。

A．二级检修计划管理　　B．检修任务下达

C．紧急检修　　D．一级检修查询

【参考答案】ABCD

【解析】SG-I6000 2.0 检修管理中工单包含一级检修计划、二级检修计划、紧急检修、检修任务下达等。

3．在 SG-I6000 2.0 系统中，下列（　　）项目属于一级检修计划申请需要填写的内容。

A．检修计划类型　　B．影响范围

C．是否国网信通联调　　D．是否三地数据中心联调

【参考答案】ABCD

【解析】计划负责人默认为填报人，影响范围、是否国网信通联调、是否三地数据中心联调都需要填报。

4．SG-I6000 2.0 资源管理微应用中，设备全过程管理包含的流程有（　　）。

A．设备入库　　B．设备转资　　C．设备变更　　D．检修管理

【参考答案】ABC

【解析】设备全过程管理包括设备入库、设备投运、设备变更、设备转资、设备报废 5 个流程。

5．SG-I6000 2.0 检修管理微应用中，检修计划申请流程包含以下（　　）阶段。

A．填报　　B．本级调度审批　　C．执行　　D．验证

【参考答案】ABCD

【解析】检修计划申请流程包含填报、数字化网安审批（数字化建设责任处室审批/数字化运行处审批）、运维单位审批、检修平衡、本级调度审批、联调单位审批、国网调度审批、本机调度分派、执行、运检验证、调度验证及归档阶段。

6．SG-I6000 2.0 中，关于检修工单、工作票及操作票的描述，正确的是（　　）。

A．操作票可以不用依附于工作票

B．操作票必须依附于工作票

C．检修计划申请完成后可以不用开具工作票及操作票

D．检修计划申请完成后必须开具相对应的工作票及操作票

【参考答案】BD

【解析】《国家电网有限公司信息系统检修管理办法》第二十一条检修执行管理中，检修工作开始前须办理两票许可手续，许可手续办理完毕后方可进行检修操作。检修工作操作过程要按照工作票和操作票的工作内容严格执行，不得擅自扩大工作票工作内容和范围。

7．登录 SG-I6000 2.0 系统后，可查看（　　）。

A．基本信息　　B．角色信息　　C．版本信息　　D．告警信息

【参考答案】ABCD

【解析】登录系统后，单击名称就能查看基础信息和角色信息，也能查看 SG-I6000 2.0 版本信息及相关告警信息。

8．某单位一套新建信息系统正处于系统实施阶段，按照 SG-I6000 2.0 的应用要求，以下（　　）工作需要在该阶段或之前完成。

A．所属服务器、数据库、中间件等纳入实时监控

B．录入所属软硬件资源台账信息

C．发布信息系统有关的网络、应用、接口视图

D．建立软件实例与设备之间的关系

【参考答案】ABD

【解析】在系统上线前，要录入业务系统的所有软硬件台账、绘制拓扑图并进行采集。

9．SG-I6000 2.0 资源管理微应用中，系统软件实例有（　　）。

A．数据库集群　　B．数据库实例　　C．中间件域　　D．中间件集群

【参考答案】ABCD

【解析】SG-I6000 2.0 软件实例包括所有数据库中间件。

10．下列菜单中属于 SG-I6000 2.0 调度值班微应用的是（　　）。

A．值班视图　　B．值班管理　　C．交接班　　D．值班日志

【参考答案】ABCD

【解析】调度值班微应用包括值班视图、月度排班、岗位管理、班组管理、班次管理、模板管理、日志管理、值班日志管理、交接班管理等菜单。

11．新增业务系统接入 SG-I6000 2.0 系统监控的流程包含（　　）。

A．系统厂商完成 WebService 接口开发

B．与 SG-I6000 2.0 系统进行联调测试

C．提交业务系统 SG-I6000 2.0 接入申请单

D．提交业务系统 SG-I6000 2.0 接入测试确认单

【参考答案】ABCD

【解析】需要先联系 SG-I6000 2.0 项目组了解接口规范并进行开发，提供接入申请单和接入测试确认单，然后进行联调测试。

12．通过 SG-I6000 2.0 与 ERP 设备集成接口转资后，ERP 系统会将（　　）字段回填到 SG-I6000 2.0。

A．ERP 设备编码　　B．ERP 资产编码

C．SG-I6000 2.0 设备 ID　　D．SG-I6000 2.0 设备名称

【参考答案】AB

【解析】转资后，会每天同步一次转资数据，包括 ERP 设备编码和 ERP 资产编码。

13．SG-I6000 2.0 资源管理微应用中，8 种硬件资源状态的变化需要设备入库、设备变更、设备申请、设备转资等 8 个流程支撑，其中硬件资源全过程管理包括（　　）。

A．设备投运　　B．设备转资　　C．设备入库　　D．设备报废

【参考答案】ABCD

【解析】硬件资源全过程管理包括设备入库、设备投运、设备变更、设备转资、设备报废 5 个流程。

14．关于 SG-I6000 2.0 系统中工作票的说法，正确的是（　　）。

A．开票结束时间要早于计划工作开始时间

B．工作票处于签发结束阶段，便可以开展工作

C．归档结束时间晚于计划工作结束时间

D．归档结束时间要在计划工作结束时间的 12h 内完成

【参考答案】AC

【解析】工作票处于签发结束阶段后不能开展工作，要在许可工作时间后才能开展；归档一般要在 1 个工作日内完成。

15．A 省电力公司信息通信调控中心值班员收到总部信息通信调控电话，“国网调度监控发现 A 省在运信息系统全部告警”，A 省调度人员检查本地 SG-I6000 2.0 系统后未发现告警且访问正常。该调度员下一步应该做（　　）检查，有助于定位问题。

A．检查本省与总部之间网络通断情况

B．检查 SG-I6000 2.0 级联服务是否正常

C．检查 SG-I6000 2.0 业务系统采集模块是否正常

D．检查 SG-I6000 2.0 告警模块是否正确配置

【参考答案】ABD

【解析】本地 SG-I6000 2.0 系统检查后未发现告警且访问正常，一般本地采集无问题，通常是总部贯通问题，故选 A、B；也可能是告警未配置正确（小概率），需要检查一下告警配置，故也应选 D。

16．在 SG-I6000 2.0 系统中，新建 PC 服务器入库流程时，在信息编辑页面，必须填写的信息包括（　　）。

A．设备名称　　B．安放地点　　C．所属网络　　D．IP 地址

【参考答案】ABC

【解析】设备名称、安放地点、所属网络、IP 地址等都为重要信息，必填。但题目为设备入库，非在运台账，故 IP 地址无须填写。

17．SG-I6000 2.0 资源管理微应用中，软件设备分为（　　）。

A．信息系统　　B．基础软件　　C．软件实例　　D．操作系统

【参考答案】BCD

【解析】信息系统目前已移至系统资源下，不在软件资源下。

18．SG-I6000 2.0 资源管理微应用中，硬件设备台账属性可以划分为（　　）。

A．基本信息　　B．运行信息　　C．维护信息　　D．资产信息

【参考答案】ABCD

【解析】SG-I6000 2.0 目前将硬件资源台账属性划分为基本信息、运行信息、维护信息、资产信息、采购信息等几项。

19．SG-I6000 2.0 资源管理微应用中，新增设备台账的方式有（　　）。

A．录入新增　　B．导入新增

C．从 ERP 系统中同步获取　　D．从 ERP 系统中异步获取

【参考答案】AB

【解析】SG-I6000 2.0 资源管理微应用中，新增硬件资源只能通过全过程管理的设备入库流程，设备入库流程只能通过录入新增和导入新增两种方式。

20．SG-I6000 2.0 资源监测微应用中，下列属于探测服务监控的指标有（　　）。

A．是否可访问　　B．状态码

C．响应时长　　D．CPU、硬盘使用率

【参考答案】ABC

【解析】业务系统探测服务监控的指标只有是否可访问、状态码、响应时长 3 个。

21．SG-I6000 2.0 告警分 3 种紧急度，以下（　　）属于 SG-I6000 2.0 告警紧急度。

A．警告　　B．次严重　　C．严重　　D．普通

【参考答案】ABC

【解析】SG-I6000 2.0 系统无普通告警。

22．SG-I6000 2.0 中，省电力公司信通调控值班时，发现某业务系统出现告警，显示所监控业务系统的监控数据中断，处理的过程应为（　　）。

A．进行故障初步分析和判断

B．立即组织对故障业务系统进行检查和抢修

C．向国网调度上报紧急抢修

D．无须处理，等总部信通调度发来调度联系单后再进行排查处理

【参考答案】ABC

【解析】业务系统告警时要先联系运维人员排查故障，确定是否需要进行抢修，确定需要抢修时要立刻向国网调度上报，故 A、B、C 都对。

23．SG-I6000 2.0 资源管理微应用中，系统管理功能包含（ ）。

A．系统投运 B．系统安装 C．系统卸载 D．系统变更

【参考答案】BCD

【解析】SG-I6000 2.0 全过程管理的系统管理包括系统安装、系统卸载、系统变更。

24．SG-I6000 2.0 系统进行业务系统采集监控时，以下（ ）指标连续缺失，会导致总部侧产生告警。

A．健康运行时长 B．业务系统运行状态

C．在线用户数 D．注册用户数

【参考答案】ABC

【解析】目前 SG-I6000 2.0 主要监控探测指标、健康运行时长、在线用户数等，注册用户数在总部与本地都未配置告警。

25．在 SG-I6000 2.0 资源监测中，下列指标中和应用系统监测气泡图的气泡状态相关联的有（ ）。

A．健康运行时长 B．设备台账监控率

C．在线用户数 D．业务系统探测状态

【参考答案】ACD

【解析】健康运行时长、在线用户数为业务系统运行指标；业务系统探测状态为业务系统探测指标；设备台账监控率不是业务系统指标。

26．在 SG-I6000 2.0 中，排查业务系统指标数据断点时，一般处理方法包括（ ）。

A．业务系统厂商检查数据发送日志 B．检查 SG-I6000 2.0 数据级联服务日志

C．检查 SG-I6000 2.0 数据接收服务日志 D．检查 SG-I6000 2.0 统计任务日志

【参考答案】AC

【解析】①业务系统厂商检查数据发送日志，一般需要检查监控业务系统的相关日志；②检查 SG-I6000 2.0 数据级联服务日志，一般只有本地数据正常，总部数据异常时才会排查级联服务；③检查 SG-I6000 2.0 数据接收服务日志，要排查 SG-I6000 2.0 接收数据；④检查 SG-I6000 2.0 统计任务日志，和采集无关，不需要排查。

27．SG-I6000 2.0 系统中，进行业务系统采集监控时，可以选择监控（ ）指标。

A．在线用户数 B．健康运行时长

C．数据库表空间使用大小 D．注册用户数

【参考答案】ABCD

【解析】SG-I6000 2.0 系统中，在线用户数、健康运行时长、数据库表空间使用大小、注册用户数均已接入监控。

28．SG-I6000 2.0 资源监测微应用中，应用系统监测在（　　）场景下气泡图会显示红色。

A．系统监控正常

B．系统主页探测指标异常，健康运行时长、在线用户数指标正常

C．系统主页探测指标正常，健康运行时长、在线用户数标异常

D．系统主页探测指标、健康运行时长、在线用户数指标均异常

【参考答案】BCD

【解析】健康运行时长、在线用户数、运行状态等指标异常均会告警。

29．SG-I6000 2.0，下列属于业务系统运行指标的有（　　）。

A．是否可访问　　B．健康运行时长　　C．响应时长　　D．日登录人数

【参考答案】BD

【解析】是否可访问和响应时长属于探测指标；健康运行时长和日登录人数属于运行指标。

30．SG-I6000 2.0 资源管理微应用中，以下（　　）类型的台账是在软件管理模块维护。

A．数据库　　B．中间件　　C．操作系统　　D．中间件域

【参考答案】ABCD

【解析】数据库、中间件、操作系统、中间件域等均可在软件管理流程进行维护。

31．SG-I6000 2.0 资源管理微应用中，在硬件资源台账录入时为必填项的有（　　）。

A．设备名称　　B．制造商、品牌、系列

C．所属网络　　D．安放地点

【参考答案】ABCD

【解析】硬件资源的设备名称、制造商、品牌、系列、所属网络、安放地点等均为必填项。

32．SG-I6000 2.0 中，作业脚本的类型包含（　　）。

A．Shell　　B．Python　　C．C++　　D．Java

【参考答案】AB

【解析】目前 SG-I6000 2.0 作业脚本只支持 Shell、Python 和 Bat 三种。

33．SG-I6000 2.0 采集控制组件中，可以通过以下（　　）协议监测 Linux 主机。

A．SSH　　B．Agent　　C．ICMP　　D．JDBC

【参考答案】AB

【解析】Linux 服务器采集可以通过 SSH 协议和 Agent 进行。

34．SG-I6000 2.0 的告警通知策略管理功能中，通知的重复频率可以设置为（　　）。

A．半小时　　B．1 小时　　C．6 小时　　D．自定义

E．不重复　　F．周期指数

【参考答案】ABCDEF

【解析】告警重复策略支持配置不重复、半小时、1 小时、6 小时、周期指数和自定义（一般配置为不重复）。

35．SG-I6000 2.0 的告警策略管理功能中，产生的告警级别包括（　　）。

A．警告　　B．次严重　　C．严重　　D．提示

E．非常严重　　F．一级故障

【参考答案】ABC

【解析】SG-I6000 2.0 告警级别只有告警、次严重和严重 3 个级别。

36．下列关于 SG-I6000 2.0 采集的说法，正确的是（　　）。

A．SG-I6000 2.0 主要支持有代理采集和无代理采集

B．对数据库进行采集时，需要将被采集数据库的配置信息写到数据库采集插件的配置文件中

C．当采集服务器压力过大时，可以通过增加采集集群的方式进行扩展

D．为了更好的可移植性，SG-I6000 2.0 的 Agent 使用 Java 语言编写

【参考答案】AC

【解析】SG-I6000 2.0 主要支持有代理采集和无代理采集两种方式；采集服务压力太大时，可以增加采集服务器，通过重新部署采集集群来减少压力。

37．SG-I6000 2.0 中，告警通知可以按照（　　）进行过滤并发送。

A．按单位　B．按系统　C．按机房　D．按仓库

E．按人员姓名　F．按群组

【参考答案】ABCF

【解析】告警通知可以按单位、系统、机房和群组进行过滤。

38．SG-I6000 2.0 资源管理微应用中，建筑场地包括（　　）。

A．休息室　B．办公地点　C．物资仓库　D．信息机房

E．调试间　F．设备间

【参考答案】BCD

【解析】建筑场地分为办公地点、信息机房和物资仓库。

39．SG-I6000 2.0 资源监测微应用可以查看（　　）监控数据。

A．应用系统监测　B．服务器监测　C．数据库监测　D．中间件检测

E．网络设备监测　F．信息机房监测

【参考答案】ABCDE

【解析】目前 SG-I6000 2.0 资源监测微应用可以查看应用系统、数据库、服务器、中间件、网络设备、安全设备、存储设备等多类监控数据

40．SG-I6000 2.0 资源管理微应用中，网络设备分为（　　）。

A．网络路由器　B．网络交换机　C．光纤交换机　D．SDN 交换机

E．存储网关　F．负载均衡器

【参考答案】ABCDEF

【解析】网络设备分为存储网关、网络路由器、网络交换机、负载均衡器、集线器、无线接入设备、协议转换器、光纤交换机、网络电路、数据传输通道接口、语音网关、SBC 设备、IP 地址管理设备、SDN 交换机等。

41．SG-I6000 2.0 采集使用了下列（　　）协议。

A．SSH　B．JMX　C．SNMP　D．JDBC

【参考答案】ABCD

【解析】SSH 主要用于采集主机，JMX 主要用于采集中间件，SNMP 主要用于采集网络和安全设备，JDBC 主要用于采集数据库。

42．在 SG-I6000 2.0 中，一级检修计划中（　　）属于检修计划类型选项。

A．临时计划　　B．周计划

C．月计划　　D．总部统一下达计划

E．自主上报计划

【参考答案】ABC

【解析】工作计划分为计划检修（周检修、月检修）、临时检修。

43．关于告警管理和告警后台服务，下列说法正确的是（　　）。

A．产生告警后，可以通过短信通知

B．告警级别分为严重、次严重、警告

C．新版告警会有预置的触发条件，提供默认的告警策略

D．故障等级的计算需要依赖故障类型、资源对象级别以及持续时间

【参考答案】ABCD

【解析】告警短信可在系统中进行配置；SG-I6000 2.0 告警级别只有严重、次严重、警告；支持自行配置告警策略，系统会按配置的策略产生告警；告警等级与配置的策略相关。

44．下列（　　）属于 SG-I6000 2.0 检修管理微应用中的流程。

A．缺陷消缺申请　　B．一级检修计划申请

C．紧急检修　　D．二级检修计划申请

【参考答案】BCD

【解析】SG-I6000 2.0 检修管理中工单包含一级检修计划、二级检修计划、紧急检修、检修任务下达等。

45．在信息系统日常检修操作中，需要在 SG-I6000 2.0 内执行两票，两票管理流程涉及的岗位包括（　　）。

A．工作负责人　　B．操作人员　　C．工作签发人　　D．工作许可人

【参考答案】ACD

【解析】工作负责人、工作签发人、工作许可人均为两票岗位，需通过对应考试。

46．在 SG-I6000 2.0 中（　　）工单不需要经过国网总部审批。

A．一级检修　　B．二级检修　　C．信息工作票　　D．域名申请

【参考答案】BC

【解析】一级检修须经国网信通公司审核后方可执行。域名需要总部审批下发。

47．SG-I6000 2.0 对于在运信息系统的监控指标，包括通用指标和专业指标两部分。各业务系统被监控的通用指标按照频率包括（　　）。

A．5min　　B．日　　C．月　　D．年

【参考答案】AB

【解析】SG-I6000 2.0 只有实时指标（5min）和日指标两种。

48．SG-I6000 2.0 作业管理组件的二级功能包括（　　）。

A．作业总览　　B．脚本库管理　　C．定时作业　　D．执行日志

【参考答案】ABCD

【解析】作业管理菜单分为作业总览、脚本库管理、定时作业、执行日志、脚本共享和分类管理。

49．SG-I6000 2.0 系统两票管理微应用中，两票是指（　　）。

A．工单　　B．调度联系单　　C．操作票　　D．工作票

【参考答案】CD

【解析】两票管理微应用中，工单包括工作票、任务单、操作票。一般两票是指工作票和操作票。

50．SG-I6000 2.0 系统中，工作票流程有（　　）阶段。

A．开票　　B．签发　　C．许可　　D．归档

【参考答案】ABCD

【解析】工作票流程包括开票、签发、许可、变更与延期、归档等阶段。

51．信息系统检修前需相关检修人员在 SG-I6000 2.0 两票管理微应用中开具（　　），并在检修结束后归档。

A．工作票　　B．操作票　　C．调度指令票　　D．调度联系单

【参考答案】AB

【解析】两票管理微应用中只能开具工作票和任务单，而检修时要求开具工作票，操作票目前是跟随工作票开具。

52．在 SG-I6000 2.0 检修管理微应用中，下列（　　）项目属于一级检修计划申请需要填写的内容。

A．是否统一下达　　B．计划内容　　C．检修计划类型　　D．新建操作票

【参考答案】ABC

【解析】是否统一下达、计划内容、检修计划类型都是一级检修需要填写的内容；新建操作票属于工作票填写内容。

53．部署实施类检修包含（　　）。

A．系统消缺　　B．功能完善　　C．系统加固　　D．业务逻辑变更

E．新建系统部署

【参考答案】BDE

【解析】实施部署类检修包括功能新增、功能完善、功能缺陷修复、业务逻辑变更、新建系统部署 5 项。

54．某系统需要进行一级检修，目前检修计划已到执行阶段，下列操作错误的是（　　）。

A．可以开信息工作任务单

B．在检修计划开始时在检修可视化单击“开工”

C．检修时通知调度，在许可时间后进行检修操作

D．检修结束后需要在工作票归档阶段上传签字盖章扫描件

E．检修前需开具工作票，并完成许可流程

【参考答案】AB

【解析】开、竣工操作需联系调度，在到达许可时间后单击“开工”。检修时必须开具工作票。

55．SG-I6000 2.0 系统两票管理微应用中的两票不包含（　　）。

A．操作票　　B．调度联系单　　C．工单　　D．工作票

【参考答案】BC

【解析】两票只包含工作票和操作票。

56．SG-I6000 2.0 中，以下（　　）协议不是 WebLogic 域进行采集时使用的。

A．SMIS　　B．JMX　　C．JDBC　　D．SNMP

【参考答案】ACD

【解析】当前存储设备采集主要使用 SMIS 协议，Nginx、Tomcat、WebLogic 域等中间件采集主要使用 JMX 协议，数据库采集主要使用 JDBC 协议，网络设备采集主要使用 SNMP 协议。

57．在 SG-I6000 2.0 中，一级检修计划包括以下（　　）单位联调。

A．国网信通联调　　B．郑州公司联调

C．总部客服联调　　D．上海数据中心联调

【参考答案】ACD

【解析】一级检修计划可以发给国网信通联调、总部客服联调、三地数据中心联调、省公司联调，无法发给市单位联调。

58．在 SG-I6000 2.0 系统中，下列（　　）属于一级检修计划申请需要填写的内容。

A．操作步骤　　B．检修任务类型　　C．影响范围　　D．是否停运

【参考答案】BCD

【解析】操作步骤属于操作票填写内容，不属于检修计划申请需要填写的内容。

59．某省公司的运维人员发现生产管理系统的一台服务器存在缺陷，并计划第二天检修处理。该省公司在 SG-I6000 2.0 中不能上报（　　）。

A．月检修计划　　B．周检修计划　　C．临时检修计划　　D．紧急检修

【参考答案】ABD

【解析】月检修计划需每月 20 日前提报；周检修计划需要在每周四之前上报；临时检修计划应提前 24h 上报检修；紧急检修为临时出现紧急情况要立即进行的抢修操作。

60．SG-I6000 2.0 系统，以下（　　）情况会导致业务系统的健康运行时长指标值归零。

A．业务系统停机检修　　B．该业务系统停运

C．该业务系统所在的数据库服务器宕机　　D．该业务系统的灾备复制中断

【参考答案】ABC

【解析】业务系统停机检修和系统停运均会导致健康运行时长归零。业务系统所在的数据库服务器宕机可能会导致健康运行时长归零。业务系统的灾备复制中断不影响运行时长。

三、判断题

1．SG-I6000 2.0 中，一级检修申请菜单为国网一级部署菜单。

【参考答案】错

【解析】二级部署，发送至总部审批。

2．在 SG-I6000 2.0 中，所有检修计划都需总部审批通过后才能执行。

【参考答案】错

【解析】二级检修不需要总部审批。

3．缺陷管理工单包括缺陷消缺申请和缺陷任务下发。

【参考答案】对

【解析】缺陷管理工单包括缺陷消缺申请与总部的缺陷任务下发。

4．当 SG-I6000 2.0 中的一个流程结束时，告诉所在班组的班长即可，不用归档。

【参考答案】错

【解析】流程要求必须闭环。

5．在 SG-I6000 2.0 中，月度检修计划申请需在检修开始前两周上报。

【参考答案】错

【解析】月度检修需要在本月 20 号之前完成下月检修上报工作。

6．当某一个系统上线时，如果该系统不属于国网统推的信息系统，可以不用接入 SG-I6000 2.0 监控。

【参考答案】错

【解析】要求所有业务系统均接入 SG-I6000 2.0 监控。

7．在 SG-I6000 2.0 检修管理中，操作票可以与工作票一起进行许可。

【参考答案】对

【解析】SG-I6000 2.0 操作票与工作票一起开具，一起签发许可。

8．业务系统停运后，接入 SG-I6000 2.0 监控的健康运行时长指标值应该归零，但如果是正常停机检修，重新启动后该指标需要延续检修前的值继续增长。

【参考答案】错

【解析】正常停机检修，重新启动后运行时长也应该归零。

9．在 SG-I6000 2.0 中，必须严格按照排班要求进行值班，因有事请假不能来值班的，可与其他同事协商代替其进行值班，但是系统上不能进行调班操作。

【参考答案】错

【解析】SG-I6000 2.0 系统支持调班操作。

10．SG-I6000 2.0 系统实用化后，在检修管理中，检修计划执行阶段，必须完成“调度验证”后才能单击“竣工”。

【参考答案】对

【解析】SG-I6000 2.0 系统实用化后，最新的流程为检修计划单流转至“调度验证”环节才能竣工。

11．SG-I6000 2.0 年度运行方式实现年度运行方式文档的生成、编辑和查询，包括数据更新、编辑和导出等主要功能。

【参考答案】对

【解析】新年度运行方式主要在 SG-I6000 2.0 上进行编辑和数据生成。

12．信息系统月度检修计划应在每月 26 日之前完成 SG-I6000 2.0 系统上报。

【参考答案】错

【解析】月度检修计划需要在每月 20 日之前完成上报。

13．公司各级单位不得无故取消或变更已批准的检修计划。

【参考答案】对

【解析】非必要不允许取消和变更检修计划。

14．SG-I6000 2.0 中，MongoDB 数据库宕机（双机均不能访问），将影响省公司指标数据与国家电网公司总部的级联。

【参考答案】对

【解析】MongoDB 数据库宕机会导致本地数据无法入库，无法与总部级联。

15．SG-I6000 2.0 中，修改探测 URL 地址需要重启采集服务才能生效。

【参考答案】错

【解析】不需要重启采集服务，修改时重启采集任务即可。

16．SG-I6000 2.0 中，省公司本地展示的指标数据以及与国家电网公司总部级联的指标数据均从 Oracle 数据库中读取。

【参考答案】错

【解析】指标数据在 MongoDB 数据库中获取。

17．SG-I6000 2.0 软件变更流程中，已经完成但未归档的软件变更申请流程的软件台账无法再进行变更流程。

【参考答案】对

【解析】已经审批但未归档的台账无法再次发起变更流程。

18．SG-I6000 2.0 中的告警通知包括提示音通知、短信通知、邮件通知。

【参考答案】对

【解析】告警通知包括配置人员（提示音）、邮件通知和短信通知。

19．SG-I6000 2.0 中设备台账转资后，会立即将数据同步到 ERP 系统。

【参考答案】错

【解析】不会立刻同步，而是每天同步一次。

20．SG-I6000 2.0 对业务系统的主页探测指标包括系统是否可访问、主页状态码以及响应时长。

【参考答案】对

【解析】探测指标只有是否可访问、主页状态码以及响应时长 3 个。

21．SG-I6000 2.0 中硬件设备支持批量导入，软件设备不支持批量导入，只能逐个手工录入。

【参考答案】错

【解析】软硬件设备均支持批量导入。

22．SG-I6000 2.0 的调控监控综合视图中，白色气泡代表正常，灰色气泡图代表故障。

【参考答案】错

【解析】气泡图中无白色，灰色代表未监控。

23．SG-I6000 2.0 中，某一个业务系统健康运行时长断点，可能是 SG-I6000 2.0 总线服务宕机导致的。

【参考答案】错

【解析】总线服务宕机会导致所有业务系统指标均产生断点。

24．在 SG-I6000 2.0 中，支持业务系统以 JMS 接口、WebService 接口的方式纳入系统监控。

【参考答案】错

【解析】应用系统监测采用 HTTP 和 WebService 接口，没有 JMS 接口。

25．在 SG-I6000 2.0 中，通过综合监控视图发现某一信息系统监控气泡图变红，可以判断是因 SG-I6000 2.0 总线宕机所致。

【参考答案】错

【解析】MongoDB 数据库会导致所有业务系统告警。

26．SG-I6000 2.0 中，业务系统健康运行时长的采集频率为 5min 一次。

【参考答案】对

【解析】健康运行时长为 5min 指标。

27．所有国家电网公司统推的在运信息系统必须在 SG-I6000 2.0 安全备案模块中进行备案，而在运的自建信息系统可以不必备案。

【参考答案】错

【解析】要求全部备案。

28．在 SG-I6000 2.0 中，设备管理模块提供设备入库流程、设备变更流程、设备申请流程、设备投运流程、设备退役流程、设备回收流程、设备报废流程及设备转资的实现。

【参考答案】对

【解析】硬件资源全过程管理包括设备入库、设备投运、设备变更、设备转资、设备报废 5 个流程。

29．SG-I6000 中，总部调控中心发现某省公司在运信息系统全部告警，但是省公司检查本地 SG-I6000 系统未发现告警且页面访问正常，该情况下本省与总部之间的网络通断情况对其不会造成任何影响。

【参考答案】错

【解析】业务系统告警可能是因为业务系统本身的问题，从而导致服务不可用；也可能是 SG-I6000 2.0 采集监控问题或者 WebService 接口问题导致的告警，不影响用户使用。

30．SG-I6000 系统中某业务系统运行告警，则表明该系统中断，对用户不可用。

【参考答案】错

【解析】业务系统告警可能是因为业务系统本身的问题，从而导致服务不可用；也可能是 SG-I6000 2.0 监控问题或者 WebService 接口问题导致的告警，不影响用户使用。

31．在 SG-I6000 2.0 中，值班人员登录账号不在当前的排班中可能会造成调度管理中值班日志不能创建与不能交接班。

【参考答案】对

【解析】必须有值班账号才能创建值班日志和交接班。

32．SG-I6000 2.0 中，省公司本地展示的指标数据以及与国家电网公司总部级联的指标数据均从 MongoDB 数据库中读取。

【参考答案】对

【解析】SG-I6000 2.0 所有采集指标均在 MongoDB 数据库中读取。

33．SG-I6000 2.0 中的告警规则可以配置缺失规则、字符比较等。

【参考答案】对

【解析】可以通过指标缺失与比较产生告警。

34．在 SG-I6000 2.0 中进行设备入库申请，最后由审核人归档。

【参考答案】错

【解析】由填报人进行归档，且归档后才会生成台账。

35．在 SG-I6000 2.0 资源配置组件中可以查看业务系统的拓扑结构图，且可以查看设备、软件之间的关联关系。

【参考答案】对

【解析】可以在拓扑管理中进行查看和配置。

36．在 SG-I6000 2.0 中，公告通知实现本信息调度管理机构对本级或下级单位发布信息通信调运检各类公告、通知或文件。

【参考答案】对

【解析】目前主要为总部下发给各省公司，支持对本机构和下属机构下发公告、通知和文件。

37．在 SG-I6000 2.0 中，每月月初进行月度排班的发布。

【参考答案】错

【解析】必须在月末前发布下月排班。

38．SG-I6000 2.0 告警分 3 种紧急度，分别是严重、警告和普通。

【参考答案】错

【解析】SG-I6000 2.0 系统无普通告警。

39．在 SG-I6000 2.0 调度管理中，非相邻班次人员也可以进行交接班。

【参考答案】错

【解析】必须是相邻班次才可进行交接班。

40．SG-I6000 2.0 中，WebLogic 域使用 JMX 协议进行采集。

【参考答案】对

【解析】Nginx、Tomcat、WebLogic 域等中间件采集主要使用 JMX 协议。

41．SG-I6000 2.0 系统中的告警数据不可以通过电话通知运维人员。

【参考答案】对

【解析】SG-I6000 2.0 不能通过电话通知。

42．某省公司的运维人员发现生产管理系统的一台服务器存在缺陷，并计划第二天检修处理，该省公司应在 SG-I6000 2.0 中上报紧急检修。

【参考答案】错

【解析】月检修计划需要在每月 20 日前提报；周检修计划需要在每周四之前上报；临时检修计划需要提前一个工作日上报；紧急检修为临时出现紧急情况要立即进行的抢修操作。

43．在 SG-I6000 2.0 巡视管理模块中，必须先在系统的巡视模板创建巡视指标、巡视对象以后才能编制巡视计划，然后对巡视计划进行巡视执行操作。

【参考答案】对

【解析】先创建模板，模板包含巡视对象和巡视指标，然后根据模板创建巡视计划，最后执行。

四、实践操作题

1．在 SG-I6000 2.0 系统检修管理微应用中，如何查看已发起的检修流转流程和审批日志？

【重点速记】

检修管理—拟办代办—查看流程图—查看日志。

2. 在 SG-I6000 2.0 系统检修管理微应用中，如何通过视图查看周、月检修计划？

【重点速记】

检修管理—检修可视化—周视图—月视图。

3. 在 SG-I6000 2.0 系统检修管理微应用中，请根据指定时间（2023 年 10 月 23—2023 年 10 月 29 日）查询该时间段内的检修计划总数？

【重点速记】

检修管理—检修管理查询。

4. 在 SG-I6000 2.0 系统检修管理微应用中，请查询本年度公司提报的紧急检修工单并导出。

【重点速记】

检修管理—检修管理查询—紧急检修查询。

5. 在 SG-I6000 2.0 系统检修管理微应用中，请查询统计本月统一下达检修数量和自主上报检修数量。

【重点速记】

检修管理—检修管理查询—筛选模板设置并使用。

6. 在 SG-I6000 2.0 系统检修管理微应用中，某业务系统检修到执行状态，如何创建工作票并关联检修计划？

【重点速记】

两票管理—新增两票并在关联检修计划栏关联相关检修。

7. 根据计划检修要求，请在检修管理微应用的检修窗口配置中提报一个检修窗口。

【重点速记】

检修管理—检修窗口配置。

8. 当检修执行人打电话给调度申请开工或者竣工时，请问在检修管理中要如何操作？

【重点速记】

检修管理—检修可视化。

9. SG-I6000 系统检修期间，采集服务停止运行，所有业务系统会产生告警通知，并通过系统通知或者短信通知发送给所有相关人员。请问通过何种方式可以暂停告警通知信息发送？

【重点速记】

平台服务监测管理—告警规则配置—通知策略管理。

10. 在 SG-I6000 2.0 系统检修管理微应用中，在检修工单至调度审批阶段，发现工单填报内容不完整，该如何返回填报阶段？

【重点速记】

检修管理—拟办代办—已办中撤回。

11. 在 SG-I6000 2.0 系统检修管理微应用中，请使用检修统计功能，针对

上半年公司各单位的二级检修数量进行分类统计并导出统计数据。

【重点速记】

检修管理—检修查询。

12．在 SG-I6000 2.0 系统检修管理微应用中，检修管理查询页面未展示检修任务类型、检修小类信息，如何进行设置？

【重点速记】

检修管理—检修查询—筛选模板设置并使用。

13．在 SG-I6000 2.0 系统检修管理微应用中，如何设置并搜索指定人发起的所有检修计划？

【重点速记】

检修管理—检修查询—按条件查询。

14．在 SG-I6000 2.0 系统检修管理微应用中，如何针对所属单位、填报人、标准业务系统三个指定字段创建自定义筛选模板并使用？

【重点速记】

检修管理—检修查询—筛选模板配置并使用。

客 户 服 务

第一节 客 服 服 务

章节摘要：本章节旨在引导读者了解《国家电网有限公司信息系统客户服务管理办法》文件内容，熟悉信息客服的工作机制、工作内容、工作要求，厘清与信息调度、运行检修的职责边界和协同机制，知晓信息客服的技术支撑与保障手段，掌握信息客服统一支撑平台、各类业务处理及互联网服务功能的操作技巧。

一、单项选择题

1. 《国家电网有限公司信息系统客户服务管理办法》规定，国网（　　）是公司信息客服工作归口管理部门。

A. 数字化工作部　　B. 信通公司　　C. 发展策划部　　D. 人力资源部

【参考答案】A

【解析】《国家电网有限公司信息系统客户服务管理办法》第二章第六条规定，国网数字化工作部是公司信息客服工作归口管理部门。

2. 《国家电网有限公司信息系统客户服务管理办法》规定，（　　）负责制定公司信息客服相关的管理制度、规范、流程。

A. 国网信通公司　　B. 各业务部门　　C. 数字化工作部　　D. 人力资源部

【参考答案】C

【解析】《国家电网有限公司信息系统客户服务管理办法》第二章第六条规定，国网数字化工作部是公司信息客服工作归口管理部门，其主要职责是：(一)负责制定公司信息客服相关的管理制度、规范、流程。

3. 《国家电网有限公司信息系统客户服务管理办法》规定，（　　）负责公司信息客服工作的组织和协调，牵头组织重大问题、跨部门业务的协同解决。

A. 国网信通公司　　B. 各业务部门　　C. 办公室　　D. 数字化工作部

【参考答案】D

【解析】《国家电网有限公司信息系统客户服务管理办法》第二章第六条规定，国网数字化工作部是公司信息客服工作归口管理部门，其主要职责是：(二)负责公司信息客服工作的组织和协调，牵头组织重大问题、跨部门业务的协同解决。

4. 《国家电网有限公司信息系统客户服务管理办法》规定，（　　）负责组织完善公司信息客服相关的支撑管理系统。

A. 国网信通公司　　B. 数字化工作部　　C. 物资管理部　　D. 发展策划部

【参考答案】B

【解析】《国家电网有限公司信息系统客户服务管理办法》第二章第六条规定，国网数字化工作部是公司信息客服工作归口管理部门，其主要职责是：（三）负责组织完善公司信息客服相关的支撑管理系统。

5. 《国家电网有限公司信息系统客户服务管理办法》规定，（　　）负责公司信息客服管理工作的监督、检查、评价、宣传和考核。

A. 数字化工作部　B. 国网信通公司　C. 办公室　D. 人力资源部

【参考答案】A

【解析】《国家电网有限公司信息系统客户服务管理办法》第二章第六条规定，国网数字化工作部是公司信息客服工作归口管理部门，其主要职责是：（四）负责公司信息客服管理工作的监督、检查、评价、宣传和考核。

6. 《国家电网有限公司信息系统客户服务管理办法》规定，（　　）负责对公司信息客服工作提出业务需求。

A. 数字化工作部　B. 发展策划部

C. 公司总部各业务部门　D. 人力资源部

【参考答案】C

【解析】《国家电网有限公司信息系统客户服务管理办法》第二章第七条规定，公司总部各业务部门的主要职责是：（一）负责对公司信息客服工作提出业务需求。

7. 《国家电网有限公司信息系统客户服务管理办法》规定，（　　）负责本专业信息系统业务类问题的协调解决。

A. 人力资源部　B. 各业务部门　C. 设备管理部　D. 物资管理部

【参考答案】B

【解析】《国家电网有限公司信息系统客户服务管理办法》第二章第七条规定，公司总部各业务部门的主要职责是：（二）负责本专业信息系统业务类问题的协调解决。《国家电网有限公司信息系统客户服务管理办法》第二章第十条规定，公司各单位业务部门的主要职责包括“负责本专业信息系统业务类问题的协调解决”。

8. 《国家电网有限公司信息系统客户服务管理办法》规定，（　　）负责跨部门业务类问题的协同解决。

A. 数字化工作部　B. 各业务部门　C. 办公室　D. 党组组织部

【参考答案】B

【解析】《国家电网有限公司信息系统客户服务管理办法》第二章第七条规定，公司总部各业务部门的主要职责是：（三）负责跨部门业务类问题的协同解决。《国家电网有限公司信息系统客户服务管理办法》第二章第十条规定，公司各单位业务部门的主要职责包括“负责跨部门业务类问题的协同解决”。

9. 《国家电网有限公司信息系统客户服务管理办法》规定，公司总部各业务部门（　　）公司信息客服管理工作的监督、检查、评价、宣传和考核。

A. 参与　B. 负责　C. 牵头　D. 承担

【参考答案】A

【解析】《国家电网有限公司信息系统客户服务管理办法》第二章第七条规定，公司总部各业务部门的主要职责是：（四）参与公司信息客服管理工作的监督、检查、评价、宣传和考核。

10. 《国家电网有限公司信息系统客户服务管理办法》规定，（　　）负责运维范围内信息系统（主要包括总部信息系统、受托直属单位信息系统、在京一级部署信息系统）客户服务业务。

A. 数字化工作部　　B. 中国电科院　　C. 国网信通公司　　D. 各业务部门

【参考答案】C

【解析】《国家电网有限公司信息系统客户服务管理办法》第二章第八条规定，国网信通公司负责运维范围内信息系统（主要包括总部信息系统、受托直属单位信息系统、在京一级部署信息系统）客户服务业务。

11. 《国家电网有限公司信息系统客户服务管理办法》规定，公司各单位（　　）是本单位信息客服工作的具体执行机构。

A. 数字化专业管理部门　　B. 各业务部门

C. 信息系统建设单位（部门）　　D. 信息系统运行维护单位（部门）

【参考答案】D

【解析】《国家电网有限公司信息系统客户服务管理办法》第二章第十一条规定，公司各单位信息系统运行维护单位（部门）是本单位信息客服工作的具体执行机构。

12. 《国家电网有限公司信息系统客户服务管理办法》规定，（　　）负责信息系统上线前及用户有感知的功能变更检修前用户培训及客服培训工作，提供用户手册、培训手册、知识库等材料。

A. 数字化专业管理部门　　B. 各级信息系统建设单位（部门）

C. 各业务部门　　D. 信息系统运行维护单位（部门）

【参考答案】B

【解析】《国家电网有限公司信息系统客户服务管理办法》第二章第十二条规定，公司各级信息系统建设单位（部门）主要职责是:（二）负责信息系统上线前及用户有感知的功能变更检修前用户培训及客服培训工作，提供用户手册、培训手册、知识库等材料。

13. 《国家电网有限公司信息系统客户服务管理办法》规定，信息客服工作依托统一的支撑平台和规范的服务流程，实现信息系统用户服务请求的接入及（　　），是提供信息系统支撑保障的服务窗口。

A. 服务的统一管理　　B. 质量的统一管理

C. 需求的统一管理　　D. 业务的统一管理

【参考答案】A

【解析】《国家电网有限公司信息系统客户服务管理办法》第三章第十三条规定，信息客服工作依托统一的支撑平台和规范的服务流程，实现信息系统用户服务请求的接入及服务的统一管理，是提供信息系统支撑保障的服务窗口。

14. 《国家电网有限公司信息系统客户服务管理办法》规定，公司各单位信息客服人员须严格落实（　　）。

A. 一把手负责制　　B. 首问负责制　　C. 分管领导负责制　　D. 答复负责制

【参考答案】B

【解析】《国家电网有限公司信息系统客户服务管理办法》第三章第十四条规定，公司各单位信息客服人员须严格落实首问负责制，首位受理业务的客服人员需全程跟踪工作进度，实现闭环管理。

15. 《国家电网有限公司信息系统客户服务管理办法》规定，首位受理业务的（　　）需全程跟踪工作进度，实现闭环管理。

A. 调度人员　　B. 检修人员　　C. 客服人员　　D. 运维人员

【参考答案】C

【解析】《国家电网有限公司信息系统客户服务管理办法》第三章第十四条规定，公司各单位信息客服人员须严格落实首问负责制，首位受理业务的客服人员需全程跟踪工作进度，实现闭环管理。

16. 《国家电网有限公司信息系统客户服务管理办法》规定，公司各单位信息客服和（　　）应保持紧密联系。

A. 信息调度　　B. 电力调度　　C. 业务部门　　D. 建设单位

【参考答案】A

【解析】《国家电网有限公司信息系统客户服务管理办法》第三章第十六条规定，公司各单位信息客服和信息调度应保持紧密联系。

17. 《国家电网有限公司信息系统客户服务管理办法》规定，（　　）负责将批准后的可能影响信息系统用户正常应用的检修计划告知信息客服。

A. 客服中心负责人　　B. 信息调度　　C. 班组长　　D. 检修人员

【参考答案】B

【解析】《国家电网有限公司信息系统客户服务管理办法》第三章第十六条规定，信息调度负责将批准后的可能影响信息系统用户正常应用的检修计划告知信息客服。

18. 《国家电网有限公司信息系统客户服务管理办法》规定，由（　　）统一发布面向用户的相关信息系统检修公告。

A. 信息调度　　B. 建设单位　　C. 信息管理部门　　D. 信息客服

【参考答案】D

【解析】《国家电网有限公司信息系统客户服务管理办法》第三章第十六条规定，由信息客服统一发布面向用户的相关信息系统检修公告。

19. 《国家电网有限公司信息系统客户服务管理办法》规定，信息客服受理事件时，发现影响信息系统用户正常应用的信息系统故障，应及时告知（　　），由（　　）完成问题的跟踪、处理。

A. 数字化工作部　　B. 业务部门　　C. 信息调度　　D. 信息运维

【参考答案】C

【解析】《国家电网有限公司信息系统客户服务管理办法》第三章第十六条规定，信息客服受理事件时，发现影响信息系统用户正常应用的信息系统故障，应及时告知信息调度，由信息调度完成问题的跟踪、处理。

20. 《国家电网有限公司信息系统客户服务管理办法》规定，对于各类非计划检修、紧急检修任务或网络安全等紧急事件，各单位（　　）要对其影响范围、时间进行分析判断，影响到信息系统用户正常应用的事件要立即通知信息客服发布公告。

A. 信息运维　　B. 信息调度　　C. 业务部门　　D. 信息客服

【参考答案】B

【解析】《国家电网有限公司信息系统客户服务管理办法》第三章第十六条规定，对于各类非计划检修、紧急检修任务或网络安全等紧急事件，各单位信息调度要对其影响范围、时间进行分析判断，影响到信息系统用户正常应用的事件要立即通知信息客服发布公告。

21．《国家电网有限公司信息系统客户服务管理办法》规定，信息系统（　　）应及时受理、处理信息客服人员提报的问题，在问题处理方案确认后，反馈信息客服。

A．运维人员　　B．技术支持人员　　C．调度人员　　D．运行检修人员

【参考答案】D

【解析】《国家电网有限公司信息系统客户服务管理办法》第三章第十七条规定，信息系统运行检修人员应及时受理、处理信息客服人员提报的问题，在问题处理方案确认后，反馈信息客服，信息客服要跟踪问题处理状态，按照反馈内容向用户进行公告、答疑。

22．《国家电网有限公司信息系统客户服务管理办法》规定，信息系统运行检修人员在巡检等过程中发现有可能影响信息系统用户正常应用的情况时，应及时报告（　　）。

A．信息客服　　B．电力调度　　C．信息调度　　D．业务部门

【参考答案】C

【解析】《国家电网有限公司信息系统客户服务管理办法》第三章第十七条规定，信息系统运行检修人员在巡检等过程中发现有可能影响信息系统用户正常应用的情况时，应及时报告信息调度，由信息调度对其影响情况进行分析判断，并及时告知信息客服。

23．《国家电网有限公司信息系统客户服务管理办法》规定，（　　）负责受理、处理一级部署和两级部署信息系统运行检修人员无法解决的问题及需求。

A．信息客服　　B．项目建设单位

C．集中式三线技术支持中心　　D．业务部门

【参考答案】C

【解析】《国家电网有限公司信息系统客户服务管理办法》第三章第十八条规定，集中式三线技术支持中心负责受理、处理一级部署和两级部署信息系统运行检修人员无法解决的问题及需求，并及时反馈信息系统运行检修人员，由信息系统运行检修人员反馈信息客服，信息客服要按照反馈内容向用户进行公告、答疑。

24．《国家电网有限公司信息系统客户服务管理办法》规定，各单位（　　）负责受理、处理本单位两级部署及自建信息系统运行检修人员无法解决的问题及需求。

A．技术支持服务人员　　B．集中式三线技术支持中心

C．信息客服人员　　D．信息调度人员

【参考答案】A

【解析】《国家电网有限公司信息系统客户服务管理办法》第三章第十八条规定，各单位技术支持服务人员负责受理、处理本单位两级部署及自建信息系统运行检修人员无法解决的问题及需求，并及时反馈信息系统运行检修人员，由信息系统运行检修人员反馈信息客服，信息客服要按照反馈内容向用户进行公告、答疑。

25．《国家电网有限公司信息系统客户服务管理办法》规定，公司各单位信息客服受理用户提报的关于一级部署一级运维信息系统服务请求、需求申报时，要做好记录，并提报至（　　）。

A．数字化工作部　　B．各业务部门　　C．国网信息客服　　D．信息调度人员

【参考答案】C

【解析】《国家电网有限公司信息系统客户服务管理办法》第三章第十九条规定，公司各单位信息客服受理用户提报的关于一级部署一级运维信息系统服务请求、需求申报时，要做好记录，并提报至国网信息客服，由国网信息客服与国网信息调度、国网信息系统运行检修人员或技术支持人员联系，开展问题的跟踪处理，并及时反馈省级信息客服处理结果。

26. 《国家电网有限公司信息系统客户服务管理办法》规定，公司各单位信息客服受理用户提报的关于一级部署二级运维信息系统服务请求、需求申报时，且本单位信息系统运行检修人员无法处理解决的，由本单位（　　）与国网信息系统运行检修人员、技术支持人员联系，完成问题的跟踪处理。

A. 数字化工作部　　B. 信息调度

C. 信息客服　　D. 信息系统运行检修人员

【参考答案】D

【解析】《国家电网有限公司信息系统客户服务管理办法》第三章第十九条规定，公司各单位信息客服受理用户提报的关于一级部署二级运维信息系统服务请求、需求申报时，且本单位信息系统运行检修人员无法处理解决的，由本单位信息系统运行检修人员与国网信息系统运行检修人员、技术支持人员联系，完成问题的跟踪处理，并及时反馈省级信息客服处理结果。

27. 《国家电网有限公司信息系统客户服务管理办法》规定，公司各单位信息客服须设置统一的（　　）信息客服热线电话。

A. 186　　B. 7186　　C. 9186　　D. 5186

【参考答案】A

【解析】《国家电网有限公司信息系统客户服务管理办法》第四章第二十条规定，公司各单位信息客服须设置统一的 186 信息客服热线电话，建立电话、网站、邮件、移动应用等多渠道客户服务受理渠道，提供 7×24h 业务受理服务。

28. 《国家电网有限公司信息系统客户服务管理办法》规定，公司各单位（　　）应负责收集、受理本单位用户应用需求，做好归纳、上报及反馈。

A. 信息客服人员　　B. 数字化工作部　　C. 信息调度人员　　D. 各业务部门

【参考答案】A

【解析】《国家电网有限公司信息系统客户服务管理办法》第四章第二十七条规定，公司各单位信息客服人员应负责收集、受理本单位用户应用需求，做好归纳、上报及反馈。

29. 《国家电网有限公司信息系统客户服务管理办法》规定，公司各单位信息系统运行维护单位（部门）负责编制维护本单位信息客服知识库及（　　）等资料。

A. 服务目录　　B. 服务规范　　C. 服务导航　　D. 服务清单

【参考答案】A

【解析】《国家电网有限公司信息系统客户服务管理办法》第二章第十一条规定，公司各单位信息系统运行维护单位（部门）主要职责是:（四）负责编制维护本单位信息客服知识库及服务目录等资料。

30. 《国家电网有限公司信息系统客户服务管理办法》规定，公司各单位（　　）对用户信息负有保密责任，不得将用户信息泄露给他人，不得擅自使用他人的账号登录信息系统，不得下载、复制客户文件资料等。

A．各业务部门　　B．数字化工作部　　C．信息调度人员　　D．信息客服人员

【参考答案】D

【解析】《国家电网有限公司信息系统客户服务管理办法》第四章第三十四条规定，公司各单位信息客服人员对用户信息负有保密责任，不得将用户信息泄露给他人，不得擅自使用他人的账号登录信息系统，不得下载、复制客户文件资料等。

31．《国家电网有限公司信息系统客户服务管理办法》规定，每个信息系统的信息客服人员应设立 A、B 岗，且每个信息客服人员负责的业务域不超过（　　）个。

A．2　　B．3　　C．4　　D．5

【参考答案】B

【解析】《国家电网有限公司信息系统客户服务管理办法》第五章第三十六条规定，每个信息系统的信息客服人员应设立 A、B 岗，且每个信息客服人员负责的业务域不超过 3 个。

32．《国家电网有限公司信息系统客户服务管理办法》规定，公司各单位信息客服人员通话应全程录音，电话录音资料至少保留（　　）。

A．半年　　B．一年　　C．两年　　D．三年

【参考答案】C

【解析】《国家电网有限公司信息系统客户服务管理办法》第五章第四十条规定，公司各单位信息客服人员通话应全程录音，电话录音资料至少保留两年。

33．《国家电网有限公司信息系统客户服务管理办法》规定，信息客服提供（　　）h 业务受理服务。

A．5×12　　B．7×12　　C．7×24　　D．7×18

【参考答案】C

【解析】《国家电网有限公司信息系统客户服务管理办法》第四章第二十条规定，公司各单位信息客服须设置统一的 186 信息客服热线电话，建立电话、网站、邮件、移动应用等多渠道客户服务受理渠道，提供 7×24h 业务受理服务。

34．《国家电网有限公司信息系统客户服务管理办法》规定，单位信息系统运行检修人员与国网信息系统运行检修人员、技术支持人员联系，完成问题的跟踪处理，并及时反馈（　　）处理结果。

A．省级客服　　B．国网客服　　C．营销客服　　D．本地客服

【参考答案】A

【解析】《国家电网有限公司信息系统客户服务管理办法》第三章第十九条规定，单位信息系统运行检修人员与国网信息系统运行检修人员、技术支持人员联系，完成问题的跟踪处理，并及时反馈省级信息客服处理结果。

35．《国家电网有限公司信息系统客户服务管理办法》规定，公司各单位信息客服人员要参加（　　）考试，通过考核上岗开展客户服务工作。

A．信息技术　　B．信息系统运维资格

C．信通专业　　D．信息客服资格

【参考答案】B

【解析】《国家电网有限公司信息系统客户服务管理办法》第五章第四十一条规定，公司

各单位信息客服人员要参加信息系统运维资格考试，通过考核上岗开展客户服务工作。

36. 《国家电网有限公司信息系统客户服务管理办法》规定，公司各单位信息客服服务目录主要依据（　　）情况及时更新，信息客服根据服务目录提供对应服务受理工作。

A. 信息系统上下线　　B. 信息系统运行

C. 信息系统计划检修　　D. 信息系统建设

【参考答案】A

【解析】《国家电网有限公司信息系统客户服务管理办法》第四章第二十八条规定，公司各单位信息客服服务目录主要依据信息系统上下线情况及时更新，信息客服根据服务目录提供对应服务受理工作。

37. 《国家电网有限公司信息系统客户服务管理办法》规定，公司各单位信息客服人员应负责受理用户的投诉及建议，并建立处理、反馈的（　　）机制。

A. 工单管理　　B. 客服管理　　C. 闭环管理　　D. 用户回访

【参考答案】C

【解析】《国家电网有限公司信息系统客户服务管理办法》第四章第二十九条规定，公司各单位信息客服人员应负责受理用户的投诉及建议，并建立处理、反馈的闭环管理机制。

38. 《国家电网有限公司信息系统客户服务管理办法》规定，公司各单位信息系统运行检修人员应定期更新运维知识库及故障库，及时将（　　）主动推送至信息客服。

A. 业务知识　　B. 故障处理手册　　C. 运维知识　　D. 操作手册

【参考答案】C

【解析】《国家电网有限公司信息系统客户服务管理办法》第四章第三十一条规定，公司各单位信息系统运行检修人员应定期更新运维知识库及故障库，及时将运维知识主动推送至信息客服。

39. 《国家电网有限公司信息系统客户服务管理办法》规定，信息客服须及时（　　），做好信息客服知识库的更新维护，并定期将热点知识向用户发布。

A. 受理　　B. 回访　　C. 处理　　D. 响应

【参考答案】D

【解析】《国家电网有限公司信息系统客户服务管理办法》第四章第三十一条规定，信息客服须及时响应，做好信息客服知识库的更新维护，并定期将热点知识向用户发布。

40. 《国家电网有限公司信息系统客户服务管理办法》规定，公司各单位（　　）应及时跟踪多渠道服务请求处理工作进度，并及时反馈用户。

A. 信息运维人员　　B. 信息调度人员　　C. 技术支撑人员　　D. 信息客服人员

【参考答案】D

【解析】《国家电网有限公司信息系统客户服务管理办法》第四章第三十二条规定，公司各单位信息客服人员应及时跟踪多渠道服务请求处理工作进度，并及时反馈用户。

41. 《国家电网有限公司信息系统客户服务管理办法》规定，信息系统运行检修人员在巡检等过程中发现有可能影响信息系统用户正常应用的情况时，应及时报告（　　）。

A. 信息客服　　B. 信息调度　　C. 信息运维　　D. 上级单位

【参考答案】B

【解析】《国家电网有限公司信息系统客户服务管理办法》第三章第十七条规定，信息系统运行检修人员在巡检等过程中发现有可能影响信息系统用户正常应用的情况时，应及时报告信息调度。

42. 《国家电网有限公司信息系统客户服务管理办法》规定，各单位技术支持服务人员负责受理、处理本单位（　　）部署及自建信息系统运行检修人员无法解决的问题及需求。

A. 一级　　B. 二级　　C. 三级　　D. 本地

【参考答案】B

【解析】《国家电网有限公司信息系统客户服务管理办法》第三章第十八条规定，各单位技术支持服务人员负责受理、处理本单位两级部署及自建信息系统运行检修人员无法解决的问题及需求，并及时反馈信息系统运行检修人员。

43. 《国家电网有限公司信息系统客户服务管理办法》规定，公司各单位信息客服受理用户提报的关于（　　）信息系统服务请求、需求申报时，要做好记录，并提报至国网信息客服。

A. 二级部署二级受理　　B. 一级部署二级受理

C. 集中部署　　D. 一级部署一级运维

【参考答案】D

【解析】《国家电网有限公司信息系统客户服务管理办法》第三章第十九条规定，公司各单位信息客服受理用户提报的关于一级部署一级运维信息系统服务请求、需求申报时，要做好记录，并提报至国网信息客服。

44. 《国家电网有限公司信息系统客户服务管理办法》，公司各单位信息客服人员应审核用户资源申请单是否规范，督促（　　）在处理时限内完成，并及时反馈用户。

A. 技术支撑人员　　B. 信息调度人员

C. 信息运维人员　　D. 信息系统运行检修人员

【参考答案】D

【解析】《国家电网有限公司信息系统客户服务管理办法》第四章第二十五条规定，公司各单位信息客服人员应审核用户资源申请单是否规范，督促信息系统运行检修人员在处理时限内完成，并及时反馈用户。

45. 在信息通信客户服务管理系统（ICS）中，客服软电话上线后通过查看座席状态显示（　　）。

A. 签入　　B. 签出　　C. 小休　　D. 空闲

【参考答案】D

【解析】本菜单模块考核的要点包括：掌握信息客服统一支撑平台各个模块的操作技巧，含普通座席电话功能、录音功能、各类信息系统业务处理及桌面终端服务等功能。客服软电话上线后系统状态空闲时，页面显示挂机、拨外线、拨空闲座席、转自动四种功能。

46. 在信息通信客户服务管理系统（ICS）中，信息客服对可以直接解决的用户来电问题派发（　　），处理完成后可直接归档。

A. 一线工单　　B. 咨询工单　　C. 事件工单　　D. 问题工单

【参考答案】B

【解析】本菜单模块考核的要点包括：掌握信息客服统一支撑平台各个模块的操作技巧，含普通座席电话功能、录音功能、各类信息系统业务处理及桌面终端服务等功能。客服在ICS

系统中派发的工单类型分为咨询工单和事件工单两种。客服对于可以直接解决的问题派发咨询工单，直接处理完成后将工单办结。客服对于无法直接解决的问题派发事件工单给对应的运维人员处理，待运维人员处理后客服回访用户。

47. 在信息通信客户服务管理系统（ICS）中，客服对用户提出的问题，无法直接解决时，需要派发（　　）。

A. 事件工单　　B. 咨询工单　　C. 问题工单　　D. 需求工单

【参考答案】A

【解析】本菜单模块考核的要点包括：掌握信息客服统一支撑平台各个模块的操作技巧，含普通座席电话功能、录音功能、各类信息系统业务处理及桌面终端服务等功能。一般用户反馈问题后，客服先判断是否可以直接解决。对于可以直接解决的问题，客户直接答复用户；对于不能直接解决的问题，客户需要派发事件工单，且跟进事件工单，待解决后回访用户。

48. 在信息通信客户服务管理系统（ICS）中，客服查询历史工单，在主界面单击（　　）后单击历史工作单。

A. 待办工作单　　B. 我的待办　　C. 历史工单　　D. 已办工作单

【参考答案】B

【解析】本菜单模块考核的要点包括：掌握信息客服统一支撑平台各个模块的操作技巧，含普通座席电话功能、录音功能、各类信息系统业务处理及桌面终端服务等功能。客服将工单创建完成后，已提交的工单会出现在“我的待办—待办工单中”。

49. 在信息通信客户服务管理系统（ICS）中，所有客服座席均通话的状态下，用户来电会进入（　　）状态，此时电话无法接通。

A. 挂机　　B. 空闲　　C. 转自动　　D. 排队未接

【参考答案】D

【解析】本菜单模块考核的要点包括：掌握信息客服统一支撑平台各个模块的操作技巧，含普通座席电话功能、录音功能、各类信息系统业务处理及桌面终端服务等功能。用户来电后，一般 ICS 系统会按照客服座席上线时间顺序点，自动分配电话进线，所有座席均通话的状态下，用户来电系统会产生排队未接电话，需要客服及时查看并联系用户处理。

50. 在信息通信客户服务管理系统（ICS）中，系统对电话服务座席进行全程（　　）同步录音，并对录音数据进行存储管理。

A. 24h　　B. 8h　　C. 7d　　D. 12h

【参考答案】A

【解析】本菜单模块考核的要点包括：掌握信息客服统一支撑平台各个模块的操作技巧，含普通座席电话功能、录音功能、各类信息系统业务处理及桌面终端服务等功能。ICS 系统录音包括呼入和呼出录音，都为 24h 全程录音。

51. 在信息通信客户服务管理系统（ICS）中，信息客服人员在填写工单内容时，不得将（　　）填写在工单内容中。

A. 操作指令　　B. 信息系统　　C. 报错内容　　D. 用户密码

【参考答案】D

【解析】本菜单模块考核的要点包括：掌握信息客服统一支撑平台各个模块的操作技巧，含普通座席电话功能、录音功能、各类信息系统业务处理及桌面终端服务等功能。ICS 系统

工单内容一般不填写用户账号、密码等敏感信息。

52. 在信息通信客户服务管理系统（ICS）中，系统咨询工单从正常开单到关单的时间为（ ）。

A. 1h　　B. 2h　　C. 3h　　D. 4h

【参考答案】A

【解析】本菜单模块考核的要点包括：掌握信息客服统一支撑平台各个模块的操作技巧，含普通座席电话功能、录音功能、各类信息系统业务处理及桌面终端服务等功能。国网考核规定 ICS 咨询工单客服开单到关单的考核时间为 1h。

53. 在信息通信客户服务管理系统（ICS）中，在通话详单页面选取一条通话详单，单击（ ）可查看工单信息。

A. 详单编号　　B. 工单编号　　C. 主叫号码　　D. 被叫号码

【参考答案】B

【解析】本菜单模块考核的要点包括：掌握信息客服统一支撑平台各个模块的操作技巧，含普通座席电话功能、录音功能、各类信息系统业务处理及桌面终端服务等功能。在 ICS 通话详单页面单击工单编号即可查看工单内容。

54. 在信息通信客户服务管理系统（ICS）中，在通话详单的查询结果列表中单击每条记录后<录音>字段的（ ）按钮，可以听取电话录音信息。

A. 播放　　B. 下载　　C. 试听　　D. 录音

【参考答案】A

【解析】本菜单模块考核的要点包括：掌握信息客服统一支撑平台各个模块的操作技巧，含普通座席电话功能、录音功能、各类信息系统业务处理及桌面终端服务等功能。ICS 通话详单中的录音可以播放和下载。

55. 在信息通信客户服务管理系统（ICS）中，单击（ ）—“通话详单”，进入通话详单页面，可在该界面查询通话记录。

A. 话务信息　　B. 客户管理　　C. 业务处理　　D. 话务平台

【参考答案】A

【解析】本菜单模块考核的要点包括：掌握信息客服统一支撑平台各个模块的操作技巧，含普通座席电话功能、录音功能、各类信息系统业务处理及桌面终端服务等功能。ICS 通话详单在话务信息模块。

56. 在信息通信客户服务管理系统（ICS）中，用户来电需要转接至其他客服时，客服需要（ ）转接。

A. 内线　　B. 挂机　　C. 转自动　　D. 拨空闲座席

【参考答案】D

【解析】本菜单模块考核的要点包括：掌握信息客服统一支撑平台各个模块的操作技巧，含普通座席电话功能、录音功能、各类信息系统业务处理及桌面终端服务等功能。客服软电话上线后系统状态空闲时，页面显示挂机、拨外线、拨空闲座席、转自动四种功能。当用户反馈需要转接至其他客服时，需要客户拨空闲座席后单击“转移话路”进行电话转接。

57. 在信息通信客户服务管理系统（ICS）中，座席人员在通话状态下单击“转自动”，座席进入（ ）状态。

A．通话　　B．小休　　C．空闲　　D．话后处理

【参考答案】C

【解析】本菜单模块考核的要点包括：掌握信息客服统一支撑平台各个模块的操作技巧，含普通座席电话功能、录音功能、各类信息系统业务处理及桌面终端服务等功能。客服座席在通话状态下单击“转自动”，话机将恢复空闲状态。

58．在信息通信客户服务管理系统（ICS）中，话机状态（　　）指座席人员处于话后处理状态。

A．空闲　　B．振铃　　C．案头　　D．通话

【参考答案】C

【解析】本菜单模块考核的要点包括：掌握信息客服统一支撑平台各个模块的操作技巧，含普通座席电话功能、录音功能、各类信息系统业务处理及桌面终端服务等功能。ICS 话机状态处于案头时，说明该客服座席刚挂断电话，正在处理工单信息。

59．在信息通信客户服务管理系统（ICS）中，可通过（　　）进行座席工单查询。

A．受理人　　B．处理人　　C．申请人　　D．联系人

【参考答案】A

【解析】本菜单模块考核的要点包括：掌握信息客服统一支撑平台各个模块的操作技巧，含普通座席电话功能、录音功能、各类信息系统业务处理及桌面终端服务等功能。工单可通过受理人、工单编号、创建时间等字段查询。

60．在信息通信客户服务管理系统（ICS）中，工单解决方案写错，可通过（　　）到“我的待办”重新编辑。

A．回退　　B．终止　　C．取消　　D．新增

【参考答案】A

【解析】本菜单模块考核的要点包括：掌握信息客服统一支撑平台各个模块的操作技巧，含普通座席电话功能、录音功能、各类信息系统业务处理及桌面终端服务等功能。工单解决方案提交后，需要修改时直接在“我的待办—待办工作单”下方输入回退原因，查询待办工作单重新编辑工单解决方案。

61．在信息通信客户服务管理系统（ICS）中，当座席临时有事无法接听电话时，单击“小休”后，软电话图标变为（　　），将无法接到电话。

A．小休　　B．拨外线　　C．拨空闲座席　　D．恢复

【参考答案】D

【解析】本菜单模块考核的要点包括：掌握信息客服统一支撑平台各个模块的操作技巧，含普通座席电话功能、录音功能、各类信息系统业务处理及桌面终端服务等功能。客服座席点“小休”后，当前话机状态只显示“恢复”。

62．在信息通信客户服务管理系统（ICS）中，客服座席在（　　）状态下可以单击“挂机”按钮结束通话，也可以使用“拨外线”“拨空闲座席”和“转自动”功能。

A．通话　　B．呼出　　C．空闲　　D．话后处理

【参考答案】A

【解析】本菜单模块考核的要点包括：掌握信息客服统一支撑平台各个模块的操作技巧，含普通座席电话功能、录音功能、各类信息系统业务处理及桌面终端服务等功能。客服通话

状态下，可以进行挂机、拨外线、拨空闲座席、转自动四种操作。

63．在信息通信客户服务管理系统（ICS）中，客服座席进行（　　）操作时，系统会根据座席工号，自动获取软电话相关配置信息，对软电话的控制权限进行设置，以实现软电话与 CTI 的交互。

A．签入　　B．签出　　C．离席　　D．置忙

【参考答案】A

【解析】本菜单模块考核的要点包括：掌握信息客服统一支撑平台各个模块的操作技巧，含普通座席电话功能、录音功能、各类信息系统业务处理及桌面终端服务等功能。客服成功登录 ICS 系统后，系统软电话会自动签入。

64．在信息通信客户服务管理系统（ICS）中，客服座席处于“等待”或“通话”状态时，使用（　　）功能，可以弹出拨号界面。

A．拨空闲座席　　B．拨外线　　C．转自动　　D．小休

【参考答案】B

【解析】本菜单模块考核的要点包括：掌握信息客服统一支撑平台各个模块的操作技巧，含普通座席电话功能、录音功能、各类信息系统业务处理及桌面终端服务等功能。客服处于等候状态时，可以通过拨外线功能进行外呼操作。

65．在信息通信客户服务管理系统（ICS）中，客服座席人员通过（　　）功能来修改登录密码。

A．口令设置　　B．密码修改　　C．登录重置　　D．口令初始化

【参考答案】A

【解析】本菜单模块考核的要点包括：掌握信息客服统一支撑平台各个模块的操作技巧，含普通座席电话功能、录音功能、各类信息系统业务处理及桌面终端服务等功能。客服通过口令设置修改 ICS 登录密码。

66．在信息通信客户服务管理系统（ICS）中，座席处于（　　）状态时，电话被置忙，客户电话不能转接到该座席。

A．签入　　B．签出　　C．小休　　D．空闲

【参考答案】C

【解析】本菜单模块考核的要点包括：掌握信息客服统一支撑平台各个模块的操作技巧，含普通座席电话功能、录音功能、各类信息系统业务处理及桌面终端服务等功能。客服座席处于“小休”状态时，将无法接听用户来电。

67．在信息通信客户服务管理系统（ICS）中，座席通过工单将客户工作地点、故障情况、联系方式等信息传递至运维人员，并对其处理过程进行跟踪、督办，形成（　　）管理。

A．集中　　B．统一　　C．分级　　D．闭环

【参考答案】D

【解析】菜单模块考核的要点包括：掌握信息客服统一支撑平台各个模块的操作技巧，含普通座席电话功能、录音功能、各类信息系统业务处理及桌面终端服务等功能。客服通过工单内容，将客户工作地点、故障情况、联系方式等信息传递至运维人员，对事件工单进行跟进、督促，形成闭环管理。

68．在信息通信客户服务管理系统（ICS）中，座席在回访客户时，若客户提出新诉求，

应（　　）。

A．直接回退工单

B．完成原诉求满意度回访后回退工单

C．完成原诉求满意度回访，请用户重新拨打 186 热线提报新诉求

D．完成原诉求满意度回访，派发新工单提报新诉求

【参考答案】D

【解析】本菜单模块考核的要点包括：掌握信息客服统一支撑平台各个模块的操作技巧，含普通座席电话功能、录音功能、各类信息系统业务处理及桌面终端服务等功能。ICS 工单回访要求是，客服回访用户过程中，若用户提出新诉求，需完成原诉求满意度回访，派发新工单提报新诉求。

69．在信息通信客户服务管理系统（ICS）中，对于故障报修类工单，客服座席应在（　　）回访客户。

A．派单后　　B．处理时　　C．归档时　　D．闭环后

【参考答案】C

【解析】本菜单模块考核的要点包括：掌握信息客服统一支撑平台各个模块的操作技巧，含普通座席电话功能、录音功能、各类信息系统业务处理及桌面终端服务等功能。对于故障类报修类工单，要求客服在工单归档时及时回访用户。

70．在信息通信客户服务管理系统（ICS）中，客服座席通过（　　）功能处理客户通过客服网站提交的服务请求。

A．待办工作单　　B．已办工作单　　C．工单预受理　　D．历史工作单

【参考答案】C

【解析】本菜单模块考核的要点包括：掌握信息客服统一支撑平台各个模块的操作技巧，含普通座席电话功能、录音功能、各类信息系统业务处理及桌面终端服务等功能。用户通过客服网站提报问题会出现在“工单预受理”中，每日值班的客服及时查看工单预受理问题并联系用户处理。

71．在信息通信客户服务管理系统（ICS）中，“通话详单”功能用来查询座席拨打和接听的所有（　　）的详细记录。

A．座机电话　　B．用户电话　　C．呼入电话　　D．呼出电话

【参考答案】B

【解析】本菜单模块考核的要点包括：掌握信息客服统一支撑平台各个模块的操作技巧，含普通座席电话功能、录音功能、各类信息系统业务处理及桌面终端服务等功能。所有用户电话可通过通话详单来电记录查询。

72．在信息通信客户服务管理系统（ICS）中，信息客服提供（　　）h 电话渠道的业务咨询和故障报修受理业务。

A．5×8　　B．5×24　　C．7×8　　D．7×24

【参考答案】D

【解析】本菜单模块考核的要点包括：掌握信息客服统一支撑平台各个模块的操作技巧，含普通座席电话功能、录音功能、各类信息系统业务处理及桌面终端服务等功能。ICS 系统中，186 客服热线服务热线时间为 7×24h。

73．在信息通信客户服务管理系统（ICS）中，客服座席要完整填写报修工单内容，但不包括（　　）。

A．客户信息　　B．地点　　C．故障现象　　D．用户账号密码

【参考答案】D

【解析】本菜单模块考核的要点包括：掌握信息客服统一支撑平台各个模块的操作技巧，含普通座席电话功能、录音功能、各类信息系统业务处理及桌面终端服务等功能。在 ICS 系统中，客服创建工单时，其内容包括时间、地点、客户信息、故障现象等。

74．在信息通信客户服务管理系统（ICS）中，事件工单创建后的状态是（　　）。

A．受理中　　B．待回访　　C．待解决　　D．关闭

【参考答案】C

【解析】本菜单模块考核的要点包括：掌握信息客服统一支撑平台各个模块的操作技巧，含普通座席电话功能、录音功能、各类信息系统业务处理及桌面终端服务等功能。在 ICS 系统中，事件工单创建后的状态是待解决状态。

75．在信息通信客户服务管理系统（ICS）中，咨询工单办结后的状态是（　　）。

A．受理中　　B．待回访　　C．待解决　　D．关闭

【参考答案】B

【解析】本菜单模块考核的要点包括：掌握信息客服统一支撑平台各个模块的操作技巧，含普通座席电话功能、录音功能、各类信息系统业务处理及桌面终端服务等功能。在 ICS 系统中，咨询工单办结后的状态是待回访状态。

76．在信息通信客户服务管理系统（ICS）中，座席可使用“拨空闲座席”功能进行座席之间的内部通话或电话求助。该功能仅限于（　　）座席之间的通话。

A．空闲　　B．正在通话　　C．小休　　D．话后处理

【参考答案】A

【解析】本菜单模块考核的要点包括：掌握信息客服统一支撑平台各个模块的操作技巧，含普通座席电话功能、录音功能、各类信息系统业务处理及桌面终端服务等功能。在 ICS 系统中，只有登录成功且话机保持在空闲状态下的座席才能进行话机转接。

77．在信息通信客户服务管理系统（ICS）中，座席在（　　）状态下，使用“转自动”功能后，座席将进入“空闲”状态。

A．通话　　B．小休　　C．空闲　　D．话后处理

【参考答案】A

【解析】本菜单模块考核的要点包括：掌握信息客服统一支撑平台各个模块的操作技巧，含普通座席电话功能、录音功能、各类信息系统业务处理及桌面终端服务等功能。ICS 系统在通话状态下使用转自动功能，系统直接进入空闲状态。

78．在信息通信客户服务管理系统（ICS）中，座席可通过（　　）功能，查询已处理、未闭环的工单。

A．历史工作单　　B．已办工作单　　C．待办工作单　　D．工单查询

【参考答案】B

【解析】本菜单模块考核的要点包括：掌握信息客服统一支撑平台各个模块的操作技巧，含普通座席电话功能、录音功能、各类信息系统业务处理及桌面终端服务等功能。ICS 系统

可通过“我的待办—已办工作单”查询已处理、未闭环的工单。

79．在信息通信客户服务管理系统（ICS）中，座席可通过（　　）功能，查询已处理、已闭环的工单。

A．历史工作单　　B．已办工作单　　C．待办工作单　　D．工单查询

【参考答案】A

【解析】本菜单模块考核的要点包括：掌握信息客服统一支撑平台各个模块的操作技巧，含普通座席电话功能、录音功能、各类信息系统业务处理及桌面终端服务等功能。ICS 系统可通过“我的待办—历史工作单”查询已处理、已闭环的工单。

80．在信息通信客户服务管理系统（ICS）中，工单的状态信息不包含（　　）。

A．处理中　　B．待回访　　C．待解决　　D．关闭

【参考答案】D

【解析】本菜单模块考核的要点包括：掌握信息客服统一支撑平台各个模块的操作技巧，含普通座席电话功能、录音功能、各类信息系统业务处理及桌面终端服务等功能。ICS 系统工单状态包括处理中、待回访、待解决，不包含关闭。

81．在信息通信客户服务管理系统（ICS）中，可以查看话务信息详情功能的菜单是（　　）。

A．工单查询　　B．工单标签　　C．工单创建　　D．通话详单

【参考答案】D

【解析】本菜单模块考核的要点包括：掌握信息客服统一支撑平台各个模块的操作技巧，含普通座席电话功能、录音功能、各类信息系统业务处理及桌面终端服务等功能。ICS 系统通话详单属于话务信息模块的内容。

82．在信息通信客户服务管理系统（ICS）中，座席临时有其他事务处理而无法接听电话时，可单击“小休”按钮，此时软电话功能菜单自动折叠隐藏，仅保留（　　）功能按钮。

A．呼出　　B．拨外线　　C．拨空闲座席　　D．恢复

【参考答案】D

【解析】本菜单模块考核的要点包括：掌握信息客服统一支撑平台各个模块的操作技巧，含普通座席电话功能、录音功能、各类信息系统业务处理及桌面终端服务等功能。在 ICS 系统中，客服单击“小休”按钮后，系统仅保留恢复功能。

83．在信息通信客户服务管理系统（ICS）中，座席在“通话”状态下拨外线，并被成功接听时，座席状态变为（　　）。

A．保持下通话　　B．小休　　C．通话　　D．话后处理

【参考答案】A

【解析】本菜单模块考核的要点包括：掌握信息客服统一支撑平台各个模块的操作技巧，含普通座席电话功能、录音功能、各类信息系统业务处理及桌面终端服务等功能。在 ICS 系统中，客服座席电话转接成功并接听后，系统电话状态显示保持下通话。

84．在信息通信客户服务管理系统（ICS）中，“座席分组信息维护”功能不可以用来（　　）座席分组。

A．新增下级　　B．修改　　C．删除　　D．编辑

【参考答案】D

【解析】本菜单模块考核的要点包括：座席的在线监控管理、录音文件质检、服务质量评定、座席技能级别设置及其他管理功能等。ICS 系统中座席分组信息维护包括新增下级、修改、删除操作，不包括编辑操作。

85．座席登录信息通信客户服务管理系统（ICS）时，若提示“未找到相关分级信息，已取消软电话登录”，则需系统管理员在话务平台（　　）功能中进行维护。

A．话机状态记录　　B．座席信息维护　　C．电话转接　　D．分机信息维护

【参考答案】D

【解析】本菜单模块考核的要点包括：信息通信客户服务管理系统（ICS）概述、系统构成的知识。ICS 新增客服人员需要先在“话务平台—分机信息维护”里绑定客服话机相关分级信息，再重新登录系统。

86．在信息通信客户服务管理系统（ICS）中，“转移话路”是指将客户电话转接给第三方。转移成功后，座席状态变为（　　）。

A．小休　　B．等待　　C．话后处理　　D．通话

【参考答案】B

【解析】本菜单模块考核的要点包括：掌握信息客服统一支撑平台各个模块的操作技巧，含普通座席电话功能、录音功能、各类信息系统业务处理及桌面终端服务等功能。在 ICS 系统中，客服话机转移话路后，当前转接客服系统状态会自动进入话机等待状态。

87．在信息通信客户服务管理系统（ICS）中，客服座席可通过（　　）模块下的“分机信息维护”功能维护话机信息。

A．话务平台　　B．座席管理　　C．系统支撑　　D．话务信息

【参考答案】A

【解析】本菜单模块考核的要点包括：信息通信客户服务管理系统（ICS）概述、系统构成的知识。ICS 系统话务平台模块包括分机信息维护、电话转接、IVR 语音播报维护。

二、多项选择题

1．《国家电网有限公司信息系统客户服务管理办法》规定，公司信息客服管理工作遵循（　　）、统一评价考核的原则。

A．统一服务入口　　B．统一服务规范　　C．统一资源调配　　D．统一支撑平台

【参考答案】ABCD

【解析】《国家电网有限公司信息系统客户服务管理办法》第一章第三条规定，公司信息客服管理工作遵循统一服务入口、统一服务规范、统一资源调配、统一支撑平台、统一评价考核的原则。

2．《国家电网有限公司信息系统客户服务管理办法》规定，国网数字化工作部是公司信息客服工作归口管理部门，其主要职责是（　　）。

A．负责制定公司信息客服相关的管理制度、规范、流程

B．负责公司信息客服工作的组织和协调，牵头组织重大问题、跨部门业务的协同解决

C．负责组织完善公司信息客服相关的支撑管理系统

D．负责公司信息客服管理工作的监督、检查、评价、宣传和考核

【参考答案】ABCD

【解析】《国家电网有限公司信息系统客户服务管理办法》第二章第六条规定，国网数字

化工作部是公司信息客服工作归口管理部门，其主要职责是：

（一）负责制定公司信息客服相关的管理制度、规范、流程；

（二）负责公司信息客服工作的组织和协调，牵头组织重大问题、跨部门业务的协同解决；

（三）负责组织完善公司信息客服相关的支撑管理系统；

（四）负责公司信息客服管理工作的监督、检查、评价、宣传和考核。

3. 《国家电网有限公司信息系统客户服务管理办法》规定，公司总部各业务部门的主要职责是（　　）。

A. 负责对公司信息客服工作提出业务需求

B. 负责本专业信息系统业务类问题的协调解决

C. 负责跨部门业务类问题的协同解决

D. 负责公司信息客服管理工作的监督、检查、评价、宣传和考核

【参考答案】ABC

【解析】《国家电网有限公司信息系统客户服务管理办法》第二章第七条规定，公司总部各业务部门的主要职责是：

（一）负责对公司信息客服工作提出业务需求；

（二）负责本专业信息系统业务类问题的协调解决；

（三）负责跨部门业务类问题的协同解决；

（四）参与公司信息客服管理工作的监督、检查、评价、宣传和考核。

4. 《国家电网有限公司信息系统客户服务管理办法》规定，公司总部各业务部门参与公司信息客服管理工作的评价、宣传和（　　）。

A. 监督　　B. 管理　　C. 检查　　D. 考核

【参考答案】ACD

【解析】《国家电网有限公司信息系统客户服务管理办法》第二章第七条规定，公司总部各业务部门的主要职责是：（四）参与公司信息客服管理工作的监督、检查、评价、宣传和考核。

5. 《国家电网有限公司信息系统客户服务管理办法》规定，公司各单位信息系统运行维护单位（部门）是本单位信息客服工作的具体执行机构，其主要职责包括（　　）。

A. 负责落实公司信息客服工作相关规定，编制本单位信息客服工作规范及考核方案

B. 负责本单位信息客服工作的宣传和客服品牌建设

C. 负责跨部门业务类问题的协同解决

D. 负责本单位信息客服工作的管理，包括服务资源的申请与调配、服务质量的监督与管控、服务工作的总结与分析等

【参考答案】ABD

【解析】《国家电网有限公司信息系统客户服务管理办法》第二章第十一条规定，公司各单位信息系统运行维护单位（部门）是本单位信息客服工作的具体执行机构，其主要职责是：

（一）负责落实公司信息客服工作相关规定，编制本单位信息客服工作规范及考核方案；

（二）负责本单位信息客服工作的管理，包括服务资源的申请与调配、服务质量的监督与管控、服务工作的总结与分析等；

（三）负责组织开展本单位信息客服培训、满意度管理、服务规范和数据分析等工作；

（四）负责编制维护本单位信息客服知识库及服务目录等资；

（五）负责本单位信息客服工作的宣传和客服品牌建设。

6. 《国家电网有限公司信息系统客户服务管理办法》规定，公司各级信息系统建设单位（部门）主要职责是（　　）。

A. 负责编制维护本单位信息客服知识库及服务目录等资料

B. 配合运行维护单位（部门）完成信息系统客服准入条件，明确工作职责

C. 负责信息系统上线前及用户有感知的功能变更检修前用户培训及客服培训工作，提供用户手册、培训手册、知识库等材料

D. 负责配合运行维护单位（部门）及时开展临时运行、试运行、正式上线运行期间的信息系统的事件类工单分级、限时处理和闭环管理

【参考答案】BCD

【解析】《国家电网有限公司信息系统客户服务管理办法》第二章第十二条规定，公司各级信息系统建设单位（部门）主要职责是：

（一）配合运行维护单位（部门）完成信息系统客服准入条件，明确工作职责；

（二）负责信息系统上线前及用户有感知的功能变更检修前用户培训及客服培训工作，提供用户手册、培训手册、知识库等材料；

（三）负责配合运行维护单位（部门）及时开展临时运行、试运行、正式上线运行期间的信息系统的事件类工单分级、限时处理和闭环管理。

7. 《国家电网有限公司信息系统客户服务管理办法》规定，公司各单位应有序开展信息系统运维工作，在信息系统纳入信息客服服务目录前，（　　）及信息客服等各方需配合完成相关准备，确认承接后按要求开展相关资源申请、准备、材料移变及培训等工作。

A. 建设单位　　B. 承建单位　　C. 运维单位　　D. 运营单位

【参考答案】ABCD

【解析】《国家电网有限公司信息系统客户服务管理办法》第三章第十五条规定，公司各单位应有序开展信息系统运维工作，在信息系统纳入信息客服服务目录前，建设单位、承建单位、运维单位、运营单位及信息客服等各方需配合完成相关准备，确认承接后按要求开展相关资源申请、准备、材料移变及培训等工作。

8. 《国家电网有限公司信息系统客户服务管理办法》规定，公司各单位信息客服和（　　）应保持紧密联系。

A. 信息调度　　B. 电力调度

C. 信息系统运行检修人员　　D. 技术支持人员

【参考答案】ACD

【解析】《国家电网有限公司信息系统客户服务管理办法》第三章第十六条规定，公司各单位信息客服和信息调度应保持紧密联系；第十七条规定，公司各单位信息客服和信息系统运行检修人员应保持紧密联系；第十八条规定，公司各单位信息客服和技术支持人员应保持紧密联系。

9. 《国家电网有限公司信息系统客户服务管理办法》规定，信息系统运行检修人员在信息系统新功能上线或用户有感知的功能变更检修前，要提前告知信息客服，组织项目建设

单位（　　），并开展信息客服人员知识转移培训、移交及考试。

A．编制培训材料　　B．发布检修公告　　C．配置账号权限　　D．更新知识库

【参考答案】AD

【解析】《国家电网有限公司信息系统客户服务管理办法》第三章第十七条规定，信息系统运行检修人员在信息系统新功能上线或用户有感知的功能变更检修前，要提前告知信息客服，组织项目建设单位编制培训材料、更新知识库，并开展信息客服人员知识转移培训、移交及考试。

10．《国家电网有限公司信息系统客户服务管理办法》规定，公司各单位信息客服受理用户提报的关于一级部署一级运维信息系统（　　）时，要做好记录，并提报至国网信息客服。

A．服务请求　　B．缺陷投诉　　C．需求申报　　D．计划检修

【参考答案】AC

【解析】《国家电网有限公司信息系统客户服务管理办法》第三章第十九条规定，公司各单位信息客服受理用户提报的关于一级部署一级运维信息系统服务请求、需求申报时，要做好记录，并提报至国网信息客服，由国网信息客服与国网信息调度、国网信息系统运行检修人员或技术支持人员联系，开展问题的跟踪处理，并及时反馈省级信息客服处理结果。

11．《国家电网有限公司信息系统客户服务管理办法》规定，公司各单位信息客服须设置统一的186信息客服热线电话，建立（　　）等多渠道客户服务受理渠道，提供7×24h业务受理服务。

A．电话　　B．网站　　C．邮件　　D．移动应用

【参考答案】ABCD

【解析】《国家电网有限公司信息系统客户服务管理办法》第四章第二十条规定，公司各单位信息客服须设置统一的186信息客服热线电话，建立电话、网站、邮件、移动应用等多渠道客户服务受理渠道，提供7×24h业务受理服务。

12．《国家电网有限公司信息系统客户服务管理办法》规定，信息客服工作主要内容包括：信息系统应用咨询、（　　）、服务目录发布、满意度管理、数据分析、知识管理和多渠道建设与管理等。

A．故障申报　　B．资源申请　　C．信息发布　　D．需求收集

【参考答案】ABCD

【解析】《国家电网有限公司信息系统客户服务管理办法》第四章第二十二条规定，信息客服工作主要内容包括：信息系统应用咨询、故障申报、资源申请、信息发布、需求收集、服务目录发布、满意度管理、数据分析、知识管理和多渠道建设与管理等。

13．《国家电网有限公司信息系统客户服务管理办法》规定，信息客服工作主要内容包括：信息系统应用咨询、故障申报、资源申请、信息发布、需求收集、服务目录发布、（　　）等。

A．满意度管理　　B．数据分析

C．多渠道建设与管理　　D．知识管理

【参考答案】ABCD

【解析】《国家电网有限公司信息系统客户服务管理办法》第四章第二十二条规定，信息

客服工作主要内容包括：信息系统应用咨询、故障申报、资源申请、信息发布、需求收集、服务目录发布、满意度管理、数据分析、知识管理和多渠道建设与管理等。

14. 《国家电网有限公司信息系统客户服务管理办法》规定，资源申请工作内容为（ ）等资源的申请。

A. 信息系统账号　B. 权限　C. 网络地址　D. 防火墙开通

【参考答案】 ABCD

【解析】《国家电网有限公司信息系统客户服务管理办法》第四章第二十五条规定，资源申请工作内容为信息系统账号、权限、网络地址、防火墙开通等资源的申请。

15. 《国家电网有限公司信息系统客户服务管理办法》规定，公司各单位信息客服人员应及时发布（ ）等信息，并向用户进行告知。

A. 业务指南　B. 制度规范　C. 系统检修公告　D. 网络安全提醒

【参考答案】 ACD

【解析】《国家电网有限公司信息系统客户服务管理办法》第四章第二十六条规定，公司各单位信息客服人员应及时发布业务指南、系统检修公告、网络安全提醒等信息，并向用户进行告知。

16. 《国家电网有限公司信息系统客户服务管理办法》规定，对于信息系统计划检修应提前发布公告信息，发布的公告应包含（ ）等。

A. 系统名称　B. 检修时间　C. 影响范围　D. 检修人员

【参考答案】 ABC

【解析】《国家电网有限公司信息系统客户服务管理办法》第四章第二十六条规定，对于信息系统计划检修应提前发布公告信息，发布的公告应包含系统名称、检修时间、影响范围及检修内容等。

17. 《国家电网有限公司信息系统客户服务管理办法》规定，满意度管理工作内容为开展用户（ ）方面工作。

A. 满意度管理　B. 需求管理　C. 投诉建议管理　D. 账号权限管理

【参考答案】 AC

【解析】《国家电网有限公司信息系统客户服务管理办法》第四章第二十九条规定，满意度管理工作内容为开展用户满意度管理和用户投诉建议管理方面工作。

18. 《国家电网有限公司信息系统客户服务管理办法》规定，公司各单位信息客服人员应定期（ ），并根据抽查、回访及调查结果组织整改提升。

A. 抽查工单　B. 分析数据

C. 回访用户　D. 开展满意度调查

【参考答案】 ACD

【解析】《国家电网有限公司信息系统客户服务管理办法》第四章第二十九条规定，公司各单位信息客服人员应定期抽查工单，回访用户，组织开展满意度调查，并根据抽查、回访及调查结果组织整改提升。

19. 《国家电网有限公司信息系统客户服务管理办法》规定，公司各单位定期开展客服数据分析工作，利用先进数据分析技术，从（ ）等多维度进行数据分析，编制发布服务报告，为业务部门提供决策支撑，持续推动服务流程优化及服务质量提升。

A．服务规范性　　B．服务质量　　C．用户满意度　　D．系统运行

【参考答案】ABCD

【解析】《国家电网有限公司信息系统客户服务管理办法》第四章第三十条规定，公司各单位定期开展客服数据分析工作，利用先进数据分析技术，从服务规范性、服务质量、用户满意度、系统运行等多维度进行数据分析，编制发布服务报告，为业务部门提供决策支撑，持续推动服务流程优化及服务质量提升。

20．《国家电网有限公司信息系统客户服务管理办法》规定，公司各单位应结合人工智能等新技术，建立健全知识库鉴别、创造、获取、存储、共享和使用的全过程管理机制，确保知识库的（　　）。

A．准确性　　B．规范性　　C．及时性　　D．完整性

【参考答案】ABC

【解析】《国家电网有限公司信息系统客户服务管理办法》第四章第三十一条规定，公司各单位应结合人工智能等新技术，建立健全知识库鉴别、创造、获取、存储、共享和使用的全过程管理机制，确保知识库的准确性、规范性和及时性。

21．《国家电网有限公司信息系统客户服务管理办法》规定，公司各单位信息客服人员对信息系统中的业务数据负有保密责任，严格控制客服人员对业务数据的访问权限，未经审批不得（　　）信息系统业务数据。

A．下载　　B．复制　　C．修改　　D．传播

【参考答案】ABD

【解析】《国家电网有限公司信息系统客户服务管理办法》第四章第三十四条规定，公司各单位信息客服人员对信息系统中的业务数据负有保密责任，严格控制客服人员对业务数据的访问权限，未经审批不得下载、复制、传播信息系统业务数据。

22．《国家电网有限公司信息系统客户服务管理办法》规定，公司各单位在（　　）期间，应进行专项保障或开展特殊业务支持和保障。

A．业务高峰期　　B．重要节日　　C．重大活动　　D．重点工作

【参考答案】ABCD

【解析】《国家电网有限公司信息系统客户服务管理办法》第五章第三十七条规定，公司各单位在业务高峰期，重大活动、重要节日、重点工作期间，应进行专项保障或开展特殊业务支持和保障。

23．《国家电网有限公司信息系统客户服务管理办法》规定，公司各单位信息系统运行维护单位（部门）要加强信息客服人员在（　　）以及主要信息系统的基本应用操作等方面的培训。

A．商务礼仪　　B．客服礼仪　　C．规范用语　　D．运维知识

【参考答案】BCD

【解析】《国家电网有限公司信息系统客户服务管理办法》第五章第三十九条规定，公司各单位信息系统运行维护单位（部门）要加强信息客服人员在规范用语、客服礼仪、运维知识以及主要信息系统的基本应用操作等方面的培训。

24．《国家电网有限公司信息系统客户服务管理办法》规定，本单位信息客服工作的管理，包括（　　）。

A．服务资源的申请与调配　　B．服务质量的监督与管控
C．服务工作的总结与分析　　D．服务质量的检查与监督

【参考答案】ABC

【解析】《国家电网有限公司信息系统客户服务管理办法》第二章第十一条规定，本单位信息客服工作的管理，包括服务资源的申请与调配、服务质量的监督与管控、服务工作的总结与分析。

25．《国家电网有限公司信息系统客户服务管理办法》规定，信息客服检查考核的内容主要包括（　　）。

A．工作规范性　　B．工作量　　C．工作质量　　D．工作成效

【参考答案】ABCD

【解析】《国家电网有限公司信息系统客户服务管理办法》第六章第四十三条规定，信息客服检查考核的内容主要包括信息客服工作规范性、工作量、工作质量、工作成效等。

26．《国家电网有限公司信息系统客户服务管理办法》规定，对于各类非计划检修、紧急检修任务或网络安全等紧急事件，各单位信息调度要对其（　　）进行分析判断。

A．影响范围　　B．检修内容　　C．影响时间　　D．风险点

【参考答案】AC

【解析】《国家电网有限公司信息系统客户服务管理办法》第三章第十六条规定，对于各类非计划检修、紧急检修任务或网络安全等紧急事件，各单位信息调度要对其影响范围、时间进行分析判断，影响到信息系统用户正常应用的事件要立即通知信息客服发布公告。

27．《国家电网有限公司信息系统客户服务管理办法》规定，国网数字化工作部负责制定公司信息客服相关的（　　）。

A．标准　　B．制度　　C．流程　　D．规范

【参考答案】BCD

【解析】《国家电网有限公司信息系统客户服务管理办法》第二章第六九条规定，国网数字化工作部负责制定公司信息客服相关的管理制度、规范、流程。

28．《国家电网有限公司信息系统客户服务管理办法》规定，故障申请工作内容为信息系统、终端、网络等异常情况的（　　）。

A．受理　　B．处理　　C．跟踪　　D．反馈

【参考答案】ABCD

【解析】《国家电网有限公司信息系统客户服务管理办法》第四章第二十四条规定，故障申请工作内容为信息系统、终端、网络等异常情况的受理、处理、跟踪与反馈。

29．在信息通信客户服务管理系统（ICS）中，通过“服务质量监督—座席状态监控”可查看的座席状态有（　　）。

A．空闲　　B．小休　　C．案头　　D．通话

【参考答案】ABCD

【解析】本菜单模块考核的要点包括：掌握信息客服统一支撑平台各个模块的操作技巧，含普通座席电话功能、录音功能、各类信息系统业务处理及桌面终端服务等功能。ICS 系统客服座席在线监控状态有空闲、小休、案头、通话、外拨、振铃、保持、签出。

30．在信息通信客户服务管理系统（ICS）中，客服可通过（　　）查询知识库管理相

关信息。

A．服务目录管理　B．系统支撑　C．知识分级管理　D．知识采集管理

【参考答案】BCD

【解析】本菜单模块考核的要点包括：掌握信息客服统一支撑平台各个模块的操作技巧，含普通座席电话功能、录音功能、各类信息系统业务处理及桌面终端服务等功能。ICS 系统知识库管理信息包括系统支撑、知识分级管理、知识采集管理。

31．在信息通信客户服务管理系统（ICS）中，客服若操作节假日转接需要使用以下（　　）功能。

A．新增　B．修改　C．删除　D．转接

【参考答案】ABC

【解析】本菜单模块考核的要点包括：掌握信息客服统一支撑平台各个模块的操作技巧，含普通座席电话功能、录音功能、各类信息系统业务处理及桌面终端服务等功能。ICS 系统“话务平台—节假日转接”功能包括新增、删除、和修改。

32．在信息通信客户服务管理系统（ICS）中，IVR 语音维护需要维护（　　）。

A．开始时间　B．结束时间　C．播报内容　D．是否播报

【参考答案】ABCD

【解析】本菜单模块考核的要点包括：掌握信息客服统一支撑平台各个模块的操作技巧，含普通座席电话功能、录音功能、各类信息系统业务处理及桌面终端服务等功能。ICS 系统 IVR 语音维护内容包括开始时间、结束时间、播报内容、是否播报。

33．在信息通信客户服务管理系统（ICS）中，客服可以查看话务信息的功能菜单有（　　）。

A．工单查询　B．已拨电话　C．工单创建　D．通话详单

【参考答案】BD

【解析】本菜单模块考核的要点包括：掌握信息客服统一支撑平台各个模块的操作技巧，含普通座席电话功能、录音功能、各类信息系统业务处理及桌面终端服务等功能。ICS 话务信息模块包括已拨电话、话机状态记录、通话详单、来电记录和排队未接。

34．在信息通信客户服务管理系统（ICS）中，“我的待办”模块中包含（　　）功能菜单。

A．待办工作单　B．已办工作单　C．工单预处理　D．历史工作单

【参考答案】ABD

【解析】本菜单模块考核的要点包括：掌握信息客服统一支撑平台各个模块的操作技巧，含普通座席电话功能、录音功能、各类信息系统业务处理及桌面终端服务等功能。ICS 系统“我的待办”模块包括已办工作单、待办工作单、历史工作单。工单预受理属于工单查询模块。

35．在信息通信客户服务管理系统（ICS）中，客服受理以下（　　）服务渠道的接入。

A．电话　B．邮件　C．信通客服网站　D．短信

【参考答案】ABC

【解析】本菜单模块考核的要点包括：掌握信息客服统一支撑平台各个模块的操作技巧，含普通座席电话功能、录音功能、各类信息系统业务处理及桌面终端服务等功能。ICS 系统客服受理电话、邮件、信通客服网站等渠道的接入，不包括短信渠道。

36．在信息通信客户服务管理系统（ICS）中，客户电话接入系统时，在“客户识别”区域，可对来电客户信息进行（　　）操作。

A．新增　　B．删除　　C．修改　　D．查询

【参考答案】ACD

【解析】本菜单模块考核的要点包括：掌握信息客服统一支撑平台各个模块的操作技巧，含普通座席电话功能、录音功能、各类信息系统业务处理及桌面终端服务等功能。在ICS系统中，电话进线后会进入工单创建页面，可对当前页面信息进行编辑、修改和查询操作。

37．在信息通信客户服务管理系统（ICS）中，座席应详细记录（　　）等信息，根据客户反映的内容及性质，正确选择业务类型与处理单位，生成工单。

A．用户信息　　B．反映内容　　C．联系方式　　D．是否回访

【参考答案】ABCD

【解析】本菜单模块考核的要点包括：掌握信息客服统一支撑平台各个模块的操作技巧，含普通座席电话功能、录音功能、各类信息系统业务处理及桌面终端服务等功能。ICS系统工单填写规范要求工单内容包括用户信息、用户反映内容、用户联系方式以及是否回访。

38．信息通信客户服务管理系统（ICS）集（　　）、自动呼叫分配ACD技术、交互式语音应答IVR技术、VOIP技术以及数据技术于一体。

A．计算机技术　　B．通信技术

C．网络技术　　D．计算机电话集成（CTI）技术

【参考答案】ABCD

【解析】本菜单模块考核的要点包括：信息通信客户服务管理系统（ICS）概述、系统构成的知识。ICS系统集计算机技术、通信技术、网络技术、计算机电话集成（CTI）技术、自动呼叫分配ACD技术、交互式语音应答IVR技术、VOIP技术以及数据技术于一体。

39．在信息通信客户服务管理系统（ICS）中，客服座席查询用户信息可通过（　　）实现。

A．工单编号　　B．受理人　　C．受理时间　　D．来电号码

【参考答案】ABCD

【解析】本菜单模块考核的要点包括：掌握信息客服统一支撑平台各个模块的操作技巧，含普通座席电话功能、录音功能、各类信息系统业务处理及桌面终端服务等功能。ICS系统可通过工单编号、受理人、受理时间、用户来电号码等查询用户信息。

40．在信息通信客户服务管理系统（ICS）中，客服座席登录成功后，以下（　　）不是默认的座席状态。

A．小休　　B．会议　　C．话后处理　　D．等待

【参考答案】ABC

【解析】本菜单模块考核的要点包括：掌握信息客服统一支撑平台各个模块的操作技巧，含普通座席电话功能、录音功能、各类信息系统业务处理及桌面终端服务等功能。ICS系统默认的客服座席状态为“等待”。

41．在信息通信客户服务管理系统（ICS）中，检测到VIP用户来电时，系统会弹出VIP来电图标并闪烁提示，自动显示来电号码并查询来电号码对应的（　　）。

A．联系人信息　　B．历史工单信息　　C．软硬件信息　　D．会话信息

【参考答案】AB

【解析】菜单模块考核的要点包括：掌握信息客服统一支撑平台各个模块的操作技巧，含普通座席电话功能、录音功能、各类信息系统业务处理及桌面终端服务等功能。ICS系统金牌用户来电时系统会显示联系人信息、客户等级和历史工单信息。

42．在信息通信客户服务管理系统（ICS）中，对座席服务质量的监督管控，主要通过座席状态监控、（　　）、客户回访等功能实现。

A．关键指标监控　　B．抽样调查　　C．监管计划管理　　D．监督管理

【参考答案】ABC

【解析】本菜单模块考核的要点包括：座席的在线监控管理、录音文件质检、服务质量评定、座席技能级别设置及其他管理功能等内容。ICS系统客服服务质量监督管理包括关键指标监控、抽样调查、监管计划管理、抽样回访、问卷调查、在线评估统计分析。

43．在信息通信客户服务管理系统（ICS）中，“分机信息维护”功能是对座席的计算机IP与话机绑定关系进行（　　）。

A．维护　　B．新增　　C．整理　　D．管理

【参考答案】AD

【解析】本菜单模块考核的要点包括：信息通信客户服务管理系统（ICS）概述、系统构成的知识。ICS系统分机信息维护功能主要是将客服座席的计算机IP与话机的绑定关系进行维护和管理。

44．在信息通信客户服务管理系统（ICS）中，使用“分机信息维护”功能新增条目时，需输入（　　）信息。

A．计算机IP地址　　B．物理分机号　　C．用途　　D．备注

【参考答案】ABCD

【解析】本菜单模块考核的要点包括：信息通信客户服务管理系统（ICS）概述、系统构成的知识。ICS系统分机信息维护可编辑计算机IP地址、物理分机号、用途和备注。

45．在信息通信客户服务管理系统（ICS）中，座席可通过（　　）等信息，查询本单位提交的服务需求申请。未通过审核的申请，可以直接修改后再次提交，也可以取消申请。

A．服务名称　　B．业务流程　　C．服务级别　　D．服务需求状态

【参考答案】ABCD

【解析】本菜单模块考核的要点包括：关键指标监控、抽样调查及监管工作质量等内容。ICS系统客服座席可通过服务名称、业务流程、服务级别、服务需求状态等信息，查询本单位的服务需求申请。

46．在信息通信客户服务管理系统（ICS）中，座席主管会根据座席的业务水平、服务技能等情况，将座席配置到不同的座席组中。座席组的分组策略包括（　　）。

A．区域分组　　B．职能分组　　C．业务技能分组　　D．业务水平分组

【参考答案】ABCD

【解析】本菜单模块考核的要点包括：座席的在线监控管理、录音文件质检、服务质量评定、座席技能级别设置及其他管理功能等内容。ICS系统座席分组策略包括区域分组、职能分组、业务技能分组和业务水平分组。

47．在信息通信客户服务管理系统（ICS）中，客服座席办结工单后，进入“待办工作

单”界面，选择已办结的工单，单击“处理”按钮，将弹出“工单归档”界面。在该界面可以查看（　　）。

A．受理信息　　B．解决信息　　C．问题详情　　D．客户意见

【参考答案】ABC

【解析】本菜单模块考核的要点包括：掌握信息客服统一支撑平台各个模块的操作技巧，含普通座席电话功能、录音功能、各类信息系统业务处理及桌面终端服务等功能。ICS 系统在“待办工作单—已办工作单—工单归档”页面可查看受理信息、解决信息和问题详情。

48．在信息通信客户服务管理系统（ICS）中，客服座席通过“公告发布”功能，可以发布（　　）。

A．通知　　B．公告　　C．信息公示　　D．政策法规

【参考答案】ABC

【解析】本菜单模块考核的要点包括：信息通信客户服务管理系统（ICS）概述、系统构成的知识。ICS 系统公告发布包括发布通知、发布公告、信息公示。

49．信息通信客户服务管理系统（ICS）在逻辑上分为（　　）。

A．系统平台　　B．管理平台　　C．支撑平台　　D．业务平台

【参考答案】AD

【解析】本菜单模块考核的要点包括：信息通信客户服务管理系统（ICS）概述、系统构成的知识。ICS 系统在逻辑上分为系统平台和业务平台。

50．在信息通信客户服务管理系统（ICS）中，座席要如实填写客户回访结果，包括用户对座席（　　）的评价情况。

A．服务态度　　B．语言规范　　C．业务能力　　D．系统功能

【参考答案】ABC

【解析】本菜单模块考核的要点包括：掌握信息客服统一支撑平台各个模块的操作技巧，含普通座席电话功能、录音功能、各类信息系统业务处理及桌面终端服务等功能。ICS 系统评价功能包括用户对客服人员的服务态度、语言规范程度、业务能力等方面的评价。

51．在信息通信客户服务管理系统（ICS）中，“来电记录信息查询”功能的查询条件分为（　　）、接听情况、振铃开始时间、挂断时间。

A．座席工作组　　B．座席　　C．IP 电话　　D．主叫号码

【参考答案】ABCD

【解析】本菜单模块考核的要点包括：掌握信息客服统一支撑平台各个模块的操作技巧，含普通座席电话功能、录音功能、各类信息系统业务处理及桌面终端服务等功能。ICS 系统“来电记录查询”功能的查询条件分为座席工作组、座席、IP 电话、主叫号码接听情况、振铃开始时间、挂断时间。

52．在信息通信客户服务管理系统（ICS）中，“历史工单查询”功能可通过（　　）、流程名称等条件进行检索。

A．申请编号　　B．申请单位　　C．联系人　　D．工单处理时间

【参考答案】ABCD

【解析】本菜单模块考核的要点包括：掌握信息客服统一支撑平台各个模块的操作技巧，含普通座席电话功能、录音功能、各类信息系统业务处理及桌面终端服务等功能。ICS 系统

“历史工单查询”功能的检索套件包括申请编号、申请单位、联系人、工单处理时间、流程名称等。

53．在信息通信客户服务管理系统（ICS）中，座席在“通话”状态下，可以单击“挂机”按钮结束通话，也可以使用（　　）功能。

A．拨空闲座席　　B．拨外线　　C．呼入　　D．转自动

【参考答案】ABD

【解析】本菜单模块考核的要点包括：掌握信息客服统一支撑平台各个模块的操作技巧，含普通座席电话功能、录音功能、各类信息系统业务处理及桌面终端服务等功能。ICS 系统通话状态下可以挂机、拨外线、拨空闲座席、转自动等。

54．在信息通信客户服务管理系统（ICS）中，由系统平台完成（　　）功能，提供相应的服务。

A．接入　　B．排队　　C．呼叫转移　　D．识别

【参考答案】ABCD

【解析】本菜单模块考核的要点包括：信息通信客户服务管理系统（ICS）概述、系统构成的知识。ICS 系统包括接入、排队、呼叫转移、识别等功能。

55．在信息通信客户服务管理系统（ICS）中，客服座席使用“服务质量监督”功能，通过（　　）条件查询抽样调查的任务信息。

A．受理人员　　B．受理时间　　C．定量方式　　D．定量数量

【参考答案】ABCD

【解析】本菜单模块考核的要点包括：关键指标监控、抽样调查及监管工作质量等。ICS 系统抽样调查可通过受理人员、受理时间、定量方式、定量数量等条件查询。

56．在信息通信客户服务管理系统（ICS）中，“运维人员维护”功能用于对系统中已存在的运维人员信息进行（　　）等操作。

A．修改　　B．查看明细　　C．整理　　D．新增

【参考答案】AB

【解析】本菜单模块考核的要点包括：座席的在线监控管理、录音文件质检、服务质量评定、座席技能级别设置及其他管理功能等内容。ICS 系统“运维人员维护”功能主要是对运维人员信息进行修改和查看明细操作。

57．在信息通信客户服务管理系统（ICS）中，客服座席使用“公告查询管理”功能，通过申请人、有效起始时间、有效截止时间等条件，查询（　　）的公告信息。

A．待提交　　B．已审核　　C．待审核　　D．已撤销

【参考答案】AB

【解析】本菜单模块考核的要点包括：信息通信客户服务管理系统（ICS）概述、系统构成的知识。ICS 系统“公告查询管理”功能可用于查询待提交状态和已审核状态的公告信息。

58．在信息通信客户服务管理系统（ICS）中，“关键指标监控”功能界面分为三个区域，分别是（　　）。

A．话务指标监控　　B．工单指标监控

C．IMS 指标监控　　D．座席登录指标监控

【参考答案】ABC

【解析】本菜单模块考核的要点包括：关键指标监控、抽样调查及监管工作质量等。ICS系统“关键指标监控”功能界面主要分为话务指标监控、工单指标监控、IMS指标监控三个区域。

59．在信息通信客户服务管理系统（ICS）中，客服使用“工单创建”功能创建工单时，工单信息中的必填项不包括（　　）。

A．工单标题　　B．职位　　C．工单描述　　D．办公电话

【参考答案】BD

【解析】本菜单模块考核的要点包括：掌握信息客服统一支撑平台各个模块的操作技巧，含普通座席电话功能、录音功能、各类信息系统业务处理及桌面终端服务等功能。使用ICS系统创建工单时，工单标题和工单描述是必填项，职位和办公电话不是必填项。

60．在信息通信客户服务管理系统（ICS）中，座席处于（　　）状态时，可使用“拨外线”功能向外拨打电话。

A．等待　　B．通话　　C．小休　　D．签出

【参考答案】AB

【解析】本菜单模块考核的要点包括：掌握信息客服统一支撑平台各个模块的操作技巧，含普通座席电话功能、录音功能、各类信息系统业务处理及桌面终端服务等功能。ICS系统在座席状态显示等待、通话、空闲的情况下，可以使用“拨外线”功能向外拨打电话。

三、判断题

1．《国家电网有限公司信息系统客户服务管理办法》规定，信息客服工作主要内容包括：信息系统应用咨询、故障处理、资源申请、信息发布、需求收集、服务目录发布、满意度管理、数据分析、知识管理和多渠道建设与管理等。

【参考答案】错

【解析】《国家电网有限公司信息系统客户服务管理办法》第四章第二十二条规定，信息客服工作主要内容包括：信息系统应用咨询、故障申报、资源申请、信息发布、需求收集、服务目录发布、满意度管理、数据分析、知识管理和多渠道建设与管理等。

2．《国家电网有限公司信息系统客户服务管理办法》规定，应用咨询工作内容为：信息系统操作指导、业务流程咨询、常见办公软件操作指导等咨询服务。

【参考答案】对

【解析】《国家电网有限公司信息系统客户服务管理办法》第四章第二十三条规定，应用咨询工作内容为：信息系统操作指导、业务流程咨询、常见办公软件操作指导等咨询服务。

3．《国家电网有限公司信息系统客户服务管理办法》规定，故障申请工作内容为：信息系统、终端、网络等异常情况的受理、处理、跟踪与反馈。

【参考答案】对

【解析】《国家电网有限公司信息系统客户服务管理办法》第四章第二十四条规定，故障申请工作内容为：信息系统、终端、网络等异常情况的受理、处理、跟踪与反馈。

4．《国家电网有限公司信息系统客户服务管理办法》规定，公司各单位信息调度人员应审核用户资源申请单是否规范，督促信息系统运行检修人员在处理时限内完成。

【参考答案】错

【解析】《国家电网有限公司信息系统客户服务管理办法》第四章第二十五条规定，公司

各单位信息客服人员应审核用户资源申请单是否规范，督促信息系统运行检修人员在处理时限内完成，并及时反馈用户。

5．《国家电网有限公司信息系统客户服务管理办法》规定，信息发布工作内容为：通过电话、短信、网站、邮件、移动应用等方式向信息调度发布业务指南、系统检修公告、网络安全提醒等信息。

【参考答案】错

【解析】《国家电网有限公司信息系统客户服务管理办法》第四章第二十六条规定，信息发布工作内容为：通过电话、短信、网站、邮件、移动应用等方式向信息系统用户发布业务指南、系统检修公告、网络安全提醒等信息。

6．《国家电网有限公司信息系统客户服务管理办法》规定，对于信息系统计划检修应提前发布公告信息，发布的公告应包含系统名称、检修时间、影响范围及检修人员等。

【参考答案】错

【解析】《国家电网有限公司信息系统客户服务管理办法》第四章第二十六条规定，对于信息系统计划检修应提前发布公告信息，发布的公告应包含系统名称、检修时间、影响范围及检修内容等。

7．《国家电网有限公司信息系统客户服务管理办法》规定，需求收集工作内容为：对业务用户在信息系统使用过程中提出的应用需求进行收集、归纳、上报及反馈。

【参考答案】对

【解析】《国家电网有限公司信息系统客户服务管理办法》第四章第二十七条规定，需求收集工作内容为：对业务用户在信息系统使用过程中提出的应用需求进行收集、归纳、上报及反馈。

8．《国家电网有限公司信息系统客户服务管理办法》规定，公司各单位信息调度人员应负责收集、受理本单位用户应用需求，做好归纳、上报及反馈。

【参考答案】错

【解析】《国家电网有限公司信息系统客户服务管理办法》第四章第二十七条规定，公司各单位信息客服人员应负责收集、受理本单位用户应用需求，做好归纳、上报及反馈。

9．《国家电网有限公司信息系统客户服务管理办法》规定，服务目录发布工作内容为对信息系统运维服务清单进行规范管理。

【参考答案】对

【解析】《国家电网有限公司信息系统客户服务管理办法》第四章第二十八条规定，服务目录发布工作内容为对信息系统运维服务清单进行规范管理。

10．《国家电网有限公司信息系统客户服务管理办法》规定，公司各单位信息客服服务目录主要依据信息系统检修情况及时更新。

【参考答案】错

【解析】《国家电网有限公司信息系统客户服务管理办法》第四章第二十八条规定，公司各单位信息客服服务目录主要依据信息系统上下线情况及时更新，信息客服根据服务目录提供对应服务受理工作。

11．《国家电网有限公司信息系统客户服务管理办法》规定，公司各单位信息客服人员应负责受理用户的投诉及建议，并建立处理、反馈的闭环管理机制。

【参考答案】 对

【解析】《国家电网有限公司信息系统客户服务管理办法》第四章第二十九条规定，公司各单位信息客服人员应负责受理用户的投诉及建议，并建立处理、反馈的闭环管理机制。

12. 《国家电网有限公司信息系统客户服务管理办法》规定，知识管理工作内容为：信息客服收集服务请求处理过程中可指导问题处理的信息，包括但不限于相关操作手册、典型经验、运维知识等内容，整理汇总后形成知识库并定期更新，通过知识库的建立形成相对统一的事件处理标准。

【参考答案】 对

【解析】《国家电网有限公司信息系统客户服务管理办法》第四章第三十一条规定，知识管理工作内容为：信息客服收集服务请求处理过程中可指导问题处理的信息，包括但不限于相关操作手册、典型经验、运维知识等内容，整理汇总后形成知识库并定期更新，通过知识库的建立形成相对统一的事件处理标准。

13. 《国家电网有限公司信息系统客户服务管理办法》规定，公司各单位信息客服应定期更新运维知识库及故障库，及时将运维知识主动推送至信息系统运行检修人员。

【参考答案】 错

【解析】《国家电网有限公司信息系统客户服务管理办法》第四章第三十一条规定，公司各单位信息系统运行检修人员应定期更新运维知识库及故障库，及时将运维知识主动推送至信息客服。

14. 《国家电网有限公司信息系统客户服务管理办法》规定，多渠道建设与管理工作内容为：建立电话、短信、网站、邮件、移动应用等多种受理渠道，受理用户应用咨询、故障申报、资源申请、需求收集等用户服务请求。

【参考答案】 对

【解析】《国家电网有限公司信息系统客户服务管理办法》第四章第三十二条规定，多渠道建设与管理工作内容为：建立电话、短信、网站、邮件、移动应用等多种受理渠道，受理用户应用咨询、故障申报、资源申请、需求收集等用户服务请求。

15. 《国家电网有限公司信息系统客户服务管理办法》规定，公司各单位应开展多种信息客服受理渠道的建设与完善，同时加强宣传与推广，引导用户使用统一的186信息客服热线电话进行问题提报，实现服务请求统一受理分派。

【参考答案】 错

【解析】《国家电网有限公司信息系统客户服务管理办法》第四章第三十二条规定，公司各单位应开展多种信息客服受理渠道的建设与完善，同时加强宣传与推广，引导用户使用多渠道进行问题提报，实现服务请求统一受理分派，对立体服务入口和多元服务形态进行统筹管理。

16. 《国家电网有限公司信息系统客户服务管理办法》规定，公司各单位信息调度人员应及时跟踪多渠道服务请求处理工作进度。

【参考答案】 错

【解析】《国家电网有限公司信息系统客户服务管理办法》第四章第三十二条规定，公司各单位信息客服人员应及时跟踪多渠道服务请求处理工作进度，并及时反馈用户。

17. 《国家电网有限公司信息系统客户服务管理办法》规定，公司各单位要制定信息客服反事故措施，提升信息客服对应急突发事件的处置能力。

【参考答案】错

【解析】《国家电网有限公司信息系统客户服务管理办法》第四章第三十三条规定，公司各单位要编制信息客服应急处置预案，提升信息客服对应急突发事件的处置能力。

18. 《国家电网有限公司信息系统客户服务管理办法》规定，公司各单位应采用多渠道公司信息客服工作平台，为信息客服工作提供有力技术支撑。

【参考答案】错

【解析】《国家电网有限公司信息系统客户服务管理办法》第五章第三十五条规定，公司各单位应采用公司信息客服工作统一支撑平台，为信息客服工作提供有力技术支撑。

19. 《国家电网有限公司信息系统客户服务管理办法》规定，公司各单位信息客服人员要参加信息客服资格考试，通过考核上岗开展客户服务工作。

【参考答案】错

【解析】《国家电网有限公司信息系统客户服务管理办法》第五章第四十一条规定，公司各单位信息客服人员要参加信息系统运维资格考试，通过考核上岗开展客户服务工作。

20. 《国家电网有限公司信息系统客户服务管理办法》规定，国网数字化工作部负责落实公司信息客服相关规定，编制本单位信息客服工作规范及考核方案。

【参考答案】错

【解析】《国家电网有限公司信息系统客户服务管理办法》第二章第八条规定，国网信通公司负责落实公司信息客服相关规定，编制本单位信息客服工作规范及考核方案。

21. 《国家电网有限公司信息系统客户服务管理办法》规定，公司各单位信息运维部门负责规范本单位用户服务受理、分派、处理及反馈。

【参考答案】错

【解析】《国家电网有限公司信息系统客户服务管理办法》第二章第九条规定，公司各单位数字化专业管理部门负责规范本单位用户服务受理、分派、处理及反馈。

22. 《国家电网有限公司信息系统客户服务管理办法》规定，公司各单位信息系统运行维护单位（部门）是本单位信息客服工作的具体执行机构。

【参考答案】对

【解析】《国家电网有限公司信息系统客户服务管理办法》第二章第十一条规定，公司各单位信息系统运行维护单位（部门）是本单位信息客服工作的具体执行机构。

23. 《国家电网有限公司信息系统客户服务管理办法》规定，公司数字化工作部负责跨部门业务类问题的协同解决。

【参考答案】错

【解析】《国家电网有限公司信息系统客户服务管理办法》第二章第六条规定，数字化工作部负责公司信息客服工作的组织和协调，牵头组织重大问题、跨部门业务的协同解决；第七条规定，公司总部各业务部门负责本专业信息系统业务类问题的协调解决。

24. 《国家电网有限公司信息系统客户服务管理办法》规定，国网信通公司负责组织完善公司信息客服相关的支撑管理系统。

【参考答案】错

【解析】《国家电网有限公司信息系统客户服务管理办法》第二章第六条规定，国网数字化工作部负责组织完善公司信息客服相关的支撑管理系统。

25. 《国家电网有限公司信息系统客户服务管理办法》规定，公司一线支持中心负责受理、处理一级部署和两级部署信息系统运行检修人员无法解决的问题及需求。

【参考答案】错

【解析】《国家电网有限公司信息系统客户服务管理办法》第三章第十八条规定，集中式三线技术支持中心负责受理、处理一级部署和两级部署信息系统运行检修人员无法解决的问题及需求，并及时反馈信息系统运行检修人员，由信息系统运行检修人员反馈信息。

26. 《国家电网有限公司信息系统客户服务管理办法》规定，公司各单位数字化专业管理部门负责落实公司信息客服相关规定。

【参考答案】对

【解析】《国家电网有限公司信息系统客户服务管理办法》第二章第九条规定，公司各单位数字化专业管理部门负责落实公司信息客服相关规定。

27. 《国家电网有限公司信息系统客户服务管理办法》规定，公司各单位信息客服服务目录经国网数字化工作部审批后执行并面向用户发布。

【参考答案】错

【解析】《国家电网有限公司信息系统客户服务管理办法》第四章第二十八条规定，公司各单位信息客服服务目录经本单位数字化专业管理部门审批后执行并面向用户发布，同时向国网数字化工作部报备。

28. 《国家电网有限公司信息系统客户服务管理办法》规定，用户满意度工作即用户投诉建议管理方面工作。

【参考答案】错

【解析】《国家电网有限公司信息系统客户服务管理办法》第四章第二十九条规定，满意度管理工作内容为开展用户满意度管理和用户投诉建议管理方面工作。

29. 《国家电网有限公司信息系统客户服务管理办法》规定，公司各单位信息客服人员应定期抽查工单，回访用户，组织开展满意度调查。

【参考答案】对

【解析】《国家电网有限公司信息系统客户服务管理办法》第四章第二十九条规定，公司各单位信息客服人员应定期抽查工单，回访用户，组织开展满意度调查。

30. 《国家电网有限公司信息系统客户服务管理办法》规定，公司各单位定期开展客服数据分析工作，为数字化工作部提供决策支撑，持续推动服务流程优化及服务质量提升。

【参考答案】错

【解析】《国家电网有限公司信息系统客户服务管理办法》第四章第三十条规定，公司各单位定期开展客服数据分析工作，为业务部门提供决策支撑，持续推动服务流程优化及服务质量提升。

31. 《国家电网有限公司信息系统客户服务管理办法》规定，信息运维人员须及时响应，做好信息客服知识库的更新维护，并定期将热点知识向用户发布。

【参考答案】错

【解析】《国家电网有限公司信息系统客户服务管理办法》第四章第三十一条规定，信息客服须及时响应，做好信息客服知识库的更新维护，并定期将热点知识向用户发布。

32．《国家电网有限公司信息系统客户服务管理办法》规定，信息系统运行检修人员在巡检等过程中发现有可能影响信息系统用户正常应用的情况时，应及时报告信息客服和用户。

【参考答案】错

【解析】《国家电网有限公司信息系统客户服务管理办法》第三章第十七条规定，信息系统运行检修人员在巡检等过程中发现有可能影响信息系统用户正常应用的情况时，应及时报告信息调度。

33．《国家电网有限公司信息系统客户服务管理办法》规定，公司各单位信息客服受理用户提报的关于一级部署二级运维信息系统服务请求、需求申报时，要做好记录，并提报至国网信息客服。

【参考答案】错

【解析】《国家电网有限公司信息系统客户服务管理办法》第三章第十九条规定，公司各单位信息客服受理用户提报的关于一级部署二级运维信息系统服务请求、需求申报时，且本单位信息系统运行检修人员无法处理解决的，由本单位信息系统运行检修人员与国网信息系统运行检修人员、技术支持人员联系，完成问题的跟踪处理，并及时反馈省级信息客服处理结果。

34．《国家电网有限公司信息系统客户服务管理办法》规定，公司各单位信息客服人员应及时跟踪故障处置过程，督促信息系统运行检修人员在处理时限内完成，并及时反馈用户。

【参考答案】对

【解析】《国家电网有限公司信息系统客户服务管理办法》第四章第二十四条规定，公司各单位信息客服人员应及时跟踪故障处置过程，督促信息系统运行检修人员在处理时限内完成，并及时反馈用户。

35．在信息通信客户服务管理系统（ICS）中，客服在工单创建完成后，在“历史工单”中进行“工单归档”操作。

【参考答案】错

【解析】本菜单模块考核的要点包括：掌握信息客服统一支撑平台各个模块的操作技巧，含普通座席电话功能、录音功能、各类信息系统业务处理及桌面终端服务等功能。在 ICS 系统中，工单创建完成后，在“我的待办”中进行归档工作。

36．在信息通信客户服务管理系统（ICS）中，客服座席管理只包含座席管理和排班管理。

【参考答案】错

【解析】本菜单模块考核的要点包括：掌握信息客服统一支撑平台各个模块的操作技巧，含普通座席电话功能、录音功能、各类信息系统业务处理及桌面终端服务等功能。ICS 系统客服座席管理包括座席管理、交接班管理、排班管理和技能组管理。

37．在信息通信客户服务管理系统（ICS）中，客服查看历史话务数据信息，需要在客户管理模块查看。

【参考答案】错

【解析】本菜单模块考核的要点包括：掌握信息客服统一支撑平台各个模块的操作技巧，含普通座席电话功能、录音功能、各类信息系统业务处理及桌面终端服务等功能。ICS 系统历史话务数据在“话务信息”模块。

38．在信息通信客户服务管理系统（ICS）中，客服只能在客户等级管理维护里维护金牌用户信息，包括等级、职务、部门、办公区域等。

【参考答案】错

【解析】本菜单模块考核的要点包括：掌握信息客服统一支撑平台各个模块的操作技巧，含普通座席电话功能、录音功能、各类信息系统业务处理及桌面终端服务等功能。ICS 系统金牌用户信息在客户信息维护里进行维护，包括等级、职务、部门、办公区域、电话等。

39．在信息通信客户服务管理系统（ICS）中，客服座席人员通话过程应全程录音，电话录音资料至少保留 6 个月。

【参考答案】错

【解析】本菜单模块考核的要点包括：掌握信息客服统一支撑平台各个模块的操作技巧，含普通座席电话功能、录音功能、各类信息系统业务处理及桌面终端服务等功能。ICS 系统要求客服电话录音资料至少保留 2 年。

40．在信息通信客户服务管理系统（ICS）中，抽查信息客服录音电话服务质量时，只需考查用语规范和专业技能即可。

【参考答案】错

【解析】菜单模块考核的要点包括：掌握信息客服统一支撑平台各个模块的操作技巧，含普通座席电话功能、录音功能、各类信息系统业务处理及桌面终端服务等功能。抽查 ICS 信息客服录音电话质量时，不仅考查用语规范和专业技能，还要考查信息客服对用户是否有主动耐心的服务态度。

41．在信息通信客户服务管理系统（ICS）中，座席处于等待或通话状态时，需在座席之间进行通话时，可单击“拨空闲座席”，该功能仅限已登录座席之间。

【参考答案】对

【解析】本菜单模块考核的要点包括：掌握信息客服统一支撑平台各个模块的操作技巧，含普通座席电话功能、录音功能、各类信息系统业务处理及桌面终端服务等功能。ICS 系统客服座席的转接功能只能在已登录的等待、空闲或通话状态下的座席之间转接。

42．在信息通信客户服务管理系统（ICS）中，客服座席可对待办工单进行查询、处理、锁定和解锁操作。

【参考答案】对

【解析】本菜单模块考核的要点包括：掌握信息客服统一支撑平台各个模块的操作技巧，含普通座席电话功能、录音功能、各类信息系统业务处理及桌面终端服务等功能。在 ICS 系统中，对待办工单可进行配置、进程查询、流程状态图、刷新、锁定、解锁、挂起、启用、终止、处理等操作。

43．在信息通信客户服务管理系统（ICS）中，客服座席的已办工作单是指已经闭环的工单。

【参考答案】错

【解析】本菜单模块考核的要点包括：掌握信息客服统一支撑平台各个模块的操作技巧，含普通座席电话功能、录音功能、各类信息系统业务处理及桌面终端服务等功能。ICS 系统座席通过已办工作单查询的是已处理、未闭环的工单。

44．在信息通信客户服务管理系统（ICS）中，客服座席在“通话”状态下，单击“挂机”按钮后，座席会进入空闲状态。

【参考答案】错

【解析】本菜单模块考核的要点包括：掌握信息客服统一支撑平台各个模块的操作技巧，含普通座席电话功能、录音功能、各类信息系统业务处理及桌面终端服务等功能。ICS 系统在通话状态下，客服座席单击“转自动”按钮，座席进入空闲状态。

45．在信息通信客户服务管理系统（ICS）中，客服座席处于“话后处理”状态时，用户来电不会转接到该座席。

【参考答案】对

【解析】本菜单模块考核的要点包括：掌握信息客服统一支撑平台各个模块的操作技巧，含普通座席电话功能、录音功能、各类信息系统业务处理及桌面终端服务等功能。在 ICS 系统中，客服座席处于话后处理状态，在系统状态显示案头时，用户来电不会转接至该座席。

46．在信息通信客户服务管理系统（ICS）中，客服座席使用“拨空闲座席”功能时，双击座席列表中的某一条目，系统将自动拨打该座席。

【参考答案】对

【解析】本菜单模块考核的要点包括：掌握信息客服统一支撑平台各个模块的操作技巧，含普通座席电话功能、录音功能、各类信息系统业务处理及桌面终端服务等功能。在 ICS 系统中，客服使用拨空闲座席，双击需要拨打的座席姓名，系统会自动拨打该座席电话。

47．信息通信客户服务管理系统（ICS）可提供多种服务渠道的接入，包括电话、邮件、Web 等。

【参考答案】对

【解析】本菜单模块考核的要点包括：掌握信息客服统一支撑平台各个模块的操作技巧，含普通座席电话功能、录音功能、各类信息系统业务处理及桌面终端服务等功能。ICS 系统有电话接入、邮件接入、Web 接入等多种服务渠道。

48．在信息通信客户服务管理系统（ICS）中，可使用“预受理工单”功能，对邮件、Web 等服务渠道的服务请求进行处理。

【参考答案】对

【解析】本菜单模块考核的要点包括：掌握信息客服统一支撑平台各个模块的操作技巧，含普通座席电话功能、录音功能、各类信息系统业务处理及桌面终端服务等功能。ICS 系统“业务处理—工单预受理”模块可对邮件、Web 等服务渠道的用户服务请求进行处理，一般根据用户提报问题反馈至对应运维组处理，处理后回访答复用户。

49．在信息通信客户服务管理系统（ICS）中，当有电话接入时，“主叫号码”和“号码归属”字段会显示用户的来电信息。

【参考答案】对

【解析】本菜单模块考核的要点包括：掌握信息客服统一支撑平台各个模块的操作技巧，含普通座席电话功能、录音功能、各类信息系统业务处理及桌面终端服务等功能。在 ICS 系统中，用户来电后系统会自动弹出页面，页面会显示用户的来电信息，其中包括主叫号码和号码归属信息。

50．在信息通信客户服务管理系统（ICS）中，当有电话接入时，系统自动弹出“工单创建”页面，在该页面中可通过软硬件信息对来电用户进行信息查询。

【参考答案】错

【解析】本菜单模块考核的要点包括：掌握信息客服统一支撑平台各个模块的操作技巧，含普通座席电话功能、录音功能、各类信息系统业务处理及桌面终端服务等功能。在ICS系统中，用户来电后系统会自动弹出页面，页面会显示用户的来电信息，单击左方“历史工单查询”可查询用户的来电咨询信息。

51．在信息通信客户服务管理系统（ICS）中，客服座席在“工单进程查询”中可查询在途人员的联系方式。

【参考答案】错

【解析】本菜单模块考核的要点包括：掌握信息客服统一支撑平台各个模块的操作技巧，含普通座席电话功能、录音功能、各类信息系统业务处理及桌面终端服务等功能。ICS系统“工单进程查询”可查看在途人员的所在部门、单位信息以及处理人名称等，不可查看联系方式。

四、实践操作题

1．客户来电咨询财务业务中的员工报销问题，请演示在信息通信客户服务管理系统（ICS）中创建客户来电工单。

【重点速记】

在主界面单击“业务处理”模块，选择“工单创建”功能，填写客户信息、问题信息，选择服务目录，单击“提交—办结”。

2．请分别演示在信息通信客户服务管理系统（ICS）中查询当天所有工单、根据客户信息精确查询工单、根据关键词模糊查询工单。

【重点速记】

在主界面单击“业务处理”模块，选择“工单查询”功能，默认查询所有工单，根据需求选择自定义查询条件。

3．请在信息通信客户服务管理系统（ICS）中分别演示工单标签新增、修改，根据工单标签查询工单，以及工单标签删除操作。

【重点速记】

在主界面单击“业务处理”模块，选择“工单标签”功能，配置工单标签。

4．请演示在信息通信客户服务管理系统（ICS）中处理待办工单，完成工单流转。

【重点速记】

主界面“我的待办”模块中包含待办工作单、已办工作单、历史工作三类信息，提供“待处理工单查询”“已处理未闭环工单查询”“已处理已闭环工单查询”“工单处理情况查询”等功能。

5．请在信息通信客户服务管理系统（ICS）中演示新增客户并维护相关信息。

【重点速记】

在主界面单击“业务处理”模块，选择“工单创建”功能，配置客户信息识别规则，新增、修改客户信息。

6．请在信息通信客户服务管理系统（ICS）中根据知识标题、关键词、知识目录查看知识信息。

【重点速记】

（1）在主界面单击“知识库管理”模块，选择“知识智能检索”功能。

（2）在主界面单击“知识库管理”模块，选择“知识查询”功能。

（3）在主界面单击“知识库管理”模块，选择“知识目录检索”功能。

7．请在信息通信客户服务管理系统（ICS）中演示运维人员新增、查询、信息维护。

【重点速记】

在系统主菜单中单击“客户管理”模块，选择“运维人员维护”功能，维护人员信息及更改所属单位（部门）。

8．请在信息通信客户服务管理系统（ICS）中演示将客户等级修改为“金牌”等级。

【重点速记】

在系统主菜单中单击“客户管理”模块，选择“客户等级维护”功能，进入客户等级维护页面。

9．请在信息通信客户服务管理系统（ICS）中分别演示外拨电话查询、来电记录查询、播放通话录音。

【重点速记】

（1）在主界面单击“话务信息”模块，选择“已拨电话”功能，查询外拨详情。

（2）在主界面单击“话务信息”模块，选择“来电记录”功能，查询来电详情。

（3）在主界面单击“话务信息”模块，选择“通话详单”功能，播放录音。

10．请在信息通信客户服务管理系统（ICS）中查看座席状态，并查看座席的话机状态记录。

【重点速记】

（1）在主界面单击“服务质量监督”模块，选择“座席状态监控”功能，查询实时状态。

（2）在主界面单击“话务信息”模块，选择“话机状态记录”功能，查询话机状态。

11．请在信息通信客户服务管理系统（ICS）中新增分机、修改分机信息。

【重点速记】

分机信息维护是指对座席登录计算机主机 IP 与话机绑定关系进行管理和维护。在主菜单中单击“话务平台”模块，选择“分机信息维护”功能。

12．请在信息通信客户服务管理系统（ICS）中新增电话转接、修改电话转接信息。

【重点速记】

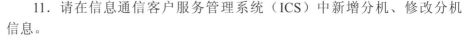

电话转接用于呼叫中心工作时间和非工作时间客户来电转接号码设置的功能项。在主菜单中单击“话务平台”模块，选择“电话转接”功能。

13．请在信息通信客户服务管理系统（ICS）中发起一则公告申请。

【重点速记】

在主菜单中单击“信息公告管理”模块，选择“信息公告申请”功能，新增、修改、撤销及审核公告发布申请。

14．请在信息通信客户服务管理系统（ICS）中新增一个座席组，并添加三名成员。

【重点速记】

在主界面单击“座席管理”模块，选择“座席分组管理”功能，新增、修改、删除座席组，维护座席组成员信息。

15．请在信息通信客户服务管理系统（ICS）中分别演示服务项和服务细项的新增、修改、删除操作。

【重点速记】

在主界面单击“服务目录管理”模块，选择“辅助功能”功能，进入服务项和服务细项维护页面。

16．请在信息通信客户服务管理系统（ICS）中分别演示热点问题的新增、修改、删除操作。

【重点速记】

在主界面单击“服务目录管理”模块，选择“辅助功能”功能，进入热点问题维护页面。

17．请在信息通信客户服务管理系统（ICS）中分别发起服务目录新增、修改、撤销申请。

【重点速记】

在主界面单击“服务目录管理”模块，选择“辅助功能”功能，进入服务目录管理页面，新增、修改、撤销上下级服务节点。

18．请在信息通信客户服务管理系统（ICS）中演示业务系统配置新增、查询、修改操作。

【重点速记】

业务系统配置是指将服务目录的应用系统和座席组关联，为多渠道服务请求精准分配客服座席。在主界面单击“服务目录管理”模块，选择“服务目录管理”功能，进入业务系统配置页面。

19．请演示信息通信客户服务管理系统（ICS）应急工具的本地配置和使用。

【重点速记】

在主界面单击“系统支撑”模块，选择“下载文件维护”功能，下载 ICS 系统应急工具包，初始化本地配置文件，关联座席工号、IP 电话，登录验证。

20．请演示客服如何在信息通信客户服务管理系统（ICS）中对自己受理的 ICS 周工单数据进行整合分析。

【重点速记】

ICS 周工单数据导出功能：客服在 ICS“业务处理—工单查询”模块，通过筛选条件选择申请时间周期，再根据业务需要筛选受理人姓名，选择好筛选条件后进行查询，即可查看所需要的周工单数据，根据需要选择导出当前页面或全部工单数据。数据导出后打开表格，按照工单字段进行数据整合。客服按照业务系统中用户反映的集中问题、典型问题，向运维人员核实原因后，再将问题上报。

第二节　数 据 运 维

章节摘要：本章节旨在引导读者了解《国家电网公司信息系统业务授权许可使用管理办法》[国网（信息/3）782—2015]、《国家电网公司电力安全工作规程（信息部分）》（国家电网安质〔2018〕396 号）等文件内容，熟悉业务数据运维职责、过程管控、工作要求，了解数据运维工作内容，根据业务应用需求提供数据接入、导入、导出等运维服务，防范运维过程中的失泄密风险。

一、单项选择题

1．在 AnalyticDB 中批量导入的表采用（　　）分区模式。

A．LIST+LIST　　B．LIST+HASH　　C．HASH+HASH　　D．HASH+LIST

【参考答案】D

【解析】AnalyticDB 支持二级分区策略，一级分区采用 HASH 算法，二级分区采用 LIST 算法。

2．AnalyticDB MySQL 支持的数据导入方式有（　　）。

A．支持 Kettle 等同步工具写入数据

B．支持使用 LOAD DATA 命令将 CSV/TXT 等格式的文件导入 AnalyticDB MySQL 版，也支持文件中包含多分隔符

C．使用外表的方式导入 OSS、MySQL 数据

D．以上都是

【参考答案】D

【解析】AnalyticDB MySQL 支持的数据导入方式有支持 Kettle 导入、LOAD DATA 导入、外表导入等。

3．（　　）不是数据中台数据接入的方式。

A．数据复制　　B．整库迁移　　C．数据抽取　　D．数据交换

【参考答案】B

【解析】数据中台通过数据复制、数据抽取、数据交换等接入方式实现数据的实时接入（采集）、定时接入及两级数据交换。

4．国网华为云 GaussDB 数据库支持（　　）种数据并行导入策略。

A．一　　B．两　　C．三　　D．四

【参考答案】C

【解析】国网华为云 GaussDB 数据库提供三种数据并行导入策略，分别为 Normal 策略、Shared 策略、Private 策略。

5．以下关于国网华为云 GaussDB 数据库数据并行导出的说法，正确的是（　　）。

A．Remote 模式效率受网络带宽影响

B．Local 模式效率受网络带宽影响

C．Remote 模式是将数据导出到集群本地服务器上

D．Loca 模式是将文件导出到本地计算机

【参考答案】A

【解析】国网华为云 GaussDB 数据库支持的导出模式有 Local 和 Remote 两种，其中 Remote 模式是将业务数据导出到集群之外的主机上，其导出速率受网络带宽的影响。

6．国网华为云数据仓库服务（DWS）支持（　　）工具，以实现大量数据的高速导入和导出。

A．GSQL　　B．GDS　　C．DataStudio　　D．DSC

【参考答案】B

【解析】GDS 工具可以为 DWS 提供导入和导出数据的功能，通过和外表机制的配合，实现数据的高速导入和导出。

7．国网阿里云数据传输服务（DTS）不支持的数据源是（　　）。

A．关系型数据库　　B．NoSQL　　C．FTP　　D．OLAP

【参考答案】C

【解析】数据传输服务（DTS）是国网阿里云提供的实时数据流服务，支持关系型数据库（RDBMS）、非关系型数据库（NoSQL）、数据多维分析（OLAP）等数据源间的数据交互。

8．数据运维人员按业务部门要求，在每天产生 300GB 数据的场景下，需要对数据按天、周、月等维度做统计汇总，应（　　）设计建表。

A．分桶表，按照天分桶

B．分区表，按天分区

C．倾斜表，倾斜字段选择日期，倾斜值随机

D．分区+分桶表，按照时间分区，每个分区 2560 个桶

【参考答案】B

【解析】分区表，按天分区是将数据按照日期进行分区的方法。以时间为分区依据，将数据分散到不同的分区中，实现对数据的快速访问和查询。

9．某数据运维人员使用 MaxCompute 进行离线数据分析，将同一类目的设备的名称拼成一个字符串，（　　）内置函数可以实现这一需求。

A．regexp_instr　　B．concat　　C．split_part　　D．wm_concat

【参考答案】D

【解析】wm_concat 函数是一种字符串聚合函数，可实现字符串拼接。

10．数据运维人员使用国网阿里云 MaxCompute 表，其中 MaxCompute 表的列类型不支持（　　）数据类型。

A．BIGINT　　B．DOUBLE　　C．BOOLEAN　　D．VARCHAR

【参考答案】D

【解析】国网阿里云 MaxCompute 支持以下数据类型：BIGINT、DOUBLE、DECIMAL、STRING、DATETIME、BOOLEAN。

11．国网华为云数据复制服务（DRS）的常见应用场景不包括（　　）。

A．实时迁移　　B．备份迁移　　C．实时同步　　D．数据库备份

【参考答案】D

【解析】国网华为云数据复制服务（DRS）提供实时迁移、备份迁移、实时同步、数据订阅和实时灾备等多种功能。

12．国网华为云数据复制服务（DRS）的实时迁移功能支持多种网络迁移方式，不包括（　　）。

A．VPC 网络　　B．VPN 网络　　C．专线网络　　D．二层网络

【参考答案】D

【解析】国网华为云数据复制服务（DRS）的实时迁移功能支持多种网络迁移方式，包括公网网络、VPC 网络、VPN 网络和专线网络。

13．国网华为云数据复制服务（DRS）提供的实时迁移功能不支持（　　）特性。

A．迁移不限速　　B．迁移用户　　C．迁移限速　　D．参数对比

【参考答案】A

【解析】国网华为云数据复制服务（DRS）提供的实时迁移功能支持迁移限速、迁移用户、参数对比特性。

14．国网华为云数据中台数据服务的请求方式为（　　）。

A．DELETE　　B．POST　　C．PUT　　D．UPDATE

【参考答案】B

【解析】数据服务的请求方式为 POST，用于请求服务器新增资源或执行特殊操作。

15．国网华为云数据中台数据服务使用的协议是（　　）。

A．HTTPS　　B．WebSocket　　C．TCP/IP　　D．NFS

【参考答案】A

【解析】国网华为云数据中台所有 API 均采用 HTTPS 协议。

16．国网华为云中不支持半结构化数据的是（　　）。

A．HTML　　B．XML　　C．二维表　　D．JSON

【参考答案】C

【解析】二维表为结构化数据，不属于半结构化数据。

17．国网阿里云 MaxCompute 中，数据运维人员在提交任务成功后，可通过（　　）查看作业状态。

A．SQL ID　　B．Task ID　　C．Instance ID　　D．Job ID

【参考答案】C

【解析】Instance ID 是国网阿里云上的标识符，用于唯一标识对应的实例。

18．数据运维人员需要将实时的日志数据采集到 MaxCompute 中，宜采用（　　）方式。

A．Tunnel 接口　　B．DataHub 接口

C．SDK 调用 SQL 执行 INSERT 语句　　D．调用 Logview API

【参考答案】B

【解析】使用 MaxCompute 最实时的方法是使用 DataHub 上传数据，适用于需要实时同步数据的业务场景。

19．业务数据的导入导出应经过（　　）批准，导出后的数据应妥善保管。

A．信息运维部门　　B．信息职能管理部门

C．业务主管部门（业务归口管理部门） D．信息通信调度部门

【参考答案】C

【解析】《国家电网公司电力安全工作规程（信息部分）》（国家电网安质〔2018〕396 号）中 5.7 的规定，业务数据的导入导出应经过业务主管部门（业务归口管理部门）批准，导出后的数据应妥善保管。

20．在工作票制度中，（ ）业务系统的数据操作等检修工作应填用信息工作票。

A．一、二类 B．二、三类 C．三、四类 D．四、五类

【参考答案】A

【解析】《国家电网公司电力安全工作规程（信息部分）》（国家电网安质〔2018〕396 号）中 3.2.2 的规定，一、二类业务系统的版本升级、漏洞修复、数据操作等检修工作应填用信息工作票。

21．《国家电网公司电力安全工作规程（信息部分）》规定，三类业务系统的数据操作等检修工作应填用（ ）。

A．信息工作票 B．信息工作任务单

C．信息工作票或信息工作任务单 D．操作票

【参考答案】C

【解析】《国家电网公司电力安全工作规程（信息部分）》（国家电网安质〔2018〕396 号）中 3.2.3 规定，三类业务系统的数据操作等是应填用信息工作票或信息工作任务单的工作。

22．业务系统下线后，所有业务数据应妥善（ ）。

A．保存或销毁 B．备份 C．删除 D．迁移

【参考答案】A

【解析】《国家电网公司电力安全工作规程（信息部分）》（国家电网安质〔2018〕396 号）中 10.2 规定，业务系统下线后，所有业务数据应妥善保存或销毁。

23．公司商密数据泄露、丢失或被窃取、篡改，对公司安全生产、经营活动或社会形象造成重大影响，属于（ ）信息系统事件。

A．五级 B．六级 C．七级 D．八级

【参考答案】B

【解析】《国家电网有限公司安全事故调查规程》（国家电网安监〔2020〕820 号）中 4.4.2.1 规定，信息系统出现下列情况之一，对公司安全生产、经营活动或社会形象造成重大影响者，定为六级信息系统事件：（3）公司商密数据泄露、丢失或被窃取、篡改。

24．以下属于七级信息系统事件的是（ ）。

A．1000 万条业务数据泄露、丢失或被窃取、篡改

B．800 万条业务数据泄露、丢失或被窃取、篡改

C．500 万条业务数据泄露、丢失或被窃取、篡改

D．100 万条业务数据泄露、丢失或被窃取、篡改

【参考答案】D

【解析】《国家电网有限公司安全事故调查规程》（国家电网安监〔2020〕820 号）中 4.4.3.1 规定，信息系统出现下列情况之一，对公司安全生产、经营活动或社会形象造成较大影响者，定为七级信息系统事件：（1）100 万条业务数据泄露、丢失或被窃取、篡改。

25.（　　）在统推信息系统上线前统一制定操作规范和数据标准。

A．总部业务部门　　B．总部数字化部

C．省公司数字化职能管理部门　　D．运维单位

【参考答案】A

【解析】《国家电网公司信息系统深化应用管理办法》［国网（信息/2）430—2014］第十九条规定，总部业务部门在信息系统上线前统一制定操作规范和数据标准。

26．在国家电网公司体系中，新建的信息系统监控数据必须集成于（　　）系统。

A．统一权限　　B．SG-I6000 2.0　　C．企业门户　　D．数据中台

【参考答案】B

【解析】《国家电网有限公司信息系统上下线管理办法》［国网（信息/4）261—2020］红线指标规定，业务系统须在上线前接入 SG-I6000 2.0 系统，且监控指标个数不低于要求数量。

27．国家电网公司网上电网实现与总部的两级纵向数据贯通使用（　　）。

A．MRS　　B．SG-CIM　　C．CDM　　D．SG-UEP

【参考答案】D

【解析】国家电网公司信息系统所有纵向数据的传输需求，均应基于公司统一数据交换平台（SG-UEP）实现。

28．某公司 PMS3.0 系统数据要接入数据中台，应先接入（　　）。

A．贴源层　　B．共享层　　C．分析层　　D．服务层

【参考答案】A

【解析】贴源层最接近数据源，需要存储的数据量是最大的，存储的数据也最原始、最真实，未经过太多处理。贴源层的数据结构与源系统保持一致。

29．指标中心的指标数据最小接入单位层级是（　　）。

A．台区　　B．供电所　　C．省　　D．市

【参考答案】B

【解析】指标中心系统中，定义指标数据最小接入单位层级为供电所。

30．指标中心数据接入过程中的主要步骤是（　　）。

A．数据清洗、数据预处理、数据计算、数据校验

B．数据收集、数据处理、数据存储、数据展示

C．数据采集、数据清洗、数据处理、数据分析

D．数据采集、数据处理、数据展示、数据共享

【参考答案】C

【解析】指标中心通过数据中台进行数据接入，数据接入过程分为数据采集、数据清洗、数据处理、数据分析，最后展示结果数据。

31．运维人员在做数据准备时，应根据业务系统的使用场景，从数据设计、数据接入、（　　）三方面为数据标签配置和计算做准备。

A．数据校验　　B．数据梳理　　C．数据应用　　D．以上都是

【参考答案】A

【解析】根据数据标签的运营规范，在数据标签配置和计算前应开展以下工作，包括数据设计、数据接入和数据校验。

32．某公司 PMS3.0 系统申请使用数据中台数据表，应采用（　　）方式。

A．线上申请　　B．电话申请　　C．邮件申请　　D．无须申请

【参考答案】A

【解析】数据中台的公共服务能力均在数字化能力开放平台实现汇聚展示和使用申请审批。

33．国家电网公司 PMS3.0 系统需要的营销台账数据从（　　）接入。

A．业务中台　　B．数据中台

C．营销系统　　D．用电信息采集系统

【参考答案】B

【解析】信息系统中所有基础数据以及存在跨专业共享需求的数据，均应汇聚到数据中台，通过数据中台获取数据，禁止通过直连源端系统的方式来获取数据。

34．总部及省侧两级指标报表中心调用（　　）服务能力实现两级数据贯通。

A．ISC　　B．PMS3.0　　C．SG-UEP　　D．RBAC

【参考答案】C

【解析】信息系统所有纵向数据传输需求，均基于国家电网公司统一数据交换平台（SG-UEP）实现。

35．信息系统中所有基础数据以及存在跨专业共享需求的数据，均应汇聚到（　　），并按照统一数据模型进行转换整合，提供服务。

A．客户服务业务中台　　B．项目管理业务中台

C．财务管理业务中台　　D．数据中台

【参考答案】D

【解析】信息系统中所有基础数据以及存在跨专业共享需求的数据，均应汇聚到数据中台。

36．国家电网公司智慧供应链运营平台中的数据主要通过（　　）方式从数据中台获取。

A．POST　　B．ODBC　　C．API　　D．JDBC

【参考答案】C

【解析】数据中台将 API、数据源和自定义函数封装成标准的 RESTful API，并对外开放获取数据。

37．一体化电量与线损管理系统档案类数据纵向上传到总部的数据来源于（　　）。

A．数据中台分析层　　B．数据中台共享层

C．数据中台贴源层　　D．源端业务系统

【参考答案】A

【解析】一体化电量与线损管理系统向总部传输的数据是结果数据，存放在数据中台分析层。

38．在数据中台中，针对数据量小于 50MB，且数据全量抽取对源端系统影响较小时采取（　　）接入策略。

A．全量定时抽取　　B．全量实时同步　　C．增量定时抽取　　D．增量实时同步

【参考答案】A

【解析】综合考虑数据量和对源端系统的影响，数据量在 50MB 以下时可以采用全量定时抽取接入策略。

39．在数据中台中，针对数据量大于 50MB，或源端数据表存在数据新增、删除、修改操作，或数据抽取对源端性能影响较大是采取（　　）接入策略。

A．全量定时抽取　　B．全量实时同步　　C．增量定时抽取　　D．增量实时同步

【参考答案】D

【解析】综合考虑数据量和对源端系统的影响，对源端数据影响较大时采用增量实时同步接入策略。

40．国家电网公司 PMS3.0 供电电压中用户档案信息来源于（　　）。

A．营销 1.0　　B．营销 2.0　　C．数据中台　　D．业务中台

【参考答案】C

【解析】信息系统中所有基础数据以及存在跨专业共享需求的数据，均应汇聚到数据中台。其他系统通过数据中台进行获取。

41．国家电网公司智慧共享财务平台员工数据从（　　）接入。

A．一级人资系统　　B．二级人资系统　　C．财务管控系统　　D．MDM3.0 系统

【参考答案】D

【解析】智慧共享财务平台从新一代主数据管理平台（MDM3.0）中获取企业级组织、员工、供应商、客户等主数据。

42．国家电网公司所有基础地图数据（影像、矢量、DEM 等），均应在（　　）统一维护、存储和管理。

A．物联管理平台　　B．统一视频平台

C．电网资源业务中台　　D．电网 GIS 平台

【参考答案】D

【解析】在电网 GIS 平台统一维护、存储和管理所有基础地图数据。

43．企业级实时量测中心数据接入过程中，物联管理平台和用采前置采用（　　）接入方式。

A．接口调用　　B．E 文件　　C．接口推送　　D．消息服务

【参考答案】D

【解析】物联管理平台和用采前置通过消息服务的方式接入数据。

44．财务管控系统数据新接入国网华为云数据中台时，应由（　　）工具一次性抽取至贴源层。

A．CDM　　B．WebLogic　　C．SGUAP　　D．Tomcat

【参考答案】A

【解析】国网华为云数据中台云数据迁移（CDM）是一种数据集成服务，支持整库迁移等。

45．国家电网公司智慧共享财务平台运维人员开展业务数据初始化工作，（　　）不属于业务数据初始化的步骤。

A．数据收集　　B．数据确认　　C．数据导入　　D．数据模板

【参考答案】D

【解析】数据模板是统一准备和发布的，不属于业务数据初始化步骤。

46．国家电网公司 PMS3.0 实物资产应用使用（　　）方式调用数据中台数据。

A．FTP　　B．数据库直连　　C．API 接口　　D．ODBC

【参考答案】C

【解析】数据中台将 API、数据源和自定义函数封装成标准的 RESTful API，并对外开放获取数据。

47．国家电网公司智慧供应链运营平台系统从数据中台获得的数据主要来源于（　　）。

A．ESB 系统　　B．ESC 系统　　C．ERP 系统　　D．RPG 系统

【参考答案】C

【解析】智慧供应链运营平台系统主要获取 ERP 系统中的物资类数据。

48．数据中台数据服务发布是在（　　）流程之后。

A．服务开发　　B．服务审核　　C．服务申请　　D．发布确认

【参考答案】B

【解析】数据服务 API 发布流程为：开发—申请—审核—发布—确认。

49．数据中台运维人员审核数据服务与应用功能的挂接是否准确，准确的话应为（　　）。

A．通过审核　　B．退回　　C．发布　　D．整改

【参考答案】A

【解析】发布 API 时需要提交给审核人审核，审核内容包括数据服务技术路线选用、数据服务运行性能、数据服务与应用功能的挂接等，满足要求的则通过审批。

50．数据服务运维人员收到发布反馈后，（　　）数据服务并调用验证数据，确认已完成生产发布。

A．订阅　　B．发布　　C．驳回　　D．审核

【参考答案】A

【解析】数据服务 API 发布流程为：开发—申请—审核—发布—确认，运维人员在发布后订阅数据服务进行数据验证。

51．数据中台的数据服务由（　　）负责发布。

A．应用场景　　B．业务人员　　C．数据中台　　D．业务中台

【参考答案】C

【解析】数据中台的数据服务由数据中台负责统一审核发布。

52．数据运维人员审核时发现数据服务的运行性能不满足业务需求，后续处理方式是（　　）。

A．整改　　B．退回　　C．通过　　D．发布

【参考答案】B

【解析】审核数据服务技术路线选用、数据服务运行性能、数据服务与应用功能的挂接等，审核时可选择退回或通过，不满足业务需求则选择退回。

53．数据中台数据服务的重要等级分为（　　）。

A．高/低　　B．优/差　　C．重要/一般　　D．以上都可以

【参考答案】C

【解析】数据中台数据服务发布申请的等级只有重要/一般。

54．国家电网公司营销 2.0 数据同步链路从整体上看不包括（　　）。

A．营销 2.0 内部　　B．营销 2.0 到数据中台
C．营销 2.0 到电网资源中台　　D．数据中台到国家电网公司总部

【参考答案】C

【解析】营销 2.0 数据不直接传输至电网资源中台。

55．数据中台数据服务发布是相关作业流程中的第（　　）步。

A．1　　B．2　　C．3　　D．4

【参考答案】D

【解析】数据服务 API 发布流程为：开发—申请—审核—发布—确认。

56．数据中台的审核标准不可以提升数据服务的（　　）。

A．合规性　　B．易用性　　C．稳定性　　D．一致性

【参考答案】D

【解析】一致性无法通过审核标准来提升。

57．数据服务运维人员在服务发布前需要完成的信息维护包括（　　）。

A．服务名称、服务描述、业务专业、对应应用场景功能等业务元数据
B．数据服务上游分析层表、上游数据任务、应用联系人等管理元数据信息
C．上游数据表业务主键字段、重要等级、业务分类、上游数据任务完成及时性要求、数据服务封装的数据存储的数据库类型、数据服务版本
D．上述所有信息

【参考答案】D

【解析】数据服务发布申请要求：①服务名称、服务描述、业务专业、对应应用场景功能等业务元数据；②数据服务上游分析层表、上游数据任务、应用联系人等管理元数据信息；③上游数据表业务主键字段、重要等级、业务分类、上游数据任务完成及时性要求、数据服务封装的数据存储的数据库类型、数据服务版本。

58．国网华为云数据中台数据服务开发提交发布申请时，需要通过数据中台运营平台线上服务工单上传附件，其中资料不包括（　　）。

A．数据服务说明书
B．测试阶段上游数据任务运行及数据服务 API 调用日志
C．上游数据表建表语句
D．数据服务接线图

【参考答案】D

【解析】数据服务构建流程操作手册要求，上传数据服务说明书、测试阶段上游数据任务运行、数据服务 API 调用日志、上游数据表建表语句等信息，不包括数据服务接线图。

59．数据中台运维人员比对应用功能展示页面数据和数据服务调用返回数据。如果发现数据服务调用返回数据与应用功能展示页面数据不一致，可能的原因有（　　）。

A．数据服务的代码逻辑有误，导致数据处理或转换错误
B．数据服务的上游数据表有变更，导致数据源不匹配
C．数据服务的调用没有及时更新应用功能的调用参数，导致数据请求不正确
D．以上都有可能

【参考答案】D

【解析】数据不一致的原因有：①数据服务的代码逻辑有误；②数据服务的上游数据表有变更；③数据服务的调用没有及时更新应用功能的调用参数。

二、多项选择题

1．数据运维人员需要将部分数据导入 Hive 数据表中，可以采用的方法有（　　）。

A．将数据导入 FTP 服务器中，通过创建外表的方式导入 Hive 表中

B．将数据导入集群服务器中，通过 LOAD DATA LOCAL 命令导入 Hive 表中

C．将数据导入 HDFS 文件系统中，通过 LOAD DATA 命令导入 Hive 表中

D．将数据导入本地计算机中，然后使用 LOAD DATA LOCAL 命令导入 Hive 表中

【参考答案】AC

【解析】Hive 表导入数据的主要方式：①从本地文件系统中导入数据到 Hive 表中；②从 HDFS 上导入数据到 Hive 表中；③从别的表中查询出相应的数据导入 Hive 表中；④在创建 Hive 表时，通过从别的表中查询并插入的方式将数据导入 Hive 表中。

2．在日常数据运维工作中，遇到的传统数据处理瓶颈有（　　）。

A．数据存储成本高　　B．流式数据处理性能不足

C．扩展能力有限　　D．批量数据处理缺失

【参考答案】AC

【解析】传统数据处理的瓶颈在于数据存储成本高、扩展能力有限、单节点 I/O 性能差等。

3．在日常数据运维工作中，可选择的数据归约策略有（　　）。

A．维归约　　B．数量归约　　C．螺旋式方法　　D．数据压缩

【参考答案】ABD

【解析】数据归约方法包括维归约、数量归约和数据压缩。

4．数据中台数据接入方式包含（　　）方面。

A．数据复制　　B．ETL　　C．数据交换　　D．消息队列

【参考答案】ABCD

【解析】数据中台数据接入方式包含数据复制、ETL、数据交换、消息队列。

5．国网华为云数据中台数据订阅数据变更类型的有（　　）。

A．update　　B．delete　　C．insert　　D．replace

【参考答案】ABCD

【解析】国网华为云数据中台数据订阅数据变更类型的有 update、delete、insert、replace。

6．国网华为云 DRS 在线迁移支持的数据库有（　　）。

A．MySQL 数据库　　B．Postgres 数据库

C．MongoDB 数据库　　D．Oracle 数据库

【参考答案】ABCD

【解析】国网华为云中 DRS 在线迁移支持的数据库类型，包含 MySQL 数据库、Postgres 数据库、MongoDB 数据库、Oracle 数据库。

7．国家电网公司总部各部门作为本部门归口管理信息系统业务授权许可使用的责任部门，其职责包括（　　）。

A．负责制定本部门归口管理信息系统业务权限划分、敏感业务数据界定等业务授权许可管理流程及要求

B．负责审批本部门归口管理信息系统的用户权限申请

C．负责组织公司各单位对本部门归口管理信息系统业务授权许可使用、业务数据操作等相关工作情况进行定期梳理核查、监督、评价和考核

D．负责指导本单位和所属各级运维单位落实信息系统业务授权许可

【参考答案】ABC

【解析】《国家电网公司信息系统业务授权许可使用管理办法》[国网（信息/3）782—2015]第七条规定，公司总部各部门作为本部门归口管理信息系统业务授权许可使用的责任部门，主要职责包括:

（一）负责制定本部门归口管理信息系统业务权限划分、敏感业务数据界定等业务授权许可管理流程及要求;

（二）负责审批本部门归口管理信息系统的用户权限申请;

（三）负责组织公司各单位对本部门归口管理信息系统业务授权许可使用、业务数据操作等相关工作情况进行定期梳理核查、监督、评价和考核;

（四）负责指导运维单位落实信息系统业务授权许可。

8.《国家电网公司信息系统业务授权许可使用管理办法》规定，公用账号可用于（　　）等基础工作。

A．信息系统班组维护作业　　B．集中批量数据导入

C．权限审批　　D．信息收集及反馈

【参考答案】ABD

【解析】《国家电网公司信息系统业务授权许可使用管理办法》[国网（信息/3）782—2015]第十七条规定，公用账号仅可用于信息系统班组维护作业、集中批量数据导入、信息收集及反馈等基础工作，严禁用于信息系统业务流转、权限审批等操作。

9.《国家电网公司信息系统业务授权许可使用管理办法》规定，用户须加强信息系统数据使用的防护。严禁擅自保存、违规记录、（　　）、未经授权使用数据。

A．非法复制　　B．非法删除　　C．外泄数据　　D．严禁篡改

【参考答案】ABCD

【解析】《国家电网公司信息系统业务授权许可使用管理办法》[国网（信息/3）782—2015]第二十八条规定，用户须加强信息系统数据使用的防护。严禁擅自保存、违规记录、非法复制、非法删除、外泄数据，严禁篡改、未经授权使用数据，涉及商业秘密数据，按公司保护商业秘密规定执行。

10．指标中心中可以用来接入数据的方式有（　　）。

A．使用国网华为云数据中台 DAYU 导入　　B．指标中心数据接入工具

C．线下表格导入　　D．指标中心手工填报功能

【参考答案】ABD

【解析】指标中心数据接入方式有数据中台 DAYU 导入、本身接入工具、手工填报。

11．指标中心中指标的计算或接入方式有（　　）。

A．明细计算　　B．复合计算　　C．规范接入　　D．线下接入

【参考答案】ABC

【解析】指标中心的指标计算方式包含明细计算、复合计算，接入方式为规范接入。

12．报表中心数据接入过程的主要步骤有（　　）。

A．数据采集　　B．数据清洗　　C．数据处理　　D．数据分析

【参考答案】ABCD

【解析】指标中心通过数据中台进行数据接入，数据接入过程包括数据采集、数据清洗、数据处理、数据分析。

13．国网华为云数据中台共享层是指存储按照数据中台数据接入需求（　　）后的业务明细数据。

A．清洗　　B．转换　　C．整合　　D．采集

【参考答案】ABC

【解析】共享层是用于存储经过清洗、模型映射转换、整合统一、数据规范化后形成的业务标准明细数据。

14．国网华为云支持创建的数据标签类型有（　　）。

A．规则标签　　B．组合标签　　C．手工标签　　D．实时标签

【参考答案】ABCD

【解析】国网华为云支持创建的数据标签类型有规则标签、手工标签、实时标签、组合标签等。

15．国网华为云数据标签支撑的典型场景包括（　　）。

A．数据分析　　B．精准营销　　C．风险防控　　D．群体分析

【参考答案】ABCD

【解析】数据标签支撑的典型场景包括数据分析、群体分析、精准营销、风险防控等。

16．国网华为云数据目录工具角色有（　　）。

A．系统管理员　　B．数据维护员　　C．数据管理员　　D．普通用户

【参考答案】ABCD

【解析】国网华为云数据目录工具角色有系统管理员、数据维护员、数据管理员、普通用户等。

17．国网华为云数据字典可修改的内容包括（　　）。

A．数据字典的类型　　B．数据字典类型的子项

C．数据字典名称　　D．数据字典的层级

【参考答案】AB

【解析】数据字典可修改的内容包括数据字典的类型和数据字典类型的子项。

18．国网华为云的数据资源只有处于（　　）状态时，才可以更新。

A．注册　　B．更新　　C．发布　　D．已创建

【参考答案】ABC

【解析】国网华为云的数据资源只有处于注册、更新、发布状态时，才可以更新。

19．国网华为云数据质量定义模块包括（　　）。

A．质量维度定义　　B．检验类别管理

C．度量规则管理　　D．检核方法管理

【参考答案】ABCD

【解析】国网华为云数据质量定义模块包括质量维度定义、检验类别管理、度量规则管

理和检核方法管理。

20．国网华为云数据中台能力架构中数据管理包含（　　）。

A．模型管理　　B．数据质量管理　　C．数据资产　　D．标签管理

【参考答案】ABCD

【解析】国网华为云数据中台能力架构中数据管理包含模型管理、数据质量管理、数据资产和标签管理。

21．国家电网公司数据中台运营过程中，数据中台逻辑架构中的贴源层重点关注（　　）方面。

A．具备审计能力，可提供给共享层进行数据恢复

B．低廉的存储能力，以供海量数据存储

C．高并发的数据写入能力，支撑数据高效写入

D．数据访问以支持海量数据审计和高可靠

【参考答案】ABCD

【解析】数据中台逻辑架构中的贴源层关注点：①低廉的存储能力，以供海量数据存储；②高并发的数据写入能力，支撑数据高效写入；③数据访问以支持海量数据审计和高可靠；④具备审计能力，可提供给共享层进行数据恢复。

22．国家电网公司数据中台运营过程中，数据中台逻辑架构中的共享层重点关注（　　）方面。

A．高效的访问能力　　B．支持数据发放能力

C．支持高效的数据更新、删除能力　　D．智能的资源回收能力

【参考答案】ABC

【解析】数据中台逻辑架构中的共享层关注点：①高效的访问能力；②支持数据发放能力；③支持高效的数据更新、删除能力。共享层的关注点不包含智能的资源回收能力。

23．国家电网公司数据中台运营过程中，数据中台逻辑架构中的分析层重点关注（　　）方面。

A．批量删除能力　　B．强资源隔离能力

C．高并发的查询能力　　D．强大的 OLTP 能力

【参考答案】BC

【解析】数据中台逻辑架构中的分析层关注点包括强资源隔离能力和高并发的查询能力。

24．在国网华为云数据同步管理中，创建同步任务的流程为场景选择、同步实例、（　　）、（　　）、预检查、任务确认六步。

A．源库设置　　B．源库及目标库　　C．设置同步　　D．实例创建

【参考答案】BC

【解析】在数据同步管理中，创建同步任务的流程为场景选择、同步实例、源库及目标库、设置同步、预检查、任务确认六步。

25．以下关于国网华为云数据中台数据服务的说法，正确的有（　　）。

A．数据服务采用 Serverless 架构

B．支持弹性扩展

C．不支持弹性扩展

D．数据服务 API 接口发布成功后，可以实现在线修改

【参考答案】AB

【解析】数据服务采用 Serverless 架构，并支持弹性扩展。

26．国网华为云用于云数据迁移功能有（　　）。

A．表/文件/整库迁移　　B．增量数据迁移

C．事务模式迁移　　D．字段转换

【参考答案】ABCD

【解析】国网华为云中云数据迁移功能包括表/文件/整库迁移、增量数据迁移、事务模式迁移、字段转换等。

27．国网华为云整库迁移支持的源端数据源类型有（　　）。

A．MySQL　　B．Oracle　　C．Hive　　D．DWS

【参考答案】ABCD

【解析】国网华为云整库迁移支持的源端数据源类型有 MySQL、Oracle、Hive、DWS、Redis 等。

28．国网华为云数据湖探索（DLI）支持（　　）任务的作业管理。

A．Impala　　B．SQL　　C．Flink　　D．Spark

【参考答案】BCD

【解析】国网华为云数据湖探索（DLI）支持 SQL、Flink、Spark 任务的作业管理。

29．国网华为云数据湖探索（DLI）用户可以通过（　　）接入方式对云上 CloudTable、RDS 和 DWS 等异构数据源进行查询分析。

A．可视化界面　　B．RESTful API　　C．JDBC　　D．ODBC

【参考答案】ABCD

【解析】DLI 用户可以通过可视化界面、RESTful API、JDBC、Beeline 等多种接入方式对云上 CloudTable、RDS 和 DWS 等异构数据源进行查询分析。

30．国网华为云数据湖探索（DLI）的数据源支持（　　）数据格式。

A．CSV　　B．Parquet　　C．JSON　　D．ORC

【参考答案】ABCD

【解析】国网华为云数据湖探索（DLI）的数据格式兼容 CSV、JSON、Parquet 和 ORC 等主流数据格式。

31．PMS3.0 系统若要向数据中台推送数据，则需要提供（　　）。

A．IP　　B．数据库名称　　C．端口　　D．账号密码

【参考答案】ABCD

【解析】向数据中台推送数据时应配置 IP、端口、数据库名称、账号密码等信息。

32．数据中台运维人员在服务发布前需要完成（　　）信息维护工作。

A．主键字段　　B．上游数据表业务主键字段

C．数据服务版本　　D．数据服务说明

【参考答案】ABCD

【解析】服务发布前需要完成的信息维护工作包括：①服务名称；②数据服务版本；③上游数据表业务主键字段；④数据服务说明。

33．数据中台运维人员在审核数据服务发布申请时，需要参考（　　）标准。

A．数据服务面向对象　　B．数据服务技术路线选用

C．数据服务运行性能　　D．数据服务与应用功能的挂接

【参考答案】BCD

【解析】总部规定审核数据服务发布申请时，需审核数据服务技术路线选用、数据服务运行性能、数据服务与应用功能的挂接。

34．国网华为云数据中台运维人员在发布数据服务时，需要（　　）。

A．执行生产环境上线部署操作　　B．将数据服务发布至数据服务目录系统

C．将发布结果反馈至数据服务开发方　　D．订阅数据服务并调用验证数据

【参考答案】ABC

【解析】数据服务发布流程：①执行生产环境上线部署操作；②将数据服务发布至数据服务目录系统；③将发布结果反馈至数据服务开发方，由开发方开展数据确认工作。订阅数据服务并调用验证数据属于确认环节。

35．国家电网公司智慧共享财务平台员工主数据信息来源于（　　）系统。

A．移动商旅　　B．MDM3.0　　C．ERP　　D．人资

【参考答案】AB

【解析】智慧共享财务平台员工主数据信息主要来源于移动商旅、MDM3.0。

36．为保障数据传输的准确性和及时性，数据中台关注（　　）数据，以保障一体化电量与线损管理系统数据的一致性。

A．高压用户　　B．变电站

C．公用配电变压器　　D．10kV 配电线路

【参考答案】ABCD

【解析】数据中台关注高压用户、变电站、公用配电变压器、10kV 配电线路等数据信息。

37．电网运行及配电网运行数据主要来源于（　　）系统，该部分数据从源端存储至省侧数据中台。

A．营销系统　　B．D5000　　C．用电采集　　D．PMS

【参考答案】BC

【解析】电网运行及配电网运行数据主要来源于用电采集、D5000 信息。

38．国网华为云数据中台要实现 API 开放，完成下列（　　）工作。

A．创建 API 分组　　B．绑定域名　　C．创建 API　　D．发布 API

【参考答案】ABCD

【解析】API 开发流程：创建 API 分组—创建 API—发布 API—绑定域名。

39．在数据中台接入的过程中，数据中台从业务中台接入数据的方式有（　　）。

A．使用 sg_uep 通过 Kafka 将增量数据接入数据中台，再将数据直接放入实时计算库，或将数据接入数据中台贴源层并进行增、全量合并

B．一次性将全量表接入数据中台贴源层

C．使用增量进程和同步链路将增量数据直接接入实时计算库

D．使用增量进程和同步链路将增量数据接入数据中台贴源层，然后进行增、全量合并操作

【参考答案】ABCD

【解析】数据中台数据接入方式包括：①使用 sg_uep 通过 Kafka 将增量数据接入数据中台，再将数据直接放入实时计算库；②将全量表接入数据中台贴源层；③使用增量进程和同步链路将增量数据直接接入实时计算库；④使用增量进程和同步链路将增量数据接入数据中台贴源层，然后进行增、全量合并操作。

40．网上电网系统需从数据中台接入档案台账数据，其中源端业务系统为（　　）。

A．PMS　　B．OMS　　C．EMS　　D．营销系统

【参考答案】ABCD

【解析】网上电网需要集成 PMS、OMS、EMS、营销系统等的数据。

41．执行系统数据初始化脚本开发及验证任务中，数据中台开展数据初始化脚本开发及验证工作，依次完成（　　）工作。

A．数据中台各环境数据源配置　　B．全量表模型构建

C．全量数据同步脚本开发　　D．数据验证方案编制

【参考答案】ABC

【解析】数据初始化开发及验证阶段不包括数据验证方案编制。

42．PMS3.0 系统（　　）应用数据是通过数据中台获取的。

A．实物资产　　B．生产成本　　C．供电电压　　D．缺陷管理

【参考答案】ABC

【解析】PMS3.0 系统通过数据中台获取实物资产、生产成本、供电电压等数据。

43．PMS3.0 系统获取数据中台的数据需要用（　　）。

A．贴源层　　B．服务层　　C．分析层　　D．共享层

【参考答案】CD

【解析】数据中台共享层对上层应用提供同源共享服务，分析层提供分析结果的数据。

三、判断题

1．在数据中台中，要查询表中所有字段的内容，可直接通过 select * from table 进行查询。

【参考答案】错

【解析】禁止使用 select * 操作，所有操作必须明确指定列名。

2．国网华为云数据服务支持 DWS、DLI、HBase、Hive、MySQL、RDS 六种数据源类型。

【参考答案】对

【解析】国网华为云数据服务支持 DWS、DLI、HBase、Hive、MySQL、RDS 六种数据源类型。

3．公司商密数据泄露、丢失或被窃取、篡改，对公司安全生产、经营活动或社会形象造成重大影响，属于五级信息系统事件。

【参考答案】错

【解析】《国家电网有限公司安全事故调查规程》（国家电网安监〔2020〕820 号）中 4.4.2.1 规定，信息系统出现下列情况之一，对公司安全生产、经营活动或社会形象造成重大影响者，定为六级信息系统事件：（3）公司商密数据泄露、丢失或被窃取、篡改。

4．业务数据的导入和导出应经过业务主管部门（业务归口管理部门）批准，导出后的

数据应及时销毁。

【参考答案】错

【解析】《国家电网公司电力安全工作规程（信息部分）》（国家电网安质〔2018〕396号）中5.7规定，业务数据的导入和导出应经过业务主管部门（业务归口管理部门）批准，导出后的数据应妥善保管。

5．在工作票制度中，所有业务系统的数据操作等检修工作可填用信息工作任务单。

【参考答案】错

【解析】《国家电网公司电力安全工作规程（信息部分）》（国家电网安质〔2018〕396号）中3.2.2规定，一、二类业务系统的版本升级、漏洞修复、数据操作等检修工作应填用信息工作票。

6．200万条业务数据泄露、丢失或被窃取、篡改属于七级信息系统事件。

【参考答案】对

【解析】《国家电网有限公司安全事故调查规程》（国家电网安监〔2020〕820号）中4.4.3.1规定，信息系统出现下列情况之一，对公司安全生产、经营活动或社会形象造成较大影响者，定为七级信息系统事件:（1）100万条业务数据泄露、丢失或被窃取、篡改。

7．《国家电网公司信息系统业务授权许可使用管理办法》规定，公用账号仅可用于信息系统班组维护作业、集中批量数据导入、权限审批、信息收集及反馈等基础工作。

【参考答案】错

【解析】《国家电网公司信息系统业务授权许可使用管理办法》[国网（信息/3）782—2015]第十七条规定，公用账号仅可用于信息系统班组维护作业、集中批量数据导入、信息收集及反馈等基础工作，严禁用于信息系统业务流转、权限审批等操作。

8．数据中台汇聚数据类型包括结构化数据、非结构化数据和采集量测类数据。

【参考答案】错

【解析】数据中台汇聚数据类型包括结构化数据、非结构化数据、采集量测类数据，以及E格式文件和特定规约的消息数据。

9．PMS3.0系统获取数据中台的数据可以采用接口调用方式。

【参考答案】对

【解析】数据中台是将API、数据源和自定义函数封装成标准的RESTful API接口，并对外开放获取数据。

10．数据中台主要覆盖数据接入、存储计算、数据分析、数据资产管理、数据运营管理以及数据服务等方面的能力。

【参考答案】对

【解析】数据中台覆盖了数据接入、存储计算、数据分析、数据资产管理、数据运营管理以及数据服务等方面的能力。

11．数据中台数据订阅成功后，如果不及时进行消费，新产生的数据最多保留3天。

【参考答案】错

【解析】数据订阅成功后，新产生的数据默认会保留7天。

12．公司信息系统可以采用数据库直连方式进行数据传输。

【参考答案】错

【解析】信息系统间禁止采用点对点直连或数据库同步复制方式传输数据。

13. 国网华为云在 IAM 控制台创建用户组时，不应授予数据复制服务管理员权限，即“DRS Administrator”权限。

【参考答案】错

【解析】DRS Administrator 为数据复制服务的管理员角色，该权限为使用数据复制服务所必须添加的基础权限。

14. 国网华为云中云数据迁移（CDM）的“表/文件/整库迁移”功能支持批量迁移表或者文件，还支持同构/异构数据库之间整库迁移，一个作业即可迁移几百张表。

【参考答案】对

【解析】国网华为云中云数据迁移（CDM）的“表/文件/整库迁移”功能支持批量迁移表或者文件，支持同构/异构数据库之间整库迁移，一个作业即可迁移几百张。

15. 针对修改发布的数据服务，由数据中台运维人员通知其修改的数据服务已有订阅人。

【参考答案】对

【解析】根据国家电网公司规定，在已发布的数据服务修改后，由数据中台运维人员通知订阅人。

16. 数据运维人员可以在国网华为云数据湖探索（DLI）中使用标准 SQL 语句。

【参考答案】对

【解析】国网华为云数据湖探索（DLI）支持标准 SQL/Spark SQL/Flink SQL。

17. 国网数据中台数据服务发布权限仅限于数据中台运营团队。

【参考答案】对

【解析】根据国家电网公司规定，国网数据中台数据服务发布权限仅限于数据中台运营团队。

18. 国网华为云数据湖探索（DLI）支持 Impala 任务的作业管理。

【参考答案】错

【解析】国网华为云数据湖探索（DLI）支持 SQL、Flink、Spark 任务的作业管理，不支持 Impala 任务。

19. 国网华为云高斯数据库（GaussDB）支持 4 种数据并行导入策略。

【参考答案】错

【解析】GaussDB 支持 3 种数据并行导入策略，分别为 Normal 策略、Shared 策略、Private 策略。

20. 指标中心中可以通过线下导入的方式来接入数据。

【参考答案】错

【解析】指标中心的数据接入方式有数据中台 DAYU 或 Datawork 导入、本身接入工具、手工填报。

21. 一体化电量与线损管理系统穿透查询的低压用户表底和电量是省侧数据中台的数据。

【参考答案】错

【解析】一体化电量与线损管理系统穿透查询的低压用户表底和电量是总部侧数据中台

的数据。

22．用电信息采集表底数据接入数据中台后，同期线损数据运维人员发现数据存在跳变等异常，可反馈给数据中台运维人员根据实际情况进行修改。

【参考答案】错

【解析】根据情况分析，可能为源端数据本身问题，应排查数据跳变原因。

23．网上电网档案数据来源于 PMS、OMS、EMS 以及营销系统，该部分数据从省侧中台通过 SG-UEP 上传至总部中台。

【参考答案】对

【解析】信息系统所有纵向数据传输需求，均应基于国家电网公司统一数据交换平台（SG-UEP）实现。

24．网上电网与数据中台通过 WebService 接口提供数据查询接口。

【参考答案】对

【解析】网上电网与数据中台通过 WebService 接口提供数据查询接口。

25．数据中台（营销域）是国家电网公司企业级数据中台的组成部分，负责营销专业数据汇聚、分析和共享。

【参考答案】对

【解析】根据国家电网公司对数据中台的定位，数据中台（营销域）作为企业级数据中台的一部分。

26．PMS3.0 系统中的实物资产、生产成本数据来源于数据中台。

【参考答案】对

【解析】PMS3.0 系统通过数据中台获取实物资产、生产成本、供电电压等数据。

27．国网华为云数据治理中心数据服务 API 均采用 HTTPS 协议，请求方法包括 GET、POST、PUT 等。

【参考答案】对

【解析】数据服务 API 采用 HTTPS 协议，请求方法包括 GET、POST、PUT、DELETE 等。

四、实践操作题

1．请在电网资源业务中台中导出数据字典。

【重点速记】

在电网资源业务中台主界面单击“模型中心”模块，选择“数据字典”功能，导出数据。

2．请在电网资源业务中台中导出公共代码表。

【重点速记】

在电网资源业务中台主界面单击“模型中心”模块，选择“公共代码”功能，导出数据。

3．请在电网资源业务中台中查询“变电专业资源通用查询服务”的服务规范。

【重点速记】

在电网资源业务中台主界面单击“运营中心”模块，选择“开放服务”功能，点开“开放服务 API”，搜索“变电专业资源通用查询服务”，查看服务规范。

4．在某工作开展过程中已知电网资源业务中台中变电专业资源通用查询服务的调用规范，请在电网资源业务中台中在线调用一次“变电专业资源通用查询服务”服务。

【重点速记】

在电网资源业务中台主界面单击“运营中心”模块，选择“开放服务”功能，点开“服务调试工具”，进行调试。

5．请在电网资源业务中台中查询“交流 220V”对应的电压等级代码。

【重点速记】

在电网资源业务中台主界面单击“模型中心”模块，选择“公共代码”功能，筛选电压等级，选择电压等级代码，搜索 220V。

6．因业务需求需要查看数据中台中业务数据，请使用 DGC 数据开发模块编写 SQL 脚本查看数据。

【重点速记】

（1）登录 DGC 控制台，找到已创建的 DGC 实例，进入控制台。

（2）在管理中心模块创建数据链接，新建一个 RDS 连接。

（3）选择“数据开发”模块，进入数据开发页面。

（4）创建一个 RDS SQL 脚本，以 RDS SQL 语句进行数据表查询。

（5）运行脚本。

7．因某业务系统需求，需对系统数据开展数据迁移，请使用 DGC 数据集成（CDM）进行单表作业迁移。

【重点速记】

（1）在 DGC 数据集成控制台，在集群进入作业管理。

（2）在作业管理页面，选择“表/文件迁移”功能，再选择“新建作业”。

（3）完成作业参数配置。

8．因业务工作开展，需将现有数据服务封装成 API 接口，对外提供数据，请使用 DGC 数据服务进行 API 接口封装。

【重点速记】

（1）登录 DGC 控制台，找到已创建的 DGC 实例。

（2）在工作空间概览列表中，找到已创建的工作空间，进入数据服务页面。

（3）单击左侧导航的“API 目录”，完成 API 目录的创建。

（4）新建 API。

（5）提交 API 审核。

9．数据运维人员接到工作任务，某系统需要使用 Kafka 做数据异步处理，请在 DGC 中使用 MRS_Kafka 组件创建一个 Topic 进行生产和消费信息。

【重点速记】

（1）进入 Kafka 客户端主目录。

（2）通过读取 config/server.properties 文件，获取 Kafka 集群的 zookeeper.connect 信息。

（3）创建 Topic。

（4）写入信息。

（5）消费信息。

10．数据运维人员接到工作任务，需将本地数据文件上传至 HDFS 指定目录，然后将数据导入 Hive 表并查看数据完整性，请在 DGC 将本地数据文件导入 MRS_Hive 表。

【重点速记】

（1）准备一个数据文件，并上传至 HDFS 指定目录。

（2）在 Hive 的 Beeline 客户端使用 load 命令加载数据到表中。

11．数据运维人员接到工作任务，需通过创建外表的方式将表数据备份至 OBS 存储，请在 DGC 中使用 DWS 指定表数据进行备份。

【重点速记】

（1）在 DWS 数据库中，创建目标表。

（2）执行数据导入操作。

（3）观察导入的数据是否和源表数据的内容一致。

12．数据运维人员接到工作任务，为某系统数据做同步，请在 DGC 中创建 DRS 数据同步任务。

【重点速记】

（1）进入 DGC 数据复制服务控制台，单击“数据同步管理”。

（2）创建同步任务。

（3）配置和启动增量数据同步任务。

第三节　业　务　运　维

章节摘要：本章节旨在引导读者了解国家电网公司生产、营销、财务、数字化等专业核心系统业务设计、功能与流程实现等方面知识，掌握业务运维基本知识点，更好地支撑用户应用，更高效地解决用户系统应用过程中的问题。

一、单项选择题

1．以下不属于营销 2.0 业扩接入的业务是（　　）。

A．获得电力　　B．变更用电

C．其他业务　　D．分布式电源并网

【参考答案】D

【解析】根据《能源互联网营销服务系统（营销 2.0）业扩核心流程设计与实现》业务范围介绍，业扩接入业务包括获得电力、变更用电及其他业务。电源并网业务包括分布式电源并网和常规电源并网。

2．营销 2.0 针对不同的投资方式设计了（　　）种契约模板。

A．3　　B．4　　C．5　　D．6

【参考答案】C

【解析】根据《能源互联网营销服务系统（营销 2.0）业扩核心流程设计与实现》建设成果介绍，针对不同的投资方式设计了政府出资（自建）、政府出资（委托）、政府与企业共同出资（自建）、政府与企业共同出资（委托）、供电企业出资 5 种分场景的契约模板。

3．某公司在新园区进行项目启动，在营销 2.0 中为客户进行办电服务，其中进行的第一环节是（　　）。

A．客户需求挖掘　　B．项目信息获取　　C．辅助方案编制　　D．契约签订

【参考答案】B

【解析】根据《能源互联网营销服务系统（营销 2.0）业扩核心流程设计与实现》典型场景介绍，某公司在新园区建设项目启动，供电公司客户经理对该项目进行全程跟踪。通过营销 2.0 在项目信息获取、客户需求挖掘、现场服务支撑、辅助方案编制、线上契约签订、工程进度管控、服务全程管控等对业务各环节的支撑和赋能，为客户开启覆盖全过程的办电之旅。用户立项批文获取后，由工程建设项目审批管理系统推送项目信息至营销 2.0 潜在需求库。

4．营销 2.0 中计费结算分为（　　）个业务子类。

A．2　　B．3　　C．4　　D．5

【参考答案】C

【解析】根据《能源互联网营销服务系统（营销 2.0）电费专业核心流程》，依据客户电费及其他能源费用的核算、收支、账务、票务等业务过程，将计费结算分为量费核算、支付结算、账务清分和票务管理四个业务子类，以实现计费准确、结算高效、资金安全、管理集中的目标。

5．营销 2.0 计费结算统一客户模型的新型客户关系是（　　）。

A．客户—用户—账户　　B．客户—账户—用户

C．用户—客户—账户　　D．账户—用户—客户

【参考答案】B

【解析】根据《能源互联网营销服务系统（营销 2.0）电费专业核心流程》，基于统一客户模型的新型客户关系（客户—账户—用户）管理，满足客户用能多元化场景下的统一客户的建立。

6．某客户想在网上申请结算截至 23 日的电费，营销 2.0 中具体的流程是（　　）。

A．线上结算申请—接收账单—线上交费—收到发票

B．接收账单—线上交费—线上结算申请—收到发票

C．线上结算申请—线上交费—接收账单—收到发票

D．接收账单—线上结算申请—线上交费—收到发票

【参考答案】A

【解析】根据《能源互联网营销服务系统（营销 2.0）电费专业核心流程》典型场景介绍，客户 23 日需结算电费，具体流程是：①线上结算申请；②接收账单；③线上交费；④收到发票。

7．营销 2.0 计量专业中运行管理不包含（　　）。

A．计量点管理　　B．资产管理　　C．运行分析　　D．基础管理

【参考答案】B

【解析】根据《能源互联网营销服务系统（营销 2.0）计量专业核心流程》总体介绍，运行管理包括计量点管理、运行维护、基础管理、运行分析。

8．营销 2.0 客户管理不包含的业务项是（　　）。

A．客户档案　　B．会员管理　　C．积分管理　　D．增值服务

【参考答案】D

【解析】根据《能源互联网营销服务系统（营销 2.0）服务核心流程专题介绍》总体介绍，客户管理充分运用互联网思维，从客户档案、客户行为、客户细分、会员管理、积分管理、信用体系等方面，构建统一的客户 360°全景视图。

9．营销 2.0 渠道管理不包含的业务项是（　　）。

A．渠道接入　　B．积分管理　　C．渠道运维　　D．渠道监控

【参考答案】B

【解析】根据《能源互联网营销服务系统（营销 2.0）服务核心流程专题介绍》总体介绍，渠道管理通过渠道接入管控、渠道监控体系构建、渠道运行维护、渠道评价等方面的统筹管理，持续合理配置渠道资源，保障各渠道平稳运行，推进营业厅智能化转型，提升渠道整体服务能力，形成公司各渠道线上线下协同发展的新格局。

10．营销 2.0 服务体验管理不包含的业务项是（　　）。

A．服务风险管控　　B．服务品质评价　　C．增值服务　　D．辅助业务

【参考答案】D

【解析】根据《能源互联网营销服务系统（营销 2.0）服务核心流程专题介绍》总体介绍，服务体验管理通过完善服务风险管控和品质评价体系，提供多样化增值服务，运用智能技术支撑线上服务和现场安全服务等手段，保障客户在与公司不间断的接触互动中享受高质量服务，推动公司服务品质的整体提升，打造“以客户为中心”的现代服务体系。

11．营销 2.0 系统 95598 客户服务不包含的业务项是（　　）。

A．客户非电力诉求响应　　B．客户电力诉求响应

C．安全服务管理　　D．辅助业务

【参考答案】C

【解析】根据《能源互联网营销服务系统（营销 2.0）服务核心流程专题介绍》总体介绍，95598 客户服务包括客户非电力诉求响应、客户电力诉求响应及辅助业务。

12．以下（　　）不是营销 2.0 营销客户订阅服务的方式。

A．营业厅　　B．95598 客服电话　　C．短信　　D．网上国网

【参考答案】C

【解析】根据《能源互联网营销服务系统（营销 2.0）服务核心流程专题介绍》服务体验优化，通过营业厅、95598 客服电话、95598 智能互动网站、网上国网等渠道接收客户订阅或退订服务请求，完成客户订阅需求。

13．不属于营销 2.0 市场专业业务类的是（　　）。

A．综合能源服务　　B．需求响应　　C．电能替代　　D．资产管理

【参考答案】D

【解析】根据《能源互联网营销服务系统（营销 2.0）市场专业核心流程》总体情况，为贯彻落实国家“节约、清洁、安全”的能源发展要求，聚焦客户用能优化，提升客户能效水平，营销 2.0 市场专业设计了需求响应、电能替代及综合能源服务业务。

14．不属于营销 2.0 线损异常管理流程的是（　　）。

A．异常分析派单　　B．异常分析　　C．审核　　D．稽查处理

【参考答案】D

【解析】根据《能源互联网营销服务系统（营销 2.0）综合专业核心流程》典型场景，基于原有 1.0 营销系统的线损异常处理业务项，现有 2.0 营销系统在设计成果中对其进行了创新完善，场景包括异常分析派单、异常处理和审核。

15．营销 2.0 移动作业实现 APP 端的整合，兼容了 4 大类型 21 种终端，同时融合了 4 类终端中的所有业务应用，可以满足现役终端的需求。以下不属于 4 大类型终端的是（　　）。

A．国网计量终端　　B．自助缴费终端　　C．省网自建终端　　D．农电终端

【参考答案】B

【解析】根据《能源互联网营销服务系统（营销 2.0）移动作业应用设计》移动作业功能设计，运用新一代信息技术，构建移动作业数字技术平台，兼容了 4 大类型（国网计量终端、国网营业终端、省网自建终端和农电终端）21 种终端。

16．营销 2.0 统一工单模型作为工单中心的基础，不包括（　　）。

A．统一编码　　B．统一分类　　C．统一设计　　D．统一发送

【参考答案】D

【解析】根据《能源互联网营销服务系统（营销 2.0）客户侧统一工单中心建设》，统一工单模型作为工单中心的基础，主要包括统一编码、统一分类和统一设计，其中统一编码是工单归集的基础，统一分类是工单引擎应用的前提条件，统一设计说明工单的逻辑结构。

17．不属于营销 2.0 营财集成内容的是（　　）。

A．业务集成　　B．凭证集成　　C．数据集成　　D．界面集成

【参考答案】D

【解析】根据《能源互联网营销服务系统（营销 2.0）营财集成概述》，实现营财业务在系统层面的融合落地，完成营财业务集成、凭证集成、数据集成三方面的系统研发工作。

18．营销 2.0 营财对账主要不包括（　　）。

A．营销对账　　B．营财对账　　C．银企对账　　D．部门对账

【参考答案】D

【解析】根据《能源互联网营销服务系统（营销 2.0）营财集成概述》营财通道贯通，营财对账主要包括营销对账、营财对账和银企对账。

19．以下关于营销 2.0 业务集成电费退费的流程，正确的是（　　）。

A．退费申请—营销审批—财务审批—财务退费—营销退费处理

B．退费申请—财务审批—营销审批—财务退费—营销退费处理

C．退费申请—财务审批—营销审批—营销退费处理—财务退费

D．退费申请—营销审批—财务审批—营销退费处理—财务退费

【参考答案】D

【解析】根据《能源互联网营销服务系统（营销 2.0）营财集成概述》业务集成，当用户需要办理实收财务退费、违约金财务退费、预收财务退费、不明账款财务退费时，在营销系统中根据申请退费金额，设置多级审批，营销审批通过后将退费申请信息推送至财务系统进行财务审批。财务审批通过后，反馈至营销系统。营销系统接收财务审批结果，进行退费处理（如生成转账凭证），并将转账凭证发送给财务，财务收到转账凭证后完成退费支付。

20．营销 2.0 中（　　）是指营销侧业务流程需要和财务侧进行交互，涉及电费退费流

程、业务费退流程、实收关账、能源卡管理、分布式光伏等业务。

A．业务集成　　B．凭证集成　　C．数据集成　　D．硬件集成

【参考答案】A

【解析】根据《能源互联网营销服务系统（营销 2.0）营财集成概述》总体介绍，业务集成是指营销侧业务流程需要和财务侧进行交互，涉及电费退费流程、业务费退流程、实收关账、能源卡管理、分布式光伏等业务。

21．营销 2.0 中（　　）是指营销侧按财务业务需求，实时或定时将凭证信息推送财务，包括收费凭证、勾兑凭证、退费凭证、溢收凭证、在途凭证、应付凭证、实付凭证等。

A．业务集成　　B．凭证集成　　C．数据集成　　D．硬件集成

【参考答案】B

【解析】根据《能源互联网营销服务系统（营销 2.0）营财集成概述》总体介绍，凭证集成是指营销侧按财务业务需求，实时或定时将凭证信息推送财务，包括收费凭证、勾兑凭证、退费凭证、溢收凭证、在途凭证、应付凭证、实付凭证等。

22．营销 2.0 中（　　）是指营销侧的明细数据，通过数据中台，与财务系统共享应收明细集成、基金附表集成。

A．业务集成　　B．凭证集成　　C．数据集成　　D．硬件集成

【参考答案】C

【解析】根据《能源互联网营销服务系统（营销 2.0）营财集成概述》总体介绍，数据集成是指营销侧的明细数据，通过数据中台，与财务系统共享应收明细集成、基金附表集成。

23．营销 2.0 中一个客户可拥有（　　）角色。

A．1 个　　B．2 个　　C．3 个　　D．多种

【参考答案】D

【解析】根据《能源互联网营销服务系统（营销 2.0）统一客户模型及客户关系维护介绍》统一客户主数据模型，在新兴市场中，客户是与企业的生产经营活动有关联的一切人或组织，一个客户也会拥有多个角色。

24．营销 2.0 中通过维护客户之间的关系，可通过（　　）查询客户之间的关系。

A．映射图　　B．360 视图　　C．客户标签　　D．数据模型

【参考答案】B

【解析】根据《能源互联网营销服务系统（营销 2.0）统一客户模型及客户关系维护介绍》客户关系维护，通过维护客户之间的关系，可通过 360 视图查询客户之间的关系。

25．营销 2.0 在电能表、互感器、采集终端等传统计量设备管控水平提升的基础上，管理触角延伸至服务终端、充电桩、充电模块、移动作业终端、物联卡、电子标签等设备，属于（　　）计量功能建设成效。

A．全域资产精益管控　　B．配送需求精准匹配

C．订单式智能配送　　D．资产全景可视化监控

【参考答案】A

【解析】根据《能源互联网营销服务系统（营销 2.0）营销 2.0 与 MDS 融合设计》工作成效，在电能表、互感器、采集终端等传统计量设备管控水平提升的基础上，管理触角延伸至服务终端、充电桩、充电模块、移动作业终端、物联卡、电子标签等设备，实现营销全域资

产精益管控。

26．营销 2.0 精准分析业扩、工程、运维等不同维度设备使用需求，通过主动推送、查询更换计划并综合往年同期使用量、相邻月份使用量和当前库存量，属于（　　）计量功能建设成效。

A．全域资产精益管控　　B．配送需求精准匹配

C．订单式智能配送　　D．资产全景可视化监控

【参考答案】B

【解析】根据《能源互联网营销服务系统（营销 2.0）营销 2.0 与 MDS 融合设计》工作成效，配送需求精准匹配精准分析业扩、工程、运维等不同维度设备使用需求，通过主动推送、查询更换计划并综合往年同期使用量、相邻月份使用量和当前库存量，智能辅助制定配送需求计划。

27．营销 2.0 中通过年度工作计划，智能录入符合质监局要求的法定计量检定机构授权申请、计量标准器具核准电子申请材料，实现与质监局系统接口，属于（　　）计量功能建设成效。

A．跨专业数据融通　　B．现场服务网格化

C．体系管理计划年度统　　D．数字化质检申报

【参考答案】D

【解析】根据《能源互联网营销服务系统（营销 2.0）营销 2.0 与 MDS 融合设计》工作成效，数字化质检申报通过年度工作计划，智能录入符合质监局要求的法定计量检定机构授权申请、计量标准器具核准电子申请材料，实现与质监局系统接口，上传完成后自动完成质监局线上申报工作。

28．营销 2.0 中（　　）实现业务场景维护、业务场景和接口对应关系维护、渠道和接口授权管理功能。

A．渠道接入管理　　B．渠道接口管理

C．渠道业务管理　　D．渠道服务监控

【参考答案】C

【解析】根据《能源互联网营销服务系统（营销 2.0）全渠道接入服务建设方案》，渠道业务管理主要包括业务场景管理、场景实现编排、渠道业务授权管理，实现业务场景维护、业务场景和接口对应关系维护、渠道和接口授权管理功能。

29．营销 2.0 中（　　）渠道服务管理实现渠道注册数量、渠道运行情况、接口运行情况、渠道告警信息和黑名单运维监控管理。

A．渠道接入管理　　B．渠道接口管理

C．渠道业务管理　　D．渠道服务监控

【参考答案】D

【解析】根据《能源互联网营销服务系统（营销 2.0）全渠道接入服务建设方案》，渠道服务监控主要包括渠道注册统计、渠道运行监控、接口运行监控、渠道交费统计、办电业务统计、告警规则配置、黑名单管理、告警管理，实现渠道注册数量、渠道运行情况、接口运行情况、渠道告警信息和黑名单运维监控管理。

30．营销 2.0 全渠道接入服务功能视图不包括（　　）管理部分。

A. 渠道服务运行　　B. 渠道服务代理
C. 渠道服务管理　　D. 渠道服务运营

【参考答案】D

【解析】根据《能源互联网营销服务系统（营销 2.0）全渠道接入服务建设方案》，全渠道接入服务功能视图包括渠道服务运行、渠道服务代理、渠道服务管理 3 个部分。

31. 营销 2.0 全渠道接入服务的 28 个数据实体数据类型都属于（　　）数据。

A. 半结构化数据　　B. 结构化数据
C. 非结构化数据　　D. 非半结构化数据

【参考答案】B

【解析】根据《能源互联网营销服务系统（营销 2.0）全渠道接入服务建设方案》系统数据视图，全渠道接入服务逻辑数据模型在客户与综合库中 DB1 库新增 28 个数据实体。全渠道接入服务的 28 个数据实体数据类型都属于结构化数据。

32. 营销 2.0 支撑各省电力公司加入实时交易的核算、日清月结相关业务设计，其属于（　　）支撑。

A. 面向常规月度交易支撑
B. 面向实时交易支撑
C. 面向全面开放的国家电网公司及其子公司参与市场化交易的支撑
D. 面向普遍服务支撑

【参考答案】B

【解析】根据《能源互联网营销服务系统（营销 2.0）市场化售电业务》业务设计，面向实时交易支撑在支撑月度交易的基础上，加入实时交易的核算、日清月结相关业务设计。

33. 对营销 2.0 中的脱敏白名单管理功能，发起申请单的是（　　）。

A. 业务专责　　B. 安全管理专责
C. 安全管理主管　　D. 系统运维工程师

【参考答案】A

【解析】根据《能源互联网营销服务系统（营销 2.0）安全管理产品功能介绍》安全管控，对营销 2.0 系统脱敏白名单的管理功能，由业务专责发起数据脱敏白名单申请，安全管理专责对申请进行审核，安全管理主管对申请进行审批。

34. 营销 2.0 中（　　）根据营销专业网络安全态势，适时组织开展隐患排查与整改业务。

A. 安全督查　　B. 隐患管理　　C. 安全检查管理　　D. 漏洞整改管理

【参考答案】B

【解析】根据《能源互联网营销服务系统（营销 2.0）安全管理产品功能介绍》安全管控，隐患管理是根据营销专业网络安全态势，适时组织开展隐患排查与整改业务，包括隐患排查、隐患整改、隐患整改验证、整改结果确认等环节。

35. 营销 2.0 中（　　）对敏感数据、文件导出数量进行监控和统计展示，对敏感数据量异常、文件导出异常进行告警。

A. 统计分析　　B. 应用安全态势感知
C. 数据安全监测　　D. 数据审计

【参考答案】C

【解析】根据《能源互联网营销服务系统（营销 2.0）安全管理产品功能介绍》安全管控，数据安全监测对敏感数据、文件导出数量进行监控和统计展示，对敏感数据量异常、文件导出异常进行告警。

36．以下关于营销 2.0 数据脱敏设置的流程，正确的是（　　）。

A．定义脱敏规则—定义敏感词—数据识别—脱敏规则设置—白名单设置

B．定义脱敏规则—数据识别—定义敏感词—脱敏规则设置—白名单设置

C．定义脱敏规则—脱敏规则设置—数据识别—定义敏感词—白名单设置

D．定义脱敏规则—白名单设置—脱敏规则设置—数据识别—定义敏感词

【参考答案】A

【解析】根据《能源互联网营销服务系统（营销 2.0）安全管理产品功能介绍》数据脱敏设置流程，具体包括：①定义脱敏规则；②定义敏感词；③数据识别；④脱敏规则设置；⑤白名单设置。

37．以下业务属于营销 2.0 获得电力范围的是（　　）。

A．高压新装增容　　B．改类　　C．变更　　D．销户

【参考答案】A

【解析】根据《能源互联网营销服务系统（营销 2.0）业扩核心流程设计与实现》，获得电力是指为满足客户提出的新装增容需求，所开展的业扩报装业务的统称。

38．PMS3.0 中可以进行交接班操作的人员是（　　）。

A．当前班次值班人员　　B．下一班次值班长

C．下一班次副值班长　　D．以上都不可以

【参考答案】A

【解析】根据《PMS3.0 统推版操作手册_运行值班》，当前班次值班人员可以进行交接班操作。

39．PMS3.0 中下列设备隐患性质错误的是（　　）。

A．一般　　B．较大　　C．危急　　D．重大

【参考答案】C

【解析】根据《PMS3.0 统推版操作手册_隐患管理》，隐患性质分为一般、较大和重大。一般隐患流程经工区/县专责审核后，提交工区/县运检部主任审核，经市公司运检部专责审核后发布；较大隐患经市公司运检部专责审核后，提交省公司设备部专责审核后发布；重大隐患由省公司运检部专责汇总后提报国家电网公司设备部审核。

40．PMS3.0 中（　　）状态下的隐患可以删除。

A．编制　　B．审核　　C．待治理　　D．已验收

【参考答案】A

【解析】根据《PMS3.0 统推版操作手册_隐患管理》，编制状态的隐患可以单击“删除”按钮删除。

41．PMS3.0 中隐患审核环节可驳回至（　　）环节。

A．编制　　B．审核　　C．待治理　　D．已验收

【参考答案】A

【解析】根据《PMS3.0 统推版操作手册_隐患管理》，审核环节的隐患，驳回后退回至编制环节。

42．PMS3.0 在计划审核阶段将计划驳回后，计划将会回到（　　）阶段。

A．计划生成　　B．计划审核　　C．计划派发　　D．已派发计划

【参考答案】A

【解析】根据《PMS3.0 统推版操作手册_检修计划&现场勘查》，若计划内容不符合要求，可单击“退回”，并填写退回原因，单击“退回”后，该计划退回至计划生成阶段。

43．PMS3.0 配电操作票有（　　）种成票方式。

A．4　　B．3　　C．2　　D．1

【参考答案】C

【解析】根据《PMS3.0 统推版操作手册_操作票（配电）》，配电操作票开票有操作票直接开票和图形辅助开票两种方式。

44．PMS3.0 工作票移动端运用（　　）方式，避免了传统各自手写签名的安全弊端，实现管理留痕，直接驱动许可、终结等流程。

A．扫码　　B．手动填写　　C．手动选择　　D．电话许可

【参考答案】A

【解析】根据《PMS3.0 统推版操作手册_工作票》，移动端作业时，可通过扫码功能进行线上签字。

45．PMS3.0 故障管理的跳闸信息来源于（　　）。

A．运维作业　　B．运行值班　　C．巡视管理　　D．跳闸管理

【参考答案】B

【解析】根据《PMS3.0 统推版操作手册_故障管理》，跳闸登记的信息来源于运行值班的值班人员。

46．PMS3.0 抢修工单转派时，转派单位不包括（　　）。

A．同地市的区县级公司　　B．同县级公司的抢修班组

C．同省的地市公司　　D．其他网省公司

【参考答案】D

【解析】根据《PMS3.0 统推版操作手册_配网抢修》，抢修工单只能省内转派，无法转派到其他网省公司。

47．PMS3.0 检修计划中的作业风险等级有（　　）级。

A．八　　B．五　　C．四　　D．六

【参考答案】B

【解析】根据《PMS3.0 统推版操作手册_检修计划&现场勘查（配电）》，作业风险等级共有Ⅰ级、Ⅱ级、Ⅲ级、Ⅳ级、Ⅴ级共五级。

48．PMS3.0 故障转抢修后，故障状态变更为（　　）。

A．编制　　B．待处理　　C．已处理　　D．抢修完成

【参考答案】B

【解析】根据《PMS3.0 统推版操作手册_故障管理》，故障转抢修后，故障记录状态变更为“待处理”。

49．采集 2.0 一般在（　　）模块查看线损。

A．台区线损监测首页　　B．台区线损分析

C．线损综合统计　　D．台区线损治理管控

【参考答案】B

【解析】根据《新一代用电信息采集系统_TC01_用户使用手册（线损监测）分册 V0.0.4》，在台区线损分析中实现对台区日线损、分时线损和分段线损的统计展示。

50．采集 2.0 通过（　　）方式对电能表缺抄的数据进行消缺。

A．数据召测　　B．数据校验　　C．数据补召　　D．报文分析

【参考答案】C

【解析】根据《新一代用电信息采集系统_TC04_用户使用手册（数据采集）分册 V0.0.4》，数据补召是指对设备上报数据中缺失的数据项进行召测补全的过程。

51．电网资源业务中台的变电站内一次接线图中，新建（　　）设备无须绑定铭牌。

A．变电站　　B．电抗器　　C．隔离开关　　D．避雷器

【参考答案】D

【解析】根据《基于电网资源业务中台的主网设备同源维护介绍（变电）V3.2》，对于有铭牌的设备，包括变电站、主变压器、所用变压器、接地变压器、断路器、隔离开关、母线、电抗器、电流互感器、电压互感器、电力电容器、阻波器，在绘制时需要进行铭牌关联或者绘制图形后进行关联，否则数据检查不通过。

52．电网资源业务中台的投运转资管理中，下列转资流程描述正确的是（　　）。

A．资产转资—同步 ERP—转资记录查看—转资结束

B．资产转资—设备资产打包—同步 ERP—转资记录查看—转资结束

C．资产转资—同步 ERP—设备资产打包—转资记录查看—转资结束

D．资产转资—设备资产打包—转资记录查看—同步 ERP—转资结束

【参考答案】B

【解析】根据《基于电网资源业务中台的主网设备同源维护介绍（变电）V3.2》，转资流程为：资产转资—设备资产打包—同步 ERP—转资记录查看—转资结束。

53．电网资源业务中台中不属于母线间隔可选设备的是（　　）。

A．断路器　　B．电压互感器　　C．接地开关　　D．接地避雷器

【参考答案】A

【解析】根据《基于电网资源业务中台的主网设备同源维护（变电）用户使用说明 V1.1》，母线间隔可选设备包括电压互感器、接地开关和接地避雷器。

54．电网资源业务中台中，不属于输电线路跨区类型的是（　　）。

A．跨地市　　B．跨工区　　C．跨县　　D．跨省

【参考答案】C

【解析】根据《基于电网资源业务中台的主网设备同源维护（输电）用户使用说明 V2.1》，线路跨区类型分为跨地市、跨工区（不跨地市跨运维单位）和跨省。

55．新一代应急指挥系统中，值班员提交日报后，（　　）可以看到待审核的日报。

A．值班长　　B．部门专责　　C．公司领导　　D．主任

【参考答案】A

【解析】根据《新一代应急指挥系统（SG-ECS）操作手册（PC版）》，当值值班员可编辑、预览、下载日报内容，提交日报后，值班长可审核、预览和下载日报。

56.（　　）不是新一代应急指挥系统预警响应等级。

A．红色　　B．橙色　　C．黄色　　D．绿色

【参考答案】D

【解析】根据《新一代应急指挥系统（SG-ECS）操作手册（PC版）》，预警响应分为红色、橙色、黄色、蓝色四个等级。

57．新一代应急指挥系统资源台账不包括（　　）。

A．设备台账　　B．队伍台账　　C．物资台账　　D．装备台账

【参考答案】A

【解析】根据《新一代应急指挥系统（SG-ECS）操作手册（PC版）》，资源台账包括人员台账、队伍台账、物资台账、装备台账、车辆台账和航空台账。

58．新一代应急指挥系统资源调配不包括（　　）。

A．车辆调配　　B．队伍调配　　C．装备调配　　D．航空调配

【参考答案】D

【解析】根据《新一代应急指挥系统（SG-ECS）操作手册（PC版）》，资源调配包括队伍调配、车辆调配、装备调配和物资调配。

59．以下属于采集2.0业务分析库选型的是（　　）。

A．关系型数据库　　B．列式数据库

C．分布式离线数据仓库　　D．检索数据库

【参考答案】A

【解析】根据《采集2.0基座总体设计V1.0》，采集2.0业务分析库选型为关系型数据库，全量库选型为列式数据库、分布式离线数据仓库和检索数据库。

60．以下属于采集2.0采集数据流转第一个环节的是（　　）。

A．业务数据库　　B．缓存库　　C．消息中间件　　D．实时库

【参考答案】C

【解析】根据《采集2.0基座总体设计V1.0》，采集2.0数据分存在业务数据库、缓存库、实时库、全量数据库和消息中间件中，数据流转的第一个环节是消息中间件。

61．以下不属于采集2.0拓扑监测与告警功能的是（　　）。

A．重点测点监测　　B．重要事件告警

C．拓扑实时监测　　D．重要用户监测

【参考答案】D

【解析】根据《采集2.0基座总体设计V1.0》，采集2.0拓扑监测与告警主要分为拓扑实时监测、重要事件告警和重点测点监测。

62．采集2.0档案数据优先存储于（　　）。

A．关系型数据库　　B．内存库

C．分布式离线数据仓库　　D．检索库

【参考答案】A

【解析】根据《采集2.0基座总体设计V1.0》，采集2.0档案数据优先存储于关系型数据

库，实时同步到内存库，定时同步到数据仓库。

63．以下属于采集2.0用电监测功能的是（　　）。

A．发布数据实时监测　　B．配电变压器异常监测

C．线路异常监测　　D．低压固定时间点电压电流监测

【参考答案】D

【解析】根据《采集2.0基座总体设计V1.0》，采集2.0用电监测功能包括低压固定时间点电压电流监测、用电异常统计和分布式电源。配电监测包括配电变压器异常监测和线路异常监测。抄表推送监测包括发布数据实时监测。

64．以下不属于采集2.0采集运维的是（　　）。

A．采集任务管理　　B．档案管理　　C．采集闭环管理　　D．费率管理

【参考答案】D

【解析】根据《采集2.0基座总体设计V1.0》，采集2.0中费率管理属于计量运行监测。

65．统一权限的授权模型以标准的权限模型（　　）为基础。

A．RBAC　　B．MAC　　C．DAC　　D．ABAC

【参考答案】A

【解析】根据《国家电网公司统一权限平台系统2.1.15版本-集成规范总册》，统一权限管理系统的授权模型以标准的权限模型（RBAC）为基础。

66．统一权限中参与到本企业运营的人员与账号的对应关系是（　　）。

A．一对一　　B．一对多　　C．多对一　　D．多对多

【参考答案】A

【解析】根据《国家电网公司统一权限平台系统2.1.15版本-集成规范总册》，账号与人员是一对一绑定的。

67．统一权限管理与业务应用系统集成方式分两种，其中对新建业务应用系统采用（　　）方式。

A．数据同步　　B．系统服务　　C．时间同步　　D．网络服务

【参考答案】B

【解析】根据《国家电网公司统一权限平台系统2.1.15版本-集成规范总册》，统一权限管理系统与业务应用系统集成方式分两种，即数据同步集成方式和系统服务集成方式。对已建业务应用系统采用数据同步的方式，对新建业务应用系统采用系统服务集成方式。

68．关于统一权限，以下说法错误的是（　　）。

A．角色编码不可重复　　B．组织角色不能跨系统

C．组织角色可重复　　D．至少需要一个组织角色

【参考答案】C

【解析】根据《国家电网公司统一权限平台系统2.1.12版本-用户手册》，用户填写角色名称，角色编码（名称编码不可重复），根据业务系统选择组织角色（组织角色不能跨系统，不可重复，至少需要一个组织角色）。

69．统一权限的用户状态不包括（　　）。

A．正常　　B．禁用　　C．锁定　　D．废弃

【参考答案】D

【解析】根据《国家电网公司统一权限平台系统 2.1.12 版本-用户手册》，用户状态包括正常、禁用、锁定、超期锁定和冻结五种状态。

70．统一权限不能对用户的（　　）进行限制。

A．登录 IP　　B．登录时间　　C．登录方式　　D．登录失败次数

【参考答案】C

【解析】根据《国家电网有限公司统一权限平台（V3.2.0）网络安全防护方案》，统一权限对 24h 内失败次数为 5 的用户账号进行锁定，用户锁定时间为 30min。在用户账号属性中，可以设置可登录的 IP 范围和登录时间。

71．统一权限中业务角色属于（　　）。

A．业务应用系统　　B．业务组织　　C．业务部门　　D．业务流程

【参考答案】A

【解析】根据《国家电网公司统一权限平台系统 2.1.15 版本-集成规范总册》，业务角色属于业务应用系统。

72．统一权限中统一认证集成的实现原理是（　　）。

A．1 个 cookie+1 个 session　　B．1 个 cookie+N 个 session

C．N 个 cookie+1 个 session　　D．N 个 cookie+N 个 session

【参考答案】B

【解析】根据《国家电网公司统一权限平台系统 2.1.15 版本-集成规范总册》，统一认证集成的实现原理是：1 个 cookie+N 个 session。

73．统一权限中统一授权集成方式为（　　）适配。

A．同步　　B．异步　　C．串行　　D．并行

【参考答案】A

【解析】根据《国家电网公司统一权限平台系统 2.1.15 版本-集成规范总册》，统一授权集成方式为同步适配。

74．统一权限中口令数据采用国密（　　）算法生成摘要存储，以保护存储的完整性。

A．SM1　　B．SM2　　C．SM3　　D．SM4

【参考答案】C

【解析】根据《国家电网有限公司统一权限平台（V3.2.0）网络安全防护方案》，口令数据采用国密 SM3 算法生成摘要存储，以保护存储的完整性。

75．统一权限的重要数据不包括（　　）。

A．座机号　　B．电子邮箱地址　　C．手机号　　D．身份证号

【参考答案】A

【解析】根据《国家电网有限公司统一权限平台（V3.2.0）网络安全防护方案》，用户手机号、邮箱、身份证号等重要数据用 SM4 算法加密，存储于管理信息大区数据库。

76．财务中台主数据管理范围涵盖（　　）类企业级主数据，26 类企业级业务标签、5 类专业级主数据和 9 类专业级业务标签。

A．7　　B．6　　C．5　　D．4

【参考答案】D

【解析】根据《国家电网有限公司智慧共享财务平台用户操作手册-财务中台》，财务中台

主数据管理提供专业主数据的管理功能及企业主数据的查询功能，并提供主数据查询服务、支撑财务中台应用。目前其范围涵盖 4 类企业级主数据、26 类企业级业务标签、5 类专业级主数据和 9 类专业级业务标签。

77．财务中台从 MDM 接入（　　）数据，根据标签名称获取业务标签信息，并提查询功能。

A．企业级组织　　B．供应商

C．产品服务目录　　D．企业级业务标签

【参考答案】D

【解析】根据《国家电网有限公司智慧共享财务平台用户操作手册-财务中台》，财务中台从 MDM 接入企业级业务标签数据，根据标签名称获取业务标签信息，并提查询功能。

78．智慧共享财务平台工程验收盘点应用中，验收盘点导入工作主要是为了形成项目的（　　）。

A．物资清单　　B．盘点清单　　C．设备转资清册　　D．成本数据

【参考答案】C

【解析】根据《国家电网有限公司智慧共享财务平台用户操作手册-智慧竣工决算》，验收盘点导入工作主要是为了形成项目的设备转资清册，明确该项目下有哪些设备需要转资，为后续的费用分摊提供费用归集的依据。

79．智慧共享财务平台工程验收盘点应用中，若 WBS 编码、设备编码、物料编码、（　　）相同，则视为重复数据。

A．实物　　B．资产编码　　C．公司代码　　D．设备名称

【参考答案】B

【解析】根据《国家电网有限公司智慧共享财务平台用户操作手册-智慧竣工决算》，若 WBS 编码、设备编码、物料编码、资产编码相同，则视为重复数据，需要将同一数据进行合并。

80．智慧共享财务平台工程正式分摊应用在工程正式分摊前需进行（　　）操作。

A．重新暂估成本　　B．暂估成本冲销　　C．暂估成本确认　　D．暂估成本审核

【参考答案】B

【解析】根据《国家电网有限公司智慧共享财务平台用户操作手册-智慧竣工决算》，项目所有成本费用（含审价结算费用）已计入在建工程，暂估成本记账凭证已完成冲销，所有主设备已投运并已进行过预转资后，财务部门登录智慧竣工决算应用，通过正式分摊应用对项目成本进行正式分摊。

81．智慧共享财务平台通用报账应用将通用报账划分为（　　）业务场景。

A．事前申请类、即挂即付、仅挂账+仅支付

B．事前申请类、即挂即付、仅挂账+仅支付、供应商预付款

C．事前申请类、即挂即付、仅挂账+仅支付、供应商预付款、备用金借还款

D．即挂即付、仅挂账+仅支付

【参考答案】C

【解析】根据《国家电网有限公司智慧共享财务平台用户操作手册-通用报账应用》，通用报账划分为事前申请类、即挂即付、仅挂账+仅支付、供应商预付款、备用金借还款五个业

务场景。

82．财务中台通过纳税属性维护界面，可对组织管理信息进行（　　）维护。

A．管理属性　　B．操作属性　　C．业务属性　　D．纳税属性

【参考答案】D

【解析】根据《国家电网有限公司智慧共享财务平台用户操作手册-财务中台》，通过纳税属性维护界面，可对组织管理信息进行纳税属性维护。

83．应用软件的可维护性主要是指软件的（　　）。

A．稳定性　　B．可靠性

C．可理解性、可修改性、可测试性　　D．数据独立性

【参考答案】C

【解析】软件的可维护性主要是指软件系统与软件自身结构之间是否容易理解、修改、测试和维护。

84．（　　）维护是为了补充软件的功能或优化软件的性能而进行的维护活动。

A．完善性　　B．扩展性　　C．功能性　　D．纠错性

【参考答案】A

【解析】应用软件的维护可分为完善性维护、适应性维护、纠错性维护等。完善性维护是为了补充软件的功能或优化软件的性能而进行的维护活动。

85．以下属于软件白盒测试方法的是（　　）。

A．代码检查法　　B．场景法　　C．边界值分析法　　D．错误推测法

【参考答案】A

【解析】从是否关心软件内部结构和具体实现的角度划分，软件测试方法主要有白盒测试和黑盒测试两种。白盒测试方法主要有代码检查法、静态结构分析法、静态质量度量法、逻辑覆盖法、基本路径测试法、域测试法、符号测试法、路径覆盖法和程序变异法等。黑盒测试方法主要包括等价类划分法、边界值分析法、错误推测法、因果图法、判定表驱动法、正交试验设计法、功能图法和场景法等。

86．在软件的运行维护中，完成某项程序错误纠正后，选择部分或全部已测过的功能进行复测，这类测试方法是（　　）。

A．系统测试　　B．回归测试　　C．动态测试　　D．业务测试

【参考答案】B

【解析】回归测试是修改了旧代码后，重新测试以确认修改无误。系统测试是对功能、性能以及软件所运行的软硬件环境进行的测试。动态测试是通过运行被测程序，检查运行结果与预期结果的差异，并分析运行效率、正确性和健壮性等性能。业务测试是把系统各个模块串接起来运行、模拟用户实际的工作流程的过程。

二、多项选择题

1．以下属于营销电费催费方式的是（　　）。

A．短信　　B．网上国网消息　　C．电子邮件　　D．上门催收

【参考答案】ABCD

【解析】根据《能源互联网营销服务系统（营销 2.0）电费专业核心流程》，催费方式包括短信、网上国网消息、电子邮件、语音电话和上门催收。

2．营销2.0账务清分大致分为（　　）。

A．代收　　B．代扣业务的对账

C．资金到账的勾兑　　D．营销账务基础配合类业务

【参考答案】ABCD

【解析】根据《能源互联网营销服务系统（营销2.0）电费专业核心流程》，账务清分大致分为代收、代扣业务的对账、资金到账的勾兑和营销账务基础配合类业务。

3．营销2.0计量专业中运行管理包含（　　）。

A．计量点管理　　B．运行维护　　C．运行分析　　D．基础管理

【参考答案】ABCD

【解析】根据《能源互联网营销服务系统（营销2.0）计量专业核心流程》，运行管理包括计量点管理、运行维护、运行分析和基础管理。

4．营销2.0计量专业涉及的业务类有（　　）。

A．运行管理　　B．资产管理

C．计量体系管理　　D．物联管理和多表合一

【参考答案】ABCD

【解析】根据《能源互联网营销服务系统（营销2.0）计量专业核心流程》，计量专业产品涉及5个业务类，包括运行管理、资产管理、计量体系管理、物联管理和多表合一。

5．营销2.0物联管理包括（　　）。

A．基础管理　　B．物模型管理　　C．物联信息采集　　D．物联点管理

【参考答案】BCD

【解析】根据《能源互联网营销服务系统（营销2.0）计量专业核心流程》，物联管理是指依据物联网建设需要，为满足物联设备和客户侧系统广泛接入需求，通过构建标准化物模型，规范设备和系统接入过程，包括物模型管理、物联信息采集和物联点管理。

6．营销2.0多表合一包括（　　）。

A．多表合一档案接入　　B．多表量费计算

C．物联信息采集　　D．多表采集接入

【参考答案】ABD

【解析】根据《能源互联网营销服务系统（营销2.0）计量专业核心流程》，多表合一是指能源供应商向本供电企业提出多表档案接入需求时，达成或修订相关协议所采取相应业务的统称，包括多表合一档案接入、多表采集接入和多表量费计算。

7．营销2.0服务专业主要包括的业务类有（　　）。

A．渠道管理　　B．客户管理

C．服务体验管理　　D．95598客户服务

【参考答案】ABCD

【解析】根据《能源互联网营销服务系统（营销2.0）服务核心流程专题介绍》，服务专业主要包含渠道管理、客户管理、服务体验管理、95598客户服务4个业务类。

8．营销2.0客户管理包括的业务项有（　　）。

A．客户档案　　B．会员管理　　C．积分管理　　D．增值服务

【参考答案】ABC

【解析】根据《能源互联网营销服务系统（营销 2.0）服务核心流程专题介绍》，客户管理是指从客户档案、客户行为、客户细分、会员管理、积分管理、信用体系等方面，构建统一的客户 360 全景视图。

9．营销 2.0 渠道管理包括的业务项有（　　）。

A．渠道接入　　B．积分管理　　C．渠道运维　　D．渠道监控

【参考答案】ACD

【解析】根据《能源互联网营销服务系统（营销 2.0）服务核心流程专题介绍》，渠道管理通过渠道接入管控、渠道监控体系构建、渠道运行维护、渠道评价等方面的统筹管理，持续合理配置渠道资源，保障各渠道平稳运行，推进营业厅智能化转型，提升渠道整体服务能力，形成公司各渠道线上线下协同发展的新格局。

10．营销 2.0 服务体验管理包括的业务项有（　　）。

A．服务风险管控　　B．服务品质管理　　C．增值服务　　D．辅助业务

【参考答案】ABC

【解析】根据《能源互联网营销服务系统（营销 2.0）服务核心流程专题介绍》，服务体验包括服务风险管控、服务品质管理、增值服务、安全服务管理、用电安全运行管理和转供电主体信息。

11．营销 2.0 系统 95598 客户服务包括的业务项有（　　）。

A．客户非电力诉求响应　　B．客户电力诉求响应

C．安全服务管理　　D．辅助业务

【参考答案】ABD

【解析】根据《能源互联网营销服务系统（营销 2.0）服务核心流程专题介绍》，95598 客户服务包括客户电力诉求响应、客户非电力诉求响应及辅助业务。

12．营销 2.0 市场专业主要包括的业务类有（　　）。

A．综合能源　　B．需求响应　　C．电能替代　　D．资产管理

【参考答案】ABC

【解析】根据《能源互联网营销服务系统（营销 2.0）市场专业核心流程》，为贯彻落实国家“节约、清洁、安全”的能源发展要求，聚焦客户用能优化，提升客户能效水平，营销 2.0 市场专业设计了需求响应、电能替代及综合能源服务业务。

13．营销 2.0 综合管理主要包括的业务类有（　　）。

A．标准管理　　B．线损管理　　C．质量管理　　D．项目管理

【参考答案】ABCD

【解析】根据《能源互联网营销服务系统（营销 2.0）综合专业核心流程》，综合管理专业包括标准管理、线损管理、质量管理和项目管理业务模块。

14．某市公司根据安排在全市范围内开展用户大电量自主稽查，以下属于营销 2.0 稽查流程的是（　　）。

A．主题清单抽取　　B．发布稽查任务　　C．稽查任务处理　　D．稽查结果审核

【参考答案】ABCD

【解析】根据《能源互联网营销服务系统（营销 2.0）综合专业核心流程》，自主稽查流程包括主题清单抽取、发布稽查任务、稽查任务处理、稽查结果上报和稽查结果审核。

15．营销 2.0 中运用新一代信息技术，构建移动作业数字技术平台，兼容了 4 大类型 21 种终端。以下属于 4 大类型终端的有（　　）。

A．国网计量终端　　B．国网营业终端　　C．省网自建终端　　D．农电终端

【参考答案】ABCD

【解析】根据《能源互联网营销服务系统（营销 2.0）移动作业应用设计》，运用新一代信息技术，构建移动作业数字技术平台，兼容了 4 大类型（国网计量终端、国网营业终端、省网自建终端和农电终端）21 种终端。

16．在营销 2.0 移动作业场景应用—营销普查中，普查对象有（　　）。

A．高压客户　　B．低压非居民、居民

C．发电客户　　D．重要客户

【参考答案】ABCD

【解析】根据《能源互联网营销服务系统（营销 2.0）移动作业应用设计》，普查对象分为五大类，即高压客户、低压非居民、低压居民、发电客户和重要客户。

17．营销 2.0 统一工单模型由（　　）功能模块构建。

A．工单模型管理　　B．工单调度管理　　C．工单成本管理　　D．工单运营监控

【参考答案】ABCD

【解析】根据《能源互联网营销服务系统（营销 2.0）客户侧统一工单中心建设》总体介绍，工单中心工单模型管理、工单调度管理、工单成本管理和工单运营监控四模块中产品建设及相应能力建设，形成工单中心产品。

18．营销 2.0 工单成本管理中成本数据来源有（　　）。

A．财务中台　　B．项目中台　　C．人力资源　　D．物资

【参考答案】ABCD

【解析】根据《能源互联网营销服务系统（营销 2.0）客户侧统一工单中心建设》总体介绍，工单成本数据来源于财务中台、项目中台、人力资源、物资和车辆管理等。

19．营销 2.0 统一工单中心支持的派单策略有（　　）。

A．业务角色派单　　B．岗位派单　　C．工单要素派单　　D．网格派单

【参考答案】ABCD

【解析】根据《能源互联网营销服务系统（营销 2.0）客户侧统一工单中心建设》，基于工单中心统一推广版本，目前已支持 6 种派单策略，分别是业务角色派单、岗位派单、工单要素派单、网格派单、跟随派单和智能派单。

20．营销 2.0 工单成本管理中的工单数据来源有（　　）。

A．业扩中心　　B．资产中心　　C．计量中心　　D．配抢系统

【参考答案】ABCD

【解析】根据《能源互联网营销服务系统（营销 2.0）客户侧统一工单中心建设》，工单数据来源于业扩中心、资产中心、计量中心和配抢系统等。

21．营销 2.0 统一工单模型作为工单中心的基础主要包括（　　）。

A．统一编码　　B．统一分类　　C．统一设计　　D．统一发送

【参考答案】ABC

【解析】根据《能源互联网营销服务系统（营销 2.0）客户侧统一工单中心建设》，统一

工单模型作为工单中心的基础，主要包括统一编码、统一分类和统一设计，其中统一编码是工单归集的基础，统一分类是工单引擎应用的前提条件，统一设计说明工单的逻辑结构。

22．营销 2.0 对各业务工单进行标准化分析，由统一工单分类抽象化出的工单有（　　）。

A．通知单　　B．联络单　　C．服务单　　D．维护单

【参考答案】ABCD

【解析】根据《能源互联网营销服务系统（营销 2.0）客户侧统一工单中心建设》，对各业务工单进行标准化分析，结合 SAP 工单设计理念，对工单进行抽象归并，形成通知单、联络单、服务单和维护单 4 大类工单。

23．营销 2.0 工单的标准化步骤包括（　　）。

A．工单整理　　B．要素分析　　C．工单抽象　　D．工单归并

【参考答案】ABCD

【解析】根据《能源互联网营销服务系统（营销 2.0）客户侧统一工单中心建设》，工单标准化步骤包括工单整理、要素分析、工单抽象和工单归并。

24．营销 2.0 综合能源服务实施前进行的业务流程是（　　）。

A．用能信息收集　　B．潜力项目挖掘　　C．项目跟踪　　D．项目评价

【参考答案】AB

【解析】根据《能源互联网营销服务系统（营销 2.0）供电+能效服务产品设计》流程设计，综合能源服务实施前应开展用能信息收集和潜力项目挖掘。

25．营销 2.0 综合能源服务实施后进行的业务流程是（　　）。

A．用能信息收集　　B．潜力项目挖掘　　C．项目跟踪　　D．项目评价

【参考答案】CD

【解析】根据《能源互联网营销服务系统（营销 2.0）供电+能效服务产品设计》流程设计，综合能源服务实施后应开展项目跟踪和项目评价。

26．省级智慧能源服务平台综合能源服务实施中进行的业务流程是（　　）。

A．项目跟进　　B．方案确定　　C．协议签订　　D．客户回访

【参考答案】ABCD

【解析】根据《能源互联网营销服务系统（营销 2.0）供电+能效服务产品设计》流程设计，省级智慧能源服务平台综合能源服务实施中应开展项目调研、项目跟进、信息收集、方案确定、客户洽谈、协议签订、效果评估和客户回访。

27．以下属于营销 2.0 综合能源业务子类的是（　　）。

A．能效服务信息收集　　B．能效服务微应用

C．能效建议方案管理　　D．能效服务项目跟踪

【参考答案】ABCD

【解析】根据《能源互联网营销服务系统（营销 2.0）供电+能效服务产品设计》，营销 2.0 设计了综合能源业务子类，包括能效服务信息收集、能效服务微应用、能效建议方案管理、能效服务项目跟踪等业务项，支撑潜力项目挖掘、用能分析、能效方案提供和项目跟踪等业务的开展。

28．营销 2.0 营财集成包括（　　）。

A．业务集成　　B．凭证集成　　C．数据集成　　D．界面集成

【参考答案】ABC

【解析】根据《能源互联网营销服务系统（营销 2.0）营财集成概述》，要实现营财业务在系统层面的融合落地，应完成营财业务集成、凭证集成、数据集成三方面的集成。

29．营销 2.0 营财集成凭证集成中的电费退费凭证包括（　　）。

A．预收电费退费　　B．实收电费退费　　C．实收违约金退费　　D．不明款退费

【参考答案】ABCD

【解析】根据《能源互联网营销服务系统（营销 2.0）营财集成概述》，电费退费凭证包括预收电费退费、实收电费退费、实收违约金退费、营业外收入退费和不明款退费。

30．营销 2.0 渠道服务代理作为省侧渠道接入统一入口服务，覆盖专线接入等多种接入渠道，具备了（　　）功能。

A．渠道接入　　B．协议转换　　C．渠道回调　　D．文件转存

【参考答案】ABCD

【解析】根据《能源互联网营销服务系统（营销 2.0）全渠道接入服务建设方案》，渠道服务代理作为省侧渠道接入统一入口服务，覆盖专线接入等多种接入渠道，具备渠道接入、协议转换、渠道回调及渠道文件转存等功能，构建开放式的接入服务体系，支撑营销 2.0 系统对外统一的渠道入口。

31．营销 2.0 渠道服务管理包括（　　）功能。

A．渠道接入管理　　B．服务接口管理　　C．业务能力管理　　D．渠道运行监控

【参考答案】ABCD

【解析】根据《能源互联网营销服务系统（营销 2.0）全渠道接入服务建设方案》，渠道服务管理主要包括渠道注册登记、渠道接入管理、业务能力管理、服务接口管理、服务接口编排、服务运行编排、渠道运行监控和渠道服务分析等功能。

32．营销 2.0 全渠道接入服务系统集成包括（　　）。

A．应用集成　　B．界面集成　　C．数据集成　　D．业务集成

【参考答案】ABC

【解析】根据《能源互联网营销服务系统（营销 2.0）全渠道接入服务建设方案》，系统集成包括应用集成、界面集成和数据集成。

33．营销 2.0 全渠道接入服务收费渠道主要开展的业务有（　　）。

A．账单查询　　B．充值交费　　C．电子托收　　D．退款

【参考答案】ABCD

【解析】根据《能源互联网营销服务系统（营销 2.0）全渠道接入服务建设方案》，收费渠道包括金融机构、非金融代收机构、交费终端等类型，通过全渠道接入服务进行应用集成，主要开展账单查询、充值交费、电子托收、批量代扣和退款等业务。

34．营销 2.0 全渠道接入服务多表公共服务主要开展的业务有（　　）。

A．客户档案信息同步　　B．客户账单信息同步

C．联合账单收费管理　　D．抄表数据和收费数据同步

【参考答案】ABCD

【解析】根据《能源互联网营销服务系统（营销 2.0）全渠道接入服务建设方案》，多表公共服务通过全渠道接入服务与多表渠道系统进行应用集成，主要开展客户档案信息同步、

客户账单信息同步、联合账单收费管理、抄表数据和收费数据同步等业务。

35．营销 2.0 中的相同收付款协议是指相同的（　　）。

A．收付款方式　　B．收付款账户　　C．开票信息　　D．通知联系人

【参考答案】ABCD

【解析】根据《能源互联网营销服务系统（营销 2.0）合同账户深化应用课件》，相同收付款协议是指相同的收付款方式、收付款账户、开票信息、通知联系人、催费联系人和同一发行例日等。

36．营销 2.0 合同账户设计方案采用（　　）模式。

A．省级集约管理　　B．市级集约管理

C．县级集约管理　　D．省、市、县三级管理

【参考答案】AD

【解析】根据《能源互联网营销服务系统（营销 2.0）合同账户深化应用课件》，营销 2.0 引入合同账户后，与合同账户相关的业务可采用两种管理模式，即省级集约管理模式与省、市、县三级管理模式。

37．营销 2.0 合同账户的引入业扩专业主要涉及的业务有（　　）。

A．新装　　B．过户　　C．租赁　　D．合同账户维护

【参考答案】ABCD

【解析】根据《能源互联网营销服务系统（营销 2.0）合同账户深化应用课件》，合同账户的引入业扩专业主要涉及新装、过户、租赁以及合同账户维护变更业务。

38．营销 2.0 中脱敏白名单管理用户角色有（　　）。

A．业务专责　　B．安全管理专责

C．安全管理主管　　D．系统运维工程师

【参考答案】ABCD

【解析】根据《能源互联网营销服务系统（营销 2.0）安全管理产品功能介绍》，脱敏白名单管理用户角色包括业务专责、安全管理专责、安全管理主管和系统运维工程师。

39．对营销 2.0 系统脱敏白名单的管理功能，负责对申请进行审核和审批的是（　　）。

A．业务专责　　B．安全管理专责

C．安全管理主管　　D．系统运维工程师

【参考答案】BC

【解析】根据《能源互联网营销服务系统（营销 2.0）安全管理产品功能介绍》，对营销 2.0 系统脱敏白名单的管理功能，由业务专责发起数据脱敏白名单申请，安全管理专责对申请进行审核，安全管理主管对申请进行审批。

40．营销 2.0 数据共享管理包括（　　）。

A．对内共享　　B．对外共享　　C．服务共享　　D．业务共享

【参考答案】AB

【解析】根据《能源互联网营销服务系统（营销 2.0）安全管理产品功能介绍》，数据共享管理包括对外、对内数据共享申请单的管理功能。

41．营销 2.0 安全任务工单的派发流程包括（　　）。

A．创建　　B．发送　　C．解决　　D．检查

【参考答案】ABCD

【解析】根据《能源互联网营销服务系统（营销 2.0）安全管理产品功能介绍》，安全任务工单的派发流程包括创建、发送、解决和检查。

42．对营销 2.0 安全任务工单的管理功能，负责工单创建和发送的是（　　）。

A．系统安全组长　　B．安全管理专责

C．系统安全主管　　D．系统安全运维工程师

【参考答案】ABC

【解析】根据《能源互联网营销服务系统（营销 2.0）安全管理产品功能介绍》，负责安全任务工单创建、发送的是安全管理专责、系统安全主管和系统安全组长。

43．营销 2.0 业务安全监测功能有（　　）。

A．场景管理　　B．名单管理　　C．事件管理　　D．告警记录

【参考答案】ABCD

【解析】根据《能源互联网营销服务系统（营销 2.0）安全管理产品功能介绍》，业务安全监测功能包括场景管理、名单管理、事件管理、告警记录、模板管理和程序访问监测。

44．营销 2.0 安全管理中的配置管理包括（　　）。

A．微服务配置　　B．产品配置　　C．枚举配置　　D．用户 IP 配置

【参考答案】ABCD

【解析】根据《能源互联网营销服务系统（营销 2.0）安全管理产品功能介绍》，配置管理包括微服务配置、产品配置、枚举配置和用户 IP 配置。微服务配置是对系统涉及的微服务信息进行管理的功能。产品配置是对营销系统中产品和接口的对应关系进行配置，对各个产品中对应的接口进行增删改查，对系统识别到的无绑定产品的接口进行绑定、解除绑定以及修改等操作。枚举配置是对系统页面下拉框内的枚举值进行配置。用户 IP 配置是对操作人员账号、单位和操作 IP 对应关系进行配置。

45．营销 2.0 数字水印组件的水印配置策略中，水印分为（　　）。

A．文件水印　　B．数据水印　　C．图像水印　　D．音频水印

【参考答案】AB

【解析】根据《能源互联网营销服务系统（营销 2.0）安全管理产品功能介绍》，数字水印组件提供数据水印和文件水印溯源功能。

46．基于对售电市场发展的研究，营销 2.0 设计的普遍服务业务有（　　）。

A．市场签约管理　　B．客户抄表计量

C．交易电费结算　　D．信息披露服务

【参考答案】ABCD

【解析】根据《能源互联网营销服务系统（营销 2.0）市场化售电业务》，基于对售电市场发展的研究，营销 2.0 设计了普遍服务和交易支撑两类业务。普遍服务包括市场签约管理、客户抄表计量、交易电费结算和信息披露服务。

47．PMS3.0 登记隐患时，可选择（　　）的多个设备，保存后，生成多条隐患记录。

A．同电站　　B．同类型　　C．同电压等级　　D．同线路

【参考答案】ABC

【解析】根据《PMS3.0 统推版操作手册_隐患管理》，登记隐患时，可选择同电站、同类

型、同电压等级的多个设备，保存后，生成多条隐患记录。

48．PMS3.0 在检修计划发布环节可以进行（　　）操作。

A．检修计划修改　　B．检修计划变更

C．检修计划退回　　D．检修计划取消

【参考答案】BD

【解析】根据《PMS3.0 统推版操作手册_检修计划&现场勘查》，发布状态的检修计划不支持退回及修改，仅支持计划变更和计划取消。

49．PMS3.0 当前巡视状态为故障特巡时，支持进行（　　）操作。

A．缺陷登记　　B．隐患登记　　C．故障登记　　D．故障转抢修

【参考答案】ABCD

【解析】根据《PMS3.0 统推版操作手册_巡视管理》，当前巡视状态为故障特巡时，进入巡视详情页面展示故障跳闸记录信息。支持进行故障登记、缺陷隐患登记以及故障转抢修操作。

50．PMS3.0 中对编制状态的缺陷进行修改时，可修改的内容包括（　　）。

A．缺陷内容　　B．缺陷描述　　C．缺陷设备　　D．发现方式

【参考答案】ABCD

【解析】根据《PMS3.0 统推版操作手册_缺陷管理》，仅编制状态的缺陷可进行修改，支持修改缺陷设备、缺陷描述、附件、缺陷内容、发现方式和发现人，支持多选。

51．PMS3.0 工作票提交时，必填的数据包括（　　）。

A．工作负责人　　B．风险等级　　C．工作班成员　　D．工作票票号

【参考答案】ABC

【解析】根据《PMS3.0 统推版操作手册_工作票》，提交工作票时，必须填写工作负责人、计划工作时间、风险等级和工作班成员信息。

52．PMS3.0 巡视管理模块中，巡视类型有（　　）。

A．例行巡视　　B．熄灯巡视　　C．全面巡视　　D．特殊巡视

【参考答案】ABCD

【解析】根据《PMS3.0 统推版操作手册_巡视管理》，巡视类型分为例行巡视、特殊巡视、熄灯巡视和全面巡视四种。

53．采集 2.0 提供的时钟管理功能有（　　）。

A．主站时钟管理　　B．终端时钟管理

C．电能表时钟管理　　D．水表时钟管理

【参考答案】ABC

【解析】根据《新一代用电信息采集系统_TC02_用户使用手册（时钟管理）分册 V0.0.4》，时钟管理功能包括主站时钟管理、终端时钟管理和电能表时钟管理。

54．采集 2.0 数据召测可以实现对（　　）的召测。

A．实时数据　　B．冻结数据　　C．曲线数据　　D．事件

【参考答案】ABCD

【解析】根据《新一代用电信息采集系统_TC04_用户使用手册（数据采集）分册 V0.0.4》，数据召测是选取采集对象终端或电能表，对其设置召测数据项（包括实时数据、冻结数据、

曲线数据、事件、时间等参数）后进行召测，展示召测成功的数据及失败数据项清单。

55．采集2.0通过（　　）实现对现场设备的数据采集。

A．报文分析　　B．数据校核　　C．数据补召　　D．数据召测

【参考答案】ABCD

【解析】根据《新一代用电信息采集系统_TC04_用户使用手册（数据采集）分册V0.0.4》，数据采集功能按照报文分析、数据校核、数据补召和数据召测四个应用实现基础数据采集。

56．采集2.0采集任务管理提供的任务管理应用包括（　　）。

A．电能表采集任务管理　　B．终端采集任务管理

C．主站任务管理　　D．采集策略模板管理

【参考答案】BCD

【解析】根据《新一代用电信息采集系统_TC03_用户使用手册（任务管理）分册V0.0.4》，采集任务管理提供的任务管理应用分为采集策略模板管理、终端采集任务管理和主站任务管理。

57．电网资源业务中台变电站母线接线方式有（　　）。

A．单母线接线　　B．双母线接线

C．线变组接线　　D．单母分段接线

【参考答案】ABCD

【解析】根据《基于电网资源业务中台的主网设备同源维护（变电）用户使用说明V1.1》，新建变电站母线接线方式有线变组接线、双母线分段接线、单母线三分段接线、单母线接线、双母线接线和单母线分段接线等。

58．电网资源业务中台变电站间隔类型包括（　　）。

A．出线间隔　　B．避雷器间隔

C．电抗器间隔　　D．电压互感器间隔

【参考答案】ACD

【解析】根据《基于电网资源业务中台的主网设备同源维护（变电）用户使用说明V1.1》，变电站间隔类型包括出线间隔、电抗器间隔、电压互感器间隔、电容器间隔和站用变压器间隔。

59．新一代应急指挥系统资源总览包括的台账有（　　）。

A．人员台账　　B．队伍台账　　C．装备台账　　D．车辆台账

【参考答案】ABCD

【解析】根据《新一代应急指挥系统（SG-ECS）操作手册（PC版）》，资源台账包括人员台账、队伍台账、物资台账、装备台账、车辆台账和航空台账。

60．新一代应急指挥系统应急响应分为（　　）。

A．Ⅰ级　　B．Ⅱ级　　C．Ⅲ级　　D．Ⅳ级

【参考答案】ABCD

【解析】根据《新一代应急指挥系统（SG-ECS）操作手册（PC版）》，应急响应分为Ⅰ级、Ⅱ级、Ⅲ级和Ⅳ级。

61．采集2.0中计量设备包括（　　）。

A．气表　B．水表　C．电能表　D．热表

【参考答案】ABCD

【解析】根据《采集 2.0 基座总体设计 V1.0》功能架构设计，采集 2.0 覆盖的计量设备有气表、水表、电能表和热表。

62．统一权限中的业务应用功能体系主要包括（　　）等。

A．功能　B．权限对象　C．业务应用　D．数据类型

【参考答案】ABCD

【解析】根据《国家电网公司统一权限平台系统 2.1.15 版本-集成规范总册》，业务应用功能体系主要包括功能、权限对象、业务应用、数据类型和数据集。

63．统一权限支持（　　）授权的管理模式。

A．分级　B．分层次　C．分单位　D．分岗位

【参考答案】AB

【解析】根据《国家电网公司统一权限平台系统 2.1.15 版本-集成规范总册》，系统支持分级、分层次授权的管理模式。

64．统一授权系统原则上只允许对角色进行授权，其中角色类型包括（　　）。

A．业务角色　B．业务组织角色

C．系统角色　D．系统管理员角色

【参考答案】AB

【解析】根据《国家电网公司统一权限平台系统 2.1.15 版本-集成规范总册》，统一授权系统原则上只允许对角色进行授权，其中角色分为业务角色和业务组织角色两种类型。

65．统一权限管理系统包括（　　）。

A．基准组织与用户　B．业务组织体系

C．角色体系　D．业务应用系统功能体系

【参考答案】ABCD

【解析】根据《国家电网公司统一权限平台系统 2.1.15 版本-集成规范总册》，统一权限管理系统包括基准组织与用户、业务组织体系、角色体系和业务应用系统功能体系四个方面。

66．智慧共享财务平台主数据初始化工作方案中，主数据清理和初始化的数据范围包括组织、供应商、（　　）、银行账户及数字钱包、业务标签、资产卡片等存量数据。

A．员工　B．客户　C．预算科目　D．核算科目

【参考答案】ABC

【解析】根据《国家电网有限公司智慧共享财务平台-主数据初始化方案》，数据范围包括组织、员工、供应商、客户、预算科目、银行账户及数字钱包、业务标签、资产卡片 8 类全部存量数据，原则上应一次性完成清理。

67．智慧共享财务平台智慧应用包括（　　）。

A．财务共享应用　B．财务专业应用

C．业财融合应用　D．业财共享应用

【参考答案】ABC

【解析】根据《国家电网有限公司智慧共享财务平台-平台项目名词词典》，智慧应用包括财务共享应用、业财融合应用和财务专业应用三类。

68．智慧共享财务平台智慧竣工决算应用中，概算信息导入保存时，系统会有（　　）数据规则校验。

A．概算金额不能小于 0　　B．概算只能维护到有标志位的层级

C．概算汇总金额校验　　D．所有 WBS 层级必须有概算

【参考答案】 AB

【解析】 根据《国家电网有限公司智慧共享财务平台用户操作手册-智慧竣工决算》，概算导入审核要点及规则为：①概算金额不能小于 0；②概算只能维护到有标志位的层级。

69．智慧共享财务平台竣工决算报表的移交资产报表可能包括（　　）。

A．固定资产　　B．无形资产　　C．长期待摊费用　　D．流动资产

【参考答案】 ABCD

【解析】 根据《国家电网有限公司智慧共享财务平台用户操作手册-智慧竣工决算》，在完成正式分摊以后，形成最终的固定资产、无形资产、长期待摊费用和流动资产价值后，财务人员在智慧竣工决算应用中执行智慧竣工决算报表出具功能。

70．智慧共享财务平台涉及的核心主数据主要包括（　　）等。

A．组织　　B．员工　　C．供应商　　D．会计科目

【参考答案】 ABCD

【解析】 根据《国家电网有限公司智慧共享财务平台用户操作手册-财务中台》，智慧共享财务管理平台涉及的核心主数据主要包括组织、员工、供应商、会计科目、预算科目、银行账户以及常用业务标签等。

71．以下属于应用软件用户常用认证方式的有（　　）。

A．用户名和密码认证　　B．双因素认证

C．证书认证　　D．生物特征认证

【参考答案】 ABCD

【解析】 应用软件常用的用户认证方式包括用户名和密码认证、双因素认证、证书认证、生物特征认证、动态口令认证和智能卡认证等。

72．以下属于提升软件的可维护性的原因的是（　　）。

A．降低维护成本　　B．增强软件寿命

C．提高软件质量　　D．提升运维效率

【参考答案】 ABCD

【解析】 软件的可维护性是指在软件的生命周期中，软件可以方便地进行维护和修改的能力。可维护性高的软件可提升运维效率、降低维护成本、增强软件寿命以及提高软件质量。

73．以下属于软件的维护活动的是（　　）。

A．纠错性维护　　B．适应性维护　　C．完善性维护　　D．预防性维护

【参考答案】 ABCD

【解析】 软件的维护活动包括纠错性维护、适应性维护、完善性维护、预防性维护和支援性维护等。

74．以下属于常用的软件黑盒测试方法的是（　　）。

A．边界值分析法　　B．功能图法　　C．场景法　　D．因果图法

【参考答案】 ABCD

【解析】从是否关心软件内部结构和具体实现的角度划分，软件测试方法主要有白盒测试和黑盒测试两种。黑盒测试方法主要包括等价类划分法、边界值分析法、错误推测法、因果图法、判定表驱动法、正交试验设计法、功能图法和场景法等。

三、判断题

1．营销 2.0 中开展客户资源空间及拓扑关系维护的方式有两种。

【参考答案】对

【解析】根据《能源互联网营销服务系统（营销 2.0）营配本质贯通建设》，营销 2.0 开展客户资源空间及拓扑关系维护的方式有两种：一种是通过营销 GIS 应用进行拓扑维护，即在 GIS 地图上维护客户资源图形及拓扑，再由 GIS 地图将客户资源推送到 PMS；另一种是通过 PMS 单线图工具进行拓扑维护，即在 PMS 单线图上维护客户拓扑关系，再由 PMS 将客户资源、坐标、拓扑关系等自动沿布到 GIS 地图。

2．电网 GIS 平台定位于企业级公共服务平台，是国家电网公司企业中台架构中重要的技术底座，构建输、变、配、用一体的数字化电网，为国家电网公司提供统一地图服务和电网资源的图形化管理服务。

【参考答案】对

【解析】根据《能源互联网营销服务系统（营销 2.0）营配本质贯通建设》，电网 GIS 平台定位于企业级公共服务平台，是国家电网公司企业中台架构中重要的技术底座，构建输、变、配、用一体的数字化电网，为国家电网公司提供统一地图服务和电网资源的图形化管理服务。支撑营销 2.0 中的“供电方案辅助编制”“运营管理”“营销移动作业”“地址地名定位”“网格图形绘制”等基础营销业务场景中对地图和电网资源的需求。

3．营销 2.0 系统由前台业务应用、客户服务业务中台、营销业务服务、营销数据服务和客户物联应用中心等部分构成。

【参考答案】对

【解析】根据《能源互联网营销服务系统（营销 2.0）建设历程及成果》，坚持国家电网公司企业中台企业级统筹规划设计，以业务需求为导向，规划设计营销 2.0 总体架构。营销 2.0 系统由前台业务应用、客户服务业务中台、营销业务服务、营销数据服务和客户物联应用中心等部分构成。

4．营销 2.0 数据中台是国家电网公司企业级数据中台的组成部分，负责营销专业数据汇聚、分析和共享；客户物联应用中心在国家电网公司物联管理平台基础上提供营销物联应用。

【参考答案】对

【解析】根据《能源互联网营销服务系统（营销 2.0）建设历程及成果》，营销 2.0 数据中台是公司企业级数据中台的组成部分，负责营销专业数据汇聚、分析和共享；客户物联应用中心在公司物联管理平台基础上提供营销物联应用。

5．营销 2.0 电源并网是指客户因用电需求而自行发起申请，供电企业为满足其用电需求，达成或修订供用电合同及相关协议所采取的相应业务的统称。

【参考答案】错

【解析】根据《能源互联网营销服务系统（营销 2.0）业扩核心流程设计与实现》，电源并网是指客户因电源新装、增容、变更等需求而发起申请，供电企业为满足其电源并网需求，签订或变更电源发用电合同及相关协议所采取的相应业务的统称。

6．营销 2.0 业扩接入是指客户因电源新装、增容、变更等需求而发起申请，供电企业为满足其电源并网需求，签订或变更电源发用电合同及相关协议所采取的相应业务的统称。

【参考答案】错

【解析】根据《能源互联网营销服务系统（营销 2.0）业扩核心流程设计与实现》，业扩接入是指客户因用电需求而自行发起申请，供电企业为满足其用电需求，达成或修订供用电合同及相关协议所采取的相应业务的统称。

7．营销 2.0 精简 95598 客户诉求业务分类，将原八项业务“业务咨询、服务申请、投诉、举报、意见、建议、表扬、故障报修”变更为六项业务“查询咨询、业务申请、投诉、举报、意见（建议）、故障报修”。

【参考答案】对

【解析】根据《能源互联网营销服务系统（营销 2.0）服务核心流程专题介绍》，依据 2022 年 1 月下发的最新《国家电网有限公司 95598 客户服务业务管理办法》，精简 95598 客户诉求业务分类，将原八项业务“业务咨询、服务申请、投诉、举报、意见、建议、表扬、故障报修”变更为六项业务“查询咨询、业务申请、投诉、举报、意见（建议）、故障报修”。

8．营销 2.0 现场勘查是指客户经理使用移动作业终端，接收系统派工任务，通过电网资源业务中台查询配电网信息，了解线路可开放容量；组织相关部门进行现场勘查，核实并完善客户信息，上传相关资料的工作。

【参考答案】对

【解析】根据《能源互联网营销服务系统（营销 2.0）移动作业应用设计》，现场勘查是指客户经理使用移动作业终端，接收系统派工任务，通过电网资源业务中台查询配电网信息，了解线路可开放容量；组织相关部门进行现场勘查，核实并完善客户信息，上传相关资料的工作。

9．营销 2.0 网格派单可在“工单管理—工单调度管理—网格管理”菜单，维护用电户、低压台区和行政地址对应的台区经理。

【参考答案】对

【解析】根据《能源互联网营销服务系统（营销 2.0）移动作业应用设计》，网格派单可在“工单管理—工单调度管理—网格管理”菜单，维护用电户、低压台区和行政地址对应的台区经理。后续工单中心通过对工单业务数据的分析，按照台区、行政地址、用电户和线路等精准匹配工单对应网格，将工单派发至台区经理。

10．营销 2.0 在标签应用场景中同一个标签可能使用在多个策略。

【参考答案】对

【解析】根据《能源互联网营销服务系统（营销 2.0）客户标签体系》，在标签应用场景中同一个标签可能使用在多个策略。

11．营销 2.0 自建客户标签是指基于跨专业数据（必须含营销专业数据）产生的标签。

【参考答案】错

【解析】根据《能源互联网营销服务系统（营销 2.0）客户标签体系》，客户标签分为自建客户标签和共建客户标签两类。自建客户标签是指基于营销专业数据产生的标签；共建客户标签是指基于跨专业数据（必须含营销专业数据）产生的标签。

12．营财集成应收明细数据是指每月营销系统通过数据中台提供电费台账明细数据到财务，财务根据明细数据生成电力销售情况明细表。

【参考答案】对

【解析】根据《能源互联网营销服务系统（营销 2.0）营财集成概述》，数据集成应收明细数据是指每月营销系统通过数据中台提供电费台账明细数据到财务，财务根据明细数据生成电力销售情况明细表。

13．营销 2.0 中一个客户可以对应多个合同账户，一个合同账户可以被多个用户共同使用，但一个用户有且只能有一个合同账户。

【参考答案】对

【解析】根据《能源互联网营销服务系统（营销 2.0）合同账户深化应用课件》，同一合同账户下的所有用户必须合并交费、合并开票、合并通知、合并催费、合并账单和余额共享；一个客户可以对应多个合同账户，一个合同账户可以被多个用户共同使用，但一个用户有且只能有一个合同账户。

14．营销 2.0 引入合同账户后，客户只需通过合同账户进行签约，签约完成后同时对合同账户下的所有用户生效，一笔完成客户合同账户下所有用户的交费。

【参考答案】对

【解析】根据《能源互联网营销服务系统（营销 2.0）合同账户深化应用课件》，引入合同账户后，客户只需通过合同账户进行签约，签约完成后同时对合同账户下的所有用户生效，一笔完成客户合同账户下所有用户的交费。

15．对于营销 2.0 脱敏白名单管理功能，由业务专责发起数据脱敏白名单申请，安全管理专责对申请进行审核，安全管理主管对申请进行审批。

【参考答案】对

【解析】根据《能源互联网营销服务系统（营销 2.0）安全管理产品功能介绍》，对营销 2.0 系统脱敏白名单的管理功能，由业务专责发起数据脱敏白名单申请，安全管理专责对申请进行审核，安全管理主管对申请进行审批。

16．营销 2.0 应用安全审计对营销 2.0 系统用户操作、接口访问操作等进行审计，对不符合审计策略的内容按提示告警信息对相关业务人员进行告警；对系统日常操作日志、重要安全事件和重要安全告警提供查询功能。

【参考答案】对

【解析】根据《能源互联网营销服务系统（营销 2.0）安全管理产品功能介绍》，应用安全审计对营销 2.0 系统用户操作、接口访问操作等进行审计，对不符合审计策略的内容按提示告警信息对相关业务人员进行告警；对系统日常操作日志、重要安全事件和重要安全告警提供查询功能。

17．营销 2.0 业务费退费业务是指针对已收取的且已解款的业务费，依据最新政策或其他原因，需要退还给用户的，可通过业务费退费流程，无须作废已开发票直接将费用退还至用户银行账户。

【参考答案】错

【解析】根据《能源互联网营销服务系统（营销 2.0）营财集成概述》，针对已收取的且已解款的业务费，依据最新政策或其他原因，需要退还给用户的，可通过业务费退费流程，将费用退还至用户银行账户。发起退费时需校验用户是否已开具发票，如果已开具，需先作废发票后再发起退费。

18．PMS3.0 中进行缺陷登记时，设备是否受损字段默认值为是。

【参考答案】错

【解析】根据《PMS3.0 统推版操作手册_缺陷管理》，设备是否受损字段默认赋值为否。

19．PMS3.0 中登记隐患允许选择相同线路、相同设备类型的多个设备，生成一条隐患记录。

【参考答案】错

【解析】根据《PMS3.0 统推版操作手册_隐患管理》，隐患新增时，允许选择相同线路、相同设备类型的多个设备，保存后，生成多条隐患记录。

20．PMS3.0 的巡视管理中可以登记缺陷隐患。

【参考答案】对

【解析】根据《PMS3.0 统推版操作手册_巡视管理》，在巡视过程中，可以对巡视过程中发现的缺陷隐患进行登记，以及在巡视完成后进行巡视记录确认。

21．PMS3.0 巡视移动端不支持通过实物 ID 扫描登记缺陷和隐患信息。

【参考答案】错

【解析】根据《PMS3.0 统推版操作手册_巡视管理》，移动端可以直接扫描设备上面的实物 ID 码进行设备选择。

22．对 PMS3.0 中待治理的缺陷，可手动更改缺陷级别。

【参考答案】错

【解析】根据《PMS3.0 统推版操作手册_缺陷管理》，对在途的缺陷工单，无法修改缺陷级别，仅编制状态的缺陷可进行修改。

23．PMS3.0 中编制状态的缺陷可以删除。

【参考答案】对

【解析】根据《PMS3.0 统推版操作手册_缺陷管理》，编制状态的缺陷可以删除。

24．采集 2.0 不支持对多个终端配采集任务。

【参考答案】错

【解析】根据《新一代用电信息采集系统_TC03_用户使用手册（任务管理）分册 V0.0.4》，终端采集任务管理根据管理单位、规约类型、对象类型、采集点类型、设备地址和台区名称查询对应终端。根据采集策略类型、采集策略编号、采集策略名称选取“采集策略”，支持对设备（单个终端、多个终端）配置终端采集任务。

25．采集 2.0 数据召测可以同时召测三相电压和三相电流这两个数据项。

【参考答案】对

【解析】根据《新一代用电信息采集系统_TC04_用户使用手册（数据采集）分册 V0.0.4》，数据召测可选取采集对象终端或电能表对其设置召测数据项，如实时数据、冻结数据、曲线数据和事件等进行召测。

26．电网资源业务中台线路名称需要与运维分段名称区分开来。

【参考答案】错

【解析】根据《基于电网资源业务中台的主网设备同源维护（输电）用户使用说明 V2.1》，新建输电线路名称需要与运维分段名称保持一致。

27．电网资源业务中台交流保护装置下分为线路保护、母线保护、变压器保护、断路器保护、电容器保护、电抗器保护、短引线保护、过电压及远方跳闸保护、发电机保护、发电组保护、站用电保护、电动机保护、串补保护和接地变压器保护。

【参考答案】对

【解析】根据《基于电网资源业务中台的主网设备同源维护（变电）用户使用说明 V1.1》，交流保护装置下分为线路保护、母线保护、变压器保护、断路器保护、电容器保护、电抗器保护、短引线保护、过电压及远方跳闸保护、发电机保护、发电组保护、站用电保护、电动机保护、串补保护和接地变压器保护。

28．采集 2.0 为数据计算服务提供支撑，提供了实时计算、批量计算和数据分析三个层级的计算处理能力。

【参考答案】对

【解析】根据《采集 2.0 基座总体设计 V1.0》计算分析，通过实时计算、批量计算和数据分析三个层级的计算处理能力，结合计算任务的编排与调度工具，为数据计算服务提供支撑，满足各类数据处理、应用和分析场景的需求。

29．采集 2.0 通信管理层主要负责对现场终端设备的数据采集，对上接收业务层设备的操作指令，只能将操作指令按照终端协议转化为设备操作指令报文，下放到现场终端，无法下发到电能表。

【参考答案】错

【解析】根据《采集 2.0 基座总体设计 V1.0》，采集 2.0 通信管理层主要负责对现场终端设备的数据采集，对上接收业务层设备的操作指令，将操作指令按照终端或电能表协议转化为设备操作指令报文，下放到现场终端或电能表。

30．采集 2.0 可对空调、电热水器等智能家电设备负荷进行统一监控与调控。

【参考答案】对

【解析】根据《采集 2.0 基座总体设计 V1.0》，采集 2.0 调控对象包括计量设备、充电桩、光储充、智能家电，智能家电包括空调、电热水器等。

31．采集 2.0 将数据分为档案类数据、冻结类数据、曲线类数据、分钟级数据、事件类数据、报文类数据、统计分析数据七种类型。其中，报文类数据、事件类数据、曲线类数据和分钟级数据优先存储于列数据库。

【参考答案】对

【解析】根据《采集 2.0 基座总体设计 V1.0》，采集 2.0 将数据分为档案类数据、冻结类数据、曲线类数据、分钟级数据、事件类数据、报文类数据、统计分析数据七种类型，各类数据在数据规模、重要程度、业务应用方面存在显著差异，根据数据特点进行分类存储，其中报文类数据、事件类数据、曲线类数据和分钟级数据优先存储于列数据库。

32．采集 2.0 从数据规模、重要程度和业务应用等方面进行分析，对冻结类数据、曲线类数据、分钟级数据和统计分析数据只存储 6 个月。

【参考答案】错

【解析】根据《采集 2.0 基座总体设计 V1.0》，采集 2.0 针对不同的数据应用需求设计业务分析库和采集全量库，为满足统计分析类业务需要历史数据的需求，在采集全量库中永久存放冻结类数据、曲线累数据、分钟级数据和统计分析数据。

33．接入统一权限的业务应用系统需要末级功能可通过 URL 独立展现，统一权限将注册业务应用系统的功能菜单并统一显示。

【参考答案】对

【解析】根据《国家电网公司统一权限平台系统 2.1.15 版本-集成规范总册》，接入统一权限的业务应用系统需要末级功能可通过 URL 独立展现，统一权限将注册业务应用系统的功能菜单并统一显示。

34．统一认证集成后用户只需要一次性录入用户名和密码，之后通过密码在 ISC-SSO 客户端与 ISC-SSO 服务端进行校验。

【参考答案】错

【解析】根据《国家电网公司统一权限平台系统 2.1.15 版本-集成规范总册》，用户只需要一次性录入用户名和密码，之后通过 Ticket 绑定用户，在 ISC-SSO 客户端与 ISC-SSO 服务端进行校验。校验通过 Ticket 完成，并不会在网上传输密码，所以可以保证其安全性，使密码不被窃取。

35．在统一权限中无须维护身份证号和手机号。

【参考答案】错

【解析】根据《国家电网有限公司统一权限平台（V3.2.0）网络安全防护方案》，统一权限平台针对不同的用户类型提供了多种身份信息维护模式，包括管理员维护、权威源数据同步和用户自助注册等。其中，自助注册方式主要针对外部用户，涉及手机号、身份证号等敏感数据的传输与存储，需要进行重点防护。

36．统一权限的权限管理员给用户授权后，用户权限立即生效。

【参考答案】错

【解析】根据《国家电网有限公司统一权限平台（V3.2.0）网络安全防护方案》，系统设置审核管理员角色，账号申请、权限申请等关键操作通过工单进行流转，再由审核管理员进行审批后生效。

37．统一权限与业务应用系统界面集成后，业务应用系统无须提供关闭原主控界面的控制配置。

【参考答案】错

【解析】根据《国家电网公司统一权限平台系统 2.1.15 版本-集成规范总册》，业务应用系统需要提供关闭原主控界面的控制配置。

38．智慧共享财务平台五险一金应用包括五险一金数据接收、五险一金复核、五险一金计提过账、资金入池和五险一金支付。

【参考答案】对

【解析】根据《国家电网有限公司智慧共享财务平台用户操作手册-人资业务应用》，五险一金应用包括五险一金数据接收、五险一金复核、五险一金计提过账、资金入池和五险一金支付。

39．智慧共享财务平台中资金入池应用对人资传输至工资薪酬应用的付款申请数据，需要在智慧共享平台资金支付手动中进行付款订单创建和提交操作。

【参考答案】错

【解析】根据《国家电网有限公司智慧共享财务平台用户操作手册-人资业务应用》，资金入池界面功能主要是针对人资传输至工资薪酬应用的付款申请数据自动进行付款订单创建和提交操作。

40．智慧共享财务平台五险一金数据复核时，为确保数据校验的准确性，系统暂不支持多条复核，仅能逐条比对复核确认。

【参考答案】错

【解析】根据《国家电网有限公司智慧共享财务平台用户操作手册-人资业务应用》，五险一金数据复核功能是针对社保系统传输过来的五险一金计提信息进行复核，支持多笔缴费单同时复核。

41．智慧共享财务平台工程验收盘点业务包含主设备、线路、房屋建筑物、车辆工器具及其他资产的验收清单盘点。

【参考答案】对

【解析】根据《国家电网有限公司智慧共享财务平台用户操作手册-智慧竣工决算》，工程验收盘点业务包含主设备、线路、房屋建筑物、车辆工器具及其他资产的验收清单盘点。

42．智慧共享财务平台工程管理部门（基建部、设备部）在导入项目概算后，只能由财务人员进行概算检查。

【参考答案】错

【解析】根据《国家电网有限公司智慧共享财务平台用户操作手册-智慧竣工决算》，在导入项目概算后，工程管理部门（基建部、设备部）或财务人员可进入概算查询应用，查看项目总概算及项目的明细概算。

43．智慧共享财务平台五险一金数据接收是对社保系统传输至中台可视化的五险一金缴费单计提数据接收成功与失败状态的统一展示。

【参考答案】对

【解析】根据《国家电网有限公司智慧共享财务平台用户操作手册-人资业务应用》，五险一金数据接收是对社保系统传输至中台可视化的五险一金缴费单计提数据接收成功与失败状态的统一展示。

44．软件研发过程中通过规范化编码和文档可有效提高软件的可维护性。

【参考答案】对

【解析】软件的可维护性包括可理解性，通过规范化编码和文档，可以有效降低代码复杂度，提高可读性和可理解性，降低维护的难度和风险。

45．开展软件测试的主要目的是证明软件的正确性和评价软件的质量。

【参考答案】错

【解析】开展软件测试的主要目的是尽可能发现软件中存在的错误。

四、实践操作题

1．请演示新一代设备资产精益管理系统（PMS3.0）工作票的应用。

【重点速记】

登录 PMS3.0 系统，打开“作业管理—工作票”页面，依次完成工作票提交—工作票签发—工作票接票—工作票许可—工作票终结操作。

2．请演示新一代设备资产精益管理系统（PMS3.0）的故障登记及转抢修应用。

【重点速记】

登录 PMS3.0 系统，打开“作业管理—故障管理”页面，依次完成故障登记—故障转抢修操作。

3．请演示新一代设备资产精益管理系统（PMS3.0）的检测试验应用。

【重点速记】

登录 PMS3.0 系统，打开“作业管理—检测试验”页面，依次完成报告登记—报告填写—报告审核—报告归档。

4．请演示新一代设备资产精益管理系统（PMS3.0）的抢修工单应用。

【重点速记】

登录 PMS3.0 系统，打开“作业管理—抢修工单管理”页面，依次完成工单登记—工单派发。再登录 i 国网进入 PMS3.0 应用，通过“抢修应用”页面，依次完成工单接单—工单处理—提交审核。最后登录 PMS3.0 系统，通过“作业管理—抢修工单管理”页面，完成工单审核。

5．请演示新一代设备资产精益管理系统（PMS3.0）的缺陷管理应用。

【重点速记】

登录 PMS3.0 系统，打开“作业管理—缺陷管理”页面，依次完成缺陷登记—缺陷一级审核—缺陷二级审核—缺陷处理。

6．请演示电网资源管理同源维护的变电设备补录应用。

【重点速记】

登录电网资源管理系统，打开“变电业务—投运转资管理—设备投运—变电设备补录”页面，依次完成设备变更信息录入，完成后提交审核。再进入电网资源管理系统，通过“设备投运管理流程”页面完成设备补录审核。

7．请演示电网资源管理同源维护的新建输电线路应用。

【重点速记】

登录电网资源管理系统，打开“输电业务—投运转资管理—设备投运—输电设备投运管理流程”页面，依次完成设备变更单信息录入—新增输电线路—批量维护台账，完成后提交。再打开首页—“设备投运管理流程”页面，完成流程工单审核与图数发布。

8．请演示新一代用电信息采集系统（采集 2.0）人工植数应用。

【重点速记】

登录采集 2.0 系统，打开“导航—基础采集—数据采集—人工植数”页面，在左侧选定需要植数的对象，在右侧通过植数操作完成人工植数。

9．请演示新一代用电信息采集系统（采集 2.0）数据补召应用。

【重点速记】

登录采集 2.0 系统，打开“导航—基础采集—数据采集—数据补召”页面，选择需要进行数据补召的单位和数据项，完成数据补召。

10．请演示新一代用电信息采集系统（采集 2.0）数据召测应用。

【重点速记】

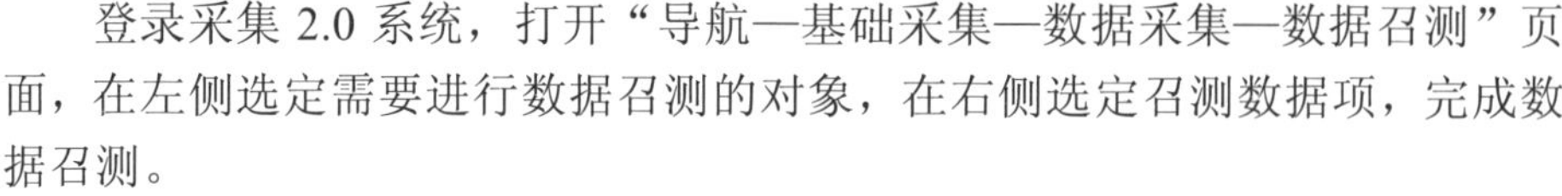

登录采集 2.0 系统，打开“导航—基础采集—数据采集—数据召测”页面，在左侧选定需要进行数据召测的对象，在右侧选定召测数据项，完成数据召测。

11．请演示新一代用电信息采集系统（采集 2.0）终端参数据设置应用。

【重点速记】

登录采集 2.0 系统，打开“导航—基础采集—参数管理—终端参数设置”页面，在左侧选定需要进行参数设置的对象，在右侧对选定终端完成参数设置后下发至终端。

12．请演示能源互联网营销服务系统（营销 2.0）业扩移表应用。

【重点速记】

登录营销 2.0 系统，在左侧菜单导航中搜索打开“移表—营销厅受理”页面，完成客户的申请基本信息录入，以及移表申请发送。在左侧菜单导航中搜索打开“待办工单”，依次完成低压上门服务—装表接电—信息归档—档案归档。

13．请演示能源互联网营销服务系统（营销 2.0）退预收费应用。

【重点速记】

登录营销 2.0 系统，在左侧菜单导航中搜索打开“收费管理—退费管理”页面，在右侧选定退费用户、退费类型（预收退费），完成退费申请，在左侧菜单导航中搜索打开“待办工单”，依次完成退费审核——级审批—二级审批—退费处理—财务支付后自动归档。

14．请演示能源互联网营销服务系统（营销 2.0）故障申校运行异常检定应用。

【重点速记】

登录营销 2.0 系统，在左侧菜单导航中搜索打开“临时检定检测—故障申校运行异常检定”页面，在右侧选定待检的电能表，完成检定任务拟定并下发，在左侧菜单导航中搜索打开“待办工单”，依次完成设备出库—设备检定检测—设备入库。

15．请演示能源互联网营销服务系统（营销 2.0）库房内部定置应用。

【重点速记】

登录营销 2.0 系统，在左侧菜单导航中搜索打开“仓储管理—库房内部定置”页面，在右侧选定库房，依次完成库区—存放区—储位定置。

16．请演示能源互联网营销服务系统（营销 2.0）计量资产配送需求申请应用。

【重点速记】

登录营销 2.0 系统，在左侧菜单导航中搜索打开“配送需求申请—配送需求任务拟定”页面，选定需求报送模式、需求年月和设备参数明细等，完成需求任务拟定；在左侧菜单导航中搜索打开“工单待办”，依次完成配送需求提报—配送需求省级平衡。

17．请演示能源互联网营销服务系统（营销 2.0）计量资产临时配送需求申请应用。

【重点速记】

登录营销 2.0 系统，在左侧菜单导航中搜索打开“配送管理—临时配送需求申请”页面，完成临时需求申请发送。在左侧菜单导航中搜索打开“工单待办”，完成临时配送需求省级平衡。

18．请演示能源互联网营销服务系统（营销 2.0）预收互转应用。

【重点速记】

登录营销 2.0 系统，在左侧菜单导航中搜索打开“预收互转—预收互转受理”页面，选定用户完成预收互转转出、转入用户申请信息录入及申请发送。在左侧菜单导航中搜索打开“工单待办”，完成省集约一级审批—市客服中心复核—省级一级审批—预收互转确认。

19．请演示能源互联网营销服务系统（营销 2.0）预收结转与撤返应用。

【重点速记】

登录营销 2.0 系统，在左侧菜单导航中搜索打开“预收余额管理—预收结转”页面，选定用户完成预收结转电费及电费结转撤返。

20．请演示能源互联网营销服务系统（营销 2.0）设备预领与领用退库应用。

【重点速记】

登录营销 2.0 系统，在左侧菜单导航中搜索打开“仓储管理—设备预领管理”页面，选定需要领用的设备及数量，完成设备预领申请。在左侧菜单导航中搜索打开“工单待办”，完成设备预领审批—设备出库。

21．请演示 PMS3.0 中隐患登记流程的使用。

【重点速记】

选择需要登记的设备后，自动弹出隐患标准选择。依次填写隐患描述、治理前管控措施描述等，并上传附件。处于编制状态时，字体颜色置蓝的字段可以修改。经过工区专责审核、市运检部审核后，进入待治理状态并制定治理方案。治理反馈后发送至工区专责验收，验收通过后进入已验收状态。

22．请演示在统一权限管理平台中对账号进行密码修改和组织变更。

【重点速记】

采用门户账号、用户名和人资编码等查询到需要调整的账号。可进行的操作有账号续期、组织变更、密码修改、启用、解锁、注销和转岗等。

修改密码：勾选账号—批量操作—修改密码—输入新密码—授权确认。

组织变更：勾选账号—批量操作—组织变更—选择需调整的组织—确认。